Konfliktauflösung durch Selbstveränderung

Jakob Tröndle

Konfliktauflösung durch Selbstveränderung

Mediation als Subjektivierung

 Springer

Jakob Tröndle
Berlin, Deutschland

Dissertation Freie Universität Berlin, 2017

ISBN 978-3-658-20582-9   ISBN 978-3-658-20583-6   (eBook)
https://doi.org/10.1007/978-3-658-20583-6

Die Deutsche Nationalbibliothek verzeichnet diese Publikation in der Deutschen National-
bibliografie; detaillierte bibliografische Daten sind im Internet über http://dnb.d-nb.de abrufbar.

Gedruckt auf säurefreiem und chlorfrei gebleichtem Papier

Springer ist Teil von Springer Nature
Die eingetragene Gesellschaft ist Springer Fachmedien Wiesbaden GmbH
Die Anschrift der Gesellschaft ist: Abraham-Lincoln-Str. 46, 65189 Wiesbaden, Germany

Vorwort

Nachdem die Mediation mit dem Mediationsgesetz 2012 in Deutschland einen wichtigen Schritt in der Insitutionalisierung des Verfahrens gegangen ist, nimmt endlich auch die wissenschaftliche Beschäftigung mit Mediation an Fahrt auf, sodass sich nach und nach ein eigener Forschungsbereich herauszukristallisieren beginnt... — Wer mit der Literatur zur Mediation auch nur ein wenig vertraut ist, wird Formulierungen wie diese zur Genüge kennen. Einleitungen, Vorwörter und Editorials werden, sobald von Mediation die Rede ist, schon routinemäßig mit dem Hinweis auf die sich immer weiter verstärkende positive Entwicklung ihres Gegenstandes eröffnet. Die vorliegende Arbeit will diesem Chor, der der Mediation seit vielen Jahren eine große Zukunft verkündet, nicht eine weitere Stimme hinzufügen, indem sie diese Figur auf die Mediationsforschung überträgt. Vielmehr will sie zunächst innehalten und die Partitur untersuchen: Der Gegenstand dieser Arbeit ist zuallererst die Art und Weise, wie von Mediation gesprochen wird. Dazu gehören auch die Kontexte, in denen sich diese Redeweisen von Mediation bilden und durchsetzen konnten, in denen sie sich in ihrer kurzen und noch lebhaften Geschichte untereinander gestritten und dabei gewandelt haben. Dieses diskursanalytische Vorgehen wird im Folgenden ausführlich in seinen theoretischen Grundlagen dargestellt, auch wird aus den Besonderheiten des Gegenstandes Mediation die Angemessenheit und Notwendigkeit einer solchen Vorgehensweise hergeleitet. Hier, im Vorwort, kann nur die Differenz herausgestellt werden, die dieses Vorgehen zu den üblichen Redeweisen des Diskurses herstellt.

Bei dem vorliegenden Text handelt sich um eine geringfügig überarbeitete und gekürzte Version des Manuskripts, das im Sommer 2017 an der Freien Universität Berlin als Dissertation angenommen wurde. In jedem qualitativen Forschungsprozess, in dem sich Gegenstandsauffassung, Forschungsfragen sowie methodologische und theoretische Entscheidungen wechselseitig hervorbringen, stellt sich die

Frage der Darstellung. Die hier gewählte ausführliche Form gewährt einen detaillierten Einblick in die Entstehung und empirische Basis der Thesen. Da mit der
Untersuchung des Spektrums der Aussagen des Mediationsdiskurses, des Mediationsfeldes und mit der detaillierten Lektüre von zentralen Texten der US-
amerikanischen Mediation ein bislang wenig beachtetes Forschungsfeld betreten
wurde, schien diese breite, jedoch auch offene Form der Darstellung angezeigt.
Nicht zuletzt ist sie von der Erfahrung getragen, dass über die Diskussion am Material, dem Nachvollzug und der Kritik einzelner Interpretationen und Argumenta-
tionsschritte ein produktiverer Austausch entstehen kann, als im Zusammenprall
schon allzu verdichteter Perspektiven. Durch die ausführliche Art der Darstellung
sind die Teile der Arbeit als relativ selbstständige Textteile entstanden, die sich für
eine selektive Lektüre anbieten. Im Anschluss an die Exposition der These in Kap.
1 findet sich eine Kapitelübersicht, die einzelne Abschnitte der Durchführung der
These für spezifische Forschungsinteressen empfiehlt. Insbesondere der finale
empirische Teil (Kap. 11), der die einzelnen Stränge zusammenführt und verdichtet, bietet sich als Ausgangspunkt für eine geraffte, die Fülle der einzelnen Analysen zunächst überspringende Lektüre an.

Berlin, im September 2017
Jakob Tröndle

Inhaltsverzeichnis

1. Einleitung: Mediation als Subjektivierung

Diese Arbeit ist ein eher ungewöhnlicher Beitrag zur Mediationsforschung. Zunächst verfolgt sie eine These, die mit dem Anspruch auftritt, Mediation theoretisch als Subjektivierung zu fassen. Umfassende theoretische Ansätze sind in der Mediationsforschung selten, scheinen doch auch in der auch internationalen Mediationsforschung umfassende Theorien ihre Anziehungskraft verloren zu haben. (Menkel-Meadow 2009) Auch daher ist es wichtig, gleich zu Beginn klarzustellen, auf welche Weise die hier durchaus in einer starken Form vertretene These, dass Mediation als Subjektivierungsprozess zu verstehen sei, angelegt ist. Denn im Folgenden soll nicht einfach ein theoretischer Rahmen von außen an die Mediation herangetragen werden, aus dem dann Schlussfolgerungen abgeleitet, Themen strukturiert und Positionen kritisiert werden. Vielmehr stellt sich die Theoretisierung der Mediation hier dem Anspruch, ihren theoretischen Ansatzpunkt aus dem Gegenstand herzuleiten und immer wieder am Detail herauszuarbeiten, warum sich die hier eingenommene Perspektive aufdrängt. In diesem Sinne ist die folgende Argumentation auch eine sehr empirische: Die Thesen werden aus einer Fülle von Materialien heraus entwickelt, sie schreiten sukzessive in ihrer Argumentation fort und beachten dabei die Breite, die der verästelte und heterogene Mediationsdiskurs vorgibt. Vor allem aber unterscheidet sich der hier verfolgte Ansatz in seiner Gegenstandsauffassung von der Mediationsforschung. Anstatt Mediation als ein neues Verfahren der Konfliktbearbeitung aufzufassen, das sich in den letzten Jahren mehr und mehr verbreitet hat, tritt hier eben diese exemplarisch für den Mediationsdiskurs stehende Art, von Mediation zu sprechen, in den Fokus. Das Interesse, die Begeisterung und das Engagement für Mediation sind hier nicht Grundlage der Forschung, sondern vielmehr deren Gegenstand. Wie kann es sein, so die leitende Frage, dass Mediation sich als Ausbildung und Diskurs so erfolgreich und unabhängig von der breiten Anwendung von Mediation als Verfahren etabliert hat? Woher kommt diese Begeisterung, das ausdauernde Engagement, kurz: die Faszination der Mediation? Ein wichtiger Hinweis zur Beantwortung dieser Frage werden die Versprechen der Mediation sein, also der über die Handhabung von konkreten Konflikten weit hinausweisende ‚Überschuss', der im Mediationsdiskurs in gänzlich unterschiedlichen Ausrichtungen vorzufinden ist. Damit ändert sich auch die Haltung des Forschenden: Diese ist damit nicht mehr von der Überzeugung von den Vorzügen der Mediation, die es umzusetzen und zu verbreiten gelte, getragen. Vielmehr besteht sie in einem distanzierteren, aber anhaltenden Interesse am manchmal so schillernden Phänomen Mediation. Es ist in diesem Sinne durchaus möglich, diese Studie auch als Selbstreflexion der in der Mediationsszene und -forschung so weit verbreiteten Parteinahme für die Mediation aufzufassen.

Zur Beantwortung dieser Frage bietet diese Arbeit die These an, dass der Prozess der Überwindung von Konflikten zum allseitigen Vorteil, den die Mediation verspricht, als Konfliktauflösung durch Selbstveränderung zu verstehen ist. Die Selbst-Veränderung vollzieht sich als Prozess der Subjektivierung. Das Versprechen der Konflikt-Auflösung ergibt sich aus der systematischen Trennung von Subjekt und Konflikt. Dass dieses ‚Versprechen' gerade in unserer Zeit und gerade in den Kontexten, in denen die Mediation sich herausbildete fruchten konnte, ergibt sich aus dem Zusammenspiel der jeweiligen Formulierungen dieses Versprechens und dem subjektkulturellen Wandel – also dem Wandel im Verständnis dessen, was es heißt, ein voll entwickelter Mensch zu sein. Aus dieser Beteiligung der Mediation am kulturellen Wandel lässt sich die Entstehung von vielen ‚Versprechen der Mediation' ableiten sowie die Spannungen aber auch Gemeinsamkeiten, die sich zwischen den unterschiedlichen Ausrichtungen ergeben haben.

Neben dieser Kontextualisierung der Mediation wird die These, dass Mediation als Subjektivierungsprozess zu verstehen ist aber auch aus den internen Funktionsmechanismen der Mediation hergeleitet. Nicht nur in den luftigen Versprechen, auch in den konkreten Problemstellungen, Interventionstechniken und Verfahrensweisen gibt sich die Mediation als Subjektivierungsprozess zu erkennen. Mediation stellt sich als ein Prozess dar, in dem die Parteien unter den Interventionen der MediatorIn und im Denkhorizont des Mediationsdiskurses an ihrem Selbstverhältnis arbeiten. Diese Arbeit am Selbstverhältnis dient dazu, den Konflikt abzutragen und idealerweise aufzulösen. In diesem Prozess greifen Interventionen und Techniken der MediatorIn mit dem Setting und der Steuerung des Prozesses durch das Verfahren ineinander. Um Missverständnissen vorzubeugen ist hier anzumerken, dass sich diese These, auf die ‚idealtypische Mediation', so wie sie im Mediationsdiskurs dargestellt und in den Ausbildungen gelehrt wird, bezieht.

Die Argumentation dieser Arbeit folgt damit zwei Strängen, um die „Faszination der Mediation, ihre Verästelung in nahezu alle Bereiche des Menschlichen" (HM3/X) aus ihrem Bezug auf innovative Subjektcodes herzuleiten und zugleich die im Diskurs beschriebenen Mechanismen der Konfliktauflösung als Subjektivierungsprozess zu verstehen. Auch dieses Vorgehen liegt im Gegenstand begründet: Denn eben aus dieser Verbindung der großen Fragen mit den konkreten, erlernbaren Verfahrensschritten wird, so die hier vorgelegte These, die Faszination der Mediation verständlich.

1.1 Kapitelüberblick

Die hier skizzierte These wird in den folgenden Kapiteln systematisch entwickelt. Die beiden folgenden Kapitel diskutieren die Grundlagen: Gleich zu Beginn des folgenden Kapitels wird die dieser Arbeit zugrundeliegende Gegenstandsauffassung der Mediation als von Diskurs, Verbänden und Ausbildung, und dadurch von der dort beheimateten ‚idealtypischen Mediation', dominiertem Feld entwickelt. (Kap.2.1) In den weiteren Abschnitten des Kapitels wird der methodologische Zugriff auf den Gegenstand aus den Grundlagen der qualitativen Sozialforschung heraus begründet und die wissenssoziologische Diskursanalyse als methodischer und gegenstandsbezogener Hintergrund eingeführt. Daran schließt in Kapitel 3 die Darstellung der Subjektivierungstheorie an: Hier hat zunächst eine die Begriffe klärende Verortung in den Theorieansätzen zu erfolgen (Kap. 3.1), anschließend kann die zur Rekonstruktion genutzte Theorie des Wandels der Subjektformen referiert werden. (Kap. 3.2)

Den Anfang der am Material durchgeführten Analysen macht in den Kapiteln 4 und 5 ein historisch orientierter Teil, der zunächst die Entwicklung der Mediation in den USA und dann in Deutschland anhand zentraler Texte schlaglichtartig nachverfolgt und die Entwicklung der Mediation in den kulturellen Wandel der Subjektformen einträgt. Zunächst steht also der Strang der These im Vordergrund, in dem die Mediation und ihre Versprechen in die Dynamik des kulturellen Wandels eingetragen werden.

Daran schließt der aus fünf Kapiteln bestehende empirische Hauptteil der Arbeit an, in dem der deutschsprachige Mediationsdiskurs systematisch ausgewertet wird. In den Kapiteln wird zunächst die als ‚Möglichkeitshorizont' zusammengefassten Aspekte der Problematisierung des ‚Konflikts' in der Mediation und in Abgrenzung dazu im Konfliktmanagement beschrieben und auf die Narrative eingegangen, die im Mediationsdiskurs erzählt werden. (Kap. 6) Anschließend werden die diversen im Mediationsdiskurs beschriebenen Lösungsprozesse dargestellt und die Verfahrensaspekte der Mediation, auf die am Ende dieser Arbeit ausführlicher eingegangen wird, kurz beleuchtet. (Kap. 7) Die Thematisierungen der Konfliktparteien, auf die schon in der Problematisierung und den Lösungsprozessen alles hinauslief, werden im Anschluss rekonstruiert, wobei besonders auf die Kontroversen einzugehen ist, die sich entlang der Grenzen der ‚idealtypischen Mediation', also in den Fragen von Autonomie bzw. Selbstverantwortung, Freiwilligkeit und Inklusivität entwickelt haben. (Kap. 8) Anschließend wird die MediatorInnenrolle in ihrem Verantwortungsbereich, ihren Techniken, ihren Haltungen und ihrem Selbstverständnis nach analysiert. (Kap. 9) Im Anschluss an diese Analyse des Mediationsdiskurses scheint es unerlässlich, auch die psychotherapeutischen Bezugsquellen der Mediation in den Blick zu nehmen, um den Wandel der Subjektcodes nachzuvollziehen, aber auch ein Verständnis spezifischer Interventionstechniken zu vertiefen (Kap. 10) Jeweils am Ende dieser Kapitel wird die These, dass Mediation auch ihrer internen Funktionslogik nach als Subjektivation aufzufassen ist, im Kapitelfazit einen Schritt weiter entwickelt.

Zusammengefasst und ausgeführt wird die These dann unter Bezugnahme auf die Analysen in Kapitel 11, das ein Lehrvideo als beispielhafte Inszenierung eines Subjektivierungsprozesses rekonstruiert. Kapitel 12 fasst die Ergebnisse der Studie zusammen.Die einzelnen Kapitel sind als relativ autonome Textteile konzipiert, sodass keineswegs für jedes der vielen möglichen Interessen, die sich auf diese Arbeit richten könnten, alle Kapitel gleich bedeutend sind. Einige mögliche Lektüren seien hier skizziert:

-   Zunächst lassen sich die hier vorgelegten Analysen der Auffassung des Autors nach auch unabhängig von der theoriegeleiteten Interpretation verstehen. Demjenigen Teil der Leserschaft, der die theoretisch voraussetzungsvolle Subjektivierungsthese nicht verfolgen möchte, kann ausgehend von der in Kapitel 2.1 entwickelten Gegenstandsbeschreibung die ausführlichen

Analysen sowohl zur Entwicklung der Mediation (Kap. 4-5) sowie zu den einzelnen Themenbereichen (Kap. 6-10 abzüglich der Kapitelfazits) aus dem Kontext dieser Studie herauslösen. Damit bietet die Rekonstruktion des Diskurses und die Differenzierung verschiedener Mediationsansätze und ihrer Entwicklung eine in der deutschsprachigen Forschung zur Mediation bislang noch nicht vorliegenden Überblick über die Verzweigungen der Mediation, der zumindest ihre Hauptströmungen und maßgeblichen Entwicklungstendenzen erfasst.

- Wer sich darüber hinaus für die hier entwickelte These interessiert, ohne sie in ihrer systematischen Entwicklung über den gesamten Text hinweg verfolgen zu wollen, sei auf die Rekonstruktion des Lehrvideos in Kap. 11 verwiesen. Dort wird die These an einem Beispiel vorgeführt, zudem finden sich in diesem Kapitel zahlreiche Verweise auf die Kapitel, in denen die dort herangezogene These ausführlich entwickelt wird. Es lassen sich von dort aus also auch die aus dem Kapitel selbst nicht nachvollziehbar werdenden Aspekte und Grundlagen der Subjektivierungsthese jeweils vertiefen. Auf diese Weise kann die in den Kapiteln 6-10 entwickelte These, dass Mediation ihrem Funktionieren nach als Subjektivation zu verstehen ist, auch von ihrem Ergebnis aus erschlossen werden.
- Wer schließlich diese Studie primär aus kulturwissenschaftlichem, soziologischem oder gegenwartsdiagnostischem Interesse nutzt, sei auf die Kapitel 2.1 und 3 als Einführung, dann auf Kapitel 4 und 5 zu Entwicklung der Mediation, und schließlich auch Kapitel 10 zum Verhältnis von Mediation und Psychotherapie verwiesen.

1.2 Gender-Schreibweisen

Die Repräsentation von Geschlechtlichkeit lässt sich für diesen Text nicht schlüssig mit einer wie üblich in der Einleitung vermerkten Entscheidung lösen. Die Kategorie Geschlecht ist eine zentrale, wenn nicht die fundamentalste (Butler 1997) Dimension von Subjektivierungsprozessen und wird daher auch selbst Gegenstand dieser Arbeit und ein nicht zu vernachlässigender Teil des Diskurses der Mediation: Während im Kontext von Verhandlungs- und Anwaltsmediation, allgemein mit zunehmender Nähe zu juristischen und wirtschaftlichen Kontexten, das generische Maskulin praktiziert wird, legen die Teile des Mediationsdiskurses, die sich auf eine Bewegungstradition berufen (s. Kap. 5.2.1), auf eine beide Geschlechter berücksichtigende Schreibweise größten Wert. Eine den Diskurs rekonstruierende Arbeit muss diese Unterschiede aufnehmen und herausarbeiten. Entsprechend finden sich im Text dieser Arbeit unterschiedliche Gender-Schreibweisen: In Textteilen, die den Mediationsdiskurs rekonstruieren, eignet sich auch der referierende Text die jeweilige Gender-Schreibweise des Materials an. Diese Praxis erleichtert nicht nur den Lesefluss ungemein, sondern sie trägt auch dem mimetischen Charakter der rekonstruktiven Arbeit Rechnung – und stellt einen nicht zu verwischenden Unterschied heraus: Der „Mediator" ist eben nicht identisch mit der „MediatorIn": als je spezifisch diskursiv produzierte Konstruktionen erzeugen beide unterschiedliche Konnotationen, die in der Rekonstruktion nicht verloren gehen dürfen. In den Textabschnitten, die nicht rekonstruktiv auf den Mediationsdiskurs eingehen, sondern direkt über die Mediation und die dort vertretenen Personengruppen spricht, findet die inklusive Schreibweise mittels Unterstrich Anwendung („Mediator_in"; „Partei"; „Subjekt").[1] Insgesamt finden sich so im Diskurs vorwiegend drei Verwendungsweisen: Das generische Maskulin und die Binnen-I-Schreibweise (an einigen Stellen auch das Nennen beider Geschlechter, der Schrägstrich oder andere, eigenwillige Lösungen) greifen die im Diskurs konstruierten Figuren auf (sog. ‚Subjektpositionen'; zur Terminologie s. Kap. 3.1.3) auf, wenn dagegen von den realen Mediator_innen die Rede ist, wird ein Unterstrich gesetzt. Diese Regelung mag zwar komplex sein, die reflektiert jedoch präzise, wovon die Rede ist.[2]

---

[1] Diese Schreibweise ist in manchen Augen ein Problem für die ästhetische Qualität des Textes. Ich sehe in dieser Irritation mehr als nur die Anpassung an neue Sprachkonventionen. Die gewählte Schreibweise nimmt nicht nur in jedem Akt einer Identifikation einer Personengruppe Partei für sich in der zweigeschlechtlichen Ordnung nicht wiederfindende Personen, und ergreift damit in einer aktuellen politischen Frage Partei. Sie markiert zudem eben diese Identifikation von Personengruppen als immer problematischen identifizierenden Akt. (Butler 2006; Adorno 1973) Das *gender-gap* verweist damit auch auf die Lücke, die sich zwischen der Gruppenbezeichnung und ihrem realen Gegenstand unweigerlich auftut und mag damit die Problematik der Identifikation, die besonders bei Gruppenbezeichnungen wie den „Mediator_innen" aktuell wird, präsent halten.

[2] Nur in einem Fall ergeben sich Unschärfen: Wenn beide im Diskurs vertretenen Subjektpositionen, also ‚Mediatoren' und ‚MediatorInnen', gemeinsam bezeichnet werden sollen, wäre eine innovative Schreibweise wie „Mediator(Inn)en" möglich. Dies wäre zwar korrekt, jedoch auch kaum noch verständlich. Stattdessen wird in diesen Fällen die im Diskurs sowieso

1.3 Zitierweise

Verweise auf wissenschaftliche Bezugsquellen werden im Folgenden nach der sozialwissenschaftlichen Konvention im Fließtext vorgenommen. Für Verweise auf das Material der Diskursanalyse werden dagegen Siglen verwendet, um sie als Verweise ins Material zu kennzeichnen. Abkürzungen wie SDM und ZKM stehen etwa für die Zeitschriften „Spektrum der Mediation" und „Zeitschrift für Konfliktmanagement", die mit Jahrgang und Seitenzahl (ZKM 2001/421) bzw. Heftnummer und Seitenzahl (SDM 32/12)[3] wiedergegeben werden, die zahlreichen Buchpublikationen des Materialkorpus werden ebenfalls mit Siglen und Seitenzahl zitiert. Es ist eine bewusste Entscheidung, dass damit die Kennzeichnung der Autorenschaft insbesondere bei den Zeitschriftenverweisen verloren geht. Diese Zitierweise reflektiert den veränderten Status des Materials im diskursanalytischen Zugriff, in dem der Text als Teil eines Aussageraumes und nicht primär unter dem Aspekt der Autorenschaft aufgefasst wird. Da auch die wissenschaftliche Literatur als Teil des Mediationsdiskurses zu sehen ist (s. Kap 2.2), kann es geschehen, dass derselbe Text an einer Stelle als wissenschaftlicher Bezug, an anderer Stelle als Material der Diskursanalyse zur Beschreibung des Gegenstandes aufgenommen wird. Die Zitationsweise als ein Aspekt des Textes der vorliegenden Studie reflektiert somit den Modus der Bezugnahme, sie weist nicht Plätze an und trennt die Beiträge zur Mediation nicht in Wissenschaft und Praxisliteratur.[4]

Wörtliche Zitate werden im Fließtext in doppelten Anführungszeichen hervorgehoben oder als eingerückter Absatz eingefügt. In den wiedergegebenen

---

schon schwächere Position (Kap. 5.3), das generische Maskulin, fallen gelassen und nur die „MediatorIn" geführt. Das generische Maskulin wird in diesem Falle –wie es an dieser Stelle doch so oft heißt– gebeten, sich mitgemeint zu fühlen.

[3] Der Unterschied ergibt sich aus dem Material: ZKM nummeriert die Seiten der Zeitschrift jahrgangsweise, während SDM jedes Heft neu nummeriert.

[4] Ein wissenschaftlicher Verweis dient primär zur Absicherung der erhobenen Behauptung als wahr und belastbar, indem er auf eine vertrauenswürdige Quelle verweist; ein Verweis ins Material der Diskursanalyse führt das Zitat dagegen an, um unabhängig von Wahrheitsfragen zu zeigen, dass über die gegebene Thematik auf eine spezifische Weise gesprochen wird.

Zitaten wurden grundsätzlich alle Hervorhebungen entfernt sowie alle Zitate im Zitat als einfache Anführungszeichen ausgeführt; Literaturverweise und Fußnoten im Zitat wurden entfernt und offensichtliche Rechtschreibfehler behoben. Im Fließtext in einfachen Anführungszeichen hervorgehobene Ausdrücke markieren keine Zitate, sondern heben die Begriffe in distanzierender Absicht hervor. Für die gelegentlich zitierten Beiträge aus dem US-amerikanischen Mediationsdiskurs wurden keine Siglen vergeben, da dieser nicht systematisch ausgewertet wurde. Eine Liste der verwendeten Siglen ist dem Literaturverzeichnis vorangestellt. Wenn die Bezüge detailliert nachvollzogen werden sollen, mag es sich empfehlen, diese Liste ausgedruckt bei der Lektüre parat zu halten.

2. Mediation im Fachdiskurs beforschen

Die hier entwickelte These wird von einem in der qualitativen Sozialforschung verankerten Verständnis von Wissenschaft aus entwickelt. In dieser Forschungstradition, die auch rekonstruktive (Bohnsack 2010) oder interpretative (Keller 2012a; Rosenthal 2011) Sozialforschung genannt wird, gilt es für jedes Forschungsprojekt die Perspektive der Forschung zu reflektieren und ihre Zugriffsweise an ihrem jeweiligen Gegenstand auszurichten. Die Angemessenheit an den Gegenstand bildet seit den Anfängen der qualitativen Forschung (etwa bei Glaser et al. 2010) ein Merkmal und akzeptiertes Gütekriterium qualitativer Forschungsprojekte. (Steinke 1999; auch Flick et al. 2009) Nicht nur die gewählten Forschungsmethoden, sondern auch der Zuschnitt des Gegenstandes und der Modus des Zugriffs sollen sich aus der Auseinandersetzung mit dem Gegenstand der Forschung entwickeln und müssen sich an diesem begründen lassen. Qualitative Forschungsprozesse sind so durch eine grundlegende Zirkularität gekennzeichnet, in der sich eine Perspektive auf den Gegenstand, ein adäquater Zuschnitt des Forschungsbereiches und eine entsprechende Theorieperspektive wechselseitig hervorbringen und vorantreiben. (Witt 2001; Glaser et al. 2010)[5] Eine fundamentale Zirkularität ist hier unvermeidbar: der ‚Gegenstand‘, an den die Forschung sich anpassen will, spricht ja nicht für sich, sondern wird erst durch die immer schon theoriegeleitete Auseinandersetzung sichtbar. Diese Zirkularität wird in der qualitativen Sozialforschung jedoch nicht grundsätzlich problematisch gesehen und durch methodische Kontrolle stillzustellen versucht. Im Gegenteil liegt die Stärke des qualitativen Vorgehens gerade darin, diese Prozesse transparent zu machen und ihre Reflexion in den methodisch kontrollierten Forschungsprozess zu integrieren. Auch die hier vorliegende Arbeit ist nicht als eine von Anfang an

---

[5]   Ebenso legt der unten entwickelte praxistheoretische Theoriehintergrund ein solches Vorgehen nahe. (Hillebrandt 2009)

theoriegeleitete deduktive Interpretation entstanden, sondern hat sich über die Phasen ihrer Entstehung hinweg erheblich transformiert: eine erste theoretische Deutung scheiterte am Material, es setzte eine Transformation der Methodik ein, schließlich auch eine deutliche Veränderungen der Wahrnehmung des Gegenstandes. Erst diese Prozesse führten schließlich zu der hier nun vorliegenden These. Um diesen Prozess zu reflektieren und seine Bedeutung für die Entwicklung der These klarzustellen, ist dieses Kapitel der die Interpretation leitenden Theorie vorangestellt. Hier sollen in drei Schritten zunächst eine Skizze des Gegenstandes Mediation vorgelegt werden, aus der sich –zweitens– der Fachdiskurs der Mediation als adäquater Ansatzpunkt des rekonstruktiven wissenschaftlichen Zugriffs ergibt. In einem dritten Schritt wird die verwendete Methode diskutiert.

2.1 Rhetorik und Realität der Mediation

‚Mediation' ist als Gegenstand nicht einfach und eindeutig zu fassen, sie wird im Gegenteil von Spannungen und Brüchen durchzogen, die in der Forschung oft als ‚Probleme' aufgefasst werden. In der hier eingenommen rekonstruktiven Perspektive sollen diese Spezifika des Gegenstandes dagegen als wichtige Eigenheiten der Mediation aufgenommen werden, die auch in die Interpretation vollständig eingehen.

Mediation im Futur
Einleitungen von Texten über Mediation, gleich ob es sich um Lehrbücher, Editorials von Fachzeitschriften oder Darstellungen von Mediation auf den Homepages von Freiberuflern handelt, beginnen in großer Regelmäßigkeit mit dem Hinweis auf die stetige Verbreitung und zunehmende Etablierung der Mediation, „deren Siegeszug erst noch bevorsteht, obwohl sie sich geschichtlich (…) bis zu den Anfängen unserer Zivilisation zurückverfolgen lässt." (MfD/33) Nun gibt es in den letzten Jahren mit der Verabschiedung des Mediations-gesetzes im Sommer 2012 und Ansätzen zur Implementierung von Konflikt-managementsystemen in Schulen, Unternehmen, Universitäten und Gerichten Tendenzen, die dieser Darstellungen von Mediation als einem kommenden Verfahren der Konfliktlösung Recht zu geben scheinen. Doch eben diese Figur der Selbstdarstellung von

Mediation als einem kommenden, zukünftigen und sich gerade eben jetzt durchsetzenden Verfahren begleitet die Mediation schon lange.[6] Ganz unabhängig vom Kontext ihrer sich heute tatsächlich andeutenden Realisierung ist diese Figur in der Rede von Mediation seit ihrem Aufkommen anzutreffen. Es muss hier offen gelassen werden, inwieweit (und vor allem: in welcher Form) diese Rede von Mediation als ‚kommendem Verfahren' sich bewahrheiten mag. Wenn etwa im Jahr 2009 über 80% der in einer Studie befragten Berliner Richter „noch nie eine außergerichtliche Streitschlichtung (...) vorgeschlagen haben" (ZKM 2009/8), spricht das zunächst gegen einen raschen Durchbruch; nichtsdestoweniger wird im Editorial eben dieser Ausgabe der Zeitschrift für Konfliktmanagement der Leserschaft wieder einmal versichert, dass der Markt wachse und Mediation im Kommen sei – allerdings ohne, dass dafür Belege angegeben würden. Festzuhalten ist hier daher zunächst ein erstaunlich konstantes Charakteristikum des Diskurses: Die Rede von Mediation als in der Zukunft groß herauskommendem Verfahren begleitet den Mediationsdiskurs von Anfang an.

Die vielfältigen ‚Versprechen der Mediation'
Neben dieser ‚Futurisierung' wird die Mediation mit höchst unterschiedlichen Versprechungen aufgeladen. Dem in der deutschen Mediationsszene vorherrschenden Verständnis nach ist die Mediation viel mehr als eine bloße Dienstleistung (vgl. Kap. 5) – wobei diesem Überschuss, dem ‚Mehr', das mit Mediation einhergehe, die unterschiedlichsten Namen gegeben werden: In der ‚klassischen' Formulierung von Bush und Folger (PoM) wird das „Versprechen der Mediation" als ein Potential dargestellt, das in der bloß auf Verhandlung und Ergebnis fokussierten Mediationspraxis verloren ginge. In einer entsprechend gestalteten Konfliktbearbeitung werde eine umfassende Transformation von Selbst und ‚Community', die sich gegenseitig stützen und in ihrem Wachstum bekräftigen, möglich. Die Autoren gehen so weit, Mediation mehr als einen Anlass zur Realisierung dieser Vision zu nehmen, als darin einen bloßen Überschuss zu erkennen (Kap. 4.2). Die im juristischen Mediationsdiskurs einflussreiche

---

6   Wie dicht der Verweis auf diesen Stützpfeiler des Mediationsdiskures ist, zeigt sich eindrucksvoll in den Editorials der Fachzeitschriften, in denen, besonders in SDM und PM, aber auch in ZKM und seltener in dM, Mediation als „wachsend" und „kommend", niemals jedoch als stagnierend oder rückgängig beschrieben wird. Hierzu kritisch PM2014/55-61.

Professorin und Verbandsfunktionärin von Schlieffen spricht von der „Vision", die
Mediation verkörpere (DMS); Christoph Besemer und Horst Zilleßen sehen von
Mediation jeweils eine demokratisierende Kraft ausgehen (MKVK, MuD/52-66),
Katja Ihde sieht eine Effizienzsteigerung der Lebensführung (M-I), Doris
Klappenbach ein authentischeres Leben durch die Integration mediativer
Techniken in den Alltag (KM), Gary Friedman und Jack Himmelstein sehen in der
zwischenmenschlichen Verständigung und der Möglichkeit, sich über sich selbst
klarer zu werden das ‚Eigentliche' von Mediation. (CC) Mediation wird auch
kulturkritisch in Stellung gebracht, als Korrektiv einer westlichen verdinglichenden
Kultur (Dukes 1996) oder als zivilisatorischer Fortschritt von der Macht zum Recht
zum Konsens. (HMKM/95-104; Kap. 6.3) Und selbst Leo Montada überschreibt
seine sonst im Gestus wissenschaftlicher Aufklärung gehaltene Kritik der
Mediationspraxis mit „Mediation – Wege zum Frieden". (EWE) Insgesamt werden
der Mediation eine solche Bandbreite von Vorzügen zugesprochen, dass, so hält
Breidenbach ironisch fest, „- nimmt man sie alle zusammen - es (…) kaum einen
Vorzug gibt, der Mediation nicht zugeschrieben wird." (MMB/115)

Idealtypisches Mediationssetting
Entgegen diesen heterogenen Bezügen, die von der Mediation aus gemacht
werden, hat sich im Diskurs, in den Mediationsausbildungen und in der Forschung
ein überraschend klarer Bezugspunkt herausgebildet: Der theoretischen Vielfalt
steht eine überraschende Homogenität in der Beschreibung des Gegenstandes
gegenüber. (Tröndle 2015) In dieser „idealtypischen Mediationskonstellation"
(MedG-HK/44) finden zwei Parteien im Konflikt sich bereit, eigenverantwortlich
und auf eigene, sprich: optimalerweise geteilte, Rechnung, die Mediator_in zu
engagieren um ihren Konflikt eigenverantwortlich seiner maßgeschneiderten
Lösung zuzuführen. Nach einigen Sitzungen verlassen sie die Mediation und
kommen in dieser Sache auch nicht mehr darauf zurück: Zwar empfiehlt es sich,
die Umsetzung der erarbeiteten Lösung in einer oder mehreren
Evaluationssitzungen zu kontrollieren und gegebenenfalls anzupassen; der Konflikt
ist mit seiner Bearbeitung in einer korrekt durchgeführten Mediation aber erledigt.
Diese freie, institutionell ungebundene und punktuelle, einmalige Mediation ist im
Diskurs als paradigmatische Praxisform fest verankert. Die in den
Mediationsausbildungen maßgeblichen Rollenspiele sind durchweg nach diesem
Muster aufgebaut (MeR), die Lehrvideos der Mediation zeigen diese Fälle, die
zahlreichen Praxisbeispiele beziehen sich immer auf diese ideale Praxis, indem sie

Abweichungen, etwa in der Akquise oder Kostenübernahme als potentielle Probleme diskutieren.

‚Mediationsdefizit‘, Ausbildungsüberhang, Überorganisation
Mit dieser beständigen Beteuerung der vielfältigen Vorzüge, der Zukunftsträchtigkeit und dem beständigen Wachstum der Mediation, die sich in einer Vielzahl von Feldern mehr und mehr durchsetze, kontrastiert die Lage am deutschen Mediationsmarkt drastisch. Bezeichnenderweise liegen keine bundesweiten Zahlen zu den anfallenden Mediationsfällen vor. Allerdings bleibt die Nachfrage auf dem Markt deutlich hinter dem Angebot und den Erwartungen zurück. Die Diagnose von europaweit „erheblichen Defizite[n] bei den Nutzungsraten der Mediation" (ZKM 2014/195) reflektiert diesen Umstand diplomatisch. Pointierter drückt es Klaus Röhl aus: „Gemeinsam beschwören alle den Beginn einer neuen Streitkultur. Der interessierte Beobachter hat jedoch den Eindruck, dass vielen und schönen Worten nur wenige Taten folgen: Es fehlt eine nennenswerte Nachfrage."[7] Tatsächlich ist die Marktlage für Mediator_innen, die sich selbstständig machen wollen, desolat. Was könnte diesen Befund treffender illustrieren als die Anzeige in einer Mediationszeitschrift, die für ihre Zusatzfortbildung mit dem Slogan „Unternehmensnachfolgen – ein Geschäftsfeld, in dem mit Mediation Geld verdient werden kann!" wirbt. (KZM 2009/66) Weitere offene Hinweise auf diese offensichtliche Problematik sind etwa ermutigende Artikel zum Empfehlungsmarketing (SDM 41/39) oder die Auslobung eines Preises von 5000€ für die beste Idee, Mediation schneller zu verbreiten. (SDM 18/56) Im Diskurs wird diese Thematik jedoch, deutlich zeigt das die Rezension eines Gründungsratgebers für selbstständige Mediator_innen (ZKM 2007/108-109), bedingungslos optimistisch angegangen. Der dem ‚idealtypischen Mediationssetting‘ entsprechende Status der freiberuflichen Mediator_in ist nur für wenige Mediator_innen zu erreichen, insbesondere junge, frisch ausgebildete Mediator_innen haben auf dem Markt kaum eine Chance, sich als Selbstständige zu etablieren. (hierzu SDM/50) So wird etwa vor der Kopplung des Status als „zertifizierter Mediator" nach dem Mediationsgesetz an das Durchführen von

---

[7]   Der Emeritus der Rechtssoziologie begleitet die Mediation seit längerem mit kritischen Beiträgen; das Zitat ist seinem lesenswerten Blog entnommen: http://www.rsozblog.de/das-zweite-mediations-paradox-erfolgreich-schneller-billiger-und-besser-aber-ungenutzt/; 9.9.2016

zwei Mediationen pro Jahr gewarnt – weil der Markt für die Fülle der Mediator_innen die Fälle nicht hergebe. (DR 2014/01/31) Erfolgreicher können in einem Spezialgebiet wie etwa der Mediation bei der Nachfolge in Familienunternehmen (SDM 30/25-28) sich Mediator_innen etablieren, die jedoch über lange Berufserfahrung in diesem speziellen Feld verfügen und zudem in aller Regel als Anwälte in eben diesem Spezialgebiet Zugang zum Markt haben.

Vor allem aber ist das ‚Nachfragedefizit' der Mediation im Zusammenhang mit dem Boom der Mediationsausbildungen zu sehen. In einer Marktübersicht für Mediationsausbildungen hat die Stiftung Warentest in einer Marktübersicht in Deutschland 300 Ausbildungsinstitute für Mediation aufgefunden.[8] (Stiftung Warentest 2014) Auch auf dem Buchmarkt für Mediation findet sich dieser Boom wieder (Schlieffen 2002, S. 174). Mediation trifft also als Ausbildungsangebot, als Fortbildung von meistens 200 Stunden, ebenso wie als Selbststudium mit der Ratgeberliteratur auf erhebliche Resonanz. Diese Diskrepanz zwischen fehlender Nachfrage der Praxisfälle und starker Nachfrage der Ausbildungen führt zu erheblichen Schieflagen im Feld: „Das Geschäft mit der Ausbildung von Mediatoren bietet derzeit wahrscheinlich ein besseres Auskommen als die Durchführung von Mediationen selbst." (ZKM 2010/86) Diese Verschiebung gefährdet selbst die Positionierung mancher Ausbilder, wenn die Nachrede umgeht, dass ein (konkurrierendes) Ausbildungsinstitut von Mediator_innen geleitet werde, die selbst kaum echte Praxiserfahrungen vorzuweisen hätten. Die Marktlage hat sich bis in die Standards des größten Mediationsverbandes ‚Bundesverband Mediation' hinein niedergeschlagen. Dort genügen zur Zertifizierung als Mediations-AusbilderIn 400 Stunden Ausbildungserfahrung, davon 200 in Mediationsausbildungen (das entspricht einem vollen Ausbildungsgang), aber nur 40 Stunden Mediationserfahrung mit mindestens 4 Mediationen, die dokumentiert und supervidiert sein müssen. Auch hier schon schlägt das Missverhältnis von Ausbildung und Praxis durch: Eine Normalarbeitswoche Praxiserfahrung genügt, um anschließend auszubilden.[9] Den

---

[8]   Diese Zahl ist mit Vorsicht zu betrachten, da wohl auch einige nicht mehr aktive (oder nie aktiv gewordene) Institute darunter sein könnten. Unten den 130 Instituten, die sich zurück gemeldet haben, fehlen aber auch mehrere der bekannteren. Die Zahl der aktiven Ausbildungsinstitute wird also wohl unter den 300, auf jeden Fall aber auch über 130 liegen.

[9]   Natürlich hinkt der hier nur illustrierende Vergleich mit der Normalarbeitszeit, das Größenverhältnis illustriert er aber doch. Zum Vergleich ist es doch bezeichnend, dass etwa Psycho-

Teilnehmer_innen von Mediationsausbildungen scheinen diese Aussichten bewusst zu sein. Zumindest in einer Untersuchung einer Berliner Mediationsausbildung gaben etwa 80% der Teilnehmer_innen eine Kompetenzerweiterung („an zusätzlichem Handwerkszeug für ihren Beruf und ihr Privatleben interessiert") und nicht eine Berufstätigkeit als Mediator_in als Ziel der Ausbildung an. (Klappenbach 2012, S. 23–24) Die Evaluationsstudie, selbst Teil des Mediationsdiskurses, kommt jedoch nicht ohne den Hinweis aus, dass mit der Verabschiedung des Mediationsgesetzes dieser Umstand sich bald ändern werde, die erwartete Erweiterung der Berufsaussichten für MediatorInnen zeige sich in der jetzt schon verstärkten Nachfrage nach der Ausbildung. Der Durchbruch der Mediation wurde auch 2012 wieder ins Futur gesetzt, eine deutliche Veränderung ist bis heute nicht festzustellen. Anstatt vom Ausbildungsboom auf die bevorstehende Durchsetzung des Verfahrens zu schließen, soll hier die bemerkenswerte Entkoppelung des Ausbildungsbooms von den Anwendungsfällen festgehalten werden.

Zum Ausbildungsüberhang tritt in der Mediation in Deutschland ein Organisationsüberhang hinzu. In Deutschland existieren mehrere konkurrierende Mediationsverbände, die das Erscheinungsbild der Mediation stark prägen. Sie tragen nicht nur die ‚Idee der Mediation' in die Öffentlichkeit, sondern strukturieren auch den Markt der Ausbildungsinstitute. Als im Jahr 2009 im beginnenden Gesetzgebungsprozess zum Mediationsgesetz, das 2012 verabschiedet werden konnte, die Mediationsverbände sich in Gerichtsprozessen um das Recht auf die legitime Vertretung ‚der Mediation' stritten, machte ein Mediator in der Zeitschrift für Konfliktmanagement seinem Ärger Luft:

Es gibt einfach zu viele Mediatorinnen und Mediatoren und zu wenig Mediationen. Wer mit seiner berufspersönlichen Rolle bei der Konfliktlösung unzufrieden war, hat eine Mediationsausbildung gemacht. Wer damit unzufrieden war, dass er von Mediationen nicht leben konnte, hat ein Ausbildungsinstitut eröffnet. Wer damit unzufrieden war, dass er von Mediationsausbildung nicht

---

therapeuten 1800 Stunden Praxiserfahrung in Kliniken und 600 ambulante Behandlungen vorweisen müssen – und das nicht, um als Ausbilder, sondern nur, um als Praktiker zugelassen zu werden. (vgl. die Ausbildungs- und Prüfungsverordnung für Psychologische Psychotherapeuten, vgl. https://www.gesetze-im-internet.de/psychth-aprv/BJNR374900998.html; 15.6.2016)

leben konnte, hat einen Mediationsverband gegründet. Und wer jetzt damit unzufrieden ist, dass er noch nicht einmal als Funktionär dieses Mediationsverbandes so wichtig ist, so viel Ausbildungsgeschäft oder so viele Mediationen akquirieren kann, dass er gut davon leben kann, versucht sich bei der Kodifizierung und Zertifizierung in den Vordergrund zu spielen. Die große Schlammschlacht um ein möglichst großes Stück vom Zertifizierungskuchen ist nicht ausgebrochen, weil es so viele Mediationen gibt, die zu regulieren wären, sondern weil es so wenige Mediationen gibt und sich der Wunsch nach Beschäftigung mit der besseren Konfliktlösung andere Formen suchen muss. Die nächste, noch irrealere Metaebene zur Bewältigung der Frustration an der eigenen Rolle im Konfliktlösungsgeschäft ist erklommen. (ZKM 2009/126-7)

Die Mediation ist, wie hier überdeutlich wird, von einer Spannung zwischen ihrer Repräsentation und den engagierten und sich als Teil einer ‚Mediationsbewegung' verstehenden ‚Pionieren der Mediation' geprägt. Dieses Spannungsverhältnis festzuhalten ist hier besonders wichtig, da es in der späteren Analyse des Diskurses unterzugehen droht, da dieser ganz überwiegend von der Definitionsmacht der Fachverbände bestimmt wird.

Mediationsprogramme

Es gibt jedoch auch die Tendenz, die Mediationspraxis von den Anforderungen des idealtypischen Settings zu lösen; dies findet sich vor allem, wenn institutionell integrierte Mediationsprogramme aufgelegt werden. Diese versprechen eine breite und gesellschaftlich wirkmächtigere Durchsetzung von Mediation in bereichsspezifischen und auf das Feld abgestimmten Verfahren wie den Konfliktlotsenprogrammen in Schulen oder dem betrieblichen Konfliktmanagement sowie der Verbreitung vertraglich festgelegter oder gerichtlich angeordneter Güteverfahren. Auch Rechtsschutzversicherungen setzen telefonische Mediationen mit großen Fallzahlen ein. Ebenso wird im Mediationsdiskurs immer wieder betont, dass mediative Elemente ‚weit' in anwaltliche Verhandlungen durchgesickert seien, da viele Ausbildungen von Anwält_innen nachgefragt werden und größere Kanzleien beginnen, Mediation als Teil ihres Portfolios zu betrachten, während Gerichte Programme von gerichtsinterner Mediation anzubieten beginnen. [10]

---

[10]   Allerdings scheint auch hier die Bereitschaft der Anwaltschaft, Mediation anzubieten, der Nachfrage vorauszueilen. Eine Studie des auf die Erforschung von Trends in der Anwaltschaft spezialisierten Soldan Institutes kam auf immerhin geschätzte 80-100.000 von Anwäl-

Mediation scheint sich in dieser Form weitaus stärker auszubreiten als in der idealtypischen Form, auch wenn diese weiterhin im Diskurs klar dominiert. Dabei ist gerade die Verbreitung im juristischen Feld unklar, da sie einerseits nicht statistisch erfasst wird, vor allem aber unklar ist, in welchem Verhältnis diese Praxis zur im Mediationsdiskurs beschriebenen Mediation steht und welchen Einfluss die tradierte Form der Schlichtungsverhandlung auf diese Praktiken hat. Die breiten Anwendungen der Mediation werden im Diskurs unterschiedlich behandelt, oft werden sie willkommen geheißen als Anzeichen, dass der große Durchbruch jetzt komme, teils werden sie aber auch heftig kritisiert: Bei der Telefon- oder Online-Mediation, wie sie in Versicherungssachen in großer Zahl durchgeführt werden, gingen die ‚tiefer gehenden' Ansprüche der Mediation verloren, da die Versicherungswirtschaft sich für die Mediation nur aus Effizienzgründen interessiere. (ZKM 2010/21-25; Zur E-Mediation auch MKKK1/121-38) Ebenso sei die richterliche Mediation problematisch, da sie die Positionen der neutralen Mediator_in mit der Richter_innenposition vermische. (s. Kap. 4.2.2) Durch die Mediationspraxis geht damit ein Bruch: Einerseits die wenig nachgefragte, aber in Diskurs und Ausbildung zentral gestellte ‚idealtypische Mediation'; andererseits die real anzutreffenden, feldangepassten und spezifisch modulierten Mediationsprogramme, die mit großen Fallzahlen die Praktiken der Konfliktbearbeitung tatsächlich verändern. Zusätzlich verkompliziert wird die Frage nach der Verbreitung der Mediation dadurch, dass auch eine informelle Ausbreitung von Mediation zu beobachten ist: Ausgebildete Mediator_innen gehen mit den in der Ausbildung erworbenen Kompetenzen in ihre angestammten Arbeitsfelder zurück. Im Diskurs wird dieser Effekt als ‚Wandel der Konfliktkultur' beschworen, der über die ‚Persönlichkeitsentwicklung' der ausgebildeten Mediator_innen wirke. (Kap. 8.8) Einige Ansätze im Diskurs verstehen Mediation entsprechend auch mehr als Form von in den Alltag zu integrierender ‚mediativer Kommunikation' (KM), sprechen von spontan auftretender ‚Laienmediation' (IKM-B) oder einer generalisierten „Konflikt-kompetenz" (KonKomp). An dieser Stelle muss es als eine empirische Frage offen gelassen werden, welche Elemente der Mediation von

---

ten durchgeführte Mediationsverfahren pro Jahr. (ZKM 2015/176-178) Allerdings bleibt auch hier offen, inwiefern diese vor den Standards des ‚idealtypischen Mediationssettings' bestehen könnten.

wem wie weit übernommen werden und in welchen Situationen wie tatsächliche Anwendung finden. Die sich Mediation nennende oder sich aus der Mediation ergebende Praxis ist so nicht nur angesichts der problematischen Datenlage opak (s. HM3/XI).[11]

Spannungen und Brüche
Die Mediation zeigt sich hier als ein komplexer Gegenstand. Die reale Praxis der Konfliktvermittlung in Mediationsverfahren entzieht sich einer einfachen Festschreibung und Definition entlang mehrerer Achsen: Sie wird virtuell, wenn sie in ein beständiges Futur gesetzt wird, wenn ihr baldiger Durchbruch immer wieder beschworen wird. Sie wird brüchig, wenn die Spannung zwischen der im Diskurs festgeschriebenen ‚idealtypischen Mediation‘, die in der Praxis wenig Anwendung findet, und der realen Implementierung von teils groß angelegten Mediationsprogrammen außerhalb dieses idealen, freischwebenden Settings hervortritt. Allerdings treten diese Probleme der Mediationspraxis auch erst vor dem Hintergrund des durchschlagenden Erfolges der Mediationsausbildungen so klar hervor: Dort wird Mediation in ihrer idealtypischen Form inszeniert, in Rollenspielen simuliert und die MediatorInnenrolle von Tausenden erlernt und in der Virtualität der Ausbildung erprobt und angeeignet. Zu diesem ‚Ausbildungsüberhang‘ der Mediation kommt der intensiv geführte Fachdiskurs, der auf das stark entwickelte Feld der verbandlichen Repräsentation ebenso wie das Engagement von Mediator_innen, die sich als Teil der Mediationsbewegung verstehen, aufbaut. Hier wird Mediation vorangetrieben, mit Öffentlichkeitsarbeit beworben und dabei mit einem denkbar breiten Spektrum von ‚Versprechen‘ aufgeladen.

Alle diese Aspekte zusammen begründen gemeinsam die in dieser Arbeit zugrunde liegende Gegenstandsauffassung: Mediation wird hier nicht als ein bestehendes Verfahren, oder –wie der Diskurs sie einführt (Kap. 6.1)– als eine Wahlmöglichkeit, eine Option im Konflikt definiert. Mediation soll hier vielmehr als ein ‚Projekt‘ verstanden werden: Als eine von einer ‚Mediationsbewegung‘ geförderte und vorangetriebene ‚Idee‘, die ihren Kern gar nicht in der realisierten Konfliktvermitt-

---

[11]   Diese Studie vermag daran nichts zu ändern. Die Mediationspraxis muss daher im Folgenden ein unterbestimmter äußerer Bezugspunkt des zum Gegenstand gemachten Diskurses bleiben.

lungspraxis, sondern vielmehr in der Imagination einer Möglichkeit hat. Entsprechend sind die Aspekte der Mediation, die sich in der Virtualität des Idealtypischen bewegen, stark ausgebildet: Sowohl der Diskurs, der die idealtypische Mediation konstruiert, als auch die Ausbildungspraxis, die sie inszeniert, florieren. Dahingegend steht die Praxis der Vermittlung in realen Konflikten vor dem Dilemma, dass sie entweder –wenn sie ihre idealtypische Form beibehält– nicht hinreichend nachgefragt wird, oder –wenn sie sich in breit angelegten Mediationsprogrammen institutionalisiert– in Spannung zu ihren eigenen Ansprüchen und Versprechen gerät.

2.2 Rekonstruktion des Fachdiskurses

Aus dieser Gegenstandsauffassung folgt ein Zugang zur Mediation, der sich deutlich von der Mehrzahl der wissenschaftlichen Arbeiten zum Thema abhebt. Die überwiegende Mehrzahl der Forschungsarbeiten findet ihren Gegenstand entweder in der idealtypischen Mediation, wie sie im Diskurs festgeschrieben wird, die dann theoretisch erfasst, experimentell variiert oder in ihren Mechanismen und Prozessen detailliert untersucht und rekonstruiert werden soll. Daneben findet sich eine Evaluationsforschung, die sich realer Mediationsprogramme annimmt. [12] Beide Ansätze, und damit fast die gesamte Forschung zur Mediation, richten ihren ausschließlichen Fokus auf die Mediationspraxis und vernachlässigen die eben umrissenen Eigenheiten der Mediation, die sich in ihrer Entstehungsgeschichte und ihren (diskursiven) Herstellungsbedingungen zeigen.

Die oben dargelegte Flüchtigkeit der Mediationspraxis zeigt sich zunächst als rein forschungspragmatisches Problem: Die Akquise von ‚echten Mediationen', die zu Forschungszwecken per Audio oder Video aufgezeichnet werden können, erweist sich als schwierig. Denn die ‚idealtypischen Mediationen' sind selten, den Mediator_innen kostbar und somit für die Forschung schwer zugänglich: Mediator_innen scheinen entweder kaum Fälle zu haben, und wollen dann diese oft nicht zugänglich machen, wagen oft nicht einmal, ihre Parteien zu fragen, um

---

[12] Kellner 2006; Pelikan 1999; ZKM 2014/180. Einen aktuellen Überblick gibt auch M-MK/330-336

keine Irritationen zu erzeugen. Die Forschungsprojekte reagieren auf diese Problemlage, indem sie entweder komplexe Akquisewege beschreiten (etwa: der Forscher akquiriert Fälle, deren Sitzungen aufgezeichnet werden, wobei den Parteien eine kostenlose Sitzung zukommt und die Mediator_innen ein ausführliches Feedback erhalten), [13] oder weichen auf simulierte Konflikt-situationen in experimentellen Rollenspielsettings aus. (Gutenbrunner und Wagner in Press) Die Forschung rückt so, indem sie ihren Gegenstand teilweise mit erzeugt, das untersuchte Geschehen in eine graduelle Virtualität, der Gegenstand wird für die Forschung mit erzeugt. Umgekehrt stellt sich in der Evaluationsforschung das Problem, dass zwar die Daten zugänglich und verfügbar sind, aber die Frage, ob und inwiefern das Untersuchte ‚echte Mediation' ist, also den hohen Ansprüchen des idealtypischen Settings genügen kann, immer mit im Raum steht. Damit folgt, egal auf welchem Forschungsweg, aus der Thematisierung der Mediationspraxis immer eine grundlegende Beschränkung, da der Diskurs nicht selbst zum Gegenstand wird. Wenn zwar Prozesse in, Effekte an und Wirkungen von Mediation beforscht werden, wird dabei jedoch stets eine bestimmte, im Fachdiskurs produzierte Orientierung an der idealtypischen Mediation vorausgesetzt. So wichtig und interessant diese Studien für die Implementierung von Mediationsprogrammen oder als Beiträge zur Diskussion der Wirkmechanismen auch sein mögen, stehen sie doch vor dem Problem, dass sie den Gegenstand ‚Mediation' in der Form, wie er in Ausbildung und Praxis als idealtypische Form der Mediation getragen wird, als gegeben voraussetzen.

2.2.1 Ein rekonstruktiver Zugang zum Fachdiskurs

Im Unterschied zu dieser in der Mediationsforschung verbreiteten Fokussierung der Mediationspraxis wird in dieser Arbeit der Diskurs der Mediation zum Gegen-stand gemacht. Ausgehend von der oben entwickelten Gegenstandsauffassung erscheint es naheliegend, zunächst die Prozesse, in denen sich Mediation als ‚Idee', ‚Projekt' oder ‚Bewegung' konstituiert, zu untersuchen. Dabei gilt es, den Gegen-stand in seinen Spannungen anzunehmen und zu verstehen zu versuchen. Diese Gegenstandsauffassung nimmt Mediation als ein sozial hergestelltes Phänomen wahr, das in einer sehr spezifischen historischen und kulturellen Umgebung ent-

---

[13]   So bei Hans Nenoff, laufendes Dissertationsprojekt (Uni Jena)

standen ist. Es ist daher unabdingbar, den Mediationsdiskurs in seinem Kontext zu verorten. Dies wird im Rahmen dieser Arbeit über den Einbezug einiger programmatischer und für den deutschen Mediationsdiskurs einflussreicher Texte des amerikanischen Mediationsdiskurses geleistet. [14] Dieser Zugang zur Mediation setzt sich damit von dem verbreiteten Vorgehen in der Forschung ab, die die Fassung von Mediation aus dem Diskurs einfach übernimmt und entsprechend den Fokus auf ein idealtypisches Mediationssetting legt, bzw. das Ideal und die Versprechen der Mediation als Maßstab für die Evaluationsforschungen eingehen lässt. Gerade diese Übernahme der Setzungen des Diskurses erscheint hier problematisch, da sie die Distanz zum Fachdiskurs tendenziell schwinden lässt.

Ebenso setzt sich dieses Vorgehen jedoch auch vom Spott und Zynismus der Kritiker ab, die in der Mediation ‚nichts als heiße Luft' erkennen können, die es nach Jahrzenten der Förderung immer noch nicht geschafft habe[15] oder nur „alten Wein in neuen Schläuchen" verkaufe, da sie ja nur Techniken der Moderation und Therapie neu auflege. (Buchen 2013) Auch die in der Mediationsszene formulierte Kritik an der ‚reinen Lehre' und dem Repräsentationsanspruch der Verbände (s.o. Kap. 2.1) wäre mit der eingenommenen Forschungshaltung inkompatibel. Die Perspektive auf Mediation löst sich vom ‚idealtypischen Setting' und kann so die Gestalt, in der die Mediation sich zeigt, als Gegenstand und Bezugspunkt der Arbeit erkennen und –um den Mediationsdiskurs zu zitieren– ‚wertfrei und akzeptierend annehmen' um dann Fragen stellen zu können, die sich direkt aus der Gegenstandsaufassung ergeben: Was ist das eigentlich, Mediation? Wie kommt es in die Welt? Warum ist es gerade jetzt und hier aufgekommen? Und präziser: Was fasziniert so an ihr, dass sich dieser Elan, sie Realität werden zu lassen, hat bilden und

---

[14]   Selbstverständlich wäre die Ausweitung des Gegenstandes der methodisch feingliedrig vorgehenden Diskursanalyse auf den amerikanischen Mediationsdiskurs wünschenswert gewesen. Dies war jedoch aus pragmatischen Gründen nicht möglich, da der US-Amerikanische Mediationsdiskurs nicht nur älter, sondern auch ausdifferenzierter und vielgestaltiger ist und zudem von einem intensiven akademischen Diskurs begleitet wird. Diese Datenmenge in einer vergleichbaren Auflösung zu bearbeiten, wie dies für den deutschsprachigen Mediationsdiskurs geschehen ist, wäre ein unvergleichbar umfassenderes Forschungsvorhaben.

[15]   Eine solche Position lässt sich etwa dem schon lange mit der Mediation befassten Rechtwissenschaftler Klaus Röhl zuschreiben. (s. http://www.rsozblog.de/die-invisibilisierung-des-zweiten-mediationsparadoxes/; 25.8.2016)

über nun 25 Jahre (in Deutschland) hat aufrecht erhalten können? Denn als was ist ein Phänomen aufzufassen, das von sich permanent im Futur spricht? In welchem Aggregatszustand existiert Mediation, als immer auch eine ‚Vision', als ‚Versprechen'? Mit dieser Arbeit sei der Versuch unternommen, anstatt in den skizzierten Spannungsfeldern zu agieren, auf die Entstehung dieser Fragestellungen, Fallstricke, Ansprüche und Narrative, in die die Mediation eingebunden wird zu reflektieren. Denn die Kontinuität des Feldes, der tatsächliche Erfolg der Mediation als Ausbildung, als Diskurs und auf dem Büchermarkt, machen das Phänomen für eine kulturwissenschaftlich nach den Entwicklungen unserer Gegenwart fragenden Forschung interessant. Ebenso stellt eine distanzierte und kontextualisierende Einordnung der auch –mit starkem normativen Begleitgepäck– in pädagogische Kontexte vorstoßenden Mediation ein erziehungswissenschaftliches Forschungsdesiderat dar.

Um diesen Aspekt der Mediation empirisch zu fassen, wird im Folgenden der Fachdiskurs der Mediation als Gegenstand herausgegriffen.[16] Der empirisch untersuchte Gegenstand dieser Studie ist nicht die Praxis der Vermittlung in Konflikten, sondern das Sprechen und Schreiben über Mediation. Es wird verfolgt und nachgezeichnet, wie der Fachdiskurs der Mediation seinen Gegenstand wirkmächtig beschreibt und entwickelt, welche Akteure die Konstruktion von Mediation tragen, welche Themen und Probleme behandelt und auch welche Fragen durch den Zuschnitt der Fragestellung nicht mehr gestellt werden können. Insbesondere werden die Art und Weise, wie die Konfliktparteien im Diskurs theoretisch gefasst und gedeutet sowie die Rolle der MediatorIn beschrieben wird, eine zentrale Stellung dabei einnehmen. Alle diese Fragen werden dezidiert nicht behandelt, um die Mediation an einer besseren oder auch nur anderen Art der Konfliktbearbeitung zu messen und zu vergleichen; stattdessen geht es um eine den Diskurs rekonstruierende Interpretation der Art und Weise, wie die Mediation ihre Probleme, ihre Gegenstände und Themen konstruiert. Ein diskursanalytischer Zugriff setzt seinen Gegenstand in Anführungszeichen. ‚Mediation' wird in der Diskursanalyse nicht mehr als ein Begriff, der auf einen möglichst präzise zu definierenden Gegenstand

---

[16]   Exakt eingegrenzt wird der Datenkorpus erst am Ende von Kap. 5, da sich der Umriss des Gegenstandes aus der Struktur des Feldes ergibt. Für die hier ausgeführten methodologischen Überlegungen sind diese empirischen Details jedoch noch nicht relevant.

verweist, behandelt. An die Stelle der methodisch außer Anwendung gesetzten referenziellen Dimension der Sprache, in der sie die Realität beschreibt, tritt die Analyse der rhetorischen Dimension, die Beobachtung, wie ihre Argumente, Wahrnehmungen, Probleme und Lösungen entfaltet werden. Es geht nunmehr darum, genau zu untersuchen, was auf welche Weise gesagt wird, wenn von Mediation die Rede ist. Welche Themen kommen auf? Welche Probleme werden gesetzt? Welche Antworten werden auf die gestellten Probleme gefunden? Welches Phänomen wird unter welchen Hinsichten beschrieben? Und welche Geschichten werden erzählt? Diese Fragen gehen immer mit den komplementären Fragestellungen einher: Was wird in der Mediation nicht gesagt? Was gilt in der Mediation als nicht-zu-sagendes, ist also verboten? Was wird dagegen stillschweigend übergangen, nur gestreift oder vorausgesetzt?

2.2.2 Theoretisierender Zugriff, im Diskurs fundiert

Der rekonstruktive Zugang zum Mediationsdiskurs und der Verzicht auf eine eigene Theorie der Konfliktbearbeitung dürfen nicht darüber hinwegtäuschen, dass auch diese Studie wie jedes wissenschaftliche Arbeiten in einem theoretischen Rahmen steht, der ihr Vorgehen und ihre Ergebnisse prägt. Auch sei nochmals darauf hingewiesen, dass die Orientierung am Gegenstand, mit der dieses Kapitel eingeleitet wurde, nicht als ein vortheoretischer Akt verstanden werden darf, sondern der Forschungsprozess als Ganzes als zirkulärer Prozess der wechselseitigen Entwicklung der empirischen Arbeit, der theoretischen Perspektive und der Gegenstandsauffassung zu verstehen ist. Wie jedes wissenschaftliche Vorgehen ist auch der Prozess, aus dem diese Arbeit hervorgegangen ist, durch seine methodologischen Entscheidungen und theoretischen Setzungen bestimmt und beschränkt. Die folgenden Analysen schließen an das Forschungsprogramm der „Wissenssoziologischen Diskursanalyse" an. Sie sind damit einer bestimmten (und damit kritisierbaren) Richtung der Wissenssoziologie verbunden, deren Grundbegriffe und Methodik im folgenden Abschnitt dargelegt werden. (Kap. 2.3) Vor allem leitet die Rekonstruktion des Mediationsdiskurses in die klar theoriegeleitete These, dass Mediation als Subjektivation zu verstehen ist, deren theoretischer Hintergrund im folgenden Kapitel ausgeführt wird. (Kap. 3) Die Besonderheit des rekonstruktiven Vorgehens, die hier nochmal herausgestellt werden soll, liegt in der Art, wie die theoriegeleitete Interpretation kleinteilig auf einen methodisch kontrollierten Rekonstruktionsprozess zurückgeführt wird. Es wird so der Anspruch erhoben, die Interpretation aus dem Material herzuleiten, die theoriegeleitete Interpretation mit den Eigendeutungen der Mediation, wie sie im Diskurs formuliert werden, eng zu verweben. Wissenssoziologisch lässt sich von Deutungen erster Ordnung –im Diskurs– und zweiter Ordnung –in der theoriegeleiteten Interpretation– sprechen, die empirisch nachweisbar und detailliert ineinander greifen müssen. Diesen Prozess des ‚abduktiven Schließens‘ (Kap. 2.3.2.2), der sukzessiven Entwicklung der theoretischen Deutungen aus den Deutungsmustern des Diskurses heraus reflektiert der Aufbau der Arbeit, indem auf einen Abschnitt rekonstruktiver Darstellung des Diskurses jeweils ein Stück der diese Arbeit leitenden These ausgeführt wird. (In Kapitel 4-5 geschieht dies materialabhängig, in Kapitel 6-10 in den Kapitelfazits.)

2.2.3 Ein Schritt zu einer unabhängiegn ‚Mediationswissenschaft‘

Zugleich folgt aus dem detaillierten Bezug auf die Deutungen des Mediationsdiskurses keineswegs eine Nähe der hier vorgelegten These zum Mediationsdiskurs. Um die Relevanz dieser Abgrenzung zu verstehen, ist es zunächst notwendig, einen Blick auf das Verhältnis von Mediationsforschung und dem Fachdiskurs der Mediation zu werfen.

Die akademischen Beschäftigungen mit Mediation im deutschsprachigen Raum lassen sich bisher als in ihren jeweiligen disziplinären Kontexten verstreute, und auf akademischer Ebene nicht systematisch miteinander im Austausch stehende Arbeiten zur Mediation kennzeichnen. (Schubert-Panecka 2015) Mediation hat sich zwar punktuell in unterschiedlichen Fakultäten institutionalisiert, wobei die Bandbreite von juristischen Fakultäten wie dem „Institut für Konfliktmanagement" in Frankfurt/Oder über disziplinär gemischte Kontexte wie das „Contarini-Institut" an der Fernuniversität Hagen bis zu neu entstehenden Studiengängen wie dem Master in „Psychosoziale Arbeit und Mediation" an der Hochschule Niederrhein reicht. Auch wenn die Akademisierung von Mediationsausbildungen sich dynamisch entwickelt, unterscheidet sie sich noch deutlich von der US-amerikanischen Hochschullandschaft, wo Mediation zumeist an Law Schools angegliedert ist und die *alternative dispute resolution* (ADR) ein etablierter Bestandteil des juristischen Feldes geworden ist.[17] Die juristischen Arbeiten zur

---

[17]   Siehe auch die entsprechende Sektion in der American Bar Association (http://www.americanbar.org/groups/dispute_resolution.html; Mai 2016); daneben existiert

Mediation stellen zwar den größten Forschungsbestand, neben ihnen stehen aber eigenständige, vor allem psychologische, soziologische, sprach- und kultur- wissenschaftliche Theorieansätze und Forschungen. Bezeichnend ist für diese Situation, dass ein institutionalisierter interdisziplinärer Austausch zwischen diesen disziplinär gebundenen Forschungen bislang über die von engagierten Mediator_innen und ihren Berufsverbänden getragenen Fachzeitschriften und Kongressen stattfindet. So gibt es zwar eine mittlerweile kaum mehr zu überschauende Anzahl von Beiträgen unterschiedlichster Disziplinen zur Mediation, aber keine einzige vorwiegend an ein akademisches Publikum gerichtete deutschsprachige Zeitschrift zur Mediation, die sich nicht neben der Erforschung der Mediation auch ihrer Verbreitung verpflichtet fühlte. (detailliert Kap. 5.5) Bemerkenswert ist darüber hinaus, wie wenig intensiv der wesentlich weiter entwickelte und ausdifferenzierte US-amerikanische Forschungsstand in Deutschland rezipiert wird (abgesehen von einzelnen Artikel wie dem Forschungsüberblick von Kressel und Pruitt 1989). Mit der ‚Forschungsgruppe Mediation‘ gibt es zwar seit einigen Jahren ein Netzwerk, das diese Situation durch transdisziplinäre Vernetzung zu verändern sucht und so eine Plattform für einen interdisziplinären, distanzierten, Kritik ermöglichenden Zugang zur Mediation darstellt, aber ohne den nötigen institutionellen Rückhalt wenig an den Voraussetzungen ändern kann. [18] Zugleich sind aus der Forschungsgruppe Mediation immer wieder Initiativen zur Formierung eines transdisziplinären Forschungszusammenhangs zur Mediation gekommen, die sich in entsprechenden programmatischen Vorschlägen (Schmidt und Kriegel-Schmidt 2015) und einem breit aufgestellten Handbuch (Kriegel-Schmitt, in Press) niederschlagen. Diese stehen aber ebenso wie die Bemühungen der ‚Deutschen Stiftung Mediation‘ um eine stärkere Vernetzung und Kooperation über Disziplingrenzen hinweg erst in ihren Anfängen. Diese Arbeit ist der Intention ihres Autors nach als ein weiterer

---

mit der Association for Conflict Resolution ein breiter aufgestellter Verband. (https://www.acrnet.org/; Mai 2016)

[18]   Ein vom Mediationsdiskurs distanzierter Zugang zu Problematiken, die sich aus der Mediati- on im juristischen Bereich ergeben haben, ist schon seit langen auch in der Rechtswissen- schaftlichen Diskussion vorzufinden. Allerdings bleibt diese Diskussion einerseits auf die ju- ristischen Fragestellungen beschränkt; andererseits hat sich eine klare Befürwortung der Me- diation auch dort anscheinend durchsetzen können. (vgl. Kap 4.2.2)

Beitrag zu einer von den Maßgaben des Mediationsdiskurses distanzierten, multidisziplinär-wissenschaftlichen Beschäftigung mit Mediation aufzufassen. Es sollte nun schon nicht mehr erstaunen, dass im Mediationsdiskurs, wenn die desolate Forschungslage denn einmal anerkannt und reflektiert wird, immer noch positiv umformuliert wird:

> (...) ein weiterer Befund (...), der zugleich ein Potenzial der Mediation beschreibt: die Größe der noch unentdeckten Forschungslandschaft. Als Lehre und Praxis hat sich Mediation etabliert, gleichzeitig ist aber einzuräumen, dass sich die – zumeist ausgezeichnete – Fachliteratur vor allem an die Auszubildenden und fortbildungswilligen Mediatorinnen und Mediatoren richtet; es handelt sich um Lehrbücher und fachpädagogische Beiträge. Was zu vermissen ist, sowohl innerhalb der Lehre wie der übrigen Disziplin, sind die wissenschaftlichen, zumeist transdisziplinär zu erarbeitenden, aber letztlich fachspezifischen Grundlagen. (HM3/X)

Bislang nimmt die zentrale Position der Integration der diversen wissenschaftlichen Zugänge der Fachdiskurs der Mediation ein. In diesem Kontext hat sich ein Modus des wissenschaftlichen Zugangs zur Mediation herausgebildet, in dem –auch wenn sich das eben zitierte Handbuch Mediation insbes. in der aktuellen Ausgabe davon abhebt– ein enger und unkritischer Bezug auf die Mediationspraxis vorherrscht und der als ein die Vorstellungen der Mediationspraxis und –verbände wissenschaftlich bestätigendes Forschungsprogramm beschrieben werden kann. Das Bedürfnis nach wissenschaftlicher Akzeptanz wird von Seiten des Bundesverbandes Mediation, vertreten durch einen Beitrag des Vorsitzenden in einer Ausgabe der Verbandszeitschrift zum Thema „Mediation und Wissenschaft", unmissverständlich als strategisches Interesse an der Verbreitung von Mediation kommuniziert: „Um ernst genommen zu werden, müssen wir erreichen, dass der Begriff Mediation der Beliebigkeit entrissen wird und fest und stabil auf wissenschaftlich belastbaren und akzeptierten Füßen steht." (SDM 44/17) Um zu dieser gesellschaftlichen Anerkennung zu gelangen und der Mediation zu weiterer Verbreitung zu verhelfen, wird zugleich auch ein Konzept zur Erforschung von Mediation angeboten: Um den Kompetenzbegriff zentrierte Forschung zur Mediation sei zur Erfüllung der Anforderungen des Verbandes am besten geeignet. „Anders [als beim negativ besetzten Konflikt als Ausgangspunkt der Forschung; JT] verhält es sich mit dem Wort Kompetenz. Jeder will kompetent sein oder so wahrgenommen werden. Kompetenz ist ein positiv besetzter Begriff, der mit Lernen zu tun hat, mit Karriereplanung, mit Weiterentwicklung und stark sein. Das ist attraktiv und erzeugt einen Wunsch nach mehr, bei dem die Inanspruchnahme Dritter wertsteigernd wirkt." Neben dieser nachfragesteigernden Wirkung habe der Kompetenzbegriff mit seiner neutralen und exakten Messbarkeit einen zusätzlichen „Nutzen, der uns im öffentlichen Wettlauf um die Definitionsmacht von Mediationsqualität einen großen Vorsprung bietet." (SDM 44/51) Forschung zur Mediation wird von Seiten der Mediationsverbände hier der klaren Aufforderung ausgesetzt, Mediation in ihrer Marktgängigkeit und den Mediationsverbänden in ihrer Definitionsmacht zuzutragen. Neben diesem, in expliziter Formulierung und in Verbindung mit dem Machtanspruch eines Berufsverbandes auftretenden Entwurf eines affirmativen Forschungsprogramms findet sich jedoch auch ein vorsichtigeres und weniger den Verbänden als den Grundhaltungen und Überzeugungen vieler Mediator_innen verpflichtetes Vorgehen. Diese, von Claude-Helène Mayer und Dominic Busch entworfene Programmatik unterstellen ihr Forschungsprogramm ebenso den von Praktikern der Mediation formulierten Interessen, Mediation nicht zu „entzaubern" und doch zu erforschen, indem sie „um die Besonderheiten von Mediation und den erforderlichen behutsamen Umgang mit ihnen weiß und zugleich in der Lage ist, eine zukunftsorientierte Erforschung von Mediation anzuleiten." (SDM 44/24, s. auch das Einleitungskapitel von ME) Diese Rücksichtnahme auf die Setzungen der Mediationspraxis, die hier als nicht oder nur höchst behutsam zu hinterfragen hingestellt werden, stellt den Rahmen für eine in den Mediationsdiskurs eingebettete Forschung. Die Spannungen zwischen mediationsinternen Referenzen und den von außen hinzutretenden, an ihren eigenen Fachdisziplinen orientierten Perspektiven der Forschung wird hier aufgelöst, indem die in der Mediationspraxis etablierte Rede von Mediation, mit ihren Bestimmungen des Gegenstandes, ihren Annahmen über Konflikte und menschliches Verhalten und auch nicht zuletzt ihrer unbedingten Überzeugung vom Wert und Nutzen der Mediation selbst zur Matrix der Mediationsforschung (i.s.v. Kuhn 1978) erklärt wird.

Ohne in der Übernahme der Setzungen der Praktiker_innen der Mediation oder der Verbände so weit zu gehen, prägt doch ein Selbstverständnis als Befürworter und Promotoren der Mediation auch eine Gruppe von langjährig mit Mediation befassten Wissenschaftlern, die etwa die Psychologen Rainer Bastine und Leo Montada, den Politologen Horst Zilleßen, den Konfliktforscher Friedrich Glasl und die Vertreter des Forschungsbereichs Gruppendynamik an der Universität

Klagenfurt (Gerhard Falk, Peter Heintel, Gerhard Schwartz u.a.) umfassen. Diese im Mediationsdiskurs präsenten einzelnen Wissenschaftler werden aufgrund ihres frühen und langjährigen Engagements für die Mediation hoch geschätzt, sie gelten als „Urgesteine" der Mediation. Alle diese Wissenschaftler sind auch praktisch in der Mediation aktiv, sowohl als Ausbilder wie auch als praktizierende Mediatoren.[19] Für den Studiengang Gruppendynamik ist diese Verschränkung von Forschung und Praxis Kernbestand des Selbstverständnisses. (Kap. 6.2.3) Sie nehmen damit eine Zwischenstellung ein, indem sie sowohl Mediation praktizieren, in Mediation ausbilden und am Fachdiskurs partizipieren, als auch, indem sie den wissenschaftlichen Input für den Fachdiskurs organisieren und für die Relevanz und Legitimität der Beschäftigung mit Mediation in ihrem wissenschaftlichen Umfeld werben. Ein guter Teil der wissenschaftlichen Beiträge im Fachdiskurs kommt von den genannten Wissenschaftlern oder aus ihrem Umfeld. Damit bildet sich eine Dominanz von nicht nur wohlwollenden, sondern überzeugten und engagierten wissenschaftlichen Beiträgen zur Mediation.

Diese Arbeit setzt sich davon deutlich ab: Keinesfalls entwickelt diese Studie ihren eigenen Standpunkt aus den Setzungen des Praxisdiskurses der Mediation heraus; vielmehr bildet dieser nur das zu rekonstruierende Material der Forschung. Der Praxisdiskurs der Mediation wird durchaus ernst und beim Wort genommen, seine manchmal eklatanten theoretischen Mängel disqualifizieren ihn nicht als Gegenstand der Forschung sondern regen vielmehr die Frage an, nach welchen Standards und Regeln er denn dann funktioniert. Der Diskurs wird als das Medium anerkannt, in dem sich Mediation erfolgreich und kontinuierlich konstituiert und reproduziert, nicht jedoch als der Ort, von dem aus die Forschung operiert. Mediation wird im Folgenden mit einer externen Perspektive konfrontiert. Das entspricht nicht den Erwartungen, die aus der Mediationspraxis und insbesondere den Verbänden über ihre eigene Beforschung geäußert werden.[20] Mediation so zu erforschen beinhaltet das Risiko ihrer Entzauberung.

---

[19]   Leo Montada hebt sich hier ab, da er vorwiegend als Wissenschaftler spricht. Er nimmt, wie unten ausführlich behandelt wird, auch inhaltlich eine Sonderposition ein.

[20]   Neben den zitierten Aufsätzen sei noch auf das Heft 1/2009 der „Perspektive Mediation" verwiesen, dessen Editorial das überdeutlich formuliert.

2.2.4 Grenzen

Mit der Ausrichtung dieser Arbeit auf eine Rekonstruktion des Fachdiskurses der Mediation gehen Einschränkungen einher. Die Beschränkung auf den Diskurs in seiner Konstruktion von ‚Mediation' lässt den Bereich der Rezeption der Mediation außen vor. Damit ist jedoch, gemäß dem oben formulierten Gegenstandsverständnis, ein Bereich angesprochen, der weit über die idealtypische oder nicht-so-idealtypische Mediation hinausgeht. In der hier entwickelten Perspektive steht dem Fachdiskurs ein breites Feld von Praktiken gegenüber, die hier nicht thematisiert werden können: Etwa die Inszenierung und Einübung von Mediation in Ausbildungssettings und der anschließende Transfer des in Mediationsausbildungen angeeigneten Wissens (Überzeugungen, Haltungen, Techniken, Prozeduren...) in die Arbeitsfelder - und auch in das Privatleben der Ausgebildeten, glaubt man der im Diskurs immer wieder herausgestellten „Persönlichkeitsentwicklung" durch Mediationsausbildung. (Kap. 8.7) Diesen höchst spannenden Fragen nach den Lernprozessen in Mediationsausbildungen und dem weiteren Transfer in Praxisfelder und Tätigkeiten, auch solchen, die nicht als Mediation gekennzeichnet sind, kann hier nicht nachgegangen werden. Die Bandbreite von Konflikt diagnostizierenden und problematisierenden, bearbeitenden und lösenden Praktiken müssen jedoch in den Blick genommen werden um nachzuvollziehen, wie diese von im Mediationsdiskurs hergestelltem und verbreitetem Wissen beeinflusst werden. Sollte diese Seite des Phänomens untersucht werden, wäre ein breiteres Ausholen nötig: Zum einen müsste der Einfluss der Mediation auf die Konflikt bearbeitenden Praktiken unserer Zeit in situierten, offen angelegten Untersuchungen beobachtet werden. Ein solches Vorgehen wäre jedoch nicht nur aufwendig, sondern setzte vor allem ein Verständnis des Diskurses überhaupt schon voraus. Die Untersuchung des Mediationsdiskurses, wie sie hier unternommen wird, versteht sich in dieser Weise auch als eine notwendige Grundlage –wenn auch keinesfalls als Ersatz– für die im Kontext der Mediation immer auch mitgestellte Frage nach dem Wandel der Praktiken der Konfliktbearbeitung. Besonders gilt diese Einschränkung für den Komplex der Ausbildung von Mediator_innen, die in Verbindung mit der hier aufgebrachten Subjektivierungsthese ein besonders komplexes, aber auch lohnendes Forschungsfeld darstellt. Auch hier gilt aber wieder, dass die Rekonstruktion von Prozessen der Aneignung der im Mediationsdiskurs vorgesehenen Subjektpositionen (zur Terminologie Kap. 3.1.3) eine empirisch anspruchsvolle Fragestellung ist – die ebenfalls auf einer Analyse des

Mediationsdiskurses aufbaut. Für den Kontext dieser Studie ist es nur wichtig, diese Beschränkung im Blick zu behalten, sie theoretisch (Kap. 3.1.2) und in der Interpretation des Gegenstandes nicht aus den Augen zu verlieren, um die Reichweite und Beschränkung der hier entwickelten Thesen richtig einschätzen zu können.

2.3 Wissenssoziologische Diskursanalyse

Der rekonstruktive Zugriff auf den Mediationsdiskurs, wie er nun skizziert wurde, findet seine methodische Ausformung im Forschungsprogramm der ‚Wissenssoziologischen Diskursanalyse'. Im Folgenden sind die Grundlagen, vor allem der die Gegenstandstheorie ausmachende Diskursbegriff und der im Zentrum der Methodologie stehende Rekonstruktionsbegriff zu erläutern (2.3.1), bevor auf das methodische Vorgehen eingegangen wird. (2.3.2)

2.3.1 Die Methodologie der wissenssoziologischen Diskursanalyse

Die wissenssoziologische Diskursanalyse (WDA) ist ein von dem Augsburger Soziologen Reiner Keller begründetes Forschungsprogramm mit der Zielstellung, die deutsche Tradition der Wissenssoziologie um eine diskursanalytische Perspektive zu erweitern. Als qualitative Methode ist sie im vergangenen Jahrzehnt sehr erfolgreich geworden und hat sich in der qualitativen Sozialforschung verbreitet. Methodisch schließt das Forschungsprogramm an den Diskussionsstand der interpretativen Sozialforschung an, sie kombiniert die Interpretationswerkzeuge und Prozesselemente qualitativer Forschung mit der methodisch nicht ausdifferenzierten (Foucault'schen) Diskursanalyse. In dieser Integration von qualitativer Methodik und Diskurstheorie liegt die Leistung, die die wissenssoziologische Diskursanalyse, wohl nicht nur für diese Arbeit, so attraktiv macht. Zugleich ist diese Integration nicht ohne Spannungen zwischen den doch sehr verschiedenen Bezugspunkten –im Zentrum reibt sich der ‚Akteur' der Wissenssoziologie an den ‚Subjekten' der Diskurstheorie– zu haben. Wenn die wissenssoziologische Diskursanalyse als bloß ‚weiteres Werkzeug im Methodenkasten der qualitativen Sozialforschung' verwendet wird und nicht als das umfassendere Forschungsprogramm, als das Keller seinen Ansatz verstanden wissen möchte, kann diese Spannung latent bleiben. In dieser Arbeit, die keines dieser Probleme ausführlich diskutieren, geschweige denn lösen kann, wird die Frage, wie sich die Positionen des Forschungsprogramms zu dem hier unabhängig von ihm entwickelten Theorierahmen verhalten, unten in Kap. 3.1.3 umrissen. In diesem Abschnitt wird zunächst die wissenssoziologische Diskursanalyse als Methode und Gegenstandstheorie, wie sie für diese Arbeit leitend war, dargestellt.

2.3.1.1 Konturen des Forschungsprogramms der WDA
Das Forschungsprogramm der wissenssoziologischen Diskursanalyse vollzieht den „Einbau" einer an den Arbeiten Michel Foucaults entwickelten „Diskursperspektive" (Keller 2011b, S. 185) in die deutsche Tradition der Wissenssoziologie in der Tradition von Berger/Luckmann (1980).[21] Hier zielt die Methode auf eine Kritik am in der Wissenssoziologie verbreiteten starken Fokus auf alltäglicher Interaktion, von Keller als „Alltagsbias der Hermeneutischen Wissenssoziologie" (Keller 2011b, S. 181) bezeichnet, durch die Analyse von Diskursen, die auf einer gesellschaftsstrukturellen „Meso-Ebene", also die Wissensverhältnisse zwischen der Mikro-Ebene der intersubjektiven Alltags-interaktion und der Makro-Ebene gesamtgesellschaftlicher Entwicklungen, ange-siedelt werden. Auf dieser Ebene sind etwa die vielfältigen „Spezialdiskurse" von etablierten Professionen und Wissenschaften anzusiedeln – und damit auch der Fachdiskurs der Mediation.

Theoretisch greift die wissenssoziologische Diskursanalyse ein breites Spektrum an diskursanalytischen Ansätzen auf, räumt den Arbeiten Foucaults (insbesondere die ‚Archäologie des Wissens' (Foucault 1990) dient mit ihrer expliziten Methodologie[22] als Referenz) einen besonderen Stellenwert ein. Die wissens-

---

[21]   Diese Einschätzung des Aufbaus des Forschungsprogramms steht in Spannung zur in der Einleitung angekündigten Programmatik einer „Übersetzung" (Keller 2011b, S. 13) beider Traditionen in eine neue, von beiden verschiedene Programmatik. Meiner Einschätzung nach werden am wissenssoziologischen Paradigma bloß graduelle Verschiebungen oder methodi-sche Revisionen vorgenommen, der Foucault'sche Ansatz aber grundlegend revidiert. Dies zeigt sich vor allem in der Entscheidung, den Akteur der Wissenssoziologie in eine notwen-dige Setzung aus einem vom Gegenstand unabhängigen Theoriediskurs heraus einzuführen. Am deutlichsten zeigt sich diese Bewegung in Keller 2012b und auch Bosancic 2014. Ent-sprechend bezieht sich die WDA vorwiegend auf den relativ frühen Foucault der Archäolo-gie (Foucault 1990). Kritisch zu dieser Einpassung s. Angermüller 2005.

[22]   Sonst wird die Explikation einer gegenstandsunabhängigen Methodologie von Foucault – sofern sie überhaupt thematisch wird– gerne demonstrativ abgewiesen: „Um auf diese Frage

soziologische Diskursanalyse ist wohl am prägnantesten in ihrer Abgrenzung zur ‚Kritischen Diskursanalyse' zu verstehen. Diese, in Deutschland etwa von Jürgen Link und Siegfried Jäger (Jäger 2012) vertretene Version der Diskursanalyse[23] geht mit einer vorab getroffenen Positionierung der Gegnerschaft zum Forschungsgegenstand in den Forschungsprozess. Als Gegenstand wählt sie sich also immer ‚andere': Rechtsradikale, rechtspopulistische, sexistische etc. Diskurse, deren Funktionsweise im Forschungsprozess aufzudecken ist. Gegen diesen ‚kritischen' Ansatz, der das Ergebnis in normativer Hinsicht immer schon festgelegt hat, positioniert sich der hier verhandelte Ansatz als wissenschaftlich-distanzierte, ergebnisoffene Diskursanalyse.[24] Der hauptsächliche theoretische Bezugspunkt der wissenssoziologischen Diskursanalyse bildet die Diskurstheorie Foucaults. Dort sieht Keller zwei zentrale Probleme, für die Konzepte der Wissenssoziologie als Lösungen angeboten werden: zunächst die bei Foucault fehlende Klarheit in der methodischen Umsetzung von Diskursanalysen, zum anderen sei das Verhältnis von Diskursen und Akteuren zu klären, damit der Diskurs nicht als „Konstruktivismus ohne Konstrukteure" als quasi eigenständig agierend überhöht wird.

Diese [die wissenssoziologische Diskursanalyse; JT] will jedoch nicht nur die Empiriefähigkeit der Diskurstheorien durch eine Heranführung an soziologische Methoden der qualitativen Forschung und des interpretativen Paradigmas stärken, sondern auch die Probleme der Relationierung von Diskursen, diskursiven Ereignissen und sozialen Akteuren durch die Einbettung in die hand-

---

zu antworten, muss man einige Methodenbetrachtungen einführen – besser gesagt: es empfiehlt sich, sich über den Gegenstand zu befragen, den man sich vornimmt." (Foucault 2000, S. 36) An dieser Stelle zeigt sich der deutliche Unterschied zwischen der hier vereinten französischen Theorie und deutschen Soziologie, nicht nur in grundbegrifflichen Positionen, sondern auch im Stellenwert, der der Methodologie eingeräumt wird.

[23]   Zu den Diskursanalytischen Ansätzen, an denen die WDA eine analoge Kritik übt, gehört auch die Diskurstheorie von Ernesto Laclau und Chantalle Mouffe, die in Deutschland seit einiger Zeit eine zunehmende (und verspätete) Rezeption erlebt. (Laclau und Mouffe 1985; z.B. Nonhoff 2007)

[24]   Die WDA setzt sich auch zu anderen diskursanalytischen Ansätzen ins Verhältnis: Von linguistischen und ethnographischen „discourse analysis" trennt die WDA ein anders angelegter Diskursbegriff (tatsächlich scheint es sinnvoll, dass der ethnographische Ansatz in seiner deutschen Bezeichnung als „Gesprächsanalyse" angesichts der grundbegrifflichen Differenzen auch terminologisch getrennt ist), und ihr soziologisches Forschungsinteresse.

lungstheoretische Perspektive der sozialkonstruktivistischen Wissenssoziologie
lösen. Es geht also sowohl um eine theoretische wie um eine methodische
Übersetzung und Präzisierung der Diskursperspektive. (Keller 2011b, S. 176)

Mit dieser eindeutigen Verortung in der interpretativen Sozialforschung und
wissenssoziologischen Handlungstheorie wendet sich die wissenssoziologische
Diskursanalyse gegen eine in der deutschen Rezeption beobachtbare Überhöhung
der Theorie und ihrer Begriffe –besonders des allzu beliebten ‚Diskurs'– zu
unklaren, selbsttätigen, omnipräsenten Entitäten. Entgegen der Mystifizierung
mancher Theorieansätze (ebenso wie der Theoretiker, dazu Felsch 2015) in der
Rezeption einer ganzen Generation französischer Philosophen als Post-
strukturalisten, teils vermittels in den 1980ern beginnenden starken Rezeption in
den USA (Angermuller 2015) bemüht sich die wissenssoziologische Diskursanalyse um eine klare und nüchterne Fassung ihrer Grundbegriffe.[25] Auch auf der
Ebene der Begriffe findet sich so die theoretische Intention wieder, keine
Mystifizierung des Sozialen zu betreiben, sondern gerade das Alltägliche, immer
wieder anzutreffende und schon an der Oberfläche Erkennbare zum Gegenstand
der Interpretation zu machen.

2.3.1.2 Diskurs

Diskurse werden in der wissenssoziologische Diskursanalyse als dauerhafter
Zusammenhang von Praktiken des Redens oder Schreibens beschrieben, die
Macht-Wissen-Komplexe bilden und aus Kämpfen um Deutungen hervorgehen.
Damit sind Diskurse immer beides: Handlungen und Inhalt, Kampf und Deutungen
und inhaltliche Verbindungen, Wissen und Macht. Das Spezifische der
Diskursperspektive ist es, diese Ebenen stets zusammen und in ihrer
wechselseitigen Voraussetzung zu denken.

---

[25]   Damit knüpft die WDA an die Entstehungskontexte der Theorie an: Ein „discourse" ist in
         Frankreich ein Wort der Alltagssprache, das ein Gespräch oder einen Vortrag kennzeichnen
         kann; auch das gewissermaßen ‚verwandte' „Dispositiv" ist im Französischen denkbar weit
         von dem Zauberwort der Theoriesprache entfernt, als das es hier manchmal erscheint: Als
         „dispositif de sécurité" etwa kann auch in der Sprache einer Institution das Maßnahmenbün-
         del aus Gepäckkontrollen, Codekarten und Verhaltensregeln bezeichnen, das der Begriff
         auch in seiner theoretischen Bedeutung umfasst.

Diskurse lassen sich als mehr oder weniger erfolgreiche Versuche verstehen, Bedeutungszuschreibungen und Sinn-Ordnungen zumindest auf Zeit zu stabilisieren und dadurch eine kollektiv verbindliche Wissensordnung in einem sozialen Ensemble zu institutionalisieren. Diskurstheorien bzw. Diskursanalysen sind wiederum wissenschaftliche Unternehmungen zur Untersuchung der damit angesprochenen Prozesse: Die sozialwissenschaftliche Diskursforschung beschäftigt sich mit dem Zusammenhang zwischen Sprechen/Schreiben als Tätigkeit bzw. soziale Praktiken und der (Re-) Produktion von Sinnsystemen/Wissensordnungen, den darin eingebundenen sozialen Akteuren, den diesen Prozessen zugrunde liegenden Regeln und Ressourcen sowie ihren Folgen in sozialen Kollektiven. (Keller 2011a, S. 8)

Diese Perspektive knüpft an die oben im Gegenstand verankerte Spannung von ‚Rhetorik und Realität' an. Diskurs ist immer beides und Diskursanalyse besteht wesentlich in der Analyse des Zusammenspiels von Inhalten und Situiertheit der Rede.

Strategie: Wissenspolitiken

In dieser Definition kommen sehr deutlich die beiden Dimensionen des Diskursbegriffes der wissenssoziologische Diskursanalyse zur Geltung. Einerseits sind Diskurse Versuche, Wissen zu etablieren und damit Arenen, in denen Deutungen mit anderen um Geltung konkurrieren. Diskurse stehen in einem Wettstreit um Wahrheit, Akteure oder Akteurskoalitionen verfolgen gewisse Wissenspolitiken und prägen am Ende die Wissensverhältnisse einer Gesellschaft, in der gewisse Wissensbestände über andere dominieren und sich gegenseitig in ihrer Legitimität respektieren, unterstützen, bekämpfen oder ignorieren. Man denke beispielsweise an die erbitterten Kämpfe darum, welche psychotherapeutischen Verfahren als wissenschaftlich anerkannt zu gelten haben– und damit an der Ressource kassenärztlicher Erstattung teilhaben. Ähnliches könnte für die Mediation, glaubt man den Erwartungen und Befürchtungen in der Szene, in einer möglichen Debatte um ‚Mediationskostenhilfe' analog zur Rechtskostenhilfe bevor stehen, bedenkt man wie die vergleichsweise unbedeutende Frage nach der gerichtsinternen Mediation die Spannungen im Feld aktualisiert hat. (Kap. 5.4) Diese Machtdimension von Diskursen geht auf Foucaults Machtbegriff zurück, der vollständig wertfrei diese Beziehungen der wechselseitigen Beeinflussung als unhintergehbare Dimension des Sozialen ausweist, die „komplexe strategische Situation" (Foucault 1990, S. 114) in der sich verschiedene Akteure oder

Akteursgruppen begegnen. Unter diesem strategischen Gesichtspunkt besteht ein Diskurs aus einer Reihe von Handlungen, die auf die Etablierung einer spezifischen Wissensordnung zielen und von bestimmten Akteuren vorangetrieben wird.

Inhalt: Ontologisierung im Diskurs
Mit der strategischen Dimension ist die inhaltliche eng verwoben. Hier ist nach dem Inhalt der Wissensordnung, der Bedeutungszuschreibungen, dem Umfang und der Systematik des im Diskurs produzierten Wissens zu fragen. In dieser Hinsicht sind Diskurse die Bandbreite der in ihnen möglichen Aussagen, der von ihnen aktualisierten Probleme und die in ihnen hergestellten Setzungen. Diskurse sind damit etablierte, verstetigte Redeweisen, die ihre Gegenstände in der Bewertung erst schaffen. (Keller 2011, S. 46) Diese sozialkonstruktivistische These darf nicht als Behauptung der Beliebigkeit von Bedeutungen verstanden werden. Was in Diskursen als wahres Wissen ausgewiesen wird, ist keineswegs beliebig. Stattdessen lasse sich, so Keller, der wissenssoziologischen Diskursanalyse ein schwacher Realismus zuschreiben: „Diese verzichtet auf die Annahme, dass Sprache dem Wesen der Dinge entspricht, unterstellt aber sehr wohl, dass Benennungen, Bedeutungszuschreibungen, Aussagen über die Faktizität von ‚Tatsachen' unterschiedlichsten Evidenz- und Konsistenzprüfungen unterliegen und sich praktisch-pragmatisch bewähren können und müssen. (...) Es kann also nicht alles über alles in beliebiger Weise und handlungspraktisch erfolgreich gesagt und getan werden." (Keller 2011b, S. 271) Diese pragmatische[26] Erfolgskontrolle von in Diskursen zugeschriebenen Bedeutungen bildet gewissermaßen den Rahmen, in dem Bedeutungen gesetzt werden. So gesehen entscheiden Diskurse, ob Abfälle als Müll oder wertvolle „Wertstoffe" zu gelten haben (Keller 2009), wer als ‚behindert' gilt (Pfahl 2010) oder ob Hirntote als ‚tote Körper' (deren Organe entnommen werden können) oder ‚sterbende Menschen' (deren Leben zu verlängern ist) zu behandeln sind (Schneider 1999). Diskurse bestimmen so den

---

[26]   In diesem Zusammenhang ist bemerkenswert, dass Keller allgemein eine pragmatistische Lesart Foucaults bevorzugt, wie etwa in den Beiträgen der Ausgabe „Foucault and Pragmatism" der Zeitschrift Foucault Studies diskutiert wird. (Einleitend Koopman 2011, alle Beiträge   unter: http://rauli.cbs.dk/index.php/foucault-studies/issue/view/408/showToc; 30.8.2016)

Referenzrahmen einer Sache, weisen einen Status zu und erlauben (oder erzwingen!) die Thematisierung und Problematisierung der Phänomene unter gewissen, mehr oder weniger eng festgelegten Grenzen. Diese diskursiv festgelegten Räume sanktionierter Wahrheit sind zugleich politische, aus Machtkämpfen hervorgegangene und sich in Machtkämpfen reproduzierende ‚Politiken der Wahrheit‘.

Die Wahrheit ist von dieser Welt; in dieser wird sie aufgrund vielfältiger Zwänge produziert, verfügt sie über geregelte Machtwirkungen. Jede Gesellschaft hat ihre eigene Ordnung der Wahrheit, ihre ‚allgemeine Politik' der Wahrheit: d.h. sie akzeptiert bestimmte Diskurse, die sie als wahre Diskurse funktionieren läßt; es gibt Mechanismen und Instanzen, die eine Unterscheidung von wahren und falschen Aussagen ermöglichen und den Modus festlegen, in dem die einen oder anderen sanktioniert werden; es gibt einen Status für jene, die darüber zu befinden haben, was wahr ist und was nicht. (Foucault 1978, S. 51)

Mit dieser Klarstellung grenzt sich die Diskursanalyse gegen den ihr immer wieder gemachten Idealismusvorwurf ab. Es geht in der Diskursanalyse nicht darum, ein weltenthobenes Wissen, das die Deutungen der Akteure beeinflusst, zu rekonstruieren. Mit diesen Bemerkungen zum Diskurs als Grundbegriff der wissenssoziologischen Diskursanalyse soll der Erörterung der theoretischen Grundlagen hier Genüge getan sein. Wie die weiteren begrifflichen Innovationen der Methode in den Theorierahmen dieser Arbeit Eingang finden, insbesondere das Verhältnis von Diskurs und Praxis und die Differenzierung zwischen Subjektposition im Diskurs und realen Subjektivierungsprozessen soll im folgenden Kapitel im Zusammenhang der Subjektivierungstheorie diskutiert werden.

2.3.2 Methodisches Vorgehen
Nach diesem Durchgang durch die gegenstandstheoretischen Grundlagen der wissenssoziologischen Diskursanalyse sollen nun die methodologische Grundlagen und das konkrete methodische Vorgehen erläutert werden. Im Forschungsprozess und den Verfahrensschritten orientiert sich diese Arbeit an den von der wissenssoziologischen Diskursanalyse formulierten Richtlinien.

2.3.2.1 Rekonstruktion als Interpretation zweiter Ordnung
Die paradigmatische Setzung des weltinterpretierenden Akteurs ist für die
Wissenssoziologie nicht nur als Gegenstandstheorie sondern auch als Grundlegung
für das wissenschaftliche Arbeiten konstitutiv, so dass beides systematisch
aufeinander bezogen wird:

> Die in Diskursen prozessierten Deutungen der Welt lassen sich nur deutend er-
> schließen. Damit diese sozialwissenschaftliche Alltagspraxis der Interpretation
> zu einem wissenschaftlichen Unternehmen wird, sind methodische Vorkehrun-
> gen notwendig, die den Interpretationsprozess reflektierend begleiten – wobei
> keineswegs ,endgültige Wahrheit' die Leitidee der Analyse darstellt, sondern
> eher die Vorstellung von nachvollziehbaren ,guten Gründen' für soziohisto-
> risch situierte Auslegungsarbeit. (Keller 2007, Absatz 15)

Die methodische Kontrolle des wissenschaftlichen Interpretationsprozesses wird
das Ziel der methodologischen Diskussion. (Soeffner 1989) Die auf den
Gegenstand eingenommene Perspektive wird ebenso auf das Forschungshandeln
angewendet: dieses ist als wissenschaftliche Rekonstruktion der Deutungs-
leistungen der Akteure nichts prinzipiell anderes, sondern eine „Konstruktion
zweiter Ordnung" (Alfred Schütz, zit. nach Keller 2012a, S. 202), die nur durch
ihre Methodizität von ihrem Gegenstand geschieden werden kann. Dies mag auch
die zentrale Bedeutung begründen, die der Methodendiskurs für die qualitative
Forschung einnimmt.[27]

2.3.2.2 Vorgehen im Forschungsprozess
Wie jede Methodik der qualitativen Sozialforschung bleibt auch das methodische
Vorgehen der wissenssoziologischen Diskursanalyse in erster Linie
gegenstandsbezogen. Es gilt keine standardisierten Protokolle abzuhaken, sondern

---

[27]   Die methodische Selbstkontrolle der eigenen Interpretationen bietet zugleich eine für die
         deutsche Soziologie annehmbare Antwort auf die Frage nach der Position, von der aus Dis-
         kurse analysiert werden. Die von Foucault an dieser Stelle gezielt hergestellte Unklarheit,
         seine Maskeraden (Konersmann 2003) und ironischen Selbstbeschreibungen und sein Spiel
         mit der Autorenschaft (bis hin zur Publikation eines eigenen Lexikoneintrags im unter durch-
         schaubarem Pseudonym) haben seine Rezeption in der deutschen Soziologie erheblich ver-
         zögert, die gerade in diesem Spiel, das mit dem ,Standpunkt der Kritik' spielt, anstatt ihn
         glasklar auszuweisen, den Kardinalfehler der Theorie ausmachte. (Honneth 1985; Habermas
         1985)

die Analyse in Bezug auf den jeweiligen Gegenstand und die Forschungsfragen abzustimmen. Dennoch –oder gerade deshalb!– hat die qualitative Sozialforschung eine lebhafte Methodendiskussion hervorgebracht. Die wissenssoziologische Diskursanalyse positioniert sich nun innerhalb der interpretativen oder rekonstruktiven Sozialforschung mit einigen methodischen Innovationen und Eigenheiten, vor allem aber als offenes Forschungsprogramm, das sich viele methodische Reflexionen und ausgearbeitete Techniken aneignet. So gesehen sind die methodischen Aspekte, die auch das Vorgehen in der hier dargestellten Diskursanalyse angeleitet haben, in zwei Gruppen zu teilen: Einerseits die Haltung und Prinzipien des Vorgehens interpretativ-rekonstruktiver Sozialforschung. Diese leiten die Arbeitsweise und die Phasen des Forschungsprozesses an, auch die Frage, wie die Einheit eines Diskurses zu bestimmen ist, leitet sich hieraus ab. Daneben nimmt die wissenssoziologische Diskursanalyse eine Reihe von Begriffen zur inhaltlichen Strukturierung von Diskursen aus der Tradition wissenssoziologischer Sozialforschung auf. Wo diese die oben explizierten diskursanalytischen Begrifflichkeiten ergänzen konnten und somit im Folgenden angewendet werden, werden die Konzepte hier erläutert.

Haltung und Prinzipien qualitativer Sozialforschung
Für die qualitative Sozialforschung im Allgemeinen und auch für die methodische Orientierung der wissenssoziologischen Diskursanalyse bilden von der „grounded theory" entwickelte Techniken und Verfahrensprinzipien einen wichtigen Bezugspunkt. Für diesen in den 1970er Jahren in den USA entwickelten und populär gewordenen Ansatz ist die empirisch begründete oder fundierte Theoriebildung das namensgebende Forschungsziel. (Strauss 1994; Glaser et al. 2010)

Das Vorgehen nach grounded theory ist grundlegend offen, ein zirkulärer Forschungsprozess soll Irritationen aus der empirischen Arbeit aufnehmen und so die Forschung durch die Arbeit an der Forschungsfrage ebenso wie die Arbeit am Material reflexiv voranbringen. Die Offenheit, die Annahmen der Forschung am Material zu revidieren, bildet wohl das zentrale Ethos qualitativer Forschung. Dieser Modus der Theoriebildung wird als ‚abduktives Schließen' bezeichnet: Weder deduktiv Hypothesen am Material prüfen noch induktiv aus dem Material selbst Hypothesen gewinnen, sondern in einem Wechselspiel zwischen Vorwissen und Empirie die Forschung zu entwickeln. Abduktives Schließen, mit einem geistesblitzartigen kreativen Erkenntnismoment verbunden, ist so noch mehr als ein Modus der Hypothesengenerierung ein Modus der Weiterentwicklung der Hypothesen. Dieses Vorgehen ist Interpretationsarbeit und grenzt sich so von inhaltsanalytischen Ansätzen ab. (Keller 2011a, S. 76; zum abduktiven Schließen auch Rosenthal 2011)

Vorgehensweise der wissenssoziologischen Diskursanalyse
Qualitative Sozialforschung setzt Feldexpertise voraus. Daher bildet der Einstieg in ein Feld, ein Sich-kundig-machen und einen Überblick über Zusammenhänge und vorhandene Positionen die ersten Schritte der Diskursanalyse. (Keller 2011a, S. 86) Anschließen muss über die Datenarten entschieden werden und der Textkorpus der Analysen aufgebaut werden. Hier orientiert sich die wissenssoziologische Diskursanalyse an einem Konzept der grounded theory, dem ‚theoretical sampling‘. Hierbei wird zunächst ein relevanter Fall (das heißt ein Ereignis, ein Dokument...) offen kodiert, dann setzt eine Suche nach kontrastierenden Fällen/Aussagen ein, bis die Varianz eines Diskurses erschöpft ist und keine neuen Aussagen sich mehr finden lassen. (Keller 2007, Absätze 32-34) Auf diese Weise kann ausgehend von der inhaltlichen Streuung eines Diskurses dessen Vielseitigkeit effizient ‚abgesteckt‘ werden. Anschließend sollen einzelne identifizierte Kontraste feinanalytisch (s.u.) untersucht werden, schließlich aus dem Gesamt des Textkorpus und der Feinanalysen ein Gesamtergebnis erarbeitet werden, dass dazu noch in eine präsentationsfähige Form gebracht werden muss. (Keller 2011a, S. 113 ff)

Offenes Kodieren und Feinanalysen
Das in der Grounded-Theory als Codieren bezeichnete interpretative Analysieren von Material kennt eine breite Bandbreite: Einmal das eher oberflächliche „offene Codieren“ zur Einschätzung und Verarbeitung großer Mengen, andererseits die „Feinanalyse“ als sequenzielle Zeile für Zeile-Analyse von zentralen Abschnitten. Letzteres hilft, nicht nur die offensichtlichen Aussagen eines Diskurses zu erschließen, sondern durch das exakte Herausarbeiten und Analysieren von feinen Unterschieden die Lesarten zu präzisieren. Das offene Kodieren bildet den Modus, der für die Analyse von übergeordneten Strukturen und strukturellen Zusammenhängen im Diskurs dient. Auch können so die entscheidenden Stellen für die Feinanalyse identifiziert werden. Feinanalysen sind auf der Ebene des methodischen Vorgehens weitgehend identisch mit der Anwendung im Kontext der

biographischen Fallrekonstruktion oder der strukturalen/objektiven Hermeneutik, auch wenn hier erhebliche methodologische Unterschiede bestehen. (Wernet 2009) Nach jeder Sequenz, das kann ein Satz, ein Absatz, ein Symbol aber auch im Extremfall ein einzelnes Wort sein, werden maximal viele Lesarten entworfen. Diese Lesarten dürfen zwar ‚steile Thesen' sein, müssen sich aber immer im Material begründen lassen und dürfen nicht auf Unterstellungen beruhen. Es können auch verschiedene Hypothesen darüber aufgebaut werden, wie der Text fortfahren wird. Immer wenn die nächste Sequenz aufgedeckt und analysiert wird, werden die falsifizierten Hypothesen verworfen bzw. modifiziert und wiederum neue Lesarten gebildet. Schon nach einer Handvoll Sequenzen kann so eine dichte und oft treffende Hypothese über die analysierte Stelle gebildet werden. Feinanalysen werden in der unten dargestellten Diskursanalyse teilweise ausführlich berichtet, um einerseits einen Einblick in die Forschungsarbeit zu gewähren und andererseits zentrale Ergebnisse plastisch darstellen zu können.

2.3.2.3 Aufbau und Einheit eines Diskurses
Aussagen als typisierte Gehalte von Äußerungen bilden die Grundeinheit der Diskursanalyse. Aus diesen Aussagen werden Diskurse als die je typische Streuung von Aussagen „zusammengesetzt". Dabei sind Aussagen zunächst gleich zu behandeln, es werden keine „Qualitätsunterschiede" gemacht- im Gegenteil sind gerade die im Diskurs angelegten Maßstäbe im Material von Interesse. Die Diskursanalyse verfolgt so das schon von Foucault formulierte „Vorhaben einer reinen Beschreibung der diskursiven Ereignisse". (Foucault 1990, S. 41)

Aussagen als typisierte Gehalte sind von Äußerungen als deren jeweils spezifische konkrete Realisierung zu unterscheiden. Eine Diskursanalyse muss nicht jede Äußerung in ihrer Besonderheit rekonstruieren, sondern kann auf der sich wiederholenden, strukturellen Ebene der Aussagen arbeiten. (Keller 2011a, S. 67f) Dass als Grundeinheit eines Diskurses Aussagen und nicht Text- der andere Sinneinheiten gewählt werden, führt zu einer in der qualitativen Sozialforschung nicht unumstrittenen Lösung der Diskursanalyse von der ‚Sinneinheit des Textes'. Es muss nicht ein Text einem Diskurs zugerechnet werden – Texte können mehrere Diskurse enthalten; dagegen muss nicht jeder Text alle Aussagen eines Diskurses enthalten – ein Diskurs kann sich über viele Texte erstrecken und in keinem einzelnen Text vollständig wiederfinden. Die Diskursanalyse setzt sich damit von der etwa von Gabriele Rosenthal (1995) oder in der Tradition der objektiven

Hermeneutik (Oevermann 2012; Wernet 2009) vertretenen Annahme der Sinneinheit eines Textes dezidiert ab.[28]

Die Einheit eines Diskurses ist zwar aus dem Forschungsprozess heraus begründbar, bleibt aber immer eine Festlegung seitens der Forschenden: „Ausschlaggebend ist hier die vor dem Hintergrund der Fragestellung theoretisch zu bestimmende Abstraktionsebene für die jeweilige ‚Einheit' eines Diskurses." (Keller 2011a, S. 71) Die Abgrenzung des untersuchten Diskurses hängt also keineswegs nur vom Material, sondern auch vom Forschungsinteresse und der Anlage der Studie ab. Hier wurde ein relativ enger Zuschnitt für die Analyse gewählt, indem der Fachdiskurs der Mediation eng definiert wurde. Dieser relativ enge Zuschnitt ist letztlich eine für das jeweilige Forschungsprojekt zu treffende Entscheidung. Hier wurde der detaillierteren Analyse und umfassenden Darstellung der Vorrang vor einer breit angelegten Untersuchung von Konflikt problematisierenden Diskursen gegeben. In einer von anderen Interessen, Fragerichtungen, Feldkompetenzen und Kapazitäten getragenen Forschung wäre ein anderer Zuschnitt aber ebenso möglich gewesen.

Die wissenssoziologische Diskursanalyse setzt sich von Forschungsansätzen ab, die für ihre Diskursanalysen ein ausdifferenziertes Fachvokabular mit Diskurs-fragmenten, Diskurssträngen, Diskursarenen, Interdiskursen etc. für unter-schiedliche Aggregationsebenen und Verbindungen entwickelt haben. (Jäger 2001) ‚Diskurs' ist bezüglich des Umfangs des bezeichneten Sprechzusammenhangs variabel und unbestimmt: Ich spreche im Folgenden sowohl vom Diskurs der Mediation wie auch vom juristischen Diskurs der Mediation – wobei letzterer ein Bereich, ein Strang, ein Teil, des ersteren darstellt. Wichtig ist, dass mit Diskurs ein spezifischer Blickwinkel, eine Lektürestrategie und –haltung markiert wird, in der die Art und Weise der Thematisierung, des Sagens und Auslassens sichtbar gemacht wird. Eine Kartographie des Sprechens über Mediation in der Gesellschaft wird nicht entwickelt.

---

[28]   Wobei sich insbesondere zwischen Biographieforschung und Diskursanalyse vielverspre-chende Diskussionen ergeben haben. (Völter et al. 2009, Pfahl et al. 2015)

2.3.3 Interpretationswerkzeuge

Die inhaltliche Strukturierung der von Diskursen konstituierten Phänomene steht im Vordergrund der ausgearbeiteten Konzepte, da die wissenssoziologische Diskursanalyse hier an die empirische Tradition der Wissenssoziologie anknüpfen kann. Im Folgenden werden diejenigen Vorschläge rezipiert, die in dieser Arbeit Anwendung gefunden haben, sowie ergänzt durch eine kurze Erläuterung der Verwendungsweise von Bourdieus Feldbegriff.

Inhaltliche Strukturierung

In der inhaltlichen Strukturierung der Aussagen eines Diskurses finden mehrere Interpretationswerkzeuge Anwendung: Problematisierung, Deutungsmuster, Klassifizierungen und die Phänomenstruktur. Die Analyse von Problemati-sierungen nimmt besonders bei Foucault eine zentrale Stellung ein, sie kann exemplarisch für die Fragerichtung den Perspektivwechsel der Diskursanalyse aufgefasst werden. Rückblickend verwendet Foucault an einer Stelle selbst die Analyse von Problematisierungsweisen als Interpretationsraster seiner eigenen Arbeiten[29]:

> Ich versuchte von Anfang an, den Prozeß der ‚Problematisierung' zu analysie-ren – was heißt: Wie und warum bestimmte Dinge (Verhalten, Erscheinungen, Prozesse) zum Problem wurden. Warum wurden zum Beispiel bestimmte Ver-haltensformen als ‚Wahnsinn' gekennzeichnet und klassifiziert, während ähnli-che Formen in einem bestimmten historischen Augenblick völlig vernachlässigt wurden; dasselbe gilt für Verbrechen und Kriminalität, dieselbe Frage der Prob-lematisierung gilt für die Sexualität. (Foucault 1978, S. 178; siehe auch Foucault 2000, S. 16)

Eine Struktur von Problem und Lösung lässt sich in vielen Diskursen –und ganz klar auch im Mediationsdiskurs– auffinden: ein oder mehrere Probleme werden identifiziert, ihre Dringlichkeit und negativen Folgen ausgeführt – und daraufhin eine Lösung angeboten. Foucault hat diese Struktur der Problematisierung in seinen bekannten Arbeiten zur Sexualität vorgeführt; sie lassen sich jedoch ebenso

---

[29]   Diese Selbstinterpretationen sind jedoch mit Vorsicht zu betrachten, ironische Beiklänge und strategische Motivationen sind ebenso zu berücksichtigen wie Foucaults Spiel mit seiner ei-genen Person und der Deutung seiner Arbeiten.

in wohl jeder wissenschaftlichen Arbeit –und damit auch in der hier vorliegenden- identifizieren. Der diskursanalytische ‚Dreh' besteht nun darin, nicht selbst Probleme zu beschreiben, sondern die Akte der Problematisierung zu analysieren und damit zu fragen: Was wird wie problematisiert? Wie wird das Problem im Diskurs ‚erschaffen'? Welche Aspekte werden beleuchtet? Wie unterscheiden sich die Problematisierungen im Diskurs (oder auch nicht)? Wird von unterschiedlichen Sprecherpositionen unterschiedlich problematisiert?

Die wissenssoziologische Diskursanalyse führt den in der wissenssoziologischen Tradition entwickelten Begriff des Deutungsmusters in die Diskursanalyse ein. Während dort aber Deutungsmuster teilweise für höher abstrahierte, und komplexere Verbindungen von Wahrnehmungen, Kausalitäten und Differenzen reserviert werden (bspw. Sachweh 2010), wird der Begriff in der wissens- soziologischen Diskursanalyse auch auf weniger umfassende Verknüpfung von Elementen angewendet. Ein solches Deutungsmuster wäre etwa im Mediations- diskurs die an die Problematisierung von Konflikten anschließende Positionierung von Mediation als einer Option des Umgangs mit Konflikten.

Für die Diskursanalyse sind im Diskurs entwickelte Klassifikationen dankbare Ansatzpunkte für die Analyse, da in diesen besonders deutlich Annahmen und Kriterien des klassifizierenden Diskurses erkannt werden können. So ist es die im Mediationsdiskurs verbreitete Differenzierung von intrapersonalen, interperso- nalen, Gruppen- und Großgruppenkonflikten ein Schema, das einen sehr breiten, von der innerpsychischen Mikro- zur gesellschaftliche Makro-Ebene reichenden Konfliktbegriff etabliert. Zudem wird anhand der Klassifikation, die sich eindimensional vom einzelnen Subjekt hin zur großen Gruppe erstreckt deutlich, dass Konflikte hier als zwischenmenschliche Differenzen konstruiert werden, wobei auch jedes einzelne Subjekt ein potentiell konflikthaftes Inneres trägt.

Ein weiteres Interpretationswerkzeug ist die Beobachtung der im Diskurs erzeugten Erzählungen. Wenn in den Lehrbuchtexten die ‚Geschichte der Mediation' erzählt wird, zeigt sich besonders das Selbstverständnis der Mediation. Zudem wird über die Oppositionsstellung zum Gegenspieler, gegen den die Mediation antritt und aus dem heraus die Geschichte sich entwickelt eine politische Dimension sichtbar. Zugleich werden hier die Felder erkennbar, auf denen der Mediation ihre Überlegenheit zugeschrieben wird. Daher lässt sich in der

Rekonstruktion anhand der Narrative der Mediation besonders der oben als „Versprechen" oder „Vision" der Mediation aufgegriffene ‚Überschuss' in den Blick nehmen.[30]

Situiertes Sprechen: Diskursarenen, Aussageweisen, Akteurskonstellation mit Sprecherpositionen und Subjektpositionen
In der Methodendiskussion tritt hinter der Fülle der entwickelten Werkzeuge zur inhaltlichen Strukturierung die Analyse von Diskursen als „situierte Aussagepraktiken" (Keller 2011a, S. 71) zurück. Beide Ebenen der Analyse sind jedoch, was oben als den Diskursbegriff auszeichnend dargestellt wurde, gleichwertig und vor allem in ihrer Interaktion zu berücksichtigen.

Die wissenssoziologische Diskursanalyse schlägt hier zunächst vor, die Diskursarenen und typischen Aussageweisen eines Diskurses und die Akteurskonstellation nachzuzeichnen. Dies kann und soll durchaus auch wörtlich im Sinne einer graphischen Darstellung geschehen. Die Hinweise zur empirischen Beschreibung von Positionierungen und institutionalisierten Aussagepraktiken im Diskurs bleiben eher unklar. Für die Beschreibung und Unterscheidung der im Diskurs hergestellten Sprecher- und Subjektpositionen und der Arenen, in denen der Diskurs stattfindet, der beteiligten Akteure und der Koalitionen, die diese untereinander unterhalten, hält die wissenssoziologische Diskursanalyse keine ausgearbeiteten methodischen Begrifflichkeiten und Vorgehensweisen bereit. Hier werden der Forschung große individuelle Spielräume eingeräumt. An dieser Stelle werde ich auf den von Bourdieu geprägten Feldbegriff rekurrieren. Dieser verwendet in vielen seiner Studien den Begriff, um von ihrer Umwelt relativ autonome Arenen auszuzeichnen, auf denen strategisch handelnde Akteure sich zueinander positionieren und um die Vorherrschaft im Feld wetteifern.[31] So lässt

---

[30]   In der WDA werden an dieser Stelle die Arbeiten von Viehöfer (s. Keller et al. 2011; Viehö-
         ver 2014) herangezogen. Der dort artikulierte Ansatz einer ‚narrativen Diskursanalyse' geht
         jedoch weit über die Analyse von Narrationen im Diskurs hinaus, indem er die Gesamtstruk-
         turierung von Diskursen als Narrationen auffasst. Dieser Ansatz wird hier nicht weiter ver-
         folgt.

[31]   Auf diese Weise wird Bourdieus Theorie auf eine theoretisch reduzierte Weise rezipiert,
         indem der marxistische Theoriehintergrund, den Bourdieus Feld- und Kapitalientheorie aktu-
         alisiert, nicht mit aufgenommen wird. (Die Rezeption gleicht damit dem Gebrauch, den etwa
         Pettenkofer 2010 von Bourdieus Feldbegriff macht.)

sich etwa die Entwicklung des Feldes der Kunst (in Frankreich) seit ihrem Autonomwerden gegen 1870 auch als strategisches Geschehen zwischen Gruppierungen, zunächst zwischen Avantgarde und etablierter Salon-Kunst, später in einer komplexen Vielzahl von Gruppierungen verfolgen (Bourdieu 2014b). Diesen Begriff auf die Mediation anzuwenden und ein ‚Feld der Mediation' zu konstruieren hat zwei Effekte: Zum einen wird eine räumliche Metapher für die zwischen den Akteuren, vor allem den Verbänden, beobachtbare Konkurrenz gefunden, die ihrem strategischen Charakter gerecht wird und eine differenzierte Beschreibung ermöglicht. Zudem aber setzt Bourdieu in jedem Feld eine spezifische ‚Währung' voraus: Die Einheit wird gerade dadurch hergestellt, dass alle Akteure im Feld auf dasselbe aus sind: Die gültige Kunst, die wissenschaftliche Wahrheit, die Macht im Staat – oder eben die Definitionshoheit über die Mediation.

3. Subjektivierungstheorie

> Schritt für Schritt aktiviert das Mediationsverfahren die kreativen
> und konstruktiven Fähigkeiten bei den Streitenden und unterstützt sie,
> eine einvernehmliche Lösung zu finden oder einen Bearbeitungsprozess
> in Gang zu setzen (ABC//9)

In diesem Kapitel soll nun dargelegt werden, vor welchem Theoriehintergrund die These dieser Arbeit ausgebildet wird. Da es durchaus unterschiedliche Theorieansätze zur Subjektivierung/Subjektivation gibt, hat hier eine Verortung zu erfolgen. Diese Arbeit reiht sich in die praxistheoretische Subjektivierungsforschung ein. Das heißt, dass die Herausbildung von Subjekten nicht in erster Linie in Bezug auf ‚die Macht' gedacht wird, die sich ihre Subjekte durch Unterwerfung schafft (Kap. 3.1.1), sondern stattdessen eine Vielzahl von sowohl Alltagspraktiken als auch herausgehobene und explizit die Subjekte adressierende Praktiken in den Blick genommen werden müssen, um die je historisch und kulturell kontingenten Subjektformen zu rekonstruieren. Zusätzlich wird eine Heuristik zur subjektivierenden Wirkung von Anerkennung besonders hervorgehoben. (Kap. 3.1.4) Vor diesem Hintergrund kann dann Mediation als Subjektivierungsprozess verstanden werden, in dem die Parteien autonom und selbstbestimmt an sich selbst arbeiten, in Interaktion mit der Mediator_in und im Möglichkeitshorizont des Mediationsdiskurses. Im zweiten Teil des Theoriekapitels geht es dann nicht mehr um die Grundbegriffe und Interaktionsschritte des Subjektivierungsprozess, sondern um die Form des herausgebildeten Subjekts. Der erste Teil dieses Kapitels hat damit das ‚Wie' der Subjektivierung, der zweite das ‚Was' zum Thema. Hier soll anhand soziologischer und kulturwissenschaftlicher Theorie der Wandel der Subjektformen im kulturellen Umfeld der Mediation umrissen werden. (Kap. 3.2) Die hier skizzierte Theorie stellt einige Thesen dar, die in den folgenden Analysen am Material aufgegriffen werden.[32]

---

[32]   Im Folgenden werden die Begriffe Subjektivierung und Subjektivation abwechselnd und synonym verwendet. Dabei klingt im letzteren die Unterwerfungsdimension der Prozesses

3.1 In Praktiken herausgebildete Subjekte

Die Theorien, auf die in Forschungen zur Subjektivierung Bezug genommen werden kann, spannen ein weites und unübersichtliches Feld auf. Es umfasst je nach
Darstellung die in sich schon heterogenen Arbeiten von Foucault, die post-
marxistische Theorie von Althusser bis Laclau/Mouffe und die Gouvernementalitätsstudien, die Soziologie Bourdieus, die psychoanalytische Theorie Lacans, auch
die Arbeiten von Butler, sowie das Feld postkolonialer Theoriebildung und die
neueren Ansätze zur Akteur-Netzwerk-Theorie. (Althusser 2010; Laclau und
Mouffe 1985; Bröckling et al. 2015; Rose et al. 2006; Lacan et al. 1996; Butler
1991, 2001; Ashcroft et al. 1995; Latour 2008; Belliger und Krieger 2006; Bourdieu 2014a) Diese Arbeit soll nun anhand zweier Linien in diesem Feld verortet
werden: Zum einen ist eine theoretische Differenz zu beachten zwischen einerseits
Theorien, die Subjektivation von der Unterwerfung der Subjekte unter ‚die Macht'
aus verstehen und andererseits praxistheoretischen und kulturwissenschaftlichen
Ansätzen, die Subjektivierung als offene, performative und körperliche Prozesse
beschreiben, in denen sich Subjekte in einer Vielzahl von zwar stets machtdurch-
zogenen, aber prinzipiell offenen Praktiken herausbilden. Letztere sind nochmals
auf einer methodologischen Ebene zu differenzieren, in einerseits kulturhistorische
Ansätze, die historisch und sozial spezifisch situierte Praktiken untersuchen und
diese insbesondere nach den in ihnen enthaltenen kulturellen Codes und damit der
sich in ihnen verkörpernden Subjektform befragen, und andererseits kulturanthropologische Ansätze, die Praxis als ein komplexes, offenes und multiperspektivisch
zu erfassendes Geschehen konzipieren; erstere betonen ihrem methodischen Zugriff gemäß stärker die kollektive Strukturiertheit, letztere die im in jedem einzelnen Fall wieder prinzipielle Offenheit der Subjektivation.

Die erste der beiden Unterscheidungen, zwischen der theoretischen Richtung, die
Subjektivierung primär als Unterwerfung versteht und den praxistheoretischen
Ansätzen, lässt sich anhand des unterschiedlichen Anschlusses an die klassische
Subjektphilosophie zeigen, aus denen die beiden Theorierichtungen ganz unter-

---

stärker an (‚sub-jection'), während ersterer die Freiheitsgrade und Spielräume des Subjekts
(‚subjekt-ivierung') herausstellte. Die Pointe der Theorie ist gerade die Parallelführung beider
Dimensionen; daher die gewählte Verwendungsweise der Begriffe.

schiedliche Narrative generieren. Während erstere in einer Umkehrung des Befrei-
ungsnarratives der Moderne die nur scheinbar autonomen Subjekte als einen ,Ef-
fekt der Macht' demaskieren will, geht die letztere, indem sie die in dieser Kritik
geleistete begriffliche Arbeit aufnimmt und weiterführt, über diese reine Oppositionsstellung hinaus. Die praxistheoretische Subjektivierungsforschung kommt nach
den Debatten um den ,Tod des Subjekts' (Foucault 2015), um die Frage nach den
,Subjekten' (bzw. ,Subjektformen', s.u.) als eine empirische zu stellen.

Diese Dezentrierung des Subjekts auf theoretischer Ebene mündet am Ende des
20. und zu Beginn des 21. Jahrhunderts konsequent in die kulturwissenschaftliche Subjektanalyse, die entschieden von (post-)strukturalistischen Begriffsbil-
dungen profitiert. Wenn sich die universale Struktur des ,Subjekts' als ein moderne Fiktion herausgestellt hat, dann muss das Interesse den historisch-
spezifischen kulturellen Praktiken und Diskursen der Subjektivierung, der Bildung und Umbildung besonderer Subjektformen in ihrer Konflikthaftigkeit und
Widersprüchlichkeit gelten, so wie sie den Individuen selber, die sich durch sie
formieren, regelmäßig intransparent bleiben. (Reckwitz 2008, S. 13)

Der ,Skandal der Theorie', ihre Provokation und Herausforderung, besteht nun
weniger in einer Kritik der Macht, sondern im detaillierten Aufzeigen der Brüchigkeit und Wandelbarkeit der Subjektformen, die den jeweils formulierten Allge-
meinheitsanspruch unterläuft. Während in dieser Arbeit der praxistheoretische
Ansatz aufgenommen werden soll, liegt aus der Theorietradition, die Subjektivation als Unterwerfung versteht, bereits ein Beitrag zur Mediation von Ulrich Bröckling vor, der daher zunächst ausführlich diskutiert werden soll.

3.1.1 Subjektivation als Unterwerfung

In der ersten Traditionslinie der Subjektivierungstheorie wird Subjektivation als
Unterwerfung unter eine machtvolle Instanz eingeführt; die Subjektivierungstheo-
rie positioniert sich dann in einer Fundamentalopposition machtkritisch.[33] Ihren
Ausgangspunkt nimmt diese, von ihren Kritikern als „Disziplinierungsnarrativ"

---

[33]   Die in diesem Abschnitt formulierte Kritik scheint auf die subjektivierungstheoretischen
Ansätze der postcolonial studies ebenso wenig pauschal zuzutreffen wie sie die vielschichti-
gen theoretischen Interventionen von Butler zu fassen vermag. (s. exemplarisch Eggers
2009; Butler 2001) Beide Theorietraditionen wären nochmals getrennt zu diskutieren und
differenzierter zur hier veranschlagten Theorie ins Verhältnis zu setzen.

bezeichnete Linie von einem programmatischen Text des französischen Intellektuellen Louis Althusser. In dieser wirkmächtigen Aktualisierung von Fragen marxis-
tischer Ideologietheorie –und implizit auch der Frage nach den Möglichkeiten von
Praxis nach dem Mai `68– führt Althusser die Theoriefigur des Subjekts, das sich
in der Anrufung durch die mächtige Instanz bildet. In diesem ‚Ursprungs-Text'
dieser Linie der Subjektivierungstheorie findet sich die viel zitierte und paradigmatisch gewordene Schlüsselszene der Anrufung durch einen Polizisten:

> Man kann sich diese Anrufung anhand des Typs der banalsten alltäglichen An-
> rufung vorstellen, wie sie etwa von Polizei wegen [Anrufung bedeutet auf
> Französisch (‚interpellation') ebenfalls die polizeiliche Festnahme, wie der
> Herausgeber in einer Fußnote anmerkt; JT] oder auch ohne diese Zuspitzung er-
> folgt: ‚He, Sie da!' Einmal unterstellt, dass die vorgestellte theoretische Szene
> sich auf der Straße abspielt, dann dreht sich das angerufene Individuum um.
> Durch diese einfach physische Wendung um 180 Grad wird es zum Subjekt.
> Warum? Weil es damit anerkennt, dass der Anruf ‚genau' ihm galt und dass es
> ‚gerade es war, das angerufen wurde' (und niemand anderes). (Althusser2010,
> S. 88-89)

Auch wenn diese Szene wohl als Althussers paradigmatischer Fall zurecht im
Zentrum der Rezeption stand, finden sich auch andere Beispiele, in der nicht die
Autoritätsinstanz ein potenziell schuldiges Subjekt anruft, sondern die Akte der
Anrufung unter Freunden oder Gleichrangigen im ritualisierten Gruß verortet werden. Auch im freundlichen „Guten Tag, mein Lieber" sieht Althusser die „materielle rituelle Praxis der ideologischen Wiedererkennung im Alltag". In derartigen
alltäglichen Praktiken versichern sich die Individuen, die „immer schon Subjekte
sind, (…) dass wir ganz einfach konkrete, individuelle, unverwechselbare und
natürlich unersetzliche Subjekte sind." (Althusser2010, S. 87) Dieser spezifische
Subjektstatus wird in der Alltagspraxis als evident vorausgesetzt, die Evidenzen
müssen aber in Praktiken immer wieder erkannt und anerkannt werden. Die durch
Althusser so berühmt gemachte Doppeldeutigkeit im Französischen (die sich auch
im Englischen subject/subjection findet) von ‚sujet' als einerseits „freie Subjektivität: ein Zentrum der Initiative, das Urheber und Verantwortlicher seiner eigenen

Taten ist" und andererseits „ein unterjochtes Wesen, das einer höheren Autorität[34] unterworfen ist und daher keine andere Freiheit hat als die der freiwilligen Anerkennung seiner Unterwerfung" (Althusser2010, S. 98) ist der Ausgangspunkt[35] dieser Theorietradition der Subjektivation. Neben Althussers Anstoß ist maßgeblich Michel Foucaults berühmte Studie ‚Überwachen und Strafen' (Foucault 1977) sowie die ‚governmentality studies' (programmatisch Rose 1996; Weber und Maurer 2006; Rose et al. 2006) zu zählen; letztere werden in Bezug auf die Mediation von Ulrich Bröckling vertreten.

Diese Arbeit möchte zu dieser Theorietradition auf Distanz gehen; eine ausführliche Auseinandersetzung ist jedoch notwendig, da ein Beitrag zur Mediation von Ulrich Bröckling vorliegt, der mit dem hier vertretenen Ansatz bei allen Differenzen auch große Gemeinsamkeiten hat. So gilt generell für die folgende Abgrenzung, dass die Unterschiede zwischen den Ansätzen nur prägnant herausgearbeitet werden müssen, da sie in den großen Übereinstimmungen übersehen werden könnten, aber für die Ausrichtung des Forschungsprogrammes und die gezogenen Schlüsse von weitreichender Bedeutung sind.

‚Gouvernementalität der Mediation': Ausgangspunkt und Fragestellung
Bröcklings Verständnis der Mediation als subjektivierende Technologie ist im Kontext seiner gegenwartsdiagnostischen Überlegungen und seiner Studie zum „Unternehmerischen Selbst" zu verstehen. (Bröckling et al. 2015; Bröckling 2007) Insgesamt stellt die „Gouvernementalitätsforschung" in Anschluss an Foucault die Frage nach der politischen Herrschaft im Liberalismus. Foucault hatte diese als eine Formation des ‚Regierens durch Selbstregierung' herausgearbeitet und mit dem Neologismus ‚Gouvernementalität' belegt. In Anschluss an Foucault Begriff

---

[34]   Mit der „höheren Autorität" verallgemeinert Althusser hier eine Figur, die er anhand des christlichen Gottes entwickelt und das als SUBJEKT in Großbuchstaben dem unterworfenen Subjekt Herr, Bezugspunkt und Anker seiner Identität (z.B. Namensgeber in der Taufe) ist. (92-99)

[35]   Natürlich ist die Theoriefigur nicht hier erfunden worden; die impliziten Anleihen unmittelbar bei Lacans Theorie der Subjektkonstitution im „Spiegelstadium" (Lacan et al. 1996; dazu: Fink und Boehme 2006) sowie im weiteren Kontext bei Nietzsches Moralkritik sind unübersehbar. In der Rezeption markiert der Text jedoch einen starken Einschnitt, der ihn als Ausgangspunkt der Theorietradition qualifiziert

wird ‚regieren' hier aber sehr weit verstanden, im Sinne eines jeden planmäßigen Einwirkens auf das Handeln anderer. (Bröckling 2007, S.9, 32ff) In diesem Kontext fasst Bröckling auch die Mediation:

> Mediation ist ein prominentes Beispiel für die Transformation einer alltäglichen Kommunikationspraxis, hier: des Schlichtens von Konflikten durch Hinzuziehung eines unbeteiligten Dritten, in eine methodisch angeleitete, von eigens dafür ausgebildeten Experten betriebene, wissenschaftlich beforschte und institutionell abgestützte Sozialtechnologie. (Bröckling 2015, S.171)

Die Mediation wird so in die von Bröckling entwickelte Gegenwartsdiagnose eingetragen: Auch die Mediation bringe die Leute dazu, sich an dem überall proklamierten Idealbild des ‚unternehmerischen Selbst' auszurichten. Dieses sei als „Kategorischer Imperativ unserer Zeit" (Bröckling 2007) allgegenwärtig und leite die neoliberale „Ökonomisierung des Sozialen" ein. In diesen Kontext wird nun auch die Mediation gesetzt, wenn sie als Teil der gegenwärtigen Regierungskunst verstanden werden soll. Bröckling setzt dabei nicht bei den real stattfindenden Auseinandersetzungen und den auffindbaren Praktiken der Konfliktvermittlung an, sondern analysiert die Prozesse auf der „Ebene der Programmatik". So auch die Mediation: „Es geht um Mediation als Regierungskunst, nicht als Regierungspraxis, um ein strategisches Machtdispositiv, nicht um die Taktiken ihrer Ausübung" (Bröckling 2015, S.172) Dieser Ansatzpunkt bringt Bröcklings Arbeiten methodologisch in die Nähe dieser Arbeit: Die „Ebene der Programmatik, auf die unter anderem in Lehrbüchern, Ausbildungscurricula, Gesetzestexten und Selbstdarstellungen von Mediatoren formulierten Vorstellungen, wie ein Mediationsverfahren ablaufen soll und was es leisten kann" (Bröckling 2015, S.172) liegt nicht nur vom Datenkorpus her, sondern auch in der programmatischen Art und Weise, Mediation zu thematisieren, sehr nahe an dem, was hier als „Fachdiskurs der Mediation" definiert wird. (Kap. 2.2; Kap. 5.6) Ebenso gleichen die Überlegungen zur Subjektivierung, die Bröckling anführt, zunächst der hier verfolgten Interpretation von Mediation als Subjektivation:

> Subjektanrufungen operieren generell mit einer Zeitschleife und unterstellen als (zumindest im Modus der Potenzialität) bereits gegeben, was sie erst hervorbringen wollen. Das Setting der Mediation und die Interventionen des Mediators adressieren die Medianden einerseits als überlegt kalkulierende und deshalb kooperationsbereite Interessenvertreter ihrer selbst, andererseits als emoti-

onal men, die zu einem sozial kompatiblen Ausdruck ihrer Gefühle fähig sind, und sie erzeugen dadurch einen Sog, dass diese sich auch entsprechend ihrer Adressierungen verhalten. Das klappt selbstverständlich nicht immer – Lern-prozesse sind keine Einwegkommunikation, und Mediationsverfahren können abgebrochen werden – aber die Anrufung des Subjekts der Mediation kann auf Resonanz und adäquate Selbstdarstellungen der dergestalt Angerufenen hoffen, weil die von ihnen erwarteten Verhaltensweisen an weithin akzeptierte gesell-schaftliche Leitbilder anschließen können. (Bröckling 2015, S.183)

Auch hier soll die Mediation in einer breiteren kulturellen Entwicklung verankert werden, auch hier wird die Frage nach der Erzeugung des subjektivierenden ‚Sogs' in der Mediation gestellt. Ebenso deckt sich Bröcklings Wahrnehmung, dass Medi-ation als normatives Ideal sich hat durchsetzen können (Bröckling 2015, S.173), und auch Bröcklings Fragerichtung ist der dieser Arbeit verwandt:

Das wirft die soziologisch interessante Frage auf, was es über zeitgenössische Gesellschaften aussagt, wenn sie gerade mithilfe dieses Machtdispositivs ihre Vorstellungen von Gerechtigkeit, Verständigung und Konfliktbeilegung ver-wirklichen zu können hoffen und/ oder ganz andere Herausforderungen wie die Überlastung der Gerichte oder die mangelnde Akzeptanz städtebaulicher oder technologischer Großprojekte zu meistern versuchen. Oder anders gefragt: Wenn Mediation die Lösung ist, was sind dann die Probleme? (Bröckling 2015, S.173)

In der Beantwortung dieser Frage treten dann aber Unterschiede hervor, die gerade herausgestellt werden müssen, da von der Fragestellung bis zur Definition des Gegenstandes der Analysen so breite Parallelen bestehen.

Disziplinierungsnarrativ 2.0
Die Art der Theoretisierung, der Bröckling die Mediation unterzieht, ist eine Ver-dachtshermeneutik, die ihre Gegenstände a priori als Teil der stets problematisier-ten Macht auffasst und ihre Argumentation damit zunehmend schließt.

Die pastorale Macht der Mediation beruht gleichermaßen auf der Kunst des bargaining wie auf subtiler Seelenführung. Beide Momente wirken selbstver-stärkend im Hinblick auf die Legitimation dieses Machtdispositivs: Wer könnte etwas gegen ein Verfahren haben, das allen Beteiligten verspricht, ihre Interes-sen zur Geltung zu bringen? Und wer würde nicht bereitwillig jenen folgen, die sich ihm freundlich zuwenden, seine Gefühle ernst nehmen, auch die negativen, und ihm das Vertrauen vermitteln, sich mit den Kontrahenten verständigen zu können? (Bröckling 2015, S.183)

Die Mediation wird der Macht als Regierungskunst zugeordnet, ohne dass dieser Schritt im Gegenstand begründet und ausgeführt würde. Und im weiteren Vorgehen interessieren nicht mehr die Differenzen, sondern bloß die Konvergenzen, die sich aus den gegenwärtigen „Sozialtechnologien" zu *einem* „Machtdispositiv" zusammenfügen. Es gibt hier *einen* Sog, *ein* Kräftefeld, *eine* Macht: Die gesellschaftsweit ihre Subjekte erfassende Instanz ist –stets im Singular– „die Macht, verstanden als das Ensemble der Kräfte, die auf das Subjekt einwirken" (Bröckling 2007, S.19). Bröckling gesteht zwar zu, dass das Subjekt vielen Einflüssen ausgesetzt ist: es sei klar, dass eine mit sich selbst wirklich identische Subjektivität angesichts der vielfältigen Subjektivierungsweisen nicht zu erreichen sei. (Bröckling 2007, S.35) Allerdings gerät diese Einsicht in Spannung zur methodischen Anlage der Studie, die eben nur eine Subjektivierungsform untersucht und in der es am Ende heißt, die „Anrufungen des unternehmerischen Selbst sind totalitär." (Bröckling 2007, S.283) Von anderen Anrufungen ist nicht die Rede; wenn dazu noch der Imperativ, unternehmerisch zu handeln, als „Kategorischer Imperativ der Gegenwart" (Bröckling 2007, Klappentext) erhoben wird, ist für ebenbürtige Dispositive auch kein Platz mehr. Alleine, da dieser Imperativ konstitutiv widersprüchlich und daher unerfüllbar ist, soll die Suggestion von Unausweichlichkeit des Unternehmerischen Selbst vermieden werden. (Bröckling 2007, S.11)

Bröcklings Arbeiten stellen eine äußerst scharfe Kritik des Neoliberalismus dar: In diesem auf Selbstführung gebauten „Regime" werden die Kräfte des Subjekts mobilisiert und für das Funktionieren der Macht eingespannt. Damit greift Bröckling hier die zentrale Theoriefigur Althussers wieder auf: Subjektivation erscheint als der Mechanismus, über den die kritisierte Macht (der kapitalistische Staat, das neoliberale Regime) sich ihre ‚von alleine funktionierenden' Subjekte schafft. Allerdings hat in dem von Bröckling nun eine Stufe weiter gedrehten Disziplinierungsnarrativ die Macht ihre Strategie grundsätzlich geändert: Nicht wie Althusser das Zusammenspiel von Repression und Ideologie[36], sondern die Aktivierung und

---

[36]   Das zudem in Althussers Theoriearchitektur der Repression das Primat einräumt. (Neubauer 2017)

„Zurichtung" der Einzelnen gewährleistet das Funktionieren, die ‚Führung durch Selbstführung' erweist sich als reibungsloser und überlegen: „Effizienter als Gehorsam zu erzwingen ist es, Anreizsysteme zu installieren, die bestimmte Verhaltensweisen wahrscheinlicher machen sollen als andere, oder die Verhaltenslenkung gleich an jene zu delegieren, deren Verhalten gelenkt werden soll. Gouvernementale Führung impliziert daher stets Anleitung zur Selbstführung." (Bröckling 2015, S. 171) So erscheint der Neoliberalismus als eine paradoxe Ausweitung von Macht durch Freiheit. Anstatt den Einzelnen vor der Übermacht stillzustellen, zeige die effizientere und feingliedrigere Regierungsform „dass die gegenwärtige Ökonomisierung des Sozialen den Einzelnen keine andere Wahl lässt, als fortwährend zu wählen, zwischen Alternativen freilich, die sie sich nicht ausgesucht haben: Sie sind dazu gezwungen, frei zu sein." (Bröckling 2007, S.12) Diese Theoriefigur verkehrt die Proklamation der Freiheit des Einzelnen in den neoliberalen Diskursen vollständig in ihr Gegenteil. Zwischentöne oder Abstufungen werden nicht eingezogen, etwa wenn das Empowerment –in all seinen Bezügen auch zu emanzipatorischen Bewegungen– nur noch als „Modus der Regierens, der sich dadurch definiert, dass all seine Interventionen die Fähigkeit zur Selbstregierung steigern sollen" (Bröckling 2007, S.184) gilt. Das Subjekt ist hier immer schon Effekt der Macht: „Das Subjekt ist somit zugleich Wirkung und Voraussetzung, Schauplatz, Adressat und Urheber von Machtinterventionen. Eine Entität, die sich performativ erzeugt, deren Performanzen jedoch eingebunden sind in Ordnungen des Wissens, in Kräftespiele und Herrschaftsverhältnisse." (Bröckling 2007, S.21)

Der Performativität des Subjekts, also dem Umstand, dass ein Subjekt nie stabil fixiert ist, sondern auf seine alltägliche Reproduktion angewiesen bleibt, misst Bröckling in einer aufschlussreichen Differenz zu Butler (1991) dann keinen größeren Stellenwert zu. War der ‚Aufführungszwang' des Subjekts bei Butler das Einfallstor für subversive Verschiebungen und eine immer Neues generierende Praxis, wird auch dieser Aspekt bei Bröckling in das auf die Macht fokussierte Narrativ eingefügt, wenn diese kybernetisch aus ihren Fehlschlägen lernt und so die Subversion einzufangen in der Lage ist: „diese Unschärfen, Fehlschläge und Widerstände setzen der Regierung des unternehmerischen Selbst Grenzen, sie zeigen ihr im gleichen Zuge jedoch auch, wie sie ihre Instrumente verfeinern und geschickter ansetzen kann. Deshalb ist das Zurückbleiben der Programme hinter

den selbst gesetzten Zielen nicht unbedingt Zeichen ihrer Schwäche, sondern kon-
stitutives Moment ihres Funktionierens."[37] (Bröckling 2007, S.
283-4) Die Pro-
grammatik nutze „Störungen als Signale, um ihre Interventionen zu regulieren.
(…) Die Optimierung des Regierens folgt den Verwerfungen des Regiertwerdens."
(Bröckling 2007, S.284) Bröcklings Theorie neigt hier deutlich zur Schließung:
Die Macht vereinnahmt nicht nur die Freiheit der Subjekte, sondern auch noch
ihren Widerstand zur Optimierung ihrer Regierungstechniken. Ihrem Zugriff ent-
kommt nichts: „Die Anrufungen des unternehmerischen Selbst sind totalitär. Ökonomischer Imperativ und ökonomischer Imperialismus fallen darin zusammen.
Nichts soll dem Gebot der permanenten Selbstverbesserung im Zeichen des Marktes entgehen." (Bröckling 2007, S.283)

Wenn Bröckling „die Beschäftigung mit den unternehmerischen Selbst zu einem
paranoiden Unterfangen" gerät (Bröckling 2007, S. 283), mag dies mehr in der
methodischen Vorgehensweise liegen, die ihren Gegenstand von Anfang an als
einen „Sog" versteht. Bezeichnend ist hier in der Theorie die Verwendung des
Singulars für die subjektivierende Instanz (in einem Theoriediskurs, der sonst
durchaus dazu neigt, seine Begriffe ins Plural zu setzen): ein Sog im Singular, die
Macht im Singular, ein Kraftfeld, das nicht zu anderen Kraftfeldern ins Verhältnis
gesetzt wird und damit ebenso alleine dasteht. Zu dieser Vereinseitigung der Kritik
will diese Arbeit auf Distanz gehen. Aus einer rekonstruktiven Forschungshaltung
heraus erscheinen vor allem die starken, a priori festgelegten Wertungen problematisch. Auch die extreme Polarisierung, die immer stärkere und immer umfassendere
Darstellung der ‚Macht' und die davor immer problematischer werdenden Versuche, Handlungsfähigkeit zu gewinnen, erscheinen eher als ein theorieinduziertes
Problem. Dabei wird diese Polarisierung, die glatte Umkehrung der Versprechen
des neoliberalen Diskurses in der ‚kritischen' Theoretisierung, empirisch nicht
untermauert: Zu Beginn der Untersuchung zum Unternehmerischen Selbst, die

---

[37]   Butler viel zitierte Subjektivationstheorie macht in diesem fortwährenden Zwang zur Insze-
         nierung des Subjekts die immer gegebene Möglichkeit zur Subversion und Veränderung fest.
         (Butler 1991, S. 198–218) Freilich ist dieser Aspekt bei Butler auch nur ein Moment ihres
         ersten Theorieentwurfs, den sie selbst in einem späteren Kommentar als zwischen besagtem
         „manischen" und einem diesem gegenüberstehenden „melancholischen" Moment aufge-
         spannt sieht. (Butler 1991, S. 68–122; vgl. die Kommentierung in der Einleitung zu Butler
         1997).

auch Bröcklings Analyse der Mediation bestimmt, werden die Programmatiken, die zur Ökonomisierung des Selbst und des Sozialen aufrufen als Gegenstand eingeführt (Bröckling 2007, S.7); am Ende erscheint diese Programmatiken als prägende, dominante, ja: ‚kategorische' Subjektivierungsform – ohne dass diese Verallgemeinerungen empirisch ausgewiesen wäre. Vielmehr scheint hier die Kritik den Suggestionen des Gegenstandes zu folgen – freilich, um sie dann ins Kritische zu wenden.[38] Einer differenzierten Beschreibung und Bewertung des Gegenstandes kommt man so jedoch kaum näher. Diese einseitige Problematisierung des Neoliberalismus ist für die Gouvernementalitätsforschung insgesamt kennzeichnend: „Was angesichts der vergangenen Gouvernementalitätsforschung besonderes ins Auge fällt, ist ihre doch sehr einseitige Problematisierung neoliberaler Subjektivierungs- und Regierungsformen (...). Es bleibt der Verdacht, dass ‚Neoliberalismus' möglicherweise wegen der Perversion bzw. Mobilisierung der subjektiven Autonomie als Herrschaftstechnologie problematisiert wird." (Marttila 2012, S. 165, mit Bezug auf die Beiträge in Bröckling et al. 2015) Eine derartig apodiktische und verschärfte Kritik stellt nicht nur den gegenwartsdiagnostischen Anspruch dieses Forschungsprogramms in Frage, sondern muss spätestens in dem Moment, in dem der Neoliberalismus so deutlich ins Wanken gerät,[39] auch politisch in ihrem kritischen Anspruch fragwürdig erscheinen.

An dieser Stelle muss daher den Theorien der Subjektivation, die eine ‚einheitliche Macht' als das Subjekt generierend ausmachen, eine Absage erteilt werden.

---

[38] Es scheint naheliegend, den dialektisch anmutenden ‚Umschlag' von Freiheit in Zwang in der Traditionslinie der Kritischen Theorie zu sehen, die eine radikalisierte Kritik zum Programm erhebt: „Wer der dialektischen Disziplin sich beugt, hat fraglos mit bitterem Opfer an der qualitativen Mannigfaltigkeit der Erfahrung zu zahlen. Die Verarmung der Erfahrung durch Dialektik jedoch, (...) erweist sich in der verwalteten Welt als deren Abstraktem Einerlei angemessen." (Adorno 1973, S. 18) Ähnlich wie die Kritische Theorie der ersten Generation hat denn auch Bröckling kein Gegenprogramm als „die Kunst, anders anders zu sein" (Bröckling 2007, S. 283).

[39] An dieser Stelle sei nur auf die beide Parteien umfassende Abkehr der US-Amerikanischen Politik vom Freihandel –dem Kern des neoliberaler Wirtschaftspolitik– im laufenden Präsidentschaftswahlkampf verwiesen; gleichzeitig verabschiedet sich der IWF vom neoliberalen Dogmatismus (s. http://www.zeit.de/2016/24/neoliberalismus-staat-markt-waehrungsfonds; 2.6.2015) und in ganz Europa (inkl. Russlands) sind politische Bewegungen im Aufwind, die klar als illiberal zu bewerten sind.

Bröckling setzt das in seinem Beitrag zur Mediation aber voraus, wenn er Mediation als Regierungsform, als Form „gouvernementaler Machtausübung" (sprich: Führung durch kanalisierte Selbstführung) auffasst. Diese empirische ‚Plausibilitätsprüfung' soll im Folgenden nachgeholt werden. In der folgenden Theoretisierung der Mediation sollen Bröcklings Thesen aufgenommen werden – aber im Status von Hypothesen, die ihre Reichweite am Material beweisen müssen und nicht aus einem übergeordneten kritischen Narrativ abgeleitet werden. Gewiss gibt es Anwendungsbereiche und Aspekte von Mediation, die sehr plausibel unter diese Kritik zu fassen wären (so etwa die unterschiedslose Behandlung von Mietern und Investor, wie in Kap. 10.4 dargelegt, die eine Steilvorlage für eine gouvernementalitätstheoretische Interpretation hergibt); als Blaupause für ein Verständnis der Mediation wird sich diese Perspektive hier aber nicht durchsetzen können, insgesamt gibt es vom Mediationsdiskurs aus gesehen zunächst nicht viele Anhaltspunkte, um die Subjekte als Unterworfene zu denken. (Plausibler erscheint auf den ersten Blick die gegenläufige These: durch die Möglichkeit, jederzeit abzubrechen und die Auffassung der Mediation als Dienst-Leistung unterwirft sich die Mediator_in den Parteien; dazu Kap. 9.8.3) Vielmehr erscheint es notwendig, der Frage nachzugehen, warum Mediation begehrt wird, was sie und ihre Versprechen attraktiv macht und was die Einzelnen veranlasst, sich auf Mediation einzulassen. Diesen Aspekt vernachlässigen die Gouvernementalitätsstudien generell, wenn sie die Einzelnen nur von der Macht aus denken. (So auch die treffende Kritik in Illouz 2009, S. 14–15) Im Folgenden soll nun der Versuch unternommen werden, weder den Narrativen des Diskurses zu folgen, noch sie bloß ins Negative zu wenden, sondern in einer detailliert am Material vorgehenden Untersuchung differenzierte Thesen zum subjektivierenden Charakter der Mediation zu entwickeln.

3.1.2 Praxistheoretische Subjektivierungstheorie
Genau diese Perspektive ist den Theorieansätzen eigen, die als praxistheoretische Subjektivierungstheorien hier als Referenzrahmen für die Theoretisierung der Mediation herangezogen werden. Diese entwickeln ihre Subjektivationstheorie jenseits der Narrative der Befreiung des Subjekts in der Moderne durch Demokratisierung und gesellschaftlichen Fortschritt oder ihrer negativen Wendung in einem Disziplinierungsnarrativ, als historisch brüchige, kulturell vielfältige, regional beschränkte, dynamisch sind wandelnde und sich hybride durchkreuzende Subjektformen. Die praxistheoretischen Zugänge zur Subjektivierung verstehen

sich weniger als ein abgeschlossenes Theoriegebäude, sondern vielmehr als
Forschungsprogramm, das dazu noch in weiten Teilen als bislang mehr
programmatisch formuliert als empirisch umgesetzt gelten muss. (Alkemeyer 2015,
S. 20) Die in sich durchaus heterogene „Familie der Praxistheorien" (Alkemeyer et
al. 2015a, S. 42; Hillebrandt 2009) zentriert sich um die These, dass Subjekte sich
in einer Vielzahl von auch ganz alltäglichen Praktiken je spezifisch formen. Mit
diesem Ausgangspunkt ist die Differenz zur Theorielinie der Subjektivation als
Unterwerfung schon klar herausgestellt: Es können ganz unterschiedliche
Praktiken angenommen werden; in diesen können sich auch ganz unterschiedliche
subjektivierende Konstellationen ergeben, die mit anderen Menschen, in der
Auseinandersetzung mit Dingen oder auch in der Auseinandersetzung mit sich
selbst möglich sind. (Reckwitz 2008, S. 136) In den entsprechenden empirischen
Forschungsprogrammen –wie sie etwa die Graduiertenschule ‚Selbst-Bildungen'
darstellt– kann eine entsprechend umfassende Bandbreite von Praktiken, vom
Fußball, über Büroarchitektur bis zur Treue in der neueren deutschen Geschichte in
ihrer subjektivierenden Dimension untersucht werden.[40] Zugleich ist ein solcher
Zugang zur Subjektivierung immer radikal historisch und kulturspezifisch: Die zu
erforschenden Subjektivierungsweisen und erlangten Subjektformen sind stets an
ihren Kontext gebunden. Auf diese Weise wird aus einer Theoriefigur ein
empirisch zu realisierendes Forschungsprogramm, in dem das Subjekt als
„heuristisches Schlüsselkonzept der Kultur- und Sozialwissenschaft" gilt.
(Reckwitz 2008, S. 10; auch Ricken 2013, S. 78)

Die praxistheoretischen Zugänge zur Mediation lassen sich zunächst anhand ihrer
Gegenstandsauffassung differenzieren. Der Bezugsrahmen von „Praxis" kann sehr
unterschiedlich sein, wenn diese entweder als Praxis in ihrer „Vollzugsgegenwart
voller Unsicherheit und Überraschungen" (Alkemeyer et al. 2015a, S. 28), oder
aber einzelne „Praktiken als kulturell geformte, von wiederkehrenden Mustern
geprägte und damit identifizierbare Einheiten" untersucht werden. (Alkemeyer et
al. 2015a, S. 27) Damit ist auf der einen Seite eine kulturanthropologische
Untersuchung der Vollzugsrealität von Praxis von einer kultursoziologischen und
kulturhistorischen Untersuchung der kollektiven Muster und der Dynamiken des

---

40   https://www.uni-oldenburg.de/forschung/koordinierte-verbundprojekte/graduiertenkolleg-
     selbst-bildungen/projekte/; 17.2.2016

kulturellen Wandels zu unterscheiden. (Reckwitz 2008, S. 147)[41] Anhand dieser
beiden Zugänge zur Praxistheorie soll im Folgenden die theoretische Rahmung
entwickelt werden.

Praktiken: Subjektivation historisch in typisierten Praktiken
Für diese hier zuerst darzustellende Ausrichtung einer an typisierten Praktiken
interessierten Subjektivationsforschung hat Andreas Reckwitz in seiner Monographie „Das hybride Subjekt" eine Arbeit vorgelegt, die sich von der Fülle der Ein-
zelstudien abhebt, indem sie auf diesen aufbauend eine theoretische Integration
wagt. Sie fragt aus einer historischen ‚Vogelperspektive' nach den Dynamiken des
Wandels der kulturell vorherrschenden ‚Subjektform' in der europäischen Moderne
vom 18. Jahrhundert bis in die Gegenwart des anbrechenden 21. Jahrhunderts. Die
Analysen fokussieren sich auf die jeweiligen Formen, die Subjektivität annimmt;
die Prozesse, in denen diese erworben wird, stehen ebenso wenig im Fokus wie
individuelle Ausprägungen. Die Subjektform ist als kulturell hervorgebrachte allgemeine, gültige Form von Subjekthaftigkeit und normativ geltendes Ideal von den
jeweiligen individuellen Ausprägungen analytisch zu trennen:

> Das einzelne Subjekt hat seine eigene Zeitlichkeit, ist ein spezifischer Körper
> und Geist als kulturell geformter und sich formender; die Subjektform hat kei-
> nen zurechenbaren Körper und Geist, sondern ist das Korrelat des sozial gere-
> gelten Praktikenkomplexes, so dass die Zeitlichkeit der Subjektform mit der
> Zeitlichkeit des Komplexes von Praktiken (und Diskursen) identisch ist. Die
> Subjektform als regulierter Dispositionskomplex fungiert dabei in der Praktik
> zugleich als kulturelles ‚Subjektmodell', als normativideales Muster gelungener
> Subjekthaftigkeit, so wie es für die jeweilige Praktik angemessen und passend
> erscheint. (Reckwitz 2006a, S. 43)

Reckwitz geht dabei von einer Kulturtheorie aus, in der „,Kultur' als ein Geflecht
von Sinnmustern [gefasst wird], von kulturellen Codes, welche ein System
zentraler Unterscheidungen und Klassifikationen aufspannen." (Reckwitz 2006a, S.
36) In dieser Perspektive stellen sich diese kulturellen Sinnmuster als

---

[41]   Reckwitz fügt dem noch den Ansatz kulturwissenschaftlich orientierter Literatur-, Kunst-
        und Bildwissenschaft hinzu. Diese scheint für den Kontext der Mediation jedoch von unter-
        geordneter Bedeutung.

„Klassifikationssysteme dar, die ihre Logik allein in ihrer immanenten Zeichenstruktur finden und keine ‚Natur der Dinge‘ abbilden" (Reckwitz 2008, S. 19), die kulturalistische Perspektive wirkt so als ein „Kontingenzmaker und Ent-Universalisierungsinstrument". (Reckwitz 2008, S. 18) Kulturelle Codes etablieren „eine Ordnung dessen, was innerhalb ihres Systems von Unterscheidungen denkbar und sagbar ist, identifizierbar ist und ‚Sinn macht‘, eine kulturelle ‚Ordnung der Dinge‘" (Reckwitz 2008, S. 36). Diese kulturelle Wissensordnung findet ihre Basis in spezifischen Praktiken:

> In einem praxeologischen Verständnis sind soziale Praktiken der Ort, an dem sich diese Codes finden und an dem sie ihre Wirkung entfalten. Kulturelle Codes werden damit nicht in eine praxisenthobene Sphäre von Ideensystemen oder einer bloßen Semantik abgeschoben – solche traditionellen Zuordnungen der Kultur riskieren, begrifflich einen bloßen Überbau an der Spitze einer materiellen, sozialen Basis zu errichten. Die kulturellen Codes sind vielmehr in sozialen Praktiken enthalten und geben diesen ihre Form. Eine (soziale) Praktik lässt sich als ‚a temporally unfolding and spatially dispersed nexus of doings and sayings' verstehen: Sie ist eine sozial geregelte, typisierte, routinisierte Form des körperlichen Verhaltens (einschließlich des zeichenverwendenden Verhaltens) und umfasst darin spezifische Formen des Wissens, des Know-How, des Interpretierens, der Motivation und der Emotion. (Reckwitz 2008, S. 36)

Die von Reckwitz verfolgte praxeologische Perspektive nimmt vorwiegend auf Schatzki (Schatzki 1996) und Bourdieu (Bourdieu 2014a) Bezug, wobei Foucault als „größte Inspirationsquelle" ausgewiesen wird. (Reckwitz 2006a, S. 26) Die Perspektive wird in der für die Praxistheorie typischen und konstitutiven (Alkemeyer et al. 2015a) Wendung gegen eine Trennung von ‚Ideen‘ und ‚Verhalten‘ ausgeführt: Einerseits sind Praktiken, „sozial geregelte, typisierte, routinisierte Form[en] des körperlichen Verhaltens", Orte, an denen sich Codes realisieren; andererseits sind sie eng mit Diskursen als deren „Reflexionsform" verwoben. Entscheidend für die soziale Existenz einer Ordnung sind aber die alltäglichen, immer wieder vollzogenen Praktiken: „Praxistheorien erklären das Entstehen sozialer Ordnungen über die verkörperten Vollzüge von Praktiken, in denen eine soziale Ordnung zur Aufführung gebracht und somit konstituiert wird." (Alkemeyer et al. 2015a, S. 25) Reckwitz legt an dieser Stelle großen Wert darauf, Praktiken und Diskurse nicht als sich gegenüberstehende, zu kontrastierende Sphären (wie auch in der wissenssoziologischen Diskursanalyse, s.u. Kap. 3.3.1), sondern, gemäß der (makro-)kultursoziologischen und kulturhistorischen Ausrichtung als gemeinsame „,Träger' einer Subjektform" (Reckwitz 2006a, S. 44) zu denken. Nicht die Unterschiede zwischen Diskurs und Praxis, sondern deren Verwobenheit und Bezugnahme, ihr gemeinsamer Beitrag bei der Herausbildung von spezifischen Dispositionen in subjektivierten Einzelnen ist der Fokus der Perspektive. [42] Die Fragerichtung in Reckwitz' Arbeiten geht nun nicht den Prozessen nach, wie sich diese Verkörperung der Subjektformen durch Praktiken in den Einzelnen genau abspielt, welche Mechanismen greifen und welche Variationen sich ergeben können. Hier bleibt der Ansatz vage, was sich in Formulierungen wie „welche Formen des Körpers und der Psyche sich in [den Praktiken; JT] produzieren, reproduzieren und torpedieren" (Reckwitz 2008, S. 10) oder „bestimmte Praktiken trainieren das Subjekt" (Reckwitz 2006a, S. 40) anzeigt. Stattdessen stellt diese kulturhistorische Ausrichtung der Subjektivationstheorie nichts weniger als die große soziologische Frage nach dem Subjekt in der Moderne. An die Stelle der „großen Erzählung" einer zunehmenden Befreiung ‚des Subjekts' in der Moderne (wie sie in Reckwitz' Perspektive von Jürgen Habermas (1998, 1985) und Ulrich Beck (1986) erzählt wird), tritt dabei aber eine empirische Analyse der Praktiken, in denen sich die Subjekte erst zu genau dem machen, was dann als Prozess der ‚Freilegung' einer natürlichen und universalen Struktur verstanden wird. (Reckwitz 2006a, S. 11) Diese Naturalisierung und Universalisierung der jeweiligen Subjektform ist dabei stets zu beobachten, sie bildet einen Teil des zu beschreibenden empirischen Materials. Aus den Kämpfen um die Gültigkeit dieser Formen lässt sich die Dynamik kulturellen Wandels beschreiben:

---

[42]   Die Diskurs-/ Praxiskomplexe werden schließlich in einem weiteren Schritt analytisch zu „Praxis-/Diskurs-/Artefaktkomplexen" (Reckwitz 2006a, S. 62) erweitert, indem Medien und Technologien der „materialen Kultur" mit in die Analyse aufgenommen werden. Hier werden Ansätze der Akteur-Netzwerk-Theorie (Latour 2008, Belliger und Krieger 2006) mit ins Theoriedesign aufgenommen. Dieser Ansatz bleibt jedoch randständig und wird nur in Bezug auf die Medientechnologie angeführt, andere Analysemöglichkeiten, man denke an die Potentiale architektonischer oder stadtplanerischer Diskurse bleiben unausgeschöpft. (weiter entwickelt wurde dieser Analysestrang in Reckwitz 2011) Im Wesentlichen kann also gelten, dass Reckwitz Subjektkulturen als die „spezifisch[e] Praxis- und Diskurskomplex[e], in denen spezifische Formen dessen, was ein Subjekt ist, definiert und realisiert werden" (Reckwitz 2011, S. 26) definiert. Diese Einschränkung gilt auch für die vorliegende Arbeit, die zwar den Medieneinsatz im Subjektivationsprozess beobachtet (Kap. 11), aber im Grundsatz der Personenzentrierung der Mediation auch theoretisch folgt.

Die moderne Kultur arbeitet mit einer historischen Kette von Universalisierungen, in denen jeweils eine bestimmte Humanstruktur als die eigentlich natürliche, alternativenlose präsentiert und instituiert wird, und die modernen Kulturkonflikte sind solche des Anfechtens und Neuaufrichtens dieser Universalisierungen. (Reckwitz 2006a, S. 26)

Diese Auseinandersetzungen sind insbesondere in explizit subjektivierenden und
die Subjekte thematisierenden Diskursen, wie auch die Mediation sich darstellen
wird, aufzufinden und nachzuzeichnen. Vom dargestellten kulturalistischen
Ausgangspunkt aus ginge es nun darum, die Frage nach dem Subjekt und der
Moderne weniger homogen und eindeutig, dafür komplexer und empirischer zu
beantworten, eben eine *Kontingenzperspektive* in Bezug auf die subjektkulturellen
Formationen einzunehmen:

Die Moderne produziert keine eindeutige, homogene Subjektstruktur, sie liefert
vielmehr ein Feld der Auseinandersetzung um kulturelle Differenzen bezüglich
dessen, was das Subjekt ist und wie es sich formen kann. Kennzeichnend für
die Moderne ist gerade, dass sie dem Subjekt keine definitive Form gibt, sondern diese sich als ein Kontingenzproblem, eine offene Frage auftut, auf die unterschiedliche, immer wieder neue und andere kulturelle Antworten geliefert
und in die Tat umgesetzt werden. (…) In der Geschichte der Moderne lösen unterschiedliche Subjektordnungen einander ab, ein Prozess der Diskontinuität,
der weder an ein Ende zu kommen scheint noch der linearen Logik des Fortschritts oder des Verfalls folgt. Gleichzeitig sind diese Subjektkulturen nicht
eindeutig und homogen gebaut, sie sind vielmehr durch eine spezifische Hybridität gekennzeichnet: Subjektkulturen erweisen sich als kombinatorisches Arrangement verschiedener Sinnmuster, und Spuren historisch vergangener Subjektformen finden sich in den später entstehenden, subkulturelle Elemente in
den dominanten Subjektkulturen, so dass sich eigentümliche Mischungsverhältnisse ergeben. (Reckwitz 2006a, S. 14–15)

Die Komplexität der hier entwickelten Antworten auf die in der Moderne virulente
Frage nach dem Subjekt wird damit sehr hoch angesetzt: Nicht nur folgen
verschiedene Subjektkulturen aufeinander, sondern diese nehmen in jeweils
spezifischer Weise aufeinander Bezug, übernehmen Elemente hier und verwerfen
andere dort; sie sind dazu noch von einer internen Spannung zwischen dominanter
Kultur und subkulturellen Strömungen einerseits, der Konstruktion von
verworfenen, aber auch faszinierenden Anti-Subjekten andererseits (Reckwitz
2006a, S. 84) durchzogen. Die so hergestellte Komplexität einer

kulturwissenschaftlich-empirischen Erforschung von nicht weniger als „den kulturellen Kriterienkatalogen der Subjekthaftigkeit, nach den Kulturen des Subjekts, in denen sich jeder Einzelne trainiert" (Reckwitz 2006a, S. 11) für die letzten Jahrhunderte europäischer Geschichte ist der Frage entsprechend enorm. Indem diese Komplexität zugelassen wird, gerät die detaillierte Analyse von Prozessen der Subjektivierung notwendigerweise aus dem Blick.

Praxis: empirisch zu beschreibende Ausgestaltung von komplexen Prozessen
Genau diese realen Subjektivierungsprozesse, zu denen in Reckwitz Theorieentwurf nur wenig gesagt wird (vgl. auch Ricken 2013, S. 83), werden in der anderen Ausrichtung der praxistheoretischen Subjektivierungsforschungen zum Thema gemacht. Hier soll „das Subjekt in seinen verschiedenen Facetten als Erfahrungsraum, Selbstbezug und Identität" feingliedrig, multiperspektivisch und immer im praktischen Vollzug untersucht werden.

Wenn wir von Subjektivierung sprechen, interessieren wir uns dafür, wie Individuen durch ihr Engagement in sozialen Praktiken Welt- und Selbstverhältnisse eingehen, die es ihnen ermöglichen, nicht nur reproduzierend, sondern auch transformierend oder subversiv in der sozialen Welt tätig zu werden: Praktiken und ihre Subjekte konstituieren sich, so unsere These, gegenseitig und verändern somit auch gemeinsam ihre Gestalt. (Alkemeyer et al. 2013, S. 33-34)

In diesem in einem methodisch anspruchsvollen Sinne rekonstruktiven, ethnomethodologische Zugänge aufnehmenden Ansatz steht nun das Unvorhersehbare des Geschehens, das in einem starken Sinne körperliche Agieren und die auf vielen Ebenen stattfindende Interaktion im Forschungsinteresse. Im starken Kontrast zur Makro-Perspektive interessiert nun das Abweichende, Subversive, Eigenwillige und Kreative der konkreten Ausgestaltung. Diese Ausrichtung der Forschung richtet sich direkt gegen eine totalisierende Theoretisierung (s.o. Kap. 2.1.1), indem die jeweiligen individuellen Spielräume an die Empirie verwiesen werden. Dabei wird von einer breiten Variationsbreite in der Praxis ausgegangen, diese wird jedoch nicht theoretisch postuliert (so etwa in Angermüller 2010; dazu wieder Marttila 2012), sondern nimmt die Form eines empirisch zu sättigenden Forschungsprogramms an, das die jeweiligen Spielräume, die kreativen und subversiven Aneignungen, empirisch herausarbeitet und zur Sprache bringt.

Mit dem Terminus *Selbst-Bildungen* legen wir explizit den Akzent auf diesen Eigenanteil der Individuen an der praktischen Aus- und Umgestaltung vorgefundener Subjektformen und damit an ihrer eigenen Subjektwerdung in verschiedenen Kontexten, ohne die Individuen als absolut agierende Subjekte misszuverstehen. Fern von einem bildungsbürgerlich eingeschliffenen und normativ besetzten Verständnis nehmen wir den Begriff *Bildung* wörtlich. In unserem Sinn werden damit Formungs- und Erfahrungsprozesse bezeichnet, die man durch Teilnahme an sozialen Praktiken an und mit sich selber macht, wobei die Betonung auf ‚machen' liegt. Selbst-Bildungen sind in diesem Sinne sozio-kulturell gerahmte Entdeckungs-, (Er-)Findungs- und Schaffensprozesse, (Alkemeyer et al. 2013, S. 21)

Dieser Fokus auf den Eigensinn der ‚Mitspieler' im Nachvollzug der Praxis ist die herausragende Differenz dieses Ansatzes zu anderen Konzeptualisierungen von Subjektivation. (Alkemeyer 2013, S. 38) Der Eigensinn soll nicht –wie oben bei Bröckling–zur Expansion der subjektivierenden Programmatik dienen, sondern als „Spielfeld", auf dem die Ergebnisse –in einer Analogie zum Sport– nie sicher vorhergesagt werden können. (Alkemeyer und Villa 2010a, S. 324) Dabei geht die theoretische Diskussion des Eigensinns der Subjekte hier dezidiert am weitesten. So ist die Feststellung, dass Subjektivationen immer mehrdeutig seien und sich gegenseitig ausschließen („Die diskursive Komplexität untergräbt die teleologischen Normalisierungsziele"; Alkemeyer und Villa 2010b, S. 325) weit verbreitet, ebenso die Unabschließbarkeit von Subjektivationsprozessen. „Subjektivation ist hinsichtlich des Ergebnisses immer zum Scheitern verurteilt – und muss deshalb andauernd performiert werden. Sie ist nie vollendet, sondern muss –als Annäherung– andauernd vollzogen werden." (Alkemeyer und Villa 2010b, S. 325, ebenso, wenn auch mit verschobener Pointe, Bröckling 2007, S.20-24) In diesen Ansätzen erhalten subjektivierende Programmatiken auch noch durch die unhintergehbare Körperlichkeit der Subjekte eine Partikularität: Jeder Teilnehmer am subjektivierenden Praxisgeschehen ist durch seine jeweilige Körperlichkeit situiert und jeweils anders positioniert. (Alkemeyer 2013, S. 48) Und in den jeweils unterschiedlichen Körpern haben sich in unterschiedlichen Bildungsprozessen Dispositionen gebildet, die Potentiale für Eigensinnigkeit bilden: „Der sozialisierte Körper wird vielmehr als ein Agens mit einer eigenen praktischen Intelligenz begriffen, die zu schöpferischem Handeln und überraschenden Aktionen befähigt." (Alkemeyer und Villa 2010b, S. 328) Zugleich gesteht auch dieser Ansatz zu, dass diese Zone der Unberechenbarkeit nicht per se dauerhafte Wirkungen hervorbringt. „Zu nachhaltigen Destabilisierungen, Verschiebungen und Umordnungen führen die praktischen Interpretationen von Subjektformen nur dann, wenn sei kollektive Resonanz erfahren, wenn sie Regelmäßigkeiten zeigen, von anderen aufgegriffen und in mimetischen Akten weiter ausgeformt werden." (Alkemeyer und Villa 2010b, S. 330) Auch die kulturelle Ordnungen unterlaufenden Unberechenbarkeiten müssen sich so aufs Neue formieren, um wiedererkennbar und kulturell wirksam zu werden.[43]

Diese Ansätze verstehen sich überwiegend komplementär und ergänzend zu der stark auf die Subjektform fokussierten Arbeiten wie der von Reckwitz, dessen Vernachlässigung der Frage nach den Prozessen der Subjektivierung kritisiert wird und dem mit dem Vorwurf, dass Praktiken dort „bisweilen als Realisierung einer Implikation gedeutet" werde (Reh und Ricken 2012, S. 38) gewissermaßen ein Strukturalismusvorwurf gemacht wird.[44]

Mit dem Instrumentarium der Diskursanalyse ist es gelungen, diskursiv pro-klamierte Subjektideale und normative Forderungen an das Subjekt nachzu-zeichnen. Spannungen oder auch Widersprüche zwischen ‚diskursiven Ansprü-chen' und empirischer ‚Wirklichkeit' lassen sich jedoch ausschließlich dann entdecken, wenn die Praktiken der Subjektivierung in den Blick genommen werden. Erst dann lassen sich auch die Ambivalenzen und Brüche jeder Sub-jektwerdung erkennen, die nicht zuletzt auf widersprüchlichen Erfahrungen be-ruhen können. Eine kritische Perspektive auf Subjektivierungsprozesse eröffnet sich mithin allein in der Verklammerung von Gesellschafts- und Diskursanaly-

---

[43]   Diesen Punkt hat auch Reckwitz, allerdings wieder auf höher aggregierter Ebene unter dem Aspekt kulturellen Wandels aufgegriffen: „in dem Moment, in dem heterogene Subjektfor-men gehäuft in einer Anzahl von Subjekten ähnliche idiosynkratische Reaktionen veranlas-sen, welche als Abweichung von der Subjektform interpretiert werden müssen, kann sich ein kollektives Muster von Idiosynkrasien bilden. In diesem vermag sich unter Umständen eine neuartige, gegen die bisherige Subjektkultur gerichtete, anders codierte Subjektform heraus-zubilden, beispielsweise im Rahmen einer Subkultur, die wiederum weitere Diffusionsmög-lichkeiten enthält." (Reckwitz 2006a, 50)

[44]   Tatsächlich geht Reckwitz auf die Differenzen zwischen strukturalistischen und poststruktu-ralistischen Theoretikern, die er beide gleichermaßen als Referenzen anführt kaum ein, führt beide häufig als „(post-)strukturalistisch" parallel, wobei er die strukturalistischen Positionen betont und die poststrukturalistische tendenziell historisiert. (Reckwitz 2008, S.11-13 und 18-21) Ein Stück weit greift auch die hier gewählte Differenzierung der Forschungspro-gramme in „Subjektivierung in Praktiken" und „Subjektivierung in Praxis" diese Achse auf.

sen auf der einen mit Rekonstruktionen alltäglicher Selbst-Bildungsprozesse auf der anderen Seite. (Alkemeyer et al. 2013, 2013, S. 14–15)

Anstatt hier schlicht von Praxis-/Diskurskomplexen zu sprechen, mahnt diese Forschungsperspektive die sonst verdeckte unhintergehbare Lücke zwischen einer typisierten Praxis und ihrer jeweiligen, immer neu zu bestimmenden und stets offenen Vollzugsrealität an.

In diesem Sinne soll diese Perspektive in den hier veranschlagten Theorierahmen aufgenommen werden, auch wenn an das Programm einer ethnographisch dichten Analyse von Praxis nicht angeschlossen werden kann. Die eigensinnige Gestalt des Phänomens ‚Mediation‘ sperrt sich gegen ein solches Vorgehen: Denn wie oben gezeigt wurde, sind beide mit ‚Mediation‘ verbundenen hauptsächlichen Praktiken nicht einfach als deren Realisierung zu verstehen. In Mediationsausbildungen findet Mediation statt – allerdings im simulierten Modus des ‚als ob‘. Auf der anderen Seite ist in den in ihrem jeweiligen Kontext realisierten Mediationsprogrammen, sei es in Schulen, vor Gericht oder in Unternehmen oder Organisationen in aller Regel eine Abweichung von den Vorgaben der diskursiv und in der Ausbildungsökonomie stabilisierten idealtypischen Mediation zu beobachten. Für eine Schul-, Gerichts- oder Unternehmensethnographie stellt die detaillierte und tiefe Untersuchung der dort stattfindenden Prozesse gewiss ein lohnendes Forschungsfeld dar. ‚Mediation‘ wäre dort jedoch vielleicht nur bedingt erfasst; außerdem möchte ich hier die These vertreten, dass für eine solche Untersuchung die Analyse des Mediationsdiskurses vorausgesetzt werden muss, da er gewiss zu den Voraussetzungen des Verständnisses der dort sich abspielenden Prozesse gerechnet werden sollte. Die Leistung dieses Stranges der Subjektivierungstheorie besteht in dieser Arbeit dann entsprechend primär darin, den Raum für diese Besonderheit der Mediation als ein –überspitzt formuliert!– ‚subjektivierender Diskurs ohne Subjekte‘ offen zu halten und weiter zu verfolgen. Wie genau lässt sich Mediation als das eigenartige Phänomen beschreiben, als das es sich darstellt? Als ein Diskurs, der sich nicht so sehr in die Praktik umsetzt, die er unermüdlich beschreibt, sondern vielmehr Ausbildungen für diese Praktik erfolgreich generiert? Als ein Diskurs, der sich kontinuierlich eine große Zukunft ausmalt, die immer noch nicht eingetreten ist? Zugleich als ein kulturkritischer Diskurs, der nicht weniger als ein ‚Korrektiv der Moderne‘ sein will, der die Bedrohung der ‚Menschen‘ vor dem ‚Konflikt‘ ebenso dramatisieren kann wie die Effizienzsteigerung durch Konfliktlösung proklamiert.

(Kap. 6.3) Der praxistheoretische Zugang in der Berücksichtigung beider Stränge, auch wenn hier nur einer in der Forschung realisiert wird, kann so dem Gegenstand gerecht werden, indem der eigenwillige Riss, der durch den „Diskurs-/Praxiskomplex" der Mediation verläuft, wahrgenommen und reflektiert werden kann.

3.1.3 Verhältnis zur wissenssoziologischen Diskursanalyse

Um die wissenssoziologische Diskursanalyse nun nicht als eine bloße Methode aufzunehmen, sondern ihren Charakter als Forschungsprogramm zu respektieren, ist es an dieser Stelle nötig, den entwickelten Theoriehintergrund dieser Arbeit mit der wissenssoziologischen Diskursanalyse zu vermitteln. Dabei werden das Verhältnis von Diskurs- und Praxisbegriff und die Terminologie zur Beschreibung von Subjektivierungsprozessen zu diskutieren sein.

Diskurse und Praktiken

Entgegen anderer diskursanalytischer Ansätze und Theorien, in denen Diskurse sehr umfassend definiert und teilweise mit ‚dem Sozialen' in Eins gesetzt werden, veranschlagt die wissenssoziologische Diskursanalyse einen engen und damit abgrenzungsscharfen Diskursbegriff der sich sehr gut in einen praxistheoretischen Theorierahmen integrieren lässt. Im Zuge der Einbettung der Diskursperspektive in die Wissenssoziologie werden Diskurse als spezifische Praktiken in einer handlungstheoretischen Theorie des Sozialen situiert. Die Differenzen zwischen einer praxis- und einer handlungstheoretischen Grundlagentheorie treten hinter der gemeinsamen Abgrenzung von totalisierenden Sozialtheorien zurück. Dies ermöglicht eine differenzierte, situations- und fallbezogene Einschätzung der Wirkungen von Diskursen in konkreten Praxisarenen und eine Rekonstruktion der vielfältigen subjektiven Aneignungsweisen der diskursiv vorgegebenen Wissensbestände; zugleich sind über die inhaltliche Strukturierung von Diskursen die sozial erzeugten Typisierungen Gegenstand der wissenssoziologischen Diskursanalyse, die so an beide Stränge der Praxistheorie anschlussfähig ist. Um das Verhältnis von Diskursen und Praktiken nachzuvollziehen, schlägt Keller eine dreiteilige Unterscheidung von Praktiken vor. Zunächst hebt er die „Diskurs(re)produktiven Praktiken" hervor, als Praktiken, die am Prozessieren von Diskursen beteiligt sind, wie das Schreiben eines wissenschaftlichen Artikels, eine Rede zu halten, oder die dazu nötigen Kleidung zu tragen sowie die Gesten, die in die Performance eingehen. Des Weiteren hebt die wissenssoziologische Diskursanalyse „diskursgenerierte Modellpraktiken" hervor:

> Eine zweite, davon unterschiedene Form der Praktiken wird in Diskursen im Rahmen der inhaltlichen Strukturierung ihrer Gegenstandsbereiche als Modelle für die adressierten diskursexternen Praxisfelder konstituiert. Ich bezeichne solche Praktiken als diskursgenerierte Modellpraktiken. Diese Muster des Handelns können sich sowohl auf Kommunikationsprozesse wie auf nichtsprachliche oder nichtzeichenbezogene Handlungsvollzüge richten. (Keller 2007, Absatz 44)

So kann etwa vorbildliches Mülltrennen als Beispiel für eine diskursgenerierte Modellpraktik des Abfalldiskurses gelten, als weiteres Beispiel nennt Keller die Beichte. (Keller 2011b, S. 256) Als dritter Bereich von Praktiken erscheinen dann „Diskursexterne Praktiken (…) die in gesellschaftlichen Praxisbereichen (Handlungsfeldern) alltäglich tradierten und routinisierten Arten und Weisen, etwas zu tun, die zwischen Verharrung und beständiger Veränderung zunächst eine von Diskursen unabhängige Ebene der Handlungsvollzüge bilden und ebenfalls sowohl sprachliche wie nichtsprachliche Handlungsweisen umfassen." (Keller 2011b, S. 257) Diese dritte Unterscheidung vermag nicht zu überzeugen und soll hier nicht aufrechterhalten werden. Wie problematisch es ist, einen Bereich von Praktiken auszuweisen, die von Diskursen nicht affiziert sind, räumt Keller auch selbst ein: „Allerdings ist gerade die Unterscheidung (…) nicht leicht zu treffen, da Prozesse der Enttraditionalisierung und der Dauerbeobachtung durch Expertensysteme sich heute auf alle gesellschaftlichen Praxisbereiche beziehen. Ein illustratives Beispiel bieten moderne polizeiliche Verhörpraktiken, die zunächst als Ergebnis einer erfahrungsbasierten Tradition des Verhörens verstanden werden könnten. Doch eine historische Analyse zeigt, dass genau das, was heute quasiselbstverständlich praktiziert wird, im 19. Jahrhundert diskursiv als Modell zur Verbesserung der Verhörpraxis eingeführt wurde" (Keller 2011b, S. 258) – mit Verweis auf die entsprechende diskursanalytische Studie (Niehaus und Schröer 2004). Auf diese Weise wird die Unterscheidung zwischen „tradierten" und ‚diskursiv gemachten' Praktiken hinfällig: Jede ‚Tradition', und wohl auch jede Alltagspraxis lässt sich genealogisch zurückverfolgen und als das veralltäglichte Erzeugnis vergangener Diskurse und Interventionen beschreiben, wie etwa Philipp Sarasin die heute alltäglichen Praktiken der Körperreinigung auf Hygienediskurse zurückführt. (Sarasin 2001) Ähnliches lässt und ließe sich auch für die von Keller angeführten Praktiken des Lesens, Kochens, auch des Gehens anführen, gerade unter Einbezug massenmedialer Visualitäten.[45] Für diese Arbeit soll daher die Differenzierung der wissenssoziologischen Diskursanalyse als Unterscheidung zwischen „diskurs-generativen Praktiken" (die diskurs(re)produktiven Praktiken bei Keller) schlicht als „Praktiken" aufgenommen werden. „Praktiken" ohne weitere Spezifizierung lässt nicht nur deren Verhältnis zum Diskurs offen, sondern stellt auch die Gewichte der beiden Seiten klar: Diskursgenerative Praktiken sind so als kleine, zu spezifizierende Inseln im Ozean menschlichen Handelns markiert. Neben dieser Kritik ist jedoch der Ertrag dieser Überlegungen für die theoretische Fassung des eigenwilligen Gegenstandes der Mediation klar herauszustellen: Zum einen ist zu beachten, dass nur ein Teil der mediationsbezogenen Praktiken ‚diskursgenerativ' ist, also Einfluss auf die diskursive Konstruktion der Mediation ermöglicht. Diese Unterscheidung wird bei der Eingrenzung des Mediationsdiskurses leitend: Zum Mediationsdiskurs werden unten nur die Beiträge zählen, die im Diskurs als solche anerkannt werden und in den Diskurs zurück wirken. Gegenüber der ‚Gesamtheit des Sprechens von Mediation' in der Gesellschaft ist das ein durchaus eingrenzbarer und forschungspragmatisch zu bewältigender Gegenstandsbereich. (Kap. 5.6) Dazu scheint der Begriff der „diskursgenerierten Modellpraktiken" geradezu für die Mediation geschaffen: Was könnte denn die Simulation von idealtypischer Mediation in den Ausbildungen besser beschreiben als eben eine Modellpraktik, die im geschützten Rahmen eingeübt wird um dann –wie auch

---

[45]   Die Abgrenzung ‚tradierter' von ‚diskursiv geformten' Praktiken wird in der WDA theorie-strategisch eingeführt, um Spielräume für die Kreativität und Eigentätigkeit der Subjekte aufzutun. „Nur so kann die Eigen-Willigkeit der ‚Taktiken' (Michel de Certeau) des Alltags im Umgang mit den diskursiven Zumutungen in der Analyse berücksichtigt und ein vor-schneller Kurzschluss von Positionen im Diskurs auf Handlungsvollzüge in der Praxis ver-mieden werden, auch wenn Mischungsverhältnisse oder konjunkturelle Dominanzen des einen oder anderen Typus zu vermuten sind. Erst so findet die taktische Kreativität der Akteure des Alltags im Umgang mit Diskursen ihren angemessenen Platz." (Keller 2011b, S. 257) Ich halte dies für ein problematisches Vorgehen, da weitgehende Annahmen über das Soziale mit einer theoriestrategischen Begründung unzureichend unterfüttert sind. Hier bietet m.E. etwa die Performativität des Sozialen (i.s.v. Butler 1991) eine Alternative; freilich eine, die die Subjektivation zum immer auch autonomen, entscheidungs- und urteilsfähigen Subjekt, aus dem Bereich der theoretischen Annahmen in den empirischen Bereich der kulturell sich wandelnden Subjektform verrückt.

immer– in das Meer der Praktiken der Konfliktbearbeitung in der Gesellschaft hineinzuwirken.

Sprecherposition – Subjektposition – tatsächliche Subjektivierungsweisen
Die wissenssoziologische Diskursanalyse gibt mit ihrer Terminologie zur Differenzierung von Subjektivierungsprozessen weitere instruktive Hinweise zur Theoretisierung der Mediation. Die Terminologie unterscheidet zwischen Sprecherpositionen und Subjektpositionen; nochmals davon unterschieden sind die „tatsächlichen Subjektivierungsprozesse" in realen Praktiken. Die Frage ‚Von welcher Position kann im Diskurs legitim gesprochen werden' ist von der Frage ‚Über welche Subjekte wird gesprochen' klar zu trennen. Sprecherpositionen meinen die legitimen Orte, von denen zu einem Diskurs beigetragen werden kann – etwa die Positionen der PraktikerIn, der VerbandsfunktionärIn oder der WissenschaftlerIn im Fachdiskurs der Mediation. Jede dieser Positionen eröffnet gewisse Möglichkeiten der Argumentation und Kritik und verlangt dagegen Zurückhaltung in anderen Bereichen.[46] Der Begriff ermöglicht es, die Frage zu stellen, „warum spezifische Sprecherpositionen mitunter nicht eingenommen werden bzw. wer zu den Ausgeschlossenen eines Diskursprozesses gehört." (Keller 2012b, S. 97) Im Falle des Fachdiskurses der Mediation klafft hier eine Lücke, die für professionelle Diskurse zwar typisch, aber immer noch eklatant ist: Kein einziger Beitrag wurde von der Position der Konfliktparteien aus verfasst. Die Konfliktparteien haben im Fachdiskurs der Mediation keine Stimme.[47]

---

[46]   Dieser Arbeit etwa ist von der Position eines zwar in Mediation nach den Standards des BM ausgebildeten, aber ohne –an den Standards des Diskurses gemessen– gültige Mediationserfahrung sprechenden Wissenschaftlers formuliert. Daher wird es möglich sein, die hier formulierten Thesen im Diskurs mit einem generellen ‚Praxisvorbehalt' zurückzuweisen. Hätte der Autor langjährige Mediationserfahrung vorzuweisen, und könnte so die legitime Position eines erfahrenen –und überzeugten– Mediators einnehmen, wäre eine solche einfache Zurückweisung nicht möglich. (Hier ist unbedingt klarzustellen, dass diese Tatsache keinesfalls –reaktiv– als pauschale Abwertung von Kritik an der sich durch die Praxisferne des Autors in der Gegenstandsauffassung dieser Arbeit ergebende Fehler instrumentalisiert werden darf! Ein produktiver wissenschaftlicher Austausch würde sich wohl jenseits dieser Prozesse bilden.)

[47]   Zwar gibt es etwa in SDM25/48-49 unter der Rubrik „Berichte von Betroffenen" einen Artikel „Erfahrungen mit Mediation". Allerdings wurden die Parteien in einem vorstrukturierten Interview (in dem auf die Frage „Was würden Sie am Verfahren der Mediation als hilfreich bezeichnen?" die Anschlussfrage „Welche Vorgehensweisen die Mediatorinnen ha-

Subjektpositionen bezeichnen die Adressierungen von Subjekten durch den Diskurs (Keller 2011b, S. 221): Die Figuren, die ein Diskurs konstruiert und gewissen Gruppen von Menschen zuweist, sind mit Eigenschaften, typischen Verhaltensweisen und Attributen versehen und werden oft stark bewertet. Keller beschreibt diese Subjektpositionen als „Positionierungsprozesse und ‚Muster der Subjektivierung', die in Diskursen erzeugt werden und sich auf Adressaten(bereiche) beziehen" und führt als Beispiele „die Rolle des Ratsuchenden der humangenetischen Expertise" (Keller 2011b, S. 223) oder auch –im Kontext des Mülldiskurses– den ‚vorbildlichen Umweltschützer' an. [48] Im Fachdiskurs der Mediation werden die Position der MediatorIn sowie die der Konfliktparteien ausgiebig diskutiert, sowie gelegentlich die Position einer widerständigen, abweichenden Konfliktpartei besetzt. Auch kooperative oder kritische Anwälte sind solche Figuren im Diskurs – und damit immer auch Identitätsangebote für die Leser_innen.

Die wissenssoziologische Diskursanalyse differenziert auch hier wieder zwischen diesen vom Diskurs zugeschriebenen Subjektpositionen und den dann in realen Praktiken tatsächlich stattfindenden Subjektivierungsweisen [49]. Diese Unter-

---

ben sich als besonders hilfreich erwiesen?" folgt) befragt; die Antworten fügen sich entsprechend nahtlos in den Mediationsdiskurs ein und sind wohl nicht als eigenständige Beiträge von Konfliktparteien zu werten, die das Spektrum der Aussagen im Mediationsdiskurs erweitern würden.

[48]   An diesen Beispielen zeigt sich zugleich, dass die Subjektpositionen, die im Kontext der WDA beschrieben werden, stark an die jeweiligen Kontexte gebunden bleiben. Für die Rekonstruktion der in der Mediation angeführten Subjektpositionen wird im Gegenteil dazu auf die aus einer Vielzahl von empirischen Studien synthetisierten Überlegungen von Andreas Reckwitz (s, Kap. .32) zurückzugreifen sein.

[49]   In der WDA wird hier ein Akteur gesetzt, der in der wissensoziologischen, auf Weber zurückgehenden Tradition steht: „Soziologie ist Kulturwissenschaft (...) weil ihre Analyse an einem spezifischen Vermögen des menschlichen Weltverhältnisses ansetzt und dieses auch voraussetzt: Die für sich genommen ‚sinnlose Unendlichkeit des Weltgeschehens' erschließt sich unserer menschlichen Erfahrung nur durch die Deutungsprozesse und Bedeutungszuweisungen, durch die wir das Chaos der sinnlichen Empfindungen und physikalischmateriellen Vorgänge ordnen." (Keller 2012a, S. 1–2) Hier wird ein m.E. mit einer konsequent verstandenen Subjektivierungstheorie inkompatibles Primat des erkennenden Weltverhältnisses festgeschrieben. Dieses Problem entsteht in der WDA durch den Bezug auf die – hier letztlich kantianisch Ausgangsaxiome Webers erzeugt und zeigt sich etwa im Bruch des Ansatzes mit der Körpersoziologie: Die Subjekte der WDA sind als primär deutende

scheidung ist hier aufrecht zu erhalten, um die Differenz zwischen den diskursiv hergestellten (und in Ausbildungen inszenierten) Subjektpositionen des Diskurse s und der realen Auswirkungen der Mediation auf die konfliktbearbeitenden Praktiken in der Gesellschaft klar zu unterscheiden und so die Reichweite der hier formulierten These korrekt zu situieren.[50]

3.1.4 Anerkennung als Adressierung

Neben diesen eher gundbegrifflich und sozialtheoretisch verbleibenden Ausführungen soll der interpretationsleitende Theorierahmen noch um eine konkreter einen Mechanismus subjektivierender Interaktion beschreibende Heuristik erweitert werden. Der Vorschlag von Norbert Ricken und Sabine Reh (Reh und Ricken 2012; Ricken 2013), einen zentralen Mechanismus von Subjektivierungsprozessen als adressierende Anerkennung zu fassen, bietet eine wertvolle Heuristik für die Theoretisierung des Materials der Diskursanalyse an. Mit „Anerkennung als Adressierung" will dieser Vorschlag „konzeptionell einen Mechanismus der Subjektivation - neben anderen - ausfindig und analysierbar (…) machen." (Ricken 2013, S. 96) Für die Mediation bietet sich diese Figur besonders an, da hier ein zentraler Mechanismus der Mediation –Anerkennung im Sinne von Wertschätzung und positiver Bestätigung (Ricken 2013, S. 85)– aufgegriffen und einer weiterführenden Neuinterpretation im subjektivationstheoretischen Rahmen unterzogen wird. Ebenso unterscheidet der Ansatz in der Interaktion klar zwischen den asymmetrischen Positionen des Subjekts und der subjektivierenden Instanz. Diese Asymmetrie, hier wird sie anhand des Lehrer-Schüler-Verhältnisses entwickelt, ist auch für die Mediation kennzeichnend, in der die Rollen zwischen der über die Thematisierungsweisen entscheidenden MediatorIn und den sich thematisierenden Parteiensubjekten klar verteilt sind. Der oben in der Auseinandersetzung mit den Subjektivation als Unterwerfung fassenden Ansätzen gewonnene Anspruch, die

---

Subjekte zunächst körperlos. An dieser Stelle zeigen sich deutlich die Grenzen der Integrationsmöglichkeiten von Foucault'scher Theorie und Wissenssoziologie.

[50]   Hierbei ist zu beachten, dass die Position der MediatorIn durchaus real in Ausbidlungen von durchaus beeindruckender Anzahl einstudiert wird. Auch diese Prozesse wären in einer gewiss lohnenswerten Studie zu untersuchen.

Machtverhältnisse im Mediationssetting vielschichtig zu rekonstruieren, kann hier konkretisiert werden.

Die These, dass Akte der Anerkennung als subjektivierende Adressierungen zu verstehen seien, bildet sich an einer Kritik der Anerkennungstheorie Axel Honneths (Honneth 1994, 2000). Im Gegensatz zu seinem Begriff soll Anerkennung in der subjektivationstheoretischen Lesart als ein Geschehen aufgefasst werden, das gerade nicht als schlichte Bestätigung und Bestärkung positiver Eigenschaften zu verstehen sei.[51] Stattdessen soll, da die Subjekte nun nicht mehr als vorgängig Vorhandene sondern als in actu Herausgebildete konzipiert werden, die Anerkennung nicht mehr als Bestätigung einer schon vorhandenen positiven Eigenschaft sondern als stiftend für diese ansehen werden: Prozesse der Anerkennung bringen das, was sie anerkennen erst hervor, „als wirkliche Hervorbringung, nicht als authentisches ‚werden zu sich selbst‘" (Ricken 2013, S. 81). Mit dieser Differenz ist der grundlegende Unterschied der Theorieperspektiven –und m.E. die zentrale Leistung der Subjektivierungstheorie– benannt. Der entscheidende Unterschied im Anerkennungskonzept liegt nun darin, dass hier Anerkennung als ein dreigliedriger Akt gedacht wird: Die subjektivierende Instanz erkennt das Subjekt *als etwas* an. In diesem ‚A anerkennt B *als x*‘ liegt der Schlüssel, in dem diskursiv vorgebildetes Wissen (Subjektcodes und –formen) in den Prozess einziehen. Diese dreigliedrige Struktur „schließt (…) zugleich aber die Berücksichtigung jeweiliger kultureller symbolischer Ordnungen ein, die als Horizonte jeweiliger Praktiken fungieren (aber diese nicht determinieren) und insofern Arten und Weisen ‚zu sein‘ strukturieren, d.h. in ihren jeweiligen Gewichtungen justieren." (Ricken 2013, S. 81) Damit ist die Relation von A und B als „ein sozialer, insofern machtförmiger Formations- und Transformationsprozess markiert"; dennoch aber wird die Interaktion zwischen Subjekt und subjektivierender Instanz empirisch offen gehalten. (Ricken

---

[51] Hier wird Bezug zur die psychoanalytische Theorie der Objektbeziehungen anerkennungstheoretisch neu formulierenden Theorie der frühkindlichen Entwicklung von Jessica Benjamin (1999) gemacht, die eine gelingende Anerkennungsbeziehung immer auch als Versagung und Verkennung deutet, als einen widersprüchlichen und konflikthaften Prozess, in dem sich die Beziehung zum Anderen/zur Mutter als eigenständig und unabhängig erst herstellen muss. Honneths Konzeption erscheint vor diesem psychoanalytischen Modell einer Entwicklung durch Konflikte dann als narzisstische Projektion der kindlichen Allmachtsphantasien. (Reh und Ricken 2012, S. 41–42)

2013, S. 81) Subjektivation wird hier konsequent als sequenzielles Geschehen aufgefasst, das bislang als ‚Vollzugsrealität' aber ganz offene Geschehen jedoch heuristisch spezifiziert: Nicht als einmaliger Akt der Anrufung, sondern als Sequenz, die bestätigt oder zurückgewiesen, modifiziert oder unterlaufen werden kann. In dieser Interaktion findet dabei ein Kampf um die in der Anerkennung in Geltung gesetzten Codes und Normen statt.[52] Damit sind in diesem Konzept die Dimensionen vertreten, die auch für die Analyse der Mediation als Subjektivationsprozess angelegt werden: Subjektivation ist auch in ihrer Formulierung als adressierende Anerkennung ein Interaktionsgeschehen, indem ein Subjekt in Interaktion mit einer subjektivierenden Instanz und in einer spezifischen Situation –in der Mediation: im Mediationssetting– an seinem Selbstverhältnis arbeitet.

Adressierung findet dabei sowohl in sprachlicher Kommunikation als auch körperlich statt: „Adressiert wird körperlich in Blicken und Gesten, aber auch in und mit Berührungen, in Bewegungen, etwa auf einen anderen Körper zu, in Ausrichtung der Körper, aber eben vor allem im direkten Anblicken oder im direktem Zeigen auf jemand." (Reh und Ricken 2012, S. 43) Ethnographische Forschungen haben die Bedeutung von Gesten in der Kommunikation, vor allem aber in der sich in Ritualen verdichtenden performativen Inszenierungen des Sozialen nachgezeichnet. (Wulf et al. 2011) Diese Ebene der subjektivierenden Interaktion lässt sich anhand von Gesten fassen, die im Prozess nicht nur als intentional eingesetzte Kommunikationsmittel gelten dürfen, sondern in ihrer spezifischen Ausführungsqualität einen Aspekt in der auf vielen, insbesondere auch körperlichen, Ebenen stattfindenden Interaktion ausmachen. (Wulf et al. 2011, S. 17) Eine solche Ausrichtung ist auf die Mediation als Gegenstand zugeschnitten, da auch hier die ver-

---

[52] An diesen Aspekt kann eine bloß anekdotisch wiederzugebende Erfahrung aus der Mediationsausbildung des Autors anschließen: Bei einer Übung, in der Aussagen einer Konfliktpartei von den MediatorInnen nach den dahinter liegenden Gefühlen und Bedürfnissen reformuliert werden sollten, kam ein Teilnehmer auf ein „Bedürfnis nach Effizienz". Es bildete sich daraufhin ein reger Austausch darüber, ob dieses Bedürfnis ein ‚echtes' oder ein ‚falsches' Bedürfnis sei, ob also hinter dem Wunsch nach Effizienz noch tiefer nachzuforschen sei. Die Ausbilderin entschied die Auseinandersetzung, dass Effizienz ‚natürlich' als Bedürfnis gelten könne – was die Teilnehmenden der Ausbildung in ihrem Verdacht, dass Mediation eine ‚durch und durch ökonomisierte' Sache sei bestätigte und auf Distanz gehen ließ. Analog revidieren sich auf Cramsci berufende Subjektivationstheorien (wie bspw Rehmann 2015) die Anrufungsszene, schaffen Raum für die Zurückweisung von Interpellationen und eröffnen damit der Subjektivationstheorie wieder eine Praxisoption.

bale Kommunikation zentral ist, wobei die Körperlichkeit des Mediationsprozesses im Fachdiskurs ebenso ausführlich an verschiedenen Stellen reflektiert wird, vor allem in den Fragen nach Emotionen und Körpersprache der Parteien (Kap. 8.5).

Die im folgenden Untersuchungsprozess insbesondere zur Rekonstruktion der MediatorInnenrolle (Kap. 8, Kap. 11) herangezogene Heuristik zur Beforschung von Subjektivation als Adressierung orientiert sich an der Sequenz der Interaktion. (nach Reh und Ricken 2012)

- Den Anfang macht die Frage nach der Situation: Welche Situationsdefinition liegt vor? Welche normativen Horizonte sollen hier gelten? Diese sollen sowohl als explizite Regeln, als auch als implizit transportierte, diskursiv hergestellte Möglichkeitsräume des Erkennbaren aufgenommen werden. Dies beinhaltet vor allem die Frage, welche Normen von Anerkennbarkeit unterstellt und (von wem wann wie gegenüber wem) vertreten werden. Diskursanalytisch ist hier vor allem auch zu fragen: Welche Themen können wie von wem aufgebracht werden? Welche Fragen gehen dabei verloren?
- In diesem so definierten Raum bildet sich die Position der Parteien in der Interaktion heraus. Die subjektivierende Instanz macht den Anfang: Als wer werden die Parteien angesprochen? Als wer positioniert die MediatorIn sich selbst? Wie werden die Partien damit zu sich selbst, zu anderen und zur Welt ins Verhältnis gesetzt?
- Diese Positionierungen werden dann im Ablauf des Geschehens bestätigt, zurückgewiesen, modifiziert, ausgehandelt. Zu wem wird die Partei durch die Adressierung der Mediatorin und ihrer Reaktion? In welchem normativen Horizont geschieht die Anerkennung und wie wird damit die MediatorIn repositioniert? Ebenso kann der Vorgang reflexiv fortgesetzt werden: „Welcher Raum bzw. welche Möglichkeiten sind entstanden, sich zu der Ins-Verhältnis-Setzung noch einmal selbst in ein Verhältnis zu setzen?" (Reh und Ricken 2012, S. 45) Diese Möglichkeiten werden als „Potentialität der Situation" gefasst, als eine Wendung auf sich selbst und damit als eine Dynamik, die die ersten Positionierungen aufheben kann. Damit ist ein Maß für die Offenheit der Situation geschaffen, indem gefragt wird, inwiefern die ersten Positionierungen verändert, aufgehoben, weitergetragen werden können.

Mit diesen Überlegungen ist der theoretische Rahmen umrissen. Die Theorie, mit der die Prozesse der Subjektivierung in der Mediation interpretiert werden, ist damit dargelegt; im folgenden Abschnitt wird der kulturelle Kontext der Mediation skizziert, um die Formen des Subjekts, die in der Mediation vorzufinden sind, dort verorten zu können.

3.2 Subjektformen im kulturellen Wandel

In diesem Kapitel soll die oben dargelegte Theorie um eine Skizze der im Umfeld der Mediation vorfindbaren Subjektformen ergänzt werden, um so für die Frage nach dem ‚Was?‘ bzw. ‚Wohin?‘ der Subjektivation in der Mediation einen Bezugsrahmen zu entwickeln: Welche Subjektformen werden in der Mediation den Parteien nahegebracht? Diese Frage soll in den Analysen am Material des Diskurses sukzessive und in der Auseinandersetzung mit dem jeweiligen Material entwickelt werden. An dieser Stelle soll nur die Theoretisierung des kulturellen Prozesses und eine Skizze der Spannungen und Wandlungsprozesse der Subjektform ergänzt werden. Die Prozesse des Wandels der Subjektformen im kulturellen Umfeld der Mediation bilden den Kontext für die jeweils en detail im Material durchgeführten Analysen.

Als Rahmen für die Rekonstruktion der Subjektcodes des Mediationsdiskurses wird im Wesentlichen die herausragende Monographie „Das Hybride Subjekt" von Andreas Reckwitz herangezogen (2006). Diese Arbeit hebt sich von der Vielzahl kulturhistorischer und soziologischer Arbeiten ab, indem sie eine Synthese und theoretische Integration der Vielzahl empirischer Befunde leistet, lediglich im für die Mediation besonders wichtigen Bereich der psychotherapeutischen Diskurse wird auf zusätzliche Quellen zurückzugreifen sein: Eva Illouz stellt in ihrer Monographie „Die Errettung der modernen Seele" (Illouz 2009) eine vorzügliche kultursoziologische Studie zu den Zusammenhängen von der Psychotherapeutik und dem modernen Selbst vor; ebenso soll die Untersuchung von Alain Ehrenberg zur Depression („La fatigue d'etre soi"; „Das erschöpfte Selbst"; Ehrenberg 2008) für die zentrale Überlegung zum Verhältnis von Konflikt und Subjekt für die Analyse der Mediation fruchtbar gemacht werden. (Kap. 10.5)

3.2.1 Mechanismen des subjektkulturellen Wandels

Die Überlegungen zum kulturellen Wandel der Subjektform sind aus der
typisierenden, in einer Vogelperspektive vom konkreten jeweiligen Geschehen
Abstand nehmenden Form der praxistheoretischen Subjektivierungstheorie heraus
formuliert. Der Grundbegriff, mit dem Reckwitz den Wandel der Subjektform
beschreibt, ist die ‚Subjektkultur' als ein umfassendes Bündel von Praktiken und
Diskursen. Eine Subjektkultur kann für die Zeitspanne als dominant gelten, wenn
sie sich in einer Gesellschaft in den relevanten Bereichen durchgesetzt hat. Nach
Reckwitz' Diagnose stellen sich „vor allem drei Komplexe von Aktivitäten, drei
soziale Felder als konstitutiv für die Produktion von Subjekten dar: die
ökonomischen Praktiken der Arbeit, in denen der Einzelne sich als Arbeitssubjekt
trainiert; die Praktiken persönlicher und intimer Beziehungen, der Familie,
Partnerschaft, Freundschaft, Sexualität und Geschlechtlichkeit, in denen der
Einzelne sich in die Form eines Intimitätssubjekt bringt; schließlich das historisch
heterogene und dynamische Feld der Technologien des Selbst, das heißt jener
Aktivitäten, in denen das Subjekt jenseits von Arbeit und Privatsphäre unmittelbar
ein Verhältnis zu sich selber herstellt und die vor allem Praktiken im Umgang mit
Medien (Schriftlichkeit, audiovisuelle und digitale Medien) sowie im 20.
Jahrhundert Praktiken des Konsums umfassen." (Reckwitz 2006a, S. 16–17)
Entwicklungen verlaufen historisch in diesen Praxisfeldern gleichförmig, und
durchlaufen „homologe" (d.h. in der Form entsprechend, strukturanalog; vgl.
Bourdieu 2014b, 2015) Entwicklungen, wenn eine neue Subjektform sich
durchsetzt und etabliert hat. Stabilisierte und hegemonial gewordene
Subjektformen bilden dann eine attraktive Form, nach denen die einzelnen
Subjekte streben, in denen sie Perfektion erlangen wollen und an die sie sich –hier
greift Reckwitz Judith Butlers Formulierung auf ohne sie aber weiter auszuführen–
leidenschaftlich binden (‚passionate attachement' (Reckwitz 2006, S. 46, Butler
2001). Dieser ‚positiven Bindung' an die „Bilder eines idealen, mit sich selbst
identischen, glücklichen Wesens" (Reckwitz 2006a, S. 46) steht eine Identifikation
durch Abgrenzung gegenüber einem verworfenen Anti-Subjekt, einem
ausgeschlossenem, dem gegensätzliche Züge des Idealen zugeschrieben werden,
entgegen. Dieses, nach Reckwitz notwendige und konstitutive, in Praktiken
implizite oder in Diskursen explizierte (Reckwitz 2006a, S. 45) ‚kulturelle Andere'
muss immer wieder als dieser ‚Other' hergestellt werden; eine Abgrenzung, die in
ihrer Feindseligkeit durchaus in Faszination und heimliche Bewunderung
umschlagen kann. (Reckwitz 2006a, S. 84–85) Destabilisiert und in Bewegung

gesetzt werden die Subjektordnungen jedoch nicht von außen, sondern durch ihre interne Hybridität.

Subjektkulturen beziehen ihre Entwicklungsdynamik aus der Herausforderung durch ältere oder neu entstehende Subjektformen, insbesondere von herausfordernden ‚Gegenkulturen'. Diese gegenkulturellen Strömungen, Reckwitz betont hier vor allem die Rolle von künstlerischen Gegenkulturen, die „jeweils versuchen einen ‚neuen Menschen' zu imaginieren" (Reckwitz 2006a, S. 17) setzen in ihrer spezifischen Kritik der etablierten Subjektkultur den Wandel in Gang, der bruchartige Transformation auslösen kann. Gleichzeitig lassen sich die subjektkulturellen Umbrüche mit Veränderungen in der ‚materialen Kultur', sprich durch industrielle Revolutionen und sog. ‚Kommunikationsrevolutionen' (Buchdruck, Massenmedien, Internet). Ebenso reflektieren Umbrüche im Feld der relevanten humanwissenschaftlichen Diskurse die subjektkulturellen Wandlungen, wenn jeweils mit der Subjektform korrespondierende Diskurse an Bedeutung gewinnen, also wenn etwa die bürgerliche Moralphilosophie im 20. Jahrhundert von der Psychologie abgelöst wird, die sich dann nochmals von einer normalistischen Anpassungswissenschaft zur einer individualisierenden Psychologie der Persönlichkeit und Kreativität wandelt. Aus diesen –hier nur flüchtig skizzierten– Parametern speist sich das Modell der Subjektkulturen in der Moderne, das Reckwitz in seiner Arbeit entwickelt. (Abb.1)

Die Subjektkulturen der bürgerlichen Moderne, der organisierten Moderne und der Postmoderne sind jeweils für eine gewisse Zeit etabliert, kommen aber durch Umbrüche in der Kommunikations- und Produktionstechnologie und die Kritik künstlerischer Gegenbewegungen in eine konfliktgeladene Umbruchsphase, wobei die neue Subjektform sich immer hybride aus etablierter und herausfordernder Subjektform zusammensetzt, und zwar auf eine Weise, die sie in der neu entstandenen Situation erfolgreich werden lässt: Die Romantik setzt ihr ästhetisch-expressives Subjekt gegen die moralischen Subjektcodes der frühen bürgerlichen Subjektform ein und wird im späteren Bürgertum in rationalisierter Form integriert.

[53] Gegen diese Mäßigung der spätbürgerlichen Moderne setzen die Avantgarden des frühen 20. Jahrhunderts ihr ‚transgressives' Subjekt und leiten so die Transformation der Subjektkulturen zur zweiten Form der Angestelltenkultur ein. Diese in sich enorm komplexen Entwicklungen bleiben hier jedoch im Hintergrund, erst der Prozess, wie sich nun gegen diese Formation der Angestelltenkultur der organisierten Moderne mit der ‚counter culture' der 1970er-Jahre ein Subjekt des experimentellen Begehrens herausbildet und den Anstoß zur Herausbildung des postmodernen ‚konsumtorischen Kreativsubjekts' bietet, wird unten ausführlich dargestellt. Es ist eben dieser noch unabgeschlossene kulturelle Wandlungsprozess, in den sich auch die Mediation einschreibt.

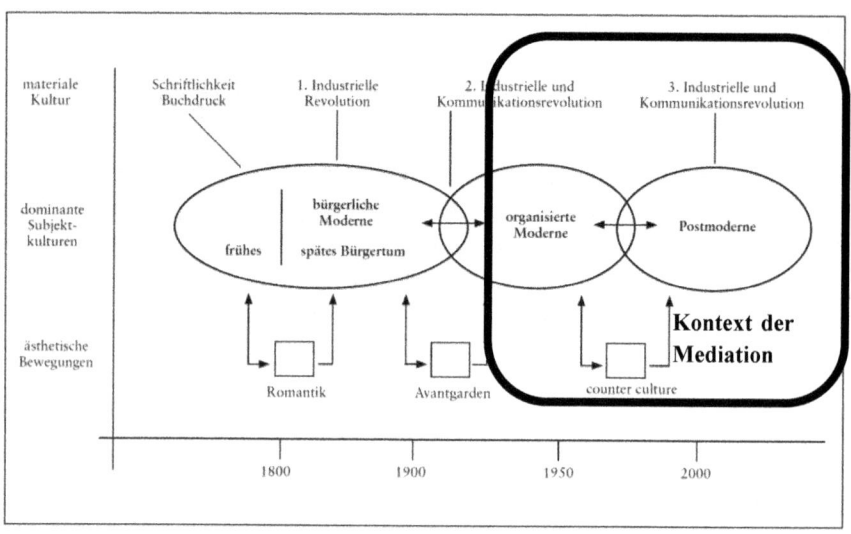

Abbildung 1: Die Abfolge moderner Subjektordnungen (Reckwitz 2006, S. 75, Abbildung ergänzt)

Da die hier zur Anwendung kommende Subjektivierungstheorie so großen Wert auf die historischen Wandlungsprozesse legt, wird hier auch nicht die eine ‚Sub-

---

[53]   Mit der Differenzierung von frühem und spätem bürgerlichen Subjekt, in der die Gegenkultur der Romantik innerhalb einer Subjektkulturellen Formation wirkt, weicht der Prozess vom idealtypischen Muster der Transformation ab; für den Kontext der Mediation sind diese Prozesse jedoch nicht relevant und werden hier daher nicht dargestellt.

jektform der Mediation' dazustellen sein. Stattdessen wird unten der Transformationsprozess ausgehend von der organisierten Moderne zur Postmoderne zu rekonstruieren sein, um die Mediation in ihren Verwerfungen und diskursiven Spannungen in diesen Prozess einzutragen.

Hybride Subjekte
Der Prozess des Übergangs zu einer neuen Subjektordnung wird von Reckwitz als
jeweils   spezifisch   zu   bestimmende   Konstellationen   von   Kritik,
Differenzmarkierung und stillschweigender Übernahme von Code-Bestandteilen
beschrieben. Aus den Abbrüchen, Modifikationen und Übernahmen ergibt sich die
titelgebende   typische   Hybridität   der   modernen   Subjektformen: In   jeder
Subjektkultur haben sich spezifische Elemente vergangener Formationen erhalten
oder sie werden wieder aufgegriffen; ebenso wird die Differenz zur vorherigen
Subjektkultur auf jeweils spezifische Art und Weise hergestellt, sodass am Ende
Hybridität durch die Kopplung, Negation, Ausdehnung auf neue Felder und
Transformation   kultureller   Codes   ganz   unterschiedlicher   Herkünfte   und
unterschiedlichen Alters entsteht.

Gegen den eigenen Anspruch aller Modernitätskulturen, sich die Eindeutigkeit
und Perfektion ,des' Subjekts zugrundezulegen und gegen ein entsprechendes
humanwissenschaftliches Vorurteil, das meint, eine widerspruchsfreie, in sich
geschlossene Subjektstruktur – ,die' Mentalität der Bürgerlichkeit, ,der' other-
directed character – aufspüren zu können, wird deutlich, dass alle Subjektkulturen statt einer kulturellen Logik der Einheit einer kulturellen Logik der Hybridität folgen: ,Hybridität' bezeichnet dabei die – nicht exzeptionelle, sondern verbreitete, ja regelmäßige – Kopplung und Kombination unterschiedlicher Codes
verschiedener kultureller Herkunft in einer Ordnung des Subjekts. Die Hybridität kultureller Muster macht eine Subjektform zumindest potentiell immanent
widersprüchlich und implantiert in ihr präzise bestimmbare Bruchlinien.
(Reckwitz 2006a, S. 19)

Der zentrale Ertrag dieser Konzeption ist mit dem letzten Halbsatz benannt:
Hybridität ist bei Reckwitz gerade nicht eine bloße Chiffre für eine nicht weiter
bestimmte Unbestimmtheit, die zwar theoretisch postuliert, aber empirisch nicht
eingeholt werden kann. Ganz im Gegenteil ist die Hybridität eine spezifische
Kombination benennbarer Elemente; (Reckwitz 2006a, S. 88) sie ist als potentiell
brüchige Zusammensetzung aus jeweils bestimmten Elementen komponiert,
weshalb auch die Brüchigkeit und Verstörbarkeit der jeweiligen Subjektform keine

generell-abstrakte ist, sondern an jeweils bestimmbaren und konkreten Bruch-
stellen ansetzt. Hier ist es wichtig, hervorzuheben, dass die Hybridität auf der
Ebene der Subjektform zu beobachten ist, dass sie also vor einer individuellen und
abweichenden Realisierung der Subjektformen liegt.[54] Diese ‚Haarrisse' einer
Subjektform, ihre „immanente Widersprüchlichkeit" (Reckwitz 2006a, S. 40),
besteht zwischen je spezifischen kulturellen Codes. In der gewählten Makro-
Perspektive auf kulturelle Transformationsprozesse erscheint die Hybridität der
Subjektformen als „hybride Arrangements historisch disparater Versatzstücke, die
nur einen Schein von strikten Brüchen zur Vergangenheit produzieren, und die
Transformation von Subjektkulturen in der Moderne lässt sich als ein Gewebe der
Intertextualität entziffern, ein komplexer Verweisungszusammenhang einander
überformender kultureller Codes verschiedener historischer Herkünfte." (Reckwitz
2006a, S. 20)

Theorieentwurf statt Theoriesystem
Es ist an dieser Stelle nun wichtig, den von Reckwitz vorgelegten Theorieentwurf
in seinen Leistungen und Begrenzungen einzuschätzen. Zunächst ist hier die schon
oben herausgearbeitete Einschränkung des Ansatzes transparent zu machen, der
sich für das konkreten Geschehen in subjektivierender Praxis nicht weiter
interessiert, sondern dieses bloß als Ort des ‚Trainings' kultureller Codes
beschreibt.[55] Als weitere Einschränkung muss gelten, dass Reckwitz keine

---

[54] Es ist in diesem Zusammenhang wohl zu erwarten, dass die individuellen Abweichungen,
Umdeutungen und kreativen Aneignungen von Subjektformen in den realen Subjektivierungsprozessen an solchen Bruchlinien ihren Ausgangspunkt nehmen. Im Mediationsdiskurs
ist dies überdeutlich in der Spannung zwischen den Codes der Authentizität und der kreativen Neusetzung und dynamischen Entwicklung des Selbst zu beobachten. (Kap. 10) Diese
im Diskurs sichtbare Spannung schafft Spielräume, deren Ausgestaltung in der realen, praktischen Aneignung nachvollzogen werden kann.

[55] An dieser Stelle ist festzuhalten, dass Reckwitz eine theoretisch wenig überzeugende ‚leere
Körperlichkeit' der zu Subjekten werdenden Menschen postuliert: Körper erscheinen in dieser Perspektive nur als formbares und williges Material der Kultur. Wenn „die Modellierung
dieses Körpers als Dispositionskomplex und Träger eines Subjektcodes" (Reckwitz 2006a,
S. 42) konzipiert wird, dann geschieht dies auf einer unbegrenzten tabula rasa: „Bevor der
Mensch Subjekt ist, ist er nichts anderes als ein organisches Substrat, ein körperlicher Mechanismus (einschließlich neurophysiologischer Strukturen); dadurch, dass dieses körperliche Wesen sich in Praktiken trainiert, wird es zum Subjekt im Sinne eines Bündels von Dispositionen, die sich auch als ein praktisches Schemawissen begreifen lassen." (Reckwitz
2006a, S. 40) An dieser Stelle sei nur darauf hingewiesen, dass diese theoretischen Annah-

differenzierende Theoriediskussion führt, sondern bloß zwischen einer „breiten Strömung kulturalistischer Sozialtheorien im 20. Jahrhundert" (Reckwitz 2006a, S. 34) einerseits und konkurrierenden rationalistischen Handlungstheorien und differenzierungstheoretischen Ansätzen andererseits trennt. Dennoch zielt die diskutierte Studie auf nicht weniger als die Integration der „Gesellschaftstheorie (…) seit dem 19. Jahrhundert" in der kulturwissenschaftlichen Perspektive: „Ein kulturtheoretisch-praxeologischer Analyserahmen hebt diese differenzierungs-, klassen- und techniktheoretischen Argumente in sich auf, kulturalisiert sie und bezieht sie auf die Frage, inwiefern differenzierte, stratifizierte und technisierte Praktikenkomplexe Orte spezifischer Subjektformen – und damit ‚Subjektkulturen' – sind. Grundbegrifflich werden so Funktionssysteme in soziale Felder, Klassen in Lebensformen und Technologien in Artefakt-Konstellationen überführt." (Reckwitz 2006a, S. 50) Die internen Unterschiede zwischen all den disparaten Theorieansätzen werden nicht diskutiert, Abgrenzungen finden nur statt, wenn die kulturalistischen Voraussetzungen verletzt werden (etwa in Lacans psychoanalytischer Fundierung von Hybridität in der menschlichen Natur statt in der Differenz kultureller Codes; Reckwitz 2006a, S. 84). Die anderen, teils ganz wesentlichen Differenzen zwischen den Ansätzen von Saussure über Foucault bis Bourdieu und Laclau oder Butler kommen nicht zur Sprache. Reckwitz Rezeption gleicht streckenweise einer Tour de Force durch das Theorieangebot. (insbes. Reckwitz 2006a, S. 46–47) An dieser Rezeptionsstrategie setzen Kritiken an, die auf eine weitere theoretische Ausdifferenzierung und größere Klarheit in der Begriffsverwendung drängen. (Vgl. Alkemeyer et al. 2015b) Dabei gesteht Reckwitz empirische Unvollständigkeiten seiner Arbeit zu: Die Analysen der Subjektkulturen der Moderne seien keinesfalls umfassend, sondern schließen, neben der historisch vor dem Einsetzen der Untersuchung dominanten Adelskultur „ländlich-agrarische" und proletarische Subjektformationen aus. In der Analyse der Angestelltenkultur beschränkt sich die Analyse zudem auf die amerikanische Formation und lässt ihre sozialistischen und faschistischen Varianten außen vor. Reckwitz legt den Fokus der Analyse auf die künstlerischen Gegenbewegungen,

---

men für die historische Untersuchung der Subjektformen der westlichen Moderne keineswegs notwendig erscheinen. Für den Kontext dieser Arbeit können die hier aufscheinenden weit reichenden Fragestellungen damit außen vor bleiben.

greift die Umbrüche in der materiellen Kultur und in den Humanwissenschaften nur komprimiert auf; vor allem aber werden sämtliche nicht-westlichen Subjektkulturen nicht behandelt. (Reckwitz 2006a, S.28-30) Angesichts dieser Beschränkungen präsentiert Reckwitz seinen Theorieentwurf als eine weiter zu entwickelnde These:

> Die Ergebnisse dieser in der Kombination von Sekundär- und Primärmaterialen gewonnenen Rekonstruktion der Subjekt-Metamorphose müssen tentativ bleiben: Wenn dieses Buch in seinem Versuch, die Teile des Puzzles der ‚modernen Kultur' zusammenzufügen, nicht nur Fragen beantwortet und Zusammenhänge klärt, sondern neue, zweifelnde Fragen aufwirft und weitere Detailstudien zum kulturellen Mischungsverhältnis der modernen Subjektproduktion – und damit sicher auch zur Revision mancher der folgenden Analysen – anregt, wäre sein Ziel erreicht. (Reckwitz 2006a, S. 31)

Ich verstehe diese Aufforderung zur empirischen Anwendung und Entwicklung des Theorieentwurfes auch dahingehend, dass die einzelnen Mechanismen bestehender und sich wandelnder Subjektkulturen als Forschungsheuristiken in die Analysen mit eingehen, die, wo und wie sie Entsprechungen aufweisen, als bestätigt gelten können, aber im konkreten Fall stets modifiziert oder verworfen werden können. Über diese eingestandenen Beschränkungen hinaus scheint die Arbeit jedoch auch inhaltlich in ihrer ‚Rekonstruktion der Gegenwart' auf problematische Weise unvollständig: So findet etwa die Tendenz zur Biologisierung des Subjekts keine Erwähnung, was erstaunen muss, da Reckwitz auf Arbeiten, die diese Tendenzen ausführlich thematisieren, durchaus Bezug nimmt. (bspw. Ehrenberg 2008) Ebenso wenig werden die empirischen Arbeiten einer kritischen Sozialwissenschaft aufgenommen, die aus den Dispositiven der Sicherheit, des Terrorismus, des Militärs, eine Zeitdiagnose entwickeln, die als weitere Aspekte in die Darstellung bei Reckwitz zu integrieren wären. (bspw. Bröckling et al. 2015; Nachtigall 2014) Diese teils eingestandenen, teils nicht reflektierten Unvollständigkeiten sollten die Rezeption des gewagten Theorieentwurfs davor bewahren, diesen statt als einen ergänzungs- und kritikwürdigen Entwurf, als eine universell anwendbare Theorie anzusehen. Eine solche Lesart würde aus dem mutigen Entwurf, der sich vor den großen Fragen nicht scheut, ein –im anderen Wortsinne– hybrides theoretisches System machen. Für den Zusammenhang dieser Arbeit sind diese kultur- und gesellschaftstheoretischen Ambitionen jedoch nicht der entscheidende Punkt. Im Zusammenhang der hier verfolgten Fragestellung genügt es, diese Probleme aufmerksam mit im Blick zu behalten, um der Frage nachzugehen, was das nun skizzierte Theorieprojekt für die Frage nach dem Subjekt in der Mediation an Antworten aufzuzeigen vermag. Und die Potentiale dieser Begegnung liegen in den detailreichen und dichten Analysen eben jenes kulturellen Wandels, der im Folgenden als Kontext der Mediation erkannt werden kann.

3.2.2 Der Wandel der Subjektformen im Kontext der Mediation

Im Folgenden ist nun der kulturelle Wandel darzustellen, den Reckwitz als für die Nachkriegszeit in den USA und in Westeuropa charakterisierend beschreibt. Dieser bietet eine ausgezeichnete Folie, um die auch in die Mediation eingehenden kulturellen Tendenzen zu beschreiben. Es wird nun der von Reckwitz dargestellte Dreischritt der subjektkulturellen Umbrüche dargestellt, in dem die ‚Angestelltenkultur' der 1960er-Jahre von der ‚counter culture' herausgefordert wird und ab den 1980er-Jahren eine neue dominante subjektkulturelle Ordnung des ‚konsumtorischen Kreativsubjekts' übergegangen ist.

3.2.2.1 Die Angestelltenkultur der organisierten Moderne

Die Angestelltenkultur der organisierten Moderne bildet für die sie herausfordernde Counter Culture wie für die ihr nachfolgenden ‚postmoderne Subjektformation' den Punkt, von dem beide sich klar abgrenzen. Zugleich bildet sie als historischer Vorläufer jedoch entgegen dieser demonstrierten scharf herausgestellten Differenz zugleich den Punkt, von dem die folgenden Subjektformen ihre Codes auch durch einen massiven Sinntransfer beziehen. Tatsächlich setzt die Kritik der Counter Culture und die Neucodierung der postmodernen Subjektform an internen Entwicklungstendenzen und Bruchlinien der Angestelltenkultur an – und baut damit auf die diskursiv verworfene Subjektform stark auf. Die Formation, die Reckwitz anhand der amerikanischen Angestelltenkultur der 40er- 60er Jahre analysiert und sich selbst seit den 1920er herausgebildet hatte, ist „von allen – dominanten oder oppositionellen – kulturellen Formationen, welche die Moderne hervorgebracht hat, jene, die das Subjekt am extremsten in strikter Außenorientierung trainiert." (Reckwitz 2006a, S. 434) Die paradigmatisch in der amerikanischen Suburb angesiedelte Angestelltenkultur setzt sich von der bürgerlichen Innerlichkeit und Moralorientierung ab, indem sie diese durch eine Orientierung und Anpassung an die ‚Peers' ersetzt. Jene quasi ‚natürlicherweise' gegebenen Kollegen, Nachbarn und Vereinskameraden dienen dem Einzelnen als relevante Andere, an denen sich das Verhalten zu orientieren hat und in der Interaktion das Bild eines ‚regular guy/girl' zu pflegen ist. Die in der kulturell dominierenden gehobenen Mittelschicht dominierende Arbeitsform, sprich das als vollwertige Arbeit angesehene Arbeitsverhältnis des Mannes, ist das Angestelltenverhältnis in einer großen Organisation, die ihre ‚organisation men' auf die Einpassung in die Organisation, ihre sozialen wie technischen Anforderungen und ein möglichst reibungsloses Funktionieren hin ausrichtet. Die tonangebende Figur in dieser Arbeitswelt ist der Manager-Ingenieur, der in seiner nüchternen Technikorientierung auch die Organisation menschlicher Interaktion nach technisch-organisatorischen Erfordernissen und im Modus nüchterner Problembearbeitung und am Maßstab reibungsloser Abläufe hin ausrichtet. Diese Faszination an Technik und die entsprechende Haltung einer technisch-nüchternen Behandlung auch ‚menschlicher' Probleme sieht Reckwitz als übergreifender subjektkultureller Code auch in Kunst und Design jener Zeit. (Reckwitz 2006a, S. 418–420) Im ausgeprägten Normalismus dieser subjektkulturellen Formation gilt es, Auffälligkeiten, unkontrollierte Emotionalität, im Ganzen Peinlichkeiten jeglicher Art zu vermeiden, um stets als unproblematischer, dazugehöriger und vernünftiger Teilnehmer (Reckwitz 2006a, S. 419) der Gruppe, ganz gleich ob im Berufs- oder Privatleben, dazustehen. Aus diesen Zugehörigkeiten setzt sich die ‚soziale Identität' der Einzelnen, ganz wie sie die klassische sozialpsychologische ‚social identity theory' beschreibt, zusammen. [56] Während also emotionaler Ausdruck zugunsten einer glatten Freundlichkeit und Distanziertheit reduziert wird, und spontane Gefühlsausbrüche als Zeichen von Unreife gelten, findet eine intensive Kultivierung von Peinlichkeit und Scham statt:

> Wenn die moralorientierte bürgerliche Kultur für regelabweichendes Verhalten im Subjekt in erster Linie das intensive Gefühl der Schuld und Gewissensnot verankert und ihr Subjekt bemüht ist, Verhalten zu vermeiden, das seinem – der allgemeinen bürgerlichen Moral folgenden – Gewissen widerspricht, so bildet die Angestelltenkultur ein routinisiertes Gefühl der Scham und der Peinlichkeit aus, eine Angst vor dem sozialen Stigma, das sich einstellt, wenn der ‚signifikante Andere' den Einzelnen als sozial inakzeptabel, im Extrem als ‚anormal' betrachtet. (Reckwitz 2006a, S. 417)

---

[56]   s. Tajfel und Stroebe 1982. Aktuelle Forschungen zur Mediation und social identity theory finden sich im Promotionsprojekt von Lisa Gutenbrunner (s. Gutenbrunner und Wagner in Press)

Die Außenorientierung der Subjekte führt also auch zu einer Verschiebung des kulturell produzierten, verworfenen Anti-Subjekts vom moralisch falschen zum ‚unnormalen' oder ‚psychopathologischen' (Reckwitz 2006a, S. 420). In einer ‚peer society', in der grundsätzlich eine Orientierung an prinzipiell Gleichen und Ähnlichen vorherrscht (in der klassisch-bürgerlichen Kultur wäre dies dem Verdikt der ‚Vermassung' anheimgefallen; Reckwitz 2006a, S. 414), ist ein doppeltes *othering* zu beobachten. Insbesondere an dieser Stelle greift die Psychologie als bestimmender Interdiskurs der Angestelltenkultur. Seit den 1920er-Jahren entwickelt sich die Psychologie zu einer ‚Wissenschaft der Normalität', die weniger die pathologischen Einzelfälle als die Beschreibung und statistische Vermessung der Normalität betreibt. In dieser szientistischen, mit dem Behaviorismus verbundenen ‚Psychologie des Normalen' bildet die ‚well adjusted personality' das psychologische Ideal. In der diagnostischen Bestimmung der Ränder des Normalen wird die ‚Adaption' bzw. ‚Devianz' der Subjekte erfasst und in sich ausdifferenzierenden Anwendungsbereichen von der Produktivität steigernden ‚Psychotechnik' aus über sich ausdifferenzierende Beratungsangebote und –literatur stets auf das Ziel einer einheitlichen und sozial normal funktionierenden Persönlichkeit hin bearbeitet. (Reckwitz 2006a, S. 422). Im Wechselspiel von psychologischem Diskurs und kulturell etablierten Normalitäten sind auch normativ-normalistische Entwicklungstheorien (wie Erikson 2015) und die generelle Ausrichtung der amerikanischen Psychologie an der medizinialisierten Schule der Ich-Psychologie zu verorten (hierzu Zaretsky 2006). Gleichzeitig entwickeln sich, wenn auch in den USA vielfach abgeschwächt gegenüber der in den 60er und 70er-Jahren in Europa um sich greifenden Variante, Sozialversicherungen als materiale Absicherungen der sich als Norm durchsetzenden ‚Normalbiographie' eines geregelten, unterbrechungsfreien und von kontinuierlichem Aufstieg gekennzeichneten Lebensverlaufs. Diese subjektkulturelle Formation ist von einem doppelten Othering gekennzeichnet: Einerseits wird ein nicht eingepasstes, deviantes Subjekt als Anderer des Subjektideals positioniert, das die soziale Berechenbarkeit durch expressives Verhalten stört; andererseits jedoch auch ein introvertiertes Subjekt, das sich ganz zurückzieht und nicht teilhat. „Die größte Sorge der Eltern der avancierten Mittelschichten ist (…) dass ihr Kind zu ‚introverted' (nicht zufällig in semantischer Nähe zum ‚inverted') zu werden droht; sie tendieren dazu, ‚to equate the lone individual with psychic disorder'." (Reckwitz 2006a, S. 424) Diese zweite Möglichkeit des Scheiterns markiert das Fehlschlagen der Entwicklung einer extrovertierten Haltung. Die „zwanglos erscheinend[e] sozial[e] Zugewandtheit" (Reckwitz 2006a, S. 414) ist das herausstechende Merkmal der Subjekte der Angestelltenkultur und soll ihnen ihre mühelose Anschlussfähigkeit, ihr reibungsloses Funktionen ermöglichen. Diese wird auch durch eine grundsätzliche Fremdreferentialität in der Selbststeuerung durch eine Orientierung an Erwartungen der Peers und der Wirkungen auf die Anderen erreicht:

> Das ‚social adjustment' als dispersed practice der Angestelltenkultur – in der Organisation, in der Partnerschaft und Familie, als Kind in der ‚peer group', in der suburbia-Gemeinschaft, beim kopierten Konsum und der gemeinsamen Rezeption von Medien – ist keine einfache Anpassung an Gegebenes, sondern setzt ein Subjekt voraus, das nach Art eines ‚Kreiselkompasses' (Riesman) eine beständige Beobachtung des Verhaltens anderer und deren Reaktionen auf das eigene Verhalten (looking glass self), eine Beobachtung des eigenen Agierens mit Blick darauf, was es bei anderen auslöst, sowie eine subtile Steuerung des Verhaltens betreibt, in der Absicht, damit die Reaktionen der anderen und das zurückgespiegelte Bild der eigenen Person zu beeinflussen. (Reckwitz 2006a, S. 415)

Diese Aufwertung des sozialen Anpassungsprozesses wird im Kontext der Angestelltenkultur als Gewinn an Flexibilität und Beweglichkeit in Abgrenzung von bürgerlicher Starrheit und Borniertheit gewertet. Es findet dabei im klaren Gegensatz zur klassisch-bürgerlichen Subjektform keine Aufwertung eines subjektiven eigenlogischen Innenraums statt; ebenso wird die Grenzziehung von Privatheit und Öffentlichkeit aufgeweicht. (Reckwitz 2006a, S. 438) Dieses Verschwinden der Rückzugsräume stellt das ‚performing self' der Angestelltenkultur, das ohne Unterlass „nicht nur positiv auf eine Verbesserung der Fremdurteile bedacht, sondern beständig negativ von der Sorge getrieben [ist], mögliche Peinlichkeiten sozialer Auffälligkeit zu vermeiden" (Reckwitz 2006a, S. 416), vor eine anstrengende Daueraufgabe. An dieser Stelle einer ‚hohlen und unauthentischen Fassade' wird die Kritik der Counter Culture ansetzen.

Die hauptsächliche Bruchlinie der Angestelltenkultur, an die sowohl die gegenkulturellen Strömungen als auch die Postmoderne Subjektformation kritisch und transformatorisch anschließen, liegt in der in der Angestelltenkultur herausgebildeten, aber stets domestizierten ästhetischen Orientierung der Subjekte. Die Angestelltenkultur entwickelt ihre ganz eigene Ästhetik der Oberflächen, eine „Ästhetik der perfekten Form" (Reckwitz 2006a, S. 333), die als Zeichen gelungener Subjektivität angesehen wird. Damit setzt schon in der Angestelltenkultur eine Ästhetisierung der Alltagswelt und des Körpers ein (Reckwitz 2006a, S. 425). Diese wird zwar durch die Ineinssetzung von perfekter Form und sozialer Normalität domestiziert und an die normalisierte Gruppe zurück gebunden, was jedoch stets ein prekärer Prozess bleibt. Die Orientierung an der Harmonie des Sozialen (und des Technischen) ist auf einer ersten Ebene zugleich eine Orientierung an der Ästhetik der perfekten Formen von Personen und Dingen, so dass sich scheinbar ein homogenes Subjekt ergibt. Zwischen dem sozialorientierten Normalismus und der Heranbildung eines ästhetischen Sinns ergibt sich jedoch eine Fissur, so dass zwei potentiell gegenläufige Ansprüche des Subjekts an sich selbst in latenter Konkurrenz zueinander treten: der Anspruch des Sozialen und jener des Ästhetischen. (Reckwitz 2006a, S. 411–412) Insgesamt kreiert die Angestelltenkultur in ihren Subjekten ein ungebrochenes Interesse an ästhetischen, vor allem visuellen Reizen zur Zerstreuung und lustvollem Genuss, die nicht mehr bürgerlich moralisiert, sondern stets weiter verstärkt werden. (Reckwitz 2006a, S. 436) Strukturanalog erlebt die Sexualität eine Aufwertung und wird in –immer klar codierten– Praktiken, wie dem Dating oder der ausgeprägten Sorge der Subjekte um ihre körperliche Attraktivität, als legitime Quelle von Lust ausgewiesen und intensiv gepflegt. Diese Konstellation bildet eine Anschlussstelle für die gegenkulturelle Enthemmung, die sie nur noch in ein ‚unterdrücktes Begehren' und eine ‚repressive Rationalität' umzudeuten hat. Gleichzeitig sind die Strukturbedingungen dieser Kritik in der kritisierten Formation selbst angelegt. Für das Beispiel der sexuellen Revolution der Counter Culture führt Reckwitz aus:

> Es ist nicht die Gegenkultur, sondern bereits die Angestelltenkultur selbst, die auf ihre Weise eine Sexualisierung des Subjekts betreibt: Kinseys Sexualwissenschaft, die neuen Verhütungsmittel (‚die Pille') wie auch die populäre Pornografie sind in den 1950er und 60er Jahre genuine Produkte der sexualisierten Angestelltenkultur. Gleichzeitig versucht diese, die Sexualisierung durch Kopplung an die ‚social ethics' der organisierten Moderne in Schach zu halten: Sexualität soll eine Funktion des Sozialen sein, ein Akt des sozialen Austauschs im peer-System der Ehe. (…) Die soziale Zurechnungsfähigkeit des weiblichen Subjekts bleibt im Rahmen der ‚social ethics' ausweglos an die Paarbeziehung gekoppelt. Es ist diese doppelte Widersprüchlichkeit von Sexualisierung und Sozialisierung des Sexuellen, von Aktivierung und Passivisierung des weiblichen Subjekts, welche den Hintergrund für die kulturrevolutionäre Haltung zu Sexualität und Geschlechtlichkeit bildet. Diese nimmt die Form einer Autono-

misierung und Entgrenzung des Sexuellen in der ‚sexuellen Revolution' sowie einer Autonomisierung und Entgrenzung des Femininen in der ‚feminine revolution' an. (Reckwitz 2006a, S. 482–483)

Ebenso führt der ständige Vergleich einer normalistischen peer group nicht nur zur Einebnung eben dieser Differenzen, sondern auch zur Ausbildung eines entwickelten Sinns für Differenzen, der jedoch noch darauf beschränkt ist „jene Aspekte, unter denen man selbst (noch) nicht mit den Anderen übereinstimmt" (Reckwitz 2006a, S. 435) zu entdecken. Dieser entwickelte Differenzsinn bildet dann ebenfalls eine Anschlussstelle für die Kritik der counter culture, die hier nur noch die Wertigkeit umkehren muss und auf die schon ausgebildete Kompetenz aufbauen kann, um ihrem Programm eines selbstbewusst und gezielt differenten Subjekts praktische Form zu geben.

3.2.2.2 Counter Culture

Mit dem Begriff der counter culture fasst Reckwitz eine Anzahl sehr heterogener gegenkultureller Strömung von den Beatniks der 1950er über die Studentenbewegung und die Alternativszene der 1970er bis in die ausdifferenzierten Musikszenen der 1980er Jahre. [57] Alle diese höchst unterschiedlichen sozialen Bewegungen sieht Reckwitz verbunden durch ihre Opposition gegenüber der ‚falschen', ‚repressiven' und/oder ‚unauthentischen' Angestelltenkultur sowie einem gemeinsamen subjektkulturellen Programm: Alle Strömungen der Counter Culture lassen sich als Bewegungen beschreiben, die auf eine Ästhetisierung des Subjekts, auf die Subjektivation anhand experimenteller Spiele und der ‚Entfesselung der Lust' abzielen. Die Counter Culture steht damit in der Linie einer die Moderne durchziehenden Herausbildung und Stärkung der ästhetischen Codierung der Subjekte, auf der auch die für die Mediation dann so wichtig werdende ‚neue Psychotherapeutik' mit ihrer sensiblen Innenwahrnehmung und ihrer Forderung nach Authentizität liegt. Wie schon in der romantischen und avantgardistischen Kritik wird hier ein primär wahrnehmendes, sensibles Subjekt entworfen. Aus dieser Perspektive stellt Reckwitz die gesamte Bandbreite der

---

[57] Inwiefern sich auch die für die Herausbildung der Mediation besonders relevante Friedensbewegung in dieses Muster einfügen lässt, wird unten in Kap. 5 diskutiert. Reckwitz erwähnt in seiner Abhandlung weder die Friedens- noch die Ökologiebewegung.

neuen sozialen Bewegungen und Alternativbewegungen als Subjekttransfor-
mationsbewegungen dar. (Reckwitz 2006a, S. 443) Dabei zeichnet sich die
Counter Culture durch eine oppositionelle Haltung gegenüber der etablierten
Angestelltenkultur aus, sie besetzt andere Räume, urbane Unsicherheiten
gegenüber der geordneten (amerikanischen) *Suburb*, vor allem auch Universitäten
in den Zeiten der Bildungsexpansion, und entwickelt Netzwerke von alternativen
‚Zusammenhängen‘, in denen die neuen Subjektcodierungen sich realisieren.
(Reckwitz 2006a, S. 453) Diese Neucodierungen von Subjektivität gehen von der
Kritik an der Angestelltenkultur aus und weisen bei aller Heterogenität der
Bewegungen erstaunliche Überschneidungen in der Stoßrichtung der entworfenen
Subjektform auf. Insbesondere richtet sich die Kritik „gegen drei miteinander
verknüpfte Strukturmerkmale organisiertmoderner Gesellschaft: technische
Rationalität, normalistische soziale Kontrolle und ereignisarme Routinisiertheit"
(Reckwitz 2006a, S. 456) und entwickelt entsprechend gegenkulturelle Angebote
des experimentellen Spiels, der Ästhetisierung und Stilisierung von individueller
Differenz und dem Streben nach Erfahrungserweiterungen und in außeralltäglichen
Räumen gesteigertem Erleben.

Experimentelles Spiel und Entfaltung der Authentizität
Der erste Strang von Kritik richtet sich gegen die sachliche Rationalität und ihre
nüchternen Vollstrecker in der Angestelltenkultur. An ihre Stelle soll nun das
experimentelle Spiel der ‚wirklichen Subjekte‘ treten, die nicht mehr die
‚irrationale Rationalität‘ starrer und fremder Strukturen vollziehen.

Im kulturrevolutionären Gegendiskurs wird dieser universale Horizont, der sich
um den ‚leeren Signifikanten‘ sozial-technischer Rationalität gruppiert, aufge-
brochen und als das Gegenteil dessen interpretiert, was er zu sein vorgibt: Statt
eine Voraussetzung gelungener Identität zu bieten, übt er als fixe Struktur, als
ein rationalistisches System ‚Macht‘, ‚strukturelle Gewalt‘ aus, die eine gelingende subjektive Existenz systematisch verhindert. Der Rationalismus gesell-
schaftlich- technischer Systeme erweist sich als eine äußere Ordnung, die versucht, eine innere Ordnung im Subjekt zu erzwingen: ein irrationaler ‚Mikrofa-
schismus‘ der Ordnung, der sich bis in die Details des Alltagslebens – des
‚Konsumzwangs‘, des ‚Leistungszwangs‘, des ‚Gruppenzwangs‘ etc. – verlän-
gert." (Reckwitz 2006a, S. 457)

Seine eloquenteste Formulierung findet dieser Strang der Counter Culture in der
postmodernen Theorie. Diese wird von Reckwitz in konsequenter Selbst-

anwendung nicht als Theoriereferenz, sondern als kulturell prägender Diskurs und damit als Teil des Gegenstandes der eigenen Theorie behandelt. Die „postmodernen Theorien [sind] als Diskurse [zu] begreifen, die in den 1960er und 70er Jahren den Gegenstand, den sie zu beschreiben vorgeben, gleichzeitig schaffen: als Subjektdiskurse (etwa bei Deleuze oder Lyotard), die das neue, postmoderne Subjekt kreieren, das in der counter culture praktiziert wird." (Reckwitz 2006a, S. 444) [58] Und dieses hier kreierte Subjekt ist eines des überschreitenden, sprunghaften und nicht stillzustellenden Begehrens:

> Was das Subjekt mit der Welt verbindet, sind nicht fixe und einfach zu befriedigende ‚Bedürfnisse', sondern ist ein ‚Begehren', das sich auf interpretierte Objekte, auf Repräsentationen von Objekten richtet. Die Begehrensobjekte erweisen sich damit in der Kreation neuer Repräsentationen als unbegrenzt ausweitbar. Das Begehren findet temporäre, aber niemals endgültige Befriedigung nicht in einem bestimmten Gegenstand, sondern in der interpretativen und zugleich sinnlichen Aneignung der Gegenstände, die in ihm ein libidinöses Erleben freisetzen. (Reckwitz 2006a, S. 460)

Ein derart im experimentellen Begehren und in der kontingenten Wahrnehmung der Welt positioniertes Subjekt stellt sich aktiv und polemisch jenseits aller Domestizierung von Körperlichkeit und Lust; es profiliert sich gerade durch die lustvolle Überschreitung dieser Anstandsgrenzen. Figuren wie Deleuze/Guattaris Nomade oder ‚Schizo' – eine Figur, die in der Antipsychiatriebewegung ihre Entsprechung jenseits des Theoriekosmos fand; aber auch Szenen wie die Großstadtindianer und Spontis der 70erjahre (Reckwitz 2006a, S. 463) – spitzen diese Form zu: „Es atmet, wärmt, ißt. Es scheißt, es fickt. Das Es ..." (Deleuze und Guattari 1995) Der gegenkulturelle Körper wird offensiv thematisiert und enttabuisiert: Wo in der Angestelltenkultur Körperlichkeit in der hoch zugerichteten Form beherrschter Performance und idealer visueller

---

[58] Die ironische Selbstanwendung der Foucault'schen Formulierung vom Diskurs, der sich seinen Gegenstand schafft auf die Theorie darf natürlich nicht zu einer Überschätzung der charismatischen Theoretiker und ihrer Diskurse führen. Auch hier ist ein praxistheoretischer Blick auf die Rezeptionszusammenhänge der Theorie vonnöten, wie ihn etwa in letzter Zeit Felsch (2015) vorgelegt hat. Zur Breitenwirksamkeit ‚postmoderner' Theorie in den 70ern in Frankreich und ihrer späteren Rezeption als Postmoderne siehe auch Angermüller 2007; Angermuller 2015.

Erscheinungsformen ein wichtiger, ja zentraler Schauplatz subjektkultureller Codierungen wird, betritt nun ein anderer Körper die Szene. Es entlädt sich die in der sexualisierten und domestizierten Körperlichkeit der Angestelltensubjekte hergestellte Spannung in gegenkultureller Entgrenzung:

> Das Begehrenssubjekt modelliert sich in einem dreifachen Sinne primär nicht als reflexiv-kognitive Instanz des Geistes, sondern als Körper (so dass ‚Verkopftheit', ‚Emotionslosigkeit' und ‚mangelndes Körpergefühl' nun Subjektdefizite bezeichnen): (…) Der gegenkulturelle Körper ist im wesentlichen Leib; er liefert kein objektiv vorhandenes, fixes Funktionssystem, sondern präsentiert sich als subjektiv erlebter Körper, ein Leib, dessen Fühlen systematisch zu entfalten ist. (Reckwitz 2006a, S. 464)

Die Generalisierung der ästhetischen Codierung des Subjekts und letztlich aller Praxisbereiche nimmt hier unter dem Code der Kreativität Gestalt an (hierzu ausführlich Reckwitz 2011): „Die Lebendigkeit des Moments zu erleben erfordert, gegen die Routinisiertheit ‚Spontaneität' zu setzen, gegen die Wiederholung identischer Akte die ‚Kreation' des Neuen. Kreativität', die Fähigkeit, aus sich selbst heraus neuartige, unberechenbare Vorstellungen und Handlungen zu schöpfen oder verschiedene Vorstellungen und Handlungen neuartig miteinander zu kombinieren und dabei fixe Grenzen zu überschreiten, wird nun als natürliche Voraussetzung eines nicht-entfremdeten, sein Selbst ‚verwirklichenden' Subjekts präsentiert, die sich vom Spezialfall der Kunst auf die gesamte Alltagspraxis beziehen lässt. (Reckwitz 2006a, S. 465) Dabei wird der hier emphatisch als unterdrückter, eingeschränkter und daher auf seine Befreiung und Entfaltung wartende Kern „anarchisch-spontaner, unkontrollierbarer Lebendigkeit" (in der Theorie nur bedingt, explizit jedoch in weniger eloquenten gegenkulturellen Diskursen) ebenso naturalisiert und als humane Universalie ausgegeben, wie zuvor die –nun aufs Schärfste verworfene– Außenorientierung und Anpassungsfähigkeit der Angestelltensubjekte: „Diese wird als natürlicher und zugleich als anzustrebender Zustand präsentiert; worauf die kulturelle Teleologie abzielt, wird auch in der kulturellen Gegenbewegung gleichzeitig als ‚immer schon vorhandenes' Fundament, ein post-foundationalist Fundament der Subjekthaftigkeit eingeführt." (Reckwitz 2006a, S. 459)

Mit dieser Wendung vom experimentellen Spiel auf die Naturalisierung desselben ist die zentrale Spannung und intern heftig umstrittene Bruchlinie der Subjektform der Counter Culture erreicht. Einige Fraktionen der Counter Culture besetzen den Authentizitäts-Pol und postulieren eine Entfaltung eines im Subjekt gegebenen inneren Kerns gegen die gesellschaftlichen Widerstände, von der Hippiebewegung über die Alternativszene, Folk und Rock in all seinen Variationen, wohl auch große Teile der Umweltbewegung und sicherlich die „Psychoszene" (so bezeichnet in Schulz von Thun 2008). Andere Fraktionen betonen die Kontingenz und wehren sich vehement gegen die ‚Essentialisierung' und Fixierung von Subjektivität, wozu Reckwitz die postmodernistische Kunst- und Theorieszene sowie Musikkulturen im Umfeld von Pop und Funk zählt. (Reckwitz 2006a, S. 489) Überdeutlich wird dieser Bruch auch in den intensiven Auseinandersetzungen zwischen dem Differenzfeminismus der 60er/70er-Jahre und der ab den 90ern aufkommenden Gendertheorie. In dieser Differenz –Betonung des authentischen Ausdrucks vs. Betonung der Kontingenz experimenteller Begehrens[59]- und Signifikationsspiele– sieht Reckwitz die zentrale Spannung der Counter Culture – und eine Bruchlinie, die sich bis in die folgende Subjektformation durchziehen wird.

Hinter der Oberfläche einer scheinbaren Inkommensurabilität zwischen Authentizitäts-counter culture und Kontingenz-Kulturrevolution verbirgt sich jedoch eine Spannung, die der gegenkulturellen Subjekttriade von Begehren/Spiel mit Repräsentationen/ästhetisches Erleben inhärent ist und ihr durchgängig eine endlose Dynamik verleiht. In den unterschiedlichen Fraktionen wird sie allein verschiedenartig akzentuiert. Die gegenkulturelle Subjektkultur, die sich in den Dienst der Realisierung des Lustprinzips stellt, setzt die unumstößliche Realität von Lust und Begehren und die kulturelle Offenheit der Bedingungen, unter denen Lust erreicht wird, in ihrer eigen Universalisierungsstrategie durchgängig voraus. Das Spiel der Repräsentationen, die Ästhetisierung von Objekten und Subjekten liefert die Bedingung für eine Entfaltung des Begehrens und die innere Produktion fortgesetzter jouissance-Erlebnisse: kein entfaltetes Lustprinzip ohne den kulturrevolutionären Umsturz der Wahrnehmungsformen – dies gilt auch für die Authentizitäts- Fraktion. Umgekehrt liefert die als existierend vorausgesetzte Realität von Begehren und zu befriedigenden Erlebnissen den Antrieb des semiotischen Spiels: kein Kontingenzspiel ohne die Suche nach den ästhetischen Erfahrungen, der Befriedigung im Mo-

---

[59]   Die diese Spannung produktiv weiter entwickelnde Figur eines ‚strategischen Essentialismus', wie er in der postkolonialen Theorie (und Praxis) zuerst von Spivak (1988) entwickelt wurde, spielt in Reckwitz' Analyse leider keine Rolle.

ment, die sich aus der experimentellen Subversion der Stile ergeben soll – dies gilt auch für die Kontingenzfraktion. (Reckwitz 2006a, S. 498–499)

Die kulturwissenschaftliche Analyse hebt sich hier von ihrem Gegenstand durch die eingenommene Distanz ab, in der dieser Konflikt nicht ausgetragen wird, sondern gerade das Spannungsverhältnis als das Gemeinsame beider Seiten hervortritt: Jeder Beitrag, dem eine Verortung in dieser Frage notwendig und drängend erscheint, zeigt sich so dieser Formation zugehörig; Distanz macht sich nicht in abweichenden Positionierungen, sondern der schwindenden Relevanz der Unterscheidung bemerkbar.

Differenz statt Normalismus
Die counter culture bringt mit dieser zwischen authentischem Wesenskern und experimentellem Begehren changierenden Subjekt-Innerlichkeit einen neuen Referenzpunkt ins Spiel: In beiden Fällen wird das Subjekt als primär auf ein Inneres bezogen und potentiell im Konflikt mit den sozialen Gruppenzugehörigkeiten und ihren Anpassungsanforderungen gesetzt. Indem die Wertigkeit von Außenorientierung und Innenorientierung umgekehrt wird, geht die Counter Culture so in Fundamentalopposition zur nun als unauthentisch und repressiv kritisierten Angestelltenkultur. An die Stelle der Anpassung an die soziale Norm setzt die Counter Culture einen Code selbstbewusster, aktiv hergestellter und ausgearbeiteter Differenz. In den diversen Szenen der Counter Culture findet eine umfassende Stilisierung statt, wie sie etwa in den zahlreichen subtil codierten Jugendkulturen abzulesen ist: „sämtliche Elemente des Alltags, die in der Angestelltenkultur durch die Standards sozialer Normalität weitgehend vorgegeben sind, fügen sich in den jugendlichen und postadoleszenten counter cultures zu einem Raum der Bildung von ‚Stilen' zusammen, und das Subjekt trainiert sich in subtiler Stilkompetenz." (Reckwitz 2006a, S. 490) Nützlichkeit und Zweckmäßigkeit, die Leitmotive der Angestelltenkultur nicht nur im Design der Alltagsgegenstände, werden durch eine selbstbezügliche Stilisierung, ein Spiel mit Differenzen zu anderen Stilen ersetzt. Dieses Spiel der Differenzen findet Reckwitz in der postmodernistischen Kunst wieder, die systematisch ihre Rezipienten in Grenzüberschreitungen übt, die vor allem die Grenze zwischen Kunst und Alltag zum Thema haben (paradigmatisch im Spiel mit Alltagsgegenständen in der pop art: Reckwitz 2006a, S. 468–469). Reckwitz sieht hier jedoch eine weitere Entwicklung: Durch die Kritik der Objektivitäts-

orientierung der Angestelltenkultur bildet sich ein ganzer Komplex von Praktiken, der die Subjekte als Erkennende in einer ‚Semiotisierung des Alltags' (Reckwitz 2006a, S. 490–491) sichtbar und reflexiv macht. Die alltägliche gelebte Aufwertung der Subjektivität führt auch zu ihrer politischen Aufwertung: Subjektkulturell haben diese ‚politics of subjectivity', paradigmatisch die Schwulenbewegung, die neue Formen von Subjektivität anerkennbar machen jenseits ihrer konkreten Erfolge in der Verschiebung von legitimen Subjektformen insgesamt eine Verflüssigung der Subjektform zur Folge, indem sie „die Homogenität und Eindeutigkeit von Subjektformen dekonstruieren, ihre Abhängigkeit von visueller performance, narrativer Perspektive oder fragilen Innen-Außen-Unterscheidungen aufzeigen. Die Unbestimmtheit des Subjekts und seiner Realität wird zur sicheren Tatsache, die nun diverse possible worlds eröffnet." (Reckwitz 2006a, S. 472) Ergänzend zu ihrem Selbstverständnis, eine „‚Emanzipation' aus der repressiven Bedeutungs- und Subjektfixierung der Angestelltengesellschaft und ihrer bürgerlichen Vorgänger" (Reckwitz 2006a, S. 473) darzustellen, kann die kulturwissenschaftliche Perspektive die Semiotisierung des Alltags zugleich als ein „Trainingsfeld konstruktivistischer und das Erleben intensivierender Dispositionen" (Reckwitz 2006a, S. 472) erkennen, in dem ein „Subjektanforderungskatalog" entsteht, „der die Fähigkeit und Bereitschaft zur beständigen Dekonstruktion von Grenzen sowie die Kompetenz zur ästhetischen Sensibilisierung der gesamten Alltagswelt dekretiert." (Reckwitz 2006a, S. 473) Diese Kompetenzanforderung im Spiel mit dem Neuen wird nicht nur von der folgenden Subjektformation als generalisierter Konsum aufgenommen, sie kann auch als Grundlage für den Kontingenzsinn der Beteiligten fordernde Kommunikationstechniken wie das Reframing gelesen werden. (Kap. 9.2)

Erfahrungsbegehren gegen die Ereignisarmut
Als dritte Umstülpung der Codes der Angestelltenkultur, wobei auch wieder hier die gegenkulturelle Bewegung an einer in der Vorgängerformation angelegten Bruchlinie ansetzt, ist die Aufwertung von außeralltäglichen Erfahrungen gegenüber der Alltagsroutine. Was in der Angestelltenkultur als Sommerurlaub, Dinnerparty oder vor allem in der Fiktionalität in Kino und Fernsehen den von der Alltagsroutine beherrschten Ort legitimer außergewöhnlicher Erfahrungen darstellte, wird nun entgrenzt, radikal aufgewertet und diversifiziert. Diese systematisch gesuchten und hergestellten außeralltäglichen Situationen und Erlebnisse spielen eine entscheidende Rolle in der Herausbildung des Subjekts der

Counter Culture. Beispielhafte Relevanz spricht Reckwitz der Rezeption von Rock/Pop-Musik, der Verwendung psychedelischer Drogen und fernöstlicher Praktiken der Meditation zu. Anhand des Rock-Konzerts als frühem und massenwirksamen Format der Counter Culture lässt sich dies besonders plastisch illustrieren: Musik spielte in den künstlerischen Avantgarden und Gegenkulturen immer eine Rolle, besonders in der gegen das ‚steife Bürgertum' opponierenden Romantik. Im Rockkonzert richtet sich nun aber der Fokus der Beteiligten weg von den Inhalten der Musik – die in ihrer harmonischen und melodischen Reduktion sowieso primär als Sound rezipiert wird (Reckwitz 2006a, 477)– hin zum Erleben der Situation, die –wieder– durch eine massive Entgrenzung und Aktivierung der Körper gekennzeichnet ist: Die Fangemeinde ist körperlich aktiv, tanzend, voneinander nicht mehr durch fest angewiesene Plätze getrennt; ebenso findet ein aktiver und konstitutiver Austausch zwischen Künstler und Publikum statt, die aufgeheizte Stimmung (Reckwitz spricht in der Terminologie von Durkheims Religionssoziologie von ‚efferveszenten' Situationen; vgl. Pettenkofer 2010) führt zu einem intensivierten, im Kollektiv geteilten ekstatischen Erleben. (Reckwitz 2006a, S. 479) Diese intensiven Erlebensgemeinschaften sind eine der wenigen Stellen, an denen die sonst stark individualistisch ausgerichtete counter culture Kollektivität positiv besetzt: Als Resonanzraum für das zu steigernde Erleben des Einzelnen, das ganz im Moment des Jetzt aufgeht. (Reckwitz 2006a, S. 466) Dieses gesteigerte Gegenwarterleben ist auch in der Verwendung von psychedelischen Substanzen, paradigmatisch LSD, in der Counter Culture präsent:

Das Selbstgefühl des psychedelischen Subjekts erweist sich als ein quasi-mystisches von besonderer ‚Daseinsintensität' und ‚Bedeutungstiefe' der Dinge: Das scheinbar Banale erscheint sakralisiert und hält ständige Überraschungen bereit. Dabei findet eine Verschiebung des Zeitbewusstseins, der Relation von Handeln und Erleben und der Sozialwelt statt: In der Drogenerfahrung lebt das Subjekt im Moment des ‚Jetzt', in einer Sequenz von Gegenwarten, es verliert das Gefühl von Zeitdruck und -knappheit. Das Subjekt nimmt sich selbst nicht als handelndes, sondern als sinnlich erlebendes wahr: Handlungsabsichten erscheinen überflüssig und bedeutungslos, ja komisch. Das Subjekt ist die Sequenz seiner sinnlichen Wahrnehmungen. (Reckwitz 2006a, S. 480–481)

Die Erlebnisqualitäten derartig herausgehobener Bewusstseinszustände werden in der counter culture auch im Alltag kultiviert, indem etwa Meditationstechniken rezipiert werden, die zur „Beseitigung aller gesellschaftlichen Hemmungen in der spirituellen ,überwältigenden' Selbst- und Welterfahrung" führen sollen indem sie „die ,Spontaneität', ,Lebendigkeit' und ,Natürlichkeit' des vorreflexiven und nicht-teleologischen Bewusstseinsstroms" wiederherstellen. (Reckwitz 2006a, S. 481) Dass die Mediation nicht als Teil dieser Subjektkultur zu betrachten ist mag offensichtlich sein; dennoch lassen sich wesentliche Codierungen der counter culture, hybride überformt und umgewertet, auch im Diskurs der Mediation beobachten.

3.2.2.3 Von der Counter Culture zum neoliberal doppelcodierten Kreativsubjekt

Ab den 70er Jahren treiben eine Reihe von Veränderungen zunächst unabhängig voneinander eine Entwicklung an, die die Herausbildung einer neuen Subjektform begünstigt, die sich quer zur Oppositionsstellung von Counter Culture und Angestelltenkultur legt und von beiden Subjektkulturen spezifische, selektive Sinntransfers, Generalisierungen und Abgrenzungen vornimmt. Reckwitz nimmt hier insbesondere auf die Medienrevolution durch die Informationstechnologie und ein verändertes, individualisiertes Konsumverhalten Bezug. (Reckwitz 2006a, S. 501) Vor allem aber treten mit einer am ,self-growth' orientierten Psychologie (Maslow, Rogers, Gestalttherapie; s. Kap. 10) und dem neoliberalen Managementdiskurs (dazu Kap. 4.1) neue Entwicklungen ein, die unter wiederum selektiver Aufnahme des entgrenzten Experimentalismus der Counter Culture „die multiple ,Entfaltung des Ichs', die ,Souveränität der Wahl' und die ,Kontingenz der Selbstinterpretationen' als Subjektstrukturen universalisieren" (Reckwitz 2006a, S. 442) und zu einer neuen Subjektform verdichten. Dieser Trend hat in Reckwitz Rekonstruktion „eine präzise bestimmbare primäre soziale Trägergruppe: die aus den neuen höheren Mittelschichten erwachsende Milieuformation der urbanen creative class." (Reckwitz 2006a, S. 449) Das sich hier herausbildende Subjekt formiert sich anhand einer anspruchsvollen, hybriden und damit brüchigen Kombination von Codes: Die Orientierung am ,self-growth', der Entfaltung eines authentischen Wesenskernes, in dem sich Impulse der counter culture mit der Therapeutik kreuzen; kombiniert mit dem Code einer generalisierten, wohlkalkulierten Wahl, wie neoliberale Beratungsdiskurse und rational-choice-Theory nahelegen; sowie drittens der Orientierung an einer Selbstregierung, einer Form der Autonomie und Souveränität, die jedoch im Unterschied zu ihrer bürgerlichen Vorlage vom moralischen Code auf eine ökonomisch-psychologische Ressourcenorientierung umgestellt ist.

Seit den 1960er Jahren findet hier im Zuge von gestaltpsychologischen[60] und konstruktivistischen Diskursen eine Ablösung des Modells eines sozialorientierten Subjekts statt. Während der herrschende psychologische Code der 1920er bis 60er Jahre die extrovertierte Sozialorientierung des Subjekts naturalisiert, meint die neue Psychologie, eine reichhaltige subjektive Innenwelt zu entdecken, die es vom Subjekt zu ‚entfalten' gilt: Das Subjekt erscheint als Wesen, das in seinem Kern nach unentfremdetem ‚self growth' (A. Maslow), nach innerer Balance und Verwirklichung strebt; es ist eine Instanz, die sich ihre Welt und sich selbst kontingent ‚konstruiert'; es enthält neben rationalen Eigenschaften eine Fülle heterogener nicht-rationaler Kompetenzen (z. B. ‚emotionale Intelligenz'). Neben der Psychologie drängen seit den 1970er Jahren, ausgehend von der Chicago School, ökonomische Diskurse den Subjektcode in eine Richtung jenseits des kulturellen Imaginären der organisierten Moderne. Die Dominanz des soziologischen Diskurses der organisierten Moderne ablösend, betreibt der marktliberale ökonomische Code – der sich im Sinne eines Interdiskurses auf Arbeit, Konsum, Intimbeziehungen, Politik und andere Praktiken gleichermaßen anwenden lässt – eine Neucodierung des Subjekts, das nun als Instanz eigenverantwortlich- riskanter, quasi-unternehmerischer Aktivität wie auch als Instanz der Wahl zwischen konsumierbaren Optionen, mithin als Subjekt und Objekt eines ‚Marktes' von angebotenen und nachgefragten Items repräsentiert wird. (Reckwitz 2006a, S. 446)

Die sich so entwickelnde, maßgeblich von der an Authentizität und Wachstum orientierten Psychologie einerseits, dem die Welt als Markt konzipierenden Neoliberalismus andererseits beeinflusste Subjektform wird von Reckwitz als „Postmodernes Subjekt" bezeichnet. Ich werde in meiner Arbeit von dieser Terminologie abweichen. Reckwitz' Bezeichnung erscheint zunächst dahingehend problematisch, dass sie ein wesentliches Element der counter culture, nämlich die postmoderne Theorie und Kunst, in der Bezeichnung einer anderen Formation wiederholt. Diese Uneindeutigkeit mach die artifizielle Unterscheidung von

---

[60]   Reckwitz setzt hier die Gestaltpsychologie für ein Feld von psychologischen Strömungen, deren interne Differenzen nicht immer leicht abzubilden sind. Gegen die dominante, man kann wohl sagen: normalistische Ich-Psychologie, die in den USA der Nachkriegszeit eine klinische Dominanz etablieren konnte, setzten sich diese psychotherapeutischen Bewegungen als ‚dritte Kraft' auch vom Behaviorismus ab. In diesem Feld war die Gestalttherapie eine Kraft, stand neben den Gesprächspsychotherapeutischen Ansatz von Rogers, der ‚humanistischen' Persönlichkeitspsychologie Maslows und Fromms, die keineswegs darunter zu subsumieren sind. (dazu Kap. 10; vgl. Illouz 2009; Zaretsky 2006; Friele 2008)

‚postmodernistischer Kunst' und ‚postmodernem Subjekt' nötig (die ich oben angesichts der hier vorgenommenen Revision der Begrifflichkeiten schon nicht eingehalten habe). Umso schwerer wiegt dieses Manko, da die kulturalistische Interpretation der counter culture erkennbar an postmoderner Theorie geschult ist, wenn sie das Subjekt intensiven und experimentellen Begehrens als zentrales Element ausmacht. Zunächst ist also die counter culture eigentlich ‚postmodern'. Zudem kennzeichnet Reckwitz den entscheidenden Faktor der Herausbildung der von ihm postmodern genannten Subjektform durch das Hinzutreten einer generalisierten Marktförmigkeit sozialer Interaktionen zum ästhetischen, authentisch-konstruktiv-unentschiedenen Subjektcode der Counter Culture. „Dort wird das ästhetische Subjektmodell kombiniert mit einer generalisierten Konstellation des Sozialen als ‚Markt', auf dem der Einzelne sich sowohl als Subjekt wie als Objekt der Wahl und der ‚Konsumtion' im weiteren Sinne übt." (Reckwitz 2006a, S. 499)

Diese Codierung der Welt als Markt lässt sich unschwer, soll sie doch um 1980 in der Breite wirksam eingetreten sein, als ‚neoliberal' kennzeichnen. Aus diesen Gründen scheint mir die Kennzeichnung der subjektkulturellen Formationen als ‚(postmoderner) Counter Culture' und ‚neoliberaler Subjektkultur' ganz aus Reckwitz eigener Darstellung und Theorie heraus weitaus treffender. Zudem wird, wenn die Bezeichnung der Gegenwart als ‚Post-*' vermieden wird, die Gegenwartsdiagnose weniger über ihre Abgrenzung gegenüber der vorhergehenden Epoche, als anhand ihrer spezifischen Codierungen benannt: ‚Neoliberal' stellt hier die in der Betonung der Differenz enthaltenen gesellschaftsliberalen Gehalte dieser Subjektform ebenso heraus, wie auf die verändernde Zitation des klassisch liberalen Codes der souveränen Selbstständigkeit der bürgerlichen Subjektform verwiesen wird. (Reckwitz 2006a, 109ff) Mit dem Präfix wird zugleich auf die Neuartigkeit der Subjektform hingewiesen und zugleich die mit dem Neoliberalismus verbundene Generalisierung ökonomischer Codierungen herausgestellt. Nun hat der Neoliberalismus keinen guten Ruf, in Teilen der Mediationsszene wie in der Subjektivations-forschung rangiert er als Feindbild. Die hier angestrebte Verwendungsweise ist fern dieser harschen Kritik als eine kulturtheoretisch-distanzierte zu verstehen, die in der hier als Neoliberalismus bezeichneten kulturellen Melange über die Angleichung des Sozialen an den Markt hinausweisende liberale Codierungen zu entdecken und wertzuschätzen vermag. Diese differenzierende Haltung gegenüber dem Neoliberalismus kann sich –gegen seine Nachfolger in den Gouvernementalitätsstudien– auf Foucault berufen, der im amerikanischen Neoliberalismus durchaus ein utopisches Potential zu erkennen vermochte.

Der Liberalismus Amerikas ist stattdessen eine ganze Sein- und Denkweise. Er ist viel eher eine Art von Beziehung zwischen Regierenden und Regierten als eine Technik der Regierenden gegenüber den Regierten. Wir können sagen, wenn Sie so wollen, daß (…) der Streitgegenstand in den [USA] zwischen Individuen und der Regierung eher die Gestalt des Problems der Freiheiten annimmt. Deshalb glaube ich, daß der amerikanische Liberalismus sich gegenwärtig [im März 1979; JT] nicht nur allein und so sehr als eine politische Alternative darstellt, sondern sozusagen als eine Art von globaler, vielgestaltiger, mehrdeutiger Forderung mit seiner Verankerung in der Linken und in der Rechten. Es ist auch eine Art von utopischem Mittelpunkt, der immer wieder neu aktiviert wird. (…) Nun, der Liberalismus braucht selbst auch eine Utopie. Es liegt an uns, liberale Utopien zu schaffen und über die Art und Weise des Liberalismus nachzudenken, anstatt den Liberalismus als eine alternative Regierungstechnik auszugeben. Der Liberalismus als allgemeiner Stil des Denkens, der Analyse und der Einbildungskraft. (Foucault 2014, S. 305)

Dabei ist diese einer Vorlesung entnommene Bemerkung –wie immer bei Foucault– in ihrem Kontext auch als Spiel mit den Erwartungen des Publikums zu verstehen. (Konersmann 2003) Ich halte sie vor dem Hintergrund der Richtung, die die Gouvernementalitätsstudien genommen haben, dennoch für höchst bemerkenswert; sie scheint mir auch als politische Reaktion in ihrem zeitgeschichtlichen Kontext (Foucault hat sich in diesen Jahren intensiv mit der Frage des Terrorismus, spezifisch der Haltung der Linken zur RAF befasst; vgl. Felsch 2015) aktueller denn je. Zwar nicht Solidarität, aber eine differenzierende Analyse der in ihm als Subjektform enthaltenen und möglicherweise bewahrenswerten Gehalte muss dem Neoliberalismus im Augenblick seines Sturzes wohl zugestanden werden.

Reckwitz beschreibt die Herausbildung der ab jetzt neoliberal genannten Subjektform vor dem Hintergrund zweier Prozesse: Einerseits nimmt in den 70er und 80er Jahren ein tiefgreifender Wandel der Produktionsprozesse und damit verbunden der Arbeitsbedingungen an Fahrt auf. In einer umfassenden Flexibilisierung von Arbeitsprozessen gerät die Herstellung großer Stückzahlen identischer Produkte gegenüber einer immer schnelleren Anpassung an sich ständig wandelnde Märkte ins Hintertreffen, die Anteile der reflexiven Reorganisation und Optimierung von Arbeitsprozessen nehmen rapide zu und sind nicht mehr nur im Krisen- oder Expansionsfall eine Aufgabe des Managements, sondern im Modus beständiger Reflexion Teil des Arbeitsauftrages jedes Einzelnen. Routinisierte ‚Fließband'-Tätigkeiten werden zunehmend, zumindest für die besser qualifizierten Angestellten, von Projektarbeit abgelöst; vielfältige Feedback und Bewertungs-Instrumente ersetzen klar hierarchische Arbeitsstrukturen und auch die Grenzziehung zwischen Unternehmen und Umwelt wird durch neue Konzepte wie ‚Intrapreneurs' oder ‚profit-center' aufgeweicht. [61] (Reckwitz 2006a, S. 500–516) Als zweite Entwicklung der ‚materialen Kultur' macht Reckwitz die ebenfalls in den 80er Jahren aufkommende Informationstechnologie aus. Die aufkommenden Informationstechniken bewirken eine weitere „Medienrevolution":

Mit der mikroelektronischen und digitalen Revolution fällt ein Strukturwandel auf der Ebene der Informationstechnologie mit einem der Produktionstechnologie (computer aided design) zusammen. Statt die vorhergehenden Medienrevolutionen zu dementieren, verknüpft sich die digitale Kultur sowohl mit Elementen der audiovisuellen als auch der Schriftkultur, die sich beide digitalisiert reformuliert in ihr aufgehoben sehen. Die materiale Kultur im Umkreis des Computers liefert die Voraussetzung für neuartige soziale Praktiken und damit auch für eine Neumodellierung von Dispositionen und Codes der Subjektivität, welche die Form des Angestelltensubjekts sprengen. (Reckwitz 2006a, S. 445)

Dieser Text ist, 2006 und damit ein Jahr vor dem iPhone veröffentlicht, mittlerweile hoffnungslos überaltert. Für den Kontext dieser Arbeit, die ja die Geschichte und Gegenwart, nicht die Zukunft der Mediation zum Thema hat, spielen diese Entwicklungen jedoch keine größere Rolle.

Die subjektkulturelle Transformation der Arbeitspraktiken geht in Reckwitz Perspektive klar von der sich in den 70ern formierenden ‚Creative Class' aus. Von dieser zunächst kleinen, aber kulturell prägenden und heute auch kulturell

---

[61] Diese Transformation ist arbeitssoziologisch als Flexibilisierung, Entgrenzung, Autonomisierung und -meist ohne Bezug zum hier dargestellten Theoriezusammenhang- als Subjektivierung (im Sinne einer Anpassung der Arbeit an die Arbeitssubjekte) von Arbeit beschrieben worden, was Missverständnisse hervorrufen könnte. (s. Moldaschl 2003)

dominanten ‚Klasse' von innovativen, kreativen, hochflexiblen Symbol-Arbeitern geht eine prägende Wirkung weit über die Nischen und neuen Arbeitsfelder, von denen sie ihren Anfang nahm, aus. Zugleich zeigt sich die Creative Class als exemplarische Verkörperung der Subjektform des neoliberalen Arbeitssubjekts, das sich vorwiegend als Kreativarbeiter, als Unternehmer seiner Selbst darstellt und dabei eine entmoralisierte, ressourcenorientierte Selbststeuerung praktiziert.

> Die post-bürokratische Arbeitspraxis hat ihr Zentrum in den urbanen Kulturindustrien (Beratung, Informationstechnologie, Design, Werbung, Tourismus, Finance, Unterhaltungsindustrie, Forschung und Entwicklung). Sie macht die Arbeit des Trägermilieus der postmodernen Kultur, der creative class aus. In der Subjektkultur, welche diese Arbeitspraktiken enthalten, überformen sich das Modell des ‚Kreativen' und das des ‚Unternehmers seiner selbst'. Die Distinktionsfolie des Kreativunternehmers ist das der Kreativität unfähige, inferiore Subjekt der Planungs- und Routinearbeit, aber auch ein Habitus, dem es an der Fähigkeit zur marktförmigen Stilisierung und disziplinierten Selbstentwicklung mangelt. Das postmoderne Arbeitssubjekt kombiniert in sich die ästhetische Fähigkeit zur symbolischen Innovationsproduktion, welche jede normative Selbst- und Fremdkontrolle aufzubrechen sucht, mit der Selbstkontrolle der ‚Arbeit an sich selbst' und der Sensibilität für Fremderwartungen, die der ‚Markt' an das Profil des Einzelnen stellt. Dieses Arbeitssubjekt bildet damit ein hybrides Arrangement von kreationistischer, ästhetischer Subjektivität, klassisch bürgerlicher – nun entmoralisierter – Selbstkontrolle und dem – nun individuelles Profil statt sozialer Konformität prämierendem – personality salesmanship der Angestelltenkultur. (Reckwitz 2006a, S. 510)

Die neue, kulturell leitende Figur ist nun einerseits ein Kreativarbeiter, der nicht nur an ein Künstlerideal anknüpft, sondern auch beständig im Fluss sein und Spaß und Erfüllung in der Arbeit finden soll, andererseits aber die (von Bröckling ausgemachte) Figur des auf eigenes Risiko und in Selbstbestimmung erfolgreichen „Unternehmers seiner Selbst".[62]

---

[62]   Reckwitz greift hier auf die Analysen von Bröckling zurück. Dies kann auch im Kontext dieser Arbeit geschehen: Die oben formulierte Kritik richtete sich nicht gegen Bröcklings Analysen, sondern lief auf eine Neueinschätzung und Situierung der Schlussfolgerungen hinaus.

Auch für die Praktiken intimer Beziehungen macht Reckwitz eine Transformation aus, die wesentlich durch Counter Culture, psychologische Beratung und Feminismus vorangetrieben wurde. (Reckwitz 2006a, S. 529) In Abgrenzung zur Angestelltenkultur werden zum einen individuelle, spezifische Freundschaftsbeziehungen entgegen der sich ‚natürlicherweise' einstellenden Kontakte im sozialen Umfeld aufgewertet; vor allem aber transformiert sich die Struktur von Paarbeziehungen, die in einer Wendung gegen den Normalismus als offen, gestaltbar, von jeglichen normativen Vorgaben befreit und daher zwischen den Partner verhandelbar konzipiert werden. (Reckwitz 2006a, S. 536) Auch hier macht Reckwitz die spezifische Kombination der Codierungen von Expressivität, Wahl und entmoralisierter Selbststeuerung aus.

Einen dritten, als besonders relevant herauszuhebenden Komplex von Praktiken, macht Reckwitz in den ‚Selbstpraktiken' aus.

Seit den 1970er und 80er Jahren bilden sich in den westlichen Gesellschaften zeitgleich mit den post-bürokratischen Arbeitsformen und den expressiven Intimbeziehungen mehrere, zunächst verstreute Komplexe von Technologien des Selbst, welche die Grenzen der Selbstpraktiken der organisierten Moderne überschreiten: ein individualästhetischer, lebensstilorientierter Modus der Konsumtion; Körperpraktiken, in denen sich sportliche und gesundheitsorientierte Aktivitäten kombinieren; schließlich mit der digitalen Technologie die medialen Routinen im Umgang mit dem Computer. Trotz ihrer Unterschiedlichkeit teilen diese Bündel von Aktivitäten die Gemeinsamkeit einer subjektiven Selbstreferentialität; sie üben das Subjekt darin, jenseits von Arbeits- und Intimitätsformen primär eine Relation zu sich selbst herzustellen. Alle drei Komplexe werden zunächst wiederum von der Minorität der creative class in den urbanen Zentren vor allem der Gesellschaften Westeuropas und Nordamerikas getragen und bilden ursprünglich Elemente eines ‚Californian way of life'; aber das Modell eines Subjekts, das sich über Konsumobjekte und -leistungen experimentell selbst stilisiert und dort Befriedigung findet, das sich in Körpererfahrungen transformiert und schließlich an der cyberculture aktiv partizipiert, erlangt eine popularisierte, hegemoniale Attraktivität über diese spezifische Milieuformation hinaus und wird konstitutiver Bestandteil einer postmodernen Subjektordnung. (Reckwitz 2006a, S. 555)

In den drei herausgehobenen Bereichen des Konsums, der Körperpraktiken vor allem in Sport und Gesundheit sowie des Gebrauchs digitale Medien macht Reckwitz übergreifend die Struktur eines experimentellen, ästhetischen Subjekts aus, das intensive Erfahrungen sucht und sammelt. Als besonderer Bewusstseinszustand sei dabei der ‚flow', ein von Mihaly Csíkszentmihályi beschriebener Zustand euphorischer, konzentrierter Hingabe; ein optimaler Austausch mit dem Objekt der Beschäftigung:

> Es ist ein flow-Subjekt, dessen gesamtes Begehren darauf abzielt, in sich kör-perlich-mental-affektive Zustände einer ‚optimal experience', des inneren Erle-bens libidinös besetzter Situationen hervorzurufen, zu wiederholen und zu po-tenzieren. (…) In seinen Selbsttechnologien übt sich das postmoderne Subjekt im experimentellen Spiel mit Repräsentationen, das eine ästhetische Selbstre-gierung voraussetzt. Beide ermöglichen ihm eine Iterierung von flow-Erlebnissen – somit kann das Subjekt nach außen erfolgreich seine jeweilige Individualität demonstrieren. Diese Dispositionen stellen sich als Subjekteigen-schaften dar, die zwar in den Praktiken des Selbst erworben werden, die aber auch feldtranszendierend zum Einsatz kommen. (Reckwitz 2006a, S. 556–557)

Dabei ist diese Ästhetisierung des Selbst entgegen der Radikalität der Counter Culture moderater und routinierter (Reckwitz 2006a, S. 529) und durch die, von Sorge um die eigene Wählbarkeit angetriebene, beständige Kontrolle wieder an eine Form der Außenorientierung gebunden. (zum Flow s. Kap. 10.4)

Unternehmer seiner Selbst
Eine zentrale Codierung des Arbeitssubjekts speist sich aus dem neoliberalen Code, der das Subjekt anhand der Figur des Unternehmers als Selbstständiger, aktiver Marktteilnehmer modelliert. Reckwitz greift hier zwar die Formel vom ‚Unternehmerischen Selbst' (Bröckling 2007) auf, führt den Themenkomplex jedoch auf den feldübergreifenden Code der generalisierten und permanenten Wahl zurück. Die Umwelt wird in diesem Code zum Objekt der Wahlentscheidungen, die nach einem Kosten/Nutzen-Kalkül zu optimieren sind. Diese zweite Codierung überlagert die des Kreativarbeiters zu einer hybriden und spannungsreichen Konstellation:

> Während der spätbürgerliche self-made man seinerseits in kultureller Opposi-tion zum bohemehaften Künstler wahrgenommen wurde, verschiebt sich seit den 1970/80er Jahren der Bedeutungsgehalt des Unternehmerischen wie des Krea-tiven so, dass das eine dem anderen sinnhaft übergestülpt werden kann und bei-des gemeinsam den Code des Bewegt-Dynamischen konkretisiert: Der Unter-nehmer ist kreativ, und der Kreative ist Unternehmer. Nicht nur die erarbeiteten

Produkte, auch das Kreativsubjekt selbst bewegt sich in einer Struktur des Marktes, und der virtuose Umgang mit den Marktbedingungen ist es, der den Unternehmer auszeichnet. Der Unternehmer seiner selbst ist ein Subjekt der Wahl, das zwischen verschiedenen Arbeitsstellen, Projektteams und Tätigkeiten als Selbstständiger in seiner gesamten Arbeitsbiografie wählt, und es ist gleichzeitig ein Objekt der Wahl, indem es von potentiellen Arbeitgebern, Teams und Produktnachfragern gewählt wird (oder nicht) und sich entsprechend als wählbares Subjekt modellieren muss. (Reckwitz 2006a, S. 516–517)

Die neoliberal doppelcodierten Subjekte befinden sich dem Code der generalisierten Wahl in doppelter Weise ausgesetzt: Einerseits als Wählende (‚Investoren‘), zugleich jedoch als Objekte der Wahl (im weiteren Sinne als in ihrem ‚Humankapital‘ nachgefragt), wenn sie Dienstleistungen oder Produkte der Nachfrage des Marktes aussetzen. (Das ist für den Anbietenden stets riskant, und wird besonders spürbar, wenn man Mediation anbietet.) Die neoliberalen Marktsubjekte sind so aufgerufen, ihre ‚employability‘ ständig im Blick zu behalten, Investitionen in ihre eigene ‚lebenslange Fortbildung‘ zu tätigen um die Nachfrage auch für zukünftige Trends zu sichern. (Reckwitz 2006a, S. 519) Diese Versuche, mit planerischem Vorgehen der nicht stillzustellenden Kontingenz des Marktes beizukommen, müssen in eine nicht stillstellbare Dynamik von ständiger Sorge und immer neuen Aktivitäten führen.[63] Reckwitz geht nicht weiter darauf ein, wie sich diese beiden Subjektpositionen zueinander verhalten, bzw. welche Faktoren ihr Verhältnis bestimmen. An dieser Stelle zeigt sich die Zurückhaltung in Reckwitz' Theorie, Machtverhältnisse zu thematisieren. Etwa durch eine naheliegende Aufnahme von Bourdieus diversifiziertem Kapitalbegriff (Bourdieu 1983) ließe sich die Modulierung des Verhältnisses der Subjektpositionen der Wahl und des Gewählt-Werdens theoretisieren: In einer prekären, mit wenig Ressourcen ausgestatteten Position, etwa der eines Berufseinsteigers, der sich am Markt noch bekannt machen muss (geringes soziales Kapital) und nicht über einen im Feld der Konfliktbearbeitung hoch akzeptierten (juristischen) Bildungsabschluss verfügt (geringes symbolisches Kapital) und dazu noch auf die

---

[63] Damit diese Darstellung nicht als ein implizites Lob der sozialen Sicherheit in der Angestelltenkultur verstanden werden kann, sei an dieser Stelle daran erinnert, wie diese kollektive Ängste um ihre kollektivierten Sicherheitsgarantien an den Rändern ihrer (nationalen) Solidargemeinschaft ausagiert. (vgl. Sarrazin 2012)

Einkünfte aus seiner Tätigkeit angewiesen ist (geringes finanzielles Kapital), tritt die Fähigkeit zu Wählen zurück hinter der Dringlichkeit, gewählt zu werden. Umgekehrtes gilt für die komfortable Frage, wie finanzielle Überschüsse investiert werden sollen. Der Frage, wie diese Positionen der Wahl im Mediationsdiskurs repräsentiert sind, wird unten nachzugehen sein.

Die Codierungen der authentischen Selbstdarstellung und der Marktgängigkeit greifen im Konstrukt einer „marktförmigen Exzentrik" ineinander, wenn die Subjekte, um erfolgreich zu sein, angerufen sind, „sich als Non-Konformist zu präsentieren und gleichzeitig in diesem spezifischen Non-Konformismus nachgefragte Eigenschaften anbieten zu können. Umgekehrt besteht das Risiko sowohl darin, zu wenig unterscheidbar zu sein, als auch darin, zwar als individuell wahrgenommen zu werden, aber dabei keine nachgefragten Eigenschaften zu präsentieren. Erforderlich ist eine marktförmige Exzentrik, ein unverwechselbares und zugleich anschlussfähiges ‚branding' seiner selbst, das versucht, über Markt- und Selbstbeobachtung herauszufinden, in welcher Hinsicht sich eine in der Nachfrage prämierte Differenz entwickeln lässt. (Reckwitz 2006a, S. 520) Dieselbe prekäre Balance gehen die Codes der Marktförmigkeit und Einzigartigkeit im Konzept der Kreativität ein. Hier ist nicht bloß irgendeine kreative Innovation gefragt, sondern genau jene Innovation, die am Markt Bestand hat und Nachfrage findet. (Reckwitz 2006a, S. 517)

Durch die auch biographische Flexibilisierung der Arbeit, also dem Wegfallen berechenbarer Karrierewege, bildet sich die Notwendigkeit neuer Selbststeuerung. Diese macht Reckwitz als dritte Codierung des neoliberalen Marktsubjekts aus, die und unter dem Druck der –strategischen, langfristigen– Sicherung der employability die Form einer unternehmerischen, an die Markttendenzen angepassten Selbstoptimierung annimmt. Dieser Prozess, der manchmal als „sportlicher Wettbewerb" (Reckwitz 2006a, S. 521) repräsentiert wird, bringt eine auf Dauer gestellte Außenorientierung in die neoliberale Subjektform ein:

Hinzu kommt, dass die Internalisierung des Konsumentenblicks das unterneh-merische Subjekt dazu anleitet, die eigene Arbeit unter dem Aspekt der nicht nur temporären, sondern permanenten Selbstoptimierung zu beobachten (in der Organisation reguliert etwa über das ‚Total Quality Management'), sich damit durch den Konsumenten kontrollieren zu lassen: Unternehmerisch denken,

heißt hier, beständig im Komparativ qualitativer Steigerung zu denken, eine
Steigerung in Reaktion auf die Aktionen des Marktes. (Reckwitz 2006a, S.
518)

Selbsttechniken und Körper
Im Konsum macht Reckwitz die zentrale Selbsttechnik der neoliberalen
Subjektform aus. Allerdings hat sich die Form des Konsums gegenüber dem status-
und normalitätsorientierten Konsum der Angestelltenkultur grundlegend
gewandelt. Konsum wird nun einerseits weniger als die Anschaffung von
funktionstragenden Artefakten oder Verbrauchsgütern, sondern vielmehr als
Erfahrung aufgefasst, die vielmehr auf den Akt des Konsums selbst zielt und stets
die Stilisierung der Individualität, der jeweiligen authentischen Ausdrucksform des
einzelnen Subjekts, zum Ziel hat. Deutlich wird diese Tendenz in der Transformation der Werbung, die anders als in der Angestelltenkultur nun intensivierten
Genuss von zu Ideal-Ichs stilisierten Subjekten zeigt, (Reckwitz 2006a, S. 561) und
zudem mit zahlreichen Semantiken des Selbst das Bedürfnis der Konsumenten
nach individueller Stilisierung aufgreift.

Die ‚individualästhetische' Form des Konsums verspricht, dem Subjekt jene
momenthaften ästhetischen Erlebnisse und jene Selbststilisierung als besonderes, gegenüber anderen differentes Individuum zu verschaffen, den der sozial
standardisierte Konsum des Angestelltensubjekts systematisch verhindert habe.
Damit kann die Konsumkritik der Gegenkultur internalisiert, und es kann trotzdem, sogar in gesteigertem Maße, konsumiert werden. (Reckwitz 2006a, S.
558)

Indem Konsum nun als Medium der Darstellung von Einzigartigkeit gilt, kann sich
die Form des Konsumierens –paradoxerweise gerade durch die Konsumkritik der
counter culture hindurch– als generalisierte Haltung durchsetzen.

Durch die Orientierung des Konsums an der Erfahrung und dem authentischen
Erleben wird der Körper der neoliberalen Subjekte ins Zentrum der
subjektivierenden Praktiken gerückt. Paradigmatisch lässt sich diese körper-
bezogene Form des Erfahrungs-Konsums am Individualtourismus festmachen.
(Reckwitz 2006a, S. 566) Wo das Angestelltensubjekt in der kollektiven Reise am
Erholungsort Erfüllung fand, zielt der an die Alternativreisen der Counter Culture
anknüpfende Individualtourismus auf eine Begegnung mit dem Fremden und
Anderen, die am eigenen Leib vollzogen werden muss, um eine intensive und

prägende Erfahrung hervorzurufen. Diese Codierung des Körpers als erfahrungssensibler Leib setzt sich in einer Reihe von Praktiken um:

> Die sich im Kontext der creative class etablierenden Körpercodes – die von der Überschneidung zwischen den Sport- und den Gesundheitsdiskursen profitieren – beruhen auf einer Differenzmarkierung zur vorgeblichen Körpervergessenheit in der organisierten und bürgerlichen Moderne und zielen auf eine Entwicklung des Körpers als psychophysisches Erlebnisfeld, als ein ‚Leib-Ich', sowie als visuelle Schaufläche für sich selbst und andere, als ein ‚Körper-Bild' ab. In einem doppelten Sinne wird der Körper damit in ein ästhetisches Phänomen verwandelt. Der Körper erscheint in der postmodernen Körperkultur nicht als ein objektives Faktum, sondern als ein Gegenstand kultureller Modellierung und einer zwieschlächtigen Expressivität des Subjekts: als ‚innere' Quelle diverser, entwickelbarer und hervorzulockender Erfahrungszustände – bis hin zu solchen des Euphorischen – und als visuelle Manifestation des wohlgeformten Subjekts nach außen. Das postmoderne Körperbewusstsein manifestiert sich in einer Etablierung von selbst- und innenorientierten Sportarten wie Jogging (bis hin zum Marathon) oder Radfahren, von ursprünglich asiatischen Bewegungstechniken wie Yoga oder Tai-Chi, von aus den Jugendkulturen stammenden action-Sportarten wie Surfen oder Skaten, schließlich auch von gesundheitsorientierten Manipulationen am Körper (‚wellness'). (Reckwitz 2006a, S. 568)

Diese, an der eigenen Erfahrung orientierte Codierung des Körpers ist jedoch nicht die einzige, auch die beiden anderen im neoliberalen Subjekt hybrid kombinierten Codierungen wiederholen sich an dieser Stelle:

> Dabei bleibt jedoch im postmodernen Körpersubjekt die Orientierung an der extrovertierten Visualisierung des Körpers als attraktive Oberfläche, wie sie die amerikanistische Angestelltenkultur entwickelt hat, ebenso wie die bürgerliche Orientierung am tauglichen, souveränen Körpers enthalten: Beide werden im ‚Körper als Projekt', in seiner doppelten Teleologie der ästhetischen Stilisierung und der Fitness verarbeitet; sie arrangieren sich mit der flow-orientierten Innenorientierung zur fragilen Einheit eines ästhetisch formbaren Körpers. (Reckwitz 2006a, S. 569)

Zunächst tritt zum passiv-erfahrenden Körper der Körper als gestalteter, als ein vom Subjekt gemachtes Projekt, dessen hergestellte ‚Fitness' (d.h. optimierte Oberfläche und Gesundheit) das Gelingen der Selbstgestaltung der Subjekte demonstriert. Dieser Gestaltungsanspruch setzt sich zugleich in andere Codes um;

etwa wenn die körperliche Fitness mit Selbstkontrolle und Produktivität am Arbeitsplatz assoziiert wird oder für die Wählbarkeit auf dem Markt intimer Beziehungen Form annimmt. (Reckwitz 2006a, S. 572–573) Auf diese Weise kann die Oberflächenästhetik der Angestelltenkultur, erweitert durch die Anforderung individueller Stilisierung, in die neoliberale Subjektformation einziehen. Diese Spannung zwischen Leiblichkeit als selbstreferentieller Praxis der Erfahrung und Wettkampftraining des ,unternehmerischen Selbst' lässt sich etwa im Bereich des Sports nachzeichnen. (Reckwitz 2006a, S. 560) Insgesamt wird der Körper in der neoliberalen Subjektform dahingehend erweitert, dass er als Quelle positiver Erfahrungen, sei es durch intensives Erlebens in der passiven Haltung oder als (narzisstischer) Erfolg der Selbstgestaltung thematisch wird (Reckwitz 2006a, S. 570), sowie auch als Träger bedeutsamer Zeichen verstärkt wahrgenommen wird:

> Die ,körperliche Sorge', das heißt die minutiöse Selbstbeobachtung körperli-cher Regungen, die in der Kultur der organisierten Moderne, vor allem in ihrer maskulinen Hälfte, unter dem Verdacht bürgerlichnarzisstischer, potentiell hy-pochondrischer Innenschau steht, wird in diesem Kontext zur selbst libidinös aufgeladenen Alltagsroutine: Der Körper, der ,sich meldet', das ,Hineinhor-chen' in den eigenen Körper können zu Übungen einer so empfundenen inneren Lebendigkeit aufsteigen, die mit ständig neuen Idiosynkrasien aufwartet. (Reckwitz 2006a, S. 571)

Dabei wiederholt sich hier das schon für die ,emotionale Intelligenz' beobachtete Schema, positive Rückmeldungen, etwa die Euphorie des Flows, zu kultivieren, negatives oder ambivalentes Körperfeedback zu beobachten und als Zeichenträger zu akzeptieren – um es alsbald mit entsprechenden Anpassungen zu überwinden.

Codestruktur des neoliberalen Subjekts

Auch das neoliberale Subjekt wird in der hier dargestellten Theorie als hybride Überlagerung spezifischer Codes verdichtet, deren Zusammenspiel spezifische Wirkungen hat, deren Grenzlinien jedoch auch die Angriffsfläche für die Brüchigkeit der Subjektform darstellen. In der feldübergreifenden Darstellung der Subjektform ließen sich drei Codierungen entwickeln, die sich formelhaft als ,ökonomisch-psychologische Doppelcodierung plus entmoralisierter Selbst-regierung' begreifen lassen. Im Zentrum steht dabei die ökonomisch-psychologische Codierung, die Kombination, das Zusammenspiel und die Brüchigkeit von „Künstlerideal und Marktideal" (Reckwitz 2006a, S. 450).

In allen seinen Praktiken lässt sich dieses Subjekt durch eine hybride Kombination eines ästhetischen und eines ökonomischen Subjektcodes leiten. Der ästhetische Subjektcode modelliert es in die Richtung eines Begehrens nach ‚self
growth', nach einer kreativen Vervielfältigung seiner Möglichkeiten innerer Erfahrung. Er wird durch einen ökonomischen Code des Subjekts als Instanz der
Wahl und der Konsumtion überformt: Das Subjekt trainiert sich darin, Objekte
und Subjekte als miteinander vergleichbare Gegenstände einer im Prinzip aus-
tauschbaren Wahl wahrzunehmen, als Gegenstände einer Konsumtion im weitesten Sinne. Diese Codierung des Subjekts als eine Instanz der Wahl und Konsumtion enthält als intersubjektive Kehrseite, dass das Subjekt sich selbst darin
übt, ein Objekt der Wahl durch andere zu sein und versucht, seine Wählbarkeit
zu sichern. Die ästhetische und zugleich im weiteren Sinne marktbezogene Orientierung des postmodernen Subjekts stützt sich dabei auf eine spezifische,
post-bürgerliche Form der Selbstregierung. Es versucht, eine beständige Reproduktion psychophysischer ‚Ressourcen' (emotionale Kompetenz, semioti-
sche Kompetenz etc.), ein ‚empowerment' seiner selbst zu betreiben. (Reckwitz
2006a, S. 451)

Doppelte Positionierung in der Ökonomie der Wahl
In der ökonomischen Codierung ergibt sich für das neoliberale Subjekt eine
doppelte Subjektposition als einerseits wählendes, andererseits gewählt werdendes
Subjekt. Das Subjekt sieht sich in Märkten positioniert, in denen es wählend und
gewählt-werdend teilhat.

Universalisiert wird eine Situierung von Subjekten in Märkten im weitesten
Sinne: Das Subjekt wird hier als ein Agent der Wahl zwischen verschiedenen
angebotenen und von ihm nachgefragten Items präsentiert. Diese Items stellen
sich ihm als Gegenstände seiner Konsumtion dar, einer Vernutzung für seine
individuellen Zwecke. Die Konstellation der Marktförmigkeit ist jedoch eine
reziproke. Das Subjekt ist selbst ein Objekt der Wahl durch andere Subjekte,
damit im weitesten Sinne ein – notwendig prekäres – Objekt der Konsumtion
durch andere. (Reckwitz 2006a, S. 599)

In dieser Positionierung bildet das Subjekt einerseits einen Habitus der suchenden,
experimentellen Wahl, des sich zunächst nicht Festlegens aus. Diese tentative
Entscheidungsfindung überlagert die sachlich-rationale Entscheidung. (Reckwitz
2006a, S. 601) Die Optionalisierung ist dabei eine umfassende, die in der
Kybernetik gar zur ethischen Maxime „Handle immer so, dass sich die Anzahl
deiner Optionen erweitert" (LSTB, 116; Kap. 10.4; Reckwitz 2006a, S. 600)

erhoben wird. Die Notwendigkeit, gewählt zu werden, individualisiert die Schwankungen und Risiken des unberechenbaren Marktgeschehens und löst in den Subjekten eine nicht stillzustellende Sorge um ihre berufliche employability wie ihre Attraktivität für Beziehungspartner aus. Diese Sorge geht wesentlich in die Koordinaten der Selbststeuerung der Subjekte ein.

Ästhetisierung: Aktivität und Passivität

Dieser Orientierung an der Ökonomie der Wahl steht die nach innen gerichtete Orientierung am Selbst –aufgespannt zwischen den Polen Authentizität und Experimentalismus– entgegen. Diese ästhetisierende, auf eine sensibilisierte Selbstwahrnehmung abhebende Fokussierung des Erlebens und der damit einhergehende Einbezug des Körpers implementieren eine Reihe von passiven Elementen im Subjektcode.

> Die ästhetische Orientierung, die das postmoderne Subjekt in allen seinen Prak-
> tiken antreibt, verleiht diesem eine passivische und aktivische Struktur zu-
> gleich. Die ästhetischen Erfahrungen stellen sich zunächst als Akte der Rezep-
> tion dar, als psychophysische Zustände, die sich im Innern des Subjekts in an-
> eignender Reaktion auf äußere Ereignisse ergeben (oder aufgrund ihrer Unbe-
> rechenbarkeit nicht ergeben). Diese Zustände werden als solche wahrgenom-
> men und empfunden, die ,mit einem geschehen', ohne dass man sie strategisch
> vollständig kalkulierbar in sich herbeiführen könnte. Das Subjekt muss sich da-
> bei jedoch paradoxerweise als passivisch, das heißt aufnahmebereit für ästheti-
> sche Erfahrungen formen, um der Anforderung der Genussfähigkeit zu entspre-
> chen: Genussfähigkeit wird zwar als natürliche Subjekteigenschaft präsentiert,
> die sich gewissermaßen von selbst einstellt, sobald moralische und soziale Be-
> denken beseitigt sind, sie stellt sich jedoch als Kompetenz heraus, die ein spezi-
> fisches Selbsttraining erfordert, etwa einen bewussten Verzicht auf zielgerichte-
> tes Handeln zugunsten einer Konzentration auf die Wahrnehmung, eine Selbst-
> erforschung der eigenen ,Wünsche', das heißt eine Eruierung jener Erfahrun-
> gen, die jeweils voraussichtlich ästhetisch erlebbar sind. (Reckwitz 2006a, S.
> 597-598)

Diese zugleich „passivische und aktivische" Codierung der Subjekte soll im Mediationsdiskurs differenziert nachvollzogen werden. In den unterschiedlichen Ausformungen der Subjektcodes ergeben sich zwischen diesen Polen jeweils unterschiedliche Gewichtungen, indem mal mehr die wahrnehmend-sensible, auf Authentizität abhebende (passivische, wahrnehmend-ästhetische) Innenorientierung, mal die absichtsvolle und handlungsorientierte Orientierung nach Außen im Vordergrund stehen. Diese Differenzen spiegeln sich auch in den zentralen Begrifflichkeiten „Bedürfnis" und „Interesse", die im Mediationsdiskurs hybrid, aber nicht unsystematisch, gemischt werden. (vgl. Kap. 4 und Kap. 6.1.1)

Doppelcodierung

Spezifisch für die neoliberale Subjektform ist jedoch das Ineinandergreifen der Codes. So entsteht eine Zone der Unentscheidbarkeit zwischen psychologischen und ökonomischen Konzepten[64]: Beispielhaft sei nur das „Wachstum" genannt. In dieser Code-Überlappung gerät die Darstellung von Individualität zum Balanceakt, der gleichzeitig authentisch und sozial akzeptabel, ja mehr als das: hervorstechend, sein soll:

Die individuelle Differenz muss sich – jenseits innerpsychischer Differenzen – in einer wahrnehmbaren performance, einem demonstrativen Individualstil niederschlagen; gleichzeitig muss diese performance des Besonderen einen Effekt des Authentischen vermitteln, das heißt: darf nicht als ,gewollte', sondern muss als ,expressive' Individualität erscheinen (die sie idealerweise auch ist). Individuelle Differenz muss der Inflationierung von Eigenschaften entgehen, um noch als Differenz sichtbar zu sein; schließlich ist generell nicht jede wahrnehmbare individuelle Differenz der Wählbarkeit des Subjekts dienlich, sie kann sie auch geradezu verhindern; was zählt, sind nachgefragte, prämierte Differenzen, eine Nachfrage, die selbst veränderlich ist. (Reckwitz 2006a, S. 603)

Reckwitz macht an dieser Stelle die zentrale Bruchstelle der neoliberalen Subjektform aus. Im folgenden Kapitel wird genau zu untersuchen sein, welche Form diese Codeüberlappung im Mediationsdiskurs annimmt, wo sie zu welchen Synthesen gelangt und wo diese wie scheitern. Die Verbindung von ökonomischen und psychologischen Codes hat sich im Mediationsdiskurs auf jeden Fall deutlich niedergeschlagen, was sich in (selbstironisch überspitzten) Formulierungen wie vom „wertschätzenden und wertschöpfenden Umgang der Beteiligten miteinander"

---

[64]   Damit ist nicht das verbreitete übergreifen von ökonomischen Theoriekonzepten auf die akademische Psychologie gemeint (wie etwa in der ,theory of planed behaviour', die schlicht den Akteuren subjektive Kosten-Nutzen-Kalküle unterstellt). Hier soll die stärkere These vertreten werden, dass in spezifischen Verwendungszusammenhängen der homo oeconomicus mit Streben nach Selbstverwirklichung verschmilzt.

(KD 2012/1) niederschlägt. Im Falle der Mediation ist dabei die von Reckwitz beobachtete Doppelcodierung nicht einmal ausreichend, da sich in den Versprechen der Mediation viele Codes in einer typischen multiplen Weise überlagern: „Die Implementierung der Mediation beginnt regelmäßig mit der Phase der individuellen Begeisterung. Sie bietet den Nährboden für die Hoffnung auf ein besseres Verständnis der Mitmenschen, verbesserte Chancen im Beruf, optimierte Einkünfte und eine friedliche Welt." (ZKM 2009/190) Solche, wohl immer auch als halb ironisch zu lesenden, Selbstkommentierungen finden sich immer wieder im Diskurs der Mediationsszene, wobei gerade die Überlagerung von ökonomischen und politischen oder ethischen ,Versprechen', die von Mediation ausgehen, typisch ist. Die doppelte Codierung kann in unterschiedlichen Mischungsverhältnissen auftreten: „Es handelt sich um das Bemühen, von der Konfrontation zur Kooperation zu kommen. Dies hat zwar auch mit Ethik zu tun, ist aber in erster Linie pragmatisch als betriebswirtschaftliche Notwendigkeit zu verstehen." (HM2/364) In diesen Fragen werden Positionen im Feld der Mediation verhandelt und Fraktionen gegeneinander ausgespielt (ausführlich dazu Kap. 5). In der kulturwissenschaftlichen Perspektive treten nun aber nicht die –in der Mediationsszene so wichtigen- Differenzen in der Schwerpunktsetzung, sondern die übergreifende Struktur der doppelten oder mehrfachen Bezugnahme hervor. Diese, und nicht die feinen, bedeutsamen Unterschiede in der Gewichtung erscheinen so als die Signatur der kulturellen Transformation, an der die Mediation teilhat.

Dritter Code: nicht-moralische, ressourcenorientierte Selbstregierung
In der neoliberalen Subjektform wird den Subjekten, wieder in Abgrenzung zur peer-gesteuerten Angestelltenkultur eine ausgeprägte Selbststeuerung, ein Selbst-Management, ,autonome Selbst-Verantwortung' oder –wie Reckwitz in Anschluss an Foucault und die Gouvernementalitätsstudien formuliert– eine Selbstregierung zugeschrieben und abverlangt. Autonomie und souveräne Selbststeuerung ist jedoch traditionell ein Code bürgerlicher Subjektivität und ist dort –gestützt auf Religion und Aufklärungsphilosophie– stets als moralische Autonomie, als normengeleitete Selbstständigkeit konzipiert worden. Da die neoliberale Gouvernementalität jedoch im Kern eine ökonomische ist, die das Selbst als ein Unternehmerisches versteht, also aktiv, selbstbestimmt, risikobereit, visionsgeleitet und stets die ökonomischen Realitäten im Blick behaltend, wird dieser moralische Code auf die ökonomisch-psychologische „Ressourcenorientierung" umgestellt.

Aus dieser Traditionslinie heraus erklärt sich, warum dieser neue Code der Selbststeuerung aktiv entmoralisierend statt nur amoralisch auftritt. (Reckwitz 2006a, S. 585) Moralität wird allgemein der rigiden Angestelltenkultur zugerechnet und verworfen: „Die Moralität des bürgerlichen Charakters muss aus postmoderner Sicht damit als sich selbst limitierende, stil- und genussunfähige Pathologie eines restriktiven, über-Ich-hörigen Charakters erscheinen." (Reckwitz 2006a, S. 621)

An die Stelle des moralisch autonomen Subjekts der bürgerlichen Subjektform – und ihrer Philosophie, die von Kant über Habermas bis in den Mediationsdiskurs hineinreicht, dazu Kap. 7.1.6)– tritt nun ein neoliberales Selbst als Ressourcenbündel. Unter der Chiffre des Empowerments werden dem ökonomisch-autonomen Subjekt die Fähigkeiten antrainiert, die es benötigt, um sich auf dem generalisierten Markt zu behaupten: „physische Fitness; emotionale Kompetenz; Netzwerkfähigkeit; semiotisch-symbolische Kompetenz; kognitive Lernfähigkeit; Zeitmanagement; Desedimentierung von Wunschstrukturen; Ambiguitätstoleranz; Reaktionsfähigkeit für Eventualitäten." (Reckwitz 2006a, S. 608) An dieser Stelle fällt auf, dass Reckwitz das Empowerment nur auf den Marktcode, nicht auf den Code der Ästhetisierung, Authentizität oder Selbstkreation anwendet. In einer genaueren Analyse des Mediationsdiskurses wird zu klären sein, ob dieser Perspektive gefolgt werden kann, oder ob der Prozess des Empowerments komplexer gedacht werden muss. Gegen eine solche Engführung spricht auf jeden Fall die politisierte Verwendung des Begriffs etwa in rassismuskritischen Ansätzen (Eggers 2009; Oguntoye et al. 1992), die bei Reckwitz nicht reflektiert, bei Bröckling auf eine nicht plausibel werdende Weise unter die Machtkritik subsumiert werden. (Bröckling 2007, S.180ff)

Interessanterweise führt der Code der souveränen, entmoralisierten Selbstregierung zu einer Rezentrierung des inhaltlich dezentrierten Subjekts auf der Ebene der Selbst-Kompetenzen:

> Die ästhetisch-ökonomische Doppelstruktur treibt das spätmoderne Subjekt damit in Richtung einer beständigen Selbstbewegung, die sich von der Suche nach momenthaft als authentisch empfundener und sozial als Individualstil anerkannter Selbstkreation anleiten lässt. Diese bewegte Subjektform ist auf einer ersten Ebene eine dezentrierte: Selbstkreation stellt sich als ein ‚leerer Signifikant' heraus, der mit immer neuen Bildern eines Ideal-Ichs, mit wechselnden

potentiell lustvollen ästhetischen Erfahrungen und vielversprechenden Wahlakten ausgefüllt werden kann. Auf einer zweiten Ebene findet jedoch im kreativ-
konsumtorischen Subjekt eine Re-Zentrierung statt: Das postmoderne Subjekt
trainiert sich ein Arsenal von dauerhaften Kompetenzen an, die dispositionale
Bedingungen liefern, um Selbstkreation, Iterierung von Wahlakten, erfolgreiche performances und deren beständige Veränderung zu ermöglichen. (Reckwitz 2006a, S. 607)

Die wachsenden Diskurse um feldübergreifende, allgemeine Kompetenzen finden
hier ihren Niederschlag im Training des auf dem Markt freigesetzten neoliberalen
Subjekts in den notwendigen Kompetenzen, die dann in der Beweglichkeit auf
einer Meta-Ebene wieder Kontinuität und Einheit herstellen. Diese Einheit des
Subjekts in seinen Kompetenzen wird auch in der ‚Selbstverantwortung‘ der
Mediation vorzufinden sein (vgl. Kap. 8). Es ist, um es mit dem eingangs zitierten
Bild zu sagen, das Schwimmtraining, in dem sich das Subjekt definiert; nicht der
Ort, an den die (Markt-)Strömungen es hin versetzen. Das folgende Kapitel möchte
nun untersuchen, wie sich die Mediation, besonders unter dem Gesichtspunkt ihrer
Versprechen, in diese Entwicklung einträgt.

4. Etappen eines Versprechens: Mediation in den USA

Der Diskursanalyse des deutschsprachigen Mediationsdiskurses soll eine Darstellung der Entwicklung der US-Amerikanischen Mediation vorangestellt werden. Dies ist notwendig, da die Mediation aus den USA nach Deutschland gekommen ist; ein Blick auf ihre dortige ‚Vorgeschichte' ist unumgänglich, um die Dynamiken der Mediation in Deutschland zu verstehen. Eine umfassende Geschichte der Mediation zu schreiben steht noch aus. Es ist an dieser Stelle klar herauszustellen, dass dies hier auch nicht nachgeholt werden kann.[65] Die Darstellung der US-amerikanischen Mediation ist an dieser Stelle also nicht auf die umfänglichen Recherchen gestützt, die für eine Geschichtsschreibung notwendig wären, sondern wird als ‚Rückprojektion' vom deutschsprachigen Mediationsdiskurs aus betrieben um dessen wesentliche Quellen aufzuspüren. Es werden im Folgenden drei Klassiker der US-amerikanischen Mediationsliteratur behandelt, die –wie die Verhandlungslehre und die ‚Verstehensbasierte Mediation'– für den hiesigen Mediationsdiskurs besonders einflussreich wurden, oder –wie die Transformative Mediation– für die Entwicklung des Diskurses eine zentrale Bedeutung hatten.

Der Anfang der Geschichte der ‚Modernen Mediation' in den USA wird meistens in den 1960er Jahren gesehen, als die ersten Versuche und Projekte mit Mediation

---

[65] Schon eher könnte dieses Kapitel als eine ‚Genealogie' der Mediation aufgefasst werden. Ein solchen Vorgehen, wie es exemplarisch von Foucault in ‚Überwachen und Strafen' durchgeführt wurde (Foucault 1977), würde verschiedene historische Etappen eines Diskurskomplexes kontrastierend gegenüberstellen, um die Wandlungen und Brüche herauszustellen und so eine ‚kritische Ontologie der Gegenwart' zu verfassen. Allerdings würde auch ein solches Unterfangen umfängliche Recherchen zur Geschichte der Mediation verlangen, die hier nicht geleistet werden konnten. Die folgenden Analysen sind ihrer Reichweite nach beschränkt und auf das Ziel ausgerichtet, die Dynamik des Feldes der Mediation in Deutschland nachzuvollziehen zu können und –was sich von der Sache her nicht vermeiden ließ– in der Darstellung zugleich an die These, dass Mediation als Subjektivierung zu verstehen ist, heranzuführen.

wie in Deutschland auch im Bereich von Infrastrukturprojekten als ‚environmental mediation' begannen. (s. hierzu die viel zu wenig beachtete Studie Amy 1987) Diese frühen Entwicklungen und Anfänge der Mediation konnte in den USA auf andere Traditionen aufbauen und wird in der Geschichtsschreibung des Mediationsdiskurses in den Kontext der politischen Umbruchsstimmung ihrer Zeit, also der aufkommenden Umweltbewegung, vor allem aber auch der Bürgerrechtsbewegung, gesetzt. (s. Barrett und Barrett 2004) Für den Zusammenhang dieser Arbeit konnte diese Anfangszeit jedoch nicht unabhängig aufbereitet werden, es hat in der deutschsprachigen Mediation auch keine Rezeption stattgefunden, die über eine Nennung in der Geschichtsschreibung der Mediation hinausgehen würde. (dazu Kap. 6.3) Für die hier vorgenommene ‚Spurensuche' genügt es, 1981 mit der Publikation des bis heute einflussreichsten Textes für die Mediation überhaupt einzusteigen: „Getting to Yes" wurde nach der Veröffentlichung auch in Deutschland (1984 unter dem Titel „Das Harvard-Konzept") schlagartig ein Bestseller und gilt heute im Anwendungskontext als Standardwerk zum Thema Verhandeln. Für die Mediation in den USA konnte sich die von hier aus entwickelte Verhandlungstheorie, die vom interdisziplinären und institutionenübergreifenden ‚Programm on Negotiation' an der Harvard Law School aus einflussreich wurde, in den 1980er-Jahren als dominante Theorie durchsetzen und den Status eines den Diskurs dominierenden Paradigmas erlangen. (Menkel-Meadow 2009, Barrett und Barrett 2004) In den 90er-Jahren wurde diese Ausrichtung der Mediation herausgefordert, insbesondere mit der Publikation von ‚The Promise of Mediation' (1993) von R.A.B. Bush und Joseph Folger, die die ‚Transformative Mediation' offen als in einer ganz anderen ‚Ideologie' fundiertes Gegenmodell positionierten. Dabei handelt es sich bei diesem Buch um eine späte Publikation, die beiden Autoren nehmen immer wieder auf ihre eigenen jahrelangen Erfahrungen in der Mediationspraxis und die zahlreicher ähnlich gesinnter Kolleginnen und Kollegen Bezug, denen sie im Diskurs nun endlich eine Stimme verleihen wollten. In den 1990er-Jahren führte die Konfrontation der Ausrichtungen der Mediation zu heftigen Auseinandersetzungen. Joseph Folger beschreibt diesen Kampf der Paradigmen in der Mediation eindrücklich:

we discovered that a major university in Wellington which had a fairly large graduate program in conflict resolution process was outspokenly against the transformative model. In fact, the book *The Promise of Mediation* was not al-lowed in the library and students in the program could only write papers about the approach if they were going to be critical of it. In some ways this is quite shocking, but in other ways expected given what Kuhn had written about social resistance to shifts in paradigms. There are political, ideological and identity impacts of the paradigm. A lot is at stake for many scholars and practitioners who are committed to a well-entrenched paradigm. (Folger 2001, S. 393f)

Allerdings kann die Entwicklung der US-amerikanischen Mediation an dieser Stelle kaum als „Paradigmenwechsel" bezeichnet werden, da sich auch die Transformative Mediation nicht durchsetzen und eine der Verhandlungsmediation vergleichbare dominante Position erringen konnte.[66] Stattdessen fand eine bis heute bestehende theoretische Zerstreuung der Mediation statt, ein Nebeneinander der verschiedenen Ansätze und die Entstehung vieler neuer Modelle, aus dem sich die Mehrzahl der Mediator_innen eklektisch bedienen. (Picard 2004) Allerdings besteht die alte Polarität zwischen ‚Verhandeln' und ‚Transformativer Mediation' als Orientierungsdimension weiterhin fort, auf der sich eine Vielzahl von Theorien mittlerer und kleiner Reichweite positionieren. (Menkel-Meadow 2009) Eine dieser, eine Vermittlung der Polarität zwischen Verhandlungstheorie und Transformativer Mediation anstrebenden Ansätze ist die ‚Verstehensbasierte Mediation' nach Friedmann und Himmelstein (‚Challenging Conflict: Mediation throught Understanding'; CC). Dieser erst 2008 sehr spät publizierte Ansatz der Mediation, vermittelt die Pole des Feldes in einem stark von der Psychotherapie geprägten Vokabular. Auch institutionell haben die Autoren des Ansatzes, indem sie im ‚Program on Negotiation' lehren und publizieren, die Brücke über die alte Polarität geschlagen.

Die deutschsprachige Rezeption der Mediation begann Ende der 80er-Jahre und nahm zu Beginn der 90er-Jahre in den ersten Verbandsgründungen Gestalt an. Damit fällt sie genau in die Zeit dieses Paradigmenstreits, was sich an einigen sehr deutlichen Positionierungen als „der Schule der Transformation" zugehörig (ABC, MKVK) bzw. komplementär einer klaren Frontstellung gegen die Harmonie-

---

[66]   Diese Polarisierung der Mediation in den USA ist wohl nur vor dem Hintergrund der ‚science wars' und der Polarisierung der Universitäten in kommunitaristische und liberale Fraktionen in den 90er-Jahren nachvollziehbar.

Ideologie (M-BB) [67] zeigt. Festzuhalten ist jedoch, dass die Mediation in Deutschland, anders als in den USA und entgegen der Eigendarstellung der Verhandlungstheorie (etwa in HM2/70-73), nie von einem Verhandlungsmodell dominiert wurde.

Auch wenn das Harvard Modell selbstverständlich für viele ein wichtiger Bezugspunkt in der (theoretischen) Annäherung an die Mediation war und ist, wurde die Entwicklung der Mediationspraxis in Deutschland doch eher von einem verständnis- und transformationsorientierten Mediationsstil geprägt, wie ihn beispielsweise Bush und Folger oder Friedman und Himmelstein vertreten. Gerade die beiden letztgenannten haben - insbesondere in den Anfangsjahren der Mediationsbewegung in Deutschland - eine große Zahl deutscher Mediatoren ausgebildet, von denen vor allem die ,erste Generation' mittlerweile längst selbst zu den langjährig tätigen Ausbildern gehört und das entsprechende Mediationsmodell im Sinne eines Schneeballeffektes großflächig weiter verbreitet hat. (Gläßer 2009)

Vor diesen Hintergrund sind die Entstehung des Feldes der Mediation und die Entwicklungsdynamik der Verbandslandschaft in Deutschland zu verstehen. (s. Kap. 5) Das folgende Kapitel zielt in erster Linie auf eine Rekonstruktion der jeweils auffindbaren Subjektcodes in den drei für den deutschsprachigen Mediationsdiskurs besonders prägenden programmatischen und zentralen Texten der US-Amerikanischen Mediation. Vorrangig soll so die Mediation mit ihren internen Spannungen in ihrem kulturellen Umfeld situiert werden, das mithilfe der eben dargestellten Theorie des subjektkulturellen Wandels der letzten Jahrzehnte gefasst wird.[68] Damit wird die These vertreten, dass die Spannungen zwischen den

---

[67] Wobei Breidenbachs einflussreiches Mediationsbuch auch Ausdruck eines starken Bemühens ist, die polarisierten Frontstellungen zu verlassen und eine sachliche Diskussion zu entwickeln, ohne natürlich seine Position preiszugeben. Das zeigt sich etwa darin, dass er in seinem Blick auf das Feld der Mediation die Sichtweise der Transformativen Mediation aufnimmt . (MBB/213-247)

[68] Idealerweise nimmt dieser Prozess einer theoriegeleiteten Rekonstruktion jedoch nicht den Charakter einer Subsumption der Mediation unter die ,ganz große' Subjekt-Theorie an. Vielmehr soll der Durchgang durch die Formen, die Mediation in ihrer kurzen Geschichte schon angenommen hat, neben dem Aufzeigen der zentralen These die Abweichungen fokussieren: gerade das Abweichende, Fehlende und über die angelegte Theorie Hinausgehende soll in der Analyse von besonderem Interesse sein.

Ausrichtungen der Mediation wesentlich mit der jeweils verfolgten Subjektform
zusammenhängen. Mit dieser historischen Einleitung zur in den folgenden Kapiteln
ausführlich dargestellten Diskursanalyse des deutschsprachigen Mediationsdiskurses wird zunächst die Dynamik der Entwicklungen in der Mediation
erschlossen (insbes. Kap. 5.3); die Darstellung dient auch als Gegenargument
gegen die im Diskurs verbreitete Selbstdarstellung der Mediation als ‚kürzlich
wiederentdeckte Universalie' (Kap. 6.3). In diesem Kapitel werden die Prozesse
der Subjektivierung –und damit die grundlegende These, dass Mediation als
Subjektivierungsprozess zu fassen ist– nicht systematisch verfolgt. Dieser Aspekt
der Subjektivierungsthese wird in den folgenden, auf die Diskursanalyse gestützten
Kapiteln entwickelt und im Fallbeispiel in Kap. 11 abgeschlossen.

4.1 Verhandlung

In der ersten ‚Etappe der Mediation', der in Deutschland als ‚Harvard-Konzept'
bekannt gewordenen Verhandlungslehre, ist von Mediation noch gar nicht die
Rede; im Originaltext (GtY) taucht der Begriff überhaupt nicht auf. [69] Das
Verhandeln, wie es hier ausgeführt wird, soll zwischen den beiden betroffenen
Parteien direkt geschehen, eine Dritte Person hinzuzurufen, und damit die
Verhandlung in ein Mediationssetting zu verwandeln, wird für den Fall, dass die
andere Partei nicht ins sachgerechte Verhandeln einsteigen will, angedacht, aber
nicht ausgeführt. (HK/157) Dennoch wurde das Harvard-Konzept zum wichtigsten
Grundlagentext des Mediationsdiskurses. [70] Diese Adaption des Verhandelns in den
Mediationsdiskurs konnte so unauffällig und glatt vonstattengehen, da –wie die
folgende Lektüre des Textes zeigen wird– sich die Differenz von Verhandeln und
Mediation in dieser einen Differenz erschöpft. In ihrer Fragestellung und der Art

---

[69]   Das Vorwort zur 22. Deutschen Auflage wird von dem Verhandlungsberater und Mediator
         Ulrich Egger verfasst (HK/11), sowie verweist die Darstellung des ‚Harvard Negotiation
         Project' auf eine andere Publikation über Mediation (HK/259).

[70]   Auch dieses Ergebnis ist durch die vom Autor durchgeführte, aber nicht veröffentlichte
         Umfrage unter Mediator_innen gestützt. Es ist jedoch auch im Diskurs als common sense
         überall wiederzufinden, etwa in der Kritik am Verhandeln als ‚Standardmodell' der Mediati-
         on. (EWE)

der Lösung trägt sich die Verhandlungslehre exakt in den Mediationsdiskurs ein. Dies zeigt sich, wenn die Rede vom Verhandeln und der Mediation ineinander übergeht: So wurde etwa der deutschsprachige Klassiker der Verhandlung von Fritjof Haft erst in der Neuauflage im Jahr 2001 um ein elf Seiten kurzes Kapitel „Mediation" erweitert, wobei der Titel von „Verhandlung" in „Verhandlung und Mediation" geändert wurde (VuM). Dies wird im Vorwort damit begründet, dass „die Mediation als Unterstützung der Verhandlung durch einen neutralen Dritten in den letzten Jahren zunehmend an Bedeutung gewonnen" habe (VuM/V). Die Modifikation des Settings führt vom Verhandeln direkt und bruchlos zur Mediation.[71]

4.1.1 Doppelte Bestimmung des Verhandelns

Die Analyse der Subjektcodes des Verhandlungsdiskurses stützt sich auf eine exemplarische Lektüre des unbestrittenen Hauptwerks des Diskurses und der Transformationen auf dem Weg in die Verhandlungsmediation. „Getting to Yes", auf Deutsch: „Das Harvard-Konzept" ist seit seiner Veröffentlichung 1981 aus dem ‚Program on Negotiation' an der Harvard Law School heraus ein Weltbestseller. Im Untertitel tritt das im Titel formulierte Programm als ein Versprechen an den Leser heraus: „negotiating an agreement without giving in". Ein erster Code des Verhandelns wird offensiv präsentiert: Der Leser wird mit dem Versprechen angesprochen, seine Eigeninteressen verwirklichen zu können. Neben diese erste, offensiv herausgestellte und stets dominante Codierung ‚Verhandeln als Zielerreichung' tritt jedoch eine zweite, in der Verhandeln als Umgang mit Differenzen dargestellt wird. Ebenso tritt die im Verlauf der Argumentation immer wichtiger werdende Codierung der Verhandler als von moralischen Prinzipien geleitete Subjekte in Spannung zur Bestimmung der Subjekte als Träger einer eigeninteressierten Rationalität. Dieser zweite, im Text erst spät ausgeführte Code, schlägt sich einleitend in der dem Text vorangestellten Widmung nieder: „To our fathers Walter T. Fisher and Melvin C. Ury, who by example taught us the power of principle." (GtY/iv) Diese Codierungen werden in ihrem spannungsreichen Verhältnis und ihren Verzweigungen bezüglich der Fassung der Problematisierung und des an den Leser gemachten Versprechens den Verhandlungsdiskurs

---

[71]   Damit liegt der Fall hier deutlich anders als beim Konfliktmanagement, das sich keineswegs bruchlos mit der Mediation synthetisieren ließ. (Kap. 6.2)

durchziehen. Gleichzeitig verorten sie die Verhandlungslehre im Mediationsfeld am einem Punkt, der fernab jeder Bezugnahme auf die counter culture, ein zunächst ökonomisch codiertes neoliberales Markt-Subjekt mit Codierungen der Angestelltenkultur (technische Rationalität, kühle Emotionalität) verbindet und schließlich überraschend in eine Prinzipienmoral mündet.

Verhandeln als Mittel der Zielerreichung
In der primären Bestimmung des Verhandelns bleibt die Perspektive des eigeninteressierten Subjekts der Ausgangspunkt: „Negotiating is a basic means of getting what you want from others." (GtY/xiii) Der Leser wird hier als eigeninteressiertes Individuum angesprochen, das von anderen etwas will und Verhandeln als ein Mittel zu diesem Zweck nutzt. Wenn die Verhandlung als Mittel eingeführt wird, so ist sie stets einem vorgegebenen Zweck untergeordnet, hier „what you want from others". Vor der Verhandlung steht dieses „what you want" damit schon fest; in der Verhandlung bilden die Interessen der Parteien die Grundlage, ihre Verwirklichung das Ziel:

> It is back-and-forth communication designed to reach an agreement when you and the other side have some interests that are shared and others that are opposed. (GtY/xiii)

Es wird ein Szenario entwickelt, in dem die Parteien durch ihre Interessen bestimmt sind, sich auf der Basis ihrer Interessen begegnen. Ermöglicht wird der in Aussicht gestellte ,Verhandlungsgewinn' durch den spezifischen Zugriff auf den Konflikt als verwobene Interessen, in der die Parteien sowohl gemeinsame als auch divergierende Interessen haben. Ein weiteres zentrales Merkmal des Verhandlungsdiskurses ist, dass beide Parteien gleich modelliert werden. Der andere tritt ebenso wie der angesprochene Leser als Träger von Interessen auf, Alter und Ego werden von Anfang an in eine faire und reziproke Beziehung gesetzt. Das Ziel der Verhandlung, das „agreement", soll der Ort sein, wo sich das nutzenmaximierende Ziel beider Verhandler verwirklicht, wo also das Gewünschte vom Verhandlungspartner fair und wechselseitig gewährt wird. Der kategorische Ausschluss unfairer Verhandlungstechniken („it employs no tricks and no posturing" GtY/14; vgl. auch VuM/34ff) ist konstitutiv für die Verhandlungslehre, die Codierung der Verhandlungssubjekte als rechtschaffen und fair trägt zur Formulierung des Versprechens des Verhandelns von Anfang an bei. In dieser nicht weiter ausgeführten Beschränkung der Eigeninteressen kündigt sich die zweite Codierung der Verhandler als ‚grundanständige', von Prinzipien geleitete Subjekte schon an.

Verhandeln als Umgang mit Differenzen

Diese Bestimmung des Verhandelns als Situation der wechselseitigen Erfüllung von Interessen steht jedoch nicht alleine. Neben die abstrakte Bestimmung von Verhandlung als dem allgemeinen Modus der Koordination von Interessen zwischen Menschen immer schon und überall tritt eine historisch verortete Bestimmung:

> More and more occasions require negotiation; conflict is a growth industry. Everyone wants to participate in decisions that affect them; fewer and fewer people will accept decisions dictated by someone else. (GtY/xiii)

Die wertneutrale Präsentation einer kulturellen Entwicklung als Faktizität, zu der sich die Autoren mit der Bemerkung über die ‚Wachstumsindustrie Konflikt' ironisch positionieren, überlässt es dem Leser, wie er sich dazu verhalten will. Egal ob für den von den Ansprüchen seiner Mitarbeiter genervten Manager, als auch für einen Autonomie einfordernden Mitarbeiter oder für einen Leser, der zur Förderung seiner Karriere den Trends der Arbeitswelt anpassungswillig gegenübersteht: Wenn der Wunsch ‚der Leute' nach Autonomie als faktische und zukunftsweisende Anforderung präsentiert wird, ist die Beschäftigung damit, egal ob euphorisch oder widerwillig, eben eine notwendige Anpassung an gesellschaftliche Veränderungen. An diese als Fakt präsentierte kulturelle Transformation, in der sich unschwer der von Reckwitz als ‚Counter Culture' beschriebene kulturelle Umbruch erkennen lässt, schließt die zweite Fassung des Bezugsproblems des Verhandelns an:

> People differ, and they use negotiation to handle their differences. Whether in business, government, or the family, people reach most decisions through negotiation. (GtY/xiii)

In diesem zweiten Problemzugriff erscheint das Verhandeln nicht mehr aus der Perspektive eigeninteressierter Subjekte, sondern der Diskurs präsentiert sich als Sorge um die Zunahme von Konflikten in einer Gesellschaft im Umbruch. In den (in der deutschen Übersetzung verloren gegangenen) ‚acknowledgements' stellen die Autoren diese Sorge als ihre primären Beweggründe für das Buch heraus, wenn die dem Buch zugrundeliegende Frage eben nicht im Code der Nutzenmaximierung, sondern als „What is the best way for people to deal with their differences?" (GtY/vi) bzw. im Vorwort als das „Bedürfnis, bessere Wege zu finden, um miteinander umzugehen, wenn es Differenzen zwischen Menschen, zwischen politischen Parteien und zwischen Nationen gibt" (HK/13) auffassen. Am Beispiel einer Scheidungsverhandlung illustrieren sie die Dramatik ihres zugrunde liegenden Programms: Eine Antwort zu finden auf „this same dilemma of how to get to yes without going to war." (GtY/xi) Schon in dieser doppelten Problematisierung erweist sich der Ansatz komplexer, als seine verbreitete Rezeption als Ratgeber zur Verhandlungstechnik, vermuten lässt.

Doppelcodierung durch ‚Sachlichkeit'
Diese zweite, und am Anfang noch klar sekundäre Bestimmung des Bezugsproblems des Verhandelns ist für die hier vorgelegte Rekonstruktion des Harvard-Konzepts essentiell. Nur von diesem zweiten Problemaufriss aus lässt sich der im Text zu beobachtende Schwenk weg von den Eigeninteressen hin zu objektiven Prinzipien verständlich machen. Im Ausgangspunkt des Diskurses sollen diese beiden Probleme jedoch gemeinsam gelöst werden: Das starke, und für eine post-konformistische Leserschaft attraktive Versprechen des Diskurses ist es, die Eigeninteressen maximieren zu können, ohne dass dies auf Kosten Anderer oder der Beziehungen zu ihnen gehe. Diese Zusammenführung der Codes geschieht in der ‚Sache': Das Verhandlungsmodell präsentiert sich als sachgerechtes Verhandeln, es zielt auf die Herstellung einer „vernünftigen Übereinkunft", die auf „effiziente Art und Weise" und „gütlich" erzielt werden soll. (HK/38f) Die sachgerechte Rationalität soll so Eigeninteresse und Sozialintegration zusammenbringen; die Spannungen, die sich aus dieser Doppelcodierung ergeben, werden in der hier ausgeführten Lesart zentral. Ebenso weist sich die Verhandlungslehre erst durch diesen zweiten Problemaufriss als ein Beitrag zum Mediationsdiskurs aus, der seine spezifische Antwort auf die Grundfragen des Mediationsdiskurses liefert. (s. Kap. 4.2.6) In der Adressierung des Lesers (‚negotiating an agreement without giving in') bleibt dieser zweite Problemzugriff sekundär.

4.1.2 Feilschen um Positionen – das Negativbild

Im Verhandlungsdiskurs wird das Konzept der ‚principled negotiation' anhand des Negativbildes des Feilschens ausgeführt. Dieses wird als spontan auftretende Verhandlungstechnik dargestellt, paradigmatisch verdichtet im Feilschen um den Preis einer Ware: Jede Partei beginnt mit einem beliebigen Extremangebot, dann gehen beide Parteien schrittweise aufeinander zu und treffen sich irgendwo in der Mitte. (GtY/5-9) Dieses Vorgehen wird im Diskurs vernichtend kritisiert, als Gegenbild trägt es zur Konturierung des sachgerechten Verhandelns bei: „Standard strategies for negotiation often leave people dissatisfied, worn out or alienated – and frequently all three." (GtY/6) Wie präzise der Text formuliert ist, lässt sich auch an dieser Problembeschreibung fassen, die exakt auf die zugrunde gelegten Erfolgskriterien verweist: Die Alltagsverhandlung ist unbefriedigend, da die individuellen Ziele nicht hinreichend erfüllt wurden, sie ist anstrengend und damit ineffizient und unter dem Gesichtspunkt zweckrationaler Mittelwahl problematisch, da sie –ökonomisch gesprochen– unvertretbar hohe Transaktionskosten mit sich bringt. Dazu entfremdet sie die Partner, sie ist also ein unbefriedigender Umgang, der die Differenzen nicht handhabbarer macht, sondern noch vergrößert – der Bezug zur zweiten Problemstellung. In der Kritik am ‚Feilschen um Positionen' können so die beiden Poblemzugriffe des Diskurses zunächst noch problemlos zur Deckung gebracht werden: Feilschen führt zu suboptimalen Ergebnissen, also einer reduzierten Interessenumsetzung, es führt zudem zu unnötigen Konflikten, was einerseits die Transaktionskosten in die Höhe treibt und zudem die sozialen Differenzen eskalieren lässt.

4.1.3 Verhandeln als subjektivierender Diskurs

Subjektivierend wird der Diskurs, indem das Verhandeln mit sehr weit gehenden Bezügen eingeführt wird. Im Klappentext wird es als „a way of live for the majority of us" angepriesen und zielt auf das ganze Leben der Anwender. Dies zeigt sich in der Art, wie Verhandlung als Konzept eingeführt wird. Die Einleitung eröffnet mit dem starken Satz: „Like it or not: you are a negotiator." (GtY/xiii) Nicht die Verhandlung, sondern der ‚Verhandler' macht den Anfang. Und dieser ‚Verhandler' soll der Leser nun sein, notwendigerweise, ob er es will oder nicht. Die Frage ist nur, ob er es erkennt – das Buch liest und sein Verhandeln optimiert: „Wie der Monsieur Jordain bei Molière, der sich darüber freute, als er erfuhr, dass er sein ganzes Leben lang Prosa gesprochen hatte, verhandeln die Menschen auch dann, wenn sie gar nicht denken, dass sie es tun." (HK/19) In diesem eleganten literarischen Beispiel wird der Leser eingeladen, eine neue Perspektive auf seinen Alltag anzulegen; wie M. Jordain sich über diese retrospektive Ästhetisierung seine Rede freut, wird dem Leser nun die prospektive Ökonomisierung seines Handelns nahegelegt. Alles ist –von jetzt an– notwendigerweise Verhandeln.

Das als ‚Methode des sachorientierten Verhandelns' präsentierte Wissen setzt, um diesen Anspruch umzusetzen, an der Verfahrensebene der Verhandlung als ihrer stets mitlaufenden Metaebene an: Einerseits wird um Sachfragen verhandelt, gleichzeitig aber definiert jeder „Zug" einer Verhandlung zugleich die „Regeln (...) der Verfahrensweise". (HK/33) Darüber ist jedes „Verhandlungsspiel" jederzeit für selbstreflexive Meta-Kommunikation über die Verfahrensweise anschlussfähig. Der Leser wird nun aufgefordert, auf dieser Metaebene in der Verhandlung aktiv zu werden: „Die Antwort auf die Frage, ob man lieber weich oder lieber hart um Positionen feilschen sollte, lautet: weder das eine noch das andere. Ändern Sie das Spiel." (HK/34) Diese Intervention in das Verhandlungsverfahren selbst macht dieses zum Gegenstand einer methodischen Bearbeitung. Der Verhandlungsdiskurs hat stets nur die Verhandlung als strategisches Spiel der Koordination vorgegebener individuellen Interessen zum Gegenstand. Die Interventionen zielen darauf, die Verhandlung nach den bekannten vier Prinzipen auszurichten: „Menschen und Probleme getrennt voneinander behandeln!" „Nicht Positionen, sondern Interessen in den Mittelpunkt stellen!" „Vor der Entscheidung verschiedene Wahlmöglichkeiten entwickeln!" „Das Ergebnis auf objektiven Entscheidungsprinzipien aufbauen!" (HK/33) Die Interventionen der Verhandlungslehre zielen somit stets auf die Form der Interaktion. Und da diese als Ort der Interessenmaximierung und Handhabung interindividueller Interessen, nicht jedoch als eigendynamisches Geschehen konzipiert wird, zielen diese letztlich auf die Verhandlungssubjekte. Diese These ist im Folgenden auszuarbeiten, da der Verhandlungsdiskurs diese ‚Personenzentrierung' seiner eigenen Interventionen in einer ‚Haltung der Sachlichkeit' unsichtbar werden lässt.

Auf der Ebene der technischen Umsetzung kommt dem ‚Reframing', der zielgerichteten Umdeutung von Aussagen, eine zentrale Stellung zu. (vgl. Kap. 9.2) Indem die Verhandler so tun, als sei es so, sollen sie dem angestrebten Verhandlungsspiel Realität verleihen: „Tun Sie so, als wäre jede Position, die die Gegenseite vertritt, ein aufrichtiger Versuch, die Grundbedürfnisse beider Seiten in

Betracht zu ziehen" (HK/159) Die Verhandler sollen ihre Linie nur konsequent durchhalten, dann wird der andere darauf einsteigen und der neue Frame geteilte Realität werden. Der Verhandlungsdiskurs drängt so auf die Durchsetzung spezifischer Konstellationen der Koordination von jeweils spezifisch codierten Subjekten. Entgegen dem Selbstverständnis des Verhandlungsdiskurses soll hier aufgezeigt werden, dass sich zwei unterschiedliche Konstellationen der Koordination von Interessen identifizieren lassen – und damit zwei unterschiedlich codierte Subjekte im Diskurs der Verhandlung. Beide Konstellationen bedienen die eingangs aufgezeigte Aufgabenstellung, die doppelte Problemstellung zur Deckung zu bringen.

4.1.4 Konstellation 1: Kreative Kombination von Interessen

In der ersten Konstellation auf die der Verhandlungsdiskurs abzielt, begegnen sich die Parteien als Subjekte, die auf der Basis ihres wohlverstandenen Eigeninteresses optimale Entscheidungen treffen: Sie sind „wie Leute, die gemeinsam ein und dasselbe Problem zu bewältigen haben" (HK/66), die aus ihren verschränkten Interessen das Beste machen. Die Beziehung der Parteien wird vom Streit um Positionen, in der sich die Parteien als Gegner gegenüberstehen hin zu einer Form der nüchternen, sachbezogenen und interessenbewussten Lösungssuche hin umgestaltet. Dabei wird der kreativen Suche nach ungewöhnlichen, aber die Interessen beider Parteien genau treffenden Lösungen bewusst Raum geschaffen. Alle Tricks und Versuche, den anderen einzuschüchtern oder zu übervorteilen werden nicht nur aus der Verhandlungslehre ausgeschlossen; dem ‚sachgerechten Verhandler' stehen auch eine Reihe von Techniken bereit, sich gegen solche ‚unfairen' Versuche zu wehren. (HK/143-204) Über die gemeinsame Arbeit an einem Problem wird Gemeinsamkeit zwischen den Verhandlungspartnern hergestellt, die Subjekte sind in der Verhandlung aufgerufen, die Interessen des ‚Verhandlungspartners' genauso in Betracht zu ziehen wie die eigenen und auf der Basis dieser Interessen eine optimierte Lösung zu entwickeln. Dazu muss in einem ersten Schritt im Verhandlungssubjekt die Trennung zwischen sachbezogenen Interessen und nicht-sachbezogenen ‚menschlichen' Aspekten vorgenommen werden. Nur die Interessen werden handlungsleitend, die ‚menschlichen Aspekte' werden, wenn sie das Verhandlungsklima stützen, gestärkt, wenn sie der Verhandlung problematisch werden, mit psychologischen Techniken behandelt. Man könnte in einer Variation des in der Mediation verbreiteten Mottos ‚Jenseits von Richtig und Falsch ist ein Ort, dort treffen wir uns', über das Harvard-Konzept sagen: ‚Jenseits von meinen und deinen persönlichen Empfindsamkeiten ist die Sache, dort treffen wir uns in unseren Interessen.' Im Mediationsdiskurs findet sich diese Konstellation in Christoph Besemers Mediationsbuch graphisch präzise dargestellt:

A ◄ ────────────► B

Die jeweils andere Person wird als das Problem angesehen.

A

> Problem

B

Das Problem wird erkannt und gemeinsam gelöst.

Abbildung 2: Vermittlung durch Sachbezug (MKVK 26 und 27)

Menschen und Probleme getrennt voneinander behandeln!
Das erste der vier Prinzipien der ‚prinzipled negotiation' ist zugleich das bekannteste und auch in der hier entwickelten Lesart das zentrale. „Menschen und Probleme getrennt voneinander behandeln!" lautet die Anforderung, die jedoch – handelt es sich doch um eine Lehre von der methodischen Recodierung der Verhandlungskommunikation– so situiert ist, dass die Trennung als eine Trennung im Subjekt wirksam wird. Von den ‚Sachen' ist keine Rede im Diskurs, an dieser Stelle stehen die Interessen der Parteien. Diese stellen als sachbezogene Anteile der Subjekte eine Relation von jedem Verhandlungssubjekt zur im Diskurs gänzlich unbestimmten ‚Sache' her. Von diesen, zur Entscheidung führenden, handlungsleitenden Sachbezügen der Parteien, werden alle nicht-sachbezogenen, nicht zielführenden Aspekte abgetrennt. Diese werden als „Problem Mensch" mit psychologischen Techniken behandelt und treten in den psychologischen Kategorien Wahrnehmung, Emotion und Kommunikation auf. Die menschliche Seite der Verhandlung wird, nachdem sie von der sachlichen abgetrennt wurde, zwar behandelt, aufgenommen und „gewürdigt" (HK/62), aber auch abgeschoben. Die abgetrennten ‚menschlichen Aspekte' spielen keine Rolle mehr und überlassen den damit konstituierten sachbezogenen Subjekten das Feld.

Diese Asymmetrie in der Unterscheidung von ‚Sache‘ und ‚Menschen‘ manifestiert sich in der Übersetzung: Wo diese im amerikanischen Originaltext als „principled negotiation" oder auch „negotiating on the merits" [72] (HK/34) bezeichnet wird, steht in der deutschen Übersetzung „sachgerechtes Verhandeln". In der Einleitung äußert sich der Übersetzer dazu höchst aufschlussreich: „Es handelt sich um eine Verkürzung des Ausdrucks ‚principled negotiation‘. Besser, aber auch umständlicher wäre die Übersetzung ‚sach- und menschengerecht‘, noch genauer ‚zielgerichtet und prozessbewusst‘ (...)." (HK/22) Zunächst fällt auf, dass die naheliegende Übersetzung als ‚prinzipiengeleitete Verhandlung‘ nicht in Betracht gezogen und stattdessen eine verkürzte inhaltliche Fassung des ersten Prinzips gewählt wird. Dieses betont erstens den Stellenwert des ersten Prinzips, dann aber auch nur die Seite der ‚Sache‘ in der Unterscheidung zwischen Sache und Mensch, indem diese in einen namensgebenden Rang erhoben wird. Der menschengerechte Aspekt des Verfahrens ist gegenüber dem sachgerechten nicht nur in der Namensgebung zweitrangig. Die Übersetzung vollstreckt nur das, was sich im Diskurs schon vollzogen hat: Die Trennung von Mensch und Sache gerät zu einer Privilegierung der sachbezogenen Interessen. Die ‚menschliche Seite‘ der Verhandlung wird abgetrennt – und stehen gelassen.

Dabei werden diese ‚menschlichen‘ Begleitumstände der Verhandlung zunächst sehr stark eingeführt. Ärger, Missverständnisse und emotionale Aufregung seien fast unausweichlich, wenn „Menschen (...) die Dinge persönlich nehmen" (HK/43). Und das passiere „fast automatisch", weil Menschen entweder Äußerungen als persönliche Angriffe verstehen, oder „aus sachlichen Erklärungen unzulässige Folgerungen" auf die Intentionen des anderen ableiten. (HK/47) Alle diese Aspekte müssen akzeptiert werden: „Menschen (...) werden von Gefühlen geleitet, von tief verwurzelten Werten. Sie stammen aus unterschiedlichen Bereichen, vertreten gegensätzliche Standpunkte, und sie sind nicht vorausberechenbar. Für Sie selbst gilt das übrigens ganz genauso." (HK/45) In der Rahmung dieses Problems wird deutlich, dass mit dem unausweichlichen

---

[72]   Diese Bezeichnung nimmt einen juristischen Fachausdruck auf: Ein Richter entscheidet „on the merits", wenn er kleinere Verfahrensfehler nicht gelten lässt und trotzdem ein Urteil ‚nach Sachlage‘ fällt. (vgl. http://dictionary.law.com/Default.aspx?selected=1398; 29.10.2014)

menschlichen Faktor hier alles gefasst wird, was über eine abstrakt-rationale Interessenverfolgung hinausgeht. Dieser Überschuss gehört zum Verhandeln ebenso notwendig wie das Verhandeln –„like it or not"– zur Verwirklichung der eigenen Ziele notwendig ist. Der Leser wird angemahnt zu akzeptieren, dass die Verhandlungspartner keine „Roboter" und „abstrakten Repräsentanten" (HK/45) sind, sondern unvorhersehbare, irrationale Anteile aufweisen. Dieser ganze Überschuss über das angelegte Modell eines Interessen verfolgenden Verhandlers, also alles was im Subjektcode nicht aufgeht, wird als Problem erkannt, das vom Verhandlungssubjekt als Problem akzeptiert, beobachtet und möglichst ‚im grünen Bereich' gehalten werden muss. Zu diesem Zweck hält die Verhandlungslehre eine Fülle von Ratschlägen und Techniken, Kriseninterventionen und Präventivmaßnahmen bereit. Insgesamt überwiegt die Problematisierung dieser nicht-rationalen Anteile stark: Negative Emotionen werden als „emotionale Probleme" (HK/59) ausführlich behandelt, positive Emotionalität dagegen eher als die Begleiterscheinung einer konzentrierten, sachorientierten Verhandlung aufgefasst. (noch deutlicher wird das im deutschsprachigen Verhandlungsdiskurs; s. VuM/185ff) Die Währung des Verhandelns sind die sachbezogenen Interessen, die paradigmatisch als ökonomische Interessen auftreten, vor diesen muss sich jede ‚Investition' von Zeit und Energie in die Handhabung menschlicher Probleme rechtfertigen.

Wie wird nun mit dem ‚Menschlichen' verfahren? Auf der Ebene der Wahrnehmung wird den Verhandlungssubjekten ein empathischer Nachvollzug der Gegenseite nahegelegt: „Die Erkenntnis, dass die anderen die Sache anders sehen, reicht nicht. Wenn Sie sie beeinflussen wollen, müssen Sie sich auch der Stärke dieses Standpunktes öffnen und die emotionale Macht erfühlen, mit der die Gegenseite daran hängt." Diese empathische Perspektivübernahme ist nicht einfach, sie erfordert, das eigene „Urteil für einige Zeit zurückzustellen" (HK/51) und eine Distanz zu sich selbst einzunehmen: „Den Standpunkt der Gegenseite zu verstehen heißt noch lange nicht, dass man damit einverstanden ist." (HK/52) An dieser Stelle, an der die zwischenmenschliche Differenz in die Verhandlungslehre einzieht und den Blick auf die Sache und ihre rationale Lösung zurückgestellt wird, findet auch der Hinweis auf mögliche Lerneffekte durch eine erweiterte, vollständigere Wahrnehmung seinen Platz. Dieses ‚transformierende Potential', wie es im späteren Mediationsdiskurs zentral werden wird (s. Kap. 4.2), bleibt im Harvard-Konzept jedoch an ‚die Sache' gekoppelt: ein sachbezogenes Lernen ist möglich, wenn die anderen Perspektiven zur Vervollständigung der eigenen Wahrnehmung genutzt werden. Die Verhandlungslehre und auch die Verhandlungsmediation gehen nur den halben Schritt von der Ausrichtung an der Sachrationalität (der Angestelltenkultur) zur inter-individuellen Differenz (der neoliberalen Subjektform). Auch die Kommunikation wird hier Thema: Als sachliches Medium der Informationsweitergabe ist sie bedroht von Missverständnissen, weshalb klares Kommunizieren und gelegentliches Paraphrasieren empfohlen wird. Das zentrale Problem der ‚menschlichen' Seite der Verhandlung macht der Verhandlungsdiskurs jedoch in den Emotionen der Beteiligten aus. Zunächst gilt es, Emotionen bei sich selbst und beim anderen zu erkennen und zu verstehen. Die persönliche Situation des Gegenübers („Vielleicht steht ihre Karriere auf dem Spiel"; HK/59) sei immer mit zu berücksichtigen. Dazu seien Emotionen am besten offen anzusprechen und auch deren Ursachen zu explizieren, oft gebe das der Verhandlung erst die nötige Ernsthaftigkeit, wenn die Sorgen und Ängste auf den Tisch kommen (HK/60). Auch sei ein kathartischer Effekt zu erwarten, wenn die Parteien sich Druck „von der Seele reden" (HK/60) können – um sich dann wieder dem sachlichen Problem zuwenden zu können. Dabei zielt diese Explikation und Versprachlichung von Emotionen darauf, dass die Verhandelnden sich wieder aktiv zu ihnen verhalten, anstatt reaktiv von ihnen getrieben zu werden Der sachgerechte Verhandler soll der Gegenseite ermöglichen, „Dampf abzulassen". (HK/60) An dieser Stelle zeigt sich eine starke Asymmetrie, da ‚die Gegenseite' als emotional unkontrolliert beschrieben wird, während der sachgerechte Verhandler nicht nur die eigenen Emotionen vollständig und mühelos unter Kontrolle zu haben scheint, sondern zudem auch noch die Ausbrüche der Gegenseite abwettert:

> Jedenfalls bleiben Sie am besten kontrolliert sitzen und lassen die anderen ihren Kummer [in diesem Fall: ihre inszenierte Aggressivität, um ihren „Ruf hartnäckig zu sein" zu bewahren; JT] auf Sie abladen, unterbrechen Sie sie nur, wenn es zu Polemik oder direkten Ausfällen kommt. (…) Die beste Strategie ist es wohl, beim Dampfablassen des Gegners ganz ruhig zuzuhören, ohne auf die Angriffe einzugehen und den Redner gelegentlich zu bitten, doch fortzufahren, bis er fertig ist. Auf diese Weise schütten Sie nicht weiter Öl zu, ermutigen den Redner zur Artikulation und haben kaum oder gar keine Nebenwirkungen zu erwarten. (HK/61)

Die zusätzliche emotionale Arbeit, die hier vom professionellen Verhandler verlangt wird, wird im Diskurs nicht thematisiert: Die anderen sollen sich ruhig gehen lassen, danach ermöglicht der rationale Verhandler ihnen den Eintritt in das rationale Spiel, auf das er aus ist, die große Belastung und die hohe emotionale Kontrolle verschwinden hinter „kaum oder gar keine[n] Nebenwirkungen". An dieser Stelle wäre ‚sachlich' zu ergänzen: Die oben als sachliche Verhandler zugerichteten Subjekte sollen nun ihren eigenen ‚bloß menschlichen' Anteile gering achten. Gleichzeitig wird (auch!) der emotional unbeherrschte Andere abgewertet, indem seine Ausbrüche als „Kummer" psychologisiert werden und sogar der, den er da angreift, ihn „ermunter[t], fortzufahren, bis er fertig ist". (HK/61) Die Gegenaggression nimmt die Form eines exkludierenden Nicht-Ernst-Nehmens an: Auf die „emotionalen Ausbrüche" geht man nicht ein, man steckt sie locker weg, belächelt sie von oben. Wer die emotionale Beherrschung verliert, gilt als nicht ernst zu nehmen, der Verlust von Selbstkontrolle führt zum Ansehensverlust. (HK/62) Die Demonstration, den ‚Ausbruch' von Emotionen, soll man abwettern, aber nicht aufnehmen. Er gehört nicht in die eigentliche Verhandlung, mit ihm ist nichts anzufangen. Dagegen gilt die kontrollierte, kühle und distanzierte Artikulation von Emotionen als wichtiger Beitrag, um eine sachbezogene Verhandlung auch in angespannten Situationen zu ermöglichen. Auffällig ist, dass in dieser Passage der Andere während seiner emotionalen Ausbrüche zum „Gegner" wird, im folgenden Abschnitt über Kommunikation aber wieder zum „Verhandlungspartner". Diese emotionalen Ausbrüche stehen damit außerhalb der Partnerschaft des gemeinsamen Problemlösens. Hier schlägt die Dominanz des ökonomischen Codes des Verhandelns durch, wenn nicht-sachbezogene, „menschliche", emotional-expressive Äußerungen und Gesten in die ökonomische Rationalität instrumentell eingesetzt werden: „Eine Entschuldigung ist für Sie mitunter die billigste und dennoch die rentabelste Investition." (HK/62) Dass in diesen symbolischen Akten –„ein kleines Geschenk für das Enkelkind, Händeschütteln oder Umarmen, miteinander Essengehen" (HK/62)– auch der sachgerechte Verhandler ein körperliches und soziales Wesen ist, dass eventuell auch eigene Bedürfnisse verfolgen oder seine Integrität bewahren will, indem es Intimitätsgrade authentisch selbst bestimmt, kommt nicht in den Blick. Die hier vorgeschlagene Instrumentalisierung von Sozialkontakten bringt immer deren Unterordnung unter das Kalkül der Interessen mit sich – die ‚sachliche' Beziehung hat immer Priorität. Wenn also in der Verhandlungslehre der menschliche Aspekt beim Verhandeln nützen soll, steht dies stets unter dem übergeordneten Vorbehalt ‚sachgerechter' Rationalität. Das gilt auch für den Fall, in dem ein nachteiligeres Verhandlungsergebnis in einer langen Beziehung dem langfristigen Interesse an einer guten Beziehung geopfert wird, da das als langfristige Investition, die sich in zukünftigen Verhandlungen auszahlen soll, legitimiert wird. (HK/46) Im Verhandlungsdiskurs gibt es nur eine Rationalität, Ausnahmen werden nicht gemacht. Im Verhandlungsdiskurs wird der Fall, in dem eine Spannung zwischen Sozialkontakten und Interessen auftritt, weil etwa eine zur Freundschaft gewordene Geschäftsbeziehung aus sachlichen Gründen in harte Gegnerschaft übergeht, konsequent vermieden. Allerdings tritt in dieser „Ökonomisierung des Sozialen" (Bröckling) ein Aspekt hervor, der in Bröcklings Kritik des Neoliberalismus untergeht: Die Verhandlungslehre richtet sich hier gegen den ‚harten Verhandlungsstil', sie stellt sich damit gegen eine traditionelle Orientierung an Ehre und einen mit Autorität und Positionen verbundenen Herrschaftsanspruch. Somit kann die Verhandlungslehre des Harvard-Konzepts durchaus als Teil des mit der Durchsetzung der ökonomischen Codes einhergehenden Legitimitätsverlustes tradierter (männlicher) Herrschaft gesehen werden.[73]

Ähnliches gilt auch für das Selbstverhältnis des sachgerechten Verhandlers zu seinen eigenen Emotionen: Anerkennung von Emotionalität geht stets mit der sprachlichen Beherrschung durch die Artikulation von Gefühlen und deren Ursachen einher und führt dazu, dass Emotionen zwar artikuliert, nicht aber ausgelebt werden: Von den Emotionen kann und soll man sprechen, sie jedoch außerhalb ihres ihnen so zugewiesenen Ortes Raum zu geben wäre unbeherrscht und beschädigt das Ansehen. Diese Form emotionaler Kontrolle akzeptiert Emotionen und artikuliert diese auch, so dass sie in Form von artikulierten Tatsachen und Ursachenzusammenhängen eingebracht werden können: „Wissen Sie, unsere Leute fühlen sich schlecht behandelt und sind daher erregt." (HK/60) Niemals aber sprechen die Emotionen, sei es als wütender Ausbruch oder geschwätzige Vertraulichkeit; stets werden sie gesprochen, performativ in ihrem Ausdruck neutralisiert und damit zu beachtenswerten, aber nicht entscheidenden Aspekten der sachlichen, problembezogenen Verhandlungssituation gemacht. Diese Haltung als „emotional restraint and maturity" (GtY/157) zu bezeichnen,

---

[73] Wie der Orientierung an der persönlichen Ehre (die eine lange Tradition in Konflikten hat, s. Erikson 2015) die Relevanz entzogen wird, lässt sich hier deutlich beobachten.

greift auf das emotionale Vokabular der Angestelltenkultur zurück. (Kap. 3.2.2.1) Der sachgerechte Verhandler stellt zu sich selbst und zum Verhandlungspartner eine ‚sachgerechte' Beziehung her, indem nicht-sachgerechte Aspekte wie der emotionale Ausbruch des anderen oder die eigene emotionale Verletzlichkeit für nicht relevant erklärt werden. Er bringt eine ‚sachgerechte Disposition' im Subjekt hervor, die von hoher emotionaler Kontrolle und der zusätzlichen Belastung durch zu erbringende Vorleistungen in Form von Perspektivübernahme oder dem Herstellen guter Kommunikation geprägt ist. Dazu soll auch die mangelnde Kontrolle des ‚Gegners' stoisch ausgehalten werden; weder die eigene noch die Befindlichkeit des anderen ist wirklich relevant. An dieser Stelle zeigt sich eine prägnante Differenz zu Mediationsansätzen, in denen ein psychologischer Code zum Einsatz kommt, der Emotionen einen zu ergründenden Sinn zuschreibt, der im Kern des Konflikts verortet wird. Im Verhandeln liegt der ‚Kern des Ganzen' dagegen außerhalb der Parteien in ‚der Sache'. Zugleich ist klar, dass die Verhandlungssubjekte wissen, was sie wollen, sie müssen dazu nichts Inneres ausdrücken; ebenso sind Interessen stabil und sachlich-nüchtern, fern einem gegenkulturellen experimentellen Spiel. [74] Damit nimmt das Verhandeln eine spezifische Position in der im gesamten Mediationsdiskurs virulenten Frage nach dem adäquaten Umgang mit Emotionen ein (s. die folgenden Abschnitte dieses Kapitels sowie Kap. 9.5).

Nicht Positionen, sondern Interessen in den Mittelpunkt stellen!
Das zweite Prinzip stellt direkt die Alternative zum Feilschen um Positionen heraus. Anstatt vorschnell um Aspekte einer Übereinkunft zu verhandeln, sollen die Parteien das, „was Sie wirklich wollen" (HK/35) offen ansprechen und zum Thema der Verhandlung machen. So erweitert sich der Verhandlungsraum, indem die Interessen der Parteien als Grundlage einer gemeinsamen Entscheidungs-findung dienen. Das Verhandeln auf Interessenbasis öffnet den Raum möglicher Übereinkünfte von einer Linie zwischen zwei Positions-Punkten hin zu einem mehrdimensionalen Raum zwischen Interessen, die in unterschiedlichsten Verhältnissen zueinander stehen können. (vgl. HK/91, 104) Gleichzeitig sollen die

---

[74]   Viel eher zeigt sich hier die Nähe des Interessenbegriffs zum ökonomischen Konstrukt der Präferenz, das den über Entscheidungen hin stabilen Hintergrund für das, was sie Subjekte ‚wirklich wollen' abgibt.

Parteien ihre Interessen wechselseitig anerkennen und so die Basis für eine gemeinsame Problemlösung schaffen. Dieses Anerkennen der Positionen erweist sich in seiner Abstraktion auf die Interessen, damit: auf die Position des anderen zur ‚Sache', als ein kognitiver Prozess, der einen weiteren Schritt in der Selbstdistanzierung der Verhandlungssubjekte darstellt.

Interessen sind im Harvard-Konzept durch ihre Kopplung an die in der Verhandlungslehre immer unbestimmt bleibende ‚Sache' ebenfalls rein formal bestimmt: Interessen sind das, was die Parteien als ihre Interessen benennen, von der Verhandlungslehre werden keine Vorgaben gemacht.[75] Der grundlegende Weg, um von den Positionen zu den Interessen zu gelangen, ist das Hinterfragen der Positionen mit der Frage „Warum?" (HK/76). So erfragt, geraten Interessen zu Begründungen und Ursachen zugleich: „Interessen motivieren die Menschen: sie sind die stillen Beweggründe hinter dem Durcheinander von Positionen. Ihre Position ist etwas, zu dem Sie sich bewusst entschieden haben. Ihre Interessen sind die Gründe, die Sie zu dieser Entscheidung veranlasst haben." (HK/72) Interessen werden auf diese Weise als kognitiv zugängliche und ‚sachgerecht' begründbare ‚eigentliche Absichten' der Parteien positioniert. Auf diese Weise sind im Verhandlungsdiskurs nicht nur die eigenen, sondern auch die fremden Interessen alleine auf dem Weg des Nachdenkens, des kognitiven Nachvollzugs der Position des Anderen zugänglich. (HK/76ff) Ein spezifischer Ausdruck des ‚Eigenen' ist nicht notwendig, da die Interessen sich als Relation der Subjekte zur ‚Sache' aus deren prinzipiell wechselbaren Position ergeben, nicht aus einer authentischen,

---

[75]   Dieser These könnte eine Bezugnahme auf die substanzielle Bestimmung von Interessen etwa durch die auch hier anklingende Bedürfnispyramide nach Maslow entgegenstehen. Hier taucht im Diskurs die Parallelführung der wichtigsten Interessen als menschliche Grundbedürfnisse auf. In einer interessanten Adaption lauten diese dann: Sicherheit, wirtschaftliches Auskommen, Zugehörigkeitsgefühl, Anerkanntsein, Selbstbestimmung. (HK/81) Dabei werden im Unterschied zu Maslow zum einen die physiologischen Grundbedürfnisse in „wirtschaftliches Auskommen" umbenannt und tauschen dann den Platz mit dem Sicherheitsbedürfnis, vor allem aber steht an der Spitze der Pyramide nicht mehr die „Selbstverwirklichung" sondern die „Selbstbestimmung"; auch in der Rezeption der Psychotherapeutik wird deren Authentizitätsideal zurück gewiesen. Diese substanzialistische Bestimmung von Bedürfnissen bleibt aber weitgehend folgenlos. Die Technik des Ermittelns der Interessen in der Verhandlung bestimmt deren Ort und Funktionsweise in der Methode.

innerlichen, verkörperten Individualität.[76] In der gemeinsamen Verhandlung sollen die jeweiligen Interessen dann offengelegt und wechselseitig anerkennt werden, um so zu einem kooperativen Verhältnis zum Verhandlungspartner zu gelangen. Zunächst beseitigt die Offenlegung und konkrete Beschreibung der eigenen Interessen Informationsdefizite: „Zweck jeder Verhandlung ist es, Ihren Interessen zu nützen. Dass dies geschieht wird wahrscheinlich, wenn Sie über Interessen sprechen. Möglicherweise weiß die Gegenseite gar nichts über sie, genauso wie Sie umgekehrt nicht über die Interessen der anderen wissen." (HK/83) Der Prozess der Darlegung der eigenen Interessen zielt aber auch auf die wechselseitige Anerkennung der Interessen des Verhandlungspartners: „Es ist Ihre Aufgabe, der Gegenseite genau klarzumachen, wie wichtig und legitim Ihre Interessen sind. (...) Sie sollten den anderen das Gefühl vermitteln, dass Sie sie nicht persönlich angreifen, sondern dass vor allem das angesprochene Problem Aufmerksamkeit erfordert. Sie müssen die anderen davon überzeugen, dass sie genauso wie Sie fühlen würden, wenn sie an Ihrer Stelle wären." (HK/84) Die Parteien vollziehen die Interessen der Gegenseite nach und trennen dabei alles ‚Menschliche' von der ‚sachbezogenen' Position des Anderen ab. So werden die Interessen transparent: Die Subjekte können erkennen, dass auch sie deren Interessen vertreten würden, wenn sie an der Stelle der anderen Partei wären. Interessen verlieren hier jeglichen individuellen Sinn und werden rein von der Perspektive der jeweiligen Partei auf ‚die Sache' bestimmt. Als der ‚sachbezogene' Anteil der Subjekte, als der sie oben von allem ‚menschlichen' Anteilen bereinigt wurden, werden sie kognitiv nachvollziehbar, sie können als virtuelle eigene nachempfunden werden.[77] Die in

---

[76]   Diese Auffassung der Interessen als genereller Sachbezug lässt sich auch im Diskurs der Verhandlungsmediation wiederfinden, wenn der Interessenbegriff der Verhandlungsmediation in Differenz zum juristischen Diskurs profiliert wird: „Jede Konfliktpartei verfolgt Interessen, meist nicht nur die, welche sie im Konflikt benennt. Ausdruck finden ihre Interessen zumindest in der Formulierung eines rechtlichen Anspruchs. Das ist jedoch nur eine Übersetzung der Interessensperspektive in die rechtliche Perspektive..." (MBB/69) Entgegen der rechtlichen Eingrenzung auf im juristischen Diskurs anerkennungsfähige Rechtstatsachen soll hier die ‚Sache' entgrenzt werden. Sie wird damit zum selbst unbestimmten Orientierungspunkt des Diskurses.

[77]   Im deutschen Verhandlungsdiskurs findet sich dieser Strang weiterentwickelt, wenn bei Haft die Verhandlung als Problem komplexer Informationsverarbeitung aufgezogen wird. Die Verhandler werden am Modell des Computers vorgestellt (Haft 2009, S. 34ff); in der Verhandlung treten dann folgerichtig wesentlich Köpfe, nicht leibliche Menschen in Kontakt:

dieser Konzeption enthaltene Abstraktion von allem qualitativ Einmaligen zeigt sich plastisch im Beispiel einer ‚fairen Scheidungsverhandlung', in dem der Vorschlag lautet „dass die Parteien zuerst darüber verhandeln, was sie jeweils für ein faires Arrangement halten, ehe sie sich für spezifische Rollen entscheiden. In der Auseinandersetzung über das Sorgerecht bei Kindern sollten sich die Eltern z.b. zuerst über die Besuchsmodalitäten und –häufigkeiten des anderen Partners einigen. Das gibt beiden den Ansporn zu einer fairen Besuchsregelung." (HK/129) In der Aufforderung, in einer Scheidungsverhandlung virtuell die eigenen Besuchsrechte als Rechte zu denken, die, falls man selbst das Sorgerecht zuge-sprochen bekäme, auch dem anderen zuständen, verschwinden Qualitäten, die über diesen Interessenstatus hinausgehen würden, gänzlich. Dies erstreckt sich selbst auf die je einmaligen und voneinander qualitativ unterschiedenen Eltern-Kind-Beziehungen.

Durch diese potentielle Austauschbarkeit der Positionen werden „die Interessen der Gegenseite [zu einem] Teil des Gesamtproblems" (HK/85): die Transformation der Verhandlungssituation in das ‚gemeinsame Problemlösen' ist jetzt vollzogen. Damit diese Transformation gelingen kann, sind die Interessen des Anderen, wie auch im obigen Zitat deutlich wurde (HK/84), als legitim anzuerkennen: Die Verhandlung, obwohl sie klar die innovativen Codes eines neoliberalen Subjekts vorantreibt, verankert sich stets noch in einer moralisch einwandfreien Normalität. Die Legitimität der Interessen des Verhandlungspartners –und sowieso der eigenen– wird im Verhandlungsdiskurs stets vorausgesetzt. In den zahlreichen Beispielen des Buches findet sich kein Fall, in dem ein Interesse als illegitim aufgegeben werden musste oder die Legitimität der vorgebrachten Interessen auch nur angezweifelt würde. Neben der Abblendung von kriminellen oder auch bloß rücksichtslosen und sozial ungewöhnlichen Interessen findet auch die im Falle vertraulicher Verhandlungen brisante Fragestellung von öffentlichem Interesse und Transparenz hier keine Beachtung. (Anders im Mediationsdiskurs, s. Kap. 7.1.6)

„Verhandeln ist ein Vorgang, bei welchem man versucht, auf das Geschehen im Kopf des Partners Einfluß zu nehmen."

Vor der Entscheidung verschiedene Wahlmöglichkeiten entwickeln!
Um die Verhandlung abzuschließen, werden die Subjekte als Entscheider gefordert. Die Techniken der Kreativität und ‚Optionalisierung' (vgl. Traue 2010a) zielen auf die Optimierung der Entscheidung: „Der Schlüssel für kluges Entscheiden (…) liegt in der Auswahl aus einer großen Zahl verschiedener Optionen." (HK/104) Zunächst zielt dieses dritte Prinzip auf den Schutz eines kreativen Raumes der Entwicklung von Optionen vor der Entscheidungsfindung. Die ‚kreative' Suche nach Optionen soll vor dem ‚kritischen' Verhandeln Raum haben: „Erst erfinden, dann entscheiden" (HK/96). Die beiden Phasen des kreativen Suchens und anschließenden Entscheidens, die Öffnung und die kontrollierte Verengung des Raumes bleiben stets aufeinander bezogen. In der Phase der Entwicklung von Optionen wird die Kombinatorik von Interessen auf die Spitze getrieben: Die Verhandlungssubjekte sollen Optionen entwickeln, die die Interessen der Gegenseite mit aufnehmen (HK/96). Gesteigert wird diese Forderung bis hin zur Entwicklung von Optionen, die die Gegenseite rational nicht mehr ablehnen kann.

Die Phase des kreativen Entwickelns von Optionen wird als Brainstorming gefasst. An dieser Stelle bezieht die Verhandlungslehre erstmals die Körper der Subjekte und das Setting der Verhandlung ausführlich mit ein: Beim Brainstorming wird empfohlen, einen anderen Raum als gewöhnlich aufzusuchen, eine informelle Atmosphäre herzustellen und die Parteien an einem Tisch gegenüber einem symbolisierten Problem sitzen zu lassen, damit die Positionierung als gemeinsame Löser eines Problems auch körperlich zum Ausdruck kommt (HK/98). Hier wird die Passivität und Sensibilität in den Subjekten betont, die sich für die Ideen ‚öffnen' sollen, damit sie ihnen ‚kommen' können. Wieder wird hier der Körper der Subjekte zum Gegenstand, jedoch nicht als problematischer, zu akzeptierender emotionaler, sondern als produktiv-kreativer: Durch die Veränderungen im Raum soll der kreative Körper der Verhandlungssubjekte in die Lage versetzt werden, diese nicht willentlich herzustellende Leistung zu erbringen. Dieser Bruch in der Subjektivierung der Verhandler ist klar begrenzt: Die kreative Entspannung dürfe nicht als Selbstzweck missverstanden werden, auch im Brainstorming sei die Zielorientierung das erste Gebot: „Bestimmen Sie den Zweck. Überlegen Sie, was Sie mit dem Brainstorming erreichen wollen." (HK/97) Zudem wird die kreative Phase immer komplementär zur darauf folgenden interessengeleiteten Verhandlungsphase geführt: „Suchen Sie, ehe Sie entscheiden" (HK/103). Wenn die kreative ‚Phase' und aus der gesteigerten Komplexität der Interessenkonstellation notwendig hergeleitet wird („In einer komplexen Situation ist kreatives Erfinden eine absolute Notwendigkeit"; HK/121) wiederholt sich hier der Modus der Notwendigkeit, mit der schon die Befassung mit den ebenfalls körperlichen, nicht direkt steuerbaren Emotionen eingeleitet wurde. Um jeglichem Missverständnis, in der kreativen Suche könnte die strategische und interessenbasierte Situation verschwimmen, entgegenzutreten, wird zudem das in der Sache harte Verhandeln zur Voraussetzung von Kreativität erhoben: „Zwei Verhandlungspartner, von denen jeder seine Interessen mit aller Härte vertritt, stimulieren gegenseitig ihre Kreativität beim Nachdenken über eine Lösung, die für beide vorteilhaft ist." (HK/89) Diese aufwendige Rahmung und Kanalisierung der Passivität und Offenheit der Verhandlungssubjekte stellt die Dominanz des rationalen Entscheidens über die sensible Offenheit sicher; sie verhindert damit die weitere Veränderung der Beziehung, wie sie in den alternativen Mediationsansätzen zentral werden wird.

Im Prozess der Entwicklung von Optionen soll sich nun die im zweiten Prinzip formulierte Verschiebung von den Positionen zu den Interessen auszahlen. Durch die Möglichkeitsräume, die entstehen, wenn Interessen geteilt werden oder differieren, kann die Verhandlung sich vom Nullsummenspiel zu einem Win-Win-Lösungen ermöglichenden Spiel verändern. Dieses zentrale Konzept der Verhandlungslehre, das ein wichtiger und unbestrittener Bestandteil des Mediationsdiskurses geworden ist, findet hier eine konsequent ökonomische Ausdeutung. Die Differenzen zwischen den Parteien erscheinen nun als Potential zur Wertsteigerung. (HK/113) Hier zeigt sich der ökonomische Zugriff auf Unterschiede zwischen den Interessen-Subjekten, die hier nicht als qualitative Sprünge, sondern als „kapitalisierbare Differenz" (HK/115) dargestellt werden: Win-Win entsteht, indem verschiedene Aspekte einer Sache „unterschiedliche[r] Wertschätzung" (HK/115) im ganz ökonomischen Sinne der Zuschreibung von Wert unterliegen. Auch „Risiko kann gegen Einkünfte aufgerechnet werden", (HK/116) und wenn unterschiedliche Risikobereitschaften sowie der Zeitindex berücksichtigt werden, können optimale Verträge ausgehandelt werden, in der die Vielzahl der aufgeworfenen Interessen optimal kombiniert werden können: „Für eine Nutzenteilung gehen Sie am besten so vor, dass Sie nach Punkten suchen, die Sie selbst wenig kosten und den anderen große Vorteile bringen, und umgekehrt. Nutzenteilung wird überall möglich, wo es unterschiedliche Interessen, Prioritäten,

Überzeugungen, Prognosen und Risikobereitschaften gibt. Das Motto eines Verhandlungspartners könnte also auch sein: ‚Es lebe der Unterschied!'" (HK/117) [78] An dieser Stelle wird die neoliberale Rezeption von gegenkulturellen Codes überdeutlich: Differenz soll nun als Ort der Wertschöpfung in der Interaktion der Verhandlungssubjekte fungieren. Dabei ändert sich freilich der Charakter der Differenz: Aus dem radikal Anderem, Unbekannten und Neuen ist ein „kapitalisierbarer" Unterschied geworden. Die qualitative Differenz ist zu einer individuell schwankenden „Wertschätzung" –ökonomische und psychologische Bedeutung überlagern sich– geworden, die mithilfe der hier vorgestellten Techniken in Wert gesetzt werden kann.[79]

Das Kapitel schließt mit Überlegungen, wie der Gegenseite die Entscheidung erleichtert werden kann. Der sachgerecht Verhandelnde soll das Kunststück fertig bringen, Optionen zu entwickeln, die der Verhandlungspartner nicht ablehnen kann: „Ihre Aufgabe besteht jetzt darin, nicht mehr Fragen aufzuwerfen, sondern Antworten zu finden, die die anderen nicht vor eine schwierige, sondern vor eine leichte Entscheidung stellen." (HK/118) Ganz alleine soll der Verhandler die vorgeschlagenen Optionen so vortragen, dass sie auf den beiderseitigen Nutzen hin optimiert sind. Die vorgeschlagenen Optionen sollen am Ende so optimiert werden, dass die Interessen der Gegenseite einbezogen werden, eigentlich so, dass diese zum erarbeiteten Vorschlag nur noch ‚Ja' sagen muss: „Wenn das möglich ist, dann haben Sie das Risiko einer allzu starken Selbstbezogenheit hinreichend reduziert und die Interessen der anderen entsprechend in Ihre Kalkül einbezogen." (HK/121) Die Gegenseite wird der Gegenstand einer komplexen Kontextsteuerung. Durch die Kombination von Interessen soll mit einen hohen kognitiven Aufwand, ja: „genial" (HK/122), eine Lösung entwickelt und vorgeschlagen werden, der die Gegenseite nur noch zustimmen kann. Die Verhandlung hat sich in eine Situation

---

[78]   Zum Einbezug der Risikobereitschaft in die Win-Win-Kalkulation hat Breidenbach im Mediationsdiskurs eine instruktive Kritik vorgelegt. (Kap. 8.3)

[79]   Es ist diese Ökonomisierung der Differenz, die im Mediationsdiskurs im ‚Ethos der Mediation', das gerade auf das radikal Andere des Anderen abzielt, scharfe Kritik provozieren wird. (Kap. 8.6) Zugleich ist der Slogan ‚Vive la Difference!' in den USA als sozialkonservative Intervention zur Bekräftigung der *einen* Geschlechterdifferenz gegen einen ‚gleichmacherischen' Feminismus sowie später gegen die queer- und gender-Bewegung bekannt. (Vgl. dazu http://folk.uio.no/thomas/po/vive-les-differences.html; 28.10.15)

gewandelt, in der es nur noch darum geht, aus einer Auswahl von allesamt akzeptablen Vorschlägen die bevorzugte Option auszuwählen und weiter zu optimieren. (HK/116) Dabei soll der sachgerechte Verhandler wieder die Verhandlung in einen geteilten normativen Horizont einbetten um der Gegenseite das Gefühl zu geben, dass seine Anliegen unbedingt legitim sind: „Die Gegenseite wird Lösungen umso leichter zustimmen, wenn es den Anschein hat, dass man das Rechte tut – recht im Sinne von fair, legal, ehrenhaft und so weiter." (HK/120) Wieder verankert sich das Verhandeln in einer sozial verankerten Normativität, wie sie von Reckwitz der Angestelltenkultur zugeschrieben wird; hier wird dieser Code aufgegriffen und in einer neuen, seine Bedeutung verändernden Weise verwendet, wenn er als ein Mittel der Überzeugung in das interessenmaximierende Kalkül eingeht.

Das Gegenüber wird als Summe seiner Interessen im Modell des sachgerechten Verhandelns kalkulierbar. Waren beim „Gerangel um Positionen" die Subjekte undurchsichtig, ihre Absichten trübe, ihre Methoden dürftig und die Ergebnisse bestenfalls durchwachsen, so macht das ‚sachgerechte Verhandeln' die Subjekte durchsichtig, legt –nachdem bloß menschliches und sachbezogenes getrennt wurden– ihre ‚eigentlichen Interessen' frei und entfaltet damit eine Kombinatorik von Ideen und Optionen, die optimierte Lösungen produzieren. Wenn es dem sachgerechten Verhandler gelingt, diese Interessen, Einschätzungen, „emotionalen Probleme" korrekt zu berücksichtigen, wird selbst das Gespräch zwischen den Parteien eigentlich überflüssig. Der Andere zieht sich zur reinen Entscheidungsinstanz zusammen, die nur noch „Ja" sagt. Der Rest ist durch die Optimierung des Interessenverhältnisses ‚in der Sache' geregelt; und sollten „emotionale Probleme" auftauchen, stehen die Techniken zur Behandlung bereit. Oben wurden Menschen noch als emotionale und darum eben nicht berechenbare Wesen bezeichnet, in dieser Fluchtlinie des Diskurses wird der Verhandlungs-partner dann doch berechenbar. Hier zeigt sich der Ertrag der Trennungsarbeit, in der alles ‚Menschliche', Sachfremde, Irrationale abgetrennt (oder ins Kalkül aufgenommen) wurde: Der Andere als Träger von sachlichen Interessen ist eben doch berechenbar.

Zudem zeigt sich hier die für ein Interaktions- und Koordinationsgeschehen paradox anmutende Tendenz, dass das Verhandler-Subjekt alles selbst macht, das Gegenüber vollständig antizipiert und Interaktion durch Vorwegnahme ersetzt.

Hier zeigt sich einmal mehr die Dominanz des instrumentellen Codes, verhandeln als „basic means of getting what you want from others." (GtY/xiii) aufzufassen. Im Harvard-Konzept wird die Kooperation als Notwendigkeit, („ob Sie es wollen oder nicht"), so als ein Problem der individuellen Zielerreichung eingeführt - und hier entsprechend behandelt. Diese Entwicklung belastet jedoch das Verhandlungs-subjekt mit einer Doppelrolle: Es soll zugleich Subjekt seiner Interessen sein, aber auch die Interessen des anderen mit berücksichtigen. Es soll die ‚sachlichen' Aspekte herausarbeiten, die nicht zielführenden emotionalen Probleme bei sich und beim Gegenüber aushalten und in eine ‚sachgerechte' Interaktion einführen. Es muss sich dabei von den eigenen Empfindlichkeiten distanzieren, die Aggressionen des anderen aushalten und an der Verbesserung der Beziehung arbeiten. Es ist – von der Mediation her gesprochen– Partei und Mediator zugleich. Einen Dritten einzuschalten wird hier nur in besonders schweren Fällen angedacht, denn: „Bei vielen Verhandlungen können Sie selbst dieser Dritte sein." (HK/167) Diese Überforderung des ‚genialen' Verhandlers als Verhandlungsteilnehmer und Verhandlungsleiter wird in der Verhandlungsmediation aufgelöst; hier wird stets ein Dritter zur Unterstützung der Verhandlung hinzugerufen. Allerdings führt diese Veränderung der Konstellation zu einer Neubeschreibung der Verhandlungs-

subjekte. Die Konfliktparteien werden nun als von der Komplexität überfordert und damit hilfebedürftig dargestellt. Der damit einsetzende neue Tenor, dass Konflikte überfordern, und es normal sei, Mediatoren als Unterstützer hinzuzuholen, bildet zugleich eine neue Bruchlinie in den Verhandlungssubjekten, deren Autonomie, Stärke und unbedingte Handlungsfähigkeit nun durchbrochen ist.[80]

---

[80] Im Verhandlungsdiskurs führt dieser Bruch zu lebhaften Eingrenzungsbemühungen: So lässt sich die Abgrenzung gegen therapeutisch-verständnisvolles „Bevormunden", die Betonung der unbedingten Autonomie der Parteien als Bemühen verstehen, den Dammbruch des zuvor selbst aufgegebenen ‚imaginären Empowerments' (Kap. 4.1.7) zu verhindern, der durch diese Setzung der Verhandlungsmediation als ‚das Verhandeln unterstützende Dienstleistung' erst durchbrochen wurde. In der Fassung des Mediationsprozesses als „Verhandlungsmanagement" (MAP/49-99) schirmt die Verhandlungsmediation sich vor weiterer ‚Therapeutisierung' ab, indem sie auf ökonomisches Vokabular zurückgreift.

4.1.5 Konstellation 2: Objektive Entscheidung bei Gegensätzen

Das vierte und letzte Prinzip behandelt den Fall, wenn „Interessen einander unmittelbar widersprechen". (HK/35) Dieser Fall sei trotz aller methodischen Bearbeitung der Verhandlung zu erwarten: „Wie gut Sie auch immer die Interessen der Gegenseite verstehen, wie genial Sie auch die Interessen zusammenbringen, wie hoch Sie auch die künftigen gegenseitigen Beziehungen einschätzen mögen – immer werden Sie mit der harten Wirklichkeit widerstreitender Interessen konfrontiert sein. Und keine noch so schöne Rede vom beiderseitigen ‚Gewinn' kann das aus der Welt schaffen. (…) All das kann man nicht unter den Teppich kehren." (HK/122) Auch in diesem Fall soll der sachgerecht Verhandelnde nun nicht auf bloße Willensentscheidungen (auf seine irrationale reine Willkür) zurückfallen und seine Interessen durchzudrücken versuchen, bzw. in ein Feilschen um die verbliebenen Positionen einsteigen. Stattdessen wird die Methode des sachgerecht rationalen Verhandelns an diesem Grenzfall um eine Stufe weitergedreht: Wie die Konstellation entgegengesetzter Positionen über einen gemeinsamen Sachbezug, der die differenten Interessen hervortreten ließ, überwunden werden und eine gemeinsame Entscheidungsfindung zum wechselseitigen Vorteil ermöglichen sollte, so soll die Konstellation entgegen-gesetzter Interessen über die Einigung auf anzuwendende objektive Kriterien überwunden werden und eine für beide Seiten faire und akzeptable Lösung ermöglichen. Das dritte Element, das die Konfrontation auflöst, ist nun nicht mehr der eigeninteressierte Bezug zur ‚Sache', es sind nun die „Prinzipien" (HK/124), denen sich beide Verhandlungspartner unterwerfen. Damit findet eine fundamentale, im Diskurs jedoch nicht als solche herausgestellte Verschiebung statt.

Als Prinzipien oder objektive Kriterien kommt alles Mögliche in Betracht, solange es nur unabhängig vom individuellen Willen der einzelnen ist: „Kriterien der Fairness, der Effektivität oder der wissenschaftlichen Sachbezogenheit" oder auch der Bezug auf die allgemein übliche Praxis (HK/124) seien möglich, ebenso der Marktwert, frühere Vergleichsfälle, wissenschaftliche Gutachten, Kriterien von Sachverständigen, mögliche oder bestehende Gerichtsurteile, moralische Kriterien wie die Gleichbehandlung oder Gegenseitigkeit sowie die Tradition oder übliche Vorgehensweisen. (HK/127f) Faire Prinzipien können auch Verfahrensprinzipien sein: ‚Ich teile, du suchst aus', ein Losverfahren oder die Delegation der Entscheidung an Dritte. (HK/128–130) Die Bindung der Verhandlungspartner an die Prinzipien muss eine echte, d.h. konsequente und für gute Argumente zugängliche sein: „Die Kombination aus Offenheit gegenüber Vernunftgründen und dem Beharren auf Lösungen auf der Grundlage objektiver Kriterien macht das sachbezogene Verhandeln so überzeugend und bringt die Gegenseite auch mit solcher Effektivität zum Mitspielen." (HK/134) Auf jeden Fall soll wieder eine Lösung gefunden werden, die vom bloßen Willen der Beteiligten unabhängig ist: „Hat die Lösung von Differenzen durch Willenskampf also hohe Kosten zur Folge, so sollte der bessere Ansatz darin bestehen, dass man auf einer vom beiderseitigen Willen unabhängigen Basis verhandelt – das heißt also, auf der Basis von objektiven Kriterien." (HK/123)

Abstraktion vom Eigeninteresse
In dieser Wendung, die aus der konsequenten Durchführung des Gedankengangs auch im Falle sich widersprechender Interessen erst notwendig wurde, zeigt sich nun eine zentrale Bruchlinie der sachgerechten Verhandlung: Die Subjekte sollen sich nun auch noch von ihrem Eigeninteresse distanzieren. Die bisher für die Einigung konstitutiven Interessen, die ‚sachbezogenen‘ Anteile der Subjekte, fallen als Grundlage weg. Die Subjekte sollen, wenn es auf der Basis des Eigeninteresses nicht mehr weiter geht, von diesem abstrahieren und, statt einer für beide vorteilhaften, eine faire Lösung finden: „Sie und die Gegenseite mögen durchaus unterschiedliche Interessen haben, aber nun haben Sie beide ein gemeinsames Ziel: einen fairen Preis zu bestimmen." Daher: „Funktionieren Sie jeden Streitfall zur gemeinsamen Suche nach objektiven Kriterien um." (HK/131) An dieser Stelle vollzieht die Verhandlungslehre eine eigenartige Drehung: die erste, bislang dominante Codierung der Subjekte als eigeninteressierte Nutzenmaximierer wird aufgegeben. Dies lässt sich als ein Festhalten an der eingangs aufgeworfenen zweiten Problematisierung des Verhandelns als prinzipiengeleiteter, rationaler Umgang mit Differenzen auffassen. An der systematisch entscheidenden Stelle, an der Bruchlinie der beiden Problemzugänge, fällt die Entscheidung deutlich für die bisher im Hintergrund gebliebene Problematisierungsweise aus: Die Verhandlungslehre möchte eine Lösung für den Umgang mit Differenzen nach dem kulturellen Bruch, der Autorität und Normalität als Konfliktbehandlungsstrategien entwertet hat, auch um den Preis der Abstraktion vom Eigeninteresse der Verhandler aufrecht erhalten. Auch wenn dieser Bruch nicht expliziert wird, sprechen die angeführten Beispiele eine klare Sprache.

Wenn der Verkäufer dann Stellung bezieht, etwa: ‚Der Preis [für das Haus] ist 750000 Euro', dann fragen Sie weiter: ‚Wie kommen Sie gerade auf diesen Preis?' Behandeln sie das Problem so, als ob sich der Verkäufer selbst um einen fairen Preis bemühen würde, den er auf objektiven Kriterien aufbaut. (HK/131)

Im Falle eines Hauskaufes, also einer einmaligen Transaktion außerhalb langfristiger Geschäftsbeziehungen, bei der es um eine große Summe geht, kann im ökonomisch-eigeninteressierten Code nicht plausibel gemacht werden, warum der Verkäufer sich anders als zum Schein auf das Aushandeln eines „fairen Preises" einlassen sollte. Ist es wirklich realistisch, zu erwarten, dass der Verkäufer auf beispielsweise 30.000 Euro verzichtet, weil er von einem ‚fairen' Preis ‚überzeugt' wurde? Sind nicht eher Immobilien klassischerweise Waren, deren Wert ausschließlich über den Markt hergestellt wird, wo also der ‚richtige' Preis einfach der höchste ist, für den man in vertretbarer Zeit einen Käufer findet? Die Fragilität der nun genommenen Wendung zeigt sich auch daran, dass an diese Stelle auf die soziale Einbettung der Parteien verwiesen wird, die eben nicht „auf einer einsamen Insel leben (…), ohne Geschichte, ohne Sitten und ohne moralische Prinzipien." (HK/123) Diese unvermittelte Wendung, die Schützenhilfe aus der Sittlichkeit, ist der offene Rückgriff auf die soziale Normalisierung der Angestelltenkultur, um die sich hier öffnende motivationale Lücke in den bislang von ihrem Eigeninteresse geleiteten Subjekten zu schließen.

Kein Feilschen am Ende

Die naheliegende Alternative, in den Fällen, in denen das Eigeninteresse nicht zur Lösung reicht, einen nicht-rationalen „arbitrary outcome" (GtY/157) durch ‚bargaining' herzustellen, wird in der Verhandlungslehre nicht zugelassen. In einem das Leser-Feedback verarbeitenden in der zweiten Auflage ergänzten Anhang finden sich ausführliche Argumentationen gegen das Feilschen: Komplexität angemessen behandeln, Win-Win herstellen, Arbeitsbeziehungen aufrechterhalten, festgefahrene, ritualisierte Verhandlungssituationen (wie zwischen Gewerkschaften und Unternehmensleitung) vermeiden oder aufbrechen und natürlich sachlich-technisch einwandfreie Lösungen erreichen: „If (…) you are negotiating over how deep to build your home's foundations…" (GtY/157) Dennoch endet der Absatz mit einer Andeutung für einen möglichen Ort des Feilschens: „Bargaining over positions does the least harm if it comes after you have identified each other's interests, invented options for mutual gain, and discussed relevant standards of fairness." (GtY/159) In ‚Getting to Yes' bleibt es jedoch bei dieser Andeutung; der Anspruch bis zum Ende rationale Ergebnisse hervorzubringen, wird an dieser Stelle nicht, zumindest nicht offiziell, am Eigeninteresse relativiert. Anders in der Verhandlungsmediation: Hier wird diese Wendung nicht aufgenommen und mitgetragen. Die Verhandlungsmediation bleibt aufs Eigeninteresse verpflichtet, die Orientierung an objektiven Kriterien spielt in ihrer Rolle als Schlichterin von Interessenantagonismen keine Rolle mehr; stattdessen wird ein dosiertes Feilschen empfohlen. „Auch bei anspruchsvollen Verhandlungen gerät man irgendwann auf den Basar." (VuM/3, zum „Basar" s.u.) Auf diese Weise geht der Verhandlungsmediation in Bezug zur zweiten Problematisierung, der große, konsequente Wurf des Harvard-Konzepts verloren: Anstelle der Utopie einer ungebrochen rationalen Sozialintegration durch zuerst interessen- und dann prinzipiengeleitetes Verhandeln bleibt ein bloß ausgehandeltes, partikular rationales Ergebnis, getrübt durch dosiertes und durch die Anwesenheit des Mediators kontrolliertes Feilschen. Zugleich werden damit aber auch die komplexen Probleme vermieden, die sich aus der Verschränkung und wechselseitigen Überlagerung der Subjektpositionen und Problematisierungen in der ‚reinen Verhandlungslehre' ergeben.

Prinzipien und Eigeninteresse
Diese zunächst frappierend klare Umkehrung der Dominanz des Eigeninteresses durch die Prinzipienorientierung wird durch die Bestimmung der Verhandlungssituation jedoch wiederum unterlaufen. Denn die Parteien werden aufgefordert, sich überhaupt nur in eine Verhandlung hinein zu begeben, wenn sie sich davon realistische Vorteile erhoffen können. Sie sollen ihre „best alternative to negotiated aggreement", ihre „BATNA", kennen und durchdenken. (GtY/101) Ausschließlich, wenn die Verhandlung eine Verbesserung gegenüber der BATNA verspricht, machen Verhandlungen überhaupt Sinn. (GtY/172) Auf diese Weise wird die Stellung des Eigeninteresses wieder aufgewertet: „Kriterien sind nur ein Mittel, das den Parteien helfen kann, zu einem Übereinkommen zu gelangen, das für beide Parteien besser ist als kein Übereinkommen." (HK/209) Das ganze Spiel prinzipiengeleiteten Verhandelns, das so konsequent durchzuhalten ist, wird damit wieder auf die Basis des Eigeninteresses gestellt; anstatt aber im Einzelfall von den Prinzipien abzuweichen, muss sich das Eigeninteresse über Kontaktwahl und Kontaktabbruch Geltung verschaffen. Im Beispiel gesprochen: Der von der Kraft der Argumente überzeugte Makler erscheint nicht zur Vertragsunterzeichnung,

wenn er ein besseres Angebot vorliegen hat. Diese spätestens hier manifest
werdende Spannung zwischen ‚prinzipiengeleiteter‘ Rationalität und
Eigeninteresse wird im Diskurs jedoch verdeckt: In den zahlreichen Beispielen
wird nie der Fall dargestellt, dass ein Verhandler einlenken müsste; immer liegen
sachrationale Lösung und Eigeninteresse auf einer Linie. So gewinnt der
Verhandler im an dieser Stelle präsentierten Beispielfall gegenüber seiner
Versicherung mit sachlichen Argumenten wie dem Marktpreis seines beschädigten
Wagens gegenüber dem ersten Angebot fast 1500€. (HK/137–139) In keinem der
den Leser zur Identifikation auffordernden Beispiele hat die Gegenseite die
besseren Argumente, den besseren Argumenten auch einmal nachgeben zu müssen,
wird nur abstrakt thematisiert. Zu dieser Strategie tritt im aufgenommenen
Leserfeedback noch eine Reihe von Argumentationen hinzu, die für die Bindung
des moralisch Richtigen an das Eigeninteresse der Parteien argumentieren. Neben
den Hinweisen auf die Reputation der Verhandler und die Beziehung der Parteien
wird dies nun auch über deren psychische Konstitution versucht: Anstatt unter
Gewissensbissen zu leiden, nachdem man jemanden über den Tisch gezogen hat,
solle man lieber gleich ehrlich und fair vorgehen. „Many people find that they care
about more in life than money an ‚beating‘ the other side" (GtY/163) Wieder wird
der Bruch deutlich, wenn die Verhandlungssubjekte nicht mehr als ökonomische
Interessenmaximierer sondern als von ihrem Gewissen gelenkte, moralische
Subjekte auftreten.[81] Damit setzt sich die Verhandlungslehre eingestandenermaßen
der Gefahr aus, als „sermon on the morality of right and wrong" (GtY/161)
missverstanden zu werden. Dieses ‚Missverständnis‘ wäre, wie diese Analyse

---

[81]   Nach Reckwitz wäre diese Adressierung der Leser ein Zitat bürgerlicher Subjektcodes, da
hier eine innenorientierte Moral, der Selbstwert des moralisch einwandfreien und aufrichti-
gen Subjekts, und nicht die außenorientierte Verhaltensregulierung der Angestelltenkultur
angeführt wird. Ein Anzeichen dieser Subjektform ist es sicherlich, wenn in einer Aufzählung von möglichen Formen von Druck, die der Andere auf das Verhandlungssubjekt ausüben kann, die Bestechung aufgenommen wird: „Druck kann verschiedene Formen haben:
Bestechung, Drohung, manipulativer Vertrauensappell oder schlicht Weigerung, sich von der
Stelle zu bewegen. In all diesen Fällen lautet die prinzipielle Antwort gleich: Fordern Sie die
Gegenseite zum vernünftigen Argumentieren auf, schlagen Sie mögliche objektive Kriterien
vor und bestehen Sie darauf, auf deren Grundlage weiter zu verhandeln. Geben Sie niemals
irgendwelchem Druck nach, unterwerfen Sie sich nur vernünftigen Prinzipien." (HK/135)
Die Verführung durch ein Angebot, das ein nicht verallgemeinerbares Win-Win auf Kosten
der Allgemeinheit wäre, wird dem Subjekt, das das illegitime Eigeninteresse mit aller Kraft
verwirft, zum „Druck", zur Versuchung.

zeigt, gar nicht so falsch: Die Argumentation versucht hier, moralisch einwandfreie Entscheidungen im Eigeninteresse zu fundieren, um so den Bruch mit eben diesem vorzubereiten. Dem zuvor systematisch aufgebauten, eben dieses unmittelbare, ökonomische Eigeninteresse maximierende Subjekt, bleibt diese Argumentation äußerlich.[82]

Diese nachgeschobenen Bemühungen, die sich zwischen Eigeninteresse und Fairnessorientierung im ‚principled negotiation' ergebenden Probleme zu glätten, soll hier als Versuch gesehen werden, die Bruchlinie zwischen den beiden hier bedienten Subjektcodes zu kitten: Zunächst tritt ein ökonomisch-eigeninteressiertes, (Investitions-)Entscheidungen treffendes Subjekt auf, das sich mit anderen Subjekten am Kriterium maximaler Interessenverfolgung entlang koordiniert und nicht diesem Ziel zuzuordnende ‚menschliche' Aspekte sekundär behandelt. In dem Moment, wenn die Verhandlung vor der Alternative steht, die nicht kreativ kombinierbaren Interessen entweder nicht-rational im Modus des Feilschens zu bearbeiten oder in einer transformierten Rationalität als normative, vom individuellen Interesse unabhängige Fragen zu behandeln, setzt das Harvard-Konzept (zunächst ganz deutlich, in den in der zweiten Auflage hinzugefügten Textabschnitten, dann in relativierter Form) auf die stringente, rationale und den Subjekten die Abstraktion auch von ihren Eigeninteressen abverlangende Option. Hierbei werden Subjektcodes einer moralischen Selbststeuerung, der ‚Rechtschaffenheit', ‚Respektabilität', und der sozialen Anerkennung mobilisiert. Die Verwendung dieser Codes ist an dieser Stelle interessant, da sie der neoliberalen Subjektform fremd sind; ist in diese doch eine gerade entmoralisierte, ressourcenorientierte Selbststeuerung eingelassen. [83] Im Kontext der hier

---

[82]   Die Verhandlungslehre bedient sich hier bei den klassischen, den Autoren gewiss vertrauten, metaethischen Fragestellungen der Philosophie (also der Beantwortung der Frage „Warum soll ich überhaupt moralisch handeln?"). Die hier postulierte In-Eins-Setzung von „wohlverstandenem Eigeninteresse" und moralischem Handeln ist eine in dieser Diskussion wohlbekannte Position (etwa Gosepath 1992).

[83]   Eine solche Codierung hat sich etwa in der in vielen Punkten parallelen neoliberalen Theorie der konstitutionellen Ökonomik nach Buchanan durchgezogen. (s. die Analysen in Bröckling 2007, 137ff) Diese theoretisiert ebenso alle Lebensbereiche anhand einer ökonomischen Rationalität, konzipiert ihren ‚homo contractualis' jedoch mit Hobbes als amoralisches, listiges Wesen, dessen Naturzustand erst durch den ökonomisch rationalen Gesellschaftsvertrag gebändigt wird.

vorgenommenen Rekonstruktion des Mediationsdiskurses ist diese Bruchstelle festzuhalten, in unterschiedlichen Variationen durchzieht diese Problemstellung den Diskurs. Im Verhandeln und in der Mediation wird eine harmonische Integration von einerseits dem Eigeninteresse der Einzelnen und andererseits dem legitimen sowie gelingenden Umgang mit zwischenmenschlichen Differenzen behauptet. ‚Getting to Yes‘ soll nicht nur ‚without giving in‘, sondern auch in einer rundheraus sozialverträglichen, fairen und legitimen Art und Weise geschehen. Die Verhandlungslehre positioniert sich in dieser Fragestellung damit an der Grenze zur Angestelltenkultur, auf deren normative Orientierungen sie noch zurückgreift, um die subjektkulturellen Innovationen einzuhegen. Die im Diskurs festgeschriebene Orientierung an immer auch mehr als dem Eigeninteresse der Verhandler, wird an einer interessanten Stelle, ein in Klammern gesetzter Einschub in der Einleitung, als ‚Weisheit‘ bezeichnet:

(A wise agreement can be defined as one which meets the legitimate interests of each side to the extent possible, resolves conflicting interests fairly, is durable, and takes community interests into account.) (GtY/4)

‚Weisheit‘ –in der deutschen Übersetzung wird die Stelle interessanterweise als „vernünftige Übereinkunft" (GtY/26) wiedergegeben– ist im hier dargestellten Diskurs kein definierter Begriff, er steht als Fremdkörper unverbunden und nicht anschlussfähig an die anderen vorgebrachten Konzepte. Dass die Argumentation gerade an dieser zentralen Stelle ins Unbestimmte flüchtet, zeigt, wie brüchig das behauptete Zur-Deckung-Kommen von Eigeninteresse und rationaler, integrativer Konfliktlösung bleibt.

Die Spannung, die sich aus der Setzung einer rationalen und sozial integrativen Konfliktlösung qua Eigeninteresse ergibt, zeigt sich auch darin, dass das Eigeninteresse einer massiven Idealisierung unterzogen werden muss, um es moralisch einwandfrei zu halten. Prägnant tritt diese sonst vor allem in Auslassungen hervortretende Tendenz in einem Beispiel hervor:

Mitunter betrachten Verhandlungspartner einander wie Schiffbrüchige, die über Rationen und Reserven streiten. Jeder sieht den anderen als Hindernis fürs eigene Überleben an, aber Schiffbrüchige werden, um überleben zu könne, die objektiven Probleme von der menschlichen Seite abtrennen. Sie werden die Bedürfnisse aller berücksichtigen, sei es der Sitzplatz im Schatten, Medizin,

Wasser oder Essen; und sie behandeln diese Bedürfnisse bald als gemeinsame
Probleme, ebenso wie das Wache halten, Regenwasser sammeln oder das Bemühen, an Land anzukommen. Indem sie erkennen, dass sie sich Seite an Seite
anstrengen müssen, um die Probleme aller zu lösen, beziehen sie ihre gegenläu-
figen Interessen mit ein. Genauso liegen die Dinge bei Verhandlungspartnern.
(HK/69–70)

Die Situation der Schiffbrüchigen ist ein künstlerischer und kultureller Topos:
Jedoch nicht, um die Kooperationsfähigkeit des Menschen zu demonstrieren,
sondern im Gegenteil um Fragen nach den in der Extremsituation hervortretenden
latenten Konflikten oder allgemein der wahren menschlichen Natur zu ergründen.[84]
Die Selektivität und Unwahrscheinlichkeit der imaginierten Subjekte tritt klar
hervor: Warum sollten die Schiffbrüchigen, wenn sie den Naturzustand der
Konkurrenz verlassen und zu kooperieren beginnen „die Bedürfnisse aller"
berücksichtigen? Sicher, es geht darum, gemeinsam Aufgaben zu meistern, aber
eben auch mit knappen Ressourcen. Und auch wenn hier wortwörtlich ‚alle in
einem Boot sitzen', ist keineswegs gesagt, dass auch alle dort sitzen bleiben
können, wenn der Existenz bedrohende Kampf ums Überleben an Schärfe
zunimmt. Im Gegenteil wäre es eher funktional, die vorhandenen Menschen nach
ihrer Nützlichkeit für die gemeinsame Problemlösung zu selektieren und die, die
sich im Verhältnis von Nutzen für die Gemeinschaft und Ressourcenverbrauch
nicht hinreichend nützlich machen können, auszusondern. Die ganze Problematik
der Kooperation, die im Schiffbrüchigenszenario in aller Schärfe aktualisiert wird,
wird hier zugunsten einer anhand des Eigeninteresses nicht mehr plausibel zu
machenden kategorisch inklusiven Kooperation entschieden. Ebenso stellt sich die

---

[84]   Tatsächlich ist das Motiv des Schiffbruchs ein weit verbreitetes Topos, um die Konflikte der
       sinkenden Gemeinschaft zu steigern und weit, bis ins Extrem des Kannibalismus, zu eskalie-
       ren. Dieses wird von Thompson (2013, S. 14) als „master-narrative" der verbreiteten Reprä-
       sentanzen des Schiffbruchs in Kunst und Literatur gefasst, das seit dem 18. Jahrhundert gera-
       dezu obsessiv im Zentrum der Schiffbruchnarrative stehe. Man denke nur an Filme wie ‚Ti-
       tanic' (1997) oder kürzlich ‚Im Herzen der See' (2015) oder die Fernsehserie ‚Lost', die alle
       auf diese Thematik eingehen. Klassische, dieses Narrativ prägende Erzählungen ranken sich
       um die ‚Meuterei auf der Bounty' (Nordhoff und Hall 2006) oder der Untergang der Medusa,
       deren letzte Überlebende unter zum Trocknen aufgehängten Streifen von Menschenfleisch
       aufgefunden wurden (vgl. das berühmte Gemälde von Théodore Géricaults (‚Das Floß der
       Medusa'); auch Jean B. Savigny und Alexandre Correard 2012). Ironisch spielt mit dieser
       Thematik das bekannte ‚Schiffbruch mit Tiger' (Martel 2004). In ‚Getting to Yes' wird diese
       Thematik dagegen offensiv übergangen.

Frage nach der Zugänglichkeit zum Rettungsboot: Im Falle des Untergangs der Titanic etwa ist bekannt, dass die Trennung der Menschen in Klassen für die (ganz wörtlich) unteren Klassen tödlich wurde; es ist überliefert, dass eine Gruppe von Millionären die Überlebenschancen ihrer Gruppe maximierte, indem sie Seeleute bestach und sich mit einem nur halb vollen Boot absetzte. Vor diesem Hintergrund zeigt sich, wie unverhohlen der Text hier die Härten und die Grausamkeit einer am Eigeninteresse gebildeten Vernunft ebenso wie die sozialen Positionierungen der Subjekte ausblendet. Die Frage, was mit dem Nutzlosen, mit dem Nicht-verwertbaren geschieht, muss gestellt werden: Was ist mit den Säuglingen, Verletzten, Alten (oder Hunden) im Rettungsboot, mit denen man sich nicht „Seite an Seite anstrengen" kann? Sicherlich werden sie nicht aufgrund ihres Beitrages zur Lösung gemeinsamer Probleme im Boot verbleiben können.[85] Die systematisch nicht behandelte Bruchlinie wird stattdessen in einem anschließenden Appell behandelt: „Man kann natürlich die menschlichen Probleme nicht ein für alle Mal trennen und die Angelegenheit dann vergessen. Man muss daran weiter arbeiten. Man muss die Menschen stets als Lebewesen und all den damit verbundenen Inhalten betrachten" (HK/70) Diese integrierende und offene (‚weise'?) Haltung ist ein entscheidender Teil des Verhandlungsdiskurses, der sich aus dem dominanten Code des Eigeninteresses eben nicht mehr herleiten lässt. Auch in der Verhandlungslehre lässt sich damit ein über die Optimierung des Eigennutzens herausweisender ‚Überschuss' feststellen.

4.1.7 Imaginäres Empowerment

Die Frage nach dem Empowerment der Subjekte im Verhandlungsdiskurs zu stellen heißt, eine externe Kategorie, die so im Diskurs nicht vorkommt, anzuwenden. Die Frage, woher die Subjekte denn die Möglichkeit, zu handeln und Entscheidungen zu treffen beziehen, ist im Diskurs nicht präsent. Sie ergibt sich

---

[85]   Die Prägnanz, mit der diese Bruchlinie hier hervortritt, ist der ungeschickten Übersetzung des Textes zu verdanken. Im englischen Originaltext wird das Szenario als „two shipwrecked sailors in a liveboat" (GtY/39) aufgezogen, womit die hier hervortretenden Probleme von Anfang an abgeblendet werden. (Sie sind damit jedoch nicht systematisch gelöst, sondern nur rhetorisch geschickter behandelt, weshalb das Argument auf beide Versionen des Textes angewendet werden kann; ihm fehlt nur die rhetorische Durchschlagskraft, wenn es sich auf die Frage zurückziehen muss, warum an dieser Stelle wieder einmal zwei gleiche Partner imaginiert werden.)

jedoch nicht nur aus der hier angewendeten Theorie, der zufolge das Empowerment der Subjekte ein Bestandteil der neoliberalen Subjektkultur ist, sondern auch vom Mediationsdiskurs her, in dem das Empowerment der Parteien eine bedeutende Rolle spielt. (Kap. 3.2.2.3; Kap. 4.2; Kap. 8.2) Sie lässt sich in der Verhandlungslehre plastisch als eine abwesende, als nicht gestellte und –so die nun entwickelte, weitreichendere These– offensiv überspielte Frage erkennen. In der Art und Weise, wie das Verhandeln überhaupt als Form der Interaktion eingeführt wird, lässt sich die für den Verhandlungsdiskurs typische Handhabung der Frage des Empowerments sehr gut ablesen. In der deutschen Übersetzung lautet die Eingangspassage des Buchs:

Ob sie wollen oder nicht, immer wieder müssen Sie verhandeln. Verhandeln ist Bestandteil unseres Lebens. Sie diskutieren mit ihrem Chef über eine Gehaltserhöhung, Sie wollen mit einem Fremden über den Kaufpreis eines Hauses übereinkommen. Zwei Anwälte suchen einen Streit über einen Autounfall beizulegen. Eine Gruppe von Ölfirmen plant die gemeinsame Erschließung küstennaher Ölvorkommen. Ein Vertreter der Stadtverwaltung trifft Gewerkschaftsführer, um einen Verkehrsstreik abzuwenden. Der US-Außenminister sitzt seinem sowjetischen Kollegen gegenüber und sucht mit ihm nach einer Übereinkunft zur Begrenzung von Atomwaffen. Dies alles sind Verhandlungen. Jeder verhandelt über irgendetwas, jeden Tag. (HK/19)

In der Feinanalyse dieser kurzen Eingangssequenz lässt sich deutlich erkennen, wie und als was der Leser angesprochen wird. Die Sequenz der Beispiele, mit der das Verhandeln als „Bestandteil unseres Lebens" ausgewiesen wird, verdient einen genaueren Blick. Die Gehaltsverhandlung ist nicht nur eine Verhandlungssituation, die vielen Lesern als herausgehobene und kritische Situation bekannt ist; in ihr wird selbstbewusst der Wert der eigenen Arbeitskraft festgelegt, es ist ein paradigmatischer Moment, in dem eine aktive Einflussnahme auf das Arbeitsverhältnis Gestalt annimmt: Der aktive Part wird entgegen der Alltagserfahrung der ‚nichtselbstständigen Arbeit' herausgestellt. Es ließe sich auch unter Bezugnahme auf die ökonomischen Figuren der hier relevanten Subjektformen formulieren: Angestellte sind nie mehr ‚freie Unternehmer' als in der Gehaltsverhandlung; hier treten sie als selbstbewusste, autonome Subjekte jenseits der arbeitsteiligen Kooperation und hierarchischen Weisungsgebundenheit auf und kommen so dem neoliberalen Code am nächsten. Der Hauskauf ist nicht weniger plakativ ein Akt der Demonstration ökonomischer Unabhängigkeit (bzw.

wenn das Beispiel als der Verkauf eines Hauses gelesen wird, muss sich der Leser schon in der Position eines Eigentümers angekommen sehen). In den beiden folgenden Beispielen geht die Sequenz zu spezifisch konnotierten Berufen über: Anwälte, (hochrangige) Manager, ein Vertreter der öffentlichen Verwaltung, und zuletzt: US-Außenminister. Das letzte Beispiel macht überdeutlich, dass diese Folge von Beispielen nicht als der Beleg dafür herangezogen werden können, dass Verhandeln Teil unseres Lebens, ja: unseres Alltags sei, als die sie im Text angeführt werden. Im Gegenteil gilt für dieses Beispiel –der Text wurde im Jahr 1981, auf einem Höhepunkt des kalten Krieges veröffentlicht– in aller existenziellen Dramatik jedoch, dass es „unser Leben" betrifft, jedoch in einer Form, die ‚uns' als Subjekte unseres Handelns radikal ins Passiv setzt, da ‚wir' keinerlei Einfluss darauf haben, ob ein Atomkrieg alles beendet. Über Atomwaffen verhandeln ‚wir' eben nicht jeden Tag – im Gegenteil waren die radikale Hilflosigkeit und letztlich Unfähigkeit zu handeln, mit der atomaren Bedrohung verbundene, weit verbreitete Erfahrungen. [86] Vor diesem Hintergrund wird das gewagte Manöver des Textes ersichtlich, wenn dieser den Leser auffordert, sich mit den in dieser Sequenz vorgestellten Figuren zu identifizieren. Die Abrüstungsverhandlungen werden in dieser dem Leser offensiv präsentierten Identifikationsvorlage als Modell dessen nahegelegt, was er schon immer jeden Tag tut. Die Erfahrung der Hilflosigkeit angesichts eines hoch eskalierten Konflikts, in dem sich die Parteien mit gegenseitiger Vernichtung bedrohen und der einzelne keinerlei direkte Einflussmöglichkeiten hat, wird so liegengelassen, wenn die Situation sich imaginativ in eine direkte Verhandlung verwandelt, in der ‚ich und du' nach einem Interessenausgleich streben. Dieselbe Struktur lässt sich auch –weit weniger drastisch– bei dem in der Sequenz vorhergehenden Fall erkennen: Auch im Falle des Streiks im Nahverkehr wären die anvisierte Leserschaft wohl in der Position der vom Streik Betroffenen, nicht in der Verhandlerposition, die den Streik „abwendet". Sei es in Form von Ärgernissen auf dem Weg zur Arbeit oder einer existenziellen Bedrohung: In beiden Fällen wird dem Leser eine Handlungsfähigkeit über die Prozesse, die sein Leben betreffen vermittelt, indem er sich mit der Position des Verhandler identifiziert. Dass Verhandeln dann noch

---

[86]   Und diese Erfahrungen spielen für die Mediation in Deutschland eine wichtige Rolle, s. Kap. 5.2.1.

als eine Nötigung, der wir uns gar nicht entziehen können, eingeführt wird, verleiht der hier durchgeführten Konstruktion eines autonomen Subjekts, das über die Umstände seines Lebens aktiv verfügt, den Charakter von Allgemeingültigkeit. Da wir mit anderen Menschen zurechtkommen müssen, da wir Differenzen haben und mit diesen umgehen müssen, müssen wir eben verhandeln. Dass „unser Leben" über weite Strecken von Umständen bestimmt sein könnte, auf die wir keinerlei direkten Einfluss haben, wird in dieser Perspektive geleugnet.[87] Damit ist der Leser von Anfang an als *aktiver Entscheider* adressiert; seine *Abhängigkeit* und *Verletzlichkeit* gerät aus dem Blick. Insgesamt lässt sich für den Diskurs des sachgerechten Verhandelns auch die Beobachtung machen, dass die Subjekte stets als aktiv wählende thematisiert werden. In allen Beispielen agieren die zur Identifikation angebotenen Subjekte aus einer Position zumindest der relativen Stärke heraus; niemals aus einer Bedrohung, Schwäche oder einem aus Existenznot entstehenden Handlungsdruck. Der Code der ökonomischen Wahl wird ausschließlich in seiner aktiven, (Investitions-)Entscheidungen treffenden Seite präsentiert. Kongruent mit dieser Codierung des Subjekts als stets aktiv und handlungsfähig und der Nicht-Beachtung von Erfahrungen von Abhängigkeit, Angewiesenheit und Hilflosigkeit, (bzw.: dem aktiven Ansprechen und umcodieren dieser Erfahrungsmöglichkeit im zitierten Beispiel) ist auch die im Umgang mit Emotionalität praktizierte Rücksichtslosigkeit gegenüber der eigenen Verletzlichkeit im Umgang mit aggressiven Verhandlungspartnern sowie die generelle Dominanz der Codes des aktiven Entscheider-Subjekts und der nur kontrolliert und eingeschränkt zugelassenen Passivität und Rezeptivität des Subjekts in der kreativen Phase. Im Folgenden soll diese Form des Empowerments als ‚imaginäres Empowerment' bezeichnet werden. Denn das aktive, starke, handlungs- und entscheidungsfähige Subjekt wird über einen Akt der Postulierung, der Identifikation und der –hier teils extremen– Neucodierung von Situationen und Erfahrungen vollzogen. Empowerment wird durch eine imaginativ und suggestiv begonnene Veränderung im Subjekt –in der Wahrnehmung, der ‚Haltung', den Erwartungen– vorgenommen, nicht durch die Akzeptanz und Bewältigung von Hilflosigkeitserfahrungen oder durch eine kämpferische Auseinandersetzung mit

---

[87] Leugnen als das aktive Verschwinden-machen eines Aspektes der Umwelt ist eine starke Lesart, jedoch scheint sie durch diese zentrale Sequenz gerechtfertigt.

Problemlagen. Derartige Formen des Empowerments sind im Mediationsdiskurs durch therapeutische Codes (vgl. bes. Kap. 4.3) und in den Ansätzen der social justice mediation präsent (s. Kap. 4.2).[88]

Die Anderen der Verhandlung
Das derartig empowerte Subjekt findet im Diskurs auch seinen ‚Anderen' in einer harschen Abwertung der ‚Opferhaltung' von Menschen, die keine Eigenverantwortung übernehmen wollen:

> Manchmal scheinen Leute es vorzuziehen, sich machtlos zu fühlen und zu glauben, dass sie nichts tun können, um eine Situation zu beeinflussen. Dieser Glaube hilft ihnen zu vermeiden, sich verantwortlich oder schuldig für das Nichtstun zu fühlen. Er vermeidet auch den Aufwand für den Versuch, die Situation zu ändern – sich zu bemühen und Misserfolg zu riskieren, was die Person beschämen könnte. Aber auch wenn diese Meinung verständlich ist, so bleibt das, was die Person durch effektives Verhandeln erreichen könnte, unbeeinflusst. Es ist eine kontraproduktive und sich selbst erfüllende Einstellung. (HK/243)

Dem Subjekt der Verhandlung ist hier ein weiterer Aspekt beizufügen: Es ist konstitutiv aktiv. Es entscheidet, es verhandelt, es will und denkt, es darf aber niemals in Untätigkeit oder Hilflosigkeit verfallen. Der Absatz endet mit einem Aufruf zum Optimismus: „Innerhalb bestimmter Grenzen macht es sich bezahlt, positiv zu denken" (HK/244). Es ist bezeichnend, dass die Anti-Subjekte dafür abgewertet werden, dass sie sich der „Möglichkeit zu scheitern" nicht stellen. Einem Diskurs, der nicht nur das Scheitern, sondern überhaupt die Möglichkeit prekär, schwach, abhängig und bedürftig zu sein, konsequent beiseiteschiebt und seine Leser mit konträren Identifikationsangeboten versorgt, entwächst anscheinend die Notwendigkeit, diese eigene Leugnung in seinem ‚Anderen' abzuwerten.[89] Dieser Befund wird durch den hier herangezogenen Theorierahmen

---

[88]   Diese Unterscheidung in Formen des Empowerments ist für eine differenzierte Analyse der Mediation unerlässlich. Sie geht über die pauschale Kritik des Empowerments, wie Bröckling sie vorgelegt hat, hinaus. (s. Kap. 8.2)

[89]   Damit wird hier nicht nur, wie Reckwitz annimmt, ein der eigenen Subjektform entgegengesetzter Anderer abgewertet, sondern die Abwertung des Anderen setzt genau am ‚wunden Punkt' der eigenen Subjektform an. Diese der Psychoanalyse entnommene Figur muss sich

gestützt: Der Code der ökonomischen Wahl, der offensichtlich die Verhandlungssubjekte primär strukturiert, hat in Reckwitz' Analyse stets zwei Seiten. Die Flexibilisierung der Ökonomie verlangt von den Subjekten am Markt nicht bloß eine Vielzahl von Wahlentscheidungen, sondern bringt die Subjekte auch als Gewählt-Werdende ins Spiel. (Kap. 3.2.2.3) Diese prekäre Kehrseite der Wahl, die im neoliberalen Subjekt die Form einer dauerhaften Sorge um die eigene ‚Employability' annimmt, wird im Verhandlungsdiskurs vom Subjekt abgespalten und im ‚other' untergebracht.

An dieser Stelle kann nicht unerwähnt bleiben, dass in der deutschen Verhandlungsmediation noch ein weiteres Gegensubjekt die Bühne der Verhandlungsmediation betritt. Das Gegenbild des Feilschens wird in Hafts Verhandlungslehrbuch in einer Art und Weise ausgemalt, die im rassismussensiblen US-Amerikanischen Verhandlungsdiskurs nicht möglich gewesen wäre. Haft führt das Gegenbild des „rationalen Verhandelns" im Bild der „Basarverhandlung" aus: Als eine Form der Verhandlung, die alle Menschen „von Natur aus" (VuM/10) beherrschen, wo „die blumigen Geschichten des Orientes erzählt" werden, die zudem über ihr eigenes Tun nicht Bescheid wisse: „Auch der orientalische Teppichhändler weiß nicht, was er bei seinem Verhalten eigentlich tut. Aufgrund seiner Erfahrung weiß er nur, daß seine Technik funktioniert. Er beherrscht den Vorgang aber nicht wirklich, und er kann darum selbst jederzeit zum Opfer eines anderen, noch gerisseneren Manipulateurs werden (Ein solcher wird ihm kaum unter den Touristen, wohl aber unter seinen Kollegen oder Lieferanten begegnen.)" (VuM/31-32) Diesem ‚kindlichem' Verhandeln (VuM/22) stellt Haft dann das prinzipiengeleitete, „rationale Verhandeln", entgegen. Dieses Othering, macht eine Dichotomie von rationalem, westlichem Verhandlungsstil und natürlichem, phantasievollem, kindlichem und unaufgeklärtem Orient auf. Damit greift sie klassische Figuren des in der europäischen Geschichte tief verankerten rassistischen Orientalismus auf. (Said 2003)

---

dabei aus dem Material heraus begründen lassen (was hier der Fall zu sein scheint), da sie sonst der berechtigten Kritik einer pauschalen Unterstellung verfällt (Keller 2012b).

Zudem ist der Verhandlungsdiskurs hier auch bemerkenswert männlich. So kommen etwa im Teppichhändler-Beispiel auch beide Frauen (und Kinder) vor; jedoch nicht als aktive Verhandler, sondern als Hintergrund der Männer: Der Teppichhändler klagt die Not seiner Familie, die Frau des Touristen könnte seine Entscheidung beeinflussen. Dies war schon im Harvard-Konzept deutlich, wenn auch nicht derartig offen einsichtig. So wird etwa in der hier ausführlich herangezogenen Eingangspassage (fast) auf Geschlechtsneutralität geachtet: „a person negotiates with his spouse..." (GtY/xiii); die zur Identifikation auffordernden Beispiele der oben zitierten Eingangssequenz spannen jedoch einen eindeutig männlichen Assoziationsraum auf: Hauskauf, Autos, Anwälte und höheres Management, Ölplattformen, politische Macht, Waffen. „All these are negotiations" – in a man's world. Tatsächlich sind die in dieser Liste enthaltenen Accessoires nicht nur allesamt in den blau gestrichenen Abteilungen eines Spielzeugladens zu finden, sondern sie besetzen auch zentrale Kategorien des dort zu findenden Warenangebots. Die Verwendung des generischen Maskulinums im Verhandlungsdiskurs ist kein Problem einer Sprache, das durch eine Oberflächenbearbeitung zu lösen wäre; die Dominanz männlicher Welten ist tiefer im Diskurs der Verhandlung verankert.

BATNA: Optionalisierung der Machtfrage
Die Form des imaginären Empowerments prägt auch den Umgang mit der Frage nach Macht. Die Frage wurde im in der zweiten Auflage hinzugefügten Leserfeedback breit aufgenommen: Wie soll das sach- und prinzipienrationale Verhandlungssubjekt vorgehen, wenn die andere Seite mehr Macht hat? Zunächst wird vor der Frage gewarnt:

> Der Versuch abzuschätzen, ob Sie oder Ihre Gegenüber größere ‚Macht' besitzt, ist riskant. Wenn Sie zu dem Schluss gelangen, dass Sie mächtiger sind, entspannen Sie sich möglicherweise und bereiten sich nicht so gut vor, wie sie sollten. Andererseits, wenn Sie meinen, Sie sind schwächer als die anderer Seite, besteht die Gefahr, dass Sie entmutigt sind und ebenfalls nicht genug Aufmerksamkeit darauf richten, wie Sie sie überzeugen könnten. (HK/243)

Alleine schon die Fragestellung bedroht die zum Erreichen der optimalen Ergebnisse notwendige Spannung im Subjekt. Daher wird die Frage im nächsten Schritt umcodiert: Macht soll nicht als Frage nach Ressourcen gestellt werden, sie wird vielmehr situationsspezifisch als das Verhältnis der jeweiligen Verhandler zu

ihren BATNAs (Best Alternative To Negotiated Agreement) konzipiert: Macht hat,
wer auf gute Alternativen zurückgreifen kann. Alternativen zur aktuellen
Verhandlung sollen also erforscht und entwickelt werden, um einerseits keine
‚falschen' Einigungen aus der Situation heraus zu treffen und andererseits in der
Verhandlung das beste Ergebnis zu erzielen. (GtY/101–111) Wieder wird die
Verhandlungslehre, wenn die Subjekte sich zu ihren Alternativoptionen ins
Verhältnis setzen sollen, ganz strategisch: Die Verhandler sollen ‚ihre' Macht
optimieren, auch durch strategische Kommunikation, indem sie etwa ihre guten
Alternativen herausstellen, ihre wahren Alternativen aber geheim halten, wenn die
anderen denken, sie seien besser, als sie wirklich sind. (GtY/109) Die Spannung, in
die dieser auf einseitige Optimierung der eigenen Machtposition gerichtete Rat zur
Prinzipienorientierung gerät, zeigt sich, wenn die extremsten strategischen Mittel –
Maßnahmen zur Verschlechterung der Alternativen des Anderen, ihn also in die
Enge zu treiben und ihm das Annehmen des Angebotes notwendig zu machen– in
legitime Beispiele gegossen werden: Der Sohn will nicht den Rasen mähen für
einen fairen Lohn, auf Nachfrage gibt er an, das dies so sei, weil der Vater immer
seinen Geldbeutel offen liegen lässt; das ändert dieser und der Arbeitsvertrag
kommt zustande. (GtY/195) In diesen erkennbar konstruierten Beispiel wird diese
fundamentale Spannung erkannt und kommentiert, nicht aber gelöst: „The tactic of
worsening the other side's BATNA can be used to coerce or exploit, but it can also
help insure a fair outcome." In einem anderen Beispiel wird die Anrufung eines
Gerichts als Mittel empfohlen, um die Aufmerksamkeit des Gegners und die
Bereitschaft zu verhandeln zu erreichen. (GtY/110) Diese Lösung, den Rechtsstaat
zu mobilisieren, um Mächtige in eine sachgerechte Verhandlung zu nötigen, mag
dem prinzipiengeleiteten Subjekt gerecht werden, vermag jedoch wieder
schwerlich an das Eigeninteresse *beider* Seiten anzuknüpfen. Bezeichnenderweise
wird der umgekehrte Fall, verklagt zu werden und sich dann gezwungenermaßen
mit der Frage nach der Legitimität der vorgebrachten Interessen und Sachverhalte
auseinander setzen zu müssen, wieder einmal nicht angesprochen.

4.1.8 Verhandeln als ökonomische Technik und moralische Utopie
Man muss nicht, wenn man ‚Schiffbrüchige' liest, gleich an den Untergang der
Titanic denken, um auf eine spezifische Selektivität in den Adressierungen der
Verhandlungslehre zu stoßen, aus denen sich ihre Positionierung im (subjekt-
)kulturellen Wandel ihrer Zeit erschließen lässt. Denn auch wenn sich die
Verhandlungslehre als völlig individualistisch darstellt und Differenzen rein als

inter-individuelle auffasst, trägt sie deutlich die Spuren einer eindeutigen Positionierung in den kulturellen Umbrüchen ihrer Zeit. Dabei gibt der Ansatz sich inklusiv, um die Allgemeingültigkeit des Vorgehens zu demonstrieren: „Wenn Sie über einen Geschäftsvertrag verhandeln, suchen Sie nach Wahlmöglichkeiten, die einem Bankier, einem Erfinder, einem Laborleiter, einem Immobilienspekulanten, einem Börsenmakler, einem Volkswirtschaftler, einem Steuerfachmann oder einem Sozialisten einfallen könnten." (HK/108) Die Botschaft ist klar: alle Perspektiven sollen integriert werden. Dabei ist in dieser Aufzählung der unterschiedliche Auflösungsgrad der Perspektiven bestechend: Die technischen und (finanz-)wirtschaftlichen Professionen sind hoch aufgelöst, der Sozialist eine Zugabe am Schluss; der plakative Beweis, dass tatsächlich an alle gedacht wurde. Tatsächlich wird der „Sozialist" hier ja als bloße Figur, die als Teilnehmer an einem „Geschäftsvertrag" zufrieden gestellt werden soll, eingeführt und integriert. Sozialistische Kategorien auf den Interaktionsvorgang anzuwenden (Solidarität, Klasse, Arbeit, Wert, Ausbeutung...) liegt dem Ansatz fern. Tatsächlich sind von der oben zitierten Einleitungssequenz (Kap. 6.1.7) an immer wieder Beispiele von Verhandlungen zwischen Gewerkschaften und Arbeitgebern aufzufinden. In den Beispielen (Ausnahme: GtY/102) treten die Gewerkschaften als Verhandlungs-gegner auf, der zudem mit einem problematisch kämpferischen Verhandlungsstil operiert. [90] Ausführlich wird ein Prozess des Kulturwandels hin zu einem partnerschaftlichen Verhältnis von Gewerkschaft und Unternehmensleitung bei General Motors berichtet. (GtY/159) In anderen Beispielen werden Arbeits-konflikte auf Missverständnisse zurückgeführt (HK/43) oder sie enden in gemein-schaftsstiftenden Maßnahmen wie der Idee eines gemeinsamen Kegelklubs von Managern und Gewerkschaftern und einem Ausflug mit den Familien (HK/101–103). Die gewerkschaftliche Verhandlungsführung wird oft kritisiert:

Eine Polizeigewerkschaft besteht z.B. auf einer bestimmten Gehaltserhöhung und rechtfertigt ihre Position mit den Forderungen der Kollegen aus anderen Regionen. Missbraucht man Kriterien auf diese Weise, halten meist auch die anderen noch mehr an ihren Positionen fest. (HK/132)

---

[90] In ihrer Geschichte der ADR stellen Barrett und Barrett ausführlich den Niedergang der amerikanischen Gewerkschaften in den 1980er Jahren und die Position, die das principled negotiating dazu einnimmt dar. (Barrett und Barrett 2004)

Die harsche Kritik am Argument der Gewerkschaft basiert auf dessen Einbettung in die spezifische Rahmung der Auseinandersetzung als sachgerechte Verhandlung: ‚sachgerecht‘ ist das Argument ungültig. Dass aus der Sicht der Gewerkschaftler die Lohnverhandlung aber als Teil des Klassenkampfs, als ein damit unversöhnbarer Interessenskonflikt erscheinen mag, der gerade nicht mit rationalen Argumenten, sondern mit Machtmitteln auszutragen ist, wird nicht registriert. Die Forderung wird nicht als Akt der Solidarisierung verständlich gemacht, sondern aufgrund seines fehlenden Sachbezugs verworfen. Als positionsspezifische Argumentation ist sie natürlich nicht ‚objektiv‘ im Sinne von verallgemeinerbar: die Positionen von Kapital und Arbeit sind nicht reversibel. Dass der Verhandlungsdiskurs darin nichts anderes als einen ‚Missbrauch von allgemeinen Kriterien‘ erkennen kann, zeigt, wie stark die Exklusion sozial-partikularer Argumentationen in einem Diskurs wirkt, der nur Individuen und abstrakte Allgemeinheit kennt. An einer Stelle treten die in der Verhandlungslehre impliziten politischen Wertungen deutlich hervor. In der Beantwortung der Frage, ob auch mit Terroristen, religiösen Fundamentalisten oder ‚people like Hitler‘ zu verhandeln sei[91], gerät die Sowjetunion in den Blick. Die Verhandlungen während des kalten Krieges werden dabei mit folgender Argumentation legitimiert:

Joseph Stalin as Premier of the Soviet Union was in many ways as objectiona-ble to the world as Hitler had been. He committed a variety of territorial ag-gressions, engaged in genocide and promoted a state-centred ideology that in practice looked a lot like National Socialism. But in the age of hydrogen bombs, conquering the Soviet Union as the Allies hat conquered Germany was no longer a viable option. Nor did the principles at stake seem to justify mutual annihilation. Instead, the West waited, patient and steadfast in its moral opposi-tion to Soviet communism, until it began to collapse of its own accord. (GtY/171)

Diese Darstellung des kalten Krieges ist schon deshalb bemerkenswert, da sie in scharfen Kontrast zu anderen Thematisierungen im Mediationsdiskurs steht und plastisch die Bandbreite der im Mediationsdiskurs aufzufindenden Positionen aufzeigt. Nirgendwo sonst im Mediationsdiskurs kann die moralische Über-

---

[91]   Diese Frage wird im Verhandlungsdiskurs ausführlich behandelt und kontrovers diskutiert, Robert Mnookin hat ein ganzes Buch zu dieser Frage veröffentlicht. (Mnookin 2010)

legenheit des Westens in seiner Standhaftigkeit gegen den Sowjetkommunismus gefeiert werden und die Invasion der Sowjetunion als (leider?) nicht mehr mögliche Option durchgespielt werden. In diesem Kontext zeigt das Zitat jedoch auch in der Gleichsetzung von Kommunismus und Nationalsozialismus als „state-centred ideology" eine Problematisierung, die in ihrer Wortwahl den Verhandlungsdiskurs spätestens jetzt als neoliberal erkennbar macht. Das Harvard-Konzept ist im Kontext der neoliberalen Management-Diskurse zu verorten, die Reckwitz' als einen der Diskurse ausmacht, die neben der Psychotherapie die Transformation gegenkultureller Codes in die neoliberale Subjektform leitet. (Reckwitz 2006a, S. 506) Entsprechend steht der Verhandlungsdiskurs dafür, gewisse Elemente gegenkultureller Codes aufzugreifen, ganz zentral die je individuelle Einzigartigkeit und die sich daraus ergebenden Probleme von Konflikten, die nicht mehr durch Autorität oder soziale Normierung gelöst werden können. Zugleich bleibt die Verhandlungslehre auf ihrer klar ökonomischen Linie und integriert gegenkulturelle Codes des Spiels, der Offenheit oder der Aufwertung von Körperlichkeit nur höchst kontrolliert.

Zugleich würde jedoch eine solche Diagnose zu kurz greifen, da sie nicht erklären könnte, warum die Orientierung am ökonomisch gefassten Eigeninteresse der Parteien gebrochen wird. Wenn die Verhandlungslehre *nur* als neoliberales Selbstmanagement gefasst wird, können die Komplexitäten (und alle hier dargestellten Spannungen, Verwirrungen und Kapriolen der Argumentation), die sich aus der Überlagerung von ökonomisch eigeninteressiertem Subjekt und moralisch prinzipiengeleiteten Subjekt ergeben, nicht erfasst werden. Integriert man diesen zweiten Strang, ergibt sich ein gänzlich anderes Bild: Die Wendung auf die prinzipiengeleitete Verhandlungslösung, mit all ihren Referenzen auf ein moralisches Subjekt wird erst in der Frage nach den nicht aufzulösenden Interessenantagonismen aktuell. Und an dieser Stelle entscheidet sich die Verhandlungslehre des Harvard-Konzepts, anders als ihre Erben in der Verhandlungsmediation (und in der ersten Auflage noch eindeutiger als in den nachgetragenen Ergänzungen), sich eben nicht auf eine Technik zur Optimierung der Verhandlungsergebnisse in einer ökonomisch gedachten Welt zu beschränken. An dieser Stelle schlägt die im Harvard-Konzept immer mitgetragene –und im Vorwort als für die Autoren maßgebliche dargestellte– zweite Problemstellung durch: Die Verhandlungslehre tritt hier auch als ein letztlich moralisch fundiertes utopisches Programm an, das nach dem Ende der sozialen Normierung und

Anpassung einen umfassenden Entwurf für die Handhabung des neuen Problems ‚Konflikt' bietet. Es ist diese erstaunliche, und viel zu wenig beachtete Wendung, von der aus sich die Position der Verhandlungslehre im Mediationsdiskurs, der immer wieder als Versprechen und Projekt, Bewegung und Potential auftritt (Kap. 2.1), bestimmen lässt.

4.2 Das Versprechen der Transformation

Die zweite Etappe der Entwicklungsspur der Mediation ist im Ansatz der Transformativen Mediation auszumachen, die in den 90er Jahren als ‚Herausforderein' der Verhandlungsmediation den Ring im diskursiven Kampf um die Deutungshoheit über die Mediation betritt. Die sich in den folgenden Auseinandersetzungen herausbildende Polarität hält im Mediationsfeld bis heute an. Die Transformative Mediation bildet so einen Gegenpol zum Verhandeln, der, obwohl er in seiner ‚reinen Form' in Deutschland wenig rezipiert wurde, für die Rekonstruktion der Struktur des Mediationsdiskurses unerlässlich ist.

4.2.1 Potential und Versprechen der Transformation

Die Kritik der Transformativen Mediation zielt auf die Verhandlungsmediation, insbesondere auf effizienzorientierte Programme, die vorwiegend der Entlastung von Gerichten oder dem kosteneffizienten Bearbeiten von Streitfällen, etwa im Versicherungswesen, dienen. In dieser in den USA typischerweise auch Elemente evaluativer Mediation [92] enthaltenden (vgl. CC/xii) Anwendung von Mediation werde das eigentliche Potential der Mediation verschleudert: „In our view, the potential that mediation offered to foster and support positive human interaction within conflict was being squandered." (PoM/1) Dabei gerate auch das positive Potential von Konflikten aus dem Blick: „mediation was being used to shore up institutional processes that operate to control, contain, and settle conflict, because a prevailing view that conflict interaction is a fundamentally negative social force."

---

[92] „evaluative mediation" wäre mit Schlichtung zu übersetzen, da der Mediator hier am Ende des Prozesses eine Lösung vorschlägt. In den USA wird dieses Vorgehen mit unter ‚mediation' subsumiert (s. Riskin 1996, Kap. 5.2)

(PoM/1) Dem stellt die Transformative Mediation ihre Konflikttheorie, ihre Vorgehensweise und die ‚ideological orientation' [93] direkt entgegen: Das ‚Eigentliche', nämliche die Interaktion zwischen den Parteien, gerate in der Sach- und Lösungsfokussierung aus dem Blick; außerdem verhindere der normalisierende Umgang mit Konflikten, dass das ‚Potential' der Mediation zur Geltung komme. Bemerkenswert ist an dieser Stelle, dass sich die Transformative Mediation nicht bloß in dieser Differenz zur vorherrschenden effizienzorientierten Verhandlungsmediation positioniert, sondern auch randständige kritische Positionen in die Beschreibung des Feldes mit aufnimmt. Zum einen wird die social justice mediation als eine kleine, aber von Anfang an präsente Schule der Mediation beschrieben, die direkt auf das gezielte Empowerment sozial schwacher Gruppen durch Organisation und Solidarisierung zielt, und dabei eine klassische linke Programmatik verfolgt: „the restructuring of social institutions in a way that redistributes power and eliminates class privilege." (PoM/17) Dieser Kritik *durch* Mediation innerhalb des Feldes der Mediation entspricht eine Kritik *der* Mediation in der ‚Oppression Story', die als externe Kritik Mediation als Herrschaftstechnik, die durch Individualisierung von strukturellen Problemen, Vereinbarungen auf Kosten dritter und Druck auf schwächere Parteien, relativ nachteiligen Einigungen zuzustimmen, bestehende Herrschaft unter dem Deckmantel der Neutralität des Vermittlers legitimiert. (PoM/15–18) Die Transformative Mediation setzt sich damit zugleich in Kontakt und Differenz zur dezidierten linken Herrschaftskritik der Counter Culture. Sie benennt die Ansätze, bringt ihre Kritik zur Sprache und setzt sich doch in spezifischer Weise davon ab. Das von der Transformativen Mediation ins Zentrum gestellte Potential, das Versprechen der Mediation, liege auf einer direkt zu thematisierenden zwischenmenschlichen Ebene:

The unique promise of mediation lies in its capacity to transform the quality of conflict interaction itself, so that conflicts can actually strengthen both the parties themselves and the society they are part of. (PoM/13)

---

[93] Im Begriff der Ideologie wiederholt sich die Spannung zwischen wertneutraler und wertbasierter Positionierung: der wertneutralen, ‚sachgerechten' Position ist Ideologie eine Abwertung, ja ein Schimpfwort und für die Kennzeichnung von ‚Extremisten' vorbehalten; der wertbasierten Position ist Ideologie dagegen unvermeidlich und ihre abwertende Verwendung Zeichen einer Leugnung der wertgebundenen Position.

Die Konfliktinteraktion und ihr Potential, sich zu ‚transformieren' steht als ‚Versprechen' im Zentrum der Transformativen Mediation. Damit wird der Selbstbezug der Subjekte jetzt nicht mehr über den Bezug auf die ‚Sache' strukturiert, sondern direkt thematisiert. Diese Veränderung bewirkt, dass in der Transformativen Mediation vom Selbst-Bezug offen und ständig[94] die Rede ist: Einerseits soll die Interaktion ‚selbst' transformiert werden (und nicht mehr die Aufmerksamkeit von der Interaktion durch Sachbezug abgezogen werden); andererseits soll dadurch das Potential eröffnet werden, die Parteien ‚selbst' zu stärken.

4.2.2 Transformative Konflikttheorie

In der Transformativen Mediation wird Konflikt entsprechend dieser Wendung auf die Parteien als zwischenmenschliche Interaktion gefasst. „The transformative theory starts from the premise that interactional crisis is what conflict means to people. And help in overcoming that crisis is a major part of what parties want from a mediator." (PoM/46) Ausgehend von dieser Fokussierung der Interaktion gelangt die Transformative Mediation nun zu einem auf den ersten Blick höchst widersprüchlichen Bild des Konflikts. Einerseits wird die Konfliktinteraktion als ‚Abwärtsspirale', Entfremdung und „degeneration" dramatisiert, andererseits wird der Konflikt selbst im Gestus des zu bergenden Potentials aufgewertet. Die Transformative Mediation wirbt lebhaft für ein ‚positives Verständnis' des Konflikts als Chance.

Conflict interaction is not a destructive force to be feared and controlled, but it is a positive force to be embraced and harnessed for its potential to ‚open the door' – through conflict transformation – to all of the kinds of benefits just described: genuinely meaningful outcomes and hence real closure and –equally or more important – restoration of the parties' sense of both strength and connection. (PoM/256)

---

[94]   Tatsächlich wird die Semantik des Selbst hier derart strapaziert, dass sie von der standardsprachlichen Verwendung abweicht und die Grammatikkorrektur des Textverarbeitungsprogramms (MS Word 2010) alarmiert, die unermüdlich vorschlägt, in den Zitaten „itself" durch „it" und „themself" durch „them" zu ersetzen.

In scharfem, aber nicht thematisierten Widerspruch zu dieser positiven Evaluation von ‚Konflikt' steht die stark negative, dramatisierende Beschreibung der negativen Konfliktinteraktion im ausführlich dargestellten dynamischen Modell des Konflikts. Die negative Konfliktinteraktion wird als „downward spiral", als ein Teufelskreis sich gegenseitig verstärkender Eskalationen, Verletzungen und Entfremdungen präsentiert. Im Konflikt wird sowohl jede Partei geschwächt und verstört („a sense of lost control over their situation, accompanied by confusion, doubt, uncertainty, and indecisiveness." PoM/49) als auch die Beziehungsfähigkeit der Parteien unterbrochen: „compared to before, each party becomes more focused on self alone – more protective of self and more suspicious, hostile, closed, and impervious to the perspective of the other person." (PoM/49) Die Dramatisierung des Konflikts geht soweit, die Integrität der Parteien selbst durch den Konflikt bedroht zu sehen.

> In effect, the core sense of identity that undergirds the person's life – strong self connected to other- is thrown into question by conflict. (…) it violates their very identity, their sense of who they are as human beings. To remain in such a condition is as painful to people as being imprisoned and forced to live in in-human conditions. (PoM/61)

Zugleich wird an dieser Stelle deutlich, wie sehr auch hier die negative Formulierung des Konflikts auf das positive Gegenbild bezogen wird. Obwohl die Parteien, ihrer ‚menschlichen Natur' folgend, diesen Zustand ‚eigentlich' verändern wollen, nimmt der Konflikt ihnen die Möglichkeit. „The help parties most want, in all types of conflict, involves helping them end the vicious circle of disempowerment, disconnection, and demonization – alienation from both self and other. Because without ending or changing that cycle, the parties cannot move beyond the negative interaction that has entrapped them and cannot escape its crippling effects." (PoM/52–53) In dieser Beschreibung der Parteien als vom Konflikt gefangene, in ihrer Stärke beraubte und ihrer Fähigkeiten zur Veränderung der Situation unfähige, wird die Hilfe, die von der Mediation ausgehen soll, massiv aufgewertet. Sie bildet, da die Fähigkeit zur Selbsthilfe hier nicht vorkommt, die verbleibende Möglichkeit, die sich anscheinend unbegrenzt fortsetzende Abwärtsspirale zu unterbrechen. Zudem wird dieser „shift", die grundlegende Veränderung in der Qualität der Konfliktinteraktion, als alternativlos dargestellt:

In effect, without a change in the conflict interaction between them, parties are left disabled, even if an agreement on concrete issues is reached. The parties' confidence in their own competence to handle life's challenges remains weakened, and their ability to trust others remains compromised. The result can be permanent damage to the parties' ability to function[95], whether in the family, the workplace, the boardroom, or the community. (PoM/52)

Die Sachlösung ist hier keine Lösung mehr, wenn die Parteien, genauer: das jeweilige Selbst der Parteien, ,verkrüppelt' und von sich selbst und dem anderen ,entfremdet' zurückbleibt; die Transformation rückt damit zur einzig verbleibenden wirklichen Lösung auf. Der Kontrast zur Problembeschreibung der Verhandlungslehre ist frappierend: Die Subjekte erscheinen hier nicht mehr aktiv und von ihren Plänen und Absichten geleitet („getting what you want from others"), sie treten nicht mehr im Code der Entscheidung auf, sondern scheinen größtenteils ins Passiv gesetzt zu sein: Der Konflikt ist aktiv, er untergräbt die Subjekte, und diese scheinen dieser Dynamik zunächst wenig entgegen zu setzen zu haben. Waren die Subjekte der Verhandlung grundlegend auf die Sache hin ausgerichtet (über ihre Interessen), so sind sie hier fundamental auf sich selbst bezogen: Ihre Integrität, ihr Selbstvertrauen, ihre Identität ist bedroht. Damit setzt die Transformative Mediation, gemäß ihrer Programmatik, die in der Verhandlung vernachlässigten Aspekte ins Zentrum: Die Verletzbarkeit, die mögliche Handlungsunfähigkeit, die Emotionalität, ihre Verbundenheit mit der Umwelt, kurz: der zuvor marginalisierte ,Faktor Mensch' kehrt nun mit aller Macht zurück.[96]

4.2.3 Der Prozess der Transformation

Entsprechend dieser Problematisierung der negativen Konfliktinteraktion wird in der Transformativen Mediation die Veränderung der Beziehung der Parteien hin zu positiver Konfliktinteraktion als der Prozess, der das Versprechen einlösen und die verschütteten Potentiale realisieren soll, ins Zentrum gestellt.

---

[95]   Die Rede von der „ability to function" muss in diesem Kontext als eine implizite Aufnahme der von C. Rogers geprägten Zielvorstellung eines „fully functioning individual" aufgefasst werden. (Rogers 1979) Zum Einfluss dieser psychotherapeutischen Schule s. Kap. 10.

[96]   Die doppelte Valenz des Konflitks als Chance und Gefahr zugleich wird in Kap. 6.1.3 am Material des deutschsprachigen Mediationsdiskurses wieder ,aufgenommen.

In the transformative mediation process, parties can recapture their sense of competence and connection, reverse the negative conflict cycle, reestablish a constructive (or at least neutral) interaction, and move forward on a positive footing, with the mediator's help. (PoM/53)

In dieser präzisen Formulierung tritt die Fassung des Transformationsprozesses klar heraus: Die Transformation beginnt immer mit dem Empowerment der einzelnen Parteien, die dadurch in die Lage versetzt werden, die negative Konfliktdynamik umzukehren, eine gute Beziehung aufzubauen und dann auch die anstehenden Fragen zu klären. Die Transformation beginnt im einzelnen Subjekt, setzt sich dann über die Beziehung in die Einigung in den strittigen Punkten fort. Dabei wird die positive Konfliktinteraktion als ebenso selbstverstärkend wie die negative dargestellt:

The stronger I become, the more open I am to you. The more open I am to you, the stronger you feel, the open you become to me, and the stronger I feel. Indeed the more open I become to you, the stronger I feel in myself, simply because I'm more open; that is, openness not only requires but creates a sense of strength, of magnanimity. So there is also a circling between strength and responsiveness once they begin to emerge. But this is not a vicious circle, it is a ,virtuous circle' – a virtuous circle of conflict transformation. (PoM/56)

Im Diskurs der Transformativen Mediation stellt sich nie die Frage, ob und wie sehr die Parteien sich auf sich oder auf den anderen einstellen; ein Problem, wie es sich durch die Verteilung von Ressourcen ,zwischen mir und dir' stellen könnte, wird de-thematisiert (bzw. als im Anschluss zu lösendes Sachproblem sekundär behandelt.) Die Subjekte in der Transformativen Mediation haben immer entweder von beidem viel, sind stark und offen, oder von beidem wenig, wenn sie im Konflikt gefangen schwach und ichbezogen („self-absorbed") sind. Auf der Seite des Konflikts gibt es nur negatives, Verluste für alle, auf der Seite der Transformation nur positives; das ,Win-Win'- Versprechen kehrt wieder: nur dass hier nicht kapitalisierbare Kooperationsgewinne auf Interessensbasis, sondern eine qualitative Veränderung von Selbst und Interaktion angestrebt wird. Die Theorie der Transformation gerät so, wie in der Grafik (aus PoM/55) deutlich wird, zu einer dichotomen Unterscheidung: immer weiter nach oben oder immer weiter nach unten, stark und offen oder schwach und mit sich selbst beschäftigt, Potenziale einlösen oder ,verkrüppeln' (PoM/53), degenerieren oder regenerieren

(PoM/56). Win-Win ist hier nicht mehr eine Möglichkeit unter anderen, die durch den anspruchsvollen Vorgang einer kreativen Kombination bei günstiger Interessenlage erreicht werden kann, sondern die notwendige Bedingung von positiver Dynamik. Wachstum kann es nur mit anderen geben, kann nur in einer Win-Win-Beziehung stattfinden.

Die Aufgabe der Mediation ist es nun, die Konfliktinteraktion zu verändern, durch Empowerment und Anerkennung den entscheidenden Unterschied zu machen. Nicht zufällig ist diese Linie in der Grafik unten eingetragen: „Conflict interaction usually gets worse, before it gets better. Reaching a turning point means going down to the depths, and then climbing back up." (PoM/195, u. 68) In dieser Zuspitzung erhält die Intervention eine gewisse Dramatik: Der Konflikt wird entweder schlimmer oder besser – eine neutrale oder uneindeutige Entwicklung ist nicht vorgesehen. Der Einsatz der MediatorIn und der Parteien selbst für den Umschwung der Dynamik bekommt so eine gewisse Dramatik.[97]

Empowerment und Anerkennung als Prozesse
In den beiden Transformativen Prozessen des Empowerments und der Anerkennung hält das Empowerment das Primat inne, da es die Voraussetzung für Anerkennungsprozesse bildet.

parties do not normally begin to shift out of self-absorption until they have first shifted out of weakness and gained greater strength in some degree. Simply put, people are unlikely to extend themselves to others when they are still feeling vulnerable and unstable. Empowerment shifts are therefore usually the first to occur, as the desire and capacity for strength reasserts itself, and supporting them is where the mediator's help is likely to be needed first. (PoM/67)

Die im Empowerment angestrebte ‚strength of self' wird im Diskurs unterschiedlich expliziert. Mal wird ein psychologisches Vokabular angewendet („self-respect, self-reliance, and self-confidence"; PoM/13), an anderer Stelle wird Empowerment als „self-awareness and self-determination" beschrieben. (PoM/7)

---

[97] Dieses Deutungsmuster ist auch im deutschsprachigen Mediationsdiskurs weit verbreitet; dort ist es jedoch eher als Übernahme vom unabhängig hiervon entstandenene Konfliktmanagement nach Fr. Glasl einzuordnen. (Kap. 6.2.2)

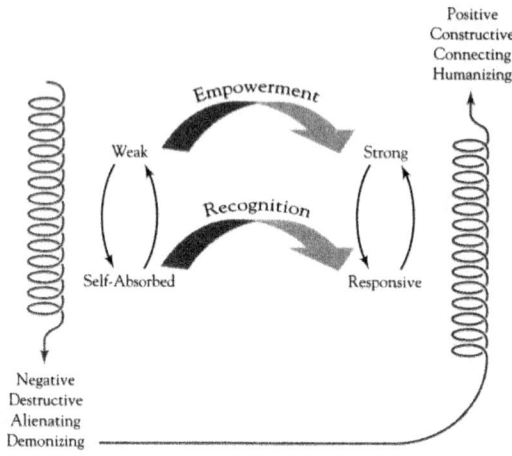

Abbildung 3: up and down (PoM/55)

Allen diesen Explikationen ist der Selbstbezug gemein. Empowerment erscheint in der Summe der Thematisierungen als eine Arbeit am Selbstbezug der Parteien, die dieser Qualitäten von Sicherheit und Kompetenz, Klarheit und Ruhe (PoM/67) und einer gelassenen Selbstwahrnehmung (PoM/135) beigibt. Empowerment beinhaltet, im Mediationsprozess selbstbestimmte Entscheidungen zu treffen und eigene Anliegen im Mediationsgespräch zu artikulieren (PoM/182). Die Macht im Empowerment bleibt aber immer Macht über sich selbst und wird nie zur ausgreifenden ‚Macht über'. Im Gegenteil gilt es als größtes Zeichen von Stärke, Schwäche zeigen zu können. („She finds the strength to display[98] vulnerability"; PoM/211) Empowerment ist in der Transformativen Mediation nie als Zustand fixiert oder messbar; Empowerment wird stets als dynamischer Prozess, als ein „shift" hin zu mehr Empowerment thematisch. Damit wird Empowerment in der Transformativen Mediation grundlegend anders gefasst als im ‚imaginären Empowerment' der Verhandlungslehre. Durch die Fokussierung der

---

[98]   Auch hier zeigt sich eine interessante Konstellation in der Evaluation der Verletzlichkeit:
         Sich verletzlich zu fühlen wurde im obigen Zitat noch als Anzeichen fehlenden Empower-
         ments gesehen, die Verletzlichkeit jedoch zu kommunizieren gilt im Gegenteil als Zeichen
         des vollzogenen Empowerments. (vgl. Kap. 8.5)

Transformativen Mediation auf die Interaktion der Parteien wird das Empowerment zum Prozess, der in der Mediation durchlaufen werden muss. Wo im Verhandlungsdiskurs das Subjekt vorausgesetzt wurde, stellt es sich in der Transformativen Mediation in der Interaktion (zunächst vor allem) mit der MediatorIn erst her.

Die ‚recognition shifts' sollen dem Empowerment folgen. Anerkennung wird als Offenheit (PoM/77), Anteilnahme und Bestätigung (PoM/14), vor allem aber als „understanding" (PoM/14) beschrieben. Sie stellen in gewisser Weise eine Erweiterung der gewonnenen Selbstbeziehung auf den Anderen dar, der Klarheit des Selbst entspricht das Verstehen des Anderen (PoM/26), der Selbstwahrnehmung die Offenheit. Als Anerkennung des Anderen gilt in der Transformativen Mediation jedoch nur die starke Form der Anerkennung des Anderen um ‚seiner selbst willen' oder auch ‚als Mitmensch'.

The hallmark of a recognition shift is letting go – however briefly or partially – of one's focus on self and becoming interested in the perspective of the other party as such, concerned about the situation of the other as a fellow human being, not as an instrument for fulfilling one's own needs. (PoM/77)

Die „Parteien selbst" und eine „unsichtbare MediatorIn"?
Das sich in den Empowerment- und Anerkennungs-„shifts" ausdrückende Potential zur Konflikttransformation wird in den Parteien verortet. „The critical resource in conflict transformation is the parties' own basic humanity – their essential strength, decency, and compassion, as human beings." (PoM/54) In einer höchst bemerkenswerten Wendung gegen die nur wenige Seiten später behauptete Unfähigkeit der Parteien, sich aus dem Konflikt zu befreien, heißt es nun „that human beings have inherent capacities for strength (agency or autonomy) and responsiveness (connection or understanding) and an inherent social or moral impulse that activates these capacities when people are challenged by negative conflict, working to counteract the tendencies to weakness and self-absorption." (PoM/54) Eigentlich ginge es auch ohne MediatorIn, da die Parteien ihre menschlichen Ressourcen ja selbst haben, sie können sie auch alleine Nutzen; der Konflikt ist dynamisch und die Möglichkeit, in eine positive Spirale einzutreten, existiert immer. Aus dieser Betonung der Kompetenz und der das Empowerment mitkonstituierenden Selbstbestimmung der Parteien heraus folgt ein Absichtsverbot für die MediatorIn:

First, these are shifts that the parties, and the parties alone, can make. No mediator can ‚get' parties to shift out of weakness or self-absorption, nor should he
try. Parties gain strength and openness by making decisions by and for themselves, in their own way and at their own pace. A mediator who tries to ‚get'
shifts to happen actually impedes this process by removing control of the interaction from the parties' hands. In other words, this mediator violates the defined goal of supporting empowerment by supplanting party decision making.
(PoM/67)

Diese Wendung auf die Autonomie der Parteien wird in der Transformativen
Mediation in aller Radikalität durchgehalten: Der Modus der Transformation ist
radikal nicht-strategisch, die Interventionen der MediatorIn dürfen keinesfalls
zielgerichtet in dem Sinn sein, dass sie die Parteien in ein Kalkül einspannen.
Stattdessen muss in jedem Akt des Prozesses die Partei ‚selbst' agieren, ohne von
der MediatorIn beeinflusst zu werden. Aus dieser Konstruktion wird, sobald sie in
die absehbare Spannung zum Mediationssetting tritt, die anhaltende Problematisierung der Aktionen der MediatorIn als mögliche ‚Manipulationen der Parteien'
hervorgehen. (s. Kap. 4.3.3)

Diese Setzung hat für die Transformative Mediation einen methodischen Effekt,
der   ihr   Alleinstellungsmerkmal   als   Mediationsstil   darstellt: Indem   das
Empowerment der Parteien auch als ‚decision making' aufgefasst wird, und da in
der Transformativen Mediation nur die Interaktion selbst, nicht ‚die Sache'
thematisch ist, ist in der Transformativen Mediation kein ‚Verfahrensaspekt'
enthalten: die Parteien entscheiden auch über den Fortgang und die Themen der
Mediation. (PoM/157) Gesprächsregeln werden den Parteien zur Disposition
gestellt (PoM/136), nur die Vertraulichkeit seitens der MediatorIn wird gesetzt.
Ebenso folgt die Mediation inhaltlich den Setzungen der Parteien. „There is no
hidden agenda, on the mediator's part to reach ‚underlying' issues about
relationships and the like. The mediator follows; the parties lead." (PoM/165)
Dieses Primat der Parteienautonomie gilt auch, wenn die Parteien im Hin und Her
des Prozesses in negative Interaktion zurückfallen: „great patience is required of
the mediator in allowing that movement rather than trying to 'move' the parties

forward." (PoM/68) [99] Diese hohe Zurückhaltung der MediatorIn vor der Parteienautonomie wird im Diskurs als Herausforderung gehandelt, der mit Optimismus (PoM/71), Zuversicht und „the clear assumption of party capacity" entgegenzutreten ist. (PoM/258) Diese Sicherheit in ihrer eigenen Sache soll die MediatorIn aus der Konflikttheorie beziehen, aus ihrer ,Mission' der Konflikttransformation und dem festen Glauben, dass diese von den Parteien ausgeht.

Finally, (…) two fundamental things are required of the mediator (apart from various specific skills (…). The first requirement is that the mediator never loses sight of the overall point of his or her mission: to help the parties transform their conflict interaction from destructive and demonizing to positive and humanizing. The other requirement is a deep acceptance of the premises about human motivation and capacity that constitute the ultimate foundation of the transformative theory. It will be very difficult for a mediator to stop trying to get the parties to make shifts, unless the mediator is firmly convinced that doing so is not only impossible but unnecessary - because the parties have both the desire and the capacity to make those shifts for themselves. (PoM/71)

Diese Fundierung der MediatorInnenposition, die ,Mission' und der Glauben an die Kompetenz der Parteien, wird erst verständlich, wenn der ,ideologische' Kontext, in dem die Transformative Mediation sich verortet, mit hinzugezogen wird.

Die Sache
In der Transformation der Interaktion bleibt ,die Sache' sekundär. Sachfragen werden in der Bewertung der Mediation entweder ignoriert („… reestablish their sense of humanity, with or without specific issues having been resolved in mediation."; PoM/79), sie sind der vordergründige Gegenstand des Gesprächs, während die wirklich relevanten Prozesse ablaufen („Mediation is defined as a process in which a third party works with parties in conflict to help them change

---

[99] Ebenso nimmt die Transformative Mediation eine radikale Position zur Frage der Gerechtigkeit in der Mediation ein, wenn sie sich aller Bewertungen der Ergebnisse (,Outcome-Gerechtigkeit') zu enthalten habe, da alleine der Prozess der Entscheidungsfindung (,Prozess-Gerechtigkeit') entscheidend sei. (PoM/71) Zur Debatte um ,Mediation Ethics' siehe Waldman und Abramson 2011, auch Honoroff und Opotow 2007, Hinshaw und Alberts 2011 und Cooks und Hale 1994.

the quality of their conflict interaction from negative and destructive to positive and constructive, as they explore and discuss issues and possibilities for resolution."; PoM/65–66) oder haben sich nach erfolgreicher Transformation fast schon ‚von selbst erledigt':„Often, by the end of such sessions, asking parties to commit to specific points of agreement may seem unnecessary or superfluous because something of greater value has occurred: the interaction between the parties has changed in ways that eclipse any particular problem or dispute." (PoM/26) [100] Während ‚die Sache' also in Nebensätzen verschwindet und die Sachprobleme in der Transformativen Mediation weniger gelöst als transzendiert werden, wird das Ziel einer dauerhaften und heilenden Überwindung des Konflikts in den Parteien verortet: „what they want is not just agreement but ‚closure', to get past their bitter conflict experience and ‚move on' with their lives (…) that they can move in and be at peace with themselves." (PoM/52) Die Transzendierung der Unterschiede der Parteien geschieht im Lichte ihrer geteilten Menschlichkeit: „when the interaction between them is humanized, (…) they will see the situation and each other in the light of their common humanity, regardless of their differences." (PoM/250) Das Menschliche schafft als Gemeinsames, als Anerkennbares und Geteiltes den Punkt, an denen sich die verbleibenden Differenzen relativieren. An dieser Stelle wird auch der Unterschied zum Verhandlungsmodell prägnant, da die Parteien sich nicht als abstrakte Positionierungen zur ‚Sache' anerkennen, sondern als prinzipiell gleiche Menschen in ihrer „common humanity".

4.2.4 Die „Relational Worldview"

Gegenüber der Sachlichkeit der Verhandlungsmediation, die ihre subjektivierende Programmatik in der Sachbezogenheit verdeckt (s. hierzu den hochinteressanten Ansatz von Sobota 1990), kehrt die Transformative Mediation ihre „underlying ideology" (PoM/250) frontal heraus. Sie war gerade in der ungeschminkten Infragestellung der Wertneutralität der Mediation, die mit ihrer klaren ‚ideologischen' Positionierung einherging, der Verhandlungsmediation skandalös. (PoM/1) Mit großem Pathos verortet sie sich in einem

---

[100]   Der ausführlich dargestellte Beispielfall endet ähnlich: Die Parteien können sich in ihrem Disput über die Sachfrage lachend treffen, nachdem sie die schwerwiegenden Anschuldigungen und Konflikte, die im Gespräch aufkamen, beigelegt haben. (PoM/207–208)

major shift in moral and social vision – from an individualistic to a relational and interactive conception. They argue that although the individualistic ethic of modern Western culture was a great advance over the preceding social order, it is now possible and necessary to go still further and to achieve a full integration of individual freedom and social conscience, in a relational social order enacted through new forms of social processes and institutions. (PoM/24)

Diese „Relational Worldview" bleibt in ihren Bezügen vage: mit ihren allgemeinen Verweisen auf den (essentialistischen, à la Gilligan) Feminismus und eine nicht näher beschriebene ‚dialogische Philosophie' (PoM/60) werden die Bezüge auf kommunitaristische Theoretiker (Sandel, Etzioni) detaillierter ausgeführt; diese scheinen der hauptsächliche Bezugspunkt zu sein. Dieser Eindruck wird durch die starke Präsenz der mit der kommunitaristischen Bewegung verbundenen community mediation in Beispielen, Referenzen, Erfahrungsberichten ebenso bekräftigt, wie durch die gemeinsame Opposition zu dominierenden liberalen Modellen (PoM/244) und das im obigen Zitat deutlich werdende kulturkritische Narrativ. Es scheint jedoch, dass gerade die Unbestimmtheit der ‚relational worldview' diese charakterisiert. Die Transformative Mediation bezieht sich ausführlich auf ein verbreitetes Unbehagen mit den vorhandenen Mediationstheorien – und um dieses Unbehagen einzufangen, werden zwar gewisse Linien klar gezogen, allen voran die Differenz zum instrumentellen und individualistischen Mainstream; die theoretische Unbestimmtheit hält das ‚alternative' Angebot aber offen für viele Spielarten der Opposition zur Verhandlungsmediation.[101] Die Transformative Mediation positioniert sich hier erkennbar in der Counter Culture. Das hier formulierte Versprechen der Mediation als volle Integration individueller Freiheit und sozialer „connectedness" nimmt auf einen vom Verhandeln radikal abweichenden Subjektcode Bezug: Das Versprechen der Mediation liegt in dieser zentralen Formulierung des Diskurses darin, den einseitigen Subjektcode zu ‚vervollständigen'. Diese Programmatik verdeckt ihre deutliche Kritik an der liberalen und männlichen, die Autonomie über die Verbundenheit stellenden Mainstreamkultur eher, wenn sie davon spricht, das Menschenbild zu ‚ergänzen'; eine Perspektive ‚hinzuzufügen'. Die Transformative

---

[101]   Zu dieser Einschätzung der Transformativen Mediation s. Burns 2002.

Mediation positioniert sich hier klar als ein alternatives, kulturkritisches Projekt.[102] Als zentrale Differenz zur Verhandlungsmediation stellt die Transformative Mediation den Subjektcode heraus, die Parteien nicht mehr bloß als Individuen, sondern immer auch als Mitglieder von Gemeinschaften zu sehen. Dabei sollen diese beiden Apsekte voll ineinander aufgehen:

> As a matter of basic human consciousness, every person senses that he or she is a separate, autonomous agent, authoring his or her own life, and at the same time senses that he or she is an inherently social being, connected to other people in an essential and not just instrumental fashion. (PoM/60)

Tatsächlich ließe sich die Verhandlungslehre wohl nicht tiefgreifender auf den Kopf stellen als in dieser Formulierung. Waren dort die Anderen als Kooperationsnotwendigkeit, Hindernisse und Mittel zur Realisierung der eigenen Interessen aufgetreten, so wird hier die ganze die Verhandlung strukturierende Trennung zwischen Ego und Alter als Konflikt problematisiert: Die Verhandlungssubjekte sind strukturell „self-absorbed", diese Theorie sei damit – und diese Kritik wird in den Subjektcodes festgemacht– grundsätzlich unvollständig. Stattdessen wird eine ‚transformierte' Beziehung angestrebt, in der die Situation sich nicht mehr als ein strategisches Spiel auf der Basis der sachbezogenen Interessen darstellt, sondern in der Sorge um die ‚volle Menschlichkeit' beider Parteien den Konflikt zu überwinden und eine Beziehung herzustellen, die nicht mehr strategisch, sondern von ‚Verbundenheit' geprägt ist. Wie lässt sich nun die in dieser subjektivierenden Programmatik enthaltende Subjektform vor dem entwickelten Theoriehintergrund beschreiben?

4.2.5 Mediation als Bewegung, Subjektivation zur Beweglichkeit

Als erstes und zentrales Merkmal sticht die Beweglichkeit des Subjekts der Transformativen Mediation heraus. Schon der Name stellt das heraus: Transformation meint Veränderung; Richtung und Ziel der Veränderung verbleiben im Unbestimmten. Ebenso ist das Konfliktmodell inhärent dynamisch, zwischen der Abwärts- und der Aufwärtsspirale ist kein Raum für Stillstand. Auch

---

[102]   Dieser kulturkritische Zug wird besonders deutlich bei Dukes 1996, für den deutschsprachigen Mediationsdiskurs s. Kap. 6.3.

hier kontrastiert die Transformative Mediation maximal mit der Verhandlungslehre, wurde dort doch ein statisches Subjekt mit dauerhaften Interessen gesetzt. Zugleich ist die Bewegung, in die die Subjekte in der Transformativen Mediation gebracht werden, natürlich nicht gänzlich offen, wenn sie auch durch die im Diskurs hervorstechende Zurückhaltung in der Spezifikation der Subjekte der diskursiven Selbstsetzung im Prozess Spielräume öffnet. Bevor aber der Subjektcode der Transformativen Mediation erschlossen werden soll, ist zu beobachten, wie der Code der Bewegung nicht nur den Subjektcode, sondern auch die Mediation erfasst. Denn die Transformative Mediation stellt sich nicht als eine Lehre dar, die wahre Aussagen trifft, sondern will in erster Linie als Bewegung verstanden wissen. Natürlich findet auch in der Transformativen Mediation eine Ontologisierung der hier vorgestellten Subjektform statt: Auch hier geht es darum, die menschliche Natur in ihrer ‚jetzt vollständig erkannten Form' anzuerkennen; die Kritik an der Verhandlungsmediation ist immer auch, dass diese die eigentlichen Menschen verkenne oder missachte. Allerdings steht dieser, in subjektivierenden Diskursen immer anzutreffende ontologisierende Modus (Kap. 3.2.1) hier nicht alleine. Denn die Transformative Mediation präsentiert sich eben vor allem als Bewegung, sie umwirbt ihre LeserInnen nicht, die Realität (like it or not) anzuerkennen, sondern sich ihrem Projekt anzuschließen, um dieses menschliche Potential zu realisieren.[103] Daher wird diese ‚Mediationsbewegung' im Buch ausführlich dargestellt, ihre VertreterInnen kommen zahlreich zu Wort.[104]

---

[103] Diese beiden Modi stehen durchaus in Spannung zueinander. So erscheint etwa die Frage nach der Bewertung von Konflikten in der oben dargestellten Konflikttheorie als eine theoretisch zu entscheidende Frage, an anderer Stelle dann aber als vom Erfolg des Projekts der Transformativen Mediation abhängig. (PoM/14)

[104] In dieser Selbstdarstellung gerät die Transformative Mediation zugleich in Abhängigkeit von diesen Entwicklungen. Eine tote Bewegung ist unattraktiv, daher muss die Stärke und vor allem die Vitalität, die Potentiale in der Zukunft und der Trend, der ihr großartiges Wachstum verspricht, immer wieder betont werden. Entsprechend ist mit der nach 10 Jahren überarbeiteten Neuauflage das Fazit des bisherigen Erfolgtes eindeutig: Seit der Erstpublikation des Buches nehme die Bewegung an Fahrt auf, immer mehr Praktiker schließen sich ihr an und arbeiten nun explizit mit den zuvor in der Verhandlungsorientierung der Mediation nicht voll ausgeprägten Potentialen, zwei von sieben Kapiteln sind dieser Argumentation gewidmet: „All of these developments are clear signs that the transformative potential of mediation is receiving increasing attention and support in mediation theory, policy, and practice." (PoM/25) Von Problemen, feldspezifischen Hindernissen oder gar Rückschlägen ist nicht die Rede, es gibt für die Transformative Mediation in ihrer Selbstdarstellung als Bewegung nur

Ausgehend von der ‚relational worldview‘ wird das über die jeweiligen Konflikte hinausreichende Potential einer empowernden und anerkennenden Konfliktbearbeitung als der motivierende Kern und Antrieb dieser Mediationsbewegung präsentiert:

> Indeed, this potential is what drew many to it in the first place. Mediation was appealing not because resolution or settlement was good in itself and conflict bad, but because of the way in which mediation allowed disputing parties to understand themselves and relate to in another through and within conflict interaction. In short, many have come to feel that empowerment and recognition – the transformative dimensions of mediation – are important in themselves as expressions of a much broader shift to a new social and moral vision. (PoM/24)

In dieser bekenntnishaften Passage werden die MediatorInnen als Gruppe eingeführt. Nicht mehr dem Anspruch nach allgemein-menschliche Probleme, allgemeingültige Herangehensweisen und optimale Strategien werden nun thematisiert, sondern es wird eine offensiv als partikular und wertgebunden gekennzeichnete Subjektposition entwickelt: Die Transformative Mediation spricht von (und zu!) ihren (künftigen) Anhängern. Für die Mediatoren sei die Mediation attraktiv, da sie in diesem Feld an der Realisierung ihrer „Vision" einer nicht nur individualistischen, sondern auch tief verbundenen und integrierten Gesellschaft arbeiten können. Aus diesem mit großem Pathos beschriebenen gesellschaftlichen Transformationsprozess bezieht in dieser Thematisierung die Mediation erst ihre größere Bedeutung; Mediation ist demnach eine Möglichkeit, diese „relational vision" (PoM/24) konkret auszudrücken:

> But in a larger sense, this is not simply a book about mediation. This is a book about a process that has the potential to express a new vision of social interaction. The future of mediation is a matter of general and serious concern, because it implicates the future of an emerging relational vision of social live as a whole. If the vision cannot be expressed in a concrete context such as mediation, it remains mere theory. Just as that vision suggests a possible integration of individual freedom and social conscience, mediation offers a potential means

---

eine Richtung: vorwärts. Dieses Element hat sich im deutschsprachigen Mediationsdiskurs erhalten.

to integrate the concern for rights and justice and the concern for caring and connection. In short, mediation presents a powerful opportunity to express and realize a particular vision of human life. (PoM/25)

Spätestens mit dieser Wendung, in der Mediation letztlich bloß noch ein beispielhaftes Feld der Realisierung der ‚ganzheitlichen' Programmatik der ‚relational worldview' darstellt, wird deutlich in einer ganz offenen Formulierung mit der Mediation ein ‚größeres Projekt' verbunden: Mediation sei nur noch der Ort, um eine „vision of social live as a whole" zu realisieren. Die Transformation der Transformativen Mediation zielt also weit über die Parteien und ihren Konflikt hinaus. An dieser Stelle bildet sich ein Verständnis von Mediation als Bewegung, als einer Gruppe, die ihre Arbeit an einer geteilten (sozialen, politischen, ‚moralischen') Vision ausrichtet und ihre eigenen Positionen in der Bezugnahme untereinander bestimmt, und dabei zunächst ohne die Parteien auskommt.[105] Die ‚Vision' benötigt die jeweiligen Parteien nur zur Realisierung ihrer Programmatik. Gerade vor diesem Hintergrund wird die Aufwertung der Selbstbestimmung der Parteien bis hin zum Absichtsverbot für die MediatorIn in diesem Ansatz derartig herausgestellt. In dieser Konstellation erfährt die MediatorInnenposition eine gewaltige Aufwertung. Die MediatorIn muss nun in ihrer Überzeugung das Projekt der neuen Vision tragen:

The future depends on which story we believe in as a prescription for what me-diation should be providing, for both private parties and society. (…) If the sat-isfaction story [i.e. mainstream mediation; JT] reflects the bulk of what is actu-ally going on today and the Transformation Story reflects a minority voice in the field, the question remains: Does this correspond to our view of how things should be? The answer depends on how we feel about each story's premises re-garding what are the most important private and public benefits (or harms) of the mediation process. (PoM/20)

---

[105]   Rückblickend wird hier eine Parallele zur Verhandlungslehre erkennbar: Auch dort war die zweite Fragestellung, wie sich Konflikte nach der normalistischen und autoritären Angestell-tenkultur handhaben und vermeiden lassen als eine Motivation der Autoren aufgetreten; der starke Bezug zum Leser wurde dagegen durch die instrumentelle Fassung der Fragestellung hergestellt.

Die MediatorInnen werden hier vor eine Entscheidung gestellt, sich in einer normativen Perspektive („how things should be") mit der Mediation auseinander zu setzen und ihre Wahl zu treffen. (PoM/45) Die Entscheidung wird auf die Zukunftsvision der Ansätze zugespitzt: Es geht darum, welcher Bewegung man sich anschließt. In diesem Sinne ist der oben als fundamental für die Mediatorenposition ausgemachte Glaube an die Potentiale der Parteien ebenso wie die ‚Vision' (und die sich daraus ableitende ‚Mission') hier zu verorten: im Aggregatszustand der Transformativen Mediation als Bewegung.

4.2.6 Die Vision einer neuen Gemeinschaftsform
Diese Vision einer neuen Form des Sozialen, die im Zentrum der Transformativen Mediation als Bewegung steht, trägt sich auf eine spezifische Weise in den kulturellen Wandlungsprozess ein und trägt dabei entscheidend zur Positionsbestimmung der Mediation überhaupt bei. Zunächst setzt sich die hier formulierte Vision einer vollen Integration von individueller Freiheit und sozialer Verbundenheit deutlich von der auf Anpassung basierten Form sozialer Integration in der Angestelltenkultur ab. Allerdings wird diese Abgrenzung im Diskurs nicht expliziert; stattdessen richten sich die Kritik und Abgrenzungen gegen die Verhandlungsmediation, die als reine Technik des Interessenausgleichs das Potential tiefer gehender Konflikttransformation verschleudere und zugleich einseitig auf die Autonomie der Parteien ausgerichtet sei. Dagegen setzt die Transformative Mediation ihre „new vision of self and society, one based non relation connection and understanding rather than on individual autonomy alone". (PoM/23) Diese noch dazu explizit und offensiv formulierte Programmatik der Transformativen Mediation erntete harsche Kritik vonseiten der Verhandlungs-mediation. An der Transformativen Mediation kritisierten diese auf einer theoretischen Ebene die Wendung gegen den individualistischen Liberalismus, vor allem aber die Aufwertung von Empowerment und Anerkennung zum Selbstzweck, die als „Harmonieideologie" verworfen wurde und wird. [106] Die Verhandlungsmediation beharrt auf ihrem Verständnis von Mediation als „Dienstleistung", die die strategische Situation gerade nicht transformieren soll.

---

[106]   Differenziert, ausführlich und doch in der Frage der liberal verstandenen Parteienautonomie
        strikt führt dies für den deutschen Diskurs der Verhandlungsmediation MBB Breidenbach
        durch; plakativer ist die Abgrenzung in MAP oder HM2/69 zu finden.

Dieser polarisierte Streit, der die Mediation in den 90er Jahren in den USA prägte, lässt sich aus der hier eingenommenen Perspektive nicht nur als das Aufeinandertreffen von individualistischen und ‚ganzheitlichen' Positionen beschreiben. Interessant ist an dieser Stelle, dass diese klare und scharfe Abgrenzung mit einer verblüffenden Parallele zwischen den Polen des Mediationsdiskurses einhergeht: Beide Seiten des Diskurses sind von der Frage umgetrieben, wie nach dem Ende der Verbindlichkeit sozialer Normalität das Zusammenleben gelingen kann. „What is the best way for people to deal with their differences?" (GtY/vi) ist die gemeinsame Frage. Beide Entwürfe präsentieren ihre Vision, wie in einer individualistisch gewordenen Kultur der soziale Zusammenhalt nicht nur sichergestellt, sondern optimal gelebt werden kann. Auch in der Verhandlungslehre wird mit der Inwertsetzung von Differenzen und dem Festhalten an der Prinzipienorientierung eine Vision der „full integration of individual freedom and social conscience" präsentiert. Beide Spielarten der Mediation reagieren auf den kulturellen Umbruch, der hier als ein subjektkultureller Wandel verstanden wird. Beide Ansätze reagieren auf das Problem, das sich ergibt, wenn eine über Normalität und Anpassung integrierte Gesellschaft sich der zwischenmenschlichen Differenz und dem Individualismus verschreibt. Der Konflikt der beiden Ansätze lässt sich so als Streit um die Besetzung eines post-normalistischen Codes des Sozialen verstehen. In der Mediation treten demnach nicht ein individualistischer und ein kollektivistischer Ansatz gegeneinander an, sondern zwei Versprechen: Die neoliberale Vision der Sozialintegration durch Eigeninteresse und sachgerechte Rationalität (wobei hier letztlich auf einen tradierten Code moralischer Selbststeuerung zurück gegriffen werden muss) gegen die ‚alternative' Vision der Sozialintegration durch die „new forms of social processes and institutions". Beide Versionen der Vision besetzen die Leerstelle, die der gegenkulturelle Anti-Konformismus hinterlassen hat. (weiter hierzu Kap. 6.4)

Das Soziale als Gemeinschaft
Die Vision der Transformativen Mediation wird dabei von Codes strukturiert, die nach Reckwitz' Rekonstruktion auf die intimen Beziehungen neoliberaler Subjekte beschränkt seien, hier aber auf alle Beziehungen generalisiert werden. Reckwitz unterscheidet drei Modi der Außenorientierung des neoliberalen Subjekts: An die Stelle der Gruppe mit ihren Anpassungserwartungen tritt Gemeinschaft als die Erlebnisgemeinschaft, die sich in Events intensivierter Erfahrungen bilden;

andererseits die Außenorientierung an den Anderen als wählende Marktteilnehmer, für die sich das Subjekt wählbar machen und halten muss, drittens als anspruchsvolle Form des Resonanzraums in persönlichen und intimen Beziehungen. Während das Harvard-Konzept vom zweiten Modus ausging und diesen generalisierte, knüpft die Vision der Transformativen Mediation an den letzten an, demzufolge intime Beziehungen nun den Resonanzraum für die Entfaltung der Persönlichkeit der Einzelnen bieten sollen. Indem die Partner einander Vertrauen, Offenheit und Unterstützung entgegenbringen, halten sie die spannungsreiche Konstellation einer gemeinsam gelebten Individualität, in der sich die Partner in ihrer Expressivität wechselseitig unterstützen, aufrecht. (Reckwitz 2006a, S. 533) Das negative Gegenbild, die neu entstehende Problematisierung ist die seit den 1970ern in der Paarberatung als Negativbild verkrampfter und das Wachstum der Partner behindernder ‚codependency' (s. den Klassiker der Beratungsliteratur Beattie 2009; dazu Illouz 2009). Dabei richtet sich das Vertrauen zwischen den Partnern nun nicht mehr auf deren jetzige „Identität", dies wird als „Sicherheitsvertrauen" problematisiert, sondern auf deren unvorhersehbaren Wachstumsprozess, in dem sich das Paar wechselseitig stützt. (Reckwitz 2006a, S. 538) Dabei bilden die Partner Dispositionen aus, die aus der Mediation vertraut sind:

> Im Modus der ‚Beziehungsarbeit' lernt das Subjekt, Wünsche und Bedürfnisse einander offen zu präsentieren – was voraussetzt, Definitionen solcher Wünsche und Bedürfnisse zu entwickeln –; es besteht die Möglichkeit temporärer ‚Rollenverträge' und eines Beziehungs-‚bargaining' im Falle von Dissensen. ‚Konfliktfähigkeit' erscheint damit als zentrale Subjektkompetenz für eine Partnerschaft, die sich als ‚freischwingende Balance' versteht. Die Verhandlungskommunikation geht davon aus, dass alles, was beide Partner gemeinsam betrifft, Gegenstand der ‚demokratischen' Diskussion sein kann ... (Reckwitz 2006a, S. 537–558)

Die Transformative Mediation greift dieses Beziehungsideal auf, etwa wenn im Prozess das unvoreingenommene Zuhören und Verstehens des anderen gefordert wird und auch, indem die Transformation und Veränderungsmöglichkeiten herausgestellt werden; die Subjekte sollen sich nicht festlegen müssen, sondern im Gegenteil in Beziehung und Mediation ‚wachsen' und sich verändern; alles kann gleichermaßen Thema des Gesprächs werden. (PoM/142) Da hier mit diesen Codes jedoch nicht primär Paar- und Familienbeziehungen, sondern alle Beziehungen in der Gesellschaft gefasst werden sollen, dient nicht die Psychotherapeutik, sondern der Kommunitarismus (Etzioni 1964; Bellah 1996, 2007) als Referenz. Das Soziale wird hier als ‚Gemeinschaft' (bzw. ‚community of communities') gedacht, die von ‚Pathologien' bedroht wird:

> In our contemporary society, citizens increasingly suffer from learned dependency – whether on experts, on institution, on addictive substances, or otherwise – and from mutual alienation and mistrust, especially along lines of race, gender, and class. The resulting civic weakness and division threaten the very fabric of our society. (PoM/82)

Als Reaktion auf diese Bedrohung des gesellschaftlichen Zusammenhalts, die in der Transformativen Mediation nun der Konflikt mit seinen entfremdenden und ‚degenerativen' Wirkungen eingenommen hat, sollen nun die „civic virtues" (PoM/82) bestärkt, und die Subjekte in ihren Fähigkeiten zur Autonomie und authentischen Verbundenheit unterstützt werden. Dabei wird die ‚Community' auf die Menschen und ihre Beziehungen heruntergebrochen; abstraktere, aus der Gemeinschaft herausgelöste Beziehungen und Interaktionen werden nicht thematisiert. [107] In der Transformativen Mediation stehen ‚Menschen' gegen ‚Konflikte' aller Art – eben und insbesondere auch gegen soziale Konflikte, die mit der Mediation in den jeweiligen konkreten zwischenmenschlichen Beziehungen, eben in der community, bearbeitet und überwunden werden sollen. [108]

---

[107]   Zugleich ist mit der Fassung des Sozialen als Gemeinschaft(en) der Code der Wahl in den sozialen Beziehungen stark relativiert. Anders als in einer als Individuen vorgestellten Gesellschaft stellt sich in den immer umfassenden, langfristigen und verpflichtenden Gemeinschaftskontexten die Frage nach der Wahl der Sozialkontakte nur noch sekundär. (dazu auch Reckwitz 2006a, S. 545.)

[108]   Zunächst gab es um die Rede von der ‚moral vision' bzw. des ‚moral growth' in der Rezeption der Transformativen Mediation anscheinend Verwirrung. In einer der zweiten Ausgabe hinzugefügten Klarstellung werden die Begrifflichkeiten in ihrer intendierten Bedeutung klargestellt: "The Use of the word moral in this context connotes the balancing of the claims of self and other and the relation of the two – nothing more, nothing less." (Bush und Folger 2005, S. 74) An dieser Stelle kollidiert die Rede von Moral im Kommunitarismus (Etzioni 1997), mit der anti-moralistischen Orientierung der neuen Subjektcodes, insbesondere der therapeutischen Diskurse (s. u. Kap. 4.3; Kap. 8.7). Die Transformative Mediation bemüht sich hier, sich von traditionellen, Anpassung fordernden Moralitätsvorstellungen abzusetzen und einen in beiden Welten akzeptierbaren Begriff einzusetzen. Zum anderen fällt auf, dass in der Transformativen Mediation keine direkten Bezüge auf die Psychotherapie gemacht

Im obigen Zitat wird zugleich deutlich, dass die Transformative Mediation in Kontakt und Differenz zur Social Justice Mediation steht. Aus den kontinuierlichen Debatten zwischen den Ansätzen hat die Transformative Mediation eine differenzierte Position hervorgebracht (s. dazu Bush und Folger 2012): Soziale Verwerfungen werden als Problem anerkannt, dem politischen und rechtlichen Prozess wird seinen Platz in der Förderung sozialer Gerechtigkeit und der Überwindung von Diskriminierung zugestanden. Das in der Mediation verkörperte Potential zur zwischenmenschlichen Beziehungstransformation, ein ‚wirklich die Menschen verändernder Prozess' wird dazu als komplementär ergänzt. (vgl. dazu die Position von Ch. Besemer, Kap. 7.1.5) Sehr deutlich wird die Art und Weise, wie in der Transformativen Mediation soziale Fragen aufgegriffen und prozessiert werden, in dem im Buch ausführlich präsentierten Beispielfall: Ein Streit zwischen einer neu zugezogenen schwarzen Familie und dem Komitee für Architektur der sozial gut gestellten Community, vertreten durch eine schon lange in der Community wohnende Weiße, eskaliert über die Frage, ob das jüngst violett gestrichene Haus der Neuzugezogenen der Gemeindeordnung entspricht. Das derartig offensichtlich überdeterminiert konstruierte Settings (zulässige Farben – von Häusern– in der Community; auch die Assoziation zu ‚the color purple'; der

---

werden. Dies ist erstaunlich, da zahlreiche Codes der Psychotherapeutik im Diskurs angewendet werden und die Verwendung psychologischen Vokabulars offensichtlich ist. (beispielsweise hier: „The interaction (...) shifted from being closed, defensive, and self-absorbed to being more open, trusting, and acknowledging. This shift, although at times difficult and challenging for the parties allowed for an exchange of perceptions, feelings, and desires..."; PoM/31) Parallel zur psychologischen Codierung der Subjekte sind auch die empowerten Subjekte der Transformativen Mediation frei von Aggressivität („Clear, confident, connected people don't hurt themselves or each other"; PoM/38; vgl. Kap. 10.3) und streben nach gleichberechtigten, 'menschlichen' Beziehungen: „people want to be neither victims nor victimizers" (PoM/214) Auch wird das Subjekt der Transformativen Mediation verletzlich gezeichnet: „because of the susceptibility we have as human beings to experience weakness and self-absorption in the face of sudden challenge." (PoM/54). Die legitime und unvermeindliche Vulnerabilität des Subjekts, die Abwesenheit von Aggressivität im ‚eigentlich menschlichen' Zustand, die Aufarbeitung vergangener Ereignisse; alles sind zentrale Themen der Therapeutik, die in die Transformative Mediation eingegangen sind. Dennoch wird an keiner Stelle auf die Psychotherapie verwiesen: Alleine ein Ansatz des „client-centered legal counseling" –eine Anwendung der klientenzentrierten Psychotherapie in der Rechtsberatung– wird als Referenz herangezogen. Diese Verbannung einer offensichtlichen Bezugsquelle des Diskurses mag mit dem kommunitaristischen Verdikt über die Psychotherapie zu erklären (Bellah 1996; dazu Illouz 2009) oder aber vom Bestreben motiviert sein, den diskursiven Raum der Selbst-Setzung der Parteien offen zu lassen.

Konflikt zwischen den etablierten Weißen, die Machtpositionen besetzt haben und den neu hinzugestoßenen, aufsteigenden Schwarzen...) eskaliert dann auch bald über dem –gewissermaßen überfälligen– Rassismusvorwurf gegen die Vertreterin des Komitees. Die Parteien tragen den Konflikt entsprechend der Transformativen Mediation aus, werden in ihrer Entscheidung zur Mediation gefordert, bekommen vom Mediator –der dabei in Fragen von Rassismus und Diversity hohe Kompetenz beweist– ihre Aussagen gespiegelt und gelangen über den authentischen Ausdruck ihrer Reaktionen und Absichten tatsächlich zu einem für beide Parteien erleichternden Abschluss des Gesprächs. Die in den Kommentaren deutlich werdende Perspektive der Transformativen Mediation fokussiert hier konsequent die Konfliktinteraktion und ihre Dynamik. (Der Rassismusvorwurf wird dann als „inflammatory statement" kritisiert, das dann ‚trotzdem' thematisiert wird. PoM/154) Entscheidend für die Transformative Mediation ist hier wieder die Autonomie der Parteien als deren Kompetenz, Themen zu setzen, zu definieren und auszutragen. Der Mediator zeigt sich zwar in den aufkommenden sozialen Fragen kompetent, enthält sich jedoch jeder Parteilichkeit. Die Codes der Konfliktinteraktion geben so den Parteien Raum, soziale Fragen aufzubringen – was im Rahmen der Verhandlungsmediation nicht möglich wäre–, die Behandlung der Fragen wird jedoch von der auf die hier-und-jetzt-Interaktion der anwesenden Parteien fokussierten Perspektive der Transformativen Mediation bestimmt. Am Ende steht die durch die vielen kleinen Schritte des Empowerments und der Anerkennung ermöglichte Versöhnung der Parteien, verbunden mit der politischen Frage, wie das Komitee zu größerer Diversität hin reformiert werden kann.

Diese Fokussierung auf die unmittelbare Interaktion zwischen den Parteien kann sehr weit reichen; dies zeigt sich plastisch in einem Beispiel, das im Text für eine außergewöhnlich gelungene Konfliktinteraktion stehen soll, wohl wider Willen jedoch vor allem die massive Abblendung des nicht unmittelbar Anwesenden demonstriert.

In den USA unmittelbar nach den Terroranschlägen des 11. Septembers berichtet eine Beteiligte eines Autounfalls im Radio, dass sie nach einem Autounfall auf eine Klage gegen den offensichtlichen Verursachers des Schadens verzichtet hat, weil dessen Versicherung ausgelaufen war. „It didn't take me long to believe that if I made the expedient choice, I would become a terrorist. I kid you not. Americans are already stressed out, in need and in fear. Was I going to dump another load of terror, fear of the future, stress, and financial hardship on this guy? Was I really? I just couldn't do it. (…) But I bet we're not the only Americans amazed at what we're finding within others and within ourselves these days." Dazu der Kommentar: „The empowerment and recognition shifts are clearly visible in this woman's' brief story, and the transformative impact is clear." (PoM/57)

Das Interessante an der Präsentation dieses Beispiels ist, dass die Autoren hier so auf die Unmittelbarkeit der Situation zwischen den beiden direkt Interagierenden fokussieren, dass die andere Hälfte des Bildes der spezifischen Situation nach 9/11 einfach vergessen wird. Denn unzweifelhaft muss als Bedingung der gewachsenen Solidarität die Erfahrung des Terrors und die ebenfalls dazugehörige Gewaltbereitschaft gegen die ‚Terroristen' mit in Betracht gezogen werden. Dies macht sich ja auch im Text selbst bemerkbar: Sie verzichtet auf die ihr rechtmäßig zustehende Zahlung nicht, weil sie die Mitmenschlichkeit des anderen Autofahrers erkennt, sondern weil sie kein Terrorist werden will und weil „Americans are already stressed out, in need and in fear." Gerade nach 9/11 bildete sich, wie in jeder Kriegssituation, ein Zusammenrücken unter Beschuss, eine Form der Solidarität, die konstitutiv mit dem Ausbilden eines klaren und starken Feindbildes zusammengeht, aus. Verblüffend ist nur, dass dieses Beispiel nun trotz dieser antizipierbaren Kritik an dieser Stelle so verwendet wurde. Beide Beispiele ergänzen sich zu einem Bild, das die Transformative Mediation als einen Ansatz zeigen, der offen ist für politische Fragen, aber durch den starken Fokus auf die unmittelbare Interaktion der Parteien –und die jeweilige Zwischenmenschlichkeit (‚Gemeinschaft') über abstraktere Beziehungen (‚Gesellschaft')– sein Blickfeld einschränkt. Diese Tendenz hat im deutschen Mediationsdiskurs, in dem die social justice mediation nicht vertreten ist, durchschlagen können. Zugleich ist damit die zentrale Stellung der Subjekte für den Transformationsprozess festgelegt: Der soziale Wandel soll in der hier formulierten Programmatik über die Veränderung der Einzelnen vorangetrieben werden.[109]

---

[109]   Dieses Programm wird ebenso in der Gewaltfreien Kommunikation, einer anderen wichtigen Bezugsquelle des deutschsprachigen Mediationsdiskurses, vertreten. (Kap. 10.3)

4.2.7 Subjektcodes der Transformativen Mediation

Auch in der die ganz großen Themen aufgreifenden Transformativen Mediation stehen die Subjekte im Zentrum. Die „relational worldview" bezieht sich ebenso stets auf die Subjekte[110] wie auch der Gemeinschaftsbegriff auf die Subjekte und ihre Beziehungen untereinander zurückgeführt wird. Wie also werden diese Subjekte im Diskurs nun gezeichnet?

Die Fähigkeit zur Wahl ist ein grundlegendes Element des empowerten Subjekts der Transformativen Mediation. Allerdings ist der Modus der Wahl hier dem ökonomischen Code gerade entgegengestellt und tritt als ‚genuine choice' auf, als ein authentischer Akt der Entscheidung, eine existenzielle Wahl (‚Wie will ich leben?'). Die Transformative Mediation nimmt auch die ökonomische Interaktion nicht von ihrem Modell aus. Gewissermaßen spiegelbildlich zur Ökonomisierung aller Lebensbereiche durch den Neoliberalismus wird in der Transformativen Mediation auch ökonomischen Interaktionen ein transformatives Potential zugeschrieben und diese in ihr Modell aufgenommen: „Consumer mediation can strengthen the confidence of an evoke recognition between merchants and consumers, transforming the character of commercial transactions and institutions (...) In every area, mediation could, with sufficient energy and commitment, help transform the quality of social interaction and, ultimately social institution." (PoM/14)

Auf diese Weise überformt der Code der Authentizität die Codierung der Subjekte als Wählende, er tritt aber auch auf, wenn Mediation als Rahmen zur Selbstfindung gekennzeichnet wird. „Transformative mediators allow and trust people to find their own way through their conflict –and even more important- find themselves and each other, discovering and revealing the strength and understanding within themselves." (PoM/83) Authentizität wird in der Transformativen Mediation, in Einklang mit der Codierung der Subjekte als sowohl Individuen als auch Gemeinschaftsmitglieder intersubjektiv gefasst. In diesem Sinne soll die Identität auch nicht als (psychologisch) fixiert, sondern als gestaltbar aufgefasst werden. „Social interaction is a process of discovering and becoming fully ‚who we really are', forging an identity that is not fixed or predetermined at life's beginning. It is

---

[110]   Diese sei als „beliefs about human nature, social interaction, and conflict" (PoM/259) zu verstehen. Auch hier stehen die Subjektcodes im Zentrum. (vgl. Kap. 6.4)

through this interaction, in effect, that we 'constitute' ourselves, give meaning to our lives..." (PoM/251) Damit bildet die Transformative Mediation hier zum einen eine Verbindung zwischen den kommunitaristischen und psychotherapeutischen Bezügen. Sie trägt sich jedoch auch in das Spannungsfeld zwischen authentischer Orientierung am Inneren und ‚transformativer' Orientierung am neu Entstehenden ein, das nach Reckwitz in der counter culture hervorgebracht wurde. (Kap. 3.2.2)

Insgesamt wird das Subjekt in der Transformativen Mediation weitaus stärker im Passiv positioniert als dies in der Verhandlungsmediation der Fall war. Schon die hier omnipräsente und im Verhandlungsdiskurs gänzlich fehlende Rede von ‚Erfahrung' macht diese Differenz deutlich. Auch im Code der Authentizität wird mit der Ausrichtung am Inneren der Subjekte eine passive Positionierung vorgenommen. Entsprechend ist die Körperlichkeit der Subjekte hier präsenter: So gibt etwa der Beispielfall recht detailliert Auskunft über die Gestik der Beteiligten (eine Darstellungsweise, die im Verhandlungsdiskurs nicht aufzufinden ist), und beschreibt eingangs das Setting und die auf ihre soziale Stellung verweisende Kleidung der Beteiligten. Vor allem aber lässt die Transformative Mediation explizit auch starke negative Emotionen der Parteien zu. (PoM/154) Dennoch wird die Emotionalität im Verfahren klar strukturiert: Der Mediator hat stets gelassen zu bleiben, um den vollen, auch emotionalen, Ausdruck der Parteien zu ermöglichen. (PoM/195) Der Mediator fungiert als ruhender Punkt: Er spricht von den Emotionen der anderen, selbst ist er als emotionaler Körper weitgehend stillgestellt. Diese Ruhe, Klarheit und Artikulation von Emotionen ist zugleich das Ziel der Transformation, soll sich also vom Mediator auf die Parteien ausbreiten: „interactional change begins with a party calming down, getting clear, and thus regaining strength". (PoM/67) Emotionale Aufregung wird hier als Disempowerment dargestellt, während das bewusste und ruhige Kommunizieren von Verletzlichkeit als höchste Stufe des Empowerments gilt. (hierzu weiter Kap. 8.5)

4.3 Mediation mit und durch Verstehen

Den dritten hier dargestellten Ansatz aus dem US-amerikanischen Mediationsdiskurs bildet die für die deutschsprachige Mediationsbewegung enorm einflussreiche ‚Verstehensbasierte Mediation' nach Gary Friedman und Jack Himmelstein. Der Ansatz stellt sich als Synthese aus Verhandlungs- und Transformativer Mediation dar; diese Position wird über starke Bezugnahmen auf psychotherapeutisches Vokabular erreicht. Aufgrund des großen Einflusses dieses Ansatzes auf den deutschsprachigen Mediationsdiskurs lassen sich viele der im Anschluss analysierten Deutungsmuster des Mediationsdiskurses schon erkennen.

4.3.1 Ein Projekt alternativer Anwaltschaft
Die Verstehensbasierte Mediation präsentiert sich als ein Projekt ihrer Gründungspersönlichkeiten. Himmelstein und Friedman bringen ihre und die Entwicklungsgeschichte ihres Ansatzes prominent als einleitende Rahmung ihres Lehrbuchs ein: In den 70er Jahren treffen ein unzufriedener Sprössling einer Ostküsten-Anwaltsfamilie und ein Bürgerrechtsanwalt, der mittlerweile an der Columbia University in einem Projekt zur „Humanistic Education in Law" (CC/xviii) arbeitet, in einem Kurs über die „psychological and spiritual dimensions of human identity and human relationships" aufeinander und entwickeln in den folgenden Jahren einen Ansatz der alternativen Tätigkeit als Anwälte, der später dann Mediation genannt werden soll. In einem Interview mit dem „Integrative Law Movement" erzählt Friedman ausführlich von dieser Entwicklung und fasst den Prozess zusammen: "It was all in the spirit of trying to find a different way to be a lawyer, that actually fit more with who I experienced myself to be and how I could make my [schlecht verständlich; JT] posture of values congruent with my professional working." (YT-GF1/6:54) In dieser Erzählung gibt sich der Ansatz als in der Counter Culture verankert zu erkennen, als Hintergrund nennen die Autoren ihre „psycho-spiritual studies" und mit „Everyday Zen" (CC/xxi) auch eine Spielart des westlichen Buddhismus. Ihr Ansatz lässt sich als die Entwicklung einer mit den Subjektcodes der Counter Culture kompatiblen Professionalität der Konfliktbearbeitung beschreiben: „We weren't the only ones thinking this way. We knew from our colleagues, students, and friends that the impulse toward service and justice, toward care and helping others, ran deep in the profession. We were searching for a better way." (CC/xxviii). Damit tritt die Verstehensbasierte Mediation in ihren Ansprüchen bescheidener auf als die beiden vorherigen: Anstatt einen allgemeinen Code des Sozialen zu formulieren, zeigen sich hier die Autoren ‚nur' an der Stimmigkeit ihres Handelns und ihrer Person interessiert; so vermeiden sie, sich in der umkämpften Frage zu positionieren. Aus einer solchen Position heraus, die sich als Reformprojekt und als Gegenmodell zur (im

juristischen Kontext) dominanten Verhandlungsmediation aufstellt, bemüht sich die Verstehensbasierte Mediation darum, die Verhandlungsmediation mit einzubinden. In der Selbstdarstellung präsentiert sich daher dieser Ansatz als eine integratives Projekt: Die Opposition von Verhandlungsmediation und Transformativer Mediation soll nun zugunsten einer beide Seiten anerkennenden Integration überwunden werden. Diese Integration wird in der Berücksichtigung von sowohl subjektiver wie auch objektiver Konfliktdimension formuliert, der der Mediator auch in einer „bifocal vision" (CC/56) gerecht werden soll.

Our view is, that an inescapable and critical relationship between the objective and subjective dimension of conflict needs to be understood to effectively deal with most conflicts. Many approaches to conflict focus on one to the exclusion of the other, leaving out this essential inter-relationship. We believe that challenge is to understand both and their relationship. Put simply, to resolve conflict, it helps to understand it. (CC/xxxiv)

Diese Synthese geschieht, wie an dieser Stelle schon deutlich wird, im namensgebenden Code des ‚Verstehens'. Dabei wiegen auf der Ebene der Subjektcodes die Impulse der Transformativen Mediation eindeutig stärker, der Ansatz zeigt eine starke Präferenz für das ‚mehr', für eine ‚tiefere' und ‚weiter gehende' Konfliktbearbeitung. Die Verhandlungsmediation wird demnach eher in einen gegenkulturellen Code Integriert, als dass eine Synthese aus gleichwertigen Beiträgen stattfände. Durch die Beschränkung dieses Anspruchs auf die Subjekte und ihr Inneres lässt der Ansatz jedoch im Gegensatz zur Transformativen Mediation mit ihrem offensiv vorgetragenen gesellschaftsverändernden Anspruch Räume für primär sachbezogene und zunächst unpersönliche Verhandlungen offen.

4.3.2 Gemeinsam gegen den Konflikt

In Bezug auf das identifizierte Problem stellt sich die Verstehensbasierte Mediation in eine Reihe mit der Verhandlungsmediation, die sich am ‚Feilschen' abarbeitet, und der Transformativen Mediation in ihrer Problematisierung der ‚negativen Konfliktinteraktion', nur dass nun direkt ‚der Konflikt' zum Problem, ja zum fast schon personifizierten Gegner, der Parteien erhoben wird: „Allowing conflict to victimize us and others leaves us trapped in its grasp and diminished by it." (CC/xxvi) Der Konflikt ist ‚destruktiv', nimmt die Menschen ‚gefangen', und beschädigt sie. Da er quasi-eigenständig agiert, kann er „readily enveloping us and taking over our lives." (CC/xxvi) Der Konflikt kann so eine eigene Realität erschaffen, in der die Subjekte gefangen, nicht sie selbst sind:

> It dictates the terms on which we experience a conflict as well as those on which we try to deal with it. (…) Its terms include the need to think, feel, and speak based on right and wrong, winning and losing. Certain emotions, such as anger, rage, and righteous indignation are evoked and readily escalate. Fear is often felt, but hidden. Hurt as well is often denied and unseen. Compassion, understanding, and caring disappear, as if they don't exist. (…),Clothe your-selves in anger,' conflict demands. ,You can feel fear if it helps to maintain the anger, but make sure it remains hidden.' Within conflict's grasp, it seems the only way out is to win through pressure, persuasion, or manipulation.... (CC/xxvi)

Diese Problematisierung des die Parteien schwächenden, mit eigener Stärke und Aktivität ausgestatteten, hier direkt zu den Parteien sprechenden Konflikts, beklagt einen Verlust in der Interaktion: „our basic ,I-you' regard" (CC/92) gehe verloren; damit liegt die Problematisierung auf der Linie der Transformativen Mediation, deren Figur der „downward spiral" (CC/xxvii) auch aufgenommen wird.

In besonderer Klarheit tritt hier ein Deutungsmuster hervor, das sich im deutschsprachigen Mediationsdiskurs wiederfindet: Dem personalisierten ,Konflikt' wird ein Subjekt gegenübergestellt, das an der Überwindung des Konflikts interessiert ist. (Kap. 6.4.3; Kap. 9.8.2) „As we view it, many in conflict have a deep desire to find a way through their conflict in which they can be true to themselves and also honor the other, if only it were possible." (CC/92) Um das im Konflikt gefangene menschliche Potential zu realisieren, bietet sich die Mediation in Opposition zum „traditional system" als eine Konfliktbearbeitung an, die mit der Forderung „making conflict acceptable" (CC/53) beginnt: Anstatt im Gerichtsprozess die Entscheidung zu delegieren und damit die Differenzen zu vermeiden, soll nun ein Umgang damit gefunden werden, der es zunächst verlangt, Spannungen zuzulassen.

> In order (…) to move forward with the mediation in a constructive way, they will need to accept the discomfort that's part and parcel of having a disagree-ment. Ironically, often their refusal to accept the tension that comes from ac-knowledging their disagreement is what keeps them from moving through the conflict. Facing a disagreement is far better than avoiding it, denying it, or

pushing it away and is an essential aspect of working together in mediation."
(CC/53-54)

Aus dieser Oppositionsstellung gegen das als Konfliktvermeidung kritisierte
'traditional system' geht auch die Betonung der positiven Sichtweise auf den
Konflikt zurück. Der an zentraler Stelle präsentierte ‚tiefe Glaube' an den Konflikt
als Chance (so Robert Mnookin in seinem Vorwort; CC/xxiv) markiert die
Differenz zum ‚traditional system'; zugleich öffnet er die Möglichkeit zu einem
Prozess des ‚Durcharbeitens' des Konflikts. Damit ist eine doppelte Wertigkeit des
Konflikts gegeben, die sich auch im deutschsprachigen Mediationsdiskurs wieder-
findet. (Kap. 6.1.3) Der Prozess des Durcharbeitens setzt einerseits eine Akzeptanz
des Konflikts, zugleich aber auch eine fundamentale Opposition gegen den
Konflikt, eine ‚Haltung' („stance" CC/xxvi) voraus.

These are the terms that conflict presents. We don't accept those terms, not because they don't capture so much of the reality that we experience, but because
they lead to a dead-end or lack of resolution and because they are woefully in-
complete. If we accept them as the reality, we are trapped in conflict. We challenge those terms. It doesn't have to be that way. (CC/xxvi)

Zurückgewiesen wird der Konflikt in einem Akt der Entscheidung, in einer
Herausforderung, sich mit der Realität nicht abzufinden, sondern sich auf den Weg
zu einer anderen zu machen. Auch diese Betonung der Haltung hat sich in der
deutschsprachigen Mediation erhalten. (Kap. 5.2.1; Kap. 9.4) „Challenging
Conflict" ist in diesem Kontext als –in der deutschen Übersetzung als ‚Konflikte
fordern uns heraus' (KVUH) nicht enthaltenen Bedeutung– „den Konflikt herausfordern" zu verstehen. Diese Herausforderung kann dann als Wachstumschance
genutzt werden:

With this awareness, we can use the conflict to bring out the best in ourselves,
rather than spiral down to our worst. Seen this way, conflict can become an in-
vitation to accept the reality of our automatic response to it and move beyond
the confines of that response, to rise to the challenge of finding within us the
understanding and compassion that liberates us from conflict's hold. (CC/xxvii)

An dieser Stelle werden zwei zentrale Deutungsmuster der Verhandlungsmediation
und der transformativen Mediation verbunden: Einerseits die Partnerschaft in der
Konfliktbearbeitung, die erste Konstellation des Verhandelns (Kap. 4.1.4);

andererseits die Entfremdung und Degeneration der Menschen im der negativen
Konfliktdynamik (Kap. 4.2.3). Dabei ist sowohl in der Transformativen Mediation
wie auch in diesem Ansatz die gemeinsame, partnerschaftliche Bearbeitung
‚unseres Konflikts' nur der erste Schritt und die Grundlage, auf der dann die
‚tiefere', ‚weiter gehende' Bearbeitung stattfinden soll. Die Aufmerksamkeit
richtet sich auch in diesem Ansatz klar auf diese Potentiale: Verhandeln im Sinne
einer Maximierung des Eigeninteresses ist hier zu einem Nebenaspekt
herabgesunken.

Die Betonung der positiven Aspekte von Konflikten macht es hier notwendig, ihre
Instrumentalisierung als Wachstumsimpulse zu bannen: „Not that we recommend
choosing conflict. It simply means, when conflict enters our lives that we face it
and try to find a way to move through it with understanding." (CC/xxvii) Diese
Haltung des Annehmens und Durcharbeitens, damit des Überwindens von
Konflikten wird wertebasiert zum Selbstzweck erhoben als Motivation der
Mediatoren präsentiert:

As we view it, going through conflict together is an end in itself central to the
goals underlying our approach. In a world where conflict is endemic and destructive, finding ways to work together can make a meaningful and constructive difference. (CC/197)

Nur weil sich die Motivation des Mediators auf das Verstehen als Selbstzweck, auf
die Heilung von Beziehungen und die Veränderung des Miteinanders richtet, kann
er sich am Ende einer intensiven Mediation den Parteien auch „dankbar" (CC/189)
zeigen, dass sie ‚so weit' gegangen sind. Eine derartig am Prozess selbst
interessierte MediatorIn setzt sich vom Dienstleistungsverständnis der Verhandlungsmediation klar ab, die Mediation zielt hier über die Motivation der
MediatorIn auf die Parteien, auf ihre Transformation und die Veränderung der
Welt. (Diese Differenz hat die Entwicklung der Mediation in Deutschland stark
geprägt, s. Kap. 5.2)

4.3.3 Die Prinzipien: Verstehen, Entscheiden, Prozess und Tiefe
Die Verstehensbasierte Mediation präsentiert sich als Prozess, der sich, formal dem
Harvard-Konzept entgegenkommend, durch vier Prinzipien gliedert. Als erstes,
namensgebendes und übergeordnetes Prinzip sollen Konflikte alleine durch die
Kraft des Verstehens, nicht durch Zwang oder Überredung gelöst werden. Dieses

Prinzip wird durch zwei Verfahrensprinzipien spezifiziert: Zum einen sollen die Parteien die volle Verantwortung für sich übernehmen, sie werden als autonome Subjekte eingesetzt, was sich im Verfahrensgrundsatz „proceeding by agreement" niederschlägt. Zum anderen soll der Mediationsprozess in Anwesenheit der relevanten Parteien durchgeführt werden. Damit positionieren sich die Parteien klar gegen die in den USA verbreitete Praxis der Mediation mit Einzelgesprächen (‚caucusing'). Durch diese Arbeit soll die Interaktion zwischen den Parteien ‚menschlicher' werden und ein gegenseitiges Anerkennen in der menschlichen Verletzlichkeit („mutuality of vulnerability", der andere Verfahrensgrundsatz) möglich werden. Schließlich sollen die Parteien ‚unter' den manifesten Konflikt auf die Ebene der ‚tiefer liegenden' Konfliktursachen vordringen, die verstehend identifiziert werden. (CC/xxxv, auch xxix und xxii)

‚Verstehen' als zentraler Code
Indem „understanding" als zentraler Mechanismus der Mediation eingesetzt wird, ist die Anschlussfähigkeit an beide Pole des gespaltenen Mediationsfeldes gewährleistet. Denn ein gründliches Verstehen der eigenen und fremden Interessen ist auch eine Voraussetzung, um gute Entscheidungen zu treffen. „We support each party in gaining as full an understanding as possible of what is important to him or her in the dispute, as well as what is important to the other party." (CC/xxx) In diesem zunächst ganz strategischen Verstehen wird jedoch schon eine folgenreiche Verschiebung von der Verhandlungsmediation vorgenommen: Nicht mehr die sachbezogenen Interessen, sondern in einem allgemeineren Zugriff die Relevanzen der anderen Seite sollen verstanden werden. In einer im Lehrbuch dokumentierten Wirtschaftsmediation kommt ein solcher, auf die Optimierung strategischer Entscheidungen ausgerichteter Begriff auch zur Anwendung, um gegen schnelle Kompromisse eine interessengerechte Lösung zu erreichen (CC/236-241). Der Code des Verstehens wird dann als Brücke zwischen den streitenden Mediationsrichtungen eingepasst: Denn zugleich wird ‚Verstehen' auch im Sinne eines ‚menschlichen, tiefen Verstehens' für die Beziehungstransformation verwendet. „Developing understanding systematically, authentically, and compassionately is core to our approach to mediation". (CC/68) Beide Varianten des Verstehens verschmelzen, wenn das Verstehen in der Mediation als unbegrenzte Ressource auftritt, die in alle Richtungen zum allgemeinen Win-Win

und fast ohne Kosten wachsen kann: „the understanding deepened and everybody benefited" (CC/196).[111]

Der Code des ‚Verstehens' bildet nicht nur die Brücke zwischen Verhandeln und Transformation, er formt zugleich den Transformationsprozess entscheidend um, indem er den Weg für die Spezifizierung und Bestimmung des zu verstehenden Inneren der Subjekte ebnet: Im Unterschied zur Transformativen Mediation, in der das Selbst der Parteien prozessual gefasst wurde und seine Codierung relativ vage blieb, wird das Selbst der Parteien im verstehenden Zugriff von Mediator und Partei nun weiter spezifiziert und exakter bestimmt. Das Selbst wird beschreibbar und benennbar, als Verstandenes zum Gegenstand des Diskurses und als spezifizierter Gegenstand Objekt der Interventionen des Mediators. Die Thematisierung und Bestimmung des Selbst geschieht im nun an zentraler Stelle stehenden psychotherapeutischen Vokabular.

Primat der Autonomie
Die beiden ‚Verfahrensprinzipien' der Autonomie und des authentischen Prozesses stehen in derselben Weise wie in der Transformativen Mediation zueinander: Der Parteienautonomie kommt das Primat zu, die Transformation im Prozess, der die Parteien als authentische ‚Mitmenschen' ‚offenlegt' ist aber das Eigentliche, das wirkliche Potential der Mediation. Zunächst ist die Autonomie der Parteien konstitutiv für das Zustandekommen des Mediationsprozesses überhaupt. Von Anfang an sind die Parteien, gemäß dem Grundsatz „Proceeding by Agreement" in den Prozess eingebunden, immer wieder werden sie als Entscheider im Prozess gefordert, zuerst kleine prozessbezogene, dann größere und inhaltliche Entscheidungen zu treffen. (CC/27) Der Sicherung der Compliance wird Zeit eingeräumt, als Basis für den weiteren Prozess sind diese ersten Schritte fundamental: „the agreements that need to be reached to that end are not simply a preamble to the real work of the mediation but a critical and necessary part of that work. Authentically made, they give the process its integrity and its power." (CC/43)

---

[111]   Diese Thematik wird unten in Kap. 7.1.2 wieder aufkommen. Ebenfalls bemerkenswert ist, dass hier der versprochene Gewinn an Verständnis primär als Verständnis des eigenen Selbst auftritt („I'll want to (…) help you understand yourselves, and possibly each other more fully." CC/203). Selbst-Verstehen tritt vor Fremd-Verstehen, ‚empowerment' vor ‚recognition' – Subjektivation vor die neue Beziehungsgestaltung. (Kap. 11.3.1)

Der MediatorIn wird primär die Rolle angewiesen, den Parteien gute, also informierte und wohlüberlegte Entscheidungen zu ermöglichen. „The whole point of this process is to be able to put your clients in a position to make intelligent decisions." (CC/279) Diese stete Einbindung der Parteien achtet nicht nur ihre Autonomie, sondern bestimmt auch den Charakter des Prozesses. „As we view it, the parties' intention to resolve their dispute gives the process its power". (CC/31) Dass die Parteien die Verantwortung für ,ihren' Konflikt annehmen, ist der erste und unverzichtbare Schritt für einen Veränderungsprozess. „It is their conflict, and it is they who ultimately know how best to resolve it. If the parties recognize that, they can begin to assume the central role and responsibility for the decisions they will need to make together. If they fail to recognize that fundamental responsibility, deferring instead to their lawyers, they are likely to remain trapped." (CC/20) Selbstverständlich sind die Parteien in diesem Akt, der die Parteien als autonome einsetzt, eben nicht frei in ihrer Entscheidung, sondern werden durch die konflikttheoretische Rahmung in eine bestimmte und alternativlose Position, nämlich die der ,eigenverantwortlichen und autonomen Partei', gedrängt. Diese subjektivierende Zuschreibung der Position als autonome Partei, die gegen ihren Konflikt angeht, wird in den im hier herangezogenen Lehrbuch zahlreich vertretenen Beispielen präsentierter Mediationspraxis plastisch nachvollziehbar; zugleich tritt das schon bei der Transformativen Mediation gesetzte ,Absichtsverbot' der MediatorIn (Kap. 6.3.3) in noch gesteigerter Dringlichkeit hervor.

Die Beschreibung der subjektivierende Konstellation findet an einer instruktiven Passage (CC/54-55) eine Zuspitzung, die dem Diskurs eine wenn nicht direkt widersprüchliche, so doch prekäre Selbstbeschreibung des subjektivierenden Prozesses abverlangt: Denn die Parteien müssen ihre Motivation, Verantwortung und Bereitschaft, je mehr diese als eine tiefe menschliche Regung vorausgesetzt werden, um so autonomer in sich selbst entdecken; keineswegs darf der Mediator die Eigenaktivität der Subjekte ersetzen – und keinesfalls darf der Verdacht aufkommen, dass diese Situation viel mehr als Zuschreibung denn als Entdeckung verstanden werden könnte. „These different capacities are neither assumed nor imposed by the mediator, whose task is to determine with the parties whether they are present." Der Mediator soll also keinesfalls den Parteien etwas ,aufdrücken', sondern nur mit den Parteien gemeinsam feststellen, ob diese Fähigkeiten, den Konflikt durchzuarbeiten, vorhanden sind oder nicht. Die Brechung der Intentionen des Mediators an der Autonomie der Parteien soll, wie in der Transformativen Mediation, unbedingt gelten: Es wäre falsch, etwas von den Parteien zu wollen, sie müssen es im strengen Sinne immer selbst tun. Da in der Konflikttheorie die Subjekte jedoch als durch den Konflikt beeinträchtigt und in ihn verstrickt gezeichnet wurden, gehört nun auch das sichtbar und explizit machen dieser Intentionen und Ressourcen zu den Aufgaben des Mediators. Die Frage, ob die Bereitschaft nun da ist oder nicht, wird von der Konflikttheorie klar in eine Richtung gelenkt:

> their intention might not be clear to them, or they might have difficulty identifying or expressing it. That is usual and hardly constitutes an impediment. The question for us is whether an intention exists and can be tapped. However small or obscured from view the parties' motivation, intention, and willingness might be, we work hard to make them explicit. (CC/55)

Wurde die Grenze der Autonomie der Parteien, selbst und ohne das Zutun des Mediators den notwendigen ‚Treibstoff' (CC/55) für den Prozess bereitzustellen, zuerst scharf gezogen, so wird sie anschließend maximal ausgedehnt. Jede noch so kleine und verborgene Motivation und Bereitschaft soll identifiziert, explizit ausgedrückt und als Ressource in den Mediationsprozess einfließen. Einerseits wird ein sehr klares Bild von den Subjekten im Diskurs gezeichnet, das sich zudem noch positiv vom zu beobachtenden Verhalten abheben kann, da zwischen den ‚eigentlichen', ‚tieferen' und den konfliktinduzierten Verhaltensweisen unterschieden wird. Zugleich aber darf dieses Bild der Parteien niemals in Akten der Zuschreibung den Parteien aufgestülpt werden, die Motivation muss in jedem Fall und ausschließlich als autonom von der Konfliktpartei her kommend angesehen werden. Die Eigenbeschreibung im Diskurs wird auf diese Zuspitzung hingetrieben – sie lässt sich jedoch prägnant und weit weniger konflikthaft als Subjektivierung beschreiben. (s.u. Kap. 9.8; Kap. 11)

Die MediatorIn als Stifter

Um die Parteien als autonome Subjekte einzusetzen, bedarf es einer gerichteten Entscheidung für die autonome und selbstverantwortliche Konfliktbearbeitung, wenn der Mediationsprozess überhaupt starten soll. In die Lücke, die sich zwischen den Subjekten, wie sie sich im Konflikt real darstellen, und dem ihnen so konsequent zugeschriebenen ‚eigentlichen Potential' auftut, stößt die Persönlichkeit des Mediators und sein fester Glaube. Die Funktion des Mediators als Stifter und ‚Ermöglicher' wird im Diskurs emphatisch aufgenommen, die Persönlichkeiten, die solche Prozesse ermöglichen, werden herausgestellt: „Gary Friedman and Jack Himmelstein are master teachers and great mediators, and this book encapsulates their hard earned wisdom." (CC/xi; vgl. Kap. 9.7) Dass zugleich das Potential zur Veränderung gänzlich in den Parteien selbst verortet wird, spitzt die Spannungen in der Selbstbeschreibung weiter zu. (Das Zitat ist aus einem Beispielfall eines tief zerstrittenen Symphonieorchesters entnommen:)

What made it possible to tap the deeper intention that ran through the orchestra was in significant part the mediator's belief that the possibility was there. Without that belief, a mediation is more likely limited to tradeoffs and compromises. With the belief, the sky is the limit. (CC/93)

Der Mediator schafft hier einen Zugang zu etwas anderem, verheißungsvollen; dieses hochfliegende Neue wird jedoch zugleich immer ‚tief' in den Menschen verortet. Die dazwischen stehende Kontrollfunktion der MediatorIn, die die Kommunikation zwischen den Parteien dahingehend überwacht, ob sie den formulierten Anforderungen genügt, wird in diesem Zusammenhang nicht erwähnt. (s. Kap. 11.2)

Der Vorrang der Autonomie
Was passiert, wenn die Anforderung nach Kooperation und Verständigung mit der Entscheidungsmacht der Parteien kollidiert, wenn also die ‚Grundlage' und das ‚eigentliche Potential' der subjektivierenden Konstellation aufeinandertreffen, wird hier in einem herausragenden Moment der Deutlichkeit im Mediationsdiskurs, der unbequeme Beispiele sonst systematisch vermeidet, zur Sprache gebracht: Im Konflikt um die Gestaltung eines Naturschutzgebietes löst das übergeordnete Komitee das Subkomitee, mit dem es sich nicht auf eine Herangehensweise einigen konnte, einfach auf, nachdem in der Mediation diese Möglichkeit deutlich wurde. Der Mediator bedauert in dieser Auflösung des Konflikts die verpasste Chance, sich, die anderen und die gemeinsamen Möglichkeiten besser zu verstehen; er sieht jedoch bei sich keine Fehler, da die Verantwortung eben bei den Parteien liege. Die überlegt und informiert getroffenen Entscheidungen der Parteien sind zu akzeptieren. „I didn't much like it, like the subcommittee members, I too had to accept this reality." (CC/78) Bei aller Emphase, die auf die Verständigung und das Potential der Mediation gelegt wird, zeigt diese Passage demonstrativ das Primat

der Parteienautonomie. Dem Mediator bleibt nichts als das Bedauern – eine unmissverständliche Botschaft an alle engagierten MediatorInnen.

Zugleich zeigt die Passage, wie exklusiv die individualisierende Thematisierung der Subjekte hier greift: Die Akzeptanz der Autonomie und das Bedauern über die verpasste Chance liegen gleichermaßen auf einer menschlichen Ebene. Dem Mediator ist es nicht nur verwehrt, mit den Entscheidungsstrukturen in Konflikt zu gehen; es gibt im Diskurs überhaupt keine Möglichkeit, diese zu thematisieren. Die Parteien sind hier ja offensichtlich nicht ‚Menschen, die sich begegnen', sondern institutionell definierte Akteure, die in klar definierten Machtbeziehungen stehen (sonst dürfte einer den anderen nicht einfach auflösen). Der entscheidende Punkt ist nun nicht, dass die Verstehensbasierte Mediation darauf nicht reflektiert, das nicht kritisiert oder affirmiert – es gibt schlicht keine Möglichkeit, diese nicht-menschlichen Aspekte der Parteien in ihrem Diskurs abzubilden. (vgl. dazu Kap. 3.8.4)

Prozess: Zusammen Arbeiten – Aneinander Arbeiten
Wenn der Prozess des Verstehens zu den therapeutisch codierten ‚Tiefen' der Subjekte vordringt, wiederholt sich die Spannung zwischen den beiden Prozess-Prinzipien: Die Autonomie hat das Primat, aber der Prozess des ‚Zusammenarbeitens' ist das ‚eigentliche Potential der Mediation'. Die Fähigkeit zum Zusammenarbeiten wird wie die Selbstverantwortung von den Mediatoren hartnäckig unterstellt: „We believe people can work through conflict together, even when they aren't sure they can and have not worked well together so far." (CC/194) Und doch hängt das Gelingen des Prozesses immer von den Entscheidungen der Parteien ab: „But as usual when a mediation works, it is because the participants themselves have the courage to go beyond the limits of comfortable discourse to venture into difficult emotional territory." (CC/226) Der Prozess des Zusammenarbeitens auf der eigentlichen, tieferen Ebene, wird als emotional herausfordernd nicht nur für die Parteien, sondern vor allem auch für den Mediator beschrieben.

Eine auf Menschlichkeit gerichteten Haltung des Verstehens
Die Rolle, diesen jetzt therapeutisch gerahmten Verstehensprozess einzuleiten, fällt wieder dem Mediator zu. Dazu muss er oder sie authentisch im Verstehen sein, das heißt aus einem „desire to understand" (CC/70) heraus den Prozess um seiner

selbst willen anstreben. Diese Haltung des Verstehens stellt sich auch durch die Abwehr anderer Haltungen her. Einflussnahme auf den anderen ist ebenso aus dieser Haltung auszuscheiden wie Arbeit am Sachproblem. (CC/73) Vor allem aber sind Wertungen herauszuhalten. (CC/74-75 und 202) Diese nicht-wertende (‚nonjudgemental‘) Haltung des Mediators soll auf die Parteien übergehen. In einer scharfen Wendung erscheinen alle Urteile im Konflikt als „war of verbal assaults". (CC/75) Diese Haltung der MediatorIn, wird als ‚positive neutrality‘ bezeichnet; als Namensgebung wird so wieder der Anschluss an die Verhandlungsmediation und ihren neutralen, nüchternen, sachlichen Mediator gesucht. In ihrem diskursiven Umfeld therapeutischer Bezüge ist sie jedoch inhaltlich als die Haltung, wie sie von C. Rogers für die Gesprächspsychotherapie formuliert wurde,[112] zu erkennen. (s. Kap. 9.4) Hier verbindet sich so die strikte Ablehnung einer Identifikation mit Forderungen oder Positionen der Parteien mit der zugleich vollen Zuwendung „in empathically understanding them". (CC/216) In diesem Zusammenhang wird deutlich die Vorbildfunktion des Mediators herausgearbeitet. Das Beharren auf der Anwesenheit aller Parteien (und ggf. ihrer Anwälte) im Raum wird durch diesen Prozess des Übergangs der Haltung des Verstehens vom Mediator auf die Parteien begründet. Eine Delegation ist nicht möglich, ‚der ganze Mensch‘ muss da sein und sich erfassen lassen, sich aktiv einbringen und zuhören, sowie frei und spontan sprechen (CC/281), wenn die MediatorIn empathisch die einzelnen Parteien zu verstehen sucht (CC/111). „The stance of positive neutrality with the mediator's heartfelt acceptance of both views allows the parties to see their confrontation as one of differing perspectives and thereby begin to escape the hold that heir conflict has over them." (CC/209) Später unterstützt der Mediator die Parteien aktiv darin, sich gegenseitig aktiv zuzuhören. (CC/220)

Grenzen der Offenheit: Regeln und Belehrung
Zugleich ist der Prozess, der unter dem Code ‚Verstehen‘ zunächst als rein rezeptiv, offen und empathisch nachvollziehend scheint, keineswegs ungerichtet. Die Ausrichtung wird hier nicht offen benannt, in den Beispielen ist es aber klar sichtbar (CC/272). Das Beispiel der Verhandlung von Gesprächsregeln (auch das ein Element des Diskurses, der im deutschsprachigen Mediationsdiskurs

---

[112]   … und die heute interessanterweise unter dem Label der „positive Psychology" akademischen Anschluss sucht.

Niederschlag gefunden hat) illustriert das: Zunächst sollten die Grundregeln besser nicht „ground rules" heißen, sondern lieber „ground agreements": „we prefer that initial understandings about how the mediation will proceed be full and clear agreements by the parties." (CC/42) Es ist vorzuziehen, dass die Parteien sich selbst einigen; in diesem ‚prefer' liegt jedoch der Hinweis, dass die Parteien nicht autonom entscheiden, sondern die Mediatoren gegebenenfalls doch eingreifen, und Regeln durchsetzen würden: „we prefer not to rely heavily on the term ‚ground rules'" (CC/42) Die Parteien sollen lieber nach ihren selbst gesetzten Spielregeln kooperieren, die Mediatoren wollen weitgehend die Position einer Regeln setzenden Autorität vermeiden – die Selbstverpflichtung nimmt den Parteien die Möglichkeit zum Widerstand gegen die Mediation. Und zugleich behalten sich die Mediatoren –etwa bei größeren Gruppen, oder wenn Regeln massiv verletzt werden– die Option zur gerichteten Intervention vor.

Noch deutlicher wird diese Lenkung des Prozesses durch die Mediatoren, wenn diese explizit die Parteien belehren (‚education'). Dies tritt selten auf, ist aber umso interessanter, da an diesen Stellen die notwendigen, nicht der Parteienautonomie zu überantwortenden Stützpfeiler der Verstehensbasierten Mediation hervortreten – die wiederum genau der sonst angelegten Autonomie ihre Konturen verleihen. Die inhaltliche Offenheit des Verstehens findet seine erste Grenze an der Konflikttheorie. „While we don't want to force people to do so [to work through their conflict together; JT], we do want to educate them about the value of doing it this way and give them the opportunity to try." (CC/194-195) Das Durcharbeiten des Konflikts, für die Mediatoren ein Selbstzweck und Wert an sich, wird den Parteien bis an die Grenze des Zwangs nahegebracht. Die Mediatoren legen die Autorität ihrer Expertise und Erfahrung in die Waagschale (‚educate'), ebenso gestalten sie die Situation, um den Prozess nahezulegen, zu erleichtern und anzustoßen. Im Diskurs gerät die Autonomie der Parteien auch durch subtile sprachliche Mittel in eine Schieflage. „What we are suggesting is that understanding can begin to help the parties appreciate how [not if; JT] they have become caught in this ricocheting trap and lead to a way out." (CC/xxxv) Bei aller Orientierung an dem, ‚was den Parteien wichtig ist' – in der Konflikttheorie und dem Mediationssetting, die unten als Bestandteile des subjektivierenden Settings rekonstruiert werden, hat diese Offenheit eine Grenze. Eine weitere Grenze findet die Parteienautonomie in der Bewertung des Status der individuellen Aussagen: Äußerungen von Einzelnen können nicht als allgemeingültig gelten, sie müssen sich in das der Mediation eigene Schema fügen, wonach ‚Wahrheiten' mit ‚subjektiven Perspektiven' identisch sind. „Differing perspectives can stand next to one another without one canceling out the other. Differing truths, seen as absolute, cannot. Educating the parties to see conflict as a question of differing perspectives rather than singular truth can prove a critical step. A fundamental shift can occur which allows a way out of their conflict trap." (CC/104) ‚Educating about truth' geht sehr weit: die Mediation wird hier jedoch kaum unter der Hand zu einem Bildungsprogramm in erkenntnistheoretischen Fragen; viel eher ist der Code der zwischenmenschlichen Differenz für das Gelingen des Prozesses wesentlich, wie das Zitat ja auch deutlich macht. Es geht in der De-thematisierung von entscheidbaren Wahrheitsfragen ja gerade nicht um diese Fragen, sondern darum, etwas anderes zu ermöglichen. Dazu werden Urteile insgesamt als „right-wrong-trap" (CC/106) verworfen.

Diese beiden Belehrungen greifen auf eine Weise ineinander, die eine basale Struktur des Mediationsdiskurses illustriert: Das Arrangement, das den Wahrheitsansprüchen hier zugewiesen wird, fügt sich in das Verständnis von Mediation als Subjektivation. Während die Grundlagen des subjektivierenden Settings in der Mediation hart gesetzt, emphatisch vertreten und unverrückbar festgehalten werden, sind die Parteien aufgerufen, ihre eigenen Sichtweisen zu relativieren: Ihre Sichtweise hat subjektiv, am Anderen zu relativieren und prinzipiell veränderbar zu sein; das Setting muss dagegen fest stehen, für alle gelten und kann sich gerade nicht verändern. Im Diskurs werden so die Reichweiten und Bezüge der im Prozess ‚aufzudeckenden' Wahrheiten vorab festgelegt: Am Setting und in der Konflikttheorie und den Grundzügen der MediatorInnenrolle werden klare und unverrückbare Setzungen vorgenommen; und zu diesen gehört es auch, dass die Subjekte sich selbst als immer ‚bloß subjektiv' und flexibel positionieren. Das Verhältnis, das zur Wahrheit einzunehmen ist –ob es als klar und fest im Glauben oder subjektiv relativ gesetzt ist–, ist im Verfahren wie im Fachdiskurs entsprechend den Anforderungen der Subjektivation spezifisch ausgeformt. Die Subjekte haben sich locker zu machen, um sich in die feststehende subjektivierende Konstellation einzufügen.

Unter der Oberfläche
Diese Ausrichtung des Prozesses, die Rahmung der eingesetzten Parteien-autonomie, tritt deutlich hervor, wenn die Verstehensbasierte Mediation in die

Tiefe der Subjekte voranschreitet. Dieser Schritt „can make all the difference and therefore merits a special place in our core principles." (CC/xxxiii) Das besondere Potential der Mediation liege eben darin, dieses tiefe, sonst verborgene Potential der Menschen hervorzubringen und zu ‚wirklichen' Konfliktbeilegungen zu gelangen. „There can be more to mediation than simply fashioning an agreement that ends the conflict at least on the surface." (CC/187) In einem plastischen Beispiel zeigt ein Anwalt sich vom Schicksal des Klienten der Gegenseite betroffen und lässt unter seiner professionellen Maske seine ‚eigene Menschlichkeit und Empathie' hervortreten. Doch auch hier sind die Subjekte in ihrer aktiven Teilnahme gefordert. „As mediators, while we can not make this happen, we try to create an atmosphere that encourages that level of authenticity through our own willingness to allow the humanity of the situation to touch us und be visible to others." (CC/284)

Der Weg, um zu dieser Tiefe vorzudringen, „what is truely important to each", liegt in der Frage, „not only what they want, but why they want it." (CC/xxxiii) Diese Vertiefung des Gesprächs wird auch als entgrenzter, sich ausweitender und ‚vertiefender' Dialog präsentiert. „a more open discussion can lead to a different way of working together, a fuller shared perception of the nature of the problem, and a wider range of possible solutions." (CC/39) Die Herausforderung liege in der Kunst, diese Erforschung („inquiry" (CC/208) - was übrigens auch Prüfung und Befragung bedeutet) der Hintergründe konstruktiv und ohne erneute Eskalation zu ermöglichen. In Abgrenzung zur Verhandlungsmediation –die in der Ergründung der Interessen mit der Frage „Warum?" sonst parallel vorgeht– sollen Emotionen nicht abgelassen und als Störfaktor behandelt werden, sondern als ein wertvoller Teil der jeweiligen Erfahrung wertgeschätzt werden. (CC/208; Kap. 8.5) An anderer Stelle wird sogar gefordert, Interessen müssten immer emotional mitklingen („resonate"; CC/129), womit dem Körperbezug der Subjekte eine ähnlich zentrale Position zugeschrieben wäre, wie in der Verhandlungsmediation der ‚Sache'. Auf diese Weisen sollen existenzielle, die Parteien ihrer ‚Menschlichkeit' betreffende Fragen für die Subjekte konstitutiv werden, anstatt diese als instrumentelle, monetäre Interessen aufzufassen. Erst auf dieser Ebene sei oft die Lösung möglich, die auf der Ebene des Konflikts verwehrt bleibe.

4.3.4 Mediation mit und durch die Therapeutik

In der Codierung der Tiefe ihrer Subjekte zeigt sich die Verstehensbasierte Mediation –wenngleich sie sich für ökonomische Perspektiven offenhält– tief von der Psychotherapie geprägt. Die in der Transformativen Mediation impliziten Subjektcodes treten hier offen hervor, wenn eine Reihe von psychotherapeutischen Thematiken in die Verstehensbasierte Mediation einfließt.

Trauerarbeit

In einer als Beispiel angeführten Erbschaftsmediation deutet der Mediator die beiden Parteien als in tiefer Trauer um dieselbe Person. Deutung –der fünfstufige Trauerprozess ist ein Klassiker der populären Psychologie– geht mit der entsprechenden Intervention einher: Als eine Partei sagt, sie werde dann einfach still bleiben, interveniert der Mediator, um den drohenden ‚Rückzug' aus der gemeinsamen ‚Trauerarbeit' zu verhindern. „Assuming that it is best for the parties to avoid dealing with one another does not, from our point of view, serve the parties fully or well." (CC/187) Nicht nur der Wert des Durcharbeitens ist aus der Therapeutik, sondern auch die Bereitschaft des Mediators, sich mit den Parteien auf einer ‚menschlichen Ebene' zu identifizieren – wobei diese ‚menschliche Ebene' wesentlich die Verletzbarkeit der Parteien darstellt. „Sensing the fear that was there for both of them beneath their contentious stances helped me reassure that I might be able to identify with both". (CC/202) Die Allparteilichkeit des Mediators zeigt sich hier in ihrer Selektivität: er macht ein ‚eigentliches Subjekt' aus, dem er sich zuwendet, das nicht identisch ist mit dem, was im Konflikt als Konfliktpartei sichtbar ist, auch hier werden Subjekt und Konflikt getrennt. (Kap. 9.8.2) Der Mediator wendet sich den verletzlichen und nach Heilung von der Belastung des Konfliktes strebenden Anteilen der Parteien zu, die sich abwenden Wollenden finden hier diese Anerkennung nicht.[113] Zeigt eine Partei dagegen keine Verletzlichkeit, wird es für den Mediator schwerer, sich mit der Partei zu identifizieren, da der verletzliche „Mensch" nun ohne deutliche Anhaltspunkte imaginiert werden muss.

---

[113]   Genau an dieser Stelle setzt die Kritik der Verhandlungsmediation ein, wenn sie der ‚therapeutischen Mediation' vorwirft, ihre Parteien zu bedrängen.

Vulnerabilität

Einerseits wird der Prozess, ganz analog zur Transformativen Mediation, als scheinbar paradoxes wechselseitiges Wachstum von Autonomie und Verbundenheit beschrieben (CC/94). Im Zentrum der Thematisierung des Transformationsprozesses steht jedoch –in einer therapeutischen Variation eines anderen Themas der Transformativen Mediation– die entstehende ,Zwischenmenschlichkeit' der Parteien als „mutuality of vulnerability" (CC/27). Die Verletzlichkeit wird schrittweise eingeführt, indem beispielsweise die Karten schrittweise wechselseitig offengelegt werden, wenn die Parteien mit ihren Anwälten gemeinsam auch die Schwächen ihrer Rechtspositionen offenlegen. Der Weg aus der Konfrontation hin zur Kooperation wird als eine schrittweise wechselseitige Offenlegung von Verletzlichkeiten beschrieben. Mit der Vulnerabilität wird zugleich die wohl zentralste therapeutische Kategorie[114] in den Diskurs eingebracht und in die Grundlage der zu entstehenden Beziehung eingewoben: Wir erkennen uns wechselseitig und uns selbst als verletzbare Menschen an.

Entsprechend diesem Fokus auf der Verletzlichkeit werden emotionale Äußerungen in der im Diskurs dokumentierten Mediationspraxis bewertet und reinterpretiert. Einerseits werden Emotionen vom Mediator defensiv gelesen, etwa in der klassisch-therapeutischen Interpretation von Aggressivität als abgewehrter Trauer. „So you mainly felt betrayed and angry. I also thought when you were talking that I heard grief in your tone." (CC/210) Diese Interpretationen mit defensiver Tendenz werden als konstruktiver Umgang mit Ärger und als ,Verstehen, was unter dem Ärger liegt' kommentiert. (CC/211) Hier kommt die therapeutische Interpretation von Ärger als ,Sekundäremotion' oder ,Reaktionsbildung' (im Vokabular der Gestalttherapie) zum Tragen: Der Ärger ist –wie tendenziell jede Form von Aggressivität- ein Oberflächenphänomen, ,unter' diesem liegt die ,zugrundeliegende', damit: eigentliche, aber verdeckte, Emotion der Trauer eine Verletzung. „Fear and pain are often at the core of conflict and the source of mutually reinforcing, self-justifying views (…). My realization that those deeper feelings might underlie their recriminations against one another would

---

[114]   Die Vulnerabilität steht zumindest im Mittelpunkt der soziologischen Debatten um die Therapeutik. (Furedi 2004; Illouz 2003, 2009)

make it easier for me to empathize with each of them." (CC/211) An dieser Stelle zeigt sich die Selektivität der mediatorischen Identifikationsangebote in der Haltung der Allparteilichkeit besonders deutlich: Die MediatorIn kann sich kaum mit der Aggressivität der Parteien identifizieren, einfacher wird es erst, wenn sie diese als bloß sekundäre Reaktion auf primäre Verletzungen und Ängste auffasst. Die in der Mediation neu gestiftete Beziehung basiert auf der wechselseitigen Anerkennung in der Verletzlichkeit. „my own awareness of her fear and frailty allowed me to move closer to her experience and to her." (CC/213) Angst und Gebrechlichkeit sind es, die hier die Nähe und Verbundenheit erzeugen. In der therapeutischen Normativität werden klare Grenzen gezogen: Trennende, problematische Emotionen („Anger, distrust, blame, frustration, disappointment – the emotions that often separate us …") werden dem Konflikt zugeschlagen; gute, defensive Emotionen („Pain, hurt, sorrow, fear – the emotions that promise to connect us"; CC/281-282) können im Konflikt nicht ausgedrückt werden; diese ‚verdeckte‘, ‚unterdrückte‘ Schicht aus der Tiefe der Subjekte soll in der therapeutischen Transformation erreicht werden um auf ihr die Beziehung der Subjekte zueinander neu zu gestalten. Nach dem Mediationsprozess des über die Erbschaft zerstrittenen Geschwisterpaares fasst der Kommentar zusammen: „A new understanding emerged from their direct interaction. With it, hostility and fear diminished and possibly the parties felt some compassion toward each other. In this case it also seemed significant that they had each acknowledged, implicitly if not explicitly, a connection because they had loved the same person." (CC/186-187) In der Trauer, im Verlust, kann eine neue Form von Gemeinschaft und Verbundenheit gestiftet werden; diese nicht-aggressiven negativen Gefühle werden als authentisch und für die Lösung funktional anerkannt und damit massiv aufgewertet.

Der Einbezug des Körpers geschieht vorwiegend über Emotionen – andere Körperreaktionen wie Augenkontakt (CC/177), mimische Reaktionen (CC/188) oder der Klang der Stimme (CC/210) werden ebenfalls beobachtet, aber nicht systematisch diskutiert. Als Zeichen für die tiefen, echten Interessen der Parteien müssen sie wahrgenommen, artikuliert, erforscht und gewürdigt werden. Zugleich jedoch gehören die ausagierten Emotionen wieder auf die Seite des Konflikts: Der Nachdruck, mit dem hier ein Unterdrücken und Abschwächen der Konfliktemotionen verhindert werden soll und das Zulassen der emotionalen Spannung eingefordert wird, dient dem Zugänglichmachen des Körpers für den

Verstehensprozess. Zur Lösung gehören nur die positiven Emotionen, denen auch ihr Lauf gelassen werden kann, während die negativen der ‚Inquiry' zuzuführen sind. Damit zeigt sich hier exakt das Muster, in dem Reckwitz die ‚emotionale Intelligenz' der neoliberalen Subjektform festgemacht hat. (Kap. 3.2.2.3; Kap. 8.5)

Trauma
Wie sehr die Parteien sich schwach, traumatisiert und verletzlich zeigen können, wird im Diskurs schnell klargestellt, wenn gleich im dritten Fallbeispiel eine ihre Biographie verfassende Holocaustüberlebende eingeführt wird. (CC/41ff, insbes. 47) Die Parteien können therapeutisches Vokabular in ihrer Selbstbeschreibung aber stets benutzen und der Mediator greift die Wortwahl auch in weit weniger dramatischen Zusammenhängen auf (CC/287); einmal kann selbst die Konfrontation mit der anderen Konfliktpartei in der Mediation als ‚traumatisch' bezeichnet werden („I want you to know that being here is traumatic for me ..."; CC/277) Im Kontext einer sozialen Ausgrenzungserfahrung einer Jugendlichen ist die Verwendung von Trauma klar der alltagssprachlichen, nicht-klinischen Verwendungsweise zuzuordnen. Aber auch der Verlust des Elternteils im oben schon angeführten Erbschaftsstreit wird als Traumatisierung angeführt. (CC/187-188) Insgesamt ist diese Verwendung von ‚Trauma' geeignet, die Vulnerabilität der Subjekte herauszustellen und die Äußerung von (primär) nicht-aggressiven negativen Emotionen, die sich in besonderer Weise für den therapeutischen Versöhnungsprozess eignen, zu ermutigen.

Konvergenz der Interessen
Die bislang dargestellten Übernahmen aus dem therapeutischen Diskurs kulminieren in einem Aspekt, in der die Differenz der Verstehensbasierten Mediation zur Verhandlungsmediation deutlich hervortritt. Die primär als verletzlich und bezogen beschriebenen Subjekte lassen nicht nur deren ‚menschlichen Seiten' ins Zentrum des Interesses rücken, sondern sie machen auch die Existenz von gegensätzlichen Interessen, die im Harvard-Konzept noch Grundlage und Währung der Verhandlung waren, tendenziell problematisch.

One of the greatest challenges for the mediators and the parties at the end of the mediation is to be able to live with the tension that accompanies the final stage of the mediation. (...) It is also important for the parties to be able to live with the tension than either to pretend that it doesn't exist or, more dangerously, to give in to make the tension go away. (CC/266)

Damit ist die Konstellation der Verhandlungsmediation, in der das harte, aggressive Verhandeln den Ausgangspunkt bildete umgekehrt: Nicht mehr von zu großer Härte, sondern von zu viel Verbundenheit her wird die Differenzierung der Parteien bedroht, nachdem die Therapeutik die Ökonomie als Referenzrahmen ersetzt hat. Diese Sorge ist berechtigt: Seitdem die Aggressivität dem Konflikt und die Verbundenheit den Subjekten zugesprochen wurde, finden sich zahlreiche konvergierende Interessen und wieder entdeckte Verbundenheit zwischen den Subjekten der Verstehensbasierten Mediation. Am eindrücklichsten ist dies wohl in einem Nachbarschaftsstreit dokumentiert – in dem auch der Mediator selbst aus der Nachbarschaft kommt, was jedoch als Ressource, nicht als potentielle Verstrickung angesehen wird (CC/204). Der Konflikt endet in der Mediation mit einem versöhnlichen Versicherung ‚Weißt du, ich will auch, dass du mit der Lösung glücklich bist.' (CC/227) Die so angesprochene Nachbarin scheint damit mit der Situation in Frieden zu sein und stirbt noch dieselbe Nacht im Schlaf – eine fast schon religiös anmutende Schilderung der Versöhnung, des friedlich sterben-Könnens. In einem anderen Fall stellt der Satz ‚Ich habe Angst vor Dir' den Wendepunkt einer Beziehung dar, über die der Angesprochene heftig erschrickt; da er erkennt, wie sehr er seinem eigenen Ziel der Wiederherstellung der Beziehung selbst im Wege steht. (CC/182) Diesen entscheidenden Satz in einem Verhandlungskontext zu äußern wäre nicht möglich – nur der irrationale Verhandler hat Emotionen, und auch dann nur aggressive. (Kap. 4.1.4)

4.3.5 Subjektcodes der Verstehensbasierten Mediation

Die Verstehensbasierte Mediation zeigt sich ebenso wie die beiden vorhergehenden Ansätze stark in den subjektkulturellen Wandel eingebunden: Auch hier wird der Ansatz im Wandel der Subjektformen verortet, was sich im diskursiv beschriebenen ‚Menschenbild' ebenso wie auf der Ebene des Prozesses und des Vorgehens der MediatorIn zeigt. Dabei lässt sich diese hier auftretende Subjektform als das von Reckwitz beschriebene neoliberale Subjekt exakt und vollständig mit den drei Codierungen der Wahl, Ästhetisierung und entmoralisierten Selbststeuerung beschreiben: Zunächst werden die Parteien als aktive Entscheider adressiert, deren Autonomie, wie gezeigt wurde, im Mediationsprozess das Primat zukommt. Diese Adressierung ist nun so ausgestaltet, dass sie sowohl an die ökonomischen Codes des Harvard-Modells als auch an die ‚genuine choice' der Transformativen Mediation anschlussfähig wird. Diese Doppelcodierung von ökonomischen und psychologischem Diskurs zeigt sich schon im ‚Verstehen‘, das sowohl strategisch als auch ‚mitmenschlich‘ aufzufassen ist – im Verschwimmen des Übergangs zeigt sich die psychologisch-ökonomische Doppelcodierung dieser Subjektform an. (Diese wird den Mediationsdiskurs durchziehen, und besonders in der neuesten Entwicklung, den systemischen Ansätzen hervortreten. Vgl. Kap. 10.4) Neben diesem aktiven Code der Wahl steht die authentische Selbstbeziehung der Subjekte, an der zu arbeiten als das ‚eigentliches Potential‘ der Mediation ausgewiesen wird. Hier sind die Subjekte passiv und rezeptiv –sowohl im Zuhören des anderen als auch im Selbstverhältnis– modelliert. Diese rezeptive, und damit nicht nur dem Wortsinne sondern auch ihrer kulturellen Genealogie nach (s. Kap. 3.2.2), ästhetische Codierung der Subjekte tritt neben die Autonomie als der ‚eigentliche‘ und ‚tiefere‘, damit wichtigere, zugleich jedoch im Prozess klar von der Autonomie abhängige Subjektcode. Die beiden zentralen Codes greifen also in einer spezifischen Weise ineinander: Die Autonomie der Subjekte steht an erster Stelle, sie wird jedoch zugleich als Vorbedingung für den ‚eigentlichen Prozess‘ weniger hoch geschätzt. In der starken Rezeption der Therapeutik wird zugleich die entschiedene Ent-Moralisierung des Selbstbezugs eingeleitet, wenn die Subjekte sich und den anderen wertungsfrei (‚non-judgemental‘) begegnen sollen: Die an die Stelle der Moral tretende ‚ressourcenorientierte‘ Selbststeuerung ist semantisch schon in der psychologisch-ökonomischen Unentscheidbarkeit angesiedelt.

Durch das in dieser Spielart der Mediation zentrale ‚Verstehen‘ ist zugleich das Ziel der Klarheit ausgegeben, das sich primär auf das Subjekt selbst, dann aber auch auf den Anderen bezieht. Ambivalenzen gelten als Teil des Problems Konflikt: es gilt in der Mediation wieder Klarheit herzustellen. (CC/83) Diese Klarheit ist Teil des Prozesses, in dem das Subjekt sich transparent macht, um sich dem Gegenüber zu öffnen und ihm oder ihr sein Inneres zu offenbaren. (CC/90) Durch den verstehenden Zugriff auf das Subjekt kann dieses in seiner ‚inneren Tiefe‘ diskursiv erfasst werden und so zum objektivierten Gegenstand im Prozess werden. Hier setzt sich der Ansatz klar von der Transformativen Mediation ab, die in ihrer Scheu, die Tiefe der Subjekte allgemein und von außen zu beschreiben, der Autonomie der Parteien auch auf der Ebene der Wahl der Semantiken der Selbstpräsentation mehr Grade der Selbstbestimmung einräumt. In der Verstehensbasierten Mediation ist dagegen im Modus der ‚education‘ sogar eine direkte Intervention in das Selbstverständnis der Parteien möglich. Hier greifen die den Diskurs stark orientierenden Codes der Psychotherapeutik, wie im vorhergegangenen Abschnitt aufgezeigt wurde; zugleich macht diese Spezifizierung der Parteien sie dem Rationalismus der Verhandlungslehre anschlussfähig.

Die erschlossenen, verstandenen und artikulierten Beweggründe der Parteien, die deren tiefere Ebene ausmachen, sind zugleich die Gründe für deren Erleben und Handeln und zugleich im Körper fundiert. Interessen müssen hier –wenn die menschliche, eigentliche Ebene der Tiefe erreicht wird– emotional resonieren. (CC/129) Im Körper der Parteien soll die Synthese stattfinden, sodass das semantisch Verstandene mit dem willentlich Entschiedenen authentisch verschmilzt. „This deeper level embodies the reasons why the parties seek the ends they do". (CC/117) Das hier hergestellte Subjekt ist immer zugleich ein rationales, von separaten, identifizierbaren, benennbaren und artikulierbaren Motivationen bestimmtes und zugleich ein körperliches. Hier wird ein Rationalismus erkennbar, der in der viel stärker beim Prozess bleibenden Transformativen Mediation fehlte. Im verstehensbasierten Ansatz wird Win-Win erzeugt „By finding out why you have each taken the position you have (…) and then seeing if we can find a solution that takes both of your reasons into account." (CC/45) Die verstehenden und verstanden werdenden Subjekte treten auch mit identifizierbaren, benannten Gründen auf; wobei diese Gründe nun nicht mehr in ihrem Bezug zur ‚Sache', sondern in ihrem Bezug auf ‚sich selbst', auf ihr körperliches Inneres, angesiedelt sind. Die Integration des Körpers in den ‚verstehensbasierten', semantisch durchdrungenen Prozess der Konfliktlösung wird über den Bezug auf Emotionen gewährleistet – wobei diese wie oben dargestellt nach dem Kriterium der Kooperation vorsortiert und ‚emotional intelligent' aufgenommen werden. (s. dazu Kap. 8.5)

Die Verstehensbasierte Mediation stellt sich in der Beziehung zu den beiden zuvor dargestellten Etappen der Mediation in den USA als eine konsequente Weiterführung der Subjektcodes im kulturellen Wandel dar. Wo die Verhandlungslehre noch normativ auftrat, werden hier die Subjekte konsequent auf ‚jenseits von Richtig und Falsch' (so dann später der Slogan der Mediation) ausgerichtet. Gleichzeitig wird der gesellschaftsverändernde Anspruch der Transformativen Mediation hier in die Subjekte verschoben: Diese sollen sich hin zu mehr Authentizität verändern. Da sich dabei der Transformationsanspruch jedoch zu einem gänzlich unter der Autonomie der Parteien stehenden Wunsch verändert, verliert er seinen kontroversen Charakter. Insgesamt ist in der Verstehensbasierten Mediation kaum noch eine Utopie vernehmlich. Die großen Fragen der Transformativen Mediation, die auch in der Verhandlungslehre aufgeworfen wurden, stehen hier zurück. Jeweils zwischen den Menschen etwas bewegen, dazu eine mit den eigenen Werten kompatible Praxis entwickeln: Mit diesen zur großen Kontroverse nicht mehr taugenden Ansprüchen lässt dieser Ansatz die extreme Polarisierung in der Mediation hinter sich. Wie in den folgenden Kapiteln aufgezeigt wird, hat die Verstehensbasierte Mediation für die Mediation in Deutschland herausragenden Einfluss erlangt. Sowohl ihre technischen Prioritäten und Innovationen wie die hier angeführten Subjektcodes haben den deutschsprachigen Mediationsdiskurs entscheidend geprägt: Sie zählt zu den entscheidenden Stichwortgebern der ‚Bewegungsmediation' in Deutschland. (Kap. 5.2.1) Zugleich ist hier aber auch schon die Entwicklung, die diese mit der in den letzten Jahren ansteigenden Relevanz systemischer Ansätze genommen hat, angelegt: Eine in der Alternativkultur entstandene Programmatik entwickelt sich in ihrer psychotherapeutischen Ausrichtung kontinuierlich hin zu einer psychologisch-ökonomischen Ununterscheidbarkeit. Diese Entwicklung wird in der Mediation in den systemischen Ansätzen ihren (bislang erkennbaren) Höhepunkt erreichen. (s. Kap. 10)

5. Das Feld der Mediation in Deutschland

Die Analyse des deutschsprachigen Mediationsdiskurses beginnt in diesem Kapitel mit einer Darstellung des Feldes der Mediation. Hier wird zunächst beschrieben, welche Akteure den Mediationsdiskurs tragen, welche Fraktionen sich ausmachen lassen und auch, in groben Zügen, welche Entwicklungen sich beobachten lassen. Im Gesamtaufbau der Studie nimmt dieses Kapitel eine Scharnierfunktion ein: Stand im vorhergegangenen Kapitel die Frage nach der Entwicklung der Mediation und ihrem Ort im subjektkulturellen Wandel im Zentrum und werden sich die folgenden Kapitel schwerpunktmäßig mit der Frage beschäftigen, wie genau der Mediationsprozess, die Problematisierung, die MediatorInnenrolle und das Verfahren als Subjektivation zu verstehen sind, so bilden die in diesem Kapitel dargestellten Strukturen des Mediationsfeldes einerseits den Ertrag der oben entwickelten Überlegungen, die auf die deutsche Mediationslandschaft übertragen werden, andererseits bereitet die Darstellung des Feldes die folgenden inhaltlich fokussierten Kapitel der Diskursanalyse vor. Die drei Eckpunkte der US-amerikanischen Mediation, die im letzten Kapitel beleuchtet wurden, bilden den Hintergrund der Strukturierung des zunächst hoffnungslos unübersichtlich und zersplittert erscheinendes Feldes der Mediation in Deutschland. Zunächst wird argumentiert, dass die Mediationsverbände die prägenden Akteure der Mediation in Deutschland darstellen, wie diese das Feld mit der Zertifizierung von Ausbildungen strukturieren und eine entsprechende Ökonomie entwickeln. (Kap. 5.1) Das unübersichtliche Feld der Verbände wird dann anhand der im vorherigen Kapitel entwickelten Entwicklungstendenzen und Differenzierungslinien des Diskurses strukturiert, wobei zunächst eine Polarisierung in Verhandlungs- und Bewegungsverbände mit entsprechenden Programmatiken zu beobachten ist (Kap. 5.2), die jedoch im letzten Jahrzehnt in Bewegung geraten ist. (Kap. 5.3) Dennoch wurde diese ,alte' Strukturierung des Feldes in den Konflikten im Vorfeld der Verabschiedung des ,Mediationsgesetzes' 2012 aktualisiert. (Kap. 5.4) Nach dieser Beschreibung des Feldes, das als Hintergrund für ein Verständnis der in den

folgenden Kapiteln durchgeführten inhaltlichen Strukturierung des Mediationsdiskurses mit dem hier verfolgten Diskursverständnis unerlässlich ist (vgl. Kap.
2.3.1.2), wird zum Abschluss des Kapitels der Datenkorpus für die Diskursanalyse
en detail vorgestellt. Dieser, üblicherweise der Gegenstandsbeschreibung oder dem
Methodenkapitel zuzuordnende Arbeitsschritt kann erst jetzt, nach der detaillierten
Darstellung des unübersichtlichen Feldes, exakt durchgeführt werden. (Kap. 5.5)

5.1 Verbände als einflussreiche Akteure

Das Feld der Mediation ist durch seine Unübersichtlichkeit gekennzeichnet.
Welche verblüffende Bandbreite von Akteuren sich hier bewegt, lässt sich
plastisch am Spektrum der Verlage, in deren Programm Beiträge zum
Mediationsdiskurs erscheinen, illustrieren: Dieses reicht von wissenschaftlichen
Fachverlagen wie dem juristischen Dr. Otto Schmidt Verlag, dem das „Handbuch
Mediation" verlegenden Beck Verlag, und dem psychologischen Programm des
Beltz Verlages (M/MK) über Verlage für psychologische Populärliteratur wie den
Jungferman Verlag (MK, GFK), dem ‚systemischen' Carl Auer Verlag (EiM), bis
zum anthroposophischen Verlag Freies Geistesleben (KM-G, s. Kap. 6.2.3) und die
von der Werkstatt gewaltfreie Aktion Baden im Eigenverlag herausgebrachten
Bücher von Christoph Besemer (MKVK, MIDP). Auch die reine Anzahl der
Akteure macht einen Überblick schwierig: So gibt es in Deutschland fünf größere
und eine noch größere Anzahl kleinerer Verbände, die die Mediation oder einen
Anwendungsbereich repräsentieren wollen, Universitätsinstitute, Runde Tische,
Stiftungen und Stiftungsprojekte. Dazu kommen die zahllosen Ausbildungsinstitute
und vor allem die Menge freiberuflicher Mediator_innen, die ihre Dienste über
Netzwerke, Homepages und ‚Mediatorensuchmaschinen' anbieten – von denen es
wiederum mehrere mit je unterschiedlichen Datenbanken gibt. Neben der Anzahl
der Akteure liegt die Komplexität auch darin, dass diese sich nur teilweise
anerkennen: keineswegs sind alle Akteure miteinander vernetzt. Besonders auf der
Ebene der Verbände ist zu beobachten, wie Konkurrenten um die Repräsentation
der Mediation sich gegenseitig totschweigen und damit ganze Bereiche des Feldes

ausgeblendet werden. [115] Andererseits werden manchmal Positionen zur Abgrenzung angeführt, die sich im (verschriftlichten) Diskurs gar nicht wiederfinden. [116] Das Akteursfeld der Mediation ist damit ein unübersichtliches Terrain, nicht nur für die wissenschaftliche Analyse, sondern auch für die Akteure selbst. In einem vielbeachteten Artikel (EWE) kritisierte der bekannte Psychologieprofessor Leo Montada, der sich seit vielen Jahren mit Mediation beschäftigt, das verhandlungsorientierte „Standardmodell der Mediation" als Ausdruck einer instrumentellen und ökonomisch verkürzten Rationalität. Doch diese Diagnose von einer Dominanz des Verhandelns im Diskurs der Mediation trug ihm nicht nur Zustimmung oder sogar eine Überbietung und Zuspitzung seiner Kritik ein (EWE/579), sondern auch Unverständnis bezüglich seiner keineswegs durchgängig geteilten Diagnose der Dominanz ökonomischen Denkens in der Mediation (EWE/532). Das Feld der Mediation stellt sich hier also selbst für wichtige Akteure nicht eindeutig dar.

Die einflussreichen Akteure im Feld der Mediation sind die Mediationsverbände. Zunächst bündeln die Verbände die Organisation zweier Zeitschriften (SDM und dM) und Fachkongresse, vor allem aber machen sie die Mediation in der politischen Arena, der internationalen Vernetzung und durch Öffentlichkeitsarbeit sichtbar und haben so eine hohe Definitionsmacht erlangt, die sie zur Strukturierung des Ausbildungsmarktes einsetzen. Die Verbände besetzen mit der Ausbildung, dem Fachdiskurs und der politischen- und Öffentlichkeitsarbeit genau

---

[115]   Gelegentlich ist diese Strategie auch im wissenschaftlichen Kontext anzutreffen. So etwa, wenn Eidenmüller festhält, dass „fast alle, die sich in Deutschland wissenschaftlich mit Mediation beschäftigen, zu seinen [Peter Schlosser, Jura-Professor an der LMU; JT] Doktoranden oder sogar Habilitanden zählen" (MGpK 48). Diese Äußerung mag als Ehrung des Jubilars dem Anlass der Veröffentlichung eine gewisse Übertreibung augenzwinkernd in Kauf nehmen – was jedoch die Ausgrenzung aller anderen wissenschaftlichen Thematisierungen von Mediation, die zur Jahrtausendwende im Mediationsdiskurs unübersehbar vorhanden waren, nicht erklärt. Eidenmüller entscheidet sich für das Adjektiv ‚wissenschaftlich', nicht für ‚juristisch'.

[116]   Dies gilt etwa für die Position, Mediation solle nicht beforscht werden (in SDM44 nicht vertreten, aber oft ohne Nachweis angeführt); und auch für die Position, Mediation solle von rechtlichen Kategorien frei gehalten werden ist nicht mehr aufzufinden. Auch die –von allen anderen als radikal erachtete– Transformative Mediation führt eine im Diskurs sonst nicht repräsentierte ‚integrative mediation' an, um sich als moderat darzustellen. (PoM)

die Bereiche, in denen die Mediation –wie oben dargestellt (Kap. 2.1)– stark
aufgestellt ist. Diese Stärke der Verbände im Diskurs wird auch durch die
Abwesenheit einer starken, vernetzten und von den Verbänden unabhängigen
wissenschaftlichen Thematisierung von Mediation (Kap. 2.2) mit hervorgebracht.
Einzelne Mediator_innen treten im Diskurs durchaus verbandskritisch auf und
können sich mit ihren Beiträgen auch Gehör verschaffen und auch die Verbände
und ihren Einfluss auf die Mediation deutlich kritisieren (s. Kap. 2.1; EiM/14, 18-
21). Um jedoch wirksam an der Gestaltung des Feldes mitzuwirken, reicht ihr
Einfluss als nicht organisierte Einzelpersonen nicht aus.

5.1.1 Ausbildungsökonomie

Um nachzuvollziehen, wie die Mediationsverbände ihre Position im Feld
begründen, sind die Folgen für die ‚Ökonomie der Mediation' zu berücksichtigen,
die sich aus der spezifischen Stärke insbesondere des Ausbildungsmarktes
gegenüber der Mediationspraxis ergeben. Alle großen Verbände sind mit der
Entwicklung von professionellen Standards beschäftigt, die größeren und einige
der Kleineren betreiben mit der Zertifizierung von Ausbildungsinstituten bzw.
AusbilderInnen und MediatorInnen ein den Ausbildungsmarkt strukturierendes
Qualitätsmanagement; alle setzen sich die kollegiale Vernetzung, inhaltliche Arbeit
in Fach- und Arbeitsgruppen als Ziel, machen politische Lobbyarbeit und werben
durch Öffentlichkeitsarbeit für die Mediation. An dieser Stelle werden nun
Unterschiede zwischen den Verbänden, die selbst AusbilderInnen zertifizieren und
solchen, die (wie etwa der VFÖM, s.u.) nur als Expertennetzwerk fungieren,
grundlegend, da letztere an der Ausbildungsökonomie der Mediation nicht beteiligt
sind. Zwischen den die Ausbildungen zertifizierenden Verbänden hat sich eine von
Verteilungskämpfen geprägte Ausbildungsökonomie stabilisiert: Die Verbände
werben für Mediation als ‚Idee', präsentieren sich als legitime Vertretung der
Mediation und bieten zugleich mit ihren Ausbildungsstandards den zahlreichen
Absolvent_innen von Mediationsausbildungen die Möglichkeit, sich vom Verband
zertifizieren zu lassen, wenn die Ausbilder_innen als solche vom Verband
anerkannt sind und die Ausbildung den Qualitätsstandards des Verbandes
entspricht. Mediationsausbildungen sind der zurzeit lukrativste Markt der
Mediation (vgl. Kap. 2.1), wobei das Spektrum für die in aller Regel 200h
umfassende Mediationsausbildung sich ausdifferenziert hat: So werden einerseits
hochpreisige Ausbildungen für Baumediatoren angeboten, die als Block auch in
der Toskana oder in Madeira stattfinden können und zudem als Bildungsurlaub

anerkannt werden. Die Kosten für die anvisierte Zielgruppe der „Anwälte, Architekten, Gutachter und Ingenieure" belaufen sich dafür mit 8.400 Euro zzgl. Zertifizierungsgebühr [117] auf mehr als das Zehnfache des Preises, für den Studierenden der Freien Universität Berlin, denen der erste Teil als Universitätsseminar kostenlos angeboten wurde, den Aufbaukurs an drei Wochenenden buchen konnten.[118] Die Kosten der meisten Mediationsausbildungen bewegen sich in der Mitte zwischen diesen beiden Extremen. Die Verbände strukturieren den Markt für Mediationsausbildungen vor, indem sie Ausbildungsstandards vorlegen, die Ausbilder_innen zertifizieren und so den Absolvent_innen die Möglichkeit eröffnen, selbst eine Zertifizierung zu erlangen. Jede dieser Lizenzierungen/Anerkennungen ist mit einer Gebühr (BM: 275€ Lizenzierung, 200-250€ Mitgliedschaftsbeitrag/Jahr; DGM: 150/60€ [119] Anerkennung, 70€ Mitgliedschaftsbeitrag/Jahr; BAFM: Mitgliedschaft 200€/Jahr, Lizenzierung 150€[120]) verbunden. Zu den Besonderheiten dieser Ausbildungen gehört, dass das Zertifikat ohne Abschlussprüfung erlangt wird: Alleine mit der Teilnahme ist der Erfolg der Ausbildung gesichert.[121] Für die Mitgliedschaft in einem Verband sind üblicherweise zusätzlich Dokumentationen von vier durchgeführten Mediationen zu erbringen; diese Nachweise sind jedoch nicht extern zu bestätigen.[122] (BM-CL)

---

[117]   http://www.mediationsakademie-berlin.de/aktuelles/beitrag/fortbildung-fuer-   baumediatoren.html; 21.1.2016

[118]   Vgl. http://www.diversity-kompetenz.com/imk/zertifikatsstudium.html; 2.9.2016. Der Autor hat an dieser Ausbildung teilgenommen.

[119]   Für Mitglieder reduziert (DGM-AO)

[120]   Nur, wenn nicht von BAFM-Institut ausgebildet. (http://www.bafm-mediation.de/ mitgliedschaft/mitglied-werden/bafm-mitgliedschaft-fur-absolventen-anderer-ausbildungs gange/; 26.8.2016)

[121]   Dies gilt nicht für alle Ausbildungswege. So sind etwa die diversen Master-Studiengänge als universitäre Ausbildungen mit Prüfungen aufgestellt. Inwiefern im Prozess der Zertifizierung der Institute durch die Verbände strenge Auflagen erteilt werden, inwiefern also fachliche Standards der sowohl ökonomisch als auch in der Konkurrenz gegen die anderen Verbände vorteilhaften Anerkennung jedes Instituts einschränken, konnte nicht ermittelt werden.

[122]   Somit konnte sich in der Mediationsforschung die –allerdings nicht publizierte– Überzeugung weit verbreiten, dass diese zur Mitgliedschaft zu erbringenden Berichte keine verlässliche Datenquelle für Forschung darstellen. Trotz ihrer großen Zahl wird die Glaubwürdigkeit der Darstellungen von vielen Forscher_innen als nicht hinreichend eingeschätzt.

Um also von einem Verband als zertifizierte MediatorIn anerkannt zu werden, sind die Hürden des ‚Qualitätsmanagements' der Verbände denkbar gering, sofern die anfallenden Gebühren und Nachweise erbracht werden.[123]

Über die Ausbildungen von Mediation, die so ökonomisch ins Zentrum des Feldes rücken, stabilisiert sich die Fassung der oben beschriebenen ‚Mediation im idealtypischen Sinne' (Kap.2.1). In der Konkurrenz zwischen Verbänden und Ausbildungsinstituten um den Ausbildungsmarkt stabilisiert sich dieser gemeinsame Bezugspunkt. Ebenso stabilisiert sich das Ziel der Verbreitung und Etablierung der Mediation, in der Mediationsbewegung offensiv und direkt als ein gesellschaftsveränderndes Anliegen, in der Verhandlungsorientierten Mediation durch ein striktes Dienstleistungsverständnis gebrochen. Die Formulierungen des Ziels jedoch, Mediation in der Gesellschaft zu verankern, ist allen Verbänden gemein. Die Verbände sind somit nicht als etablierte Standesvertreter anzusehen, sondern im Gegenteil als Promotoren des Neuen, gewissermaßen die Vertreter eines von Versprechen befeuerten Potentials, das sich vorwiegend auf dem zwischen den Verbänden umkämpften Ausbildungsmarkt realisiert.

5.1.2 Zersplitterung und Koalitionsbildung der Verbände
Als Besonderheit des Feldes kommt in Deutschland eine extreme Zersplitterung[124] der Verbände hinzu. Dies ist im Vergleich mit den Nachbarländern ein einmaliger und angesichts der „offensichtlichen Konkurrenz der Verbände" (PM 2007/23) in der Mediationsszene viel beklagter Umstand. So ist etwa bemerkenswert, dass der größte Verband, „Bundesverband Mediation" (BM) nur wenige Kooperationen eingeht, und dies nur mit den beiden anderen Verbänden der ‚Bewegungs-

---

[123]   Wieder einmal ist der Vergleich des Zertifizierungsverfahrens durch die Mediationsverbände mit anderen Professionen instruktiv. Besonders das völlige Fehlen von fachlichen Hürden, also Prüfungen mit erheblichen Durchfallquoten, wie sie etwa im Wirtschaftsbereich (etwa bei der Steuerberatung oder Wirtschaftsprüfung) oder auch im juristischen Feld (Staatsexamen) sticht heraus.

[124]   Eine Spaltung von Verbänden oder Organisationen in zwei konkurrierende Strömungen können sich im politischen Ausrichtung (etwa die ‚Deutsche Polizeigewerkschaft' und die ‚Gewerkschaft der Polizei') oder in historischen Entwicklungsprozessen begründen (die ‚Deutsche Psychoanalytische Gesellschaft' und die ‚Deutsche Psychoanalytische Vereinigung'; dazu Lockot 2010). Mit der ‚extremen' Zersplitterung ist hier gemeint, dass die Fraktionierung der Mediationsverbände über solche Bruchlinien hinausgeht.

mediation' der „Bundesarbeitsgemeinschaft Familienmediation" (BAFM) und dem aus seinem Umfeld heraus entstandenen „Bundesverband Mediation in Wirtschaft und Arbeitswelt" (BMWA). Als Strategie eines Verbandes, der seiner Selbstauffassung nach der (einzige) Verband für Mediation zu sein beansprucht, scheint es strategisch konsequent, sich heute mit den anwendungsfeldspezifischen ‚alten' Verbänden (mit denen weit über die 90er Jahre hinaus heftige Kämpfe ausgetragen wurden) zusammen zu schließen, zugleich aber das ganze verhandlungsorientierte Cluster an Akteuren konsequent auszublenden. Dies beruht jedoch auf Gegenseitigkeit. Derartige Spitzen gegen die ‚Bewegungsverbände' sind auch aus der Verhandlungsmediation zu beobachten. So gilt etwa der reduzierte Mitgliederbeitrag eines Akteurs des Verhandlungsclusters, der „Centrale für Mediation" (CfM) „für Mitglieder von BAFM, BMWA, DGMW u.a."[125] – der 2500 Mitglieder starke Bundesverband Mediation fällt in dieser Aufzählung unter die ‚Anderen', während die gerade einmal 50 Mitglieder zählende verhandlungs-orientierte „Deutsche Gesellschaft für Mediation in der Wirtschaft" (DGMW) namentlich genannt wird. Diese Konkurrenz der Verbände wird von Akteuren im Feld auf den mit der Zertifizierung von AusbilderInnen, der Etablierung von Qualitätsstandards und dem Anwerben von Mitgliedern verbundenen Einfluss und auch auf die entstehenden ökonomischen Möglichkeiten zurückgeführt. Die genauen Dynamiken des Feldes, die wechselnden Versuche, durch Dominanz oder Kooperation die Stellung des eigenen Verbandes zu verbessern, gehören als taktische Fragen in einen Bereich, der diskursanalytisch nicht nur sehr problematisch und aufwendig zu erfassen, sondern auch für die hier verfolgte Fragestellung überhaupt nicht ergiebig wäre.[126] Für die Darstellung des Feldes sind nicht die Dynamiken und einzelnen taktischen Fragen dieser Konkurrenz entscheidend. Die Frage ist vielmehr, worum konkurriert wird, welche Frage-

---

[125]   http://www.centrale-fuer-mediation.de/jahresbeitrag.htm; 26.8.2016

[126]   Dies gilt umso mehr, als die Verbände von Personen geführt werden, die teilweise durch jahrelange Kooperations- und Konfliktgeschichten verbunden sind, was die Dynamiken auf dieser taktischen Ebene noch undurchsichtiger macht. Ein detaillierter Nachvollzug dieser Entwicklungen muss an eine noch ausstehende Geschichtsschreibung der Mediation verwiesen werden, die für die hier verfolgte These als Hintergrund von großem Wert wäre, da sie die Unschärfen und Fehleinschätzungen der hier vorgenommenen Darstellung beheben könnte.

stellungen und Differenzen über diese Konkurrenz im Diskurs der Mediation stabilisiert werden. Denn die Unübersichtlichkeit im Akteursfeld führt gerade nicht zu einem heterogeneren Diskurs: Im Gegenteil scheint in der Mediation eine zersplitterte ‚Verbandslandschaft' mit einem hoch homogenisierten kanonischen Wissen zusammen zu gehen. Denn die zersplitterten Verbandsstruktur ist andererseits personell dicht verwoben und führt auch inhaltlich zu extrem homogenen Darstellungen von Mediation, was Kriegel-Schmidt in ihrer Studie zur interkulturellen Mediation herausstellt: „Dichte, beruflich-private Netzwerke und Überschneidungen der verschiedenen Funktionen in der Verbandsarbeit (Qualitätssicherung, Erfahrungsaustausch, Außendarstellung, überverbandliche Kooperation) führen tendenziell zu einer Homogenisierung der Mediation." (Kriegel-Schmidt 2012, S. 40–44) Diese Homogenisierung trifft in den unterschiedlichen Mediationsverständnissen auf Grenzen die nun grob skizziert werden sollen: Die überverbandliche Kooperation ergibt eine Struktur, die nun vor dem Hintergrund der Entwicklung der Mediation in den USA, als Entwicklung von einem anhand der Polarität ‚Mediationsbewegung' und ‚Verhandlungsmediation' organisierten Feld hin zu einer durch die Veränderung beider Pole erzeugten Unübersichtlichkeit führt. Dabei zeichnen sich die ‚systemischen Ansätze' als mögliche neue integrierende Ausrichtung der Mediation ab.

5.2 Verhandlungs- und Bewegungsmediation

Für die Mediation in Deutschland lassen sich zwei Linien der Rezeption unterscheiden, die der gespaltenen Struktur des amerikanischen Feldes in den 90er-Jahren entsprechen und diese auf die in den 1990ern entstehende Mediationslandschaft übertragen: Die Verhandlungsmediation und die ‚alternativen Mediationsmodelle' wurden zunächst in weitgehend getrennten Kontexten rezipiert. Während erstere über die Thematisierung von alternativen Streitbeilegungsverfahren (Alternative Dispute Resolution, ADR) in die juristischen Diskussionen einsickerten und sich dort zu einem eigenen Diskurs verdichten konnte, wurden die ‚alternativen Modelle' in gegenkulturellen Szenen und Bewegungen aufgenommen: In der Friedensbewegung, auch im breiteren Kontext von neuen sozialen Bewegungen und in der ‚Psychoszene' (Schulz-von Thun, MR1/255-265), wie etwa in Verbindung mit der Gewaltfreien

Kommunikation und im Kontext systemischer Beratung und Therapie. Als erste Differenz zum US-Amerikanischen Mediationsfeld ist hier festzuhalten, dass das Verhältnis der beiden Rezeptionen deutlich zugunsten der ‚alternativen Ansätze' ausschlug. Dies zeigt sich auch daran, dass die ‚evaluative mediation' im deutschsprachigen Raum kein Thema ist: Diese wohl mit ‚Schlichtungs-verhandlung' zu übersetzende Alternative zum Gerichtsprozess konnte sich in den USA gegen die Widerstände engagierter, ‚weiter gehender' Mediations-verständnisse im Begriff der Mediation etablieren, mit dem Mediationsgesetz hat sich in Deutschland dagegen eine Begriffsbestimmung institutionalisiert, die durch den Verzicht des vermittelnden Dritten auf Entscheidungsbefugnisse gekenn-zeichnet ist. Die Fassung des Mediationsbegriffs spiegelt so die Kräfteverhältnisse im Feld wieder.[127] Mediation hatte im juristischen Feld mit starken Widerständen zu kämpfen[128]; die Verhandlungsmediation wurde mit ihren ökonomischen Codes entsprechend stärker an der Schnittstelle von ‚rechts- und wirtschaftsberatenden Berufen' aufgenommen. Von der Verbreitung und Anerkennung als Teil des juristischen Feldes und der juristischen Ausbildung in den USA sind die ADR-Verfahren, und damit auch Verhandlung und Mediation, in Deutschland weit entfernt. Auf der anderen Seite wurde die ‚alternative' Mediation ab Ende der 80er-Jahre stark rezipiert und von einer zunächst kleinen aber engagierten ‚Mediationsszene' bzw. ‚Mediationsbewegung' getragen. Auf diese Weise wurde Mediation über die Verbandsgründungen und Ausbildungen in Deutschland vor allem verbreitet. Innerhalb der alternativen Modelle lässt sich klar erkennen, dass die deutsche Mediationsszene von der verstehensbasierten Mediation weitaus stärker als von der Transformativen Mediation geprägt wurde.[129] Beide Ansätze[130]

---

[127]   Zur Umfangreichen Debatte in den USA siehe Riskin 1996; Kovach und Love 1998; Riskin 2003; auch Currie 2004.

[128]   Diese Widerstände werden etwa in VuM deutlich dokumentiert. Oft wird diese zögerliche Rezeption mit den Differenzen im Rechtssystem der beiden Länder begründet. (MuKM/21-53)

[129]   Dabei ist zu beachten, dass die Verstehensbasierte Mediation oben anhand einer sehr späten Publikation der Autoren dargestellt wurde. Die Ausrichtung der 2008 erschienen und institu-tionell im juristischen Feld positionierten Publikation ist gewiss nicht in allen Aspekten und Gewichtungen mit der Ausbildungspraxis der Autoren in Deutschland in den 80er- und 90er-Jahren identisch. Ebenso ist hier zu beachten, dass selbstverständlich auch andere, ähnlich als bedeutende Persönlichkeiten verehrte Mediator_innen aus den USA wie etwa John Hay-

wurden intensiv durch Trainings rezipiert (vgl. MKKK1/108, ABC; MKVK; M-GMrR; EWE/532), die Rezeption wurde jedoch insbesondere durch Himmelstein und Friedman geprägt, was sich auf technischer Ebene klar erkennen lässt: Die in der Transformativen Mediation praktizierte komplette Ablehnung des Phasenmodells der Mediation –ihr technisches Alleinstellungsmerkmal– ist im deutschen Mediationsfeld klar eine Außenseiterposition, stattdessen hat sich das Phasenmodell als orientierendes, aber der Dynamik des Prozesses anzupassendes Schema durchgesetzt. (Kap. 7.2) Mit seinem Selbstverständnis als ‚mittlere Position' konnte er den Anspruch der Verbände auf eine Vertretung der Mediation als Ganzes stützen und unnötige Kontroversen begrenzen. Außerdem waren die offensichtlichen Codes der Therapeutik, insbesondere die Fundierung in der in Deutschland wohlbekannten humanistischen Psychologie, förderlich. Der Transformativen Mediation fehlte in Deutschland auch der Bewegungshintergrund: weder eine kommunitaristische Bewegung im Allgemeinen, noch etablierte Programme zur Gemeinwesenmediation, als deren Sprachrohr sich die Transformative Mediation positioniert, existieren in Deutschland. Dennoch ist die diskursive Selbstverortung in einer ‚Bewegung', die Rede von der ‚ständig zunehmende Verbreitung' von Mediation, wie sie oben anhand der Transformativen Mediation dargestellt wurde, aus dem Diskurs der deutschen Bewegungsmediation nicht wegzudenken. Dem stehen die verhandlungsorientierten Kontexte entgegen: Bei allen Differenzen zwischen den Szenen lässt sich im Diskurs jedoch keinesfalls eine Polarisierung feststellen, die

---

nes oder John Paul Lederach die Mediation mit prägten. Friedmann/Himmelstein scheint jedoch eine besondere Bedeutung zuzukommen.

130 Diese ‚Gründungsväter' der Mediation werden im Diskurs der Bewegungsmediation hoch geehrt. Die Namen einiger dieser prägenden Persönlichkeiten fanden etwa Einzug in die Ausbildungsrichtlinien der BAFM: „Mediation entwickelte sich in der Bundesrepublik regional. Grundlage waren Seminare amerikanischer Trainer (u. a. Gary Friedman, Jack Himmelstein, John Haynes, Florence Kaslow, Stanley Cohen). Die Praxis nahm zu." (BAFM-AR/2) Ebenfalls tritt die Bedeutung, die diesen Persönlichkeiten im Diskurs entgegengebracht wird in einem Video hervor, in dem der Lektor der Übersetzung von „Challenging Conflict" ausführlich Auskunft über seine Begegnung mit den Autoren gibt. (https://www.youtube.com/watch?v=-1By-WZQicg; 10.12.2015, Video liegt dem Autor vor) Damit stehen diese Figuren am Anfang der Traditionslinien der ‚Mediatorenpersönlichkeit', wie sie unten im Diskurs aufgezeigt und für die Gewaltfreie Kommunikation ebenfalls beschrieben wird. (Kap. 8.7; 8.8.4)

der eskalierten Spaltung zwischen liberalen und kommunitaristischen Ansätzen den USA der 90er-Jahre gleichkommen würde. Nicht zuletzt ist dies wohl auch darauf zurück zu führen, dass sich die Mediation im deutschsprachigen Raum in einer viel schwächeren Position wiederfindet, was interne Polarisierungen generell unattraktiv macht.

5.2.1 Bewegungsverbände

Die größte Fraktion der Mediation lässt sich als ‚Mediationsszene' oder ‚Mediationsbewegung'[131] beschreiben. In diesen Bereich des Feldes, das sich als Pioniere der Mediation darstellt, die sie in Deutschland überhaupt erst bekannt gemacht haben, nehmen Begeisterung und Engagement für ‚die Sache' der Mediation in der Selbstdarstellung und im internen Diskurs großen Raum ein. Die ‚Bewegungsmediation' wird heute von der als „die drei großen Mediations-verbände" auftretenden Trias aus Bundesverband Mediation (BM), der Bundesarbeitsgemeinschaft Familienmediation (BAFM) und dem Bundesverband für Mediation in Wirtschaft und Arbeitswelt (BMWA) gebildet. BM und BAFM wurden Anfang der 1990er in etwa zeitgleich als die ersten Mediationsverbände gegründet, die BMWA 1996 einige Jahre später. Die drei Verbände BM, BAFM und BMWA erkennen die Ausbildungen von mit einem Verband assoziierten Instituten mittlerweile untereinander an und veranstalten seit 2012 alle zwei Jahre einen gemeinsamen Mediationskongress. Mit dieser Kooperation scheinen die Spannungen zwischen den drei Verbänden, die das Verhältnis insbesondere zwischen BM und BAFM in den 1990er und 2000er Jahren geprägt hatten, überwunden; die hier als ‚Bewegungsverbände' bezeichnete Koalition hat sich damit formiert.

---

[131] Der Politologe Thomas Saretzki hat darauf hingewiesen (Saretzki 1997, 2009), dass Media-tion die politikwissenschaftlichen Kriterien für eine Neue Soziale Bewegung nicht erfülle, da ihr Anliegen zu spezifisch und die ‚Bewegung' in sich zu zerstritten sei. Diese aus der sozio-logischen Bewegungsforschung kommende Kritik ficht das Selbstverständnis der ‚bewegten' Mediator_innen jedoch nicht an. Wenn daher im Folgenden von ‚Mediationsbewegung' oder ‚Mediationsszene' die Rede ist, soll damit ein Selbstverständnis der Akteure aufgegriffen werden, ein Beitrag zur soziologischen Theorie sozialer Bewegungen ist nicht beabsichtigt.

Bundesverband Mediation

Schon die Namensgebung machte eine Differenz zwischen dem mit Anspruch auf eine umfassende Vertretung von Mediation auftretenden Bundesverband Mediation und den beiden fachspezifischen Mediationsverbänden erkennen. Entsprechend ist der –in der Aufzählung stets erstgenannte– Bundesverband Mediation auch mit über 2500 Mitgliedern der größte und heute wohl auch einflussreichste Verband. In einer Marktübersicht der Stiftung Warentest gaben 90 der 145 erfassten Ausbildungsinstitute an, die Standards des BM zu erfüllen, mehr als doppelt so viele als bei allen anderen Verbänden. (Stiftung Warentest 2014) Der BM tritt dabei nicht nur durch die Namenswahl mit dem Anspruch auf die Vertretung ‚der Mediation‘ an. Der Bundesverband Mediation als dominanter Akteur der ‚Bewegungsmediation‘ präsentiert sich als eine Gemeinschaft engagierter MediatorInnen, die „diesen Verband lieben, darin ihre Heimat gefunden haben" und mit ihrem „ungeheuren Engagement" den Verband tragen. (SDM SA/2) Der Verband versteht sich auch als „ein wesentlicher Motor von Mediation als Breitenbewegung" (BM-P), als pluraler, inklusiver und „sehr dialogfähiger" Verband. Die Spannungsverhältnisse im Verband werden teilweise offen angesprochen, insbesondere zwischen „‚Friedensbewegung'" und „‚MediationsunternehmerInnen'". Auch zwischen den unterschiedlichen „Quellberufen" (PM 2007/14) seien diese spürbar. Anhand dieses –mittlerweile fast 10 Jahre alten Zitates– sollen im Folgenden die Spannungen im Feld der Bewegungsmediation nachvollzogen werden: Einerseits die Spannung von Friedensbewegung und „MediationsunternehmerInnen" im Bundesverband Mediation, andererseits die Unterschiede in der professionellen Selbstverortung als Quelle der mittlerweile eingehegten Spannungen zwischen BM und BAFM, den beiden alten Verbänden der Mediation. Aus diesen Spannungen heraus lässt sich die Entwicklung des Feldes bis heute verstehen.

Mediation und Friedensbewegung

Der Bundesverband Mediation weist in seinen Ursprüngen sehr starke Verbindungen zur Friedensbewegung auf. Diese schlagen sich etwa in den immer wieder formulierten Zielstellungen nieder, „Mediation als Beitrag zu Frieden und Verständigung in diese Gesellschaft tragen" (SDM SA/2). Mediation soll, so das grundlegende Verständnis dieser Traditionslinie, in der Lösung des konkreten Streitfalls für die Beteiligten wie auch für die gesamte Gesellschaft eine Veränderung bewirken, die als „Wege zum Frieden" (EWE), als Transformation oder Entwicklung der „Konfliktkultur" (bspw.: SDM12/2, 17; 20, 26, 33) oder als Demokratisierung auf allen Ebenen (MuD) gefasst werden kann. (s. Kap. 7.1.4-5) Diese Traditionslinie ist zugleich mit einer kultur- und kapitalismuskritischen Tradition (Kap. 6.3) verbunden, die das Narrativ der Mediation prägt. Diese Verbindung in die Friedensbewegung der 90er-Jahre lässt sich sehr klar in den „Infoblättern Mediation" nachvollziehen. Gleich auf der ersten Seite der ersten Ausgabe der Infoblätter (SDM1/1) wird festgehalten, dass Mediation „durch zahllose Workshops in die Arbeit der Friedensbewegung integriert" wurde. In diesen ersten Ausgaben der Verbandszeitschrift des Bundesverbands Mediation finden sich auch in den Rezensionsspalten Besprechungen von Veröffentlichungen ohne direkten Bezug zur Mediation, wie etwa einer Publikation der pazifistischen Gruppe „Bund für soziale Verteidigung" (die auch in SDM1 mehrfach erwähnt wird) über „Militärische Gewalt als Ultima Ratio?" (SDM 13/28). Gemeinsam mit dieser Organisation der Friedensbewegung richtete „Mediation e.V.", wie der Bundesverband Mediation damals noch hieß, auf dem Hamburger Kirchentag 1995 ein „Mediations- und Trainingszentrum" aus. (SDM3/9) In den Anfängen war der Bundesverband –und es handelt sich hier immer noch um die Anfänge, bedenkt man, dass noch 1996 die Aufnahme des fünfundsechzigsten Mitglieds namentlich und in einem eigenen Absatz im Editorial erwähnt wurde,[132] und noch 2001 war das Motto der BM-Jahrestagung „Miteinander anderssein!" (SDM10/1)– fest in der Friedensbewegung verankert. Diese Bindung hat sich stark gelockert (s. Kap. 5.3), ist aber nicht ganz abgebrochen. Im Editorial einer 2013 erschienenen Ausgabe etwa heißt es: „Diese BM-Mitglieder zeigen uns, wie sehr der Verband nach wie vor verwurzelt ist in der Friedensbewegung, aus der die GründerInnen ihn entwickelt haben. Wir sollten noch stärker mitreden und uns an der Debatte um Kriegseinsätze und Friedensdienst beteiligen." (SDM 51/3) Deutlich wie sonst nirgends tritt der Charakter der Mediation als von engagierten Mediator_innen getragenes Projekt hier hervor.

Dass sich die Bewegungsmediation in Deutschland gerade Anfang der 1990er-Jahre in der Friedensbewegung herausgebildet hat, ist kein Zufall. Die ,alternativen Mediationsansätze' treffen sich zunächst in ihrer Problematisierung von

---

[132]   Es handelt sich um Dr. Dulabaum, der Autorin von ABC; SDM5/1

‚Konflikten', denen fest in ihrer Überzeugung verankerte MediatorInnen entgegentreten (s.o. Kap. 4.2.3; unten Kap. 6.1 und Kap. 8.4); sie eint ebenfalls die radikale Ablehnung von Gewalt. Zudem ist der Zeitpunkt, an dem sich die Friedensbewegung verstärkt der Mediation zugewendet hat, nachvollziehbar: Nach dem Zusammenbruch der Sowjetunion und damit dem Ende der unmittelbaren nuklearen Bedrohung erlebte die Friedensbewegung eine Krise, sie sich in ihrer Demobilisierung als Massenbewegung zeigte.[133] Zugleich gewannen innerhalb der Friedensbewegung Diskussionen über einen „positiven Frieden" an Gewicht: „Damit wurde neben dem Kampf für Abrüstung das zweite große Thema der Friedenbewegung auf die Tagesordnung gesetzt: Der Grundgedanke, dass Frieden in Europa nicht auf Waffen, sondern auf Verständigung über die Formen des Zusammenlebens im ‚Gemeinsamen Haus' gegründet sein müsse." (Buro 2008, S. 137) Diese utopische Dimension der Friedensbewegung, die sich als „Etablierung eines politisch auf Kooperation und gegenseitigen Vorteil gründenden Friedens" (Buro 1998, S. 135) darstellt, ist unmittelbar an ein zentrales Versprechen der Mediation anschlussfähig: Win-Win durch Kooperation. (Kap. 7.1.2) Die Friedensbewegung tritt hier weniger als Protestbewegung auf, denn als Alternativprogramm, in dem Mittel und Ziel übereinzustimmen haben und die Ausarbeitung von Alternativen im Zentrum des Selbstverständnisses stehen. Im Mediationsdiskurs wird dieses Programm emphatisch aufgenommen: „Der Versuch, ihn [den Frieden; JT] durch äußere Maßnahmen herbeizuführen, ist immer gescheitert. (…) Der Weg dorthin kann nur ein individueller sein, um zu erkennen, das Kräfte entstehen, wenn man nicht vor Leid und Schmerz davonläuft." (PM 2007/72) Zudem tritt die Friedensbewegung nicht taktisch und als Stimme einer partikularen Gruppe auf –wie etwa die Arbeiterbewegung–, sondern ihre „Vitalität und Mobilisierung hängt von den Motivationen, Einsichten und Interessen der Menschen ab" (Buro 1998, S. 133): Ebenso wie in der Mediation treten hier ‚Menschen' als Bewegungssubjekte auf – was sich in der Mediation wiederholen wird, wenn dort ‚Menschen' dem ‚Konflikt' entgegentreten

---

[133]   In der Darstellung des Soziologen Andreas Buro, der Zugleich ein Protagonist der Friedens-
         bewegung war, konnte die deutsche Friedensbewegung immer nur zu bestimmten Zeitpunk-
         ten, in den Protesten gegen die Wiederbewaffnung, gegen den ‚Atomtod', v.a. dann Anfang
         der 1980er gegen den Nato-Doppelbeschluss, zur Massenbewegung angewachsen. (Buro
         1998, 2008)

(Kap. 9.8.2) und der Diskurs Mediation so immer auf eine subjektivierende Konstellation hinführt. (Kap. 6.4) Die Friedensbewegung ist neben der ‚freien Psychotherapeutik' (Kap. 10) der zentrale Bezugspunkt in der Entstehung der Mediation. Dabei ist zu beobachten, wie sich diese nicht nur in ihren Deutungsmustern überlappen –die Gemeinschaft stiftende Opposition gegen den Konflikt, das Einnehmen einer existenziell Gewalt ablehnenden Haltung, die den Eskalationskreislauf durchbrechen soll (s. Kap. 8.4; 6.1; 6.2)– nicht nur in der Psychotherapie, sondern ebenso in der Friedensbewegung gefordert. Therapeutik und Friedensbewegung überlappen sich in den Entstehungskontexten der Mediation aber auch institutionell, wie in dieser Selbstdarstellung des „Arbeitskreis Gewaltfreie Kommunikation":

> Wir sind ein Arbeitskreis in der Friedensinitiative ‚Christen in der Region München'. Wir beschäftigen uns seit mehreren Jahren mit dem Thema der ‚gewaltfreien Kommunikation', denn wir erkannten, daß Frieden als ein aktiver, lebendiger Prozess nicht zuletzt durch die Überwindung der Sprachlosigkeit, des fehlenden Dialogs in den Beziehungen, gekennzeichnet ist. Wenn wir Gewalt verhindern oder beenden wollen, müssen wir anfangen zu reden, denn überall wo Ängste, Gefühle und Bedürfnisse nicht ernstgenommen und offen und eindeutig geäußert werden, entstehen Beziehungen - seien sie persönlicher oder politischer Art -, in denen man Konflikte nicht austrägt, sondern wo ‚zugeschlagen' wird. (…) Wenn wir diese neue Sprache so lernen, daß sie selbstverständliche Praxis wird, könnte uns diese von Verständnis, Toleranz und gegenseitiger Annahme geprägte Dialogfähigkeit dem Frieden etwas näher bringen. (SDM1/4)

Die christliche Friedensbewegung wird somit zu dem Resonanzraum, aus dem sich die Mediation, für die der Bundesverband Mediation in seiner Anfangszeit stand, herausbilden konnte. Diese ‚Mediation im Gemeindezentrum' wird der Punkt werden, von der sich die ‚professionalisierte' Mediation polemisch absetzt.

Die Mediation und der Terror

Die Polarität zwischen Verhandlungs- und Bewegungsmediation, die das Feld über die 90er Jahre hinaus prägte, lässt sich nun nicht nur an der Darstellung des Ost-West-Konflikts illustrieren, der oben in der Verhandlungslehre als eine Herausforderung an ‚den Westen' erscheint, der dann „patient and steadfast in its moral opposition to Soviet communism" (GtY/171) am Ende siegt und in der Friedensbewegung doch ganz anders, eben als ein Konflikt, der die Menschen bedroht, dargestellt wird. Tatsächlich muss aus der Friedensbewegung heraus diese Sichtweise der Verhandlungslehre als genau die zu bekämpfende Haltung erscheinen, die den Konflikt erst ermöglicht. Tatsächlich lassen sich die Gräben, die das Mediationsfeld durchziehen, auch plastisch an den Reaktionen auf die Terroranschläge vom 11. September aufzeigen. Für diese Traditionslinie des deutschen Mediationsdiskurses gilt dies besonders, da am 12. September 2001 ein Kongress zum Thema „Mediation und Demokratie" eröffnet wurde, in dessen Publikation auch einige der spontanen Reaktionen auf die Anschläge aufgenommen wurden. Einleitend wird die Stimmung so zusammengefasst:

> Die Anschläge auf das Pentagon in Washington, DC, und das World Trade Center in New York einen Tag vor Konferenzbeginn lösten große Betroffenheit aus. Eine mediative Haltung einzunehmen - zumindest in der Reflexion - und einen Beitrag zu leisten zur Förderung einer Bewältigung der Ereignisse und ihrer Hintergründe, wurde nicht nur zur akademischen Übung, sondern hatte alle an der Konferenz Anwesenden in die Pflicht genommen. Die Grenzen des Verstehbaren und die politische Parteilichkeit der Mediation für eine Seite, nämlich für eine besondere Form der Auseinandersetzung mit Konflikten und der Vermeidung von lebensbedrohenden Auseinandersetzungsstrategien, wurden leidenschaftlich diskutiert.(MuD/24)I

In den hier dokumentierten Reaktionen wird ersichtlich, wie die deutschsprachige Mediationsszene auf die Ereignisse reagiert und wie dabei deutliche Differenzen zur Transformativen Mediation (s. Kap. 4.2.6) und natürlich auch der Verhandlungslehre (Kap. 4.1.8) hervortreten. Zunächst greift in den Reaktionen der versammelten Mediator_innen die Problematisierung von „Konflikten" – die Ereignisse des 11. Septembers werden als „Konflikt" geframt. Gewalt wird abgelehnt, die Anschläge werden verurteilt und Empathie mit den Opfern gezeigt. Zugleich schlagen an dieser Stelle jedoch auch deutlich wie sonst wohl nirgends im gesamten Mediationsdiskurs die gegenkulturellen Positionierungen durch. Diese zeigen sich in unterschiedlicher Stärke; sei es in der Ablehnung der Bezeichnung als Terrorist, der die Täter dämonisiert und in eine Gewaltspirale führt („wer Terror sagt, sagt Antiterror - und das ist auch Terror"; MuD/45); sei es in einer bedächtig formulierten Kontextualisierung und Erklärung des Terrors als durch Armut hervorgebracht (MuD/66-67). Am schärfsten wird die gegenkulturelle und anti-amerikanische Positionierung in dem von Johan Galtung gehaltenen Hauptvortrag des Kongresses. Dieser stellt schon im Eröffnungssatz klar, wie er den ‚Konflikt' situiert sieht: „Jeden Tag sterben ca. 100 000 Menschen an Unterernährung. Sie sterben aufgrund der strukturellen Gewalt eines Systems, an dessen Spitze die USA steht. Aufgrund der Aktualität möchte ich mich auf die Situation nach dem 11. September 2001 beziehen..." (MuD/90) Gleichzeitig legt er eine Interpretation der Anschläge vor, die sich in ein globalisierungskritisches Narrativ einfügt.

> Die Täter des 11. September haben mit dem Rest der Welt kommuniziert. Sie haben einen Text hinterlassen: World Trade Center - Ökonomie - 2 Flugzeuge, Pentagon - Militär - 1 Flugzeug, State Department - Außenpolitik - 1 Wagen.[134] Wenn man einen Text liest, muss man auch immer beachten, was nicht geschrieben steht, d. h., was ausgelassen wurde. Es wäre möglich gewesen, den Kongress - der für die Demokratie steht - zu zerstören. Das haben die Täter nicht getan. Es wäre auch möglich gewesen, das Weiße Haus zu zerstören. Auch das haben sie nicht getan. Den Text, den die Täter hinterlassen haben, kann man auf eine Zeile reduzieren: Der Anschlag richtete sich auf das militärische, das ökonomische und das außenpolitische Amerika. In einem Wort: gegen die Globalisierung. (MuD/93)

Galtung entwickelt eine sehr starke Kritik an der „USA-Welthegemonie", die anscheinend ihre Bündnispartner zu „unendlichem Gehorsam" zwingen, die China und Russland „in die Knie zwingen" und die EU zum „Befehlsempfänger" machen wollten. [135] (MuD/97) Diese Kritik ist eingebettet in die Wahrnehmung der weltpolitischen Lage als eine „Weltrevolution, die gerade vor sich geht" (MuD/98) – als deren letzter Akt werden die Ereignisse rund um dem G8-Gipfel in Seattle 1999 genannt, wo die Konflikte zwischen den „US-Führungskräften" und der eigenen „Arbeiterklasse" und „Jugend" sichtbar wurden. Zudem bringt Galtung hier die „Widersprüche" zwischen Real- und Finanzökonomie vor und unterstellt den USA, eine besondere Beziehung zu Gott in Anspruch zu nehmen. Diese Situationsbeschreibung bleibt jedoch nicht bei einer Angleichung der Konfliktparteien stehen („Es gibt einen christlichen Fundamentalisten aus Texas,

---

[134] In dieser Fehlinformation lässt sich plastisch erkennen, wie unübersichtlich die Lage nicht zur bezüglich der Deutung, sondern auch basale Fakten betreffend am 12.11.2001 noch war.

[135] Diese Kritik ist in einer Aufzählung von „Widersprüchen" enthalten, wird also indirekt und doch unmissverständlich vorgebracht.

der versucht, einen Dschihad gegen den Islam zu führen"; MuD/99). Sie führt
Galtung darüber hinaus zu einer größeren Nähe zu den Angreifern, von denen er
sich, sind sie einmal als Globalisierungskritiker ‚gelesen', bloß noch im Vorgehen
unterscheidet.

Um mich nicht falsch zu verstehen: Ich bin auch der Meinung, dass diejenigen,
die solche Sachen tun, bestraft werden müssen. Ich weiß aber, das alleine wird
nicht viel helfen. Ich bin selber Ghandianer. Ich hätte weltweit lieber 10 Millionen, 100 Millionen Menschen gesehen, die in einer gewaltlosen Demonstration gegen das, was unter dem Namen Globalisierung vor sich geht, Widerstand
gezeigt hätten, gegen eine Globalisierung, die meistens von Ökonomen ohne
Gewissen inszeniert wird. Man könnte sagen, wenn man einen neoklassischen
Ökonomen sieht, sieht man einen schlecht verkleideten Mörder, einen, der legitimiert, was vor sich geht. Aber das hilft genauso wenig. (MuD/93-94)

Diese Eröffnung des Kongresses wird in der Einleitung als „eine auch viele Mona-
te danach noch sehr lesenswerte Analyse, weil Galtungs Fokus auf die Tiefenstruktur des Konflikts gerichtet ist" (MuD/25) gelobt. Die auf der letzten Seite abge-
druckte Werbung für eine weitere Publikation des Verlages, die sich bemüht, „den
Konflikt darzustellen, ohne für eine der beteiligten Seiten Stellung zu beziehen"
(MuD/399) rundet den Sammelband damit gewissermaßen ab. Diese Debatte lässt
sich in vielerlei Hinsichten interpretieren; an dieser Stelle werden hier im bemerkenswerten Kontrast zu den politischen Verortungen aus dem US-Amerikanischen
Mediationsdiskurs die gegenkulturellen Verortungen (hier als Globalisierungskritik
formuliert, vgl. auch Galtungs Beitrag in Altvater 2009) klar hervortreten.[136]

---

[136]   Im Kontext der hier vorgenommenen Rekonstruktion des Mediationsdiskurses wäre hier
insbesondere an das kulturkritische Narrativ der Mediation anzuschließen. (Kap. 6.3) Dieses
bekommt, wenn Galtung einen Widerspruch „[z]wischen den USA und den ältesten Zivilisa-
tionen der Welt in Indien, China, Mesopotamien sowie den Azteken, den Inkas und den Ma-
yas" (MuD/97) festschreibt, nicht nur eine modernitätskritische und anti-amerikanische
Wendung, sondern auch die utopische Dimension, eine Versöhnung mit schon lange vernich-
teten Kulturen einzudenken. Dies würde einen gänzlich anderen Hintergrund für die Frage
nach der Inklusivität der Mediation abgeben. (s. Kap. 8.4) Auch die Frage nach der notwendigen Sichtbarkeit von Konflikten für deren Behandlung stellt sich hier, bzw. wird durch
Galtungs Einleitungssatz krass hervorgehoben. (vgl. dazu Chr. Besemers politische Mediation – der interessanterweise die Frage nach dem Verhältnis zu politischer Gewalt nicht stellt.
Kap. 7.1.5)

Bundesarbeitsgemeinschaft Familienmediation (BAFM)

Die „Bundesarbeitsgemeinschaft Familienmediation" (BAFM) stand als zeitgleich mit dem BM, aber in anderen Kontexten gegründeter Verband die meiste Zeit mit diesem in einem ausgeprägten Konkurrenzverhältnis, das erst 2012 mit der Demonstration der Verbundenheit der Verbände in den seitdem im zweijährigen Turnus abgehaltenen ‚Gemeinsamen Mediationskongressen' überwunden wurde. Die BAFM konnte als zweitgrößter Mediationsverband 2013 mit 820 Mitgliedern nicht einmal ein Drittel der Mitgliederzahlen des BM erreichen; zudem hat die Mitgliederzahl seit 2007 beinahe stagniert (2007: 770), währen der BM in diesem Zeitraum zahlreiche Mitglieder gewann. Die BAFM ist als Verband anders aufgestellt als der BM; sie ist nicht in der Friedensbewegung verankert, sondern hat sich in der Suche nach einer Synthese zwischen juristischer und psychologischer Professionalität im Falle der Scheidungsmediation herausgebildet. Über die Fragen, wie interprofessionelle Standards aussehen könnten konstituierte sich der Verband. (vgl. BAFM-AR/1-4) Die anfänglich gefundene Formel von Mediation als Kooperation von „Juristen und Psychologen" hat sich dabei mittlerweile geweitet, sodass zunächst „psychosoziale Berufe" mit aufgenommen werden und heute die Liste möglicher Berufsgruppen weiter angewachsen ist (etwa: „Juristen und Psychologen (und Sozialpädagogen, Pädagogen, Soziologen, Sozialwissenschaftlern etc.)"; MKKK1/29). Die Idealvorstellung, dass Mediation als Co-Mediation mit zwei MediatorInnen mit juristischem und nicht-juristischem Hintergrund, in der Familienmediation auch beide Geschlechter vertretend, durchgeführt werden sollte, wurde vor allem in den ersten Jahren verfolgt. Die BAFM positioniert sich mit ihrem Konzept der Bi-Professionalität klar gegen Bestrebungen, die Mediation als einen Teil des Anwaltsberufs festzuschreiben. Von anwaltlicher Seite spielen Bedenken um die Qualität der Mediation ebenso wie die berufspolitische Begründung, dieses neue Geschäftsfeld nicht, wie im Falle der Steuerberatung, an eine neue Profession zu verlieren, eine wichtige Rolle (MAP/25). Dieser Alleinzuständigkeitsanspruch auf die Mediation muss jedoch als gescheitert gelten, heute dominiert klar die Position, Mediation als interdisziplinäres Tätigkeitsfeld aufzufassen. (vgl. die Beiträge in PuM) Hier wird der zentrale Unterschied zwischen den beiden ‚frühen' Verbänden deutlich: der Bundesverband Mediation bestimmt sich anders als die BAFM nicht in Bezug auf juristische Handlungsfelder und Professionalität. Entsprechend finden sich in der Verbandszeitschrift des Bundesverbands auch nur wenige juristische Beiträge und in seinen Ämtern relativ wenige Jurist_innen. Die Spannungen, die weit über die

90er-Jahre hinaus das Verhältnis von BM und BAFM definierten, liegen wohl auch in dieser unterschiedlichen professionellen Verortung, die in der BAFM mit einer stärkeren Orientierung an der Verhandlung, beim Bundesverband dagegen in einer besonderen Betonung der „Haltung der Mediation" einhergingen. Dabei kann die BAFM auf eine Weise auch als ‚Bewegungsmediation' verstanden werden, da auch sie sich einen Auftrag zur gesellschaftlichen Veränderung gibt. Dieser wird zwar auf das Anwendungsfeld begrenzt, aber dennoch normativ hoch aufgeladen: „Dringender Handlungsbedarf schien im Hinblick auf die Not der Kinder im Trennungsprozess ihrer Eltern geboten." (PM 2007/15; vgl. auch MBB und zur Orientierung auf die Kinder auch Kap. 11.2.4) Auf diese Weise ist Mediation auch hier wieder nicht als Dienstleistung konzipiert. Auch dass die BAFM aus einer Reihe von Konferenzen, in der die ev. Akademie Lokkum eine prominente Rolle spielte[137], hervorgegangen ist, spricht dafür, auch diesen Strang der Mediation primär als ein Projekt engagierter Mediator_innen zu sehen. Mittlerweile stellt sich die BAFM für einen erweiterten Anwendungsbereich auf, der „Mediation zwischen den Generationen, Erbenmediation und Wirtschaftsmediation, z.B. innerhalb von Familienbetrieben" (PM 2007/ 22), also für „familiale und familienanaloge Systeme"[138].

Ein Angebot an den Bruchlinien des subjektkulturellen Wandels
Anhand der BAFM lässt sich wohl besonders deutlich ein Merkmal der Mediation herausarbeiten, das ihre interne Heterogenität erklären kann und zugleich ihre Einheit als subjektkulturelle Innovation herausstellt. Mediation tritt in ihren Anwendungsfeldern stets als Innovation auf, die ihre innovative Kraft aus den

---

[137]   Die ev. Akademie Lokkum publiziert alle Kongresse, die dort seit (mind.) 1989 stattfanden in der Reihe „Lokkumer Protokolle". Institutionell überlappen sich in dieser für die Anfangszeit der Mediation so wichtigen Diskursarena Friedensbewegung und Scheidungsmediation. Auch die ‚Umweltmediation', die anfänglich vor allem öffentliche Bauvorhaben mit Umweltrelevanz durch Mediationsprozesse begleiten wollte, hat hier Wurzeln. Die Konkurrenz von BAFM und BM bildete sich erst durch die mit der Organisation als Verband aufkommenden Repräsentationsansprüche, die durch das Zertifizierungswesen auch eine ökonomische Dimension erhalten. Als Diskurse scheinen die Scheidungsmediation und die ‚Friedensbewegungsmediation' hinreichend kompatibel.

[138]   So die Richtlinien der BAFM. (BAFM-RL) Diese Entwicklung ist wohl als der dem ‚Professionalisierungsprozess' des BM analoge Versuch, den Mitgliedern neue Märkte zu erschließen, zu verstehen. (Kap. 5.3.2)

Subjektcodes bezieht, mit denen sie sich jeweils abhebt: Die Subjekte sollen wichtig werden, und zwar in einer spezifischen, im Feld bisher noch nicht zur Geltung kommenden Art und Weise. Die Potentiale, die Mediation ausmacht, gehen spezifisch über die Subjektcodes ihres Anwendungsfeldes hinaus. Diese Innovation geht dabei auch mit einer Anpassung der Mediation an das jeweiligen Anwendungsfeld einher – es wäre jedoch zu kurz gegriffen, aus einer die Binnendifferenzierungen der Mediation betonenden Perspektive hier nur unterschiedliche Mediationsstile zu erkennen und die Gemeinsamkeit der subjekt-kulturellen Innovation zu verfehlen. Am deutlichsten wird dieser Prozess wohl im juristischen Feld, dem für die Mediation wohl wichtigsten Bezugs- und Abgrenzungspunkt: Anders als der BM, der zunächst Distanz wahrt, nimmt die BAFM hier den Dialog mit allen seinen Spannungen auf. Damit schließt die BAFM direkt an die Programmatik der ‚verstehensbasierten Mediation' an. Auch dort ließen sich beide Tendenzen beobachten: Einerseits ist sie als Reformprogramm angelegt, die die rationalistischen und normativistischen Codes des ‚juristischen Standardvorgehens' [139] mit einem aus der Counter Culture kommenden Gegenprogramm konfrontiert, das sich vor allem in den therapeutischen Codes der Authentizität artikuliert. (Kap. 4.3.1; 4.3.4) Hier halten mit der Mediation Subjektcodes der Counter Culture, primär die ausgeprägte Authentizitätsorientierung und weitere Elemente der Therapeutik Einzug ins juristische Feld. Zugleich weist die ‚Verstehensbasierte Mediation' deutliche Spuren der Anpassung an das Feld auf: die Bemühungen um die Integration juristischer Zuständigkeitsbereiche und Codes haben diese Ausrichtung der Mediation auf die Spur hin zu einer zunehmenden Ununterscheidbarkeit von psychologischer und ökonomischer Codierung gebracht – die als Tendenz zur „Doppelcodierung" (Reckwitz) auch im deutschsprachigen Mediationsdiskurs verfolgt wird.

---

[139]   Reckwitz übergeht das Recht in seiner Darstellung des subjektkulturellen Wandels mit guten Gründen: In dieser diskursiv wie institutionell stark von ihrer Eigenlogik bestimmte Sphäre ist der subjektkulturelle Wandel hin zum konsumtorischen Kreativsubjekt wenig angekommen. Dabei kann diese rechtssoziologisch hoch interessante Frage hier nicht aufgenommen werden; die Darstellung des juristischen Feldes bleibt in dieser Arbeit dahingehend undifferenziert, da sie sich an den vereinfachenden, von Abgrenzungen und Polarisierungen geprägten Darstellungen im Mediationsdiskurs orientiert.

BMWA: Wirtschaftsmediation

Der Bundesverband Mediation in Wirtschaft und Arbeitswelt (BMWA) bildet mit 328 Mitgliedern 2013 den mit Abstand kleinsten Verband der Trias der ‚Bewegungsverbände'. Er wurde 1996 gegründet als Projekt, der Mediation mit der Wirtschaftsmediation ein neues Anwendungsfeld zu erschließen. Das Feld der Wirtschaftsmediation ist mit der aus der hier verfolgten Zielstellung sich ergebenden relativ geringen Recherchetiefe kaum zu erfassen. Die zurückhaltende Einschätzung der Wirtschaftsmediation von Verbandsseite als „voller Potential – aber von den relevanten Kreisen noch weitgehend unentdeckt" (ZKM1999/386) aus den 90er-Jahren hat mittlerweile optimistischeren, aber leider unbelegten Einschätzungen Platz gemacht. Auch dass die BMWA mit der „Deutschen Gesellschaft für Mediation in der Wirtschaft" (DGMW) 2012 Konkurrenz durch einen zweiten Wirtschaftsmediationsverband bekommen hat, mag für die Entwicklung des Anwendungsfeldes sprechen oder, folgt man der oben zitierten These zur Entstehung der Mediationsverbände (Kap. 2.1), auch dagegen. Im Sommer 2016 hatte die DGMW laut Homepage 118 Mitglieder.[140] Ein dritter Verband der Wirtschaftsmediation, die „Deutsche Gesellschaft für Wirtschaftsmediation" (DGWM), die sich selbst als „Spitzenverband der Wirtschaftsmediatoren in Deutschland" beschreibt, besteht anscheinend aus fünf Mitgliedern.[141] In besonders deutlicher Weise tritt in der Wirtschaftsmediation die stets Erfolg darstellende und verheißende Rhetorik der Mediation hervor, ohne dass ihre reale Umsetzung hier erfasst werden könnte.[142]

---

[140]   http://www.dgmw.de/unsere-mediatoren/; 2.9..2016. Von diesen sind nur 48 auf der Home-page präsent – möglicherweise der Unterschied zwischen freiberuflich tätigen und in-house-Mediatoren.

[141]   http://deutsche-gesellschaft-wirtschaftsmediation.de/home/; 5.7.2016. Die Eigendarstellung des Verbandes ist deutlich an der mit der systemischen Mediation assoziierten und der im ökonomischen Feld besonders gefragten Lösungsorientierung ausgerichtet.

[142]   Besonders ist in diesem Feld die zusätzliche Differenzierung zwischen externer und ‚in-house-Mediation' zu berücksichtigen. Mediation kann als Technik im Personalmanagement intern breit eingesetzt werden, ohne das den in den Verbänden organisierten Mediator_innen mehr als eine Ausbildungsrolle und der gelegentliche Einsatz als externe Berater zufallen würde.

5.2.2 Verhandlungsmediation

Dem Pol der ‚Bewegungsmediation‘ gegenüber findet sich ein Cluster von Akteuren, das ein verhandlungsorientiertes Verständnis von Mediation vertritt. Hier finden sich Verbindungen nicht zu den Neuen Sozialen Bewegungen, sondern zu Wirtschaftsunternehmen; Mediation wird auch nicht als ein gesellschaftsveränderndes Projekt der Mediator_innen präsentiert, sondern konsequent über ihren Dienstleistungscharakter, über die Vorteile für die Konfliktparteien bzw. Auftraggeber vermarktet. Die Verhandlungsmediation stützt sich auf die in den 90er-Jahren im rechtswissenschaftlichen Feld Fuß fassende Verhandlungstheorie (hier ist insbesondere der Tübinger Professor Fritjof Haft zu nennen; VuM) und die Diskussion der Mediation im Kontext der Frage nach alternativen Streitbeilegungsverfahren (hier ist besonders die Diskussion des Feldes von Breidenbach hervorzuheben, MBB). In dieser Thematisierung von Mediation rückt der Verfahrensaspekt, die Fundierung des Verfahrens im Verhandeln ins Zentrum des Verständnisses von Mediation. Im Diskurs der Verhandlungsmediation ist die Ablehnung eines die Dienstleistung an den Parteien überschreitenden Selbstverständnisses zentral. Diese Ablehnung kann mal schroff (HM2/70), mal routiniert (MAP/160), auch komplexer und offener ausfallen (MBB/114-184). Das zentrale Argument ist in allen Fällen die Autonomie der Parteien, die nicht verletzt werden dürfe, indem der Mediator eigene Ziele verfolge. (s. Kap. 7.1.5) Diese Orientierung geht mit einem Verständnis der Mediation als vom Mediator unterstützter Verhandlung einher. (HM2/70-79) Die verhandlungsorientierte Mediation konnte, anders als die Ansätze der Mediationsszene, an juristische Diskussionen anschließen und ist in den juristischen Debatten um Mediation das dominante, zeitweise sogar das andere Zugänge ausschließende Paradigma.

Deutsche Gesellschaft für Mediation (DGM)

Gegenüber den drei „alten" und „großen" Verbänden der ‚Mediationsszene‘, positioniert sich die „Deutsche Gesellschaft für Mediation" (DGM) als Alternative, die zunächst für ein stärker an der Verhandlung orientiertes Mediationsverständnis stand. Die DGM wurde 1998, also später als Bundesverband Mediation oder BAFM gegründet, kann aber an die Verhandlungstradition und die Diskussion von Mediation im rechtswissenschaftlichen Diskurs anknüpfen. Die DGM ist personell und institutionell stark mit dem Masterstudiengang Mediation an der Fernuniversität Hagen verbunden. Sie ist sowohl rechtswissenschaftlich wie auch politisch vernetzt, und konnte etwa Hans-Dietrich Genscher für das Kuratorium gewinnen [143]. Die DGM gibt ihren Newsletter seit 2013 als Zeitschrift „Der Mediator" heraus und hatte 2013 mit 520 Mitgliedern die BMWA in den Mitgliedzahlen überholt und damit die Rede von den „drei großen Verbänden" widerlegt. Insbesondere die universitären Ausbildungsstudiengänge, die sich an den juristischen Fakultäten der Fernuniversität Hagen und der Viadrina-Universität in Frankfurt(Oder) gebildet haben, halten Distanz zu den ‚Bewegungsverbänden' und organisieren ihre Absolvent_innen verstärkt in der DGM, was dieser ein reges Mitgliederwachstum beschert. Auf diese Weise bildet sich im Feld der Mediation um die DGM herum ein Cluster von Akteuren, die stärker als die Mediationsszene mit dem juristischen Feld bzw. auch mit Wirtschaftsunternehmen vernetzt sind.

Centrale für Mediation
Ein weiterer wichtiger Akteur im Kontext der Verhandlungsmediation bildet die Centrale für Mediation (CfM), die als „unabhängiges und fachübergreifendes Informations- und Servicecentrum für alle Fragen des professionellen Konfliktmanagements" (PM 2007/24) keinen Verband darstellt, und auch organisatorisch nicht selbstständig, sondern dem juristischen Fachverlag Dr. Otto Schmidt angegliedert ist. Die CfM verortet sich in ihrer Selbstdarstellung am stärksten im juristischen Bereich: „Mediation soll einen festen Platz im Repertoire gesellschaftlicher Konfliktlösungsinstrumente einnehmen und gleichberechtigt neben den herkömmlichen Formen wie Gerichts- und Schiedsverfahren stehen. Dazu ist die Anschlussfähigkeit der Mediation zu nicht formalisierten Verfahren der Konfliktlösung –wie Verhandlungen und psychologische Beratung– herzustellen. Auf der anderen Seite ist die Mediation bestmöglich in die gängigen Institutionen der Gerichts– und Schiedsgerichtsbarkeit zu integrieren." (PM 2007/24) Zudem sucht die CfM den Anschluss an die Wirtschaftsmediation: Wenn die CfM sich dabei eine „zentrale Scharnierfunktion zwischen rechts- und wirtschaftsberatenden Berufen sowie anderen Professionen, etwa der Psychologie und den Sozialwissenschaften" (PM 2007/24) zuschreibt, verortet sie sich dabei zwar innerhalb verschiedener Professionen – aber in jedem Fall fernab einer Verbindung zur Friedens- oder anderen sozialen Bewegungen. Diese Strategie ist

---

[143]   Dem dieser bis zu seinem Tod im Frühjahr 2016 angehörte; http://www.dgm-web.de/organigramm.html; Mai 2015

allen Akteuren der verhandlungsorientierten Mediation gemein. Sie zielt dann auch in ihrem Bestreben, Mediation Anerkennung zu verschaffen, auf „Entscheidungsträger in Wirtschaft, Politik und Gesellschaft" (PM 2007/24). Entsprechend klar wird ein Dienstleistungsverständnis von Mediation formuliert und ein gesellschaftsverändernder Auftrag nicht formuliert. Aktuell hat die CfM rund 900 Mitglieder [144], ein nur leichter Anstieg seit 2007. Sie hat sich im juristisch-ökonomischen, „rechts- und wirtschaftsberatenden" [145] Anwendungsbereich der Mediation etabliert, im Fachdiskurs ist sie vor allem durch die Zeitschrift für Konfliktmanagement (ZKM) präsent. Diese hat sich länger schon als „erste praktisch-wissenschaftliche Fachzeitschrift zum Thema Konfliktmanagement und Mediation etabliert" (PM 2007/24) und erfüllt den formulierten Anspruch der Interdisziplinarität, indem sie etwa hälftig Beiträge juristischer und nicht-juristischer Autor_innen führt.

Abgrenzung in der Genderschreibweise
An dieser Stelle soll noch eine weitere beobachtbare Grenzziehung im polarisierten Feld auf ihren Stellenwert im subjektkulturellen Wandel hin betrachtet werden. In der Verhandlungsmediation wird das generische Maskulinum nicht nur unkommentiert praktiziert, sondern mit der Benennung der Zeitschrift als „Der Mediator" auch als Distinktionsmerkmal herausgekehrt. Umgekehrt wird in der Mediationsszene, im Bundesverband Mediation und seiner Zeitschrift (SDM) ebenso wie in der verbandsunabhängigen Zeitschrift „Perspektive Mediation" (PM) auf eine egalitäre Gender-Schreibweise höchsten Wert gelegt. [146] In Diskursarenen, die von beiden Seiten genutzt werden, etwa in der Zeitschrift für Konfliktmanagement, in der das unkommentierte Maskulin als Standard gesetzt ist, kommentieren einige Autor_innen mit Fußnoten ihre hier praktizierte Schreibweise. Die Genderschreibweise erfüllt damit die Funktion einer Grenzmarkierung im Feld, über die Zugehörigkeit klargestellt wird. Interessant ist hier zu beobachten, wie

---

[144]   Auf Anfrage 2016 so mitgeteilt.

[145]   http://www.centrale-fuer-mediation.de/ueber_uns_sub.htm; 22.5.2015

[146]   Allerdings hat auch die Durchsetzung der gendergerechten Schreibweise anscheinend ihre Grenzen, wenn etwa ein Artikel „Mediation zwischen MitarbeiterInnen oder Coaching ihres Chefs?" überschrieben wird. (SDM45/44)

etwa die BAFM eine die Spannungen der Bi-Professionalität reflektierende
uneinheitliche Schreibweise verfolgt (BAFM-HP) und die BMWA statt des im
Bundesverband obligatorischen Binnen-Is die an ihr Anwendungsfeld anschluss-
fähigere Schreibweise „der Mediator/ die Mediatorin" praktiziert.[147]

Wenn jedoch Mediation hier in den subjektkulturellen Wandel eingetragen werden
soll, kann die Analyse nicht bei der Beobachtung dieser Distinktionen stehen bleiben. Stattdessen soll hier die Frage aufgeworfen werden, wie sich der Feminismus
in den Subjektcodes der Mediation wiederfindet. Die Repräsentation des Weibli-
chen in der Mediation geht damit keineswegs in einer formal geregelten, abstrakt-
inklusiven Schreibweise auf, sondern zeigt sich im hier beobachteten Wandlungsprozess tief verankert. Reckwitz erkennt –er kommt hier mit der Argumentation in
Illouz (2009) zur Deckung– gerade im essentialistischen Feminismus der 60er und
70er Jahre eine wichtige Einflussgröße auf die sich transformierende Subjektkultur.[148] Dieser Feminismus kann die Rationalitätskritik der Counter Culture als
Kritik am Patriarchat aufgreifen (‚Phallogozentrismus') und damit feministisch
wenden:

Es scheint, dass im dominanten Diskurs der Moderne alles das, was die Ratio-
nalordnung von sich abzuspalten und was dann die Gegenkultur als neue
Grundlage des nach-modernen Subjekts für sich in Anspruch nimmt – die Sinn-
lichkeit des Körpers, das kultivierte Lustprinzip, das Spiel mit Repräsentationen, die Entfaltung der Emotionen –, der Feminität zugeschrieben und die Legitimität abgesprochen wird. (Reckwitz 2006a, S. 486)

In der gemeinsamen Kritik der Rationalität der Angestelltenkultur kann nun all das,
was davor unter den dominant-männlichen Codes der Angestelltenkultur problematisch oder randständig war (Emotionalität, Fürsorge, Sensibilität) aufgewertet und
zur Kritik dieser Subjektkultur herangezogen werden. Die zuvor ‚weiblich'

---

[147]   Die in 5.3 beschriebene Entwicklung der DGM weg von der Verhandlungsmediation geht
         interessanterweise auch mit der Integration von weiblichen Schreibweisen einher.

[148]   Diese, das Weibliche essentiell bestimmende und gegen eine männlich dominierte Kultur
         einklagende Strömung ist in der poststrukturalistischen Kritik im Feminismus, der sich als
         queer theory vielmehr den Trans-Identitäten verschrieben hat, mittlerweile fast zermalmt
         worden.

codierten Eigenschaften können nun generalisiert werden und in die neuen Subjektformen prominente Positionen einnehmen – ein Prozess, der sich als „Feminisierung" der Kultur (Illouz 2009) beschreiben lässt.

> Das so codierte weibliche Subjekt kann für die feministische Bewegung zum Modell des nachmodernen Subjekts insgesamt und damit unabhängig von seinem Geschlecht entgrenzt werden. Moderne ‚Maskulinität' [gemeint ist die Maskulinität der Angestelltenkultur; JT] – als Verkörperung eines Dominanz- und Rationalprinzips – erscheint nurmehr als für die okzidentale Kultur spezifischer ‚Code'. Dieser Code kann in der ‚feminine revolution' durch eine Generalisierung ‚weiblicher' Subjekteigenschaften überwunden werden, durch eine verallgemeinerte weibliche Kultur ,based on how to relate to other human beings, hear them, create more interpersonal understanding …, sensitive and caring'. Damit stellen sich vor allem die intimen Beziehungen als Praxisfeld der ‚sexual politics' dar, auf dem Subjekteigenschaften wie emotionale Sensibilisierung, ‚authentische' Kommunikation (‚sich öffnen'), gegenseitige Ermutigung von Ich-Entfaltung, sinnlich entgrenzte Sexualität für weibliche und männliche Subjekte gleichermaßen entwickelt und eingesetzt werden sollen. Die feministische Bewegung strebt in diesem Sinne eine Feminisierung des nachmodernen Subjekts insgesamt an. Teilweise kommt ihr in den 1970er Jahren dabei die Bewegung der ‚men's liberation' entgegen, die von einer männlichen Selbstunterdrückung durch den dominanten maskulinistischen Code ausgeht. (Reckwitz 2006a, S. 486–487)

Diese Entwicklung hat sich deutlich im Mediationsdiskurs niedergeschlagen: Die Ausrichtung der Mediation, die auf eine gendergerechte Schreibweise Wert legt, zeigt sich nicht nur in den gegenkulturellen Strömungen verankert, sondern setzt eben auch nicht zufälligerweise ein Subjekt an, in dem Emotionalität, Sensibilität, „connectedness" und die Gesamtheit der psychotherapeutischen Codes massiv aufgewertet werden. Das oben angeführte Zitat „‚based on how to relate to other human beings, hear them, create more interpersonal understanding …, sensitive and caring'" könnte ebenso gut der Transformativen Mediation oder auch der Verstehensbasierten Mediation entnommen sein.[149] Demgegenüber findet sich in der Verhandlungsmediation ein Imaginationsraum traditioneller (genauer: präfeministischer) Männlichkeit. (s.o. Kap. 4.1.7) Und tatsächlich profilieren sich

---

[149]   Tatsächlich stammt es aus Hite 1981.

die unterschiedlichen Mediationsansätze auch exakt anhand dieser Differenzen: ein stärker aktives und mehr empfindsames Subjekt; ein emotional distanziert-kontrolliertes und ein emotional sensibles Subjekt; eine Orientierung am Eigeninteresse und eine Balance von Autonomie und Verbundenheit – alle diese unterschiedlichen Subjektcodes lassen sich in die traditionelle, nach Reckwitz auf die klassische bürgerliche Subjektkultur zurückgehende (Reckwitz 2006a, S. 242–274) Geschlechterpolarität eintragen.

5.2.3 Kleine Verbände und weitere Akteure

Neben diesen Protagonisten im Feld gibt es ein kaum zu überblickendes Feld kleiner Verbände. Diese können sich auf ein spezielles Feld beschränken, wie etwa der „Verein zur Förderung der öffentlichen Mediation"[150], der „Verein Deutscher Patentanwälte zur Förderung der Mediation"[151], der „Verband der Bau- und Immobilienmediatoren e.V."[152] und der anscheinend konkurrierende Verein „Baumediation e.V."[153] oder die „Bundesarbeitsgemeinschaft Täter-Opfer-Ausgleich" (BAG TOA)[154]. Andere kleine Verbände stehen für eine spezifische Ausrichtung der Mediation, wie etwa der „Verband für Integrierte Mediation" (IM)[155] und die „Deutsche Gesellschaft für systemische Mediation"[156]. Als weitere Akteure sind im Feld der Wirtschaftsmediation die Steinbeiß-Stiftung, die u.a. in der Ausbildung aktiv ist, und der Round Table Mediation und Konfliktmanagement der Deutschen Wirtschaft[157], der eine Reihe namhafter Großunternehmen zusammenführt und vom Institut für Konfliktmanagement der

---

[150]   http://www.umweltmediation.info/; 19.1.16

[151]   http://www.map-mediation.de/Deutsch/Verein1.html; 19.1.16

[152]   http://www.verband-der-baumediatoren.de/; 19.1.16

[153]   http://www.baumediation-ev.de/index.html; 26.8.16

[154]   http://www.bag-toa.de/, 19.1.2016 vgl. auch SDM 17/2

[155]   http://www.in-mediation.eu/en/; 19.1.2016

[156]   http://dgsym.de/; 19.1.2016, vgl. auch die Selbstdarstellung in ZKM 2008/71

[157]   http://www.rtmkm.de/; 19.1.2016

Europa-Universität Viadrina in Frankfurt (Oder) in Kooperation mit PriceWaterhouseCoopers wissenschaftlich begleitet wird, zu nennen. Daneben hat sich mit der „Deutschen Stiftung Mediation" ein weiterer Akteur formiert, der sich der Förderung und Verbreitung der Mediation verschrieben hat. Allerdings hat die 2011 aus der Vernetzung von Wirtschaftsmediator_innen in einer Xing-Gruppe hervorgegangene Stiftung [158] bislang –außer einer Wanderausstellung [159] – keine Projekte initiieren können, sodass sie als ein Stiftungsprojekt anzusehen ist.

Die ‚Verbandslandschaft' der Mediation in Deutschland ist zusätzlich durch zwei ineinander verwobene Dachorganisationen für Mediation auch vertikal verschachtelt: Zum einen die „Fördergemeinschaft Mediation DACH" (die Abkürzung steht für die drei deutschsprachigen Länder D-A-CH), die im Jahr 2013 300 Mitglieder hatte, die Kooperation im deutschsprachigen Raum fördert und seit 1990 mit den „internationalen Mediationstagen" eine ungewöhnlich glamouröse Kongressreihe inklusive „Mediationsball" [160] ausrichtet. Daneben existiert das „Deutsche Forum für Mediation" (DFfM), das sich als „Dachorganisation für Mediation in Deutschland" versteht, und 2004 als Versuch gegründet wurde, die Konkurrenz von BAFM und Bundesverband Mediation zu überwinden. (PM 2007/14) Dieser Prozess ist jedoch gescheitert: 2015 vertritt das DFfM keinen einzigen der drei Verbände der Mediationsszene mehr, es ist mittlerweile klar dem verhandlungsorientierten Cluster um die DGM zuzurechnen.

---

[158] http://www.deutsche-stiftung-mediation.de/die-stiftung/chronik; 21.1.2016

[159] http://www.deutsche-stiftung-mediation.de/mediation/wanderausstellung; 21.1.2016

[160] http://www.internationale-mediationstage.de/; 19.1.2016 http://www.mediation-dach.com/; 19.1.2016

5.3 Entwicklung des Feldes zur Unübersichtlichkeit

> In dem Umfang, in dem Mediation alltäglicher wird, gewinnt
> sie auch Abstand zu den übergeordneten Begründungen und Begründungsfragmenten,
> welche zu Beginn der ‚alternativen Bewegung' ihre Formation verliehen haben.
> In der Mixtur aus verdünntem, ohnehin nie homogenem Altbestand, neuen
> soziokulturellen Herausforderungen und dominierenden pragmatischen Vorgaben
> zumeist juristischer Art ist inzwischen kein Maßstab mehr erkennbar. (HM3/XI)

Im Feld der Mediation gibt es seit einigen Jahren die beobachtbare Tendenz, die Polarität zwischen ‚Bewegungsmediation' und ‚Verhandlungsmediation' zu verändern. Während von der Bewegungsmediation aus immer schon die Verhandlungstheorie zumindest auf technischer Ebene integriert wurde, gewinnt seit etwa 2005 eine ‚systemische' Ausrichtung der Mediation, die sich als weit anschlussfähig erweist, im ganzen Feld an Bedeutung. Die Verhandlungsmediation ist als geschlossenes und andere Thematisierungsweisen abblockendes Paradigma im Mediationsdiskurs unter Druck geraten. Stattdessen ist eine graduell unterschiedlich stark ausgeprägte Orientierung an der Verhandlungslehre in unterschiedlichen Kontexten der Mediation zu beobachten. Die verschiedene Theorien und Ansätze synkretistisch integrierende Vorgehensweise, die von Anfang an der Mediationsszene eigen war, hat sich damit im Diskurs weiter durchgesetzt. Die den Diskurs strukturierende Polarität zwischen einer juristischen Verhandlungsmediation und einer von der Mediationsszene getragenen Mediation, die auf ein ‚Mehr als Verhandlung' abzielt, erhält sich oft nur noch in der Form, dass sie die Koordinaten hergibt, von denen sich neue Ansätze, die sich jenseits dieser Polarität positionieren, abgrenzen.

5.3.1 Öffnung der Verhandlungsmediation

Die Entwicklung der Verhandlungs-Mediation lässt sich plastisch anhand der Ausgaben des „Handbuchs Mediation" nachverfolgen. Das Handbuch ist die exponierteste und einflussreichste Publikation des juristisch geprägten Mediationsdiskurses. Während in der 1. Auflage 2002 noch das Verhandeln klar als „Grundlage der Mediation" das zweite Kapitel besetzt (HM1), wurde die Stellung des Verhandelns in der 2. Auflage 2009 abgeschwächt. Es hat seinen paradigmatischen Stellenwert für Mediation verloren und stellt kein eigenes Kapitel mehr dar: Einige Beiträge aus der ersten Auflage sind im ersten Kapitel integriert, doch das nun „Methode" benannte zweite Kapitel wird jetzt von einem Beitrag des prominenten Mediators Joseph Duss-von Werdt, der zugleich ein profilierter Kritiker des Verhandlungsansatzes ist, mit einem Aufsatz zu systemischen Aspekten der Mediation eingeleitet, der inhaltlich wie stilistisch den eindeutiger kaum zu setzenden Bruch mit der Verhandlungsmediation darstellt. (HM2/231-266; hier: Kap. 8.6) Zwar finden sich auch in der zweiten Auflage noch die ‚klassischen‘ Positionen der Verhandlungstheorie in den unveränderten Beiträgen von Haft, der auch immer noch das Handbuch mit herausgibt. In ihrer neuen Positionierung neben Methoden des Coaching und der Kommunikation stellen sie aber eine neue Pluralität dar. Dieses Stadium wird in der Einleitung zur dritten Ausgabe als Ausdruck der „erstarkenden, aber auch widerstreitenden Tendenzen" der Mediation beschrieben, wobei die dritte Auflage als „Chronik einer leidlich beruhigten Lage" auftritt. (HM3/IX) Tatsächlich vollzieht die dritte Auflage den Bruch mit der paradigmatischen Stellung des Verhandelns: Die Verhandlung erscheint als „Grundlage einer [nicht: der; JT] Mediationstheorie"; neben der –zwar immer noch bevorzugt behandelten– Verhandlung werden andere, ausgewählte Ansätze vorgestellt. (HM3/§2) Dass nun das Handbuch Mediation damit nicht einfach die Position der Verhandlungsmediation zugunsten einer vermittelnden Position aufgegeben hat, sondern tatsächlich der Diskursstrang sich verändert und den Stellenwert des Verhandelns relativiert hat, lässt sich daran erkennen, dass zum einen mit Haft und von Schliefen die Herausgeber des Handbuchs Protagonisten des juristischen Mediationsdiskurses (und auch der Verlag) diese Veränderung weiterhin leiten und kein anderes vergleichbares Publikationsprojekt den eng geführten Verhandlungsdiskurs fortsetzte. Es lässt sich so eine Öffnung der Verhandlungsmediation für die Themen und Zugänge der Mediationsszene feststellen. Dass 2012 der Präsident der DGM sich in seiner Antrittsrede vehement für die Ergänzung der Verhandlungslehre durch die dieser entgegengesetzten „Transformative[n] Mediation" aussprach (DGM-GW), verdeutlicht nochmals, wie weit sich die DGM als (einst?) zentraler Akteur der Verhandlungsmediation von dieser entfernt hat.

5.3.2 Der Professionalisierungsprozess des Bundesverbands Mediation

Der Bundesverband Mediation „wird durch Zielvereinbarungen zusammen gehalten, sowie durch einen ausgeprägten Gemeinschaftsgeist." (PM 2007/23)

Während in der Verhandlungsmediation also eine Öffnung für die Zugänge der Mediationsszene stattfand, veränderte auch der zentrale Akteur der Mediationsbewegung, der Bundesverband Mediation, seine Position. Dieser erzählt von sich eine steile Erfolgsgeschichte, in der Mediation seit dem Beginn der 1990er-Jahre

von einer Sache „weniger Eingeweihter", zum „Mainstream" (SDM SA/3) werden
konnte. Dieser Erfolg drückte sich auch in wachsenden Mitgliederzahlen aus, die
sich von 1996 mit 65 (SDM5/1), bis 2001 auf 500 und 2010 auf 1300 (SDM 37/3)
Mitglieder steigern und dieses Wachstum mit knapp 2500 Mitgliedern[161] bis 2016
auch beibehalten konnte. Diese Veränderungen stellten den Verband vor
organisatorische Herausforderungen, die zur Neuorganisation der Qualitätssicherung, der politischen Handlungsfähigkeit, der Entwicklung passender
regionaler Strukturen und der internen Kommunikation führten. (vgl. SDM/SA)
Hierbei zeigten sich Mitglieder in Sorge, dass der „Geist" der
Mediationsbewegung, „die warme, nährende menschliche Nähe (…), die den
Verband bisher kennzeichnete" (SDM/SA 4) verloren gehen könnte. In diesem
Organisationsentwicklungsprozess, der sich als „Professionalisierungsprozess"
verstand, fand zugleich eine Verschiebung der Ausrichtung statt. Gerade für einen
Akteur, der in allen Anwendungsfeldern der Mediation vertreten sein will, ist die
Definition des ‚Kernbestandes' der Mediation essentiell, um die Einheit (und die
Qualitätssicherung) des Verfahrens angesichts der pluralen Anwendungsfelder zu
gewährleisten. Und eben dieser definitorisch festgelegte Kernbestand erfuhr im
Professionalisierungsprozess eine Transformation; der Prozess stellt den Übergang
von gegenkulturellen und politischen Positionen (wie das Ethos der Mediation,
Kap. 8.6 oder die Herrschaftskritik bei Besemer; Kap. 7.1.5) zu einer
marktorientierten Professionalität dar, wie sie für freiberuflich organisierte
Beratungsfelder kennzeichnend ist.[162] Das Thema und die Aufgabe, neu Märkte für
die Mediation zu erschließen, wurde gegenüber der gesellschaftsverändernden
Zielsetzung wichtiger: Der Vorsitzende des Bundesverbands spricht vom „Wettlauf
der Eroberung eines zukünftigen Mediationsmarktes", wobei dem Verband selbst
die Aufgabe zufalle, zur „Verankerung der Mediation in unserer Gesellschaft"
beizutragen. (SDM 44/48) Mediation wird hier immer noch als Bewegung
positioniert, nur eben jetzt als Marktbewegung. Die Aufgabe, Mediation über alle
Anwendungsbereiche hinweg als universell anschlussfähiges Verfahren in Stellung
zu bringen, erfüllt nach dem ‚Professionalisierungsprozess' des Verbandes

---

[161]   Zahl auf Nachfrage im Sommer 2016 mitgeteilt.

[162]   Die Mediation gleicht hier den Strukturen, die Traue 2010 für das Coaching herausgearbeitet
hat.

nunmehr ein ökonomischer Code, der Mediation als „hochwertige Dienstleistung" (BM-D2014) definiert. In dieser Transformation „vom Glaubensbekenntnis zur Marktstrategie" (SDM 48/4) finden sich die ‚alten' Positionierungen der Mediationsbewegung als politische und mit der Friedensbewegung verbundene Kraft, entweder als Läuterungsgeschichten von Mediatoren, die der Entwicklung zunächst kritisch gegenüberstanden, sich dann aber haben überzeugen lassen (SDM 48/7), oder als Versuch, die Leitsätze zu erhalten, ohne in die ökonomisch unproduktiven Zustände zurückzukehren (insgesamt aufschlussreich für den Umbruch: SDM/41). In dieser Umbruchsphase bleiben in der Verbandszeitschrift Artikel zu Ansätzen der Friedensforschung nach Johan Galtung unvermittelt neben Beiträgen zum Empfehlungsmanagement und einem Plädoyer für Unternehmenserfolg durch Konfliktakzeptanz stehen. Der Bundesverband Mediation hat sich hiermit von seinen gegenkulturellen Ursprüngen insoweit entfernt, als diese nicht mehr die vorherrschenden und Mediation im Singular überhaupt beschreibbar machenden Subjektcodes stellen. An deren Stelle ist nun die neoliberale Subjektform getreten, auf die in den folgenden Kapiteln der inhaltlichen Diskursanalyse ausführlich eingegangen wird.

5.3.3 Viele neue Stile, systemisch integriert
Angesichts dieser Bewegungen der ‚traditionellen' Pole des Feldes entstand eine Reihe von neuen Ansätzen, die sich unterschiedlichster Vokabulare und Orientierungen bedienen. Durch die breite Tendenz zur Synthesebildung und Vermischung von Elementen (hier exemplarisch der „strategic style"; ZKM 2008/141, s. Kressel 2007) ist eine unübersehbare Heterogenität von neuen „Stilen" entstanden. Diese stilistischen Neuausrichtungen dienen als Profilierung und Alleinstellung im unübersichtlichen Markt. Ganz offen werden diese Neuausrichtungen der Mediation als „Branding" bezeichnet, das wesentlich auf die in deren „Werdegang" erworbene Persönlichkeit des jeweiligen Mediators zurückgehe, (dM2015/3/10-15) die sich als „Pioniere auf dem Feld der (deutschsprachigen) Mediation" (dM 2015/3/14) verdient gemacht haben. Dieser Status verleiht ihnen die Glaubwürdigkeit, aus ihrer Erfahrung schöpfen zu können und befreit sie damit von den Ansprüchen, ihre Ansätze wissenschaftlich auszuweisen. Konkret listet der Artikel die Stile der „Lösungsfokussierten Mediation", „Transgressiven Mediation", „Transformativen Mediation", „Transkulturellen Mediation", „Neuro-Mediation" und einen als „Klassische Mediation" bezeichneten breiten, flexiblen und synkretistischen Zugang auf.

Weitere neue Zugänge werden etwa mit den auf Ken Filbers zurückgehenden „Spiral Dynamics" (SDM 32/11-16, s.a.) [163] oder mit der Verwendung des „Enneagramms" (ZKM 2010/14-18) gebildet. Inhaltlich lassen sich in der Vielfalt der Ansätze einerseits Verbindungen zum populärwissenschaftlichen Neuro-Diskurs finden (vgl. Kap. 8.1), sowie eine Vielzahl von Bezugnahmen auf Theorien, die ebenso im Coaching („Techniken des Mediators" in HM2/321-362) oder im Feld der Psychotherapeutik (besonders EiM) Anklang gefunden haben. In diesen Ansätzen konnten sich in einem etwa 2005 beginnenden Wandel die systemischen Ansätze' mehr und mehr durchsetzen. (s. Kap. 10.4) Diese breit und synkretistisch Theoriefragmente unterschiedlicher Richtungen integrierenden Ansätze sind durch ihre Anschlussfähigkeit an beide Pole des Feldes auf dem Weg, eine bestimmende Ausrichtung der Mediation zu definieren. Einerseits bietet eine ‚systemische Ausrichtung' der Mediation die Möglichkeit, in der Heterogenität systemischer Ansätze eine Vielzahl von Ansätzen zu integrieren und jeweils neue hybride Subjektcodes zu kombinieren. Dabei werden durch die sich abzeichnende systemische Wende der Mediation die Vokabulare offensiv gemischt, ein Paradigmenstreit wie zwischen Verhandlungs- und Bewegungsmediation ist nun nicht mehr möglich. Damit bietet die systemische Ausrichtung der Mediation den Raum, um denkbar gegensätzliche Positionen wie die am „Ethos der Mediation" orientierte Ausrichtung von Duss-von Werdt (s. Kap. 6.3, Kap. 9.5) und zugleich die ökonomisch ausgerichtete systemische Wirtschaftsmediation (s. Kap. 10.4) zu beherbergen.

5.4 Aktualisierung der Feldstruktur im Konflikt um das Mediationsgesetz

Die eben beschriebene Feldstruktur lässt sich aus den Strukturen des Mediationsfeldes rekonstruieren, besonders plastisch tritt sie aber hervor, wenn im Feld ein Konflikt ausgetragen wird. Denn die allseits geforderte Durchsetzung und Verbreitung der Mediation geht nicht ohne vielfältige Interessenskonflikte vonstatten, die sich insbesondere in Fragen der professionellen Zuständigkeit und

---

[163]   Hierzu auch McGuigan und McMechan 2005

Geltung verdichten. Diese Spannungen spitzten sich im Gesetzgebungsverfahren zum Mediationsgesetz[164] bis zu einem „handfesten Konflikt" (ZKM 2012/10) zu, der sich über Jahre hinzog und bis zur Anrufung des Vermittlungsausschusses führte. Am Ende wurde das Gesetz 2012 mit Verspätung verabschiedet – und der wichtige Streitpunkt der Ausbildungsstandards erst im Sommer 2016 geregelt. Im Gegensatz zu anderen professionellen Kämpfen in der Durchsetzung von Mediation wurden die Debatten um das Mediationsgesetz öffentlich und im Gesetzgebungsverfahren auch formalisiert geführt, womit sich der Fall zur Darstellung eignet. Anlass des Konflikts war die Umsetzung einer EU-Richtlinie „über bestimmte Aspekte der Mediation in Zivil- und Handelssachen" (EUR), die gemäß dem Subsidiaritätsprinzip zwar nur auf die Vereinbarkeit der nationalen Rechtsordnungen abzielte, jedoch als Anlass für den breiteren Prozess der gesetzlichen Regelung von Mediation genommen wurde. Insbesondere die Praxis der gerichtsinternen Mediation durch Richter_innen, die sich in einigen Bundesländern ohne formale rechtliche Regelungen in Form von Modellprojekten verbreitet hatte, sollte so rechtlich klar geregelt werden. In dem folgenden vierjährigen Gesetzgebungsprozess bildeten sich zwei inhaltlich besonders strittige Themen heraus: Die Frage nach der sog. ‚gerichtsinternen Mediation' sowie die Frage ob, und wenn ja, wie die Ausbildung zu regulieren wäre. In diesen Fragen fand auch eine Bestimmung des Verhältnisses von Mediation und dem juristischen Feld statt.

Die Hauptkonfliktlinie der Debatten um das Mediationsgesetz verlief zwischen Mediatonsrichter_innen und freiberuflichen Mediator_innen um die Frage der gerichtsinternen Mediation. Seit der Jahrtausendwende hatten sich in mehreren Modellprojekten Formen gerichtsinterner Mediation etabliert. [165] Dabei wird gerichtsintern von als Mediator_innen ausgebildeten Richter_innen Mediation zur Beilegung von Rechtsstreitigkeiten angeboten. Der Stein des Anstoßes bei den

---

[164]   Die offiziellen Dokumente des Gesetzgebungsverfahrens sind über das Dokumentations- und Informationssystem des Bundestages zugänglich: http://dipbt.bundestag.de/extrakt/ba/WP17/330/33050.html. Vgl. auch die ausführliche Dokumentation in Klowait 2012, S. 23ff

[165]   Diese haben (noch) keinen eigenen Verband gegründet, sondern vernetzen sich über eine auch öffentlich zugängliche Website. http://www.gueterichter-forum.de/gueterichter-konzept/; 19.1.2016

freiberuflichen Mediator_innen lag darin, dass die gerichtsinterne Mediation kostenfrei angeboten wurde. Die Bundesrechtsanwältekammer, die hier für die Interessen ihrer als Mediator_innen tätigen Mitglieder auftritt, sah das wettbewerbsrechtlich „hoch bedenklich", und bemängelte zudem, dass die Modellprojekte, die als Übergangslösung gedacht waren und als Türöffner für die Mediation in der Rechtspflege dienen sollten, sich nun verselbständigt hätten. (BRAK-SN) Die richterliche Mediation wurde in einer intensiv geführten Debatte im Mediationsdiskurs sowohl verteidigt als auch scharf angegriffen: „Mediations-richter haben zwar eine entsprechende Ausbildung durchlaufen, doch angesichts des engen Zeitbudgets, mit dem Richtermediatoren arbeiten, sind Zweifel durchaus angebracht. (…) Hinzu kommt, dass ein Richtermediator mehr ist als ein allparteilicher Verhandlungshelfer; Richter sind Autoritätspersonen mit hoher rechtlicher Kompetenz. Es ist unmöglich, diese Aspekte in einem gerichtsinternen Mediationsverfahren einfach auszublenden." (ZKM 2009/67) Die richterliche Autorität und Entscheidungsgewalt vertrage sich im Sinne der Rollenklarheit nicht mit der Mediation, argumentiert auch eine Richterin in der Verbandszeitschrift des Bundesverbands Mediation (SDM 40/42-43). Ein konträrer Artikel „Pro gerichtsinterne Mediation" sieht dagegen, achte man auf Probleme der Rollenklarheit und Qualität, die Vorteile des Verfahrens bei festgefahrenen Zivilrechtsfällen überwiegen. (SDM 40/40-41) Das Plädoyer pro gerichtsinterne Mediation bleibt jedoch auf dieses „bestimmte Segment" beschränkt, um nicht „der ‚richtigen' Mediation Konkurrenz [zu machen], ohne deren fachlicher Tiefe und Qualität zu entsprechen." Während also die Zeitschrift des BM, wenig überraschend für das Organ eines Verbandes, der für die Marktzugänge seiner Mitglieder einzutreten hat, sich damit auf die Seite der freiberuflichen Mediation schlägt, sind in der stärker juristisch vernetzten Zeitschrift für Konfliktmanagement eine wesentlich deutlichere Fürsprache für die Richter-Mediatoren zu finden, etwa wenn deren Arbeit als „oft gegen erhebliche Anfangswiderstände und mit hohem persönlichem Engagement der beteiligten Richterinnen und Richter über Jahre aufgebaute gerichtsinterne Mediation" (ZKM 2012/103) gewürdigt wird. Ebenso klar positionierte sich der Deutsche Richterbund für das „Erfolgsmodell" der gerichtsinternen Mediation. (DRB-PM)

Nach langer Diskussion, diversen Entwürfen und Änderungen wurde schließlich im Vermittlungsausschuss ein Kompromiss ausgehandelt, demzufolge das Mediationsgesetz die Praxis der richterlichen Mediation anerkennt und ihre

Weiterführung ermöglicht. Allerdings nicht unter dem Label der Mediation, sondern indem die Rolle des „Güterichters" eingeführt wird. Die Rollenbeschreibung des Güterichters ist insgesamt offener gefasst, ihr steht neben der Anwendung von Mediation auch offen, einen Vergleich vorzuschlagen. (ZKM 2012/113) Richter_innen wird es so aber auch erstmalig ermöglicht, in Güteverfahren ausdrücklich auch mediative Techniken anzuwenden. (ZKM 2012/108) Diese relative Niederlage für freiberuflichen Mediator_innen und Anwält_innen, wurde auch durch die Weigerung der Mediationsverbände, sich gegen die gerichtsinterne Mediation zu positionieren, ermöglicht. Eine solche Positionierung hätte die konfligierenden Ziele einer Verbreitung der Mediation und einer Wahrung der (ohnehin knappen) Marktmöglichkeiten ihrer Mitglieder einseitig entschieden. Stattdessen wurde die gefundene Lösung verteidigt: „Der etwas hausbacken und handgemacht klingende Begriff des ‚Güterichters' soll zum Ausdruck bringen, dass die bisherigen Richtermediatoren keine ‚echte' Mediation angeboten, sondern in Wahrheit aufgemotzte Vergleichsverhandlungen initiiert und begleitet haben." (ZKM 2012/113) Die Auseinandersetzung im Zusammenhang mit dem Mediationsgesetz werden damit auch als Kämpfe um die ‚Marke Mediation', um die Bezeichnung der Tätigkeit, aufgefasst. Dies zeigt auf einer jenseits der taktischen Fragen der professionellen Verteilungs- und Anerkennungskämpfe liegenden Ebene, dass Mediation anscheinend ein „Etikett" ist, mit dem man sich „schmücken" kann (ZKM 2012/113) – und um das zu kämpfen sich Interessengruppen bereitfinden.

Ein weiterer Streitpunkt war die Frage der Regulierung der Mediationsausbildungen. Einerseits forderten hier die Verbände, die Mediationsausbildung –im Sinne der Qualitätssicherung– zu regulieren, während von Unternehmerseite vor der Überregulierung des Ausbildungsmarkts gewarnt wurde (ZKM 2009/147). Auch der in der Mediation engagierte Juraprofessor Horst Eidenmüller vertritt diese Position und warnt vor der „Gefahr der Überregulierung. (…) Der Markt ist in der Lage, gute und schlechte Mediatoren zu selektieren. Bei unprofessionellem Verhalten droht eine zivilrechtliche Haftung. Das genügt." (ZKM 2008/3) Den Mediationsverbänden, die seit bald zwanzig Jahren an beruflichen Standards gearbeitet, verhandelt, sich voneinander abgesetzt und die anderen Verbände für ihre unzureichenden oder übertrieben hohen Anforderungen kritisiert haben, um schließlich ihre Ausbildungsstandards teilweise gegenseitig anzuerkennen, ist eine solche Position nicht vermittelbar. Die Verbände verfolgen auch das Interesse, ihren Mitgliedern in eine möglichst anerkannte und mit exklusiven Marktchancen verbundene Position zu verhelfen. Und nicht zuletzt geht es in dieser Frage auch um die Regulierung des Ausbildungsmarktes für Mediation – und damit um die wirtschaftlich attraktivste Zone des Geschäfts. Im Diskurs um die Standardisierung von Mediation wurde diese immer als ein sorgfältig auszutarierendes „Spannungsfeld" (PM2007/41), „zwischen Wildwuchs und Reglementierung" (PM 2007/37), zwischen Offenheit des Verfahrens und Qualitätssicherung sowie Berechenbarkeit und interprofessioneller Anerkennung der Mediation präsentiert. Die marktliberale Position tritt diesem Diskurs entgegen und entzieht ihm den Boden, wenn sie andere Kriterien als die Marktgängigkeit zunichtemacht: „Ein gesetzliches Zulassungsverfahren wäre nur zu rechtfertigen, wenn Mediation mit hohen Gefahren für die Medianten verbunden wäre, und wenn wir genau wüssten, was eine gute Mediation ausmacht. Beides ist nicht der Fall." (ZKM 2009/35) Hier zeigt sich die zugrundeliegende Differenz der Positionen: Die zwischenverbandliche Konkurrenz wird genau um diese Frage geführt, was eine gute, richtige, ,eigentliche und echte' Mediation ausmacht. Dass hier diese inhaltliche Füllung von Mediation verweigert wird, markiert die Differenz der marktliberalen Position zur ,Mediationsszene' wie den Verbänden, die sich der ,Verhandlungsmediation' verpflichtet fühlen, gleichermaßen. Entsprechend der Uneinigkeit im Feld der Mediationsverbände konnte die Entscheidung über die Regulierung der Ausbildung nicht im Gesetz geregelt werden, sondern es wurde dem Justizministerium der Auftrag erteilt, die Ausbildungsstandards zum „zertifizierten Mediator" in einer Rechtsverordnung zu regeln. Im Frühjahr 2015 bildete sich, da die Rechtsverordnung immer noch nicht absehbar ist, eine breite Koalition aus Mediationsverbänden aus alles Lagern (BM, BAFM, BMWA sowie DFfM und DGM), um gemeinsam und unabhängig von der Arbeit im Ministerium Qualitätsstandards zu entwickeln. Die Verbände rücken angesichts eines sie alle bedrohenden Bedeutungsverlustes zusammen und unternehmen den Versuch, einen Konsens gesetzlich zu verankern und damit den Diskurs darüber, „was eine gute Mediation ausmacht", zu institutionalisieren.

Abgesehen von diesem Punkt, der erst im Sommer 2016 in der Form eines Kompromisses (insbesondere: Regulierung, aber mit 120h statt der von den Verbänden gesetzten Standards von 200h Ausbildungsdauer) qua Rechtsverordnung geregelt wurde (ZMAV), schien der Kampf damit beendet: Im Editorial der Zeitschrift für Konfliktmanagement versuchte von Schlieffen, eine

Protagonistin der verhandlungsorientierten Mediation, den Konflikt zu beenden und wieder nach vorn zu blicken: „… muss jetzt aufmerksam und sensibel mit den Flurschäden umgegangen werden, die der kontroverse Weg zu diesem Ergebnis hinterlassen hat. Denn nicht nur in Justizkreisen hat der beharrliche Versuch, der gerichtsinternen Mediation den Boden zu entziehen, Reaktionen von Unverständnis bis hin zu nachhaltiger Verärgerung hervorgerufen. (…) Für die Zukunft wünsche ich mir, dass es außergerichtlich und gerichtsintern tätigen MediatorInnen gelingen möge, in kooperativer Grundhaltung und intensivem, respektvollem, kollegialem Austausch professionell zusammen zu wirken." (ZKM 2012/103) Doch versöhnlich klingen diese Worte nicht in allen Ohren: Die in dieses Lösungsangebot eingeflochtene Klassifizierung „außergerichtlich und gerichtsintern" weckt auf Seiten der Mediationsszene Widerstände. Mediation sei keineswegs entweder gerichtsintern oder außergerichtlich, sondern erst einmal unabhängig von derartigen juristischen Differenzierungen aus sich selbst heraus zu verstehen. „Der aktuell im Gesetzentwurf angedachte Name ‚außergerichtliche Mediation' sollte daher tunlichst durch ‚Mediation' ersetzt werden. Steve Jobs hat seine Firma nicht ‚birnenfreies Apple, windowsfreies Apple oder gerichtsfreies Apple' genannt, sondern Apple." (SDM 44/55) Auch wenn der aktuelle Konflikt mit dem Gesetz teils beigelegt und vertagt sein mag, für die Mediation selbst rückt hier ihr eigenes Versprechen, die nachhaltige und für alle vorteilhafte Beilegung von Konflikten, bislang nicht in Sicht.

In all diesen Auseinandersetzungen um Mediation fällt jedoch auf, dass hier kein Kampf für oder gegen Mediation ausgefochten wurde. Im Gegenteil: „Alle am Gesetzgebungsprozess beteiligten Organe, Verbände, Kammern und Interessengruppen begrüßten die Einführung gesetzlicher Regelungen zur Mediation als solche ausdrücklich." (MedG-HK/38; vgl. BRAK-SN/4) Auch die zuständige Abteilungsleiterin für Rechtspflege im BMJ spricht von ihrer „Begeisterung für die Mediation". (ZKM 2009/84) Diese Einschätzung einer breiten Unterstützung für Mediation wird auch von einem der wenigen kritisch zur Mediation sich äußernden Beiträge im Mediationsdiskurs bestätigt, wenn dieser sich gegen die Übermacht eines „rechtspolitischen ‚Mainstreams'" (ZKM 2009/29-31) anschreiben sieht. Gestritten wurde stattdessen um Zugänge zu den –bekanntermaßen knappen– Mediationsmärkten und über die Wertigkeiten professioneller Standards, die wiederum Marktzugänge zu den üppigeren Ausbildungsmärkten für Mediation schaffen. Doch lässt sich die Debatte nicht als ein reiner Verteilungskampf verstehen. Erstens wird die gerichtsinterne Mediation von Richter_innen geleistet, die keine ökonomischen Interessen mit ihrer Tätigkeit verbinden. Deren Motivation und Interessen, die Modellprojekte der richterlichen Mediation fortzuführen, muss sich aus anderen Quellen speisen. Zum anderen muss auch bedacht werden, dass Verteilungskämpfe nur geführt werden können, wenn es etwas zu verteilen gibt. Die befriedigten Reaktionen darauf, dass gerichtsinterne Mediator_innen sich jetzt als ‚Güterichter' zu bezeichnen haben, weisen darauf hin, dass es das Label, die ‚Marke Mediation' ist, um die hier auch gestritten wurde. Die Frage, was Mediation so attraktiv macht, dass es sich lohnt, darum Verteilungskämpfe zu führen, kann durch den Verweis auf die ökonomischen Interessen der Akteure im Feld nicht hinreichend beantwortet werden. Der kulturtheoretische Erklärungsansatz dieser Arbeit setzt an dieser Stelle an, um sich der anscheinend von der Mediation ausgehenden Faszination zu nähern.

5.5 Eingrenzung des Untersuchungsbereiches der Diskursanalyse

Mit dieser Darstellung des Feldes der Mediation kann nun auch der Datenkorpus des Mediationsdiskurses, wie er in dieser Arbeit zugrunde gelegt wird, klar umrissen werden (vgl. Kap. 2.3.2.3): Zum Mediationsdiskurs sollen alle Beiträge gezählt werden, die Mediation als Ganzes darstellen oder sich an einzelnen Fragestellungen der Mediation abarbeiten. Nicht aufgegriffen werden sollen die Fragen der Anwendung oder Implementierung von Mediation; in solchen Beiträgen wäre Mediation als äußerer Bezugspunkt gesetzt und Fragen der Anwendung oder des Einfügens in einen spezifischen Kontext stehen zur Debatte. Dieser Zuschnitt des Gegenstandes geht aus dem Interesse der Untersuchung an der ‚idealtypischen Mediation' (Kap. 2.1), wie sie im Diskurs prominent behandelt und konstruiert wird, hervor. Die Verbände, die Mediation nicht nur vertreten, sondern vor allem auch verbreiten wollen, stehen, vor allem wenn sie den Anspruch erheben, Mediation ohne die Beschränkung auf einen Anwendungsbereich zu vertreten, selbst vor der Aufgabe, den übergreifenden ‚Wesenskern' der Mediation zu bestimmen. Ebenso hat sich in der Auseinandersetzung um die Güterichter-Mediation gezeigt, dass der ‚Marke' Mediation ein Wert zugeschrieben wird. Das Feld der konkurrierenden Verbände hat so die ‚Marke'

Mediation stabilisiert und durch die Qualitätssicherung und Zertifizierungen erfolgreich verknappt. Dies alleine erklärt aber noch nicht, wie die Attraktivität dieser ‚Marke‘ zustande kommt und insbesondere so selektiv als Ausbildung und weniger als Dienstleistung nachgefragt wird. In diesen Fragen hat sich das oben skizzierte ‚idealtypische Mediationssetting‘ (Kap. 2.1) durchgesetzt: wenn von Mediation hier die Rede ist, dann in dieser spezifischen Form. Selbst wenn sie also als reale Praxis der Konfliktbearbeitung wenig nachgefragt wird, hat sie im Diskurs doch eine zentrale Stellung bezogen. Damit ist die Mediation als diskursiv erzeugtes Konstrukt in ihrer idealtypischen Form Gegenstand dieser Untersuchung. Mit ‚Mediationsdiskurs‘ ist hier immer der Diskurs der Mediation ohne Zusätze und im Singular gemeint.

Auch wenn die die Anwendungsdiskurse der Mediation hier also nicht untersucht werden, sind die hier erzielten Ergebnisse gleichfalls nicht irrelevant für sie. Es wäre in jedem Feld zu beobachten, inwieweit und auf welche Weise die für die Mediation erzielten Ergebnisse dort auch gelten. Dabei muss als Hypothese angesetzt werden, dass in den Anwendungsgebieten weite Bereiche des hier untersuchten Diskurses übernommen werden. Dies zeigt sich etwa daran, dass Anwendungen sich nur erfolgreich als Mediation bezeichnen können, wenn die Spannungen zum Mediationsdiskurs nicht zu groß werden. So hat sich etwa der Täter-Opfer-Ausgleich, eine der frühen Anwendungsbereiche der Mediation, der zugleich nur schwer mit den Ansprüchen der Mediation im idealtypischen Setting zu vereinbaren ist, terminologisch von der Mediation gelöst, um größere Gestaltungsspielräume zu haben. Dasselbe gilt für ‚Konfliktlotsen‘- oder ‚Streitschlichter‘-programme im schulischen Kontext oder die sich stärker an der Verhandlung zwischen Anwälten orientierenden „Collaborative Praxis" (Lenz 2010; Mähler und Mähler 2009). Diese ‚halbautonomen Anwendungsfelder‘ der Mediation können durchaus eigene, von der Mediation unabhängige Entwicklungen durchlaufen, da sie auch diskursiv stärker von ihrem Anwendungskontext beeinflusst werden. Die Struktur der legitimen, halbautonomen und problematischen Anwendungsfelder sagt viel über den Mediationsdiskurs aus, welche Anwendungsbereiche anerkannt und welche Spielräume ihnen in der Anpassung des Verfahrens und der Dehnung der Prinzipien zustehen. So wird etwa die Dehnbarkeit des auf den paradigmatischen Fall einer einmaligen Selbstzahlermediation abzielende Prinzip der Freiwilligkeit im Falle von ‚verordneter‘ bzw. vom Vorgesetzten ‚nahegelegter‘ Mediation in

Arbeitsteams strapaziert. (Kap. 8.3) Die Debatte über die Zulässigkeit solcher Verfahren ist unbedingt als Teil des Mediationsdiskurses anzusehen. Die „Mediation mit Stellvertretern", wo nicht teilnahmebereite oder verstorbene Konfliktparteien im Rollenspiel nachgestellt werden, muss als umstrittener Anwendungsbereich gelten. (vgl. PM2009/92-97) Aus der Analyse ausgeschlossen werden soll also nicht die Frage der feldspezifischen Anwendbarkeit oder die Diskussion von Problemen, die sich aus der Anwendung ergeben. Diese Fragen sind im Gegenteil höchst aufschlussreich für das Mediationsverständnis. Spezielle oder technische Fragen der Anwendbarkeit sind das jedoch nicht. So bleiben die Debatten um die juristische Integration des Verfahrens, die um die Fragen von Haftung, Vertraulichkeit oder der Verbindlichkeit der Mediationsvereinbarung kreisen und die einen beachtlichen Teil der juristischen Fragestellungen ausmachen, in ihren Ergebnissen ohne Interesse für die hier verfolgte Fragestellung.[166]

Eine weitere Eingrenzung ist vonnöten, wo eigenständige, mit Mediation eng verwandte Diskurse den Mediationsdiskurs berühren. Dies gilt etwa für die Friedens- und Konfliktforschung, die einen intensiven Diskurs über Mediation in politischen Konflikten hervorgebracht hat. In den Forschungen, Debatten und Theorien zu beispielsweise Konflikttransformation in Demokratisierungsprozessen oder Wahrheitskommissionen lassen sich viele Parallelen zum Mediationsdiskurs erkennen, beispielsweise der von der Berghof Foundation verwendete Transformationsbegriff. Auch der umfassende und interdisziplinäre Diskurs der interkulturellen Mediation kann hier nicht erfasst werden. Hierzu liegt mit der Dissertation von Katharina Kriegel-Schmidt (2012) schon eine diskursanalytisch angelegte Untersuchung vor. Ähnliches gilt für das Feld der alternative dispute resolution (ADR). In der kaum zu überschauenden, weil ständig wachsenden Vielfalt der Verfahren spielt Mediation zwar eine wichtige Rolle, wird aber als ein Verfahren unter anderem eingeordnet. Erstaunlicherweise spielt die ADR-Diskussion im gegenwärtigen Mediationsdiskurs außerhalb der juristischen Diskussionen keine bedeutende Rolle mehr.

---

[166] Dabei ist die Tatsache, dass sie gestellt werden, und wie diese Thematisierungen im Media-tionskontext aufgegriffen werden, durchaus interessant. (s. Kap. 9.2)

Die Abgrenzung zum Konfliktmanagement ist die wohl problematischste dieser Eingrenzungen. Mediation und Konfliktmanagement werden oft parallel geführt, sodass die Begriffe teilweise austauschbar verwendet werden. Zwischen Mediation und Konfliktmanagement verschwimmen die Grenzen – wenn etwa die ‚Zeitschrift für Konfliktmanagement' sich vorwiegend mit Mediation beschäftigt oder dagegen der Handkommentar zum Mediationsgesetz, entgegen dem Titel auf Konfliktmanagement abzielt. (MedG-HK/55ff) Hier wird eine systematische Unterscheidung zur Differenzierung veranschlagt, die aus der Diskursanalyse heraus entwickelt wird (Kap. 6.1 und 6.2): Bei Mediation wird ein Verfahren für tendenziell alle Konflikte angesetzt, das Konfliktmanagement dagegen folgt dem Credo ‚für jeden Konflikt das passende Verfahren'. Die Kompetenz des Konfliktmanagers verschiebt sich dann hin zur „passgenauen Verfahrenswahl". (MedG-HK, S. 55) Kompliziert wird die Abgrenzung von Mediation und Konfliktmanagement, da zwei zu unterscheidende Traditionen des Konfliktmanagements sich im Namen gleichen: Einmal das ‚alte Konfliktmanagement' von Friedrich Glasl und den Forschern des Studiengangs Gruppendynamik an der Klagenfurter Universität. (Kap. 6.2.2; 6.2.3) Dieser im deutschsprachigen Raum schon vor der Mediation etablierte Diskurs war (und ist teilweise noch) ein wichtiger Bezugspunkt für die Mediation. Davon ist das systemisch-ökonomische Konfliktmanagement, das Unternehmen oder Organisationen konfliktsensibel und –produktiv machen soll, als ein Anwendungsdiskurs der Mediation zu unterscheiden. Dieses ‚neue' Konfliktmanagement geht jedoch mit der Aufnahme und ökonomischen Radikalisierung der ‚systemischen' Codes und der Verhandlungsmediation an einer ganz anderen Stelle aus dem Mediationsdiskurs hervor und ist in vielerlei Hinsicht den ‚alten', kultur- und kapitalismuskritischen Ansätzen geradezu entgegengesetzt. (Kap. 10.4)

5.6 Der Datenkorpus: Aussageformate und Diskursarenen

Nach dieser Abgrenzung des Diskurses bleibt der Datenkorpus der analysierten Texte zu umreißen. Dazu werden im Folgenden spezifische Publikationstypen umrissen und die in ihnen typischerweise vertretenen Formate benannt. Der empirische Zugriff auf den Diskurs der Mediation erfolgt in dieser Studie vornehmlich über Buchpublikationen und Zeitschriften. Aber auch Lehrvideos und Kongresspublikationen finden Eingang in den Datenkorpus.

Buchpublikationen

Bei der Zusammenstellung der Buchpublikationen konnte auf eine als Vorarbeit zur dieser Studie durchgeführte Inhaltsanalyse (Tröndle 2015) zurückgegriffen werden. Diese Liste wurde anhand einer Reihe von Kriterien erweitert. Zunächst wurde bei einigen Beiträgen auf unterschiedliche Ausgaben zurückgegriffen, um die Entwicklung zu verfolgen. Bei Fragen der Relevanzeinschätzung konnten die Ergebnisse einer vom Autor durchgeführten Umfrage[167] in die Entscheidungen mit eingehen, gemeinsam mit offen zugänglichen Datenquellen wie etwa der ‚Bestsellerliste Mediation' auf Amazon.de oder Rezensionen und Werbung in den Fachzeitschriften. Die Liste der Publikationen wurde im Forschungsprozess beständig erweitert, wenn neue oder spät entdeckte Publikationen aufgenommen wurden. Die vollständige Liste der verwendeten Publikationen ist in der Liste der Siglen am Ende des Einleitungskapitels einsehbar. Der Korpus wurde nach dem Sättigungsprinzip gebildet, d.h. neue Publikationen wurden gerade gegen Ende des Forschungsprozesses nur noch in den Korpus aufgenommen, wenn sie Neues zur Analyse beisteuerten. Es wurde damit gewiss nur ein Bruchteil der vorhandenen Publikationen erfasst, wohl aber sind die Wichtigsten und auch eine hinreichende Bandbreite von peripheren Publikationen im Korpus enthalten.

Der Buchmarkt der Mediation, dem diese Publikationen entnommen sind, ist ein zwischen Fachliteratur und Ausbildungsliteratur mit mehr oder weniger wissenschaftlichem Standard aufgespanntes Feld. Die überwiegend einfach mit „Mediation" betitelten Buchpublikationen zeichnen sich gerade durch ihre mehrfache Anschlussfähigkeit aus. Sie richten sich sowohl an PraktikerInnen als auch an eine Leserschaft, die Mediation kennenlernen will. Dabei bilden die an Mediationsausbildungen Teilnehmenden einen nicht zu unterschätzenden Absatzmarkt für Fachpublikationen. Hinsichtlich der Wissenschaftlichkeit der

---

[167]   Die Umfrage wurde gemeinsam mit der Forschungsgruppe Mediation als ‚Mediationsumfrage 2014' initiiert, lieferte jedoch aufgrund der relativ schwachen Beteiligung mit nur 30 auswertbaren Datensätzen keine hinreichende Basis für eine Publikation. Als ein Anker für die Einschätzung der Relevanz einzelner Publikationen konnte ein Teil der erhobenen Daten aber in dieser Studie eingesetzt werden.

Beiträge bildet sich ein Spektrum, das wohl vom Mediationslehrbuch von Montada und Kals (M/MK) und den Publikationen aus dem juristischen Feld (HM, MAP...) angeführt wird. Viele Publikationen sind dagegen allenfalls als populärwissenschaftliche Arbeiten einzuschätzen, die oft ganz ohne Verweisapparat auskommen. Deutlich formuliert das zur wissenschaftlichen Kritik des mediatorischen Wissens aufrufende Handbuch Mediation: „So finden sich etliche Publikationen mit Aussagen, die auf undurchdachten oder einseitigen, aber schlicht ständig wiederholten Meinungen beruhen; als Begründung findet man allenfalls einen anerkannten, zumindest klingenden Namen." (HM3/X) Die Herausbildung des kanonischen Wissens der Mediation wird durch diese Praxis von fehlenden oder missleitenden Verweisen begünstigt. (vgl. exemplarisch zum ‚Eisbergmodell‘ Kap. 6.1.2) Daneben gibt es einen fließenden Übergang zu ‚Darstellungstexten‘: diese sind kürzer gehalten, zielen verstärkt auf potentielle Konfliktparteien bzw. andere potentielle Auftraggeber wie etwa das (Personal-)Management ab. Unabhängig vom wissenschaftlichen Standard der Texte beanspruchen viele Publikationen, als Lehrbücher für Mediation zu dienen. Da die meisten der Autor_innen der Bücher auch selbst Mediationsausbildungen anbieten, ist davon auszugehen, dass sie zumindest in den eigenen Lehrgängen auch eine entsprechende Anwendung finden. In diesen Publikationen stellen sich die Autor_innen als legitime Konfliktexperten dar – und das heißt im Kontext der Mediation, als erfahrene MediatorInnen.[168] Zudem ist allen diesen Publikationen eigen, dass sie Mediation darstellen und dabei den Anspruch auf Vollständigkeit erheben. Sie eignen sich daher sehr gut, um die Gesamtheit der Themen, anhand derer im Mediationsdiskurs Mediation konstruiert wird zu erfassen und die Positionierungen, Verbindungen von Aspekten und die zentrale bzw. periphere Stellung von einzelnen Aspekten zu erfassen. Entgegen diesen darstellenden Texten ist die Zahl von Publikationen, die als Sammelbände oder Kongresspublikationen einzelne Aspekte der Mediation erfassen (MuP, DuM...) und einen Querschnitt durch eine größere Anzahl von Autor_innen bieten, eher gering.

---

[168]   Mit der Ausnahme des primär als Universitätsprofessor sprechenden Leo Montada.

Zeitschriften

Einen weiteren wichtigen Bestandteil des Textkorpus bilden die herangezogenen Mediationszeitschriften. Die Zeitschriften ermöglichen aufgrund der Vielzahl der Beiträge, der redaktionellen Auswahl und ihrer Serialität das Spektrum des Sagbaren im Diskurs wie auch in seiner Transformation über die Zeit hin zu beobachten. Hier wird nicht Mediation in einer kanonischen Form dargestellt, sondern aktuelle Themen diskutiert, Aspekte vertieft oder auch neue Ansätze vorgestellt. Als relativ niederschwellig zugängliche Foren enthalten die Fachzeitschriften auch Reflexionen von Praktiker_innen, die dem kollegialen Austausch noch relativ nahe sind. Die Fachzeitschriften als Material verlangen so eine andere Analysestrategie und sind für andere Fragestellungen wichtig. So bieten etwa die Editorials der Zeitschriften einen hervorragenden Einblick in die zentralen Fragestellungen des Diskurses. Die Zeitschriften sind weniger in allen ihren inhaltlichen Facetten, sondern vor allem auch als Spektrum der zugelassenen und eingebrachten Beiträge wichtige Informationsquellen über den Diskurs. So ist etwa die Beobachtung der Auswahl der von externen, nur gelegentlich mit der Mediation beschäftigten Wissenschaftler_innen beigebrachten Artikel ein Instrument, um die im Diskurs für relevant gehaltenen Themen und wissenschaftlichen Positionen zu beobachten. Die vier Zeitschriften Zeitschrift für Konfliktmanagement (ZKM), Spektrum der Mediation (SDM), Perspektive Mediation (PM) und Konfliktdynamik (KD) wurden in den Datenkorpus aufgenommen; andere Zeitschriften wurden nur am Rande berücksichtigt. Es wurden aufgrund der umfänglichen Textmenge nicht alle Artikel eingelesen, sondern einerseits stichpunktartig einzelne Ausgaben vollständig durchgearbeitet, vor allem aber themenbezogen bis zur inhaltlichen Sättigung der Analysen Artikel ausgewählt. (s.o. Kap. 2.3.2.2) Im Folgenden sollen diese Zeitschriften kurz vorgestellt werden.

Spektrum der Mediation (SDM)

Das Spektrum der Mediation (SDM), ist die Verbandszeitschrift des Bundesverbands Mediation. Es ist aus den Infoblättern Mediation, einer Art prädigitalem Newsletter, den der Bundesverband Mediation seit seiner Gründung 1992 herausgibt (vgl. SDM 50/7), hervorgegangen und erscheint mittlerweile quartalsweise als aufwendig bebilderte, mittlerweile vollständig farbig gedruckte Zeitschrift mit etwa 70 Seiten. Als Zeitschrift des größten Verbandes der Mediationsszene lässt sich anhand des ‚Spektrums‘ der hier präsentierten

Meinungen und Themen, Fragestellungen und Neuheiten die Sichtweise auf das Mediationsfeld aus der Perspektive des Bundesverbands Mediation, dessen Funktionäre sich hier regelmäßig zu Wort melden, nachvollziehen.

Zeitschrift für Konfliktmanagement (ZKM)
Die zweite zentrale Zeitschrift des Mediationsdiskurses ist die *Zeitschrift für Konfliktmanagement* (ZKM), die ersten beiden Jahrgänge (1998 und 1999) erschienen unter dem Titel „kon:sens" sechs Mal jährlich. ZKM positioniert sich als juristische Zeitschrift, was im Layout, der Auswahl der Werbung, der Zitierweise [169] und dem Abdruck von Gesetztestexten und wichtigen Urteilen sichtbar wird. Die Beiträge in ZKM stammen etwa zur Hälfte von Jurist_innen und Nicht-Jurist_innen. Obwohl Mediation im Titel der Zeitschrift nicht auftaucht, beschäftigen sich die übergroße Mehrheit der Beiträge direkt mit Mediation, sodass die Zeitschrift zweifelsfrei als ein Leitmedium des Mediationsdiskurses angesehen werden kann. Auffällig ist indessen, dass in der ZKM kaum Verweise auf SDM zu finden sind, was umgekehrt nicht gilt. Die Zurückhaltung entspricht dem im Selbstverständnis der Zeitschrift formulierten Anspruch die erste wissenschaftliche Zeitschrift zur Mediation zu sein und reflektiert zudem die Anerkennungspolitik der herausgebenden Institution.

Perspektive Mediation (PM)
Als drittes Medium ist die Zeitschrift *Perspektive Mediation* (PM) als ein Projekt aus der Mediationsszene von Bedeutung. Seit 2004 ist es das Ziel der Zeitschrift, ein von den Verbänden unabhängiges Forum für den Austausch zwischen PraktikerInnen einerseits, und andererseits für den Dialog zwischen Mediationspraxis und Wissenschaft zu bieten. Praxisnahe Beiträge spielen in der Zeitschrift eine große Rolle. [170] Die Perspektive Mediation ist seit dem Professionalisierungsprozess des Bundesverband Mediation das wichtigste

---

[169]   Diese entspricht der juristischen Konvention, Gesetzestexte im Fließtext, weitere Verweise in komprimierten Fußnoten zu zitieren. Das ist dem juristischen Arbeitsmodus, Gesetzestexte Satz für Satz auszulegen und dabei auf weitere Kommentare zu verweisen, angepasst. Für die Mediation, der eine derartig klare kanonische Textbasis fehlt, scheint diese Verfahrensweise eher fremd. Sie ist so als eine Anpassung an das juristische Feld zu deuten.

[170]   Vgl. die Selbstdarstellung auf http://www.verlagoesterreich.at/perspektive-mediation; 20.1.2016

Sprachrohr der ‚alten' Mediationsszene, deren Themen und Positionen hier noch mehr Raum einnehmen. Von ihrem Wirkungsgrad her ist sie wohl aber eher etwas geringer einzuschätzen als SDM und deutlich geringer als ZKM.

Konfliktdynamik (KD)

Zu diesen für die Verhältnisse des Mediationsdiskurses fast traditionsreichen Zeitschriften ist 2012 die Zeitschrift *Konfliktdynamik* hinzugetreten. Sie richtet sich vorwiegend an Praktiker im Feld des betrieblichen Konfliktmanagements, nimmt aber auch komplexere wissenschaftliche Artikel auf. Durch ihren Herausgeber Alexander Redlich steht sie in der Traditionslinie der Kommunikationstheorie Friedemann Schulz von Thuns, die in der Mediation über die mit Thomann entwickelte ‚Klärungshilfe' wirksam wurde. (Kap. 10.2) Auch die Konflikt-dynamik richtet sich sowohl an Praxis als auch an die Wissenschaft. Sie kommt in Ausrichtung und Stil einer sozialwissenschaftlichen Fachzeitschrift am nächsten.

Der Mediator (dM)

Seit Januar 2013 erscheint der Newsletter der DGM als Zeitschrift „Der Mediator" vierteljährlich im Umfang von etwa 45 Seiten. Die Zeitschrift, die zugleich weiterhin als internes Medium der DGM dient, ist damit SDM vergleichbar und bietet mit Praxisberichten, Diskussionsbeiträgen, Rezensionen und Kongress-berichten auch ein ähnliches Spektrum an Beiträgen. „Der Mediator" erscheint nach eigenen Angaben in einer Auflage von 3000 Exemplaren, ist aber auch kostenfrei über die Homepage der DGM erhältlich.

Peripherie des Diskurses

Zur Peripherie des Mediationsdiskurses sind Zeitschriften, und Buchpublikationen zu rechnen, die Mediation entweder nur als ein Thema unter anderen behandeln oder nicht merklich im Fachdiskurs rezipiert werden. Diese Zeitschriften wurden nicht systematisch untersucht und auch nicht in den Datenkorpus aufgenommen. Die Texte wurden lediglich einem explorativen Screening unterzogen und Verweisen aus dem Mediationsdiskurs heraus wurde nachgegangen. Zu diesen Zeitschriften zählen die *Wirtschaftsmediation*, eine populäre Zeitschrift, die Mediation und Konfliktmanagement im ökonomischen Kontext thematisiert. Sie wird von der Steinbeiß Stiftung mit einer Auflage von 2500 Exemplaren (in 2015) herausgegeben. Hier ist auch das Online-Magazin *DisputeResolution* zu nennen, ein kostenfreies Angebot der FAZ-Verlagsgruppe mit dem Verlag German Law

Publishers. Praxisorientiert richtet es sich „an die Unternehmens- und Verbandspraxis, den Rechtsmarkt sowie die Justiz"[171]. Hier werden Fragen der alternativen Optionen zur Konfliktbeilegung behandelt und damit auch Mediation thematisiert. Allerdings beschäftigen sich nur maximal 2 der 7-12 Artikel pro Ausgabe explizit mit Mediation.[172] Viele fachliche Fragen werden aus juristisch-ökonomischer Perspektive (etwa Mediation in Insolvenzfällen, Alternative Konfliktbearbeitung auf dem Bau etc.) aufgenommen. Ähnlich geht es verstreuten Artikel in spezifischen wissenschaftlichen (juristischen, psychologischen, erziehungswissenschaftlichen…) Fachzeitschriften. Diese konnten für die Diskursanalyse nicht systematisch recherchiert werden, sie sind jedoch auch für den Diskurs der Mediation ebenso wie die peripheren Zeitschriften kaum von Interesse, da sie schlicht nicht breit rezipiert werden. Die interdisziplinäre Zeitschrift für Familienmediation *Familie Partnerschaft Recht* bildete in den ersten Jahrgängen ab 1996 einen Teil des Mediationsdiskurses, diese Verbindungen sind jedoch abgeflaut.

Erwägen-Wissen-Ethik, Herbstausgabe 2009
Aus diesen peripheren Thematisierungen der Mediation sticht die Diskussion eines Artikels von Leo Montada in einer der Mediation gewidmeten Ausgabe der Zeitschrift *Erwägen-Wissen-Ethik* (EWE) heraus. Diese Diskussion ist im Mediationsdiskurs durchaus präsent und als herausragendes Diskursereignis unbedingt mit in den Korpus aufzunehmen. Entsprechend dem Konzept der Zeitschrift wurden auf einen eröffnenden Artikel, der von Montada unter dem Titel „Mediation – Pfade zum Frieden" gestellt wurde, insgesamt 35 kurze Reaktionen (‚Kritiken') der Thesen des Artikels von unterschiedlichsten Autor_innen aufgenommen, auf die nochmals eine abschließende Replik Montadas folgte. Das Format erzeugte so eine Verdichtung von Positionen, die sonst im Diskurs so nicht gegeben ist. Außerdem ist bemerkenswert, wie viele der bekannten Akteure des Diskurses sich an dem Austausch beteiligten. Auf diese Weise ist die so entstandene Diskussion ein von den sonstigen Formaten des Mediationsdiskurses sich klar abhebendes, aber gerade daher hoch interessantes Diskursereignis.

---

[171] http://disputeresolution-magazine.de/die-idee/; September 2016

[172] Bis Frühjahr 2015.

Lehrvideos

Daneben spielen im Mediationsdiskurs auch Lehrvideos eine wichtige Rolle. Sie werden ebenso für die Außendarstellung wie für die Lehre von Mediation herangezogen. In der Diskursanalyse wird erst in Kapitel 11 systematisch auf ein Video einzugehen sein, in den folgenden Kapiteln werden sie nur kursorisch herangezogen.

6. Der Möglichkeitshorizont des Mediationsdiskurses

An dieser Stelle kann die inhaltliche Strukturierung und subjektivierungstheoretische Interpretation des deutschsprachigen Mediationsdiskurses beginnen. In den folgenden vier Kapiteln, die diesen Arbeitsschritt ausmachen, werden systematisch die zentralen Themen des Mediationsdiskurses dargestellt und die Deutungsmuster des Diskurses herausgearbeitet. Dabei wird schrittweise die These entfaltet, dass Mediation als Subjektivation zu verstehen ist. Für diese These, die in ihrer Formulierung darüber hinausgeht, dass Mediation als Subjektivation verstanden werden kann, liefert dieses Kapitel das entscheidende Argument, indem es die Subjekte als den zentralen Gegenstand des Diskurses ausweist. Am Ende der drei stark gegenstandsbezogenen Abschnitte, in denen zunächst die Konflikttheorie (Kap. 6.1) in all ihren weitreichenden Konsequenzen dargestellt wird, dann eine kontrastierende und parallelisierende Analyse des (alten) Konfliktmanagements erfolgt (Kap. 6.2) und schließlich das Narrativ der Mediation zur Debatte steht (Kap. 6.3), wird ein erster und wichtiger Teil der These entwickelt. Da die Deutungsmuster der Problematisierung von Konflikten in der Mediation klar und stets auf die Subjekte verweisen, ist auch der Möglichkeitshorizont des Diskurses auf diese beschränkt. Diese These wurde oben in der Behandlung der Verhandlungslehre schon angerissen (Kap. 4.1.3) und tritt in der Differenz zum Klagenfurter Konfliktmanagement (Kap. 6.2.2) plastisch heraus. Da es in der Mediation nicht viel anderes als die Parteiensubjekte gibt, da der Diskurs immer wieder auf diese hinführt, ist die Interpretation von Mediation als Subjektivation nicht eine bloße weitere Perspektive unter anderen. Die hier entwickelte Argumentation zielt auf das, was im Mediationsdiskurs selbst auch als zentraler, fast alleiniger Gegenstand ausgewiesen wird.

6.1 Die Problematisierung: Konflikt

Der Ausgangspunkt der diskursiven Konstruktion von Mediation ist der ‚Konflikt‘. Das Bezugsproblem lenkt die weitere Behandlung des Themas in Bahnen, die es nicht mehr verlässt. [173] Dies gilt besonders für die Thematisierungen der Lösungsmechanismen wie sie in Kap. 7 dargestellt werden, die besonders eng von den in der Problematisierung des Konflikts getroffenen Weichenstellungen abhängen. Aus diesem Grund verdient die Analyse der Problematisierung besondere Aufmerksamkeit und steht am Anfang der inhaltlichen Strukturierung. Die Darstellung wird im Folgenden teilweise anhand von Feinanalysen einzelner Sequenzen vorgenommen. So können die entwickelten Thesen plastisch nachvollzogen und zugleich Einblick in die Arbeitsweise der Diskursanalyse gewonnen werden. Eine solche Feinanalyse soll auch einleitend angeführt werden, um zentrale Deutungsmuster in der Bestimmung des Verhältnisses von Konflikt, den Parteien und der Mediation anzureißen.

Einleitende Feinanalyse

Der bekannte Familienmediator Christoph C. Paul gab 2008 mit seiner Kollegin Sabine Zurmühl ein kleines Heftchen mit dem Titel „Mediation – was ist das?" heraus (MWID). In handlicher Form, ansprechender Aufmachung und mit humorvollen Illustrationen bietet der Text eine an potentielle Konfliktparteien adressierte Einführung in die Scheidungsmediation. Die systematische Darlegung des alternativen Verfahrens wird dabei immer wieder von Erfahrungsberichten und Schlüsselszenen unterbrochen. Der die Mediation vorstellende Text beginnt mit folgender Textsequenz:

Was ist die Idee der Mediation?
Konflikte gehören zum Leben. Sie bleiben niemandem erspart und sie können uns schwächen und stärken. Mit Konflikten kann man auf die unterschiedlichste Weise umgehen. Mediation ist eine davon. Eine Möglichkeit, die abgeht vom Prinzip des Verlierens oder Gewinnens, ein Prinzip, das die konstruktiven Reserven nutzt und sich konzentriert auf die Möglichkeiten fairer Lösungen. Ein Prinzip das nicht nach Sündenböcken sucht, sondern nach der Freiheit neuer Möglichkeiten, um Konflikte zu regeln. Denn nicht alle Konflikte sind lösbar, aber oft ist es eine große Hilfe, sie händelbar zu machen, sich Regeln zu geben, wie künftig mit den unterschiedlichen Interessen der Beteiligten verfahren werden könnte, wer sich wohin bewegen und neu entschließen könnte. (MWID/14)

---

[173]   Hierzu auch Schmidt 2016.

Der Text, der Mediation einführt, beginnt nicht mit der Mediation, sondern mit dem Konflikt: ‚Mediation' wird in Bezug auf ‚Konflikt' eingeführt. Dieses Merkmal ist in fast allen Texten, die Mediation wie in diesem Falle ‚von Grund auf' erläutern, wiederzufinden. Der ‚Konflikt' ist also das Bezugsproblem, als dessen Lösung sich die Mediation in Stellung bringt. Konflikt ist jedoch in diesem Textsegment eben nicht offensichtlich als Problem markiert: Konflikte „gehören zum Leben", sind als unausweichliches Faktum hinzunehmen; und sie können, wie angedeutet wird, sogar positive Folgen haben, wenn sie „uns stärken". Aus dem Kontext des Textes, den man als eine ausführliche Werbebroschüre für potentielle Konfliktparteien einer Scheidungsmediation bezeichnen könnte, geht jedoch zunächst hervor, dass dieses für die Zielgruppe des Textes, also den Beteiligten einer streitigen Scheidung, schlicht evident sein muss. Die anvisierten Leserinnen und Leser suchen nach einer Alternative zum ‚Streitprozess', oder müssen für derartige Vorschläge zumindest offen sein – andernfalls ergibt die Lektüre für sie nicht den intendierten Sinn, sie für eine Mediation zu gewinnen. Mit der Bemerkung im zweiten Satz, „Sie bleiben niemandem erspart", wird der evidente Umstand, dass Konflikte etwas zumindest Unangenehmes, Problematisches darstellen, dessen Vermeidung eine erwartbare Reaktion darstellt, klargestellt. Ebenso verweist weiter unten die Rede von der „großen Hilfe" darauf, dass durch nicht handhabbare Konflikte eine Notlage entstehen kann.

Damit bleibt die Bestimmung von ‚Konflikt' hier jedoch auch stehen. Sofort wechselt der Fokus von der Bestimmung des Konflikts hin zu „uns": „und sie können uns schwächen und stärken. Mit Konflikten kann man auf die unterschiedlichste Weise umgehen." Die mit „uns/man" bezeichnete Gruppe wird ebenfalls nicht weiter bestimmt, sie wird jedoch als „man" maximal allgemein gefasst. Mit diesem „man" und „uns" wird eine Subjektposition eingeführt, die als unbestimmte Allgemein-Menschliche auftritt, im Mediationsdiskurs jedoch stets auf die Konfliktparteien hinführt, und die an dieser Stelle als ‚Subjekt-im-Konflikt' bezeichnet werden kann. Diese Position steht in zweierlei Verhältnissen zum Konflikt. Einerseits kann der Konflikt sie schwächen oder stärken – der Konflikt ist aktiv, das Subjekt passiv, es wird auf der Dimension Stärke/Schwäche bewegt. Mit dieser Dimension ist gleich ein wichtiges Thema der Mediation, das Empowerment, angesprochen: Das Subjekt-im-Konflikt wird immer wieder unter dem Gesichtspunkt seiner Stärkung oder Schwächung durch den Konflikt betrachtet. Andererseits wird das Subjekt-im-Konflikt als Entscheider positioniert, dem die Fähigkeit zugesprochen wird, sich zum Konflikt „auf die unterschiedlichste Weise" zu verhalten. Dafür ist eine gewisse Handlungsfähigkeit vorauszusetzen: Es muss sich zum Konflikt verhalten können – womit wieder das Thema des Empowerments angesprochen ist. (Kap. 4; wieder Kap. 8.2) Das Subjekt wird also einerseits vom Konflikt in seiner Stärke betroffen, andererseits entscheidet es über den Modus des Umgangs, es wird affiziert und kann zugleich den Gang der Dinge beeinflussen. Nur angedeutet wird hier, dass Konflikte auch eine stärkende Wirkung haben können. Dass Konflikte auch als Chance angesehen werden könnten, wird im vorliegenden Text nur sehr vorsichtig angesprochen, was wohl auf den Kontext zurückzuführen ist, da angesichts einer Scheidung die euphorische Begrüßung von Konflikten zynisch erscheinen könnte.

Erst jetzt, nachdem der Konflikt in Bezug auf die mit ihm doppelt ins Verhältnis gesetzten Parteien gesetzt ist, ist die Bühne bereitet und Mediation kommt als Möglichkeit, mit Konflikten umzugehen ins Spiel: ‚Konflikt' – ‚Subjekt-im-Konflikt' – ‚Mediation als Option'. Bei aller Unklarheit bezüglich der Bestimmung der Punkte ist an dieser Stelle jedoch schon klar, dass Mediation an die aktiv gestaltende Seite des Subjekts anknüpft: Mediation setzt eine Entscheidung für diesen spezifischen Umgang mit dem Konflikt voraus, auch später sind die Subjekte in der Position, sich immer wieder „neu [zu] entschließen". Dem Subjekt-im-Konflikt wird zunächst ein weites Entscheidungsspektrum in der Handhabung von Konflikten zugeschrieben („auf die unterschiedlichste Weise"). Die folgende Profilierung der Mediation gegenüber (und auf Kosten) des kontradiktorischen Gerichtsverfahrens engt die Möglichkeiten dann doch wieder auf zwei Pole ein: sie stellt Mediation als diametral dem ‚Streitprozess' entgegengesetzt dar. Es fällt auf, dass Mediation auch hier als Möglichkeit, als Potential, als ein flüssiger und anpassungsfähiger Modus des Umgangs mit dem Konflikt dargestellt wird. Damit folgt sie konsequent der Spur, die mit ihrer Einführung als eine Option des Umgangs mit dem Konflikt angelegt wurde – denn nicht die Mediation, sondern das Subjekt-im-Konflikt selbst soll ja über seinen Umgang mit dem Konflikt entscheiden können. Mediation wird so als Rahmen, als Raum, als Möglichkeit angeboten, den Umgang mit Konflikten autonom zu gestalten („sich Regeln geben", „entscheiden", die aktive Seite) und sich entwicklungsfähig zu zeigen („sich bewegen", die passive Seite). Allerdings macht dieser Text eine Einschränkung der Selbstverantwortung der Parteien, wenn nicht alle Konflikte als lösbar dargestellt werden. Da die Unlösbarkeit im Konflikt und nicht in den

Parteien verortet wird, tritt dieser widerspenstig seiner Überwindung durch die Selbstbestimmung und Eigenverantwortlichkeit der Parteien entgegen. Diese Einschränkung der Handlungsfähigkeit der Parteien ist im Mediationsdiskurs ungewöhnlich und durch den Kontext der Scheidungsmediation, in dem die Entscheidung zur Trennung schon gefallen ist und nicht mehr angetastet werden soll, zu erklären. Mit dieser Einschränkung verwahrt sich die Mediation gegen den Vorwurf, überhöhte Erwartungen zu wecken, die Scheidungsmediation bleibt vorwiegend im Modus von Verlustbewältigung und Schadensbegrenzung. (s. Kap. 11.3.5) Dennoch werden im abschließenden Kapitel des Buchs, „Trennung und Scheidung als Krise und Chance?" (MWID/62) die Chancen einer reflektierten und gütlichen Trennung herausgestellt. Damit zeigt auch dieser Text, angesichts des zur Mäßigung drängenden Kontextes des Scheidungsmediation, die für den Mediationsdiskurs typische Betonung der positiven Entwicklungsmöglichkeiten eines gut gehandhabten Konflikts – auch wenn auf die sonst deutlicher herausgestellten Win-Win-, Wachstums- und Lösungsversprechen verzichtet wird. (dazu Kap. 6.1.3, Kap. 7.1.2)

Wie jeder Text enthält auch diese Sequenz weit mehr ausdeutbare Aspekte, als die hier ausgeführten: Mit dem Schlagwort „Interessen" etwa wird die ‚Währung' genannt, auf die die gewonnene Entscheidungsfähigkeit der Parteien sich bezieht; die Fokussierung auf „konstruktive Reserven" wird ebenso angekündigt wie mit der Fairness ein ethischer Standard formuliert wird. Auch die Position des „Sündenbocks" ist interessant: Hier wird die Schuldzuschreibung als ein mythischer, irrationaler Akt vorgestellt, dem als Alternative die kreative Freiheit flexibler Lösungen in der Zukunft gegenübersteht, womit sich die Mediation gegen normative Fragestellungen wie auch einen Vergangenheitsbezug generell aufstellt. Alle diese Aspekte werden im Folgenden noch ausführlich behandelt.

Drei Deutungsmuster
Für die hier fokussierte Problematisierung des Konflikts sind in dieser kurzen Sequenz schon wesentliche Merkmale von zwei der drei kennzeichnenden Deutungsmuster auszumachen, die sich in diversen Texten wiederfinden. Im Folgenden werden diese drei als kanonisches Wissen im Mediationsdiskurs unumstrittene Deutungsmuster dargestellt:

-   Zunächst wird ‚Konflikt' als eine zwischenmenschliche Interaktion angesiedelt, die immer und ausschließlich zwischen ‚Mir und Dir' stattfindet. Damit werden die Konfliktparteien von Anfang an im Zentrum des Konfliktbegriffes positioniert. Zum Konflikt unterhalten die Subjekte eine doppelte Beziehung: einerseits sind sie vom Konflikt betroffen, anderseits gehen sie aktiv mit dem Konflikt um. Auf diese doppelte Positionierung der Konfliktparteien wird im Diskurs an vielen Stellen zurückzukommen sein. Ausgehend von diesem Deutungsmuster wird der ‚Konflikt' als generelles und sehr weit gefasstes Bezugsproblem der Mediation aufgestellt, was dann die Herleitung entsprechend breiter Anwendungsbereiche für die Mediation ermöglicht. Ist das Problem so groß gestellt, wird auch das Versprechen der Mediation zur Lösung des Problems am Ende groß ausfallen.
-   Das zweite Deutungsmuster positioniert den ‚eigentlichen Konflikt' hinter dem vordergründig sichtbaren. Wie weit diese ‚Tiefe' geht, und wie sie zu füllen ist, darüber gibt es im Diskurs die unterschiedlichsten Angebote, immer jedoch in der leitenden Differenz von Vordergründigem und Eigentlichem. In dieser Differenz markiert die Mediation dann auch den Unterschied zum Gerichtsprozess, da in der Mediation eben dieser ‚eigentliche Konflikt' behandelt werden könne. Dieses Deutungsmuster ist in der Eingangssequenz nicht erkennbar.
-   Als Drittes Deutungsmuster ist die in ihrer Wertung zunächst widersprüchliche Thematisierung von Konflikt sowohl als bedrohlich und gefährlich, als etwas, worauf auf jeden Fall und entschieden zu reagieren ist, und andererseits als ‚Möglichkeit' und ‚Chance' festzuhalten.

Wenn diese Deutungsmuster im Folgenden ausgeführt werden, ist es wichtig, die Variation des Bezugsproblems der Mediation über die verschiedenen Ansätze hinweg mit im Blick zu behalten. Zunächst ist zu fragen, in welchen Punkten sich das Verhandeln, bzw. das Verhandlungsdilemma, mit dem hier Erarbeiteten deckt und wo es spezifische Differenzen gibt. Eine große Nähe der Problematisierungsweisen konnte schon oben herausgearbeitet werden. (Kap 4.1) Zum anderen ist zu verfolgen, wie sich das in der systemischen Mediation verfolgte Konfliktverständnis zu den hier als für die Mediation zentral identifizierten Deutungsmustern verhält.

6.1.1 Betroffene Subjekte mit aktivem Umgang

Das erste Deutungsmuster, in dem Konflikte in zwischenmenschlichen Differenzen angesiedelt und so vom Konflikt aus die Subjekte doppelt positioniert werden, nämlich als vom Konflikt betroffene und als mit dem Konflikt aktiv umgehende, wurde schon anhand der einleitenden Feinanalyse dargelegt. Hier bleibt nur zu betonen, wie weit verbreitet und homogen dieses Deutungsmuster im Diskurs aufzufinden ist. Es kann dabei auch auf ganz andere Art und Weise dargestellt werden. Anstatt wie im einleitenden Beispiel (und in vielen anderen Texten wie MKVK/14f, ABC/7f, M-Kö/7f...) prägnant in wenigen Sätzen zusammengefasst, direkt und klar formuliert, kann dieses Deutungsmuster auch durch eine große Bandbreite von Bezügen hindurch entwickelt werden. Ein Beispiel hierfür ist das Konflikttheoriekapitel in „Mediation. Die Grundlagen" (M-Schä/154-169). Schon indem der Text die Konflikttheorie der Soziologie und Psychologie als Referenzen aufruft, dann aber sogleich als „uferlos" beschreibt und auf die „sehr unterschiedliche[n] Ansätze" verweist, wird das Feld für die anschließende Präsentation bereitet: die im Text nacheinander präsentierten Definitionen, Theorien und Ansätze sind nicht systematisiert und stehen unverbunden nebeneinander. Diese aus einer scheinbaren Unendlichkeit der möglichen Vorgehensweisen schöpfende Darbietung von klassischen und neueren Theoriepartikeln macht zudem die spezifische Selektivität schwer ersichtlich. So wird etwa unter der Überschrift „Konfliktverständnis" zunächst die grundsätzlich triadische Struktur von Konflikten behauptet, indem eine dritte Gewalt, namentlich die Staatsgewalt, Tradition, Religion oder der „Gruppendruck" die Eskalation verhindere. (M-Schä/155) Aus dieser Perspektivöffnung des Konfliktbegriffs, „Interessengegensätze finden nicht im luftleeren Raum statt", folgt sogar noch der Hinweis auf „genetische Vorgaben". (M-Schä/156) Dann werden zwei Perspektiven auf den Konflikt aufgemacht: Diese könnten entweder aus (objektivistisch-) „systemischer Sicht" als „Elemente und ihre Funktionen, d.h. ihre Beziehungen zueinander" betrachtet werden, oder aber in der „wirklichkeits-konstruktivistischen Betrachtungsweise" auf die Ebene der subjektiven „„Erfahrungswirklichkeit" der Einzelnen bezogen werden. Nochmals erhöht eine Klassifikation von „Konfliktarten" die Perspektivenvielfalt der Darstellung im Text, wenn Sachkonflikte, Wertekonflikte, Interessenskonflikte, Strukturkonflikte, Kompetenzkonflikte, Beziehungskonflikte und intrapersonale Konflikte unterschieden werden. (M-Schä/156-59) Diese nicht systematisierte Komplexität der oft mehr aufgezählten als ausgeführten höchst diversen theoretischen Zugänge ist tatsächlich „uferlos". Ein solches Theoriestaccato kann beim Lesen gar nicht in seinen Bezügen nachvollzogen werden. Wenn diese eröffneten uferlosen Horizonte dann jedoch zusammengefasst und damit auf ihr ‚Wesentliches' reduziert werden, lässt sich erst das für den Mediationsdiskurs spezifische Deutungsmuster erkennen. Denn die zahllosen Theoriebezüge gehen in das Argument, das der Text letztlich macht, nur insofern ein, als sie in das oben schon aufgezeigte Schema integriert werden:

> Je differenzierter der Mediator oder die Mediatorin die beteiligten Konfliktebenen herausarbeitet, desto größer wird der Kuchen der Lösungsoptionen, wenn sich auch selten alle Wünsche erfüllen lassen. (M-Schä/161)

Hier wird die eben entfaltete Pluralität der Bezüge darauf reduziert, zur Vergrößerung der Optionen der Parteien zu dienen. Wieder erscheinen die Subjekte als aktive Entscheider, denen der Konflikt in allen seinen Dimensionen als Optionen begegnet. Die „uferlose" Theorie soll sich in diesem Rahmen als Anregung nützlich machen; das für die Mediation zentrale Deutungsmuster der entscheidenden und affizierten Parteien bleibt erhalten. [174] So wird die überkomplexe Konflikttheorie auf eine sehr eindeutige und überschaubare Formel gebracht. Konflikt, das ist eine zwischenmenschliche Differenz und ein konkreter „Zankapfel":

> Ohne ‚Zankapfel' keine Mediation (…). Ein Anspruch oder eine Forderung ist benennbar und sollte auch vor Mediationsbeginn benannt werden. Eine ‚Unvereinbarkeit im Denken/ Vorstellen/Wahrnehmen' ist nicht immer ein mediierbarer Konflikt. So können zwei Menschen sehr gegensätzliche politische Ansichten haben und trotzdem in Freundschaft verbunden sein. Erst wenn aus der politischen Gegensätzlichkeit Forderungen und Ansprüche erwachsen, hat der Konflikt einen Zankapfel und kann mediiert werden. (M-Schä/157)

---

[174] Konstitutiv an Konflikten beteiligte Dritte oder „genetische Vorgaben" der Parteien würden diesen Rahmen sprengen. Daran, dass dies nicht berücksichtigt wird, lässt sich erkennen, dass die ‚Konflikttheorie' eben nicht als Konflikttheorie, sondern als in den Dienst der autonomen Parteien zu stellende ‚Wahrnehmungstools' zur größeren Erfüllung deren Interessen eingesetzt werden.

Indem diese Formulierung –die auf eine Weise tatsächlich eine triadische Struktur darstellt, da zu den beiden Parteien die umstrittene Sache tritt; der Bezug wird jedoch nicht gemacht– im Diskurs weitergeführt wird, gehen die ebenfalls vorgebrachten anderen Ansätze verloren.[175] Diese Formulierung lässt sich in vielen Variationen im Diskurs immer wieder finden.

> Das Bestehen von Differenzen ist an sich noch kein Konflikt. Erst die Art und Weise, wie die Betroffenen mit diesen Differenzen umgehen, lässt aus den Differenzen Konflikte entstehen. (MiB/13)

Diese Fassung des Bezugsproblems der Mediation von ‚Konflikten als misslingender Umgang mit Differenzen' fügt sich in das Deutungsmuster ein. Der Konflikt wird zwar als Problem identifiziert, aber von ihm wird sogleich auf die beteiligten Subjekte geschlossen. Wenn Wissen über den Konflikt, seine Typologien etc., überhaupt im Diskurs repräsentiert wird, wird dieses den Parteien zur Erweiterung ihrer Optionen zugeführt. Diese Stelle wird sich als zentraler Unterschied zwischen Mediation und Konfliktmanagement erweisen. (Kap. 6.2.1)

Diffusion des Bezugsproblems: überall Konflikte?
In der Fassung des Konflikts als ‚misslingender Umgang mit zwischenmenschlichen Differenzen' wird in aller Regel auf die Konfliktdefinition nach Friedrich Glasl verwiesen. In der Verwendungsweise dieser Konfliktdefinition im Mediationsdiskurs lässt sich jedoch eine Tendenz zur Entgrenzung feststellen, die bei Glasl noch gebändigt ist, im unkontrollierten Verwendungszusammenhang des Mediationsdiskurses dann aber durchschlägt: Wenn der Konflikt als misslingender Umgang mit zwischenmenschlichen Differenzen gefasst wird, diffundiert das Bezugsproblem der Mediation. Konflikte sind dann schlichtweg überall aufzufinden.

Dagegen setzt Glasl in seiner Begriffsbildung explizit an diesem Problem an, wenn er einen Konfliktbegriff entwickelt, der nicht jede zwischenmenschliche Differenz zum Konflikt erklären, aber zugleich hinreichend sensibel für feine

---

[175]   Besonders deutlich wird das für den Fall des „Strukturkonflikts", auf den gegebenenfalls auch mit dem Anerkennen von Sach- und Zeitzwängen zu reagieren sei. (M-Schä/168-9) Diese Figur wird im Mediationsdiskurs regelmäßig marginalisiert, s. dazu Kap. 7.1.7.

Unstimmigkeiten sein soll. Die letztlich gefundene Definition wird diesen Anforderungen dadurch gerecht, dass einerseits die Differenz zwischen den Konfliktparteien auf allen Ebenen des „menschlichen Seelenlebens" (vgl. dazu unten Kap. 6.2.2) zu bestehen habe, andererseits muss diese Unvereinbarkeit jedoch nur von einer Seite und nur in mindestens einem Aspekt eine Beeinträchtigung darstellen. Dies führt Glasl zu folgender Formulierung, wobei die Konjunktionen und Disjunktionen hervorgehoben wurden, da diese spezifischen Und- und Oder-Verknüpfungen den Niederschlag der oben formulierten Bemühungen um einen spezifischen und sensiblen Konfliktbegriff bilden.

Sozialer Konflikt ist eine Interaktion

- zwischen Aktoren (Individuen, Gruppen, Organisationen usw.),
- wobei wenigstens ein Aktor
- eine Differenz bzw. Unvereinbarkeiten im Wahrnehmen **und** im Denken bzw. Vorstellen **und** im Fühlen **und** im Wollen
- mit dem anderen Aktor (den anderen Aktoren) in der Art erlebt,
- dass beim Verwirklichen dessen, was der Aktor denkt, fühlt **oder** will eine Beeinträchtigung durch einen anderen Aktor (die anderen Aktoren) erfolge. (KM-G/17; Hervorhebungen JT)

Glasl hält also fest, dass mindestens eine der Parteien eine umfassende Differenz auf allen Ebenen (Wahrnehmen und Denken und Fühlen und Wollen) erleben muss, wovon auf wenigstens einer Ebene eine Beeinträchtigung durch die andere Partei erfolgt. Etwa eine bloße Meinungsverschiedenheit ist kein Konflikt, sie wird es erst, wenn sie a) ein Beeinträchtigung darstellt und b) mit der Wahrnehmung einer Differenz auf allen Ebenen, gewissermaßen einem zumindest wahrgenommenen umfassenden Antagonismus, einhergeht. Diese von Glasl gegen die „Inflation des Konfliktbegriffes" (KM-G/13) eingeführte definitorische Einschränkung wird im Diskurs der Mediation eingerissen. Damit tritt im Mediationsdiskurs genau die „Inflation" ein, gegen die Glasl sich energisch ausspricht. Selbst bei wörtlichen Wiedergaben der Glaslschen Formel wird auf den Konfliktbegriff einschränken Aspekt verzichtet:

Sozialer Konflikt ist eine Interaktion

- Zwischen Aktoren (Individuen, Gruppen, Organisationen, usw.)

- Wobei wenigstens ein Aktor
- Differenzen (Unterschiede, Widersprüche, Unvereinbarkeiten) im Wahrnehmen, im Denken/Vorstellen/Interpretieren, im Fühlen, im Wollen
- Mit dem andere Aktor (anderen Aktoren) in der Art erlebt,
- Dass beim Verwirklichen dessen, was der Aktor denkt, fühlt oder will, eine Beeinträchtigung
- Durch den anderen Aktor (die anderen Aktoren) erfolge. (M-Kö/32)[176]

Die Konjunktionen (Und-Verknüpfungen) in der vierten Zeile fallen in dieser als Zitat gekennzeichneten Übernahme weg. Im erläuternden Text wird das den Definitionsbereich erweiternde Element, dass nur eine Partei den Konflikt wahrnehmen muss, herausgestellt: „Ein Konflikt liegt bereits vor, wenn eine der Parteien sich in der Umsetzung ihrer Ideen und Vorhaben von einer anderen Partei beeinträchtig sieht; das bedeutet, dass diese andere Partei auch nichts davon wissen könnte, dass jemand mit ihr einen Konflikt hat." (M-Kö/33) In anderen Formulierungen hat sich die Formel noch weiter abgeschliffen: „Als ein Konflikt wird gemeinhin eine zumindest empfundene Unvereinbarkeit von Fühlen, Denken, Wollen und/oder Handeln bezeichnet" (MK/23) Die Aufzählung menschlicher Vermögen verweist zwar noch auf Glasl, der auch in einer Fußnote zitiert wird, aber in der Formulierung eines ,üblichen Verständnisses von Konflikten' tritt die Redeweise im Mediationsdiskurs, nicht die zitierte Quelle als Hauptreferenz auf. Dasselbe zeigt sich, wenn in einer anderen Darstellung von Mediation die Definitionsfrage so beantwortet wird: „Nach den gängigsten Definitionen ist ein Konflikt eine tatsächlich vorliegende oder auch nur empfundene Unvereinbarkeit im Denken, Vorstellen, Wahrnehmen, Fühlen, Wollen **oder** Handeln von zwei oder mehr Parteien. Diese Parteien können Personen, Organisationen oder Gruppen sein, von denen mindestens eine Partei diese Unvereinbarkeit empfinden muss." (IM/6; Hervorhebung JT) Wieder finden sich Elemente des Wortlautes von Glasls Definition, die Referenz auf Glasl verschwindet hinter einem nicht weiter

---

[176] An dieser Stelle wird auf ein anderes Buch von Glasl verwiesen (SHK/24), das aber die oben aus dem Hauptwerk zitierte Formulierung wortgleich wiedergibt.

bestimmten Plural. Dagegen halten sich die den Definitionsbereich erweiternden Elemente der Definition –die Einseitigkeit der erlebten Beeinträchtigung, der breite Akteursbegriff sowie die Aufzählung der menschlichen Vermögen– im Mediationsdiskurs wesentlich besser.

Mit dieser kaum noch zu überbietenden Erweiterung des Bezugsproblems Konflikt auf alle zwischenmenschlichen Differenzen, bei denen irgendeine Form von Beeinträchtigung entsteht, positioniert sich dann auch die Mediation als eine Form des Umgangs mit diesen Differenzen entsprechend weit. Wenn jede nicht-optimal gehandhabte zwischenmenschliche Differenz und –als intrapsychischer Konflikt– jede innerpsychische Unsicherheit darunter zu fassen ist – wo wäre Mediation dann nicht einzusetzen? Damit wird deutlich, dass die eingangs festgehaltene Spannung in der Mediation zwischen einer breiten Anwendung und der Fixierung in Diskurs, Forschung und Ausbildung auf ein idealtypisches Setting, sich auch im Diskurs wiederfindet. Die Spannung wird hier selbst angelegt, indem Mediation als ‚Umgang mit misslingenden zwischenmenschlichen Differenzen' für ein spezifisches Verfahren sehr breit veranschlagt wird. Auf diese Spannung finden sich dann im Diskurs wiederum Reaktionen: Einerseits kann die Öffnung vollzogen werden, indem Mediation weniger als Verfahren, denn als „Mediative Kommunikation" gefasst wird, die „fit für den Alltag" machen soll, wenn ihre Elemente hier angewendet werden. (MK) Andererseits kann, wenn an Mediation als Verfahren einer Drittintervention festgehalten werden soll, eine entsprechende definitorische Minimalschwelle eingezogen werden: „Ein Konflikt tritt ein, wenn Unterschiede zwischen Menschen im Fühlen, Wollen und Handeln nicht mehr im Gespräch gelöst werden können. Eine Meinungsverschiedenheit alleine ist noch kein Konflikt." (MfD/77) An dieser Stelle lässt sich besonders die Zirkularität von Konfliktdefinition und Mediation, das nahtlose Ineinandergreifen von Problemaufriss und Lösungsvorschlag erkennen: Konflikt wird hier in beiden Formulierungen genau als das definiert, was Mediation in der jeweiligen spezifischen oder offenen Fassung ermöglicht und erforderlich macht.

Systemische Konfliktdefinition

Von einem ‚systemischen Ansatz' in der Mediation könnte man eine Abweichung von diesem subjektzentrierten Deutungsmuster erwarten. Das Gegenteil ist jedoch der Fall. (s. dazu Kap. 10.4) Auch wenn die „Vokabel ‚systemisch'" tatsächlich im Mediationsdiskurs „bis zur Unkenntlichkeit vieldeutig" (EiM/10) ist, bleibt sie gerade mit ihrem radikal-konstruktivistischen Vorgehen auf der hier entwickelten Linie, indem die „Menschen" als Konstrukteure ihrer Welt gesetzt werden, die subjektiv je unterschiedliche „Bilder von sich, anderen Menschen und der Welt entwerfen" (EiM/9). Damit ist die Differenz zwischen den Subjekten gesetzt – Mediation kann in der hier zitierten radikalen Fassung dann gänzlich im ‚Umgang' mit diesen Differenzen aufgehen: „Mediation [ist] nicht etwas, es sind Menschen im Ereignis eines intersubjektiven Geschehens, das als Gemeinschaftswerk aller entsteht, sich entwickelt gelingt oder entgleist; wieder vergeht." (EiM/9) Der „systemische Blick" (EiM/23) führt das Subjekt als „Humansystem" als „‚aktives Zentrum'" (EiM/24) in die Mediation ein. Neben dieser, von der „humanphilosophischen Notenschrift des Verfassers" (EiM/11) Joseph Duss-von Werdt geprägten und der (alten) Mediationsbewegung zuzurechnenden Version systemischen Denkens, zeigt sich der systemische Ansatz in seiner typischen Flexibilität offen für andere Orientierungen. So kann etwa auch die Formel „Konflikt = unterschiedliche Handlungsabsichten, die als Begrenzung erlebt werden" (SDM 44/19) als „systemische Konfliktdefinition" auftreten. Durch den zentralen (und einzigen) hier angeführten Bezugspunkt der „Handlungsabsicht" verschiebt sich die Problematisierung von der erlebten Belastung der vom Konflikt betroffenen Subjekte hin zur Begrenzung von Handlungsabsichten. Hier verschiebt sich durch den Wegfall des sonst konstitutiv mitgedachten Beeinträchtigt-Werdens der Subjekte, das bisher die Komplementarität von aktivem Umgang und Affiziertwerden aufrecht erhalten hat, das Gewicht der doppelten Beziehung der Subjekte zu ihrem Konflikt zugunsten der aktivischen Seite der Subjekte. Das leidensfähige, emotional vom Konflikt betroffene und durch den Konflikt schwach gemachte Subjekt rückt hier in den Hintergrund.

6.1.2 Heterogene Bestimmungen der Tiefe der Subjekte

Als zweites Deutungsmuster der Problematisierung des ‚Konflikts' ist die Unterscheidung von Oberfläche und Tiefe auszuführen. Die Differenz zwischen Oberfläche und Tiefe findet sich durchgehend im Diskurs, es gibt aber unterschiedliche Deutungsangebote in der Bestimmung dieser Tiefe. Entscheidend ist dabei, dass dieser ‚eigentliche Konflikt' in der Tiefe stets in den Subjekten, also in der Tiefe der Subjekte, verortet wird. Damit bleibt die Problematisierung des Konflikts im Mediationsdiskurs auf der oben gelegten Spur.

Die Differenz von Oberfläche und Tiefe wird im einleitenden Beispiel nicht offensiv angesprochen. Auch diese Zurückhaltung hängt mit dem spezifischen Kontext der Scheidungsmediation zusammen, indem das aufgewühlte Innenleben der Parteien vorausgesetzt wird, aber nur dosiert und unter Bedingungen in den Prozess eingehen soll. Einige Seiten nach der eingangs interpretierten Stelle findet sich, versteckt unter der Überschrift „Freiwilligkeit", folgende Passage:

> Der Mediator/ die Mediatorin sind dabei behilflich, aus dem Chaos der unterschiedlichsten Motive, Gefühle, Wünsche und Ablehnungen einen roten Faden herauszuarbeiten, an dem entlang alle Beteiligten gemeinsam Schritt für Schritt zu [sic] Klärung finden können. Mediation ist keine Therapie. Was an Verletzungen zwischen den Parteien geschehen ist, wird in der Mediation nicht aufgearbeitet werden können. (...) Wohl aber werden Elemente dieser gemeinsamen Geschichte deutlich werden und auch angesprochen werden, soweit sie für die Gestaltung der Konfliktregelung eine aussprechbare Rolle spielen. (MWID/16-17)

Die in der Scheidungsmediation –und allgemeiner in verhandlungsorientierten Ansätzen– verbreitete Abwehr gegen die ‚brodelnde Tiefe' der Parteien, verbunden mit der Abgrenzung der Mediation von der Therapie, darf nicht darüber hinwegtäuschen, dass auch diese Varianten mit einer Unterscheidung von Oberfläche und Tiefe, von Vordergründigem und Eigentlichem arbeiten und als herausragende, grundlegende Stärke der Mediation die nur eben dosierte und an Bedingungen gebundene Behandlung des ‚eigentlichen Konflikts' in Anspruch nehmen. Und auch hier wird der ‚eigentliche Konflikt' in den Parteien verortet.

Mediation in Abgrenzung zum Recht: Konkretheit und Selbstbestimmung
Die hier vertretene These, dass sich die Differenz zwischen Oberfläche und ‚eigentlichem Konflikt' im gesamten Mediationsdiskurs findet, macht sich an der Abgrenzung der Mediation zum ‚Streitprozess' fest. Diese Differenz, die die Mediation als eine prinzipiell vorzuziehende [177] Option positioniert, zieht sich

---

[177] Generell wird die Frage nach den Grenzen der Mediation im Diskurs randständig behandelt. Und dann wird die Möglichkeit, sich gegen die Mediation zu entscheiden, meist nicht als in einer Wahl zwischen möglichen Optionen vorzuziehender Weg, sondern als der mit ernsthaften Risiken belastete Ausweg dargestellt, der zu beschreiten ist, wenn eine Mediation nicht möglich ist, weil etwa eine Partei nicht bereit ist, an einer Mediation teilzunehmen oder dazu

durch den gesamten Mediationsdiskurs. Nicht selten aber profiliert sich die Mediation wie im einleitenden Beispiel gegenüber einer katastrophisch ausgemalten Eskalation des Konflikts, gerät er einmal in die juristischen Mühlen. In dieser im Mediationsdiskurs gepflegten Gegenüberstellung stellt das Recht das „Gegenbild, da es mit seinem Abstraktionismus und Normativismus den konkreten Menschen verfehlt." (DMS/192) Diese Differenzbestimmung ist grundlegend für die Positionierung der Mediation und führt auch direkt zu dem hier dargestellten Aspekt der Problematisierung des Konflikts: Dem abstrakten Recht und formalistischem Prozess wird ein angepasstes, informelles, flexibles Verfahren entgegengehalten, in dem die am Konflikt beteiligten „konkreten Menschen" ihren ‚eigentlichen Konflikt' angemessen bearbeiten können. Der zweite, ebenso grundlegende Aspekt dieser Differenzsetzung ist der Verzicht auf anwaltliche Vertretung: In der Mediation sind die Parteien selbst aktiv, bestimmen ihren eigenen Umgang selbst. (s. Kap. 4.3; zur Differenz von Selbstverantwortung und Autonomie Kap. 9.2)

Tiefen des Konflikts und der Parteien-Subjekte

Im Mediationsdiskurs finden sich die verschiedensten Deutungsangebote, wie die ‚tieferen Schichten' des ‚eigentlichen Konflikts' zu füllen seien. Diese Möglichkeiten, die tieferen Schichten des Konflikts zu beschreiben, führen jedoch immer auf die Parteien-Subjekte zurück, anhand von deren „zwischen-menschlichen Differenzen" der Konflikt sich ja entzündet habe. Die reichhaltigen Positionierungsangebote für die Parteien können grundsätzlich auf zwei Weisen geordnet werde: Sie werden entweder als ‚Ebenen der Tiefe' ontologisch geschichtet oder –konstruktivistisch– als Deutungsmöglichkeiten funktional und variabel eingesetzt. Beiden Vorgehensweisen ist der Verweis auf das „Eisbergmodell" gemein. In diesem für den Mediationsdiskurs zentralen Bild lässt sich die zentrale Weichenstellung der Subjektfokussierung der Mediation verdeutlichen.

---

nicht in der Lage ist (MWID/20-21; M-MK/31-61; MKVK/73; differenzierter: MAP/157-193).

Ebenen der Tiefe

Die Präsentation der Tiefe des Konflikts als Ebenenmodell soll an einem für das Jurastudium konzipierten Skript dargestellt werden. (M-EHI) Auf eine Einleitung, die die zunehmende Bedeutung von Mediation herausstellt, folgt eine kurze Beschreibung und Definition von Mediation. Im direkten Anschluss, und damit wieder am Anfang der inhaltlichen Darstellung, wird die Konflikttheorie thematisiert. In einem ersten Zugriff wird Konflikt anhand von widersprüchlichen Interessen gefasst: „Ein Konflikt besteht, wenn zwei Interessen – zumindest scheinbar – nicht gleichzeitig verwirklicht werden können." (M-EHI/9) Interessen werden dabei sehr allgemein als eigeninteressierte Absichten, Wünsche, Ziele, Neigungen von Menschen definiert. Ein konkreter „Zusammenstoß", ein „Zankapfel" (MWID), der aktuelle Streit um einen konkreten Punkt bildet den Ausgangspunkt der Mediation: Hier setzt die ‚Erforschung' des ‚eigentlichen, tieferen Konflikts' an. Der konkrete Streitpunkt, oder die Themen, die im Konflikt verbunden sind, dienen damit einerseits als Ansatzpunkt, um den Konflikt zu vertiefen, andererseits aber auch als Beschränkung, da die ‚Vertiefung' stets an diese Punkte zurückgebunden sein muss. Die zur Illustration verwendeten Beispiele (ein Paar will den Abend gemeinsam gestalten, er aber ins Kino, sie ins Theater gehen; ein Graffitisprayer und Werbetafelaufsteller wollen beide eine Wand nutzen) bekräftigen dieses weite Verständnis. Dieses „Zusammenstoßen" (M-EHI/9) der Interessen sei jedoch nicht vollständig, sondern immer von gemeinsamen Interessen begleitet, sonst „können nun alle glücklich sein", wenn sie getrennter Wege gingen. Daher wird das Herausarbeiten der von den Parteien geteilten Interessen als um den Konflikt zu beheben notwendig herausgestellt. (M-EHI/10) Diese Konstellation von teils gemeinsamen, teils gegensätzlichen Interessen wird im Mediationsdiskurs auch als „Verhandlungsdilemma" (bspw. ZKM 2004/4-7) bezeichnet. Als spieltheoretisches Dilemma führt es die Problematik von konfrontativem Verhalten vor, da die gemeinsamen, geteilten Interessen nur bei beiderseitiger Kooperation verwirklicht werden können. Zugleich wird hier aus dem Vorhandensein der geteilten Interessen eine Voraussetzung für die Anwendung von Mediation gemacht, eine später noch genauer zu betrachtende Setzung. (Kap. 7.1.2) Nach dieser Einführung von Interessen als ‚eigentlichem Konflikt', geht die Präsentation der „verschiedene[n] Aspekte" (M-EHI/11) weiter. Dass ein Konflikt auf konfligierenden und den Parteien bekannten Interessen beruhe, wird nun als „einfacher Fall" dargestellt, Konflikte könnten aber auch aus Missverständnissen, unterschiedlichen

Wahrnehmungen oder kulturellen Gewohnheiten und Erwartungen resultieren. Vor allem aber gebe es im Hintergrund schwelende Konflikte, unausgesprochene Verletzungen und uneingestandene Bedürfnisse: „Oft weiß die Partei aber auch selber nicht, welche Interessen und Bedürfnisse ihr Verhalten lenken, oder sie will es sich und anderen nicht eingestehen." (M-EHI/15) Diese das Konfliktverhalten verursachenden, dem Konflikt zugrunde liegenden „Bedürfnisse und Interessen" (M-EHI/13) –die Terminologie schwankt nun zwischen den Begriffen– werden mit Bezug auf Abraham Maslows Bedürfnispyramide ausgeführt. Dieses Modell wird als eine Liste von Bedürfnissen vorgestellt und nach Ebenen körperlicher (Atmen, Schlafen...), emotionaler (Selbstständigkeit, Selbstvertrauen, Kreativität...), sozialer (Sicherheit, Zugehörigkeit, Anerkennung...) und geistiger Bedürfnisse (Verständnis, Harmonie, Transzendenz...) differenziert. Dabei seien die Stufen keineswegs als Wertigkeit zu verstehen, sondern funktional als Vorrangigkeit der ersten Ebenen, und die Liste solle „nur als Anregung dienen." (M-EHI/13)

Das Eisbergmodell
Diese Differenz von sichtbaren, bewussten Interessen und verborgen wirkenden Bedürfnissen wird schließlich im „Eisbergmodell" zusammengeführt:

Eisbergmodell
Bei einem Eisberg liegen etwa 9/10 der Masse unter der Wasseroberfläche, vergleichbar ist dies mit dem Beziehungs-, Gefühls- und Interessenaspekt zwischen Konfliktparteien.

Das Offensichtliche ist nur die Spitze des Konflikts. Wie beim Eisberg ist die darunter liegende Masse aber unbekannt. Dritte bzw. die andere Partei können unmittelbar nur die über der Wasseroberfläche liegende, den Sachinhalt betreffenden Aussage wahrnehmen.

Unter der Oberfläche schweben aber Ziele, Motive, Wünsche und Gefühle einer Person. Diese nicht sichtbaren Elemente sind es, die bei Streitenden oft zu Missverständnissen und Gegensätzen führen können. (M-EHI/15)

Das Eisbergmodell wird im Mediationsdiskurs, sei es in den herangezogenen Texten, auf Websites freiberuflicher Mediator_innen oder in Ausbildungsmaterialen gerne auch bildlich dargestellt. Es ist ein zentraler Bestandteil des

„Allgemeinguts" der Mediation.[178] Ein ‚klassischer' Eisberg im Mediationsdiskurs findet sich bei Besemer. (MKVK/33)

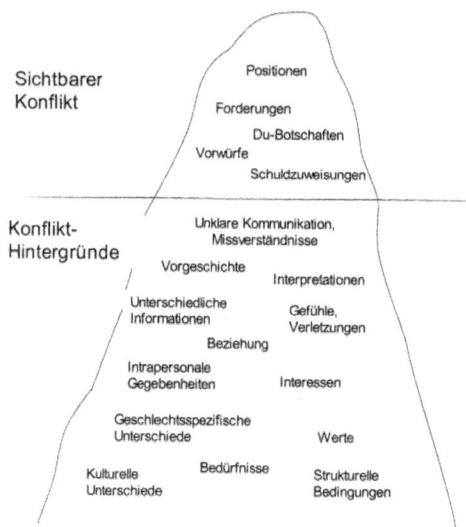

Abbildung 4: Klassischer Eisberg (MKVK/33)

Gerne wird das Modell für die Mediation in Ausbildungsmaterialien und Darstellungen variiert, indem etwa zwei Eisberge als miteinander im Konflikt stehend gezeichnet werden. Beide Abbildungen suggerieren durch die horizontale

---

[178]   Diese Rede vom Allgemeingut der Mediation findet sich in diesem Zitat, das zugleich auch vorführt, wie dieses Gemeingut entstanden ist: „Weil dieses Buch keinen wissenschaftlichen, sondern einen handlungsorientierten Ansatz hat, habe ich bewusst auf Fußnoten, Anmerkungen und weitgehend auch auf Zitate verzichtet. Das Wichtigste in der Mediation ist längst Allgemeingut. Seine wesentlichen Herkunftsquellen werden im Literaturverzeichnis benannt. Nur dort, wo ich die Methoden oder andere Inhalte individuell zuordnen konnte, finden Sie sie mit Quellenangaben. Sollte ich dabei geistiges Eigentum nicht genügend kenntlich gemacht haben, bitte ich um Nachsicht und um entsprechende Hinweise der Autoren." (M-Schä/13-14) Das Allgemeingut der Mediation zeigt sich hier als das im Diskurs angesammelte Treibgut.

Ausrichtung der Schrift eine Schichtung der in den Parteien liegenden Konfliktursachen.

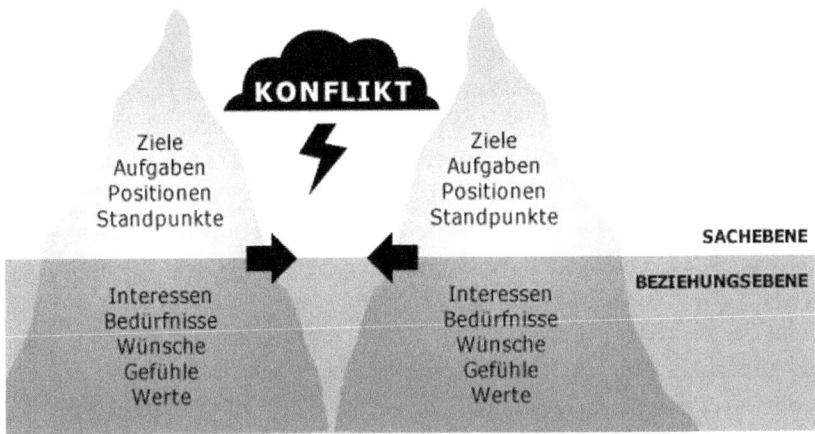

Abbildung 5: Eisberge im Konflikt (http://www.proziel.de/mediation01.htm; 8.9.2016. Mit freundlicher Genehmigung von Gaby Heier)

Dieser Strang der Konflikttheorie des Mediationsdiskurses baut die eingeführte Differenz in der Eisberg-Metapher als ‚Oberfläche' und ‚Tiefe' aus. ‚Konflikt' wird im hier besprochenen Text anhand der Dimension der Sichtbarkeit strukturiert: Die für alle offensichtlichen Aspekte des Konflikts, in der Regel als Sachfragen und konkrete Streitsituationen, bilden die Oberfläche, der die für andere unsichtbare Masse an verborgenen Beweggründen, Absichten, Interessen und Bedürfnissen entgegensteht. Und diese machen nicht nur „etwa 9/10" des Konflikts aus, sondern haben aufgrund ihrer Unsichtbarkeit besondere Brisanz und Eskalationsgefahr. Die hier formulierte Differenz von für alle sichtbaren Sachfragen und der nur subjektiv sichtbaren Bereiche „unter der Oberfläche" fasst jedoch die vorher entwickelte Differenzierung zwischen Bedürfnissen und Interessen. Diese Unterscheidung würde innerhalb der Tiefe des Subjekts nochmals zwischen den bewussten Interessen (Absichten, Zielen, Wünschen) und den nicht ebenso klar präsenten Bedürfnissen, die uneingestanden und unbewusst die Partei lenken, unterscheiden. Diese weitere Unterscheidung der Tiefe, die dann auch nicht mehr dem Einzelnen ohne weiteres zugänglich ist, sondern einen Prozess der Introspektion oder Befragung bedarf, um ‚entdeckt' zu werden, korreliert mit der

Unterscheidung von Interessen und Bedürfnissen, wobei die Unterscheidung, wie auch oben im Beispiel, terminologisch unscharf ist. Die „Bedürfnisse" stellen so ein problematisches, unklares und unpräzises Verhältnis der Subjekte zu ihrer eigenen „Tiefe" her. Entsprechend dieser hier einsetzenden Problematisierung des Selbst der Parteien, werden die Bedürfnisse mit dem Verweis auf die ‚Tiefen'-Psychologie eingeführt. Der Kontext der ‚neuen Therapeutik' der Humanistischen Psychologie bildet im Diskurs der Mediation eine wesentliche Referenz. Die Verbindung der Positionierung einer ‚undurchsichtigen Tiefe' in den Parteien mit dem Kontext der Psychotherapeutik betrifft auch das Eisbergmodell selbst, das anscheinend auf die bekannte Skizze der bewussten und unbewussten psychischen Bereiche von Freud zurückgeht. (s.u. Kap 10.1) Es ist, analog zur Rezeption des Vokabulars, der Techniken und der Haltung der Psychotherapie, in der Mediationsszene weit verbreitet, in den juristischen Bereichen des Mediationsdiskurses dagegen kaum anzutreffen. Interessant ist hier festzuhalten, dass in Besemers Eisbergmodell (Abb. 3) sich neben den Bedürfnissen in der Tiefe des Konflikts „geschlechterspezifische Unterschiede", „Werte", „kulturelle Unterschiede" und „strukturelle Bedingungen" finden. Diese teilweise eindeutig nicht den am Konflikt beteiligten Subjekten zuzurechnenden Konfliktursachen stehen quer zu der hier dargestellten breiten Tendenz zur Fokussierung der Konflikttheorie der Mediation auf die Subjekte. Sie treten so in Spannung zur durchgängigen Verortung der Konfliktursachen in den konfliktbeteiligten Subjekten. (s. dazu Kap. 7.1.7)

Das Eisbergmodell lediglich als eine Illustration der Differenzierungen von ‚Oberfläche' und der in sich nochmals unterschiedenen ‚Tiefe' zu fassen, würde angesichts der Vielzahl von den in der bildlichen Darstellung mitgetragenen Konnotationen und Implikationen aber zu kurz greifen. Im Bild zeigt sich mehr, als im erklärenden Text, der Interpretation des Bildes durch den Diskurs, hervorgehoben wird. Mit dem Eisberg wird etwa auch eine Bedrohlichkeit geweckt, auf die im nächsten Abschnitt eingegangen wird. Andererseits wird mit dem Eisberg auch ein in sich ruhendes, abgeschlossenes und stabiles, ja: massives, Subjekt zu Wasser gelassen. Der Eisberg ist klar umrissen, vom ihn tragenden Wasser getrennt, so wie die Eisberge in Abb. 4 im Wasser nebeneinander schwimmen. Die dort dargestellten Eisberge stehen analog zu der in der Mediation verbreiteten Visualisierungstechnik, die Interessen der Parteien auf einem Flipchart tabellarisch nebeneinander und durch eine Linie getrennt darzustellen (s. Abb. 17

in Kap. 11.2.5): Auf einen Blick sind so beide Parteien mit ihren Interessen nebeneinander gestellt. Der Rahmen des Flipcharts wie der des Bildausschnittes mit den beiden Eisbergen suggeriert eine Vollständigkeit der Darstellung – der Konflikt geht in der Liste der sichtbaren und unsichtbaren, auf jeden Fall aber in der Mediation sichtbar gemachten Sachproblemen/Interessen/Bedürfnissen auf. Diese markante Auslassung des Eisbergmodells wird deutlich, wenn man sich ein Element vor Augen hält, das im Bild zwar notwendigerweise vorhanden ist, aber in der Konflikttheorie zurückgedrängt wird. Die Eisberge schwimmen im Wasser, jedoch in einem Wasser, das weder Strömungen kennt noch über eine Temperatur verfügt, noch von weiteren Eisbergen oder anderen Wesen bevölkert wird, anscheinend auch nie an seine Grenze (ein Strand oder ein Riff?) stößt. Dasselbe gilt für die windstille und temperaturfreie, den oberen Teil der Eisberge umgebende Luft. Im Eisbergmodell stellt sich eine Konflikttheorie dar, die Konflikt als ein Geschehen zwischen Subjekten erfasst – und, indem sie die Subjekte als Träger ihrer ‚inneren Tiefe‘ fokussiert, andere Referenzen verdrängt. In der Mediation treten die Subjekte als Figuren tendenziell aus ihrem leer gewordenen Hintergrund heraus.

Verhandeln = Konflikt mit Interessen-Subjekten
An dieser Stelle lässt sich die Verhandlungsmediation im Deutungsmuster der Konflikttiefe verorten. Terminologisch ist in der Verhandlungsmediation nicht unbedingt von Konflikten die Rede (dies wird in Fußnoten zur Terminologie wie dieser sichtbar: „Die Begriffe ‚Verhandlungssituation‘ und ‚Konfliktsituation‘ werden im Folgenden austauschbar gebraucht.“; MAP/50). Diese Gleichsetzung von „Konflikt" und „Verhandlung" entsteht im Übergang vom Verhandlungs- zum Mediationsdiskurs durch die spezifische Fassung des ‚eigentlichen Konflikts‘, der ausschließlich auf Ebene der Interessen verortet wird. Diese Interessen werden als tatsächlicher und von der Mediation adäquat aufgenommener Gegenstand hinter einem vordergründigen Konflikt verortet: Statt den (Rechts-)Positionen soll in der Mediation auf der Basis der wirklichen Interessen der Parteien verhandelt werden. (s.u. Kap. 7.1.1 sowie ausführlich Kap. 4.1)[179] Zu diesem ‚Tiefergehen‘ tritt jedoch

---

[179]   Eine kreative Verbindung von Verhandlungsdilemma und Eisbergmodell findet sich bei Dulabaum. (ABC/87f) Das Bild der Eisberge wird entsprechend der Unterscheidung von widersprüchlichen und geteilten Interessen weiterentwickelt, indem die beiden Eisberge unter der Oberfläche zusammenwachsen. Dieses „Eisgebirge" sei in der Mediation dann „mit Vor-

die deutliche Abgrenzung gegen ein weiteres ‚therapeutisches' Tiefergehen. Die Verhandlung kann nur die rationale Tiefe der Subjekte aufnehmen, und muss die ‚heiße' Tiefe abwehren, was besonders in der zu anderen Ansätzen differierenden Behandlung der Emotionen der Parteien deutlich wird. (Kap. 8.5) Das einleitende Beispiel positioniert sich hier in der Nähe zur Verhandlungsmediation, wenn angekündigt wird, dass nur entscheidungsrelevante und „aussprechbare" Fragen der gescheiterten Beziehung in die Mediation eingehen sollen. (s.o. und MWID/16) Dabei erkennt die Verhandlungsmediation die Realität und Dringlichkeit des psychologischen, emotionalen Selbst an, das „viel ursprünglicher und viel mächtiger als unsere Rationalität" sei. (VuM/185) Ihr Rückzug auf die rationalen Interessen der Parteien hat daher den Charakter einer Selbstbeschränkung, die das ontologische Schema der geschichteten Eisberge bestätigt. Auf diese Weise wird auch die doppelte Adressierung der Parteien in der Mediation als aktiv Umgehende und emotional vom Konflikt Betroffene hier beibehalten – nur, dass sich die Lösung auf die aktive Seite zurückzieht.

Tiefe als Optionen
Die Tiefe der Subjekte in verschiedenen Ebenen zu systematisieren ist allerdings nicht die einzige Möglichkeit, das Eisbergmodell in der Mediation einzusetzen. Anstatt die Tiefe der Subjekte in einem Modell festzulegen und mehr oder weniger tief vorzudringen, bietet das systemische Vorgehen eine Alternative an. Das Eisbergmodell wird hier auch zur Illustration der Differenzierung zwischen dem „sichtbaren Konfliktvordergrund und dem versteckten Konflikthintergrund" (M-Schä/ 160) angeführt. Aus der ontologischen Ordnung von sichtbarer Oberfläche, emotionaler Tiefe und rationaler Interessen-Halbtiefe wird jedoch in der ‚systemi-schen' Wendung eine Frage der Perspektive. Perspektivabhängig können die Konfliktarten (Sach-, Wert-, Interessen-, Kompetenz-, Beziehungs- oder intrapersonale Konflikte; M-Schä/158-9) variabel kombiniert werden: „Wenn wir uns noch ein-mal die beschriebenen Konfliktarten vor Augen halten (…), so stellen wir fest, dass nach dem Eisbergmodell je nach Konfliktkonstellation jede dieser Konfliktarten ‚obenauf' oder ‚untendrunter' liegen könnte." Der Eisberg wird konstruktivistisch

---

sicht und Achtsamkeit sichtbar zu machen", da hier die „Schlüsselelemente" zur Lösung lie-gen.

in Bewegung gesetzt, seine ontologische Ordnung rotiert, allerdings um den Punkt der Parteien-Subjekte, die immer über die Relevanz der Angebote entscheiden. (auch: M-Schä/162) Nur das Innere der Eisberge wird in Bewegung gesetzt, die im Mediationsdiskurs selbst nicht explizierte, sondern implizit mitgetragene Ordnung der klar von der neutralen Umwelt abgegrenzten Eisberg-Subjekte wird auch in der systemisch gewendeten Mediation nicht angetastet.

Gerechtigkeitsempfinden als eigentlicher Konflikt
Interessanterweise ist damit das Spektrum der Ansätze im Mediationsdiskurs jedoch noch nicht abgedeckt. Mit dem Ansatz von Leo Montada findet sich in der Mediation ein divergierendes Modell der eigentlichen Ebene von Konflikten. „Soziale Konflikte resultieren aus verletzten oder bedrohten normativen Erwartungen an andere – und nicht etwa aus divergierenden Ansichten oder aus unvereinbaren Zielen und Interessen." (EWE/502) Mit diesem konflikttheoretischen Ansatz greift Montada auf die klassische soziologische Figur des „homo sociologicus" zurück und führt einen normengeleiteten Akteur in den Mediationsdiskurs ein. (vgl. hierzu Reckwitz 2006b) Damit positioniert sich Montada auf vielen Ebenen eigenständig und als von den anderen Ansätzen nur bedingt integrierbar. So wird etwa in dieser Konflikttheorie Empörung zum „Leitindikator" für Konflikte, da diese einen Schuldvorwurf impliziere. Diese Perspektive wird mit Beispielen aus dem Sport und aus Marktinteraktionen ausgeführt: Erst das Foul oder der Vertragsbruch führen zu einem Konflikt. „Ein verlorenes Spiel begründet noch keine Empörung. (…) Wenn keine Regeln verletzt wurden, wenn fair gespielt wurde, haben die Verlierer den Gewinnern nichts vorzuwerfen." Mit der Positionierung von Normenkonflikten im „Kern sozialer Konflikte" (EWE/504) wendet sich Montada zentral gegen die sonst anzutreffende Nicht-Thematisierung oder sogar aktive De-Thematisierung von Urteilen und normativen Bezügen. Damit stellt sich dieser Zugang aktiv sowohl gegen eine therapeutische Verurteilung des Urteilens (Kap. 9.4, Kap. 10) als auch gegen die Abgrenzung der Verhandlungsmediation vom „Normativismus" (DMS/192) der Gerichtsverhandlung. Entsprechend schwer findet dieser Ansatz Eingang in die den Diskurs. Selbst die doch so vielfältige oben zitierte Klassifikation von Konflikten (M-Schä/158-9) listet „Normenkonflikte" nicht auf. Auch in den vielfältigen Reaktionen auf den hier zitierten Artikel finden sich kaum Angebote, die –denkbar klar und unmissverständlich formulierte– Orientierung an Normenkonflikten zu übernehmen, die über ein Hinzufügen der Normenkonflikte zur Vielfalt der

Deutungsangebote hinausgehen würde: „Der Text hätte in meinen Augen an Überzeugungskraft gewonnen, wenn Montada auf diese Polarisierung verzichtet, sich auf seine wertvollen Kernaussagen zu Bearbeitungsmöglichkeiten von Konflikten um normative Erwartungen und Überzeugungen konzentriert und diese in das breite Spektrum an möglichen Mediationszielen und -stilen eingeordnet hätte." (EWE/533-4)

6.1.3 Konflikte als Bedrohung und Chance

> Das Ziel ist, Konflikte nicht zu unterdrücken, sondern sie
> konstruktiv und offen miteinander auszutragen. (SDM 37/61)

Als dritter Aspekt der Problematisierung von Konflikten im Mediationsdiskurs ist deren doppelte und zunächst widersprüchlich erscheinende Thematisierung einerseits als Bedrohung, andererseits als Chance hier auszuführen. Auf dieser doppelten Valenz des Konflikts setzt sich eine Differenzierung zwischen produktivem und destruktivem Umgang mit Konflikten auf, die der Mediation als Option zum guten Umgang mit Konflikten eine entscheidende Stellung anweist. Der in der Mediation verkörperte Umgang mit Konflikten setzt sich so der eigendynamischen Eskalation entgegen.

Bedrohliche Tiefe?

Das Eisbergmodell nimmt die, die Rede von Konflikten im Mediationsdiskurs stets begleitende Konnotation von Gefahr auf. „Eisberg Voraus!" lautet der Titel des zitierten Konflikttheorie-Kapitels (M-Schä/154). Dass von Eisbergen Gefahr ausgeht ist eine fast unausweichliche Assoziation. Diese Verbindung findet sich in Zusammenhang mit dem Eisbergmodell auch bildlich dargestellt, indem mit einem einzelnen Eisberg kollidierende Schiffe in die Graphik eingefügt werden.[180] Die Assoziation eines gefährlichen, zumindest beunruhigenden Unbewussten wäre hier ebenfalls naheliegend, erstaunlicherweise wird im Mediationsdiskurs aber dieser Weg kaum beschritten. Am ehesten noch kommt die Abwehr der emotionalen Tiefe der Subjekte in der Verhandlungsmediation dem nahe. Ansonsten wird die ‚Tiefe' positiv besetzt: „Wenn es tief unten brodelt" (MI/8) problematisiert der Mediationsdiskurs eben nicht das, was hervorbrechen könnte, sondern die

---

[180]   Ein solches Bild ist etwa im entsprechenden Wikipedia Artikel zu finden; https://de.wikipedia.org/wiki/Eisbergmodell; 25.1.2016

destruktiven Wirkungen des Konflikts in seiner Eigendynamik. Die Subjekte mitsamt ihrer psychischen Tiefe werden der Lösung zugeschlagen, das Problematische im Konflikt verortet. (Kap. 7.1.2, sowie Kap. 6.2 zum Unterschied zum Konfliktmanagement)

Eskalationsgefahr
Wenn nicht durch die Gehalte der ‚Tiefe der Subjekte', dann werden Konflikte durch ihre Eskalationsgefahr bedrohlich: „Das Risiko ungelöster Konflikte liegt in ihrer Eskalation" (MI/9) – und genau daraus ergibt sich die Notwendigkeit, rechtzeitig, möglichst früh, einen Mediator einzuschalten. Dabei wird die Eskalationstendenz von Konflikten wieder als quasi automatisch ablaufender Prozess vorgestellt. Dieser Prozess wird dabei von den Parteien getrennt: „Die Anatomie eines Wutanfalls gleicht einem brodelnden Vulkan: Im Extremfall übernimmt der limbische Antrieb das Steuern aller Gedanken und Taten. Die Menschen sind im wahrsten Sinne des Wortes ‚außer sich' – primitiv und kopflos." (ABC/82) Im Eskalationsprozess erkennt der Mediationsdiskurs seine Parteiensubjekte nicht mehr wieder, hier ist ‚der Konflikt' als Subjekt zugange. Die verbreitete Formel „Der Konflikt hat uns" bringt diesen Wechsel im adressierten Subjekt plastisch zum Ausdruck:

> Dadurch steigern wir einander wechselseitig in eine Eskalation des Konfliktes, die zuletzt so intensiv werden kann, dass wir uns dem Konflikt völlig ausgeliefert fühlen. Während wir zu Beginn sagen konnten: ‚Wir haben einen Konflikt!', so müssen wir später sagen: ‚Der Konflikt hat uns!' (MiB/22)

Der Mediation kommt dann die Rolle zu, diesen Prozess rückgängig zu machen. Zahllose als Beispiele angeführte Konfliktgeschichten laufen nach dem Eskalationsschema ‚Eins kommt zum Anderen' ab, bevor dann mit der Mediation der entscheidende Umbruch einsetzt; auch ohne den Bezug explizit herzustellen, wird damit die „downward spiral" der Transformativen Mediation aufgenommen. (Kap. 4.2.2) Dabei ist die Eskalationsdynamik nach oben hin offen, wie das Schema aus Abb. 6 aufzeigt. In den „9 Stufen der Konflikteskalation" –es handelt sich dabei um das im Diskurs am häufigsten aufgenommene Fragment aus Glasls Konflikttheorie, das so breit übernommen wurde, dass es auch als „Konfliktmodell der Mediation" (MfD/77) bezeichnet werden kann– reicht eine Linie von einer einfachen verhärteten Meinungsverschiedenheit, bis hin zur maximal denkbaren

Eskalation einer gegenseitigen Vernichtung, bei der auch der eigene Untergang in Kauf genommen wird.

Ebenso automatisch eintretende, oder auch nur durch Zufälle oder aus der Konfliktdynamik sich ergebende De-Eskalationsdynamiken finden sich im gesamten Diskurs nicht einmal angedeutet. Im Gegenteil: Durch die Unterscheidung von „heißen" und „kalten" Konflikten, ebenfalls von Friedrich Glasl in den Diskurs eingeführt (MuD/281-300), wird die ‚Erkaltung' eines Konflikts aus seiner eigenen Dynamik heraus als besonders problematisch angesehen: Kalte Konflikte erscheinen dann als „seit langem schwelende Brände" die nur allzu leicht „zum Lodern" gebracht werden können. (SDM48/64) Diese Dramatisierung entsteht durch das Zusammenwirken der oben dargestellten maximal breiten Definition von Konflikten mit der Idee einer zwar an Stufen angehaltenen, aber ohne qualitative Brüche prinzipiell durchgängigen Eskalationsdynamik. [181] Mit dieser –im Mediationsdiskurs weitgehend unwidersprochen und weit verbreiteten Figur– werden eine Vielzahl von weitreichenden Setzungen des Konfliktmanagements nach Glasl aufgenommen. Auch daher wird dieser Ansatz im folgenden Abschnitt (Kap. 6.2.2) ausführlich dargestellt.

---

[181]   Ein im technischen Bereich tätiger Praktiker problematisierte diese Dramatisierung auf dem KM-Kongress 2015 und berichtete von seiner entsprechend abweichend verwendeten Terminologie: er spräche lieber von Streit, wenn Mediation noch eingreifen kann, und Konflikt erst, wenn man auf den Gegenspieler zielt und es fast schon zu spät für eine Vermittlung ist. Davor könnte man von Unstimmigkeiten sprechen. Bezeichnenderweise hat sich eine solche Differenzierung jedoch weder im Diskurs der Mediation noch des Konfliktmanagements durchsetzen können.

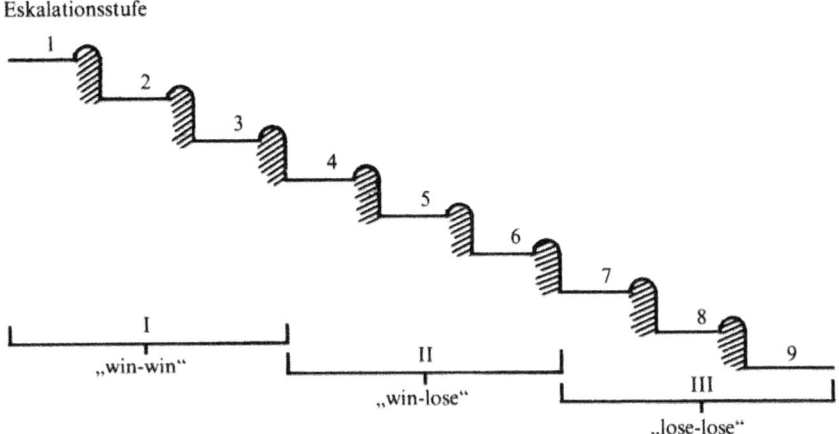

Abbildung 6: Die neun Eskalationsstufen (MK-G.6/365)

Konflikt als Chance
Zu diesem bedrohlichen Bild eigendynamisch eskalierender Konflikte, die schon in den intrapersonalen Konflikten, den kleinen Ambivalenzen und Unsicherheiten ihre Keimzelle haben können (M-I/7), findet sich im Diskurs jedoch auch die diametral entgegengesetzte Rede vom Konflikt als Chance. Ein solches „positives Konfliktverständnis", wie es in den alternativen Mediationsansätzen programmatisch formuliert wird (Kap. 4.2-3), ist zentral für das Selbstverständnis vieler Mediator_innen. Seine programmatische Position nimmt es etwa im ersten Editorial der Zeitschrift „Konfliktdynamik" ein, wo es im Zentrum des ‚Mission Statements' steht:

> Warum ist ein in diesem Sinne ‚positives' Konfliktverständnis in der Praxis noch immer die Ausnahme? Und das, obwohl in der Konflikttheorie seit über hundert Jahren Erkenntnisse zur wichtigen Funktion von Konflikten vorliegen und auch erfahrene Verhandler und Vermittler den Glaubenssatz vom Konflikt als Chance verinnerlicht haben? (…) Die ‚konfliktDynamik – Verhandeln, Vermitteln und Führen in Organisationen' will zu einem tieferen Verständnis von Konflikten in Organisationen beitragen … (KD 2012/1)

Das positive Konfliktverständnis wird hier wie in einer Aufklärungsmission als gesichertes, noch zu verbreitendes Wissen präsentiert, das durch die Erkenntnisse der Wissenschaft und Erfahrungen von Praktikern hinreichend gesichert sei.[182] Nach den bisherigen Ausführungen, in denen Konflikte als Bedrohungen, denen möglichst früh zu begegnen ist –Glasl bringt das an einer Stelle mit der prägnanten Formulierung vom „Krebsgeschwür in einem todbringenden Wachstum" (KM-G/290; Kap. 6.2.2) auf den Punkt– muss das zunächst erstaunen. Im Mediationsdiskurs ist damit dieselbe doppelte Bewertung von Konflikten aufzufinden, wie sie oben in der Transformativen Mediation aufzufinden war. (Kap. 4.2.2)

Um den Zusammenhang der beiden Wertungen nachzuvollziehen sind zwei Schritte notwendig. Zunächst werden Konflikte im Mediationsdiskurs als unausweichlich eingeführt. „Konflikte gehören zum Leben. Sie bleiben niemandem von uns erspart..." (MWID/14) stand am Anfang dieser Analysen und lässt sich in unzähligen Variationen im Diskurs wiederfinden. Eine als einleitendes Zitat einem Artikel vorangestellte Äußerung der Psychotherapeutin Jean Baker Miller führt das weiter aus:

In its most basic sense, conflict is inevitable, the source of all growth[183], and an absolute necessity if one is to be alive ... Adults don't seem to know how to en-ter into it with integrity and respect and with some degree of confidence and hope. (MKKK1/180)

Die Notwendigkeit von Konflikten wird hier direkt an Wachstum und Leben zurückgebunden: ‚Konflikt oder Tod‘ oder doch zumindest: ‚Konflikt oder Stillstand‘, ließe sich diese These zuspitzen. Besemer nennt die Vorstellung einer Welt ohne Konflikte im selben Register einen dystopischen „Friedhofs-Frieden"

---

[182] Dabei sollte die Rede von hundert Jahren Konflikttheorie, wohl eine Anspielung auf Georg Simmels Positionierung des Streits in seiner allgemeinen Soziologie (Simmel 1922), die im Mediationsdiskurs gerne als klassische Referenz verwendet wird, wohl angesichts einfluss-reicher gegenläufiger Theorien, nimmt man nur den die Soziologie jahrzehntelang dominie-renden Parson (hierzu Schmidt 2016), eher vorsichtig eingeschätzt werden.

[183] Sicherlich ist die Verwendungsweise des Ausdrucks hier im Kontext der psychotherapeuti-schen Rede vom Wachstum, wie er vor allem von der humanistischen Familientherapeutin Virginia Satyr als ‚personal growth‘ oder in der Transformativen Mediation als ‚moral growth‘ geprägt wurde. Er überlagert sich hier jedoch mit seiner vitalistischen Konnotation – und im Kontext des Mediationsdiskurses auch mit der ökonomischen. (s. Kap. 10.4)

(MKVK/26). Nachdem die doppelte Wertigkeit von Konflikten als Notwendigkeit dargestellt wird, ist sie zu akzeptieren:

> Das chinesische Wort für ‚Streit' setzt sich aus zwei Zeichen zusammen. Das eine bedeutet, für sich genommen, ‚Gefahr', das andere ‚Chance'. Konflikte sind natürlicher Ausdruck unseres Menschseins. Sie entstehen immer bei unterschiedlichen Interessen und Bedürfnissen. Sie sind also kein ‚Betriebsunfall' und auch kein Zeichen dafür, dass etwas bei uns nicht stimmt. Wenn wir uns in unserer Vielfalt an ‚Wollen, Fühlen und Verstand' ernst nehmen und annehmen wollen, dann müssen wir auch die dazugehörigen Spannungen und Konflikte akzeptieren. (M-Schä/21)

Es komme also nur darauf an, wie man auf die Konflikte reagiere: „Wenn ein starker Wind kommt, bauen die einen Mauern, die anderen Windmühlen" steht als „chinesisches Sprichwort" hervorgehoben neben dieser Passage. (analog: ABC/92) Diese Wendung ist für das Verständnis dieses Deutungsmusters entscheidend: Hier wird nicht die Frage gestellt, wie der Konflikt genau ist, sondern vielmehr, was ‚man damit machen kann'. Wie oben schon, wird auch an dieser Stelle vom Konflikt wieder sofort auf den Umgang der Parteien umgeschaltet. Und dieser Umgang wird als eine klare Entscheidung zwischen genau zwei Optionen präsentiert:

> Konflikte sind ein unvermeidlicher Teil menschlichen Zusammenlebens. Sie können positive Kräfte freisetzen, wenn sie anerkannt, verstanden und bearbeitet werden. Sie können Menschen ruinieren, wenn sie verschleppt werden. Sie eskalieren leicht und werden dann in zerstörerischen Auseinandersetzungen ausgelebt. (MfD/77)

Die Notwendigkeit eines aktiven und produktiven Umgangs mit Konflikten wird hier sehr deutlich aus der Unumgänglichkeit von Konflikten hergeleitet; Dringlichkeit erhält diese Entscheidung zum aktiven, gelingenden Umgang durch die Bedrohlichkeit der einzigen Alternative. Die zunächst widersprüchlich anmutende doppelte Wertigkeit von Konflikten zeigt ihren Sinn als Deutungsmuster erst in diesem Kontext: Zunächst sind Konflikte als „unvermeidlicher Teil menschlichen Zusammenlebens" eingeführt. Diese Unvermeidlichkeit zwingt die Subjekte zu einer aktiven Reaktion. Nichtstun führt in die Eskalation; und die eine hervorgehobene Alternative, die an dieser Stelle hervortritt, ist der ‚gelingende Umgang' mit den Differenzen. Und genau dafür steht die Mediation. Aus dem, was als widersprüchliche Wertigkeiten ‚des Konflikts' erschien, wird ein konsistentes Bild, wenn man berücksichtigt, dass Konflikt im Mediationsdiskurs von den Subjekten-im-Konflikt her konstruiert wird. Die Wertigkeiten ‚des Konflikts' beziehen sich vielmehr auf zwei Entwicklungspfade, die sich im Umgang der Parteien mit ihrem Konflikt ergeben können.[184] Anstatt also in eine Ambivalenz zu führen, geht aus der doppelten Wertigkeit des Konflikts eine klare Handlungsanweisung hervor: Weg von der Eskalation, hin zur Chance. Die Chance ‚des Konflikts' stellt sich damit nun also als eine Chance des gelingenden, und in der Mediation verkörperten Umgangs mit ihm dar. Zuspitzend könnte man formulieren: Die Chance des Konflikts ist, dass er mit der Mediation Anlass zu einem gelingenden Umgang mit den zwischenmenschlichen Differenzen bietet. (vgl. M-Kö/40)[185]

6.2 Konflikt und Lösung im (alten) Konfliktmanagement

An dieser Stelle soll nun die Problematisierung des Konflikts im Mediationsdiskurs mit dem Konfliktmanagement kontrastiert werden. Konfliktmanagement und Mediation werden im Diskurs oft nicht scharf abgetrennt, sogar teilweise synonym gebraucht. Verkompliziert wird die Lage zusätzlich dadurch, dass unter dem Label ‚Konfliktmanagement' sehr unterschiedliche Ansätze firmieren. Einerseits wurde der Begriff schon vor dem Aufkommen der Mediation im deutschsprachigen Raum durch die Arbeiten Friedrich Glasls und den Autoren, die sich um den Klagenfurter Studiengang Gruppendynamik gesammelt haben (Heintel, Falk, Schwartz…),

---

[184]   Nicht immer werden nur zwei Pfade dargelegt. In ebenso verbreiteten Klassifikationen finden sich eine Reihe von Optionen, die etwa Machteingriff, Gerichtsentscheid und einseitiges Nachgeben enthalten können. (M-MK/31-61) Immer ist jedoch die Mediation der einzige Weg, auf dem aus dem Konflikt ein Gewinn zu erzielen ist. Auf diese Weise fügen sich auch die komplexeren Klassifikationen in dieses Deutungsmuster ein: Es wird dort nur die Seite der Verluste weiter ausdifferenziert; die Alleinstellung der Mediation als gewinnbringender Umgang bleibt bestehen.

[185]   Auch dass in der Verstehensbasierten Mediation die Option, Konflikte aktiv zu erzeugen um die Wachstumseffekte zu provozieren, explizit abgelehnt werden muss, spricht für diese Lesart, die dieses Vorgehen erst nahelegen würde: „Not that we recommend choosing conflict. It simply means, when conflict enters our lives that we face it and try to find a way to move through it with understanding." (CC/xxvii; Kap. 4.3.2)

geprägt; diese Ansätze sind im Mediationsdiskurs weiterhin präsent und dienen als wichtige Referenz. Andererseits wird der Begriff ‚Konfliktmanagement' von systemischen Ansätzen neu geprägt, die insbesondere den Anschluss an Managementdiskurse suchen, wenn ‚Konfliktmanagementsysteme' in Wirtschaftsunternehmen und Organisationen implementiert werden sollen. Um den Nachweis zu erbringen, wie sich Mediation von den Ansätzen des Konfliktmanagements trotz der unscharfen Verwendungsweise im Diskurs eindeutig abgrenzen lässt, seien hier die ‚alten' Ansätze des Konfliktmanagements von Glasl und dem Klagenfurter Forschungs-, Ausbildungs- und Praxiszusammenhang herangezogen. Die Ansätze des Konfliktmanagements werden hier unter drei Aspekten herangezogen. Zunächst ermöglicht die Kontrastierung des Verhältnisses von Problem und Lösung die Ergänzung und Schärfung der bisherigen Analysen. (Kap. 6.2.1) Der Aspekt der ‚Dämonisierung' des Konflikts bei Glasl verdient eine besondere Aufmerksamkeit, da er einerseits für den Mediationsdiskurs grundlegend und folgenreich ist und sich an Glasls noch drastischerer Spielart dieses Deutungsmusters die auch im Mediationsdiskurs geltenden Verbindungen klar herausarbeiten lassen. (Kap. 6.2.2) Die Konflikttheorie des Klagenfurter Konfliktmanagements schließlich bildet eine Kontrastfolie, vor der die Subjektfokussierung der Mediation klar hervortritt. (Kap. 6.2.3)

Die Überlegungen in diesem Kapitel werden vor allem anhand des Konfliktmanagement-Buchs von Glasl (KM-G)[186] und des „Handbuch Mediation und Konfliktmanagement" (HMKM), das zentrale Ansätze des Klagenfurter

---

[186] In den anderen Publikationen stellt Glasl seinen Ansatz dem Kontext angepasst und immer wesentlich kürzer da: die Differenzen sind deutlich zu erkennen etwa zwischen der Keynote auf dem ersten Gemeinsamen Kongress der Mediationsverbände (KMMM1) und der Darstellung seines Ansatzes in „Konfliktfähigkeit statt Streitlust oder Konfliktscheu" (KsSK), das stark die anthroposophischen Grundlagen herausstellt; „Konflikt, Krise, Katharsis" (KKK) führt besonders die religiösen, esoterischen und tiefenpsychologisch beschriebene ‚Tiefendimension' des Konflikt als Widerstreit von Gut und Böse im Menschen aus (s.u.). Das Standardwerk bietet sich daher zur Darstellung an, da es sowohl die ausführlichste, wie wohl auch die vollständigste Darstellung des Ansatzes ist.

Konfliktmanagements darstellt, entwickelt. Zusätzlich greife ich auf Gerhart Schwarz' Standardwerk „Konfliktmanagement" zurück (KM-S).[187]

6.2.1 Eine Vielzahl von Reaktionsmöglichkeiten auf den Konflikt

Der Ausgangspunkt des Konfliktmanagements ist wie in der Mediation der ‚Konflikt'. Allerdings geht das Konfliktmanagement von hier aus nicht den von der Mediation eingeschlagenen Weg. Die Relation von Konflikt, betroffenen Parteien und Lösung formiert sich in einer bezeichnend anderen Weise. Die unterschiedlichen Wege trennen sich, indem im Konfliktmanagement der Konflikt selbst thematisch bleibt und in der Theorie typologisch, im Verfahren diagnostisch näher bestimmt wird. Im Konfliktmanagement nimmt die theoretische Diskussion um die Typisierung von Konflikten und den Konfliktbegriff großen Raum ein. (etwa: KM-G/13-22 und 53-176; HMKM/15-82) Krainz fordert im Handbuch Mediation und Konfliktmanagement an zentraler Stelle, zunächst „den Konflikt selbst in Ursache, Herkunft und Erscheinungsformen zum Gegenstand von Analysen, Reflexionen und Lösungsverfahren zu machen" (HMKM/15), wobei damit ein Ziel vorgeben wird, dem nach eigener Einschätzung bislang nur ansatzweise nachgekommen werden konnte. In einem ersten Schritt nimmt das Konfliktmanagement die Aufgabe an, „in dieser Fülle von Phänomenen eine Struktur und Ordnung zu suchen." (HMKM/35) Bei Glasl findet hier eine ausführliche Rezeption von psychologischen und soziologischen Konflikttheorien (überwiegend der 70er und 80er-Jahre) statt, aus der heraus die eigene Positionsbestimmung vorgenommen wird. Diese wissenschaftliche Verortung steht bei Glasl zu einem vom Subjekt ausgehenden Zugang zu Konflikten („Menschenbild und soziale Konflikte", KM-G/29-52), der im folgenden Abschnitt besprochen wird, in Spannung. Im Klagenfurter Konfliktmanagement treten an diese Stelle objektivistische Ansätze, die an den Mediationsdiskurs nicht anschlussfähig sind. (Kap. 6.2.2) Beiden Ansätzen, sowie den neuen Ansätzen des Konfliktmanagements, gemein ist damit nicht die inhaltliche Ausrichtung, sondern die Thematisierung des Konflikts als Gegenstand eines typologisierenden

---

[187]   Im Hintergrund sind die Kongresspublikationen „Die Welt der Mediation" (DWDM), sowie der Sammelband „betrifft: Team" (b:T) sowie die ebenfalls in diesem Zusammenhang entstandene „Prozessethik" (PE) diesem Kontext zuzuordnen, ohne dass sie für die Darstellung hier herangezogen werden müssten.

Wissens. Das Konfliktmanagement leitet damit nicht von ‚Konflikt als misslingender Umgang mit einer zwischenmenschliche Differenz' nahtlos über zum Subjekt-im-Konflikt, das seinen ‚Umgang' mit dem Konflikt bestimmen soll, sondern schafft ein aus der Position des professionellen Dritten auf den Konflikt appliziertes diagnostisches Wissen. Durch dieses Wissen über Typen, Arten und Zustände von Konflikten entsteht im Konfliktmanagement eine andere Konstellation von professionellem Dritten, Konflikt und Subjekt-im-Konflikt.

Dieses diagnostische Wissen ist für das Konfliktmanagement zentral, da hier nicht das Problem ‚Konflikt' generell an ‚Mediation' als Lösung gekoppelt wird. Damit fällt zugleich der Anspruch an die Mediation weg, als eine Art Generalschlüssel Konflikte aller Art zu lösen. Stattdessen positioniert sich der Konfliktmanager als Platzanweiser über –oder im Verfahren zeitlich vor (KM-G/455-461)– den Fachdiskursen der spezifischen Verfahren der Konfliktbearbeitung. Die Meta-Expertise des Konfliktmanagements besagt, unter welchen Bedingungen und auf welcher Eskalationsstufe welches Verfahren angebracht und erfolgversprechend ist. Moderation wird etwa nur für die ersten drei Eskalationsstufen empfohlen, Prozessbegleitung für die Stufen 3-5, sozio-therapeutische Prozessbegleitung für die Stufen 4-6, etc. Im Konfliktmanagement werden die entsprechenden Fachdiskurse ebenfalls rezipiert und als Palette spezieller „Konflikt-behandlungsstrategien" (KM-G/ 447) präsentiert.

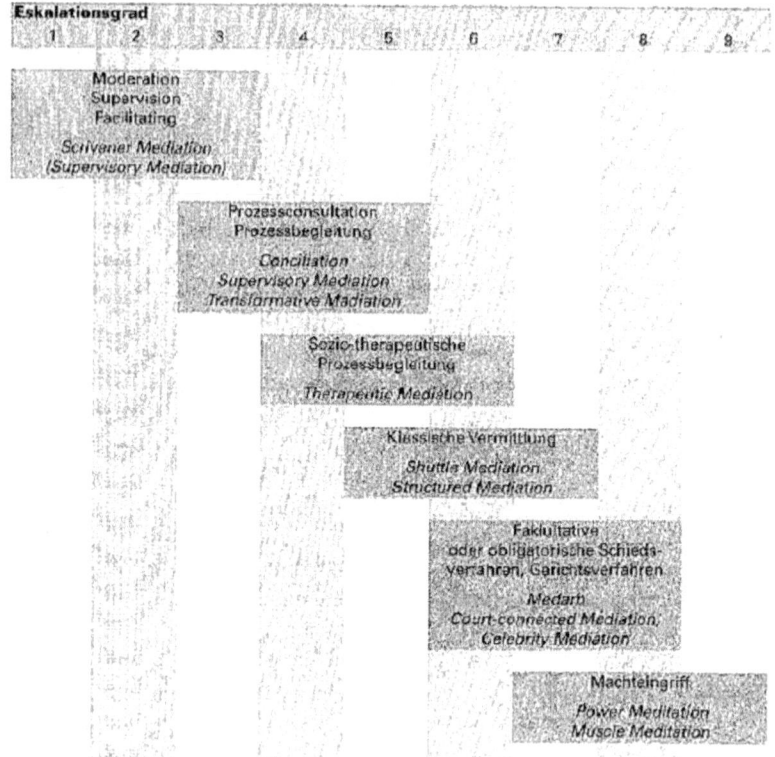

Fig. 14.3: Verbindung der Bezeichnungen für Drittpartei-Strategien und moderner Mediationsformen

Abbildung 7: Verfahrenswahl (KM-G/397)

Dabei kann sich das angewendete Verfahren und die Rolle des intervenierenden Dritten im Verlauf einer Intervention durchaus verändern: Sprechen die Parteien auf ein Verfahren nicht an, kann sich –selbstverständlich transparent und im informierten Einverständnis– die Rolle der dritten Partei hin zu mehr Interventionsmacht ändern, oder es kann, wenn im Verfahren Fortschritte gemacht werden und der Konflikt deeskaliert, auf niedrigschwelligere Verfahren zurückgegriffen werden.[188] (KM-G/448) Im Konfliktmanagement wird also eine komplexe Vielzahl von Strategien, Verhaltensweisen, Rollendefinitionen entworfen, die eine je nach Eskalationsgrad, Formalisierung, Aggregatszustand des Konflikts angepasste Intervention ermöglicht. Die Konflikttheorie wird so zur entscheidenden Meta-Expertise, die über die Anwendungsbedingungen der spezifischen Formate entscheidet. Glasl befürwortet hier explizit die Vermischung und Überschreitung von Verfahrensgrenzen:

> Bei der aktuellen Differenzierung der Mediationsbegriffe zeigt sich weiter, dass manche Prämissen, die lange Zeit als unabdingbar für moderne Mediation behauptet wurden, nicht mehr haltbar sind. So wurde - beispielsweise bei FamilienMediation [sic!] und Familientherapie - lange Zeit vehement auf die Trennung von Therapie und Mediation gepocht - heute gibt es ‚Therapeutic Mediation'! Die Konfliktsituation erfordert eben ein adequates Vorgehen, jenseits ideologischer Positionen. In ähnlicher Weise wurden auch Mediation und Arbitrage als unvereinbar bezeichnet - während sich angesichts der Erfordernisse der Konfliktsituationen auch die Integration beider Ansätze in der ‚Medarb' als sinnvoll und hilfreich erwiesen hat. (KM-G/396)

Damit weicht das Verfahrensübergreifende Konfliktmanagement vom Mediationsdiskurs ab, der, geprägt von den Mediationsverbänden, stets auf die ‚Reinhaltung', sprich: Qualitätssicherung, der Mediation (‚Wo Mediation darauf steht, muss auch Mediation drinnen sein' vgl. bspw. SDM 17/16) bedacht ist. An dieser Stelle zeigt sich aber auch, wie sich die Diskurse des Konfliktmanagements und der Mediation überlagert haben. Glasl führt hier, da Mediation „seit etwa 1985 (...) großes theoretisches und praktisches Interesse" findet (KM-G/394) einen doppelten Sprachgebrauch ein, indem er seine Begrifflichkeiten der Drittpartei-Strategien mit Mediations-Arten parallelisiert. Dabei greift er auf den US-Amerikanischen Mediationsdiskurs zurück (KM-G/394-5), in dem ja ein sehr weiter, auch nicht-neutrale Interventionen umfassender Mediationsbegriff sich hat durchsetzen können. Diese hier als Reaktion auf das Interesse an Mediation

---

[188]   Im Diskurs der Mediation scheinen sich solche Prozesse eher indirekt wieder zu finden, etwa in der Feststellung, dass am Ende einer Mediation vor allem noch Moderationsaufgaben anfallen, nachdem die ‚schwierige Arbeit' an den ‚tiefen Konfliktursachen' geleistet wurde. (Kap. 7.2)

vollzogene Angleichung des Vokabulars ist eine der terminologischen Verschiebungen, die die Differenzierung von Mediation und Konfliktmanagement im Diskurs erschweren.

Diese Positionierung der Konflikttheorie als Meta-Expertise prägt auch das Ablaufschema des Konfliktmanagements. Das Konfliktmanagement bietet ein rahmengebendes Modell an, das aus einer konfliktdiagnostischen Orientierungsphase, der speziellen Konfliktbehandlungsphase und einer Konsolid-ierungsphase besteht (KM-G/449; KM-S/321ff). Der Konfliktmanager wählt anhand der konflikttheoretischen Unterscheidungen das passende Verfahren aus, das dann in der „speziellen Konfliktbehandlungsphase" durchgeführt wird – aber nicht notwendigerweise von derselben Person. Durch dieses Vorgehen wird eine mehr oder weniger intensive Diagnose und Voranalysephase vor der eigentlichen Bearbeitung des Konflikts eingeschoben. Dabei gelten „einige Vorinterviews und Beobachtungen von Sitzungen, in denen die Konfliktparteien miteinander konfrontiert" (KM-G/462) werden als geringer Diagnose- und Orientierungsaufwand. In der Mediation, das wird in der Abgrenzung deutlich, geht es dagegen in der Konflikttheorie wie auch im Verfahren von Anfang an nicht um den Konflikt selbst, sondern immer gleich um die Parteien. Aus der Perspektive des Konfliktmanagements erscheint dieses Vorgehen, das die aufwändig entwickelte Expertise des Konfliktmanagements außer Kraft setzt, unprofessionell:

> Wir haben schon oben darauf hingewiesen, dass seit etwa 1980 ‚Mediation' im Sinne des aus den USA nach Europa kommenden Ansatzes zum globalen Überbegriff für Drittpartei-Interventionen geworden ist. Mit diesem umfassenden Verständnis gibt es Mediation in vielen Anwendungsbereichen: Scheidungsmediation, Familienmediation, Täter-Opfer-Mediation, Umweltmediation, Sportmediation, Wirtschaftsmediation, internationale Mediation usw. Mit dieser Begriffsausweitung ist das Problem gegeben, dass so etwas wie Omnikompetenz einer Mediatorin oder eines Mediators suggeriert wird, während in Wahrheit jeder dieser erwähnten Mediationsbereiche seine besonderen Regeln und Interventionsmethoden hat. Wer professionelle Scheidungsmediation beherrscht ist nicht a priori geeignet, Umweltmediationen durchzuführen. Und wer kompetent ist für Täter-Opfer-Mediationen ist nicht von vornherein kompetent für Wirtschaftsmediation. Deshalb ziehen wir unbedingt differenzierte Begriffe von Mediation vor, wie wir dies dargelegt haben. (KM-G/ 444)

Wo die Mediation für *ein* Problem, den Konflikt, *eine* Lösung, die Mediation, anbietet, setzt im Konfliktmanagement eine differenzierende Überlegung ein. Tatsächlich bleibt das im Mediationsdiskurs über Konflikte vorhandene Wissen randständig und für das Verfahren relativ unbedeutend; allenfalls in der Eignung von Konflikten für die Mediation (eine Reflexion, die sich aus dem Scheitern von Mediationsbemühungen speist), werden diese Reflexionen aufgegriffen. In der hier entwickelten Subjektivierungsthese ist diese Differenz von großer Bedeutung, da die Mediation über die Zentralstellung der Parteiensubjekte eine unmittelbare Kopplung von Problematisierung und Lösung herstellt, die in ihren zwingenden Schlüssen den Raum für derartige Differenzierungen schließt. Dies zeigt sich etwa im folgenden Kapitel, wenn die Lösungsmechanismen des Konflikts mit der jeweils in der Konflikttheorie herausgestellten Subjektform (dem ‚inneren der Subjekte‘, in dem der ‚eigentliche Konflikt‘ verortet wird) parallel geführt werden.[189] Zugleich muss Glasl konstatieren, dass die Mediation erfolgreich ist.[190] In der hier entwickelten subjektivierungstheoretischen These kommen diese beiden Punkte zur Deckung: Mediation ist gerade deswegen erfolgreich, weil sie eine Lösung für ein drängendes Problem verspricht und auf die ‚professionellen‘ Differenzierungen verzichtet.[191]

---

[189]   Ebenso gilt dies für den im folgenden Abschnitt dargestellten Strang in Gasls eigenem Ansatz. Denn neben der hier hervortretenden wissenschaftlich-differenzierenden Arbeit versteht Glasl den Konflikt auch ausgehend von einem christlich-anthroposophischen Menschenbild als die Herausforderung des Menschen durch das in ihm geweckte Böse. (Kap. 6.2.2) Es wäre also möglich, die hier vorgebrachte Kritik des wissenschaftlich differenzierenden Konflikttheoretikers Glasl auch gegen die Dämonisierung des Konflikts im eigenen Text anzuwenden, die auf genau einer solchen Vereindeutigung des Konflikts als Herausforderung an den (nicht weiter differenzierten) ‚Menschen‘ aufbaut.

[190]   Ebenso ist das, weniger explizit, in HMKM vorzufinden, das als Versuch zu verstehen ist, die Entwicklungsdynamik der Mediation einzufangen und sie auf die Konflikttheorie des Klagenfurter Konfliktmanagements umzustellen.

[191]   Gleichzeitig ist es naheliegend, von hier aus die spezifische Form der Mediation, ihren Erfolg als Versprechen, Diskurs und Projekt nachzuvollziehen. In der praktischen Umsetzung von Mediation in konkreten Kontexten gewinnen dann die entsprechenden Fragen von Konflikteignung und der Modifizierung des Vorgehens an Relevanz.

6.2.2 Dämonisierung des Konflikts

Während sich also im Vorgehen der intervenierenden Drittpartei und in der Thematisierung des Konflikts und der beteiligten Subjekte deutliche Unterschiede zwischen Konfliktmanagement und Mediation zeigen, wird Glasls Ansatz im Mediationsdiskurs in einem anderen Aspekt begeistert aufgenommen: Seine um die Eskalationsdynamik des Konflikts herum gebildete Konflikttheorie gehört im deutschsprachigen Mediationsdiskurs zum Basiswissen. Hier wird der Konflikt als selbst eskalierende Dynamik bestimmt und dämonisiert, die MediatorIn tritt ihm in einer existenziellen Bestimmtheit und von einer grundsätzlichen Haltung bestimmten Position entgegen. Ähnlich wie bei der oben beschriebenen Rezeption der Konfliktdefinition lassen sich jedoch auch hier spezifische Verschiebungen in der Rezeption von Glasls Ansatz ausmachen. Glasls Konfliktmanagement soll an dieser Stelle nun ausführlicher dargestellt werden, um die Frage aufwerfen zu können, inwieweit die strukturell weithin analoge, aber in seiner religiösen und „weltanschaulichen" Ausgestaltung dem um Professionalisierung bemühten Mediationsdiskurs nicht vermittelbare (wortwörtliche) Dämonisierung des Konflikts in die Deutungsmuster des Mediationsdiskurses eingegangen ist.

Neben den oben dargestellten Differenzen zwischen Mediation und Konfliktmanagement bringt Glasl sein Konfliktmanagement auch –hier ganz auf der Linie des Mediationsdiskurses– in unmittelbare Abhängigkeit von den am Konflikt beteiligten Subjekten. Allerdings geschieht diese Thematisierung der Subjekte in einem im Mediationsdiskurs konsequent ausgeblendeten Vokabular: Auf die Einführung, die in ausführlicher Rezeption und Diskussion des sozialwissenschaftlichen Forschungsstandes den Konfliktbegriff und den Zugang des Konfliktmanagements erläutert und einen Überblick über das Buch gibt, folgt dann nahtlos der erste Teil „Konfliktdiagnose", der mit dem Kapitel „Menschenbild und soziale Konflikte", dem Unterkapitel „Das dreifältige Wesen des Menschen" und diesen Sätzen eröffnet:

Die theoretische und praktische Beschäftigung mit sozialen Konflikten führt zu einer tieferen Auseinandersetzung mit Natur und Wesen des Menschen. So hatte z. B. Sigmund Freud auf Grund der von ihm beobachteten Konflikte sein Bild der drei Seelenschichten des Menschen erarbeitet: ‚Es', ‚Ich' und ‚Über-Ich'. Spätere Konfliktpsychologen stellten wieder andere Schichten oder Wesensglieder der menschlichen Persönlichkeit dar, zwischen denen Spannung oder Harmonie bestehen kann. Wir gründen unsere eigene Arbeit als Konfliktforscher und praktischer Konfliktberater auf ein ganzheitliches Menschenbild, das den Menschen als dreifältiges Wesen versteht: Leib - Seele - Geist. (KM-G/29)

In dieser Textstelle wird überdeutlich, dass die Professionalität des Konfliktmanagements, die sich über eine ausführliche interdisziplinäre Rezeption von Theorien und Ansätzen in diesem Text als Meta-Professionalität entwirft, sich zugleich ‚weltanschaulich' fundiert. Der Teil des Buches „Konfliktdiagnose", besteht aus den weiteren Kapiteln „3. Typologie von Konflikten", „4. Modelle der Konfliktdiagnose", „5. Inhaltliche Dimensionen der Konfliktdiagnose" und „6. Konfliktkonstellationen im meso-sozialen Raum", in denen die sozialwissens-chaftliche Literatur diskutiert und systematisch dargestellt wird. Er beginnt jedoch mit diesem Abschnitt über „ein ganzheitliches Menschenbild, das den Menschen als dreifältiges Wesen versteht". Und dieser ‚zweite Strang' wird nicht als eine analytische Notwendigkeit eingeführt [192], sondern mit einem persönlichen Bekenntnis des Autors, der seine wissenschaftliche wie praktische Tätigkeit auf dieses Menschenbild gründet. Hier treffen sich die in Teilen des Mediations-diskurses verbreitete Betonung der grundlegenden Relevanz eines Menschenbildes und auch dessen Verwendungsweise als ein persönliches Postulat. Inhaltlich jedoch bewegt sich Glasl in einem Kosmos, der dem Mediationsdiskurs nur teilweise zugänglich ist. Nach einem Durchgang durch biologisch-materialistische und soziologische Menschenbilder, die je fälschlicherweise den körperlichen oder sozialen Aspekt am Menschen überbetonen, führt Glasl eine Reihe von Referenzen auf, an denen er sich orientiert. In der Psychologie schlägt er eine Brücke von C.G. Jung über A. Maslow und R. Assagioli als eine „junge Strömung der Psychologie", die seinem Menschenbild entsprechen, da sie, bei Betonung der geistigen Funktion, alle Aspekte des Wesens des Menschen aufnehmen (MK-G/30) – diese psychotherapeutischen Schulen sind –mit der Ausnahme Jungs– im Mediationsdiskurs wohlbekannt. (s. Kap. 10) Das ändert sich aber, wenn Glasl Rudolf Steiner als Grundlage seines Ansatzes, seines Denkens, seiner „Weltanschauung", ausweist. So verortet sich Glasl in einer Bewegung, die „auf der Basis dieses Menschenbildes durch die ‚Anthroposophie' eine Reihe von sehr

---

[192]   So geht etwa eine Arbeit zu „Mediation und Menschenbild" vor, wenn sie die Notwendigkeit eines Menschenbildes für Theoriebildung behauptet. (MuMB, Kap. 9)

praktischen Erneuerungsimpulsen in der Pädagogik und Heilpädagogik, in der Psychologie und Psychiatrie, in Medizin und Pharmazie, in paramedizinischen Therapien, in der Landwirtschaft und unter anderem auch für die menschengerechte Gestaltung sozialer Gebilde zu sozialen Organismen" (KM-G/30) unternehme. Diese Innovation der Anthroposophie wird dazu noch als die Wiederherstellung einer „Grundauffassung des Urchristentums" gegen die materialistischen Wissenschaften dargestellt und mit der These einer parallelen Dreigliedrigkeit von Menschen- und Gottesbild unterlegt:

> Im Grunde ist dies auch der eigentliche Kern des christlichen Menschenbildes, das allen konfessionellen Ausprägungen eigen ist. Denn die Gottes-Ebenbildlichkeit des Menschen in der christlichen Theologie besagt genauer: Das Wesen des Menschen ist nach dem Wesen Gottes gestaltet. Der Mensch ist in seinem dreifaltigen Wesen ein Bild, ein Gleichnis des Wesens des dreifaltigen Gottes. Während die göttliche Dreifaltigkeit die Person des Vaters, des Sohnes und des Heiligen Geistes umfasst, ist der Mensch seinem eigentlichen Wesen nach ein Dreiklang von Leib, Seele und Geist. Dem Geiste nach ist das Ich des Menschen göttlicher Natur; der Seele nach steht der Mensch zwischen geistiger Welt und materieller Welt und im Verkehr mit anderen beseelten Wesen; und dem Körper nach nimmt der Mensch an der stofflichen Welt teil. (KM-G/30)

Dem auf professionelle Anerkennung zielenden Mediationsdiskurs muss eine derart starke (und auch an die akademische Theologie nur sehr bedingt anschlussfähige) These, die dazu noch ins professionelle Tabuthema Religion vordringt, an dieser zentralen Stelle des Textes problematisch sein. Entsprechend wird dieser Aspekt von Glasls Konfliktmanagement im Mediationsdiskurs nicht rezipiert: er wird auch nicht als Gegenstand von Kritik aufgenommen, sondern schlicht fallen gelassen. Und dennoch muss Glasls Bedeutung für den Mediationsdiskurs von hier aus verstanden werden: Denn wenn auch nicht inhaltlich, so ist doch der Gestus, ein Menschenbild zu postulieren und darauf das Verfahren aufzubauen und es auf diesem Wege mit überschüssiger Normativität und weit über die Anwendungsbereiche hinausweisenden Versprechungen aufzuladen, in der Mediation ebenso aufzufinden. (s. Kap. 4, und unten Kap. 6.3) Zudem wird der hier begonnene Strang indirekt sehr stark rezipiert: Glasl geht von den kompetenten, ‚an sich guten' Subjekten aus und stellt ihnen den Konflikt als eigendynamisches ‚Anderes', ja böses und dämonisches Gegenbild gegenüber, der die ‚eigentlich guten Subjekte' erfasst und korrumpiert. Dies ist ein zentrales Deutungsmuster der Mediation, das aus den alternativen Mediationsansätzen in den USA schon bekannt ist und unten wiederkehren wird. (Kap. 4.2-3, Kap. 9.8.2) Aus dieser Spannung von übereinstimmender Struktur und inkompatiblen Inhalten erklärt sich die enorm starke, aber ebenso stark selektive Rezeption Glasls in der Mediation.

Der Konflikt als Verlust menschlicher Vermögen und Störung der Gemeinschaft
Um diesen Strang, der in der Setzung des Menschenbildes seinen Ausgang nimmt, in Gänze zu erfassen, muss nochmals auf den Konflikt zurückgekommen werden. In dieser Thematisierungsweise jedoch nicht als wissenschaftlich zu definierender oder typisierenden sondern in der Problematisierung des Konflikts (jetzt wieder im Singular) als Eskalationsdynamik. Wird ‚Konflikt' derartig als sich selbst erhaltende Dynamik gefasst, stellt sich die Frage nach seinem Ausgangspunkt. Was also markiert die Grenze des Konflikts, was ist noch-nicht-Konflikt? Die Abgrenzung der ersten Eskalationsstufe grenzt den Konflikt ab von „alltäglichen Formen des normalen Umgehens miteinander die gelegentlich von Spannungen oder Reibungen heimgesucht werden." (KM-G/234) Konflikt ist dagegen erst gegeben, wenn sich diese Differenzen verhärten. Aufschlussreich ist diese Abgrenzung erst in ihrer Umkehr, weil sie deutlich macht, dass Konflikt von einem „normalen Umgang" abgegrenzt wird, der normalerweise harmonisch sei – aber von Dissonanzen „heimgesucht" wird. Der Konflikt ist also die Ausnahme, eine bedrohliche Störung der positiv bewerteten Normalität. Glasl folgt in der Beschreibung der Probleme, die eskalierende Konflikte generieren, entsprechend der multidisziplinären Anlage seines Diskurses mehreren Theoriesprachen. Konflikte führen sozialpsychologisch und soziologisch zur Verzerrung von Wahrnehmungen, Empfinden und Verhalten, psychoanalytisch zur Regression in frühere Reifestadien oder lassen sich als Entfremdung fassen. Zunächst haben Konflikte in Glasls Darstellung eine mitreißende Wirkung auf die seelischen Funktionen, sie beeinträchtigen die Wahrnehmung und das Denken, entfremden von Gefühlen, fixieren den Willen und entwickeln eine Dynamik bis zu dem Punkt, in der wir uns „dem Konflikt völlig ausgeliefert fühlen." (KM-G/40) Die normale Verbundenheit und der Kontakt mit der Außenwelt sind gestört, Menschen im Konflikt werden tendenziell „autistisch". (KM-G/82, KM-G/44) Im Konflikt würden „tiefere Schichten unserer Persönlichkeit" (KM-G/46) aufgeschreckt und aktiviert: „Der Übergang von Stufe zu Stufe [der Eskalation, JT] kann auch als das

Abgleiten von einem Regressionsniveau zu einem noch niedrigeren Regressionsniveau dargestellt werden. Die Konfliktparteien lassen sich danach von Denkgewohnheiten, von Gefühlen und Stimmungen sowie von Motiven und Zielen leiten, die nicht dem Grad ihrer wirklichen Reife entsprechen, sondern Rückgriffe auf bereits durchlebte und ‚überwundene' Phasen in der Reifung sind". (KM-G/234) Alle diese Phänomene werden in der Darstellung anhand der Kategorien anthroposophischer Anthropologie gegliedert, vor allem Perzipieren, Vorstellen, Empfinden und Wollen als menschliche Vermögen sowie die körperliche, seelische und geistige „dreifältige Wesenheit" (KM-G/30) des Menschen, die immer wieder zur Systematisierung herangezogen werden. Konflikte, so lässt sich von hier aus Glasls Ansatz bündig –und das heißt: alle oben angebrachten Formulierungen integrierend– formulieren, stellen eine Störung und Entfremdung der eigentlich ganzheitlichen und intakten Natur des Menschen dar und fordern damit auf, diese wiederherzustellen.

Die Beeinträchtigung individueller Vermögen, konzeptualisiert als Wahrnehmen, Vorstellen, Empfinden und Wollen in der zunehmenden Verstrickung im Konflikt hin zu weniger Offenheit, Reaktionsfähigkeit und vollständiger und unverzerrter Wahrnehmung wird in allen Aspekten ausführlich ausgeführt: Die Wahrnehmung verliere im Konflikt an Schärfe und Realitätsgehalt, das Denken vereinseitige und polarisiere, der Wille fixiere sich und unerwartete ‚dunkle' Seiten kommen hervor, das Verhalten „wird aggressiver, zerstörerischer. Wir lösen durch Wort und Tat Wirkungen aus, die wir zumeist so gar nicht gewollt hätten." (KM-G/39) Konflikte haben damit, da sie den Kontakt zwischen den Beteiligten stören, offensichtlich auch einen zerstörerischen Einfluss auf die Gemeinschaft. Konflikte bedrohen aber Gemeinschaften zutiefst dahingehend, dass sie von Konflikten belastet, ihrer Funktion, der Entwicklung des Menschen „förderliche Bedingungen" (KM-G/33) zu schaffen, nicht mehr gerecht werden. Der Einzelne setze sich im gelingenden Fall in ein verbundenes, aber nicht symbiotisches Verhältnis zur Gemeinschaft, indem sowohl soziale als auch selbstbezogene (bei Glasl „a-soziale") Tendenzen der ganzheitlich entworfenen menschlichen Natur ihren Platz finden. (KM-G/32) Glasl betont vor allem die Bedeutsamkeit, sich „von der Gemeinschaft abzusondern und zu regenerieren bzw. über Verschiedenes nachzudenken oder zu forschen, zu beten oder zu meditieren. Mit anderen Worten: Er will an sich selber arbeiten, um zu sich selbst, d.h. zu seinem Selbst, seinem geistigen Wesenskern, seinem Ich, zu finden." (KM-G/32) Dieser geistige Wesenskern ist die Freiheit des

Menschen, die geachtet werden muss. Eine solche friedliche Absonderung ist natürlich für Störungen durch Aggressivität und Verstrickungen von Konflikten höchst anfällig.[193]

Die Eskalationsdynamik des Konflikts

Problematisch wird der ‚Konflikt' dem Konfliktmanagement jedoch nicht nur aufgrund der destruktiven Wirkungen, sondern auch aufgrund seiner Eigendynamik, die die Beteiligten „wie ein Fluss im Gebirge" (KM-G/39) wegschwemmt. Der Konflikt bekommt bei Glasl durch die starke Betonung seiner Eigendynamik Konnotationen eines selbst aktiven, dynamischen, sich selbst verstärkenden Quasi-Lebewesens. Konfliktsteigerung ist damit ein pathologisches Geschehen, das nur zum Teil bewusst gesteuert werden kann. (KM-G/189) Die Eskalation vollziehe sich zwar in den Parteien, zugleich aber hinter deren Rücken und mit einer gewissen Zwangsläufigkeit. Letztere entsteht, wenn verschiedene Eskalationstendenzen ineinandergreifen, wenn etwa mit fortschreitender Eskalation Zusammenhänge stark vereinfacht werden und eigene Handlungen als bloße Reaktion auf Angriffe der Gegenseite erscheinen. „Das Zusammenwirken beider Mechanismen gibt den Konfliktparteien nach und nach das Gefühl, dass der Konflikt unlösbar wird. Sie können den unheilvollen und offensichtlich zwingenden Geschehnissen (Mechanismen) nicht entgehen." (KM-G/220) Insgesamt stilisieren die Formulierungen Glasls den Konflikt zu einem Quasi-Akteur, der destruktiv und pathologisch die Menschen befällt: „Eigentlich pflanzt sich die Gewalt wie ein Krebsgeschwür in einem todbringenden Wachstum fort". (KM-G/290)

Dabei wird die Eskalation schwellenartig konzipiert: wenn bestimmte symbolische Landmarken überschritten werden, wenn etwa zum ersten Mal eine Drohung ausgesprochen oder bisher unbeteiligte Dritte einbezogen werden, werde von den Parteien deutlich verstanden, dass hier eine neue Qualität erreicht sei. Einerseits würde über dieses geteilte, wenn auch meist implizite Wissen einerseits die

---

[193]   Auch das hier gezeichnete Gemeinschaftsbild hat seine Entsprechungen in der amerikanischen Transformativen Mediation, die ebenso die wechselseitige Stärkung von Autonomie und Verbundenheit betont. (Kap. 4.2) Andererseits bezieht sich Glasl hier auf einen Code des Sozialen, der noch erkennbar traditionelle Züge trägt; entsprechend deutlich grenzen sich neuere, besonders die systemischen, Ansätze von ihm ab.

strategische Eskalation eines Konflikts ermöglicht. Andererseits gebe diese Stufung der Eskalation auch Sicherheit, dass der Konflikt nicht grenzenlos und einfach so eskaliere, sondern sich nach einer Eskalation in diesem Rahmen bewegen wird. (KM-G/229) Glasl identifiziert neun derartige qualitative Stufen der Eskalation, die auf drei Schwellen zu je drei Stufen beschrieben werden: Während auf den ersten drei Stufen noch teilweise und prinzipiell die Notwendigkeit zur Kooperation erkannt wird („Win-Win") herrsche auf den Stufen 4-6 die für Konflikte typische Win-Lose-Haltung: Der Vorteil der eigenen Seite wird notwendigerweise mit dem Nachteil der Gegenseite verknüpft gesehen. Bei noch weiterer Eskalation gehen die Parteien stufenweise in eine Lose-Lose-Haltung über, in der eigene Verluste bei größeren Verlusten der Gegenseite akzeptiert werden bis schließlich auf der höchsten Eskalationsstufe der eigene Niedergang akzeptabel erscheint, wenn nur der andere „gemeinsam in den Abgrund" mitgerissen werde. (KM-G/223 ff; s. auch für einen Überblick KM-G/236-7)

An dieser Stelle lässt sich die Reichweite dieser Problematisierung des ‚Konflikts' als den ‚eigentlichen Subjekten' entgegenstehende Eigendynamik erkennen: Als eine tendenziell sich selbst verstärkende, sich selbst weiterpflanzende und ausweitende Dynamik, die eine verhärtete Störung einer sonst funktionalen Beziehung von Stufe zu Stufe zur totalen Vernichtung und Selbstaufgabe führen kann. Die Eskalationsleiter geht sehr weit, bis zum logischen Endpunkt maximaler Aggression und stellt durch die Zählung und suggerierte Gleichabständigkeit der Stufen eine Kontinuität vom ‚kleinen Streit' zur totalen Vernichtung her. Die Eigendynamik des ‚Konflikts', der tendenziell als selbst aktives, lebendiges Subjekt erscheint, schafft so ein quasi grenzenloses Bedrohungspotential, wenn „der Weg der Eskalation mit einer zwingenden Kraft in Regionen führt, die große, ‚unmenschliche Energien' aufrufen, die sich jedoch auf die Dauer der menschlichen Steuerung und Beherrschung entziehen. Denn einerseits bewegen sich die Konfliktparteien auf einem abschüssigen Gelände, das steiler wird und wenig Halt bietet. Andererseits wecken sie durch ihr Verhalten Energie, die zu einer Verstärkung und Beschleunigung des Geschehens führt." (KM-G/233) Hier zeigt sich die Ungewissheit über die Subjekte: Sind es hier noch die ‚Menschen' des Menschenbildes, oder schon die ‚unmenschlichen Energien' des Konflikts? Das Verhalten der Parteien wird uneindeutig, die Trennung zwischen Konflikt und ‚Mensch' wieder herzustellen, gewinnt an Dringlichkeit.

Im Konflikt wird das Böse geweckt
Wohin aber führt dieser bedrohliche Abstieg? Als Abstieg will Glasl die Eskalation verstanden wissen, (KM-G/308) da sie zu den tiefen und gefährlichen Schichten des Menschen führe. (so auch in der Darstellung eben in Abb. 6) „Der Weg zweier Konfliktparteien in die Eskalation gleicht dem Abstieg zweier Menschen in die Unterwelt. Im Dunkeln sind sie vom Weg abgeraten und haben sich in die Gebiete der Unterwelt verirrt, in denen - nicht deutlich erkennbar - dämonisch-bestialische Ungeheuer schlummern." (KM-G/308) Dieses hier als äußere Bedrohung dargestellte Böse sei zugleich jedoch Teil der Konfliktparteien. „Dies weckt in ihnen schlummernde unmenschliche und unsoziale - später selbst bestialische - Regungen, die aus tiefen Regionen des Unterbewussten aufbrechen und sich der Kontrolle und Lenkung durch den Menschen entziehen." (KM-G/308) In diesem Kontext ist die Rede vom Un- bzw. Unterbewussten entscheidend. Unter Bezugnahme auf C.G. Jung verlagert Glasl nun die destruktive Dynamik des Konflikts in eine personale, aber nicht-menschliche, unkontrollierbare und ‚tief unten' verborgene ‚seelische Unterwelt'. Der Konflikt gerät so zur Bedrohung nicht nur, weil er potenziell Aggressionen und Gewalt gegen die Subjekte auslöst, sondern auch, weil er einen ‚inneren Feind' zu wecken imstande ist. Hier zeigt sich ein weiterer Unterschied zur Mediation, wo diese Problematisierung der ‚Tiefe' der Subjekte eben nicht stattfindet.[194] (Kap. 3.2.3) Im Gegenteil wird die Aggressivität gänzlich ‚dem Konflikt' zugerechnet werden.

In reiner Haltung dem Konflikt begegnen
Damit ist nun die Bedrohung vollständig ausgeführt: Der Konflikt beeinträchtigt die Entfaltung und Entwicklung des Einzelnen, zerstört die Gemeinschaft in ihrer Funktion, Sicherheit und Freiheit des Einzelnen zu gewährleisten, hat die Tendenz sich selbst zu verstärken, die Parteien in seinen Bann zu ziehen und ihre Versuche, dem Konflikt zu entkommen listig gegen sie zu wenden; er entfesselt Gewalt und Aggressivität bis zur totalen Vernichtungsbereitschaft, und das sowohl beim

---

[194] Dies ist wohl damit zu erklären, dass Glasl auch noch die Psychoanalyse rezipiert, während in der Mediation nur die ‚neue Therapeutik' aufgenommen wird, die sich von der Psychoanalyse unter anderem über ein die Aggressivität nicht zum eigentlichen Menschen zählendes ‚Menschenbild' abgrenzt. (s. Kap. 8.2, Kap. 10; besonders deutlich wird dies in der ‚Gewaltfreien Kommunikation', Kap. 10.3)

Gegner als auch in den tiefen, nicht kontrollierbaren Schichten der eigenen Psyche; er bedroht so die eigene Existenz von außen und die Moralität von innen, da er einen sowohl zum Opfer als auch zum Täter machen kann. ‚Der Konflikt' ist damit als eine vielfältige, grundlegende und tückische Gefahr für den Menschen beschrieben. Was nur kann man im entgegensetzen?

> Unsere Eskalationstheorie will so verstanden werden, dass eine Vielzahl von Mechanismen wirkt, die den Konflikt intensivieren, wenn ihnen nicht bewusst entgegengetreten wird. Durch Kenntnis der Eskalationsdynamik und der Stufen und Schwellen kann die verhängnisvolle Tendenz erkannt, die Herausforderung aufgegriffen und durch einen Bewusstseins- und Willensakt in eine Antwort umgeformt werden. Nur durch Mut kann dem Konflikt eine positive Wendung gegeben werden. Aus unserem christlichen Menschen- und Gesellschaftsbild heraus, das sich auf die Anthroposophie von R. Steiner stützt, können wir dies folgendermassen zusammenfassen: Der Mensch ist in sich und in seiner Umgebung mit Gegenkräften konfrontiert, die zu einer Schwächung und Trübung seines Bewusstseins führen, wenn der Mensch nicht zu seinen eigenen ethischen Impulsen steht und authentisch zu handeln versucht. Gerade in der Auseinandersetzung mit diesen Widersachern kann er sich Freiheit des Willens erwirken. Dies ist die Herausforderung an den Menschen schlechthin: sich selbst und die gesellschaftlichen Zusammenhänge so zu entwickeln, dass Menschen nicht aus Zwängen, sondern aus Verantwortung heraus entscheiden und handeln. (KM-G/306–307)

Der ‚Mensch' ist so aufgerufen, sich dem ‚Konflikt' und seinen Entmenschlichungstendenzen zu stellen, um sich und anderen ihr authentisches Menschsein zu erhalten, ‚Konflikt' ist nun zur schlechthinnigen Herausforderungen[195] geworden. Der Konflikt steht hier für die Gegenkräfte, die ‚den Menschen' antagonistisch als seine „Widersacher" entgegenstehen – und dadurch genau den Punkt darstellen, an dem ‚der Mensch' sich in seiner Freiheit und Verantwortung zu beweisen hat. Denn der Eigendynamik des Konflikts stehe nur die Möglichkeit entgegen, der von ihm provozierten korrumpierten

---

[195] Es wäre zwar durchaus möglich, „schlechthin" als Prädikat des Menschen und nicht auf die Herausforderung durch den Konflikt bezogen zu lesen. Es scheint jedoch angesichts Glasls wiederholter Rede von „dem Menschen" nicht schlüssig, warum hier „der Mensch schlechthin" gefordert sein sollte.

Geisteshaltung eine andere „psychisch-geistige Qualität" (KM-G/306) entgegenzusetzen: „Jeder Konflikt stellt große Herausforderungen an unser Ich, d. h. an die integrative Kraft unserer Persönlichkeit oder Gruppe bzw. Organisation. Ohne einen Akt der Bewusstseins-Anstrengung, ohne Besinnung auf eigene Intentionen und Moralität, droht der Konflikt einen verhängnisvollen Verlauf zu nehmen." (KM-G/305) Er erfordere eine Entscheidung zu einer qua wiederholtem und tatkräftigem Entschluss einzusetzenden Haltung der Gewaltlosigkeit, Integrität und Besinnung. Diese könne etwa auf der Eskalationsstufe 4, wenn das Image in Gefahr gerät und Gesichtsverlust droht, die Entscheidung darstellen, trotz des Konflikts eine „authentische Wahl" zu treffen, „sein Eigenwertgefühl aus sich selbst zu schöpfen" und sich nicht von Reputationsfragen abhängig zu machen. (KM-G/306) Die Haltung zum Konflikt wird damit zu einer existenziellen Entscheidung ums Ganze stilisiert. Nicht weniger als die Menschlichkeit, der Begriffe wie Integrität, Persönlichkeit und Authentizität beigestellt werden, stehe vor der Herausforderung des ‚Konflikts' auf dem Spiel. ‚Der Konflikt' wird zur Herausforderung schlechthin erhoben – und in radikaler Manier ‚der Mensch' von seiner Haltung gegenüber den Gegenkräften des Konflikts abhängig gemacht. Angesichts dieser Gegenüberstellung von Mensch und Konflikt, auf die der Diskurs hinausläuft, erklärt sich auch, warum am Anfang des Diskurses des Konfliktmanagements ein Menschenbild stehen musste.

Es ist an dieser Stelle bezeichnend, dass keinerlei eindämmende, de-eskalierende Faktoren in der Konfliktdynamik bedacht werden, die nicht von einer Haltung der Gewaltlosigkeit und einem Streben nach Wiederherstellung menschlicher Verhältnisse getragen würden. Die qualitativen Sprünge in der Eskalationsdynamik sind allenfalls Hemmnisse der Eskalation, die aber keine Deeskalationsdynamik auslösen können. [196] Glasl spitzt die Frage nach dem Konflikt hier auf eine Entscheidung zwischen einer ‚echten Lösung', die den Konflikt ‚grundsätzlich beseitigt' und einer dämonischen Eskalation zu. Dabei werden alle Möglichkeiten der Deckelung, des Machteingriffs oder der Eindämmung durch ein

---

[196]   Glasl wendet sich sogar explizit gegen die derartige Vision des kommunitaristischen Vordenkers A. Etzioni (1964); KM-G/306 .

Bedrohungsgleichgewicht beiseitegeschoben[197], was dazu führt, dass die ‚Haltung' zum Konflikt alternativlos erscheint und als umso dringender benötigt dasteht.

Religiöse Erhöhung des Konflikts und des Konfliktmanagements
Von hier aus ist es nun möglich, einen Aspekt des Diskurses aufzugreifen, der in der Rezeption von Glasls Konfliktmanagement im Mediationsdiskurs sonst fast immer abgeblendet wird. Glasl setzt den seinem Konfliktbegriff innewohnenden Antagonismus zwischen dem ‚Menschen' und den ihn innewohnenden und doch nicht zugehörigen ‚Gegenkräften' in mythischen und religiösen Bildern des Widerstreits zwischen Gut und Böse fort. Zunächst sei der „geistige Kern der Persönlichkeit" in jedem Menschen als Dynamik zwischen den hellen und dunklen Seiten des Menschen zu verstehen (KM-G/37). Im Konflikt werde dieser nun radikal herausgefordert, da die Spannung zwischen einem Ideal-Ich, der „Lichtpersönlichkeit" oder dem „Engelswesen" und dem „Doppelgänger" als Gesamtheit der „negativen Eigenschaften, unserer Schwachheiten und unmoralischen Strebungen und Triebe" (KM-G/37) zu Tage trete. Eskalierte Konflikte können nun zur Konfrontation mit diesem bösen „Doppelgänger"-Selbst führen: „Darum sind soziale Konflikte immer eine existentielle Herausforderung an unser Selbstbild. Wir können die Gelegenheit zu einer weiteren selbsterzieherischen Arbeit an unserem alltäglichen Ich und unserem Doppelgänger aufgreifen". (KM-G/38) Als eine solche Herausforderung kann der Konflikt dann auch wieder als Potenzial gesehen werden, als Möglichkeit einer Erfahrung und persönlichen Entwicklung erkannt werden. „Die Konfliktparteien müssen dann dazu ermutigt werden, sich der Wirklichkeit der tieferen destruktiven Schichten in ihrem Willensleben zu stellen und sie nicht einfach zu leugnen oder zu verdrängen." (KM-G/47) Diese berufende Darstellung bringt essentialistische

---

[197] Besonders an dieser Stelle spielt wohl der soziale und zeitgeschichtliche Kontext eine entscheidende Rolle. Diese auf einem Höhepunkt des Kalten Krieges 1980 entstandene Theorie wurde –nicht nur über die Mediation– in der Friedensbewegung aufgenommen. Und um eine legitime gegenkulturelle Position einzunehmen, wäre es nicht möglich gewesen, den ‚staatstragenden' und dann auch real erfolgten Ausweg aus dem eskalierten Konflikt (Gerade die durch die Nachrüstung entstandene Krise wurde ja zweifelsohne eher durch ein Gleichgewicht der Bedrohung stabilisiert und abgewandt, als dass die Konfliktparteien sich der destruktiven Dynamik gewahr wurden und die Entscheidungsträger ihrer Menschlichkeit eingedenk aus der Dynamik ausstiegen) positiv zu konnotieren. (zur Position der prinzipiellen Gewaltfreiheit in den Protestbewegungen s. Pettenkofer 2014.)

Vorstellungen von Gut und Böse in Stellung. Wenn die psychischen bzw. „geistigen" Instanzen selbst schon das Gute oder das Böse verkörpern, führt das zu einer Festschreibung von Wertungen in der Theorie: Aggressivität und Konflikt sind aus dieser Perspektive dann nicht mehr nur schlecht oder problematisch, sondern böse und damit vollkommen indiskutabel; Besinnung, Einsicht, Verbundenheit, Authentizität und Verantwortungsübernahme immer gut, unproblematisch und uneingeschränkt begrüßenswert. Diese Setzungen sind unverrückbar gegeneinander aufgestellt: dem Bösen ist als einzig Gutes abzugewinnen, dass es dem Guten die Möglichkeit bietet, sich zu zeigen. Diese Essentialisierung des Widerstreits von ‚Konflikt' und ‚Mensch' wird zunächst als „archetypische Bilder" (KM-G/382) in Jung'schen Termini, dann aber in Bezugnahme auf esoterische Traditionen ausgeführt:

In der Eskalationsdynamik wirken durch einzelne Menschen und durch Ge-meinschaften Kräfte in das soziale Geschehen herein, die auf der Grundlage jü-disch-christlichen esoterischen Wissens verstanden werden können. Menschen provozieren im Konflikt gegenseitig die Schwächen, die zur Trübung des Be-wusstseins und der ethischen Haltung beitragen. Dadurch verschliessen sie sich mehr und mehr für die Inspirationen durch die ‚neun Chöre der Engel', die als Angeloi, Archangeloi und Archai, als Exusiai (Elohim), Dynameis und Kyrio-tetes, und als Throne, Cherubim und Seraphim zwischen Menschen und der dreifaltigen Gottheit wirken (…). Indem wir immer mehr aus unserer Schatten-persönlichkeit heraus denken, fühlen, wollen und handeln, erlauben wir den ‚Gegenmächten', dass sie die Wirksamkeit der Angeloi (und der anderen geis-tigen Begleitwesen) stören und in ihr Gegenteil pervertieren (siehe dazu R. Steiner 1906). Wie wir an anderer Stelle ausgeführt haben (…), erfordert Kon-fliktbehandlung auf den verschiedenen Eskalationsstufen, dass wir eine see-lisch-geistige Beziehung zu den entsprechenden höheren Geistwesen, die über den Menschen wirksam sind, pflegen. Dies kann über verschiedene Wege ge-schehen, durch religiöse Übungen und Gebet, durch Wege der seelischen Läu-terung und Meditation. Wenn wir als Drittpartei unser Sein und unser Tun in das Wirken der begleitenden höheren Geistwesen einzubetten bemüht sind, können wir die in uns vorhandenen positiven Kräfte besser aktivieren. (KM-G/308–309)

Die Praxis des Konfliktmanagements wird hier in den Kontext esoterischer und religiöser Praktiken gesetzt, womit Glasls Konfliktmanagement endgültig in einem Kontext steht, der den Bemühungen der Mediation um Professionalisierung und wissenschaftliche Anerkennung problematisch sein muss.[198] Im letzten Absatz des Textes kommt der Stellenwert des Eingangs gesetzten Menschenbildes zur Sprache: „Unser Menschenbild wird gleichzeitig mit unserem Selbstbild immer wieder auf die Probe gestellt. So erleiden wir durch intensive Konflikte wahrhaftig einen Sterbe- und Auferstehungsprozess. In ihm können wir erleben, dass Leiden wirklich sinnvoll ist- wenn wir in den dunkelsten Tiefpunkten die Perspektive eines christlichen Menschenverständnisses nicht verlieren." (KM-G/478) Mit diesen Schlussworten wird die zentrale Stellung des „auf die Probe" gestellten Glaubens der intervenierenden Dritten Partei betont. Aus der Konfrontation von Gut und Böse kann ein fester Sinn gewonnen werden, wenn der Glaube an ‚den Menschen' Bestand hat –Glasl spricht an andere Stelle von den „Läuterungsprozessen des Ich als Weg zum höheren Selbst"– die „immer gebunden an eine Auseinandersetzung mit dessen Schattenseite" seien (KKK). So teuflisch der Konflikt sein mag: Als Herausforderung für das Gute gewinnt er einen Sinn, ist nichts umsonst gewesen.[199]

Glasl und der Mediationsdiskurs

Im Mediationsdiskurs wurde dieser Aspekt sehr intensiv aufgenommen – Glasls Eskalationsmodell und Konfliktdefinition sind zentrale Referenzpunkte. Dabei wird die religiöse Fundierung, die psychoanalytischen Referenzen und die

---

[198] Religiöse Bezüge wurden im Mediationsdiskurs vor allem aus der christlichen Friedensbewegung heraus unternommen (so gibt es etwa im BM weiterhin eine Fachgruppe Mediation und Kirche); manchmal auch aus den in der counter culture verbreiteten spirituellen Praktiken (Reckwitz 2006a, S. 443), die besonders im Umfeld systemischer Körperarbeit wieder aufkommen können.

[199] Entsprechend leiten die Eröffnungsverse aus Hölderlins Patmos das abschließende Kapitel des Buchs ein (KM-G/477; ebenso KKK/9): „Nah ist/Und schwer zu fassen der Gott./Wo aber Gefahr ist, wächst/Das Rettende auch." Hölderlins Hymnus lässt sich –neben den offensichtlichen Theologischen Bezügen– in einer klassischen Lesart als eine „verzweifelte Affirmation" der wütenden Welt lesen (Adorno 1976, 203ff), die sich im Höhepunkt des Hymnus: „Denn alles ist gut" verdichtet. Diese Lesart scheint hier, wenn hier auch gewiss nicht erörtert werden kann, inwiefern sie Hölderlins Dichtung gerecht wird, doch für ihren Verwendungszusammenhang bei Glasl aufschlussreich.

anthroposophische Anthropologie (nur die ‚ganzheitliche' Systematik menschlicher Vermögen bleibt erhalten, s. Kap. 6.1.1) fallengelassen. Interessant ist jedoch die Strukturgleichheit zwischen Mediationsdiskurs und diesem Aspekt von Glasls Konfliktmanagement. Beide setzen bei den Subjekten an, beide konstruieren den Konflikt als selbsttätig den Subjekten entgegen stehend und durchweg negativ. Dem gegenüber können sich die Subjekte positiv absetzen, sie sind im Mediationsdiskurs wesentlich konfliktfrei, bevor ‚der Konflikt' erscheint. Bei Glasl gilt dies nicht uneingeschränkt: Durch die Rezeption psychoanalytischer Theorie durchzieht die Linie zwischen dem Konflikt und dem Menschen hier auch den Menschen selbst. An dieser innerhalb der Subjekte gezogenen Unterscheidung zwischen Ich und ‚dunklen Trieben' setzen dann auch die religiösen Thematisierungen ein; wenn das Ich sich mit den „geistigen Begleitwesen" verbünden soll, um die Oberhand über den „Widersacher" in sich selbst zu behalten. Diese Fragen stellen sich im Mediationsdiskurs nicht nur wegen des fehlenden religiösen Bezugsrahmens nicht, sondern auch, weil diese Konflikte anders auftreten: Der Konflikt kommt dort immer von außen und eben nicht von ‚innen unten'. In beiden Fällen jedoch erlangt die Haltung, die ganz anders ist als der Konflikt und mit der diesem begegnet werden muss, eine zentrale Bedeutung. Erst durch diese Haltung –die das Gegenteil des Konflikts verkörpert– kann der Konflikt ‚besiegt werden'. Als Anlass zur „selbsterzieherischen Arbeit", als Gelegenheit, das Beste in sich zu zeigen, gewinnt Glasl dem Konflikt dann noch einen heroischen Sinn ab.[200]

6.2.3 Jenseits des Subjekts: Notwendige und sachimmanente Konflikte
Die Thematisierung von Konflikten im Klagenfurter Konfliktmanagement kontrastiert deutlich mit dem hier bei Glasl aufgezeigten Strang und setzt sich damit auch klar vom Mediationsdiskurs ab. Durch die inhaltlich ganz anders gelegene Kon-

---

[200] Hier werden die frappierenden Parallelen zu den ‚alternativen Mediationsmodellen' aus den USA überdeutlich. So wird etwa die Möglichkeit, den Konflikt als Möglichkeit zum Beweisen der Haltung in der Verstehensbasierten Mediation angesprochen, aber entschieden zurückgewiesen. (Kap. 4.3.2) Dass sich hier aus analogen Problemstellungen identische Lösungsoptionen ergeben ist ein weiteres Indiz dafür, dass es sich hier um eine kontextübergreifende Problematik handelt, die legitimerweise auf die hier angeführten Subjektformen bezogen werden kann. Damit gewinnt auch die Therapeutik als gemeinsamer Bezugspunkt der beiden sonst so unterschiedlichen Ansätze an Bedeutung.

flikttheorie, die Konflikte als „aus der Sache notwendig" darlegt, ergeben sich als aufschlussreicher Kontrast zur Mediation gänzlich andere Positionierungen der Parteien zum Konflikt.

Aus der Sache notwendige Konflikte

Die Ansätze des Klagenfurter Konfliktmanagements bilden keine abgestimmte und systematisch integrierte Theorie, sondern verschiedene Thematisierungen im Vokabular unterschiedlicher Theoriesprachen, wobei Elemente dialektischer Philosophie, anthropologische Überlegungen, Versatzstücke psychoanalytischer Ideen und die Systemtheorie in ihren Spielarten von Luhmanns Soziologie bis zu systemischen Praxisansätzen die wichtigsten Bezugspunkte darstellen. Gemeinsam ist den Ansätzen, dass die Initiative im und die Ursache des Konflikts von den Subjekten weg auf andere Instanzen (wie die Sachlogik, anthropologische Widersprüche, Systemlogiken) übergeht. Es lässt sich hier eine ganz andere Konstellation von Konflikt und Subjekt beobachten, die an vielen Stellen zu grundlegenden Unterschieden zur Mediation führt.

Im das Handbuch einleitenden und für den Ansatz paradigmatischen Artikel „Widerspruchsfelder, Systemlogiken und Gruppendialektiken als Ursprung notwendiger Konflikte" leitet Heintel zwischenmenschliche Konflikte als notwendige und unausweichliche Folgen von „Widerspruchsfeldern" (HMKM/15) her. Diese ‚Widerspruchsfelder' umfassen anthropologische Widersprüche, Widersprüche sozialer Konstellationen, systembedingte Widersprüche und historische Ungleichzeitigkeiten (HMKM/15, 16, 18, 20). Entscheidend ist, dass die entstehenden Konflikte als notwendig, unlösbar und sinnvoll konzipiert werden. Für diese Klasse der anthropologisch notwendigen Konflikte führt Heintel aus:

Es gibt erstens Widersprüche, die an die Existenz des Menschen selbst gebunden sind, solche von gewaltiger Tiefe und Wirksamkeit. Sie lassen überhaupt vom Menschen als ‚Widerspruchswesen' sprechen. Solche anthropologisch grundlegenden Widersprüche sind beispielsweise der zwischen Mensch und Natur, Mann und Frau, Jung und Alt, Leben und Tod u.s.w. Auch wenn unsere gesamte menschheitliche Kulturgeschichte bereits immer wieder Antworten auf sie zur Verfügung gestellt und in ihnen die beiden Seiten des Widerspruchs gleichsam verflochten hat, kann festgestellt werden, dass sie immer wieder aufbrechen, vor allem dann, wenn Kulturkontinuitäten brechen, Gesellschaften

sich neu formieren wollen und müssen. (...) Wir dürften in einer globalen Um-
bruchszeit dieser Art leben. (HMKM/15)

Auch wenn die hier gesetzte Unausweichlichkeit von Konflikten mit dem
Mediationsdiskurs parallel geht, kündigt sich mit den die Geschichte
durchziehenden Widersprüchen eine ganz andere Konflikttheorie an. Im Ursprung
der Konflikte, der zugleich das Feld ist, auf dem eine inhaltliche Lösung zu finden
ist, könnte der Unterschied zum Mediationsdiskurs größer nicht sein: Waren dort
Konflikte durchgängig in zwischenmenschlichen Differenzen zu suchen, werden
sie nun in Sphären verortet, die der Handlungsfähigkeit der Subjekte vollständig
enthoben sind. Vor allem aber wird hier die Trennung von Konflikt und Subjekt,
wie sie im Mediationsdiskurs wie auch bei Glasl in höchster Intensität
vorgenommen wird, durch eine Verankerung der Konflikte im Subjekt (und den
Sachen, s.u.) unmöglich gemacht. ‚Konflikt' erscheint hier nicht mehr als ein Übel,
das sich mit einem gelingenden Umgang mit Differenzen bzw. einer
funktionierenden Gemeinschaft kontrastieren ließe. Von diesem Punkt aus sind
Konflikte nicht mehr auszutreiben. Sind die Konflikte als ewig und notwendig
festgeschrieben, kann als Ziel gelingenden Konfliktmanagements vielmehr immer
nur eine momentan gute Lösung, eine Balance für den unstillbaren, weil in
allgemeinen Strukturen verorteten, Grundkonflikt erreicht werden.

Individualität und Paar z.B. stehen einander als Strukturen konflikthaft gegenüber. Je mehr sich Individualität in einer Paarbeziehung zur Geltung bringt,
desto mehr wird die Paarbeziehung in ihrem Interesse, sich als Paarbeziehung
zur Geltung zu bringen, beeinträchtigt - und umgekehrt. Wer sich entschließt,
in beiden Formationen leben zu wollen, ist mit einem ständigen Konflikt befasst, der sich bei gelungener Balance von Fürsichsein und Gemeinsamsein latent halten lässt. Viele, die beim Balancieren erfolgreich sind, erkennen diesen
Konflikt gar nicht mehr als Konflikt. (HMKM/36)

Neben diese, aus den formalen Eigenschaften von abstrakten Strukturen
hergeleiteten Konfliktlinien, bereits zitierten anthropologische Widersprüche und
soziale Figurationen treten noch Systemlogiken und –grenzen, interne und externe
Abgrenzungsmechanismen von Systemen (HMKM/15-38) sowie die ‚Sachlogik'.
Schwarz zufolge liegen die Konflikte generierenden „Widersprüche in den vom
Menschen gefertigten Produkten. Produkte spiegeln in diesem Fall Gegensätze
wider, die der Mensch in sich selber hat." (HMKM/57) Das gelte beispielsweise für

Produkte wie die Versicherung, die ihr „Geschäft mit der Angst", auch mit der Balancierung der Zukunftsängste, betreibe und damit die Nachfolge von Opferritualen antrete (HMKM/57–59), die Polarität von Ärzt_innen und Krankenpfleger_innen als männliche, an die Selbstheilungs-kräfte appellierende Ärzte und mütterlich-pflegende Schwester (KM-S/372ff; HMKM/60f) oder das Auto, das widersprechende Wünsche nach Reisen und Zuhause sein zu vermitteln habe.[201] (HMKM/59, KM-S/369ff) Im Klagenfurter Konfliktmanagement werden damit Institutionen Aufgaben zugeschrieben, und Konflikte darauf zurückgeführt, dass diese Aufgaben nicht mehr adäquat wahrgenommen werden – etwa wenn die Universität nur noch Drittmittel einwerbe und keinen Ort mehr für das freie Denken biete (HMKM/32).[202] Die Theoretisierung von Konflikten geht hin zur Geschichtsphilosophie:

Der Grundwiderspruch liegt aber tiefer und ist an die Existenz eines in seine Geschichte getretenen Menschengeschlechts gebunden. Bewahren und/oder Verändern lautet er und solange sich der Mensch als offen auf seinen Zukunfts-entwurf gerichtet erkennt, wird er, wenn er nicht daran gehindert wird, versu-chen zu entwickeln, zu verbessern, zu verändern. Es werden ihm zwar dort und da immer wieder Grenzen gesetzt, es gibt aber keine bestimmte, endgültige Grenze, von der her alle anderen bezeichenbar wären. Man spricht von seiner prometheischen, faustischen Natur. (…) Erkennbar ist aber aus dem allen, dass sich Geschichtsentwicklung auf der Basis von Konflikten ereignet. Sich in sie hineinbegeben heißt diese als Notwendigkeit zu akzeptieren; auch hier zeigt sich die Macht der Konflikte über uns und unsre Entwicklungen. (HMKM/21)

In diesen geschichtsphilosophischen Überlegungen bringt das Klagenfurter Konfliktmanagement auch eine Kultur- und Kapitalismuskritik hervor, die sich

---

[201]   Dabei wird eine ‚Sache' mit jeweils genau einem Widerspruch identifiziert; eine Methode, die gerade im Falle des in vielerlei Hinsichten aufgeladenen Objekts ‚Auto' ihre Schwächen offenbart.

[202]   Eine analoge Bemerkung findet sich auch bei Glasl, ohne allerdings das systematische Gewicht zu erlangen, das es im Klagenfurter Konfliktmanagement erhält: „Leib, Seele und Geist sind die drei Dimensionen des unteilbaren menschlichen Wesens. Die dreifaltige We-senheit des Menschen wirkt sich im Sozialen in drei verschiedenen Seinsarten und sozialen Beziehungen aus." Werde diese –vorgegebene, unveränderbare und theoretisch hergeleitete– Struktur „verfehlt", setze „Entfremdung" ein. (KM-G/31)

gegen Ökonomisierung und Technisierung positioniert: „Für mich steht weiters außer Zweifel, dass die eigentliche gesellschaftliche Koordinationsmacht auf das ökonomische System unter Zuhilfenahme der Technologie übergegangen ist." (HMKM/31) In diesen gleichermaßen technik- wie kapitalismuskritischen Positionen stellt sich auch das Klagenfurter Konfliktmanagement in den Diskurs der Counter Culture. Dies mag zusätzlich zu den inhaltlichen Differenzen zum Abklingen des Interesses an dieser Tradition im ‚professionalisierten' Mediationsdiskurs beigetragen haben.

Inhaltlich vorgegebene Konflikte
Auf diese Weise präsentiert sich das Klagenfurter Konfliktmanagement als eine Konflikttheorie, die Konflikte nicht mehr nur formal, sondern auch inhaltlich bestimmt. Damit wird der ‚tiefere, eigentliche Sinn des Konflikts' von der Theorie vorgegeben und nicht mehr in den Parteien verortet, wo er ausschließlich von diesen selbst entdeckt und offengelegt werden kann. (s. Kap. 8.2) Damit können die Parteien auch nicht den Stellenwert im Diskurs und im Verfahren erhalten, den die Mediation ihnen zuschreiben wird. Genau dieser Effekt wird hier auch gesehen und beabsichtigt: Mit dem ‚Tieferlegen' der Konfliktursachen in vom Individuum unabhängigen, objektiven (d.h. ‚in den Dingen liegenden') Strukturen wird eine Entlastung der am Konflikt beteiligten Subjekte beabsichtigt: „Der erste und wahrscheinlich wichtigste Aspekt des Zurückgreifens auf die aporetische Sachlage ist die starke Entlastung der Streitparteien von Schuldgefühlen." (HMKM/61) Die Konfliktparteien aus der Verantwortung zu nehmen wird als Abgrenzung von der „Tradition von Schuldzuweisungen und Opferbildung" in „unserer Kultur" (HMKM/26) verstanden, die damit im Interesse der Menschen liege. „Wo immer es knackt und zu krachen beginnt, selten sind es unverständige Menschen, die dies verursachen, vielmehr sind es die Zwänge, die aus immer größer werdenden Zusammenhängen entstammen" (HMKM/79). Diese gegen den Mediationsdiskurs (und Glasl) grundlegend, da diametral entgegengesetzte Verortung der Konfliktursachen hat weitreichende Konsequenzen für den Diskurs. Das Vorgehen des Klagenfurter Konfliktmanagements kann hier geradezu als Negativfolie zum Mediationsdiskurs gelesen werden. Dabei gehen beide Diskurse vom selben Gegenbild aus. Nur ist die Richtung, in die das Klagenfurter Konfliktmanagement sich von der Zuschreibung von Schuld und Fehlern an Einzelne absetzt, der Mediation diametral entgegengesetzt:

Wir konnten nämlich feststellen, dass eine der unmittelbaren Konfliktreaktions-
formen gerade in Personalisierung, Schuldzuweisung, mit der Verfahrensweise
‚Vorwurf- Verteidigung' besteht (...) eine Reaktionsform, die in der alten Op-
fertradition beheimatet ist, moderner einer System- und Strukturentlastung
dient. Wenn man individuelle Schuld (Fehler) identifizieren kann, braucht man
nicht weiter nach anderen Ursachen forschen. Demgegenüber hat sich aus unseren Konfliktinterventionen und Mediationen (...) ergeben, dass es äußerst selten individuelle ‚Schuld' gibt, Individuen eher Akteure bereits vorhandener
notwendiger Widersprüche sind. Gelingt es, diese ‚Hintergrundursachen' zu
identifizieren, rückt der Konflikt von seinen Trägem etwas ab, und vor allem
entlastet er diese, schafft Distanz zu ihrer emotionellen Verstrickung, löst individuelle Schuldzuweisungen auf. (EWE 537)

Wo in der Mediation die Zuschreibung von Schuld durch eine Wendung gegen
Normativität überhaupt verhindert wird (Kap. 8.4; auch Kap. 4.3), werden die
Parteien hier aus der Verantwortung genommen. Allerdings wird diese Linie nicht
konsequent durchgehalten. Damit Konflikte als sinnvoll gelten können, müssen
zwei Bedingungen erfüllt werden: Zunächst einmal soll der Umgang mit einem
Konflikt über dessen Sinnhaftigkeit entscheiden. Heintel sieht insbesondere in der
Streitdynamik, dem Gewinner-Verlierer-Denken, den Faktor, der den Konflikten
ihren Sinn nehme:

Wir fallen in jenes Streitverhalten zurück, das unsere negativen Vorurteile bestätigt, in dem nicht Widersprüche Gleichberechtigter prozessiert werden, sondern wo es um Sieger und Verlierer, Schuldige und Opfer geht. Ist einmal ein
Konflikt auf dieser Schiene, bekommt man ihn kaum von ihr herunter und er
endet meist in gegenseitiger Erschöpfung. In ihr liegt wenig Sinn, es sei denn,
sie führt zur Einsicht, dass es so nicht geht. (HMKM/18)

Krainz ergänzt mit einer Kritik an einer oberflächlichen Suche nach einem
Schuldigen, den Sündenbockritualen, die „eine vorübergehende kathartische
Erschöpfung erzeugt, nach der sich die alten Spannungen wieder aufbauen".
(HMKM/37) Es gibt allerdings noch einen weiteren Fall ‚sinnloser' Konflikte.
Schwarz unterscheidet aus der Sachlogik resultierende Konflikte und von
individuellen Fehlern verursachte:

Konflikte unterliegen also auch einer gewissen Sachlogik, die nicht durch den
guten oder bösen Willen der Betroffenen außer Kraft gesetzt werden kann. Es
scheint die Illusion vieler Konfliktmanager oder Mediatoren zu sein, dass bei

gutem Willen aller Beteiligten sich der Konflikt doch wohl vermeiden ließe. In vielen Fällen wird das auch so sein, denn es gibt tatsächlich viele Konflikte, die auf Bösartigkeit, Inkompetenz, Unwissenheit, Dummheit usw. zurückzuführen sind. Chronische Konflikte aber, die in den Systemen enthalten sind, die von solchen Basiswidersprüchen ausgehen, solche Konflikte sind unvermeidlich und nicht durch guten Willen der Betroffenen zu beseitigen. (HMKM/59)

Krainz greift diese Unterscheidung zwischen notwendigen und durch individuelle Fehler verursachten Konflikten auf. So bezeichnet er etwa Machtkämpfe zwischen Abteilungsleitern, die auf Mitarbeiterebene ausgetragen werden als sinnlos: „Machtkämpfe dieser Art haben nicht unbedingt systemlogische Gründe, sie müssten nicht sein." (HMKM/37) Sinnvoll ist nur das Notwendige. Besonders aber geht er auf den Fall individueller Abweichung ein:

Immerhin könnte es sein, dass Konflikte nur deshalb so sind, wie sie sind, weil ein einzelnes Individuum so ist, wie es ist, bzw. einzelne im Konflikt involvierte Individuen so sind, wie sie sind. Es gibt Fälle, in denen (…) deren ‚Schwierigsein' durchaus systemfunktional sein könnte. Nicht alles, was ‚schwierige' Menschen schwierig macht, ist gleich neurotischer Natur. Dennoch ist auch dies nicht auszuschließen, wobei auch beides gleichzeitig auftreten kann. Hysterische Charaktere z.B. lösen zweierlei gegensätzliche Reaktionen aus (…) Die Unterscheidung, welcher Anteil im Verhalten ‚neurotischer' Natur ist und welcher ‚normal', ist schon für Fachleute nicht einfach, noch weniger für Laien. Ein Hinweis auf Neurotizismus ist, dass die neurotischen Personen unter ihren emotionalen Störungen leiden (…) Anders verhält es sich mit bestimmten ‚soziopathischen' Störungen (…). Hier sind es weniger diese Personen, die unter ihrem eigenen Verhalten leiden als vielmehr ihre Umgebung. (HMKM/40–41)

Die Entlastung, die für die Parteien entstehen soll, indem eine ‚tiefere Konfliktursache' identifiziert und für den Konflikt verantwortlich gemacht wird, verkehrt sich hier in ihr Gegenteil. Denn die entlastende Option ist nur ein möglicher Fall, und im anderen Falle wird die Schuld am Konflikt ungebremst dem pathologischen Verhalten Einzelner zugerechnet. Störungen sind also entweder systemfunktional, sinnvoll, oder dem pathologisierten Einzelnen zuzurechnen. Mit der Übernahme psychopathologischen Vokabulars wird die oben beanspruchte Entlastung der Subjekte von der Schuld am Konflikt konterkariert. Die Folgen dieser Wendung werden offen benannt: „Wenn nun tatsächlich ein Konflikt [...] nur von einer Person abhängt und durch ihre Eigenart bedingt wird, dann gibt es im

Prinzip nur zwei Möglichkeiten: Entweder die Person ändert sich bzw. ihr Verhalten oder sie wird aus dem System entfernt." (HMKM/41) Der ‚systemische Blick' führt hier dazu, dass das System gewinnt, der Einzelne kann auffallen, aber wenn damit kein ‚Sinn', keine Einsicht in die Funktionsweise des Systems zu gewinnen ist, heißt es sich anpassen oder gehen.

Handlungsspielräume des Subjekts im Konflikt

Aber auch, wenn es den Konfliktparteien gelingt, dieser Exklusion zu entgehen, stellt sie der in den ‚tieferen Widersprüchen' steckende Sinn der Konflikte vor Herausforderungen: Wenn das Eigentliche, Grundlegende eines Konflikt in den tieferen Strukturen verortet ist, stellt sich für die einzelnen Beteiligten die Frage, inwiefern sie überhaupt Relevantes zu dem Konflikt sagen können und welche Möglichkeiten ihnen zur Lösung offenstehen. Im Gestus des Aufdeckens ‚grundlegender', ‚tiefgehender' Strukturen, verliert das Individuelle und Subjektive an Bedeutung. Krainz bringt das plastisch zum Ausdruck: „Paarkonflikte sind gewissermaßen personenunabhängig, insofern nämlich, als sich eine Grundproblematik jeder Paarbeziehung darin festmachen lässt, welchen Stellenwert die Individualität der involvierten Personen in der Paarbeziehung, genauer gesagt gegenüber der Paarbeziehung, hat." (HMKM/42) Nichtmehr die als je individuell und ganz persönlich vorgestellten Bedürfnisse, Interessen und Anliegen machen hier den Konflikt aus, sondern eine „gewissermaßen personen-unabhängige" Struktur von Paar und Individuum. In dieser Meta-Perspektive müssen die Parteien selbst nicht mehr sprechen und verlieren für das Konfliktmanagement rasant an Bedeutung. Das individuelle Sprechen der Parteien wird zum Beliebigen, wenn das Wesentliche in der Grundstruktur liegt. „Alles, was je über das Thema ‚Beziehungskiste' zu hören und zu lesen war, diesbezügliche Ratgeber füllen ja Bücherregale, läuft auf dieses Grundproblem hinaus." (HMKM/43) Der Verlust an Bedeutsamkeit führt umgehend zu einem Verlust an Wirkmöglichkeiten:

> Je gesamthafter Konflikte sind, desto schwerer sind sie bearbeitbar, weil die Akteure entweder zu zahlreich sind oder anonym, sodass ihre kommunikative Erreichbarkeit gar nicht gegeben ist. (…) Überfordern kann man sich hier schnell. Je nachdem, um welche systemische Ebene im Sinne der sozialen Morphologie es sich bei einem gegebenen Konflikt handelt, hat man individuell als Person mehr oder weniger Möglichkeiten, Einfluss auszuüben. Diese werden umso geringer, je ‚größer' das Problem, je hierarchisch höher angesiedelt

die Involvierten, je komplexer die Lage, je mehr Personen betroffen sind. (HMKM/54)

Eine solche kritische Einschätzung der Handlungsfähigkeit des Einzelnen ist der Mediation fremd. Da dort der Konflikt konsequent als interindividuelles Geschehen konzipiert wird, ist er auch immer von den Subjekten lösbar. Und mag ein Konflikt bei Glasl noch so monströse Züge annehmen, er bleibt doch immer zwischen den beteiligten Parteien aufgespannt und findet auch dort immer die Möglichkeit, ihm als Subjekt entgegen zu treten. Entscheidend ist hier, dass mit der Konflikttheorie, die den intersubjektiven Rahmen verlässt, auch die direkte intersubjektive Lösungsoption verschwindet. Und im Umkehrschluss heißt das für die Mediation, dass ihre rein intersubjektivistische Konflikttheorie die zentrale Grundlage ihres Lösungsversprechens intersubjektiv hergestellter Einigung und Konfliktlösung ist. Die ganze Frage nach dem Empowerment der Subjekte, die schon oben anhand der US-Amerikanischen Mediation aufkam, stellt sich –wie der Kontrast hier deutlich werden lässt– nur in der für die Mediation spezifischen Konstellation von Konflikt und Subjekt auf diese Weise und in dieser Dringlichkeit. (s. dazu weiter Kap. 8.2) Tatsächlich scheint es hier fast schlüssiger, die Konflikttheorie des Klagenfurter Ansatzes statt in Mediation in Organisationsentwicklung münden zu lassen. Heintel sieht zumindest eine Unterstützung von Mediation durch Organisationsentwicklung vor. „Sieht man in Beachtung der inneren Grenzdialektik Konflikte unter diesem Aspekt, bedeutet dies, dass deren Lösung über klassische Mediationsverfahren hinaus ein Organisationsmanagement zur Seite braucht, das Erfahrung in Organisationsdynamiken und -entwicklungen braucht." (HMKM/24)

Das akzeptierende und erkennende Subjekt
Welche Haltung des Subjekts zum Konflikt wird hier als gelingender Umgang verstanden? Wieder bildet sich eine ganz andere Position des Subjekts-im-Konflikt heraus als im Mediationsdiskurs. Im Klagenfurter Konfliktmanagement findet sich hier keine eindeutige und emphatische Position wie in der Mediation, die Autonomie, Handlungsfreiheit und Selbstverantwortung der Parteien beständig proklamiert. (Kap. 9) Auch wird die der Autonomie des Menschen entgegentretende eigenlogische Instanz nicht wie bei Glasl durchgängig problematisiert – im Gegenteil, ihr soll ja gerade der Sinn der Konflikte

abgewonnen werden. Zunächst sprechen die Subjekte im Klagenfurter Konfliktmanagement nicht für sich selbst:

> Wenn es zutrifft, dass die Ursache der meisten Konflikte in notwendigen Widersprüchen zu suchen ist, also demnach ‚außerhalb' von Individuen, die eigentlich nur deren Akteure sind, so heißt das keineswegs, dass man ebenso nur ‚außerhalb' bei den Widersprüchen an Lösungen arbeiten soll. Der Anfang muss m.E. immer bei der inneren Grenzdialektik gemacht werden, und d.h. beim Individuum anzusetzen. Es werden nämlich die Einzelpersonen jeweils gleichsam vom Konflikt ‚leiblich-seelisch' besetzt und stellen somit eine ganz bestimmte Auslegung des jeweiligen Widerspruches dar. (HMKM/25)

Wenn das so ist, dann können die Parteien im Konflikt aber wirklich nicht mehr für ‚sich selbst' sprechen, sondern sie müssen vielmehr von der Position, die das Geschehen durchschaut, den Konflikt erkennt und das Geschehen überblickt, ‚gelesen' werden. Konfliktdiagnostik ersetzt dann das Ethos des ‚Für-sich-selbst-sprechen', das in der Mediation eine prominente Rolle spielt (und kann umgekehrt wieder schlüssig machen, warum die Konfliktdiagnostik in der Mediation so eine untergeordnete Rolle spielt). Den Subjekten wird stattdessen eine Akzeptanz der Konflikte abverlangt: „Konflikte sind sinnvoll, dann nur in zweierlei Hinsicht: erstens, dass es uns gut ansteht, die Notwendigkeit der Widersprüche mit frohem Mut anzunehmen, zweitens, dass Sinngebung bei uns selbst liegt und über ‚gute' Konfliktlösungen erreichbar erscheint." (HMKM/16) Das Notwendige soll „frohgemut" angenommen, und aus der Situation dann das Bestmögliche gemacht werden. Angesichts der Vielzahl von Strukturen, denen diese Haltung entgegenzubringen ist, entspringe dem aber auch wieder eine Form von Freiheit. Im Kontext multipler Rollenerwartungen führt Heintel dies aus:

> Wahrscheinlich ist es aber gerade dieser Widerspruch, der akzeptiert und balanciert erst so etwas wie Freiheit und Ich-Stärke konstituiert. Jeder Identifikationszumutung hat man einerseits zu entsprechen, total aber in ihr aufzugehen ließe für andere keinen Platz. Daher ist jeweils eine ich-konstituierende Distanz immer mit dabei. Sie muss gar nicht sofort darin bestehen, dass man der einen Zumutung vergleichsweise andere gegenüberstellt, sie entsteht vielmehr schon dadurch, dass es die verschiedensten Zumutungen gibt; dass diese in der Person ihren gemeinsamen Ort haben und dieser sich als selbstständiges Subjekt ihnen gegenüber verhalten muss. In diesem Prozess werden Personen zur eigenständigen ‚Reflexionsinstanz', die nicht mehr nur aus dem Vergleich abwägen,

sondern imstande sind, Sinn und Unsinn des jeweiligen Systems zu reflektieren. (HMKM/25)

Aus dem Akzeptieren notwendiger Konflikte kann so in der Frage des Umgangs ein Moment von Freiheit bestimmt werden. „So leidvoll es sein mag, dass Konflikte zur menschlichen Existenz gehören, die Art und Weise mit ihnen umzugehen oder Strategien zur Bewältigung zu entfalten, ist nicht schicksalshaft an diese Grundtatsache gebunden." (HMKM/67) Und weiter: „Der Umgang mit Konflikten entscheidet sowohl über die persönliche Freiheit wie auch über die Freiheit einer Gesellschaft, wobei es immer unerlässlicher wird, sich den Widersprüchen in Konflikten zu stellen." (HMKM/72) Konflikte werden hier zum einen wieder zum prinzipiellen Punkt, an dem sich die Frage nach der Freiheit entscheidet, erhöht. Zum anderen wird der Freiheit ein substanzieller Sinn gegeben: die Erkenntnis nicht nur der eigenen Sichtweise, sondern des ganzes Konflikts, die „Aufhebung" (HMKM/79) des Konflikts, biete so die Chance zu Veränderung und Lernen. Das Ziel ist eine Erkenntnis, als „ein Wissen, das um sich selbst wissend ist". (HMKM/78) Das Subjekt soll sich reflexiv zu den determinierenden Umständen verhalten und so eine Form von Freiheit durch Anerkennen und Erkenntnis gewinnen. Diese (offensichtlich an der Hegelschen Dialektik geschulte) Positionierung des Subjekts unterscheidet sich in jedem Fall grundlegend vom Mediationsdiskurs. Es hat keine Tiefe aus sich heraus, sondern die tieferen Ursachen liegen außerhalb von ihm. Daher auch richtet es sich nicht motiviert von innen nach außen, sondern ist reflexiv-erkennend auf die ‚Sachwidersprüche' gerichtet. Und schließlich ist es im scharfen Gegensatz zur Mediation gar nicht mehr so wichtig: Die Subjekte sind austauschbar, die Sachen entscheiden. Mit dieser Position steht das Klagenfurter Konfliktmanagement der Mediation diametral entgegen, die Subjektfokussierung der Mediation tritt vor diesem Kontrast in aller Deutlichkeit hervor.

6.3 Erzählungen von Mediation

„Nichts ist mächtiger als eine Idee, deren Zeit gekommen ist.
Victor Hugo"
(Der Selbstdarstellung der BAFM vorangestelltes Zitat; PM 2007/15)

In dem hier entwickelten Zusammenhang sind noch die Erzählungen, die der Mediationsdiskurs über seinen Gegenstand erzeugt, von Interesse. Das dominierende Narrativ der Mediation hat eine eigenwillige Struktur, in der sich eine ‚Universalgeschichte' der Mediation mit einer sehr viel konkreteren Entstehung aus dem kulturellen Wandel und insbesondere den gegenkulturellen Bewegungen ihrer Zeit verbindet. Ein exemplarisches Beispiel dieser im Mediationsdiskurs als kanonisches Wissen gepflegten narrativen Struktur ist wieder in Schäffers Mediationsbuch zu finden:

Überall dort, wo sich Menschen in Konflikte konstruktiv einmischen, aufgebrachte Menschen beruhigen, unterschiedlichen Sichtweisen und Standpunkten Raum geben und helfen, gemeinsame brauchbare Lösungen zu entwickeln, geschieht Mediation. Mediation ist also keine neue Erfindung, sondern geht weit in die Menschheitsgeschichte zurück. Mediation wurde in Amerika nicht erfunden, sondern wiederentdeckt und methodisch strukturiert. Die mediative Grundhaltung und die entscheidenden Kommunikationstechniken hatten die amerikanischen Gründungsväter mitgebracht aus Europa, Afrika und Asien. Und sicher hatten schon die amerikanischen Ureinwohner Konfliktlösungsstrategien, die auf Konsens beruhten und nicht nur auf Krieg oder Unterwerfung. (M-Schä/170)

An dieser Stelle sind viele Strukturelemente der im Diskurs etablierten Narration schon sichtbar: Zunächst wird Mediation in der ‚langen Erzählung' als menschliche Universalie sehr weit gefasst. Ganz entgegen dem sonst den Diskurs – gerade aus den Verbänden heraus– bestimmenden Streben nach einer klaren Profilierung von Mediation wird hier der Mediationsbegriff arg gedehnt. Die Verbindung von ‚langer' und ‚kurzer Geschichte' ist als ‚Wiederentdeckung' auf den Punkt gebracht: Zwar ist Mediation überall anzutreffen, in den USA in den 1960ern wurde sie aber ‚wiederentdeckt' und ist von dort aus auch nach

Deutschland gekommen.[203] Aufschlussreich sind auch die beiden anschließenden Sätze, da sie zeigen, dass die Narrative im Mediationsdiskurs, in denen Wurzeln und Quellen der Mediation beschrieben werden, abenteuerliche Verbindungslinien ziehen ('Asiatische Gründungsväter?') und zugleich hoch selektiv vorgehen und auf naheliegende nicht-mediative Elemente der Geschichte keinen Bezug nehmen (Wie kamen denn die Afrikaner nach Nordamerika? Und was geschah dort mit den Ureinwohnern?). Mediation wird auch in der Geschichtsschreibung des Diskurses als das Andere von Krieg und Gewalt positioniert. Zunächst sollen diese 'Universalgeschichten' der Mediation betrachtet werden. Hier zeigt sich ein Narrativ, das die historisch lange und kulturell breite Basis, die wachsende Gegenwart und die große Zukunft der Mediation verbindet. (Kap. 6.3.1) Abweichende Erzählungen werden im Anschluss aufgeführt (Kap.6.3.2)

6.3.1 Mediation als Universalie

Das Standardwerk des Narrativs der Mediation als historisch schon immer auffindbares Vermittlungshandeln ist zweifelsohne Joseph Duss-von Werdts „Homo Mediator" (HoMe), auf die ähnlich gelagerten Beiträge von Axel von Sinner sei hier nur verwiesen (ME/39-70; HDKDM). „Homo Mediator" tritt als eine Intervention in den Fachdiskurs der Mediation auf, die Reflexionsdefizite bezüglich der Geschichte der Mediation und der Selbstreflexion der MediatorInnenrolle beheben will. Dabei entwickelt der Text ein explizit kulturkritisches Modell, das die „magnetische (…) Kraft der Mediation" erklärt, indem ihr eine spezifische Rolle in den Konflikten der Gegenwart zugesprochen wird. Wenn heute „vieles aus den Fugen gerät, ganze Gesellschaften chaotisch und unlenkbar werden" (HoMe/14), dann sei dies als ein „Aufstand des Irrationalen" gegen die herrschende Rationalität zu verstehen. Die Rationalität der Moderne wird deutlich und harsch kritisiert („Wird nicht der Mensch, indem er sich selbst rational beikommen will, zum entmenschlichten Objekt?"; HoMe/14). Dagegen finde ein „Aufstand des Irrationalen [statt um] den Menschen vor Bewirtschaftung, Kalkül und Manipulation zu schützen." Und in diesen Konflikt verorte sich auch die Mediation: „Ich wage sogar die Hypo-

---

[203]   Interessanterweise findet sich diese Struktur auch in der für die Geschichte der ADR hoch interessanten „History of alternative Dispute Resolution" (Barrett und Barrett 2004); gerade das universalisierende Element wird im Vorwort lobend als neu und für das Selbstverständnis als Mediator bedeutsam herausgegriffen.

these, Mediation selbst sei ein Symptom dafür, indem sie das Subjekt mit seinen vernünftig objektivierbaren und den ,unvernünftigen' Seiten im wörtlichen Sinn voll und ganz ernst nehme, seine Autonomie nicht als abstrakte Unabhängigkeit mißdeute sondern als eigengesetzliche und konkret gestaltbare Mitmenschlichkeit einfordere." Die ganzheitliche, sich als Mitmenschlichkeit verstehende Mediation, für die sich Duss-von Werdt stark macht, positioniert sich demnach für den ,ganzen Menschen' gegen die rationalistischen Zugriffe. Diese Gegenwartsdiagnose gibt sich geradezu idealtypisch als gegenkulturelle Positionierung gegen die Rationalität der (organisierten) Moderne zu erkennen. (Kap. 3.2.2.2) Die vereinseitigende Rationalität soll nun durch eine den ganzen Menschen berücksichtigende Haltung abgelöst werden – eine Argumentation, die ebenso in der Transformativen Mediation formuliert wurde. (Kap. 4.2)

Diese Gegenwartsdiagnose, die unschwer als Narrativ der Counter Culture erkennbar ist, dient für die entwickelte Geschichte der Mediation dann als Leitfaden: „Aus solchen eher intuitiven Annahmen heraus mache ich mich auf die Suche nach dem entsprechenden Modus vermittelnden Menschseins. Eine Spur führt in die europäische Geschichte der letzten 2600 Jahre die andere, die philosophische, zu mir selbst." (HoMe/15) In der historischen Rückschau[204] ist die Annahme leitend, dass Konflikt und Vermittlung ein ,urtümliches menschliches Phänomen' seien. Insgesamt ist „Homo Mediator" (selbst für einen Text von Duss-von Werdt) ein für die Diskursanalyse schwierig zu fassender Text, da er seine Kernaussagen nicht wie im Mediationsdiskurs sonst üblich offen und plakativ herausstellt, sondern ein verwirrendes, selbstbezogenes rhetorisches Spiel betreibt. So unterbricht etwa eine Reihe von Fragen, wie eine globale Weltordnung nach dem Zusammenbruch des Kommunismus weiterbestehen könnte, ein reflexiver Kommentar, der diesen Mechanismus hervortreten lässt:

Solche Fragen lasse ich als Suchhilfen im Chaos der Gegenwart stehen. Ich behaupte nicht, es sei so. Da es paradox wäre, als Mediator Wahrheiten zu vertreten und Recht haben zu wollen, frage ich nur, ohne zu behaupten, es sei so. Ich frage noch konkreter: … (HoMe/140)

---

[204]   In diesem Kapitel wird nur der historische Aspekt herangezogen, die von Duss-von Werdt entwickelte Mediationstechnik wird unten in Kap. 9.6 behandelt.

Die Eigenkommentierungen des Textes, in denen dieser sich prinzipiell dagegen verwehrt, Position zu ergreifen, kollidiert an dieser Stelle mit der klar hervortretenden lenkenden Funktion, die die Fragen für den Fortgang des Textes erfüllen. Vor allem aber sind diese Theoretisierungen, und selbstbezüglichen erkenntnistheoretischen Exkurse um eine verblüffend eindeutige Aussagenstruktur herum gewoben, die sich entgegen dieser Beteuerungen eben doch in der Form von klaren Aussagen auffinden lässt.[205] Besonders drastisch ist dies im Fazit des historischen Teils des Buches, wenn die Präsentation der Europäischen Geschichte der Mediation und all ihren Beispielen mit breit ausgeführten „Zweifeln am Lerneffekt der Geschichte" und an der Möglichkeit, von den historischen Vorbildern zu lernen, schließt. (HoMe/141) Doch nicht einmal hier erklärt das Zwischenfazit das halbe Buch für irrelevant. Nach der ausführlichen Kritik an der Möglichkeit, Menschen als Vorbilder zu nehmen und der Unmöglichkeit, Zustände im Fluss der Zeit zu fixieren, bleibt dann als Fazit übrig: „Nur eines kann man aber am Ende dieser Geschichte der Vermittlung sagen: Das durchlaufend bleibende sind Konflikte." Und ebenso werde die Vermittlung periodisch „wie versickertes Wasser anderswo wieder an die Oberfläche" treten um jedes Mal neu und anders „‚Diener des Humanen' zu sein." (HoMe/140) Am Ende bleibt als Fazit der historischen Portraits von Vermittlern eben genau das, was zuvor als Frage und Orientierung hineingegeben wurde, als es darum ging, den „‚Geist der Mediation' und was aus ihm jeweils im homo mediator geworden ist" (HoMe/15) in der Geschichte zu verfolgen und nachzuzeichnen: Der Konflikt als allgemein-menschliche, historisch invariante Struktur und die ihm entgegenstehende Vermittlung als ebenso allgemein-menschliches Gegenstück. Konflikt und Mediation erscheinen hier nicht in der Geschichte, sondern vielmehr durch die Geschichte hindurch. Hier wird die Opposition von Konflikt und Mediation schlicht in die Geschichte rückprojiziert. An dieser Zirkularität des ‚langen Narrativs' setzt auch die vernichtende Kritik, die von der Geschichtswissenschaft über „Homo Mediator" gefällt wurde, ein. Der Historiker Rainer Maria Kiesow lässt kein gutes Haar am hier entwickelten Narrativ, dem ein „ziemlich naiver Begriffsrealismus" attestiert wird:

---

[205]   Tatsächlich treten gerade bei Duss-von Werdt dann auch stark wertende Urteile unvermittelt
          hervor. (Kap. 9.4)

Doch diese ‚Suche nach dem entsprechenden Modus des vermittelnden Menschseins' tappt ständig in die Falle des Anachronismus. Die Begriffe von damals können nur heute ‚verstanden' werden. Und die Begriffe von heute haben mit ‚damals' nichts zu tun. Die Begriffe taumeln in den Zeitverwechslungen. Sie passen nicht zur Zeit, nicht zur gegenwärtigen und nicht zur vergangenen. Erschwert wird dieser Zirkus der anachronistischen Begriffe noch durch die Verwendung von französischen, italienischen oder lateinischen Quellen, in denen die Wiedererkennung der Vokabel ‚Mediation' leicht fällt. Nur was bedeutet zum Beispiel ‚médiation' in Frankreich zu verschiedenen Zeiten und an verschiedenen Orten? Und in welchem Verhältnis stehen diese multiplen Bedeutungen zur heutigen Mediation? Ist das Gemeinsame wirklich nur darin zu sehen, dass da jeweils ein Mittelsmensch, ein Homo mediator tätig war? Das Wort Recht gibt es auch schon lange, ius und law und diritto auch. Doch was ist damit gewonnen, dass man anhand der Präsentation von Quellen und alten Geschichten feststellt, Wörter, die irgendwie mit ‚Recht' zu tun haben, gibt es schon seit zwei-, dreitausend Jahren? Nichts. Außer einem (anekdotisch nicht uninteressanten) Steinbruch an Informationen, die nicht zusammengeführt werden. (Kiesow 2005)

Der Homo Mediator ist eingestandenermaßen kein geschichtswissenschaftlicher Text (HoMe/14), er schließt aber auch nicht an die historische Fachliteratur an, die es durchaus gibt – was wohl auch darin begründet ist, dass diese sich nicht unbedingt in das angelegte Narrativ einfügen würde.[206] Es mag auch an diesem Urteil liegen, dass das Buch, wo es Eingang in die Universitätsbibliotheken gefunden hat, in der Rubrik „Geschichtsphilosophie" geführt wird; eine Einordnung, die das folgende Zitat, mit dem der historische Teil schließt, zu bestätigen scheint:

---

[206] So etwa die einschlägige Studie zur Entstehung von „mediatores" im Verlauf des Mittelalters (Kamp 2001). Diese kommt –bei aller Einschränkung aufgrund der Quellenlage und aller Relativierung angesichts des unzureichenden Forschungsstandes im Spezialgebiet– eher zu dem Schluss, dass die Institutionalisierung von neutraler Vermittlung einhergeht mit der Entwicklung von Staatlichkeit und durchsetzungsfähigen Institutionen. Als kulturkritisches Gegenmodell lässt sich dieser Forschungsbeitrag damit gewiss nicht verwenden. Zur geschichtswissenschaftlichen Forschung zur Konfliktbearbeitung, deren Vertreter sich geschlossen gegen das hier dargestellte Narrativ stellen, siehe bspw. Eriksson 2003, Krug-Richter 2004, Nothdurft und Spranz-Fogasy 1986.

Mit diesen Zweifeln am Lerneffekt der Geschichte ist eine Brücke zum zweiten Teil geschlagen. Er geht von der anthropologischen Vorannahme aus, daß längst vor der ‚Mediation' immer wieder Menschen selbstlos oder eigennützig damit beschäftigt waren zu verhindern, daß Menschen einander umbrachten (…). Kurzum: Ich setze früher und heute die Existenz von Menschen voraus, die andere Menschen auf den Plan riefen, Härten des Zusammenlebens abzupuffern, Sackgassen der Verständigung zu öffnen, gerissenen Kontakt wieder herzustellen, Gerechtigkeit als Gestaltungselement des Mitmenschseins zu träumen. Hätte es diesen Menschenschlag nie gegeben, wäre wahrscheinlich die gesamte Menschheit schon untergegangen und damit die Geschichte lange vor dem 21. Jahrhundert zu Ende gewesen. (HoMe/142)

Das Vermitteln der Mediatoren ist hier der „Griff […] nach der Notbremse" (Benjamin 1980, S. 1232) im sonst selbstzerstörerischen Lauf der Geschichte, die an dieser Stelle die Position des Konflikts im oben rekonstruierten Deutungsmuster (Kap. 6.1) eingenommen hat. Diese Positionierung der Mediatoren als ‚Retter der Menschheit' zieht mit Glasls Positionierung der Konfliktmanager am religiös gedeuteten Scheideweg von Licht und Dunkelheit gleich. Dabei fügt sich dieses geschichtsphilosophische Narrativ in die doppelte Wertigkeit des Konflikts (Kap. 6.1.3) weit besser ein als Glasls religiöses: Denn die Mediatoren sind hier nicht nur die Instanz, die die Menschheit vor ihrer Selbstvernichtung rettete, sondern sie sind auch die Gestalter eines positiven Umbruchs. Denn neben dem katastrophischen Verlauf der Geschichte ist in diesem Narrativ zumindest ansatzweise ein Optimismus des Wandels zu vernehmen. („Alter Ballast bricht weg, aber dem Untergang Geweihtes wird oft noch lange gefeiert oder verkrampft festgehalten." HoMe/140) Mit dieser positiven Wendung wird der Ort der Mediationsbewegung als einem Strang der Counter Culture bestimmt. Damit wird die Attraktivität des Narratives für die Mediation nachvollziehbar.

Rezeption im Diskurs

Dieses im Homo Mediator entwickelte Narrativ wurde im Mediationsdiskurs breit rezipiert. An zwei Stellen, denen die zu Duss-von Werdts Mediationsorientierung größtmöglichen Abstand einhalten, soll es hier aufgegriffen werden: Im ökonomisch orientierten „Mediation für Dummies" und dem juristischen Handkommentar zum Mediationsgesetz.

In „Mediation für Dummies" ist das ganze zweite Kapitel „Ursprünge der Mediation" dem Narrativ gewidmet. Dabei wird dieses hier nochmals weiterentwickelt, indem auf das ‚lange Narrativ' zwei Stufen der ‚kurzen Geschichte' folgen: Die ‚Wiederentdeckung' der Mediation in den sozialen Bewegungen der 60er Jahre ist hier nicht der letzte Schritt; auf sie folgt mit der Professionalisierung, Kommerzialisierung und wachsenden Anerkennung der Mediation ein drittes Kapitel der Mediationsgeschichte. Dennoch wird das Narrativ einer ganz langen Verortung von Mediation hier wiederholt:

> Über 2000 Jahre lang hat das Denken in den Kategorien ‚richtig' und ‚falsch', das der Gesellschaft Rechtsstaatlichkeit und Rechtssicherheit bescherte, unsere Konfliktkultur bestimmt. Doch Lösungen, die in Sieger und Verlierer unterscheiden, kosten die Gesellschaft einen Preis, der sich in Unzufriedenheit und Widerstand   auf   der   Verliererseite   ausdrückt.
> Dieses Kapitel erzählt die Entwicklung der Mediation und zeigt, warum Mediation für die Herausforderungen des 21. Jahrhunderts einen Beitrag liefert und einer höher entwickelten Art des Denkens und Handelns entspricht. (MfD/47)

Nicht mehr die Kritik einer instrumentellen Rationalität, sondern vielmehr ein moralisierendes Denken wird hier als Gegenpol der Mediation dargestellt. Ebenso wird –hier entspricht die Darstellung dem Ton des Buches wie auch generell der Tendenz systemischer Ansätze– die optimistische Stoßrichtung viel stärker betont: Das neue, ‚höher entwickelte', für das die Mediation stehe, steht hier anstelle der kritischen Perspektive auf die Geschichte, in der die Vernichtung der Menschheit verhindert werden müsse. Obwohl der kulturkritische Standpunkt aufgegeben wird, bleibt die Opposition zu einer umfassenden Struktur ‚unserer Kultur' bestehen. Die Rede von „über 2000 Jahren" muss hier als Chiffre für ‚in unserer Kultur/ Zeitrechnung schon immer' verstanden werden. [207] Die folgende Aneinanderreihung von Namen und Ereignissen nennt keine Verweise, zitiert keine Quellen und begnügt sich mit allgemein gehaltenen Aussagen wie „In der Antike leiteten Regenten aus der Provinz die Verhandlungen zwischen verfeindeten Städten." (MfD/57)

---

[207]   Ebenso taucht der Verweis auf eine „über 2000-jährige Geschichte" (HM2/176) im ‚Handbuch Mediation' auf, während sich Rosenberg (s. Kap. 10.3 zur Gewaltfreien Kommunikation), in amerikanischen statt europäischen Maßstäben rechnend, mit „Jahrhunderten" begnügt. (GFK/22, 191)

Wie weit dieses Narrativ den Diskurs durchdrungen hat, lässt sich erkennen, wenn
sogar ein juristischer Kommentar zum Mediationsgesetz –eine sonst eher trockene
Lektüre– mit geschichtsphilosophischem Elan einleitend feststellt: „Das
Mediationsförderungsgesetz (MediationsG) stellt in Deutschland einen vorläufigen
Schluss- und Höhepunkt einer jahrtausendlangen Entwicklung dar." (MedG-
HK/14) Auch hier wird Mediation wieder sehr allgemein gefasst: „Es gilt als
sicher, dass Konflikte schon immer auf dem Wege des Vermittelns und
Verhandelns unter Einbeziehung einer dritten Person (Vermittler) gelöst wurden –
lange bevor es Rechtsnormen und staatliche Organisationen gab." (MedG-HK/14)
Dieser Bezug auf das ‚Vermitteln und Verhandeln von Dritten Personen' bricht
sich mit den sonst sehr klar markierten Grenzen und Definitionen des Verfahrens,
das sich logischerweise streng an die Auslegung des Gesetzestextes hält. In der
dann entwickelten Geschichte der Mediation wird etwa die Harmonie-Orientierung
von Mediatoren (MedG-HK/14) oder auch der „Sühnegedanke" (MedG-HK/17) in
die Geschichte ‚der Mediation' herangezogen – Konzepte, die der
Verhandlungsmediation sonst denkbar fremd bleiben.

Immer, nur nicht jetzt; überall, nur nicht hier
Insgesamt sei der ‚langen Erzählung' der Mediation zufolge die Mediation eigentlich schon in der gesamten Menschheitsgeschichte vorhanden, nur in der Moderne
sei dieses Wissen verloren gegangen, um dann von gegenkulturellen Bewegungen
in den 60er Jahren wiederentdeckt zu werden. Die genau problematisierte Eigenschaft der Moderne, die dieses Vergessen bewirkt habe, kann variieren: Sei es –wie
in den Beispielen bisher– die Durchsetzung des Rechtsstaates, die verdinglichende
Vernunft, das Denken in Richtig/Falsch, die Entfremdung zwischen Gesellschaft
und Politik, die per mediativer Partizipation überwunden werden soll (SDM
41/46). Die Verweise auf eine anscheinend allgemeine Verbreitung von ‚Mediation' wirken wie eine Beweislastumkehr: Nicht mehr das Neue, die Mediation, ist
nun erklärungsbedürftig, sondern im Gegenteil ist die Frage naheliegend, warum
Mediation eigentlich überall, ‚nur nicht in unserer Zeit' Anwendung findet.

Der bislang dargestellten historischen Entwicklung dieses Deutungsmusters tritt
unterstützend die Darstellung der weltweiten Verbreitung von Mediation zur Seite.
So widmet sich etwa ein Themenheft des Spektrums der Mediation der „Mediation
weltweit" und bringt eine Reihe von Berichten von traditionellen Vermittlungsver-
fahren aus nicht-westlichen Traditionen. So wird etwa die traditionelle muslimisch-

arabische Sulh als ein „Vermittlungs- und Mediationsverfahren" vorgestellt und auch die den Frieden qua Schiedsspruch aushandelnde Person als „Mediator" bezeichnet (SDM51/4). Allerdings treten hier dann die Probleme der inhaltlichen Homogenität angesichts einer solchen Dehnung überdeutlich zutage. Gerade in der Verbandszeitschrift des BM, der auf Qualitätssicherung und die Abgrenzung zur Schlichtung größten Wert legt, bleibt diese Spannung aber weitgehend unkommentiert.[208] Wenn überhaupt, so das Narrativ, sei der Vermittlungsgedanke in der westlichen Moderne, insbesondere im modernen Rechtsstaat verloren gegangen. So kann sich Mediation als Korrektiv zum juristischen Denken entwerfen – und sich dabei sowohl auf historisch frühere als auch auf kulturell andere Praktiken berufen. (s. dazu auch DMS/183)

Die ‚Wiederentdeckung' seit den 1960er-Jahren
Vor dem Hintergrund dieser ‚großen Erzählung' kann sich Mediation nun als Teil eines kulturellen Umschwungs verstehen, als ein Korrektiv, das in den letzten Jahrzehnten Form angenommen hat und damit die ‚moderne Form der Mediation' hervorbringen konnte. Einigkeit besteht darin, dass die Mediation ‚in ihrer modernen Form' in den 1960ern in den USA aufkam; als Kontext wird dort regelmäßig die Bürgerrechtsbewegung oder die ADR-Bewegung genannt; in Deutschland werden Reformbemühungen im Scheidungsrecht, die Friedensbewegung oder pädagogische Reformbemühungen (M-Schä/170-75; MfD/50-60) als Kontexte angeführt. Ebenso wie die Anwendungsfelder der Mediation breit gestreut sind, sind auch zahlreiche Gruppierungen als Träger auszumachen. In der Beschreibung wird der kulturelle Wandel, in dem Mediation sich verortet, daher groß angesetzt. In diesen Kontext setzt sich auch das Konfliktmanagement, was mit der Eingangspassage von Glasls Konfliktmanagement-Buch gezeigt sei:

Seit den späten Sechzigerjahren des vorigen Jahrhunderts hat das Interesse für soziale Konflikte in der Gesellschaft und in Organisationen stark zugenommen. In vielen grossen und kleinen Spannungen drückt sich aus, dass wir uns mitten in tiefergreifenden Umwälzungen befinden. Für die heutigen Probleme - man

---

[208] So etwa in einem Artikel, der die traditionelle Rechtsfindung qua Schlichterspruch durch afghanische Stammesälteste nach allgemeiner Beratung mit der Mediation auf der Basis des Naturrechts in Kontakt bringen will. SDM51/8-11; im Kontrast dazu der klarer abgrenzende Artikel SDM51/12-15

denke dabei an die weltweiten ökologischen Missstände, an weltwirtschaftliche Fragen, an die ungleiche Verteilung des Wohlstandes zwischen der nördlichen und der südlichen Halbkugel unseres Globus! - sind die Lösungskonzepte unserer Elterngeneration absolut nicht mehr ausreichend. Das einseitig technokratische Denken der Nachkriegsjahre hat ja gerade die Probleme heraufbeschworen, mit denen wir jetzt ringen. Die Vertreter der bekannten ‚New-Age-Bewegung‘ behaupten deshalb, dass wir an der Schwelle zu einem völlig neuen Zeitalter leben, in dem sich unser Denken, Fühlen, Wollen und Handeln revolutionieren muss, wenn wir als Menschheit nicht in den Abgrund schlittern wollen. Darum prallen neue Denkweisen auf alte Denkgewohnheiten, und neue Visionen für die Gestaltung unseres Zusammenlebens stossen auf den Widerstand gefestigter Interessen und deren Konzepte. Das makro-soziale Feld befindet sich in heftiger Turbulenz! (KM-G/13)

In der großen Erzählung wird Mediation wieder mit den großen Fragen aufgeladen, für die geschichtsphilosophisch entscheidende Rolle der Konfliktbearbeitung bei Duss-von Werdt und die religiöse Entscheidung zwischen Gut und Böse bei Glasl (Kap. 6.2.2) steht sie ebenso im Hintergrund, wie bei der Legitimationsbeschaffung für ein neues Verfahren, wenn überwiegend dessen ökonomische Vorzüge herausgestellt werden sollen. Dieses dominierende Narrativ der Mediation ist diskursanalytisch differenziert zu betrachten: Einerseits werden in der ‚kurzen Geschichte‘ der Mediation Bezug auf die Entstehungskontexte und Entwicklungen der Mediation genommen, die selektiv und je nach der jeweils vorgenommenen Positionierung unterschiedlich ausfallen. Andererseits ist in der ‚langen Geschichte‘ der Mediation die Ontologisierung des jeweils als ‚Kern der Mediation‘ Ausgemachten zu beobachten. Diese Strategie veranschlagen subjektivierende Diskurse, um ihre Subjektform als allgemein-menschlich darzustellen. (Kap. 3.2.1) Hinzu tritt hier ein kulturkritisches Motiv: Wenn Mediation tatsächlich einen ahistorischen ‚ganzen Menschen‘ gegen die ‚verkürzte Rationalität‘ der Moderne zur Geltung bringen will, dann muss die Mediation ebenso historisch vor der Moderne (und außerhalb der Moderne in nicht-modernen Kulturen) auffindbar sein. Entsprechend sucht und findet die Mediation ihr Gleichendes dort, wo sie es finden will – und blendet den Rest der Geschichte aus.

6.4.2 Abweichende Thematisierungen

Dieses Narrativ ist im Mediationsdiskurs nicht unkommentiert geblieben. So führt etwa ein lesenswerter ironischer Kommentar zu diesen übergroßen Herleitungen „Mediation: Wer hat's erfunden?" (ZKM 1999/388) die „Erfindung" der Mediation dieses Mal auf Goethe zurück, weil es gerade Goethe-Jahr ist. Illustriert wird die ironische These dann ausgerechnet an den ‚Wahlverwandtschaften' – die Kritik an der Beliebigkeit in den Erzählungen vom Ursprung der Mediation ist nicht zu übersehen. Gegen die Vereinnahmung traditioneller Konfliktbearbeitungen unter die Mediation und für die Reflexion der kulturspezifischen Anteile des modernen Mediationskonzepts sprechen sich in der interkulturellen Mediation Stimmen aus, die die „Universalitätshypothese" der Mediation (IKM/44) scharf kritisieren, und eine Diskussion der kulturspezifischen Voraussetzungen der Mediation einfordern.

Fortschrittsnarrativ: Mediation als Vollendung
Manchmal tritt Mediation auch nicht als Anderes, sondern als Vollendung des bisher nur unzulänglich umgesetzten Fortschritts an: So wird etwa von Besemer das Mehrheitsprinzip (ZKM 2010/4), gelobt, da es die Gewalt überwunden habe: „Es soll nicht abgestritten werden, dass es ein zivilisatorischer Fortschritt ist, wenn der Kampf der Waffen durch den Wettstreit der Stimmen abgelöst wird." Dieser gehe aber nicht weit genug: „Dennoch ist es ein Kampf, bei dem es Sieger und Verlierer gibt." Die Kritik lässt sich also radikalisieren und das „Mehr-Minder-Modell [als] die Wurzel von Gewalt" ausmachen. Analog lässt sich auch das Recht hier an der Stelle des Mehrheitsprinzips einsetzen. Die so entwickelte Argumentation sieht die Mediation als konsequenten nächsten Schritt im Fortschritt „Macht – Recht – Konsens". (HMKM/95-104) Dem kulturkritischen Narrativ entgegengesetzt wird Mediation hier als Folge, Fortsetzung und historisch konsequente Weiterführung der Aufklärung in Stellung gebracht: „Mediation ist eine lebendige Konsequenz der Aufklärung. Sie fördert demokratisches Denken und wird politisch. Sie ist ein Ausdruck unserer Zivilgesellschaft mit dem Programm der Loslösung von fremdbestimmten Abhängigkeiten, dadurch kann sie in unserem Zusammenleben einen Unterschied bewirken." (PM 2007/51) Interessanterweise fügt sich diese Variation gut in das oben entwickelte kulturkritische Narrativ, da sich die Erzählungen in der Opposition von Konflikt/Gewalt und Mediation treffen und sich ‚nur' in der Frage, wo die aufklärerische Rationalität in dieser Opposition zu verorten sei, unterscheiden.

Rechtspolitische Diskussionen
Einschränkend ist hier hervorzuheben, dass die rechtspolitische Diskussion um die Mediation selbstverständlich nicht in dem hier entwickelten Rahmen verbleibt. Mediation wird hier als Justizreform diskutiert, als ein institutioneller Wandlungs-

prozess, der sich an Kriterien wie Zugang zum Recht, Effizienz der Rechtsprechung und der Gewährleistung des sozialen Friedens orientiert. (MedG-HK/35) Mediation erscheint hier nicht als das große Andere der Rechtsprechung[209], sondern als schrittweise zu implementierende „Fortentwicklung" insbesondere in Rechtsbereichen, „in denen [das] Recht schon auf Verhandlungslösungen zwischen den Parteien ausgerichtet ist." (MedG-HK/66) Auf diese Weise knüpft sie an die Anwaltspraxis an, die am Verhandeln orientierte Mediation eignet sich für große kulturkritische Narrative nicht. (MBB/299; s. Kap. 4.1.8) Dennoch wird die Mediation auch und gerade im Diskurs der justiznahen Deutschen Gesellschaft für Mediation als „Vision" gehandelt: „Mediation ist nicht nur ein Verfahren, sondern auch eine Vision" (DMS/198). Die Mediation könne ein funktionales Äquivalent des Rechts werden und müsse bei allen klar zu benennenden Herausforderungen als „paradoxes Element" integriert werden. Durch eine solche Integration gewinne das Recht eben jene Flexibilität, um sich an „die neuen Zeiterfordernisse" anzupassen. (HM2/192) Ebenso wie die großen ‚Versprechen', ist auch das ganz große Narrativ der Mediation eine den gesamten Mediationsdiskurs umfassende Struktur.

6.4 Das Subjekt auf der Bühne des subjektivierenden Diskurses

Mit diesen Analysen der Konflikttheorie in der Mediation und dem Konfliktmanagement sowie der Narrative des Mediationsdiskurses ist es nun möglich, die Ergebnisse der Diskursanalyse für die hier entwickelte These, dass Mediation als Subjektivationsprozess zu verstehen ist, zu verdichten. In den obigen Abschnitten wurde der Möglichkeitshorizont des Mediationsdiskurses, das Spielfeld, auf dem alle weiteren Deutungsmuster sich ansiedeln, umrissen. Bislang wurde der Subjektivationsprozess, also die Arbeit am Selbstverhältnis der Parteien unter dem Einfluss der MediatorIn, also noch nicht angesprochen. Was hier aber deutlich hervortritt, ist die ‚Bühne', auf der sich dieser –dann in den folgenden Kapiteln behandelte– Prozess abspielt. Und auf dieser Bühne des Mediationsdiskurses stehen die Parteiensubjekte, und sonst, wie es sich hier schon abzeichnet und im folgenden

---

[209]   Sie kann jedoch zum „Paradigmenwechsel" in der Zivilprozessordnung gemacht werden, Prantl 2011

Kapitel bestätigt wird, wenig anderes. ‚Konflikt' wird in der Mediation immer in Bezug auf die Subjekte, die von ihm betroffen sind, die ihn ausmachen und auch lösen können, behandelt. In der Mediation wird auf eine von den Subjekten unabhängige Behandlung von Konflikten –wie etwa in der Konfliktdiagnose des Konfliktmanagements– entweder gänzlich verzichtet, oder aber die vorgebrachten Wissensbestände bleiben für den Diskurs weitgehend folgenlos. (Kap. 6.1-6.1.1) Die Subjekte sind im Mediationsdiskurs auf allen Ebenen der Konflikttheorie eingeführt: Sie sind als Ort, an dem der ‚eigentliche Konflikt' zu finden ist die Ursache des Konflikts; sie sind zugleich das Spielfeld, auf dem sich der Konflikt als bedrohliche Eigendynamik zeigt und auch die Lösung zu erarbeiten ist; und zuletzt sind sie die Instanzen, die über eine aktive Bearbeitung des Konflikt entscheiden und diese in ihrer Haltung zum Konflikt auch durchführen. Zunächst wird dazu das Aufkommen und die Dringlichkeit des Problems der Koordination zwischenmenschlicher Differenzen im subjektkulturellen Wandel verortet (Kap. 6.4.1) Dann wird das erste Argument der hier entwickelten Subjektivierungsthese ausgeführt, indem dargelegt wird, wie die dominante Stellung der Parteiensubjekte in der Mediation aus dem Ineinandergreifen der oben dargestellten Deutungsmuster entsteht. (Kap. 6.4.2) Abschließend wird das Verhältnis von Subjekt und Konflikt in der Mediation umrissen. (Kap. 6.4.3)

6.4.1 Mediation als Antwort auf ein neues Problem

Die Mediation ist nicht nur in den dort angebrachten Subjektcodes Teil des kulturellen Wandels, wie oben in Kap. 4 und nochmals in Kap. 6.3 gezeigt wurde; auch ihre Problemstellung muss aus dem kulturellen Umbruch ihres Kontextes heraus verstanden werden. Denn der ‚Umgang mit zwischenmenschlichen Differenzen' gewinnt seine Dringlichkeit überhaupt erst in einer Situation, in der die Differenz der Subjekte betont und in der Selbststilisierung kultiviert wird, während die Anpassung als Teil der verworfenen Subjektformation der organisierten Moderne scharf kritisiert wird.[210] In der Konstellation der auf Anpassung bedachten Angestelltenkultur ist die Korrektur von Devianz die

---

[210]   Gestützt wird diese Beobachtung durch den Befund, dass auch eine der Subjektivierungstheorie gänzlich fernstehende Geschichtsschreibung gerade diese Epoche als durch einen historisch einmaligen globalen Verlust an tradierten, unhinterfragt gültigen, Orientierungen gekennzeichnet sieht. (Hobsbawm 2007)

Reaktion auf Konflikte – und nicht die Suche nach einer individuellen, nur an den innenorientierten Subjekten angepasste Lösung. Diese Frage stellt sich in dem Moment im kulturellen Wandel, wenn der normalistische Codes einer durch Anpassung hergestellten sozialen Integration brüchig geworden ist; wenn die Subjekte sich als Individuen positionieren, stellt sich die Frage, wie wir dann in Unterschiedlichkeit miteinander zurechtkommen können mit Dringlichkeit. Die Fragestellung wird gegenüber der Anpassungsorientierung der organisierten Moderne nun gänzlich umgestellt:

> Konträr zur Anforderung der Konflikt- und Emotionsvermeidung des Ange-
> stelltensubjekts prämiert die Kultur des Projektsubjekts ein offensives Konflikt-
> und Emotions-Management: Differenzen erscheinen idealerweise nicht als Be-
> drohung sozialer Kohäsion, sondern als willkommene Irritation, um den ge-
> meinsamen Problemlösungsprozess voranzubringen; dies setzt voraus, dass
> Differenzen ihren Charakter persönlicher Bedrohung verlieren und als Entwick-
> lungschance interpretiert werden. (Reckwitz 2006a, S. 514)

Genau an dieser Stelle schließt die Mediation mit ihrer Fragestellung an. Und zugleich bietet sie auf diese Fragestellung eine ‚große' Antwort: die Frage nach der Koordination interindividueller Unterschiede soll hier ohne Normierung, ohne Zwang, rein mit einem echten, d.h. nicht-strategischen Konsens (weil es sonst ein Kompromiss wäre, Kap. 7.1.2) und dabei stets zum Wohle aller gelöst werden. Frage und Antwort sind so groß, dass es nicht mehr verwundern kann, wenn in der Mediation auch entsprechend weitreichende Versprechen gemacht werden und die Geschichte der Mediation mit dem Schicksal der Menschheitsgeschichte verwoben wird. Diese für subjektivierende Diskurse so typische fundamentale, welterschlie-ßende Dimension trägt wesentlich zur Erklärung der Faszination der Mediation bei.

6.4.2 Eine Bühne für die Arbeit am Selbstverhältnis
Die Rede von Konflikten im Mediationsdiskurs läuft immer auf die Thematisie-rung der Subjekte hinaus, ‚Konflikt' wird in der Mediation immer in Bezug auf die Subjekte vorgestellt: „Konflikte sind unvermeidlich" (Kap. 6.1.3) – für die Partei-en, die sie besser akzeptieren und aktiv annehmen sollen. „Konflikte eskalieren leicht" – sie tun es ‚in' den Parteien, die dann nicht mehr sie selbst sind, sondern vom Konflikt oder im Konflikt ‚gefangen' sind: „Der Konflikt hat uns" (EiM/13; s. Kap. 4.3), wir sind der Konflikt – und zugleich sind wir es ‚eigentlich' nicht. (zu Konflikt und Subjekt s. u.) Die Parteien können also vom Konflikt betroffen wer-

den, ‚geschwächt werden'. (Kap. 6.1) Und auch die Lösung des Konflikts kommt von den Parteien: als aktive Instanzen, die über ihren Modus der Konfliktbearbeitung entscheiden, sprich: die Mediation wählen, und im Prozess dem Konflikt dann in einer bewussten ‚Haltung' gegenüber treten. Damit ist die Bühne für die Arbeit am Selbstverhältnis der Parteien bereit: Es sind die in verschiedenen Modi vorgenommenen Verhältnisbestimmungen und Neuausrichtungen zwischen den Parteien als aktiver, bewusst entscheidender Instanz und ihrem ‚Inneren', die Mediation als Subjektivationsprozess verständlich machen werden. Die Arbeit an diesem Selbstverhältnis wird den Rahmen für die Lösungsprozesse aufspannen (Kap. 7), die MediatorIn wird ihre Interventionen primär auf diese Arbeit am Selbstverhältnis fokussieren (Kap. 9). Zugleich werden die Parteien im Mediationsdiskurs auf unterschiedliche Art und Weise vorgestellt, jeweils spezifisch codiert, sodass diese angeleitete Arbeit in einem diskursiven Horizont stattfindet, dessen Eingrenzungen herauszuarbeiten sind. (Kap. 8, Kap. 10) Die Grundausrichtung auf die Subjekte erscheint im Mediationsdiskurs trivial, diese Setzungen sind selbstverständlich und treten im Diskurs nicht als Probleme auf – sie müssen analytisch in spezifischen Auslassungen, im Nicht-Weiterführen mancher Aspekte oder der eigenschaftslosen Umgebung der Eisberge herausgearbeitet werden. (Kap. 6.1) Darüber hinaus bieten die Kontraste zum Klagenfurter Konfliktmanagement eine Bruchlinie, an der die Kontraste herausgearbeitet werden können.

Die Subjekte als Grund der Konflikte

Die erste Stelle, die die Konfliktparteien im Mediationsdiskurs besetzen, geht aus dem Deutungsmuster des tieferen, eigentlichen Konflikts, der vom Oberflächenkonflikt unterschieden wird, hervor. (Kap. 6.1.2) Denn diese Tiefe des Konflikts ist nichts anderes als die Tiefe der beteiligten Subjekte: Sie schwimmen als mit Sinn gefüllte Eisberge im neutralen Wasser. Der ‚eigentliche' Konflikt gründet sich in den ‚eigentlichen' Subjekten; der gewissermaßen unauthentische Oberflächenkonflikt umfasst typischerweise nicht nur die durch die Eskalationsdynamik hinzugetretenen Probleme (wie etwa der „Konflikt über den Konflikt" KM-G/216ff), sondern auch die Sachstreitigkeiten. Dieses Muster ist keineswegs auf die ‚transformativen' oder ‚therapeutischen' Mediationsansätze beschränkt. Auch in der Verhandlungsmediation soll der Konflikt auf die zugrundeliegenden Interessen der Parteien zurückgeführt, somit im Inneren der Verhandler fundiert werden. (s. ausführlich Kap. 4.1) Diese Begründung des Konflikts im Inneren der Parteien hat weitreichende Folgen für die Mediation, die sich im Kontrast mit dem Klagenfurter Kon-

fliktmanagement deutlich erkennen lassen: Dort sind die Subjekte austauschbare
Träger des in einer unverfügbaren Struktur (Geschichte, Menschliche Natur, soziale Konstellation, Sachwiderspruch…) liegenden Konflikts; in der Mediation sind
die Parteien dagegen unverzichtbar, nicht austauschbar und auch nicht (etwa von
ihren Anwälten) repräsentierbar sie selbst. Dort stellt sich die Frage, inwiefern die
Parteien in Bezug auf die Grundwidersprüche handlungsfähig sind (was oft kritisch
eingeschätzt wird), woraus eine den Konflikt akzeptierende Haltung gefolgert
wird. In der Mediation stellt sich dagegen die Frage, wie die Parteien zu ihrer eigenen Tiefe handlungsfähig sind bzw. in einen Zustand von Handlungsfähigkeit
gesetzt werden können: Empowerment stellt sich damit als eine Frage des Selbstverhältnisses, die immer bearbeitet werden kann. (Kap. 8.2) Dort wird der Konflikt
über ein verändertes Verhältnis zum erkannten und anerkannten Widerspruch
transformiert, in der Mediation dagegen über die Veränderung des Verhältnisses
zur eigenen Tiefe (und der des anderen) angestrebt: Subjektivation. Dieses Muster
durchzieht den Mediationsdiskurs vollständig und verbindlich. Die zentrale Stellung der Subjekte im Gefüge des Mediationsdiskurses erklärt, warum gerade die
Unterschiede in der inhaltlichen Füllung der Tiefe der Subjekte, als die jeweiligen
Subjektcodes, Gegenstand der Debatten und Zerwürfnisse und die treibende Kraft
in der Entwicklungsdynamik der Mediation werden konnten. (Kap. 4-5)

Im Zusammenhang mit dieser Thematisierung der Parteien stellt sich zudem das
Folgeproblem, die Fundierung des Konflikts in den Parteien mit der Responsibili-
sierung (dem In-die-Verantwortung-Setzen) der Parteien einhergehen zu lassen,
ohne ihnen zugleich die Schuld für den Konflikt aufzubürden. In der Mediation
greifen hier zwei Deutungsmuster ineinander, die die unterschiedliche Wertigkeit
von Konflikten erstellen: einerseits werden Konflikte im ‚positiven Konfliktverständnis' für unproblematisch erklärt. Die Parteien sind für den Konflikt zwar
verantwortlich, wenn dieser aber als Notwendigkeit und letztlich sogar „the source
of all growth" (s.o. Kap. 6.1.3) gilt, kann von ‚einer Schuld für den Konflikt' keine
Rede mehr sein. Auf der anderen Seite werden die an anderer Stelle für den Diskurs notwendigen negativen, ja katastrophischen Auswirkungen des Konflikts
diesem selbst, seiner Eigendynamik zugerechnet; wenn die Parteien ‚im Konflikt'
sind, sind sie nicht sie selbst und daher auch nicht ‚schuld'. Zudem ist im Mediationsdiskurs eine ebenso therapeutische wie ökonomische Wendung gegen eine
normative Evaluation überhaupt zu beobachten. (Kap. 9.4) Auch diese Behandlung
des Problems setzt sich deutlich von dem Umgang ab, den das Klagenfurter Kon-

fliktmanagement auf das sich dort ebenso stellende Problem der Schuld letztlich erfolglos sucht. (Kap. 6.2.3)

Die aktiven Subjekte: Entscheider und Haltung
In der zweiten Thematisierung sind die Parteien aktiv. Sie treten dann als Entscheider auf, die sich für die Mediation aktiv entscheiden sowie als diejenigen, die einen „Umgang" mit bzw. eine „Haltung" zum Konflikt haben. In dieser Position werden die Subjekte aktiv beschrieben. Sie sind nun nicht mehr durch zu erforschende Bedürfnisse bzw. zu erkennende Interessen bestimmt, sondern treten in klaren Akten hervor. Sie können sich für oder gegen die Mediation entscheiden – sie können sich aufraffen, dem Konflikt entgegen zu treten oder daran scheitern. Besonders drastisch wird diese Haltung bei Glasl ausgeführt: Das bewusste, klare, authentische Subjekt besinnt sich auf sich selbst und tritt in einer Kraftanstrengung und im Bündnis mit den guten Kräften die heroische Auseinandersetzung mit dem alles Böse auf sich ziehenden Konflikt an. Hier zeigt sich eine in ihrer extremen Zuspitzung zur religiösen Deutung über den Mediationsdiskurs hinausgehende Aufladung der alles entscheidenden Entscheidung des Subjekts, das sich gegen den Konflikt stellt. (Mit dem Unterschied, dass bei Glasl die Tiefe der Subjekte dem Bösen zuzurechnen ist.) Im Mediationsdiskurs, zu dessen Grundlagentheorien Glasls Konflikteskalation zweifelsohne gehört, findet sich ein analoges Muster im dritten, zunächst widersprüchlich erscheinenden Deutungsmuster der Konflikttheorie, das sehr stark auf die Mediation hinführt. (Kap. 6.1.3) Die Hinführung auf Mediation ist im hier aufgespannten Möglichkeitshorizont sehr stark, wenn Konflikte als unvermeidlich gesetzt werden (und mit der Alternative eines „Friedhofsfriedens" konfrontiert werden) und anschließend die Wahlalternativen auf die dichotome Unterscheidung zwischen zwei Entwicklungswegen eingeengt wird, in der die Mediation als produktiver Umgang der Eskalation mit all ihren negativen Auswirkungen entgegensteht (die je nach Subjektcode als ökonomische Kosten, die Wahl außer Kraft setzender Kontrollverlust, negative Emotionen und die Authentizität anfressende Entfremdung formuliert werden können). In diesem Deutungsmuster gibt es keinen gangbaren Weg zur Handhabung der notwendigerweise auch mal aus dem Ruder laufenden zwischenmenschlichen Unterschiede als die Mediation – die dann gegebenfalls von ihrem Verfahrenscharakter abgehoben und zur Lebensform generalisiert werden kann. (Kap. 6.1.1; Kap. 8.6, aber auch schon GtY, Kap. 4.1.3) Dass die MediatorInnen im in der Mediation verbreiteten und geschätzten Narrativ (Kap.6.3) zu nicht weniger als den Rettern der Menschheit

erhoben werden, lässt sich von hier aus als eine konsequent durchgeführte Ableitung aus diesem Deutungsmuster erkennen.

Spielfeld des Mediationsprozesses und Möglichkeitshorizont des Diskurses
Diese beiden Thematisierungsweisen machen gemeinsam das Feld aus, auf dem sich der im folgenden Kapitel darzustellende Subjektivationsprozess abspielt. Was in der Konflikttheorie auf die Bühne der Mediation gestellt wird, sind die Parteien in ihren beiden Erscheinungsweisen als einmal ein Inneres, in dem die ,eigentlichen Konfliktgründe' zu finden sind, und andererseits als Entscheidungsinstanz, die sowohl zur selbstverantwortlichen Entscheidung für die Mediation wie auch zur Einnahme einer bewussten Haltung fähig ist. Die in der Konflikttheorie vorgelegte Rahmung wird als eine subjektivierende Konstellation erkennbar: Subjektivation als eine Arbeit am Selbstverhältnis unter dem Einfluss einer dritten Instanz (der MediatorIn) und im Möglichkeitshorizontes eines spezifischen Diskurses spielt sich genau in der Bezugnahme der Parteien auf sich selbst, in der Bezugnahme der in eine Haltung gefassten Entscheidungsinstanz auf das eigene Innere (und den Anderen). Dieses zentrale Thema der Mediation drängt, wie im Folgenden immer wieder gezeigt werden wird, andere Zugangsweisen an den Rand und bringen zugleich an den Rändern seiner zentralen Setzungen eine Reihe von neuen Problematiken hervor, die ausgefochten werden müssen, um die sich hier abzeichnende Konstellation aufrecht zu erhalten.

6.4.3 Subjekt und Konflikt
Wo auf der Bühne der Mediation außer für die Subjekte kaum noch Raum für andere Themen zu sein scheint, ist dort doch auch immer der Konflikt. Zunächst führt die Thematisierung des Konflikts auf die Subjekte; andererseits ist wird aber auch eine hoch aufgeladene Unterscheidung zwischen Subjekt und Konflikt vorgenommen, wenn der Konflikt als Eigendynamik erscheint, die die Subjekte ergreift und pervertiert (bzw. bei Glasl das in den Subjekten verortete Böse weckt; Kap. 6.2.2). So ist eine große Spannung zwischen den eigentlichen Subjekten und dem Konflikt angelegt, die durch die unheimliche Nähe von Konflikt und Subjekt noch gesteigert wird: beide antagonistischen Pole liegen denkbar nahe beieinander, sie erscheinen beide in den Konfliktparteien, wie sie in die Mediation kommen und sich dort zeigen. Der starken Aufladung der Unterscheidung von Subjekt und Konflikt als rettender und zerstörerischer Pol des Geschehens –das auch die Geschichte (Kap. 6.3) oder eine religiöse Dimension (Kap. 6.2.2) umfassen kann– steht im Setting

eine totale Vermischung der beiden Pole in den Konfliktparteien entgegen, wenn diese vom Konflikt ‚entstellt' in der Mediation erscheinen: In der realen Konfliktpartei sind die Anteile des ‚eigentlichen Subjekts' mit dem ‚bloß durch den Konflikt induzierten uneigentlichen Anteilen' vermischt. Diese Spannung wird, wie unten zu zeigen sein wird (Kap. 9.8; auch Kap. 4.3), in eine von der MediatorIn zu leistenden Trennungsarbeit münden, in der diese in den Konfliktparteien, wie sie in der Mediation erscheinen die Differenz von Konflikt und eigentlichem Subjekt herstellt um das Subjekt zur alleinigen Geltung zu bringen. Dieser Prozess wird als Subjektivierung beschrieben.

7. Prozesse und Verfahren

Die Art und Weise, wie der Konflikt im Mediationsdiskurs problematisiert wird, ist überaus eng mit der angebotenen Lösung verbunden. Im Gegensatz zum Konfliktmanagement (Kap. 6.2.1) wird ‚Konflikt' im Mediationsdiskurs im Singular problematisiert und ebenso wird genau eine Lösung, die Mediation, angeboten. [211] Auch was die inhaltliche Ausrichtung innerhalb der im Mediationsdiskurs vorfindbaren Subjektcodes angeht, entsprechen sich Problematisierung und Lösung: Das Verhandlungsdilemma wird durch rationalisierte Verhandlung, die Beziehung und das Selbst belastende Störungen durch Selbstklärung und Beziehungstransformation und die von empörtem Gerechtigkeitsempfinden befeuerten Konflikte durch normativen Diskurs befriedet. (Kap. 7.1) Andererseits sind die Lösungsangebote an anderen Stellen klar strukturiert: So wird etwa, ein zentraler Bestandteil der im Diskurs klar durchgehaltenen subjektivierenden Konstellation, die Lösung durchgehend zwischen den am Konflikt beteiligten Subjekten gesucht und davon abweichende Thematisierungen vernachlässigt (hierzu Kap. 7.1.7). Ebenso hat das Mediationsverfahren, das in diesem Kapitel nur kurz dargestellt wird, einen solchen durchgängig geltenden Status erhalten können. (Kap. 7.2)

---

[211] Diese Beschränkung der Mediation auf eine immer anzuwendende Lösung wird im Diskurs durchaus auch bemerkt (SDM45/44) und kritisch hinterfragt – etwa wenn sich bei Konflikten im Arbeitsteam die Frage nach der Führungsverantwortung der Vorgesetzten stellt. Nachdem durchaus Indikatoren für ein Führungskräftecoaching statt einer Mitarbeitermediation gefunden wurden, wird jedoch gleich die Kompetenz der MediatorInnen für die Bearbeitung dieser Fälle herausgestellt (SDM45/47) – und auf der nächsten Seite im Anzeigenteil eine „Fortbildung zum Coach für MediatorInnen" angeboten.

7.1 Lösung und Versprechen: Wie funktioniert Mediation?

Die im Mediationsdiskurs beschriebenen Lösungsmechanismen schließen an die jeweilige Bestimmung des ‚eigentlichen Konflikts' an. (Kap. 6.1.2) Allen diesen Ansätzen ist gemeinsam, dass sie die Lösung des Konflikts aus den Subjekten bzw. ihrer Interaktion gewinnen und in der Beschreibung des Prozesses neben der Abwehr der Eskalation auch einen wie auch immer gearteten ‚Zusatzgewinn' produzieren. Mediation bietet nicht nur die Handhabung von Konflikten an, sondern verspricht immer auch ‚mehr'. Hier steht der durch die Konfliktlösung hervorgebrachte ‚Mehrwert' im Zentrum, der jeweils das ‚Versprechen der Mediation' ausmacht. Im Mediationsdiskurs findet sich eine Bandbreite von Lösungsmechanismen, die aber von einer unerschütterlichen Überzeugung zusammen gehalten werden: *Dass* Mediation funktioniert, ist gewiss. „Mediation ist ein erfolgreiches Verfahren zur konstruktiven Lösung von Konflikten" (BM-HP) wird in der Selbstbeschreibung von Mediation ebenso unermüdlich wiederholt wie die Aussicht auf ihre baldige breite Durchsetzung. Zwei amerikanische Forscher bringen diese Spannung zwischen Erfolgsgewissheit und Unsicherheit bezüglich der Wirkungsweise prägnant zum Ausdruck: „Aspirin and mediation have a lot in common: they are well-known and easily recognized; both have been used for centuries; numerous articles have been published about the two. Both work, but we do not know why." (Wall und Dunne 2012, S. 218) Alle Ansätze bewegen sich zudem im oben ausgemachten Rahmen einer konsensuellen, von den Parteien aktiv und selbst gestalteten, einvernehmlichen und für alle zufriedenstellenden Lösung ‚ihres Konflikts'. Nur, was heißt das und wie geht das vonstatten?

Die im Mediationsdiskurs aufzufindenden Lösungsmechanismen werden hier analytisch in sechs Aussagegruppen unterteilt. Empirisch stellen sich diese Aspekte meist nebeneinander und ineinander verwoben dar. Als idealtypisch zu differenzierende Deutungsangebote korrelieren die Lösungsmechanismen und – versprechen zugleich mit Positionierungen im Feld. Die Verhandlungsmediation sieht die Rationalisierung der Verhandlung im Zentrum der Mediation. (Kap. 7.1.1) Die Wiederherstellung der Kooperationsbeziehung und der Kommunikation werden im gesamten Spektrum thematisiert, wenn auch mit unterschiedlichen Konnotationen. (Kap. 7.1.2-3) Die Transformation der Beziehung durch Mediation stellt den Gegenpol zur Verhandlung. In der Frage der sozialen Transformation durch Mediation wird diese Spannung deutlich. (Kap. 7.1.4-5) Die sich nicht in diese Spannung zwischen Verhandlungs- und Haltungsmediation einfügende Arbeit mit Gerechtigkeitsüberzeugungen der Parteien wird anschließend dargestellt. (Kap. 7.1.6) Im letzten Abschnitt wird auf den Umgang mit und die Repräsentation von nicht von den Konfliktbetroffenen lösbaren Ursachen im Diskurs eingegangen. (Kap. 7.1.7)

7.1.1 Rationalisierung der Verhandlung

In der Verhandlungsmediation wird der Konflikt durch die Rationalisierung der Verhandlung gelöst, sie ist vor allem mit dem Versprechen einer effizienten Konfliktlösung und der Maximierung des Kooperationsgewinnes der Parteien verbunden. Die „rationale Verhandlung" (HM2/97-108) als Kernstück der Mediation greift auf die Interessen der Parteien als Gegenstand des ‚eigentlichen Konflikts' zurück. Daraus ergibt sich eine doppelte Abgrenzung: Einerseits gegen das juristische „Positionsdenken", gegen das die durch die „Ergebnisse der modernen Verhandlungsforschung" (HM2/100) gesicherte ‚Tieferlegung' des Prozesses von den Positionen auf die den Positionen zugrundliegenden Interessen vollzogen wird. Nachdem diese Abgrenzung vollzogen wurde, ist die Verhandlungsmediation jedoch vor allem damit beschäftigt, die Verhandlung von der ‚größeren Tiefe' der Emotionen der Parteien abzugrenzen. Mit der ersten Abgrenzung profiliert die Verhandlungsmediation (s.o. Kap. 4.1) ihre Technik und generiert die Versprechen von Verfahrenseffizienz und des Kooperations-gewinnes. Die zweite Abgrenzung positioniert die Verhandlungsmediation im Feld der Mediation und soll das ‚Abgleiten' der Verhandlung und die emotionale Eskalation abwehren. Der Lösung des Konflikts in einer „Win-Win-Negotiation" (HM2/74) steht also zunächst das in der intuitiven Verhandlung dominierende Positionsdenken gegenüber, demzufolge Ergebnisse verlangt, angeboten und um sie gefeilscht wird. Haft identifiziert das juristische Denken in Rechtsansprüchen mit diesem und unterzieht es einer ausführlichen und teils polemischen Kritik, die wohl die Erfahrungen einer dreißigjährigen Auseinandersetzung enthält, wenn er „die Überwindung der von Juristen errichteten Hindernisse" (HM2/77) als zentrale Aufgabe der Mediation ausmacht. Positionsdenken, das hier die Dimension der Abgrenzung gegen den Gerichtsprozess markiert, führe zur Festschreibung der Verhandlung als „Nullsummenspiel", verhindere Kreativität und führe enorme Nebenwirkungen mit sich, die „Menschen seelisch ruinieren" können. (HM2/77) Anstatt also über die Positionen in einen destruktiven Konflikt einzutreten, sollten die „wahren Interessen" (HM2/99) der Parteien ermittelt und zur Grundlage der Verhandlung gemacht werden. An dieser Stelle werden noch in einer weiteren Abgrenzung Verhandlungstricks und die Orientierung am kurzfristigen Vorteil („jemanden über den Tisch ziehen"; vgl. HM2/98) zurückgewiesen. Wieder zeigt sich die stets vorausgesetzte ‚Anständigkeit' der Subjekte der Verhandlungsmediation.

In einem derartigen „Verhandlungsvertrag" (HM2/101) einigen sich die Parteien nicht nur auf einen Ablauf und Prinzipien des Vorgehens, sondern gegebenenfalls auch darauf, einen Dritten hinzuzuziehen, womit aus der Verhandlung ein Mediationssetting wird. (vgl. das Mediationskapitel in VuM, s. Kap. 4.1) Der Mediator tritt hinzu, wenn der „Idealfall einer unmittelbaren Verhandlung" (HM2/74) nicht realisiert werden kann, um den Verhandlungsprozess als „neutraler Helfer" (HM2/70) zu unterstützen, eine interessengerechte Lösung durch einen zielgerichteten, effizienten sowie prozesskostenarmen Entscheidungsprozess zu entwickeln. Mit dieser Bestimmung des Verhandelns als auch ohne den vermittelnden Dritten mögliche Interaktion bewahrt die Verhandlungsmediation ihre relative Unabhängigkeit und sichert darüber hinaus ihre Relevanz für die juristische Ausbildung weit über die Mediation hinaus. (VuM/VII-XV) Die Problemlage, die Zielvorstellung und die zu überwindenden „Verhandlungs-hindernisse" bleiben von dieser Erweiterung des Settings zwar unberührt, die Parteien werden jedoch durch die Einführung eines neutralen Dritten entlastet. Denn von den Teilnehmern einer ‚rationalen Verhandlung' werden eine Reihe von Kompetenzen erwartet: Diese sollen ihre Interessen strategisch klug verfolgen, die ‚Phasenstruktur der Verhandlung' beherrschen, kreativ Lösungen entwickeln und Komplexität angemessen bewältigen können, über psychologische Kompetenzen verfügen sowie in der Beziehung untereinander fair bleiben und dabei Unfairness, Verstrickungsversuchen, Manipulation und Machteinsatz der Gegenseite kühl und klar entgegentreten. (HM2/101-105) Geleitet wird dieser Prozess von der Zielvorstellung einer interessengerechten Lösung:

Das erste (und wichtigste) Ziel einer Mediation liegt demzufolge in der durch den Mediator unterstützten Suche nach interessengerechten Lösungen für einen Konflikt bzw. in der Suche nach interessengerechten Einigungsoptionen inner-halb einer Verhandlung. Dabei ist der Begriff der ‚Interessengerechtigkeit' im Sinne einer möglichst guten Verwirklichung der Interessen aller Beteiligten zu verstehen: Es geht nicht um die Entdeckung und Implementierung einer ‚Minimallösung', sondern um die Suche nach solchen Einigungsoptionen, die vorhandene Wertschöpfungspotentiale bestmöglich nutzen. Dabei spielt Kreativität natürlich eine maßgebliche Rolle. (MAP/66)

Interessengerechte Lösungen stellen sich als eine Lösung da, die die Parteien selbst zu erreichen im Stande sind. Um diesen Prozess zu unterstützen und zu begleiten, müssen in der Mediation „Verhandlungshindernisse", ‚Hindernisse' auf dem ‚Weg der rationalen Kooperation', weggeräumt oder überwunden werden. (MAP/51) Auch greift der Diskurs auf das spieltheoretische Verhandlungsdilemma (nur wechselseitige Kooperation bringt einen maximalen Verhandlungserfolg) zurück, das auch ökonomisch formuliert werden kann: Die Wertbeanspruchung der Parteien verhindert kooperative Wertschöpfung. (MAP/52f) Mediation erhält aus dieser Herleitung aus dem Verhandlungsdilemma den Auftrag, die Wechselseitigkeit der Kooperation der Parteien zu sichern (ZKM 2004/4-7) und Verhandlungstricks auszuschalten. Neben diesem, der Fragilität einer Kooperationsbeziehung zwischen eigennutzenorientierten rationalen Akteuren erwachsenen Problem, werden zudem „psychologische Barrieren" (MAP/53) als Verhandlungshindernisse genannt. Die Psychologie tritt hier jedoch, in starkem Kontrast zur Bedürfnisstruktur der Tiefenpsychologie und dem Eisbergmodell, als Ursache kognitiver Verzerrungen, als ein problematischer Faktor auf. (HM/109-136) Dieser Modus der Konfliktbearbeitung durch rationalisiertes Verhandeln kann auch unter den Semantiken von Entscheiden oder Problemlösen erscheinen. Beide können im Verhandlungsdiskurs unkommentiert und unproblematisch an die Seite oder Stelle des Verhandelns treten. Diese Überschneidung kann so weit gehen, dass Mediation im Ganzen als Entscheidungsprozess definiert wird. (Boulle und Nesic 2001, S. 6; vgl. auch ZKM 2009/74-79)

7.1.2 Kooperation: Win-Win, Ressourcen und Orangen

Die Kooperation der Parteien herzustellen ist ein fester Bestandteil der rationalen Verhandlung: „Die meisten realitätsnahen Verhandlungssituationen haben neben einer kompetitiven auch eine kooperative Komponente: Die Verhandelnden können einen Kooperationsgewinn erzielen." (MAP/51) Diese Vorstellung der Wertschöpfung durch Kooperation ist jedoch keinesfalls auf die Verhandlungsmediation beschränkt, sondern als „Win-Win-Situation" Allgemeingut des Diskurses. Dieser Strang stellt eine wesentliche Gemeinsamkeit zwischen Verhandlungs- und Bewegungsmediation auf der Ebene der Lösungsmechanismen dar. In der Verhandlungsmediation wird der Gewinn näher an die sich paradigmatisch in finanziellen Vorteilen ausdrückenden Eigeninteressen der Parteien gebunden, im weiteren Diskurs ist ein weiter gefasstes Verständnis anzutreffen, das Win-Win etwa als Gewinn an „Lebens-, Beziehungs- oder Arbeitsqualität" (M-Kö/22) versteht. Wie die Konflikttheorie das Eisbergmodell, so hat die Fassung der Kooperationsgewinne das „Orangenbeispiel" hervorgebracht. Diese „Geschichte von den zwei Schwestern und der Apfelsine" sei hier beispielhaft wiedergegeben:

> Der Unterschied zwischen herkömmlichen Verfahren der Streitschlichtung und Mediation lässt sich am Beispiel zweier Schwestern verdeutlichen, die sich um eine Apfelsine streiten. Klassische Gerechtigkeitsvorstellungen, wie sie von Generation zu Generation weitergegeben werden und heute noch vorherrschen, sehen für diesen Fall eine Teilung der Apfelsine vor. Diese Form der Gerechtigkeit nennen Verhandlungstheoretiker ‚distributive Gerechtigkeit', denn das Objekt der Begierde wird in zwei gleiche Teile zerlegt, Wer aber vermutet, dass dadurch beide Parteien zufriedengestellt sind, erlebt möglicherweise eine böse Überraschung. Gesetzt der Fall, dass die eine Schwester einen Kuchen backen und die andere Orangensaft trinken will, führt die klassische Lösung zu einer doppelten Niederlage. Die eine Schwester benötigt die Schale für ihr Rezept, die andere Schwester das Fruchtfleisch beider Hälften für das Getränk. Aus der Geschichte geht hervor, dass eine Lösung mit zwei Gewinnern möglich ist, wenn geklärt wird, welche Anliegen hinter den Forderungen verborgen sind. In der Verhandlungstheorie heißen solche Lösungen ‚integrative, kreative Optionen'. (MfD/35)

Diese Geschichte ist im Mediationsdiskurs auch Gegenstand halb spöttischer Kommentare (SDM48/8) – aber zum Kernbestand des mediatorischen Wissens gehört sie ebenso sicher wie das Eisbergmodell.[212] Kritik an der Geschichte richtet

---

[212]   Der Ursprung der Geschichte, die schon in der Verhandlungslehre wird als „sprichwörtlich" bezeichnet wird (GtY/92), ist weiter ungelöst. Mittlerweile wurde von einem Ausbildungsinstitut auf die Aufklärung des „Rätsels" eine Belohnung (Jahresabo ZKM) ausgelobt. Es scheint jedoch fraglich, ob der Anforderung, einen „eindeutigen" Literaturnachweis zu liefern, der den Akt der ursprünglichen kreativen Erfingung belegt und damit das sich hier artikulierende Bedürfnis nach wissenschaftlicher Fundierung befriedigen würde, überhaupt nachgekommen werden kann. Sprichwörter kennen keine Autorenschaft. (https://www.mediatorenausbildung.org/streit-um-die-orange-orangenbeispiel/; 10.1.2017)

sich gegen die implizierte Vorstellung einer vollständigen Win-Win-Lösung: Breidenbach etwa variiert das Beispiel mit anderen Obstsorten, die nicht Win-Win geteilt werden können (MBB/72-76; für eine explizite Kritik s. SDM47/5). Die Kritik richtet sich so gegen die Vorstellung und das Versprechen einer 100-100-Lösung. Dabei bleibt das Schema intakt, die Aussicht auf wechselseitigen Gewinn wird nur relativiert. Entsprechend lässt sich das Win-Win-Versprechen ausdifferenzieren, wie es eine verbreitete Grafik veranschaulicht: Im Koordinatensystem der Interessenerfüllung der Parteien werden die Alternativen einer einseitigen Durchsetzung (100/0), eines eskalierten Konflikts (0/0), eines Kompromisses (50/50) oder eben der Mediation (100/100) eingetragen. Die realistische Kritik würde die Position der Mediation eben abschwächen, sie etwa als bei 80/80 verorten. (Eine entsprechende Abbildung findet sich bspw. in MAP/280)

Wie zentral dieses Element der Kooperationsgewinne, des Win-Win, für die Mediation ist, zeigt sich auch, wenn „richtige Mediation" von bloß „distributiver Mediation" abgegrenzt wird. Verfahren zur Konfliktbeilegung, die einen kurzen schriftlichen Kontakt ohne eine direkte Konfrontation und Interessenergründung der Parteien bestehen, werden für das Verfehlen der Potentiale kritisiert, und der Name Mediation ihnen streitig gemacht. (etwa PM 2007/60-64; auch Kap. 4.2.1)[213]

Wie schon oben beim Eisbergmodell, so lassen sich auch an der Orangengeschichte die Auslassungen des Diskurses ablesen. In den Interpretationen und Kritik am Orangenbeispiel wird nicht thematisiert, dass die Gewinnspannen der Verhandlungspartnerinnen höchst unterschiedlich ausfallen. Win-Win bedeutet zunächst nur eine relative Verbesserung der Lage für beide, wird im Diskurs aber als balancierter, gleichwertiger Gewinn präsentiert.[214] Dies ist aber am Orangenbeispiel nicht durchzuhalten: Die kuchenbackende Schwester hätte ihre Hälfte des Fruchtfleisches ja aller Wahrscheinlichkeit nach nicht wegge-

---

[213]   Aus der Perspektive der hier entwickelten These heraus scheint die Orangengeschichte dahingehend zu kurz zu greifen, dass sie die Programmatik des Mediationsdiskurses verkennt: Mediation erschöpft sich nicht im Klären von Missverständnissen; die Neuaufstellung der Subjekte zum Konflikt geht weit darüber hinaus. (s. bes. Kap. 11.3.5)

[214]   Diese Abblendung asymmetrischer Gewinne wird auch von Bröckling 2015 herausgestellt.

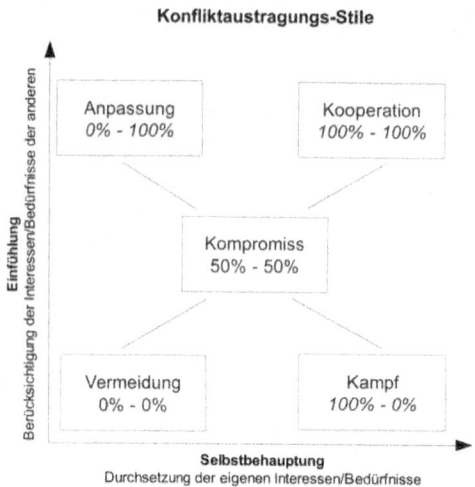

Abbildung 8: Win-Win (MKVK/29)

worfen, sondern beim Backen gegessen oder sonst verwertet: In den allermeisten Verwendungskontexten (die gewissermaßen den ‚Marktpreis' bestimmen) gilt die Schale einer Orange als Abfall, das Fruchtfleisch als wertvoll. Zwar gewinnt auch sie in der getroffenen Vereinbarung, da sie ihre primäre Handlungsabsichten ausführen und wortwörtlich ihren Kuchen verdoppeln kann, durch die Marktlage entsteht aber gegenüber ihrer Schwester ein Ungleichgewicht, das sie rationaler Weise als Verhandlungsmasse einsetzen sollte. In der Darstellung im Diskurs nutzt sie ihre Position nicht optimal aus, nur so entsteht der symmetrische Tausch. Würde sie ihre Position optimal verhandeln, müsste sie etwa folgendes Kooperationsangebot machen: „Du willst mein Fruchtfleisch? Da können wir gerne darüber reden, aber dafür will ich deinen Abfall und außerdem machst du den Abwasch. Ich esse ganz gerne Orangen (und kenne andere, die sich über das Fruchtfleisch freuen würden), aber was willst du denn mit deiner Schale sonst noch anstellen?" Dass dieser Fall im Mediationsdiskurs nicht repräsentiert wird (dabei wird mit dem Beispiel in Ausbildungen intensiv gearbeitet, ein Beitrag berichtet von über 50 Lösungsvarianten, ohne die hier angesprochene Problematik anzusprechen; SDM43/5) verweist auf die im Mediationsdiskurs vor allem außerhalb der Verhandlungsmediation zu beobachtende Tendenz, die symmetrische Kooperation der Parteien vor die Optimierung von Eigeninteressen zu stellen. Ebenso ist die Option des Beziehungs- und Kontaktabbruchs im Mediationskontext auffallend abwesend; nicht zufällig sind die beiden Parteien im Beispiel Geschwister. Redlich und Mironov kommentieren diese Tendenz im Kontext von Mediation mit Arbeitsgruppen:

> Konfliktmanagement zielt oft unausgesprochen auf eine engere Zusammenarbeit zwischen den Teammitgliedern ab. (…) Hierbei hilft es, den (impliziten) Anspruch auf enge Kooperation zugunsten einer formalen Koordination der Arbeitshandlungen aufzugeben. Es dürfte lohnenswert sein, genauer zu untersuchen, wie ein hoher Anspruch auf ‚gute Zusammenarbeit' zur Eskalation von Konflikten beiträgt – gerade in Teams, in denen der Gemeinschaftsgeist als hoher Wert betrachtet wird. (Redlich und Mironov 2003, S. 292)

Gegen diese Bevorzugung der Kooperation und ihrer Chancen findet sich in der Verhandlungsmediation das Instrument der BATNA („Best Alternative To Negotiated Agreement"), das die Parteien in den Verhandlungen berücksichtigen sollen. (VuM/206; Kap. 4.1) Außerhalb des Verhandelns bleiben im Mediationsdiskurs diese „unkooperativen" Optionen im Halbschatten. (Heraus ragt dagegen das abweichende Beispiel in CC/78, Kap. 4.3.3) Manchmal wird eine Konfliktkonstellation, in der die Parteien nicht einfach auseinander gehen können, sondern ein langfristiges Interesse an ihrer Beziehung haben, unter den Anwendungsbedingung oder Indikatoren für Mediation aufgelistet (M-Kö/26; ABC/94; M-I/63; MKVK/23). Für die Mediationspraxis im engeren Sinne mögen die Kosten und der Aufwand des Verfahrens tatsächlich eine solche Filterfunktion haben; für den Diskurs entsteht hier aber tendenziell eine Schieflage, die der von der Verhandlungsmediation vorgebrachten Kritik an einer „Harmonie-Ideologie" der Mediation recht zu geben scheinen.[215] Es mag auch der Einfluss der

---

[215] Um diese Einschätzung nachzuvollziehen muss eine Tücke des Ideologiebegriffs beachtet werden. Im politikwissenschaftlichen Diskurs der USA hat sich eine Redeweise von ‚ideology' herausgebildet, die wertneutral eine Orientierung in politischen Grundwerten beschreibt. (so etwa in McEwen und Milburn 1993) Ein solcher –auf die Wissenssoziologie Karl Mannheims zurückgehender– wertneutraler Ideologiebegriff (oder ‚totaler Ideologiebegriff', da er auch das eigene Denken umfasst) ist theoriestrategisch gegen die marxistische Tradition aufgestellt, die bekanntermaßen Ideologie als ein spezifisches falsches Bewusstsein objektiver gesellschaftlicher Zusammenhänge fasst. (hierzu: Geuss 1999; auch Jaeggi 2009) Indem nun der Begriff auf dem US-Amerikanischen Diskurs wörtlich übersetzt wird, werden die kriti-

Transformativen Mediation sein, die durch die ‚relational worldview' die Synkronizität von Eigen- und Fremdinteressen von vornherein festschreibt, und so die Differenzen in den (nicht näher bestimmten) Kooperationsgewinnen abblendet. [216] (Kap. 4.2.4) In der oben dargestellten Grafik wären solche asymmetrischen Gewinne als 60/80 oder auch 20/95 abzubilden. In der Diskursanalyse konnte ein explizit so beschriebenes Fallbeispiel nicht aufgefunden wurden. Dieser Fokus auf Kooperation und die Ausweitung der Zusammenarbeit mag auch darin begründet liegen, dass die Kooperation der Parteien in der Mediation eine zentrale „Ressource" darstellt, die „vergrößert" werden kann, indem kreativ neue Dimensionen der Kooperation zum wechselseitigen Vorteil erschlossen werden. Wenn diese aber nicht mehr konsequent an das Eigeninteresse der Parteien zurückgebunden wird, bzw. wenn das Eigeninteresse der Parteien auf eine vornherein kooperative Art und Weise nur thematisiert wird, muss sich die Mediation die Frage stellen lassen, wie die Differenzen im Kooperationsgewinn hier nicht abgebildet werden können, oder um es mit dem Klagenfurter Konfliktmanagement zu sagen, welche Konflikte zwischen Individuum und Dyade hier verschleppt werden.

7.1.3 Kommunikation, Verstehen und Perspektivübernahme

Der ‚Umgang mit Differenzen' in der Mediation ist wesentlich kommunikativ, Kommunikation ist im Mediationsdiskurs omnipräsent. Jedes Thema des Diskurses hat mit ‚Kommunikation' zu tun. ‚Kommunikation' ist ein Element aller Lösungsmechanismen, regelmäßig taucht sie als Teil des Konflikts („mangelhafte Kommunikation"), Bedürfnis der Parteien („Kommunikation verbessern") und Aspekt der Lösung auf („regelmäßige Meetings", „gemeinsames Kommunikations-

---

schen Konnotationen –die auch die ‚harmony ideology' nie ganz abgelegt hat– verstärkt, was wohl von der Verhandlungsmediation auch so beabsichtigt wurde. In der hier erfolgten Analyse kann dagegen von einer Harmonie-Ideologie stets nur im Sinne der wertneutralen ‚Grundorientierung auf Harmonie' die Rede sein. Aus Gründen der Vereinbarkeit mit dem Theorierahmen dieser Arbeit wird auf die Verwendung des Ideologiebegriffs, der aufs engste mit der Subjektivationstheorie verknüpft ist, verzichtet. (Althusser 2010; dazu: Rehmann 2015)

[216]   Innerhalb der Transformativen Mediation ist dies auch konsequent durchgehalten – hier stehen kein Kooperationsgewinn und kein Win-Win-Versprechen im Raum, das mit der Kooperationsorientierung wie hier kollidiert.

training"; exemplarisch: WM). ‚Kommunikation' ist zudem der Modus, in dem MediatorInnen professionell handeln: Beschreibungen wie „Seine [des Mediators, JT] Hauptaufgabe liegt darin, die Kommunikation zu fördern bzw. wieder herzustellen" (HM2/283) unterliegen allen Mediationsansätzen, werden jedoch wegen ihrer Selbstverständlichkeit eher selten expliziert. Auch für die Fundierung der Mediation wird der Weg über die Kommunikation gemacht: „Wenn damit ernst gemacht wird, dass Menschen nicht nicht kommunizieren können, bildet das Mediale des Menschseins [aus dem die Mediation etymologisch hergeleitet wurde; JT] die Grundlage dafür, dass mitten unter Menschen überhaupt etwas passiert". (EiM/13) In Mediation wird immer kommuniziert und im Mediationsdiskurs kann man immer auf Kommunikation zu sprechen kommen.[217] Das Verständnis von ‚Kommunikation' wird im Mediationsdiskurs daher nicht behandelt, sondern vorausgesetzt.[218] Das entsprechende Skript des Masters Mediation an der Uni Hagen erklärt einleitend eine Definition der Kommunikation für unnötig:

> Aber eigentlich benötigen wir gar keine Einführung, ist doch der Begriff Kommunikation eine Selbstverständlichkeit im sprachlichen Gebrauch unserer modernen Gesellschaft, die sich sogar durch diesen Begriff selbst definiert: Informations- oder gar Kommunikationsgesellschaft. Somit bedarf es wohl eher einer Eingrenzung, um welchen Aspekt des Phänomens Kommunikation es hier geht und welche Elemente für einen Mediator oder eine Mediatorin bedeutsam

---

[217]   So musste, um aus Mediation „Mediative Kommunikation" zu machen, der Mediation nichts hinzugefügt werden, sondern lediglich ist das festgefügte Verfahren in alltagstaugliche Elemente zerlegt werden. (MK/42) Diese Interpretation weicht vom Selbstverständnis leicht ab. Die dort jedoch als „Anreicherung" (MK/43) der Mediation veranschlagte Themenzentrierte Interaktion (TZI) und das Neurolinguistische Programmieren (NLP) sind im Diskurs schon lange immer wieder genannte Referenzpunkte aus dem Feld der ‚neuen Therapeutik' (Kap. 10) und können daher nicht als Ausgreifen über den Rahmen des Mediationsdiskurses gelten. Mediation wird im Text selbst eher weit gefasst, wenn etwa die Gewaltfreie Kommunikation als „Form freien mediativen Agierens" (MK/42) unter die Mediation subsumiert wird. „Mediativ" wird hier zu einer Haltung und spezifischen Kommunikationsform verallgemeinert, die auch als Oberbegriff der hier angeführten Konzepte fungiert.

[218]   Daran wird auch diese Arbeit leider nichts ändern können. Eine Untersuchung des Kommunikations-Diskurses wäre empirisch wie theoretisch –bedenkt man, in wie viele Theorien der Begriff eingedrungen ist– hoch voraussetzungsvoll, wenn auch gewiss lohnend. Sie kann hier in jedem Fall auch nicht in Ansätzen geleistet werden. Zur soziologischen und kulturwissenschaftlichen Verortung der Kommunikation s. Olivesi 2006; Illouz 2009. Ich danke Klaus Schmidt für diese Anregung. (s. Schmidt 2016)

erscheinen. Dafür ist in erster Linie folgende Frage bedeutsam: Kann Kommunikation erlernt und in bestimmten Situationen bewusst eingesetzt werden, um so für eine fruchtbare mediative Verhandlung beizutragen? (KGMV/4)

Anstelle einer theoretischen Einführung wendet sich das Skript den Fragen zu, wie mit Kommunikation gearbeitet, also Kommunikation durch Kommunikation verbessert, konstruktiv und authentisch gemacht werden kann. Ebenso wie der Konflikt nicht theoretisch, sondern als Frage nach dem guten Umgang behandelt wurde (Kap. 6.1.1; 6.4), so wird auch die Kommunikation sofort in die Frage nach ‚guter Kommunikation' gewendet. Im Mediationsdiskurs ist die Rede von Kommunikation damit stets gerichtet: Sie orientiert sich am Ziel der guten, gelingenden, unverfälschten oder „erfolgreiche[n] Kommunikation" (so der Titel des Beitrages in HM2/363). Schlechte Kommunikation, hier also: Streitkommunikation, ist eigentlich gar keine Kommunikation.

Die Rede von der Kommunikation zielt immer auf eine Bearbeitung, Gestaltung und Verbesserung der Kommunikation. Auf diese Weise wird sie synonym mit dem von den Parteien im Prozess zu gestaltenden Umgang.[219] Somit überträgt sich das Spektrum der in der Mediation verhandelten Zielvorstellungen auf die Kommunikation: Diese soll einmal „lösungsfördernd", mal vor allem „effizient und produktiv" oder „gewaltfrei", „authentisch" oder „klar" sein. Damit schließt sich die Beschreibung der Kommunikation an die übergreifenden Ziele des Mediation an: Die MediatorIn interveniert in die Kommunikation gemäß ihrer Grundorientierungen. (vgl. Kap. 9) Die prägende Kommunikationstheorie für die Mediation, die von Friedemann Schulz von Thun mitformulierte „Klärungshilfe" (Kap. 10.2) gibt der Rede von der Kommunikation im Mediationsdiskurs eine stark therapeutische Ausrichtung. Übergreifend werden dagegen die aus der Konflikteskalation hervorgegangenen Verwerfungen, Verzerrungen und Missverständnisse problematisiert. Auch in der Kommunikation ist der Konflikt der Gegenspieler. (s. Abb. 9)

---

[219]   Man beachte die parallele Veranlagung: Ebenso wie man um die Frage nach dem Umgang mit zwischenmenschlichen Differenzen nicht herum kommt, kann man auch „nicht nicht kommunizieren".

Konfliktdynamik

Unsere Worte und Taten verschärfen einen Konflikt oder bringen ihn einer konstruktiven Lösung näher. Das sind unsere Optionen (vgl. Konflikteskalation S. 163):

Eskalierend	Lösungsfördernd
Schweigen	Kommunikation
Unklare Kommunikation	Transparenz
Vermeidung wichtiger Themen	Anpacken wichtiger Themen
Du-Botschaften	Ich-Botschaften
Vorwürfe	Wünsche
Anklagende Fragen	Offene Fragen
Vorträge, Monologe	Aktives Zuhören
Ratschläge	Offenheit, Interesse
Unterbrechen	Aufnehmen
Selbstzentriertheit	Zugewandtheit
Vergangenheitsorientierung	Zukunftsorientierung
Verallgemeinerungen	Konkrete Formulierungen
Festhalten an Positionen	Fokussierung auf zugrundeliegende Interessen

Abbildung 9: Kommunikation oder Konflikt (M-Schä/169)

Verstehen, Verständigung und Perspektivübernahme

Als ein Aspekt der Kommunikation ist die Frage nach der Verständigung der Parteien herauszuheben. Der etwa im Orangenbeispiel vollzogene Wechsel von „Konfrontation" zu „Kooperation" geht damit einher, dass die Parteien ihre ‚tieferliegenden' Interessen einander transparent machen. Erst wenn der ‚eigentliche Konflikt' von den Parteien offengelegt und einander transparent gemacht ist, können die tiefer liegenden Interessen oder Bedürfnisse in die Konfliktbearbeitung eingehen. Der ‚eigentliche Konflikt' muss in der Mediation artikuliert, verstanden und nachvollzogen werden. Die Verständigung der Parteien ist ein Dauerthema im Diskurs und wird als Charakteristikum der

Mediation herausgestellt. Allerdings ist hier, anders als im Falle der Kommunikation, ein Unterschied in der Relevanzbestimmung festzuhalten: Im Verhandeln bleibt der Aspekt des Nachvollzuges der Perspektive der Gegenpartei am Rande des Lösungsversprechens; er ist nicht mehr als eine Notwendigkeit auf dem Weg zur Interessenmaximierung. Im normativ aufgeladenen Selbstverständnis der Mediationsbewegung steht die Verständigung an zentraler Stelle: Der Bundesverband Mediation bezeichnet sich als „Fachverband zur Förderung der Verständigung in Konflikten" (BM-HP). Mit der „verstehensbasierten Mediation" ist sie zum namensgebenden zentralen Mechanismus einer einflussreichen Schule der Mediation avanciert, in deren zentralen Code ‚understanding' beide Begriffe zu Deckung kommen. (Kap. 4.3.3; s. auch M-MGrR) In der Frage, was nachzuvollziehen ist, kehrt die Frage nach dem ‚eigentlichen Konflikt' wieder: Interessen sind ohne größeren hermeneutischen Aufwand der Introspektion zugänglich und müssen daher klar kommuniziert und unverzerrt nüchtern-sachlich wahrgenommen werden. Bedürfnisse dagegen bedürfen des empathischen Nachspürens auch im eigenen Selbst – sie implizieren einen Prozess der „Selbstklärung". (s.u.) Auch der Prozess der Perspektivübernahme ist dann ein mit Emotionen verbundenes empathisches Nachspüren. (Kap. 10.5)

7.1.4 Selbstklärung und Beziehungstransformation
Der am anderen Ende der Polarität des Mediationsfeldes angesiedelte Wirkungsmechanismus ist ungleich schwerer zu fassen als die oben ausgeführte Rationalisierung der Verhandlung, weil die Wirkungsmechanismen der Selbstklärung und Beziehungstransformation nicht auf dieselbe Weise im Diskurs beschrieben werden. Vielmehr treten sie als „Mehr", als ein über die Verhandlung der Sachfragen hinausgehender Prozess auf.

Der Begriff ‚Vermittlung' lässt noch nichts von der Dynamik und der Tiefe des Mediationsvorgangs spüren. Es ist wie mit einem Kochrezept: Den wirklichen Geschmack gibt das Rezept nicht preis. (M-Kö/25)

„Dynamik" und „Tiefe" des Transformationsprozesses sind hier die zusätzliche Qualität, die nur in der Praxis zugänglich, aber in der Theorie nicht fassbar sei. Diese grundsätzliche Aufwertung der Praxis gegenüber der Theorie durchzieht den Mediationsdiskurs (s. Kap. 9.7), wird hier jedoch besonders betont; der Hinweis, dass Mediation nicht aus Büchern zu lernen sei, gehört zum Standardrepertoire der Lehrbücher. (EiM/34; ABC/11; M-Schä/12)

Eigendynamischer Prozess
Wenn dem Prozess der Verständigung und Kommunikation eine Eigendynamik zugesprochen wird. (vgl. Kap. 3.2.3), kann diese „Transformation" der Beziehung zwischen den Parteien zentral werden:

In der Mediation geht es um wesentlich mehr als die Regelungen am Ende. Auch wenn die Parteien den Mediatoren meistens keinen expliziten Auftrag zu einem transformatorischen Verfahren geben, zeigt die Praxis, dass die Medianden am Ende der Mediation oft anders miteinander kommunizieren als am Anfang. (…) Mediatoren kennen das befriedigende Gefühl, wenn sie die Medianden zu einer für beide als fair empfundenen Regelung geführt haben. (ZKM 2014/194)

In diesem typischen Zitat wird der verändernde Effekt der Mediation einerseits als der besonders für das Selbstverständnis der MediatorIn zentrale Prozess herausgestellt. Die Transformation setzt dabei am Verstehen an: Sowohl das neue Verständnis für die andere Partei als auch die Klärung der eigenen Bedürfnisse führen zu einer ‚Transformation' der eigenen Position und der Wahrnehmung des Anderen. Den eigentlichen Konflikt herauszuarbeiten hat weitreichende Folgen: Mediation kann so erweisen, dass „sich Menschen verändern können", wenn die MediatorInnen „an der Veränderung der Haltung der Konfliktparteien" arbeiten (SDM32/17). Veränderung wird in diesem Kontext immer positiv konnotiert, aber niemals inhaltlich bestimmt.

Sache + Beziehung

Einigkeit herrscht aber darüber, dass dieser Prozess zumindest primär auf der von der „Sachebene" getrennten „Beziehungsebene" (ABC/34 – mit Verweis auf Watzlawick) oder Gefühlsebene (MK/34) stattfindet: „Die Mediation führt vom Kampf um Positionen, von Konkurrenzdenken und gegenseitigen Schuldzuweisungen nur über Bewegung auf der Beziehungsebene zu neuen Ergebnissen auf der Sachebene." (MfD/64) Diese Veränderung kann als Bewahrung der Beziehung (M-Kö/7) angesetzt werden; sie kann für das Feld der Scheidungsmediation eine als Chance erlebte, befreiende Auflösung und Neuordnung der Beziehung (MWID/62-65), als „Versöhnung" (ABC/55) oder auch als Klärung der Beziehung und dem Gewinnen von Selbsterkenntnis als Veränderung zum Positiven gesetzt werden. Gemeinsam ist allen, dass sie die Vergiftung der Beziehung durch den eskalierten Konflikt angehen und ‚umdrehen'. Ebenso wie die rationale Verhandlung greift auch die Transformation der Beziehung auf den hinter den Positionen und der Eskalation liegenden ‚eigentlichen Konflikt' zurück:

Das Mediationsteam nimmt die Angst und Unzufriedenheit empathisch auf, bis sich der ‚Vulkan der Wut' entleert hat. Anschließend bekommen die Bedürfnisse der Streitparteien Raum, das Mediationsteam spricht aus, was es hinter den Gefühlen an Interessen gehört und gespürt hat. Die Konfliktparteien erleben nun eine entscheidende Veränderung ihrer Haltung. Körperliche Anzeichen wie ein hörbares Ausatmen oder ein Zurücksinken in den Stuhl signalisieren, dass ihnen durch das Aussprechen ihrer tiefsten Anliegen anscheinend eine schwere Last von den Schultern genommen wurde. Die Bereitschaft zur Öffnung gegenüber der anderen Streitpartei wächst von Minute zu Minute. Dabei werden eventuell Themen angesprochen, die vorher nicht erkennbar waren, die sogar den Streitparteien selbst nicht bewusst waren. Die Konfliktparteien machen eine Erfahrung: Sie erhalten in ihrer Not Verständnis, statt immer neuer Vorwürfe und Schuldzuweisungen. Die Deeskalation bringt neue Energie, neue Bereitschaft, neue Ideen und neue Strategien für den Prozess. Das Win-Win-Prinzip fängt an zu wirken. MERKE: Die Streitparteien kommen über ihre tiefer liegenden Motivationsgründe zurück in den Kontakt zueinander. (MfD/66-67)

Hier lassen sich die Parallele und die Unterschiede zur Verhandlung klar erkennen: In beiden Fällen wird eine ‚hinter dem offensichtlichen Konflikt' liegende Schicht identifiziert, die herausgearbeitet werden muss, um die destruktive Interaktion zu beenden und eine Win-Win-Lösung zu erzielen. Vom Wechsel von den sachbezogenen Interessen zu den „tiefsten Anliegen", den Bedürfnissen (Kap. 6.1.2) gehen eine Reihe von Veränderungen aus: Zunächst werden die Gefühle der Parteien empathisch aufgenommen und als Wegweiser zu Interessen genutzt. (Kap. 10.5) Auch über die Körperhaltung und -sprache wird der Körper der Parteien im Diskurs thematisiert. Die Parteien werden nun als „in ihrer Not" bedürftig und verletzbar thematisiert. Vor allem aber werden die Parteien ins Passiv gesetzt: Sie ‚erleben' die Veränderungen ihres körperlichen wie psychischen Selbst; ‚in ihnen wächst' eine Bereitschaft; sie ‚erhalten' vom veränderten Prozess neue Energie. In allen diesen Formulierungen sind die Parteien anders als in der Verhandlung nicht die stets aktiven Entscheider, sondern daneben auch gegenüber dem „Prozess" in ein mehr oder weniger ausgeprägtes Passiv gesetzt. Sie „erleben" (eine im Verhandeln bezeichnenderweise nicht relevante Vokabel) eine Veränderung an sich selbst, und nehmen die Gegenpartei neu wahr – und sind doch in diesem Prozess stets als aktiv Teilnehmende gefordert. In der doppelten Adressierung der Parteien wird an dieser Stelle die passive Seite der vom Konflikt und auch vom Lösungsprozess affizierten Parteien stark gemacht: Das ‚Mehr' der Transformation ist an dieser Seite der Subjekte aufzufinden, wohingegen in der rationalen Verhandlung nur die aktive Seite der Subjekte lösungsfördernd war.

Selbstklärung und Positionsveränderungen
Der Prozess der Beziehungstransformation ist mit der Selbstklärung der Parteien verbunden. Durch die nicht unmittelbar transparente ‚größere Tiefe' kann die Eigenwahrnehmung der Parteien problematisiert werden. (Kap. 3.2.2) Die Klärung von Selbst und Beziehung werden oft parallel geführt („mit sich selber und mit ihren Kontrahenten wieder ins Reine kommen" M-Kö/7). Im Beispiel wird der Prozess durch die Artikulation der Bedürfnisse ausgelöst: Die von den MediatorInnen artikulierten „tiefsten Anliegen" der Parteien führen zu emotionaler Entspannung, zunehmender Offenheit und dem Sichtbar-Werden neuer Themen des eigentlichen Konflikts. Diese Erweiterung der nun sichtbar gemachten Tiefe des Konflikts kann auch die Subjekte selbst betreffen, denen ihre ‚eigentlichen Anliegen' erst im Prozess ‚bewusst werden' – der Konflikt beeinträchtigt auch die Selbstwahrnehmung der Parteien, „entfremdet" sie von „sich selbst". (vgl. Kap. 4.2.2) Wird dieses Selbstverhältnis der Parteien im Prozess durch neue Erkenntnisse über sich selbst in Bewegung gesetzt, können sich die Positionen verschieben, bis hin zur Auflösung des Konflikts. Diese Entwicklung wird in Beispielen gerne ausgeführt. So auch in diesem (nicht explizit als fiktional eingeführten) Beispiel: Erika und Peter haben sich im Erbstreit um ein Portrait ihrer Mutter verstrickt; der eigentliche Konflikt geht aber tiefer:

> Beide argumentieren mit dem Andenken an die Mutter. Während es jedoch für Erika um ein Herzensandenken geht, kämpft Peter immer noch um die Liebe seiner Mutter und damit um die Gleichberechtigung in der gegenseitigen Wert-schätzung der Geschwister. Die Positionen der Geschwister sind unvereinbar, beide fordern das Bild. Ihre Bedürfnisse und Interessen sind jedoch sehr unter-schiedlich. Und genau hier setzt die Mediation ein. (M-Schä/18)

Nachdem die Mediation erfolgreich durchgeführt wurde, stellt sich der (ehemalige) Konflikt für die Parteien vollständig anders da:

> ERIKA: (…) In der Mediation kam dann heraus, dass Peter darunter litt, dass ich bei der Mutter immer besser weggekommen war als er. Wir verstanden plötzlich beide, dass wir eigentlich nicht um das Bild kämpften, sondern wie schon als Kinder um die Zuwendung der Mutter. Das hat mich sehr bewegt,

denn ich hatte Peters Bedürfnis nach Anerkennung zwar immer latent gespürt, aber nie so ernst genommen. Plötzlich erkannte ich, dass Peter das Bild nötiger hatte als ich. Ich bot ihm deshalb an, er könne das Bild behalten und ich würde mir auf seine Kosten eine Kopie machen lassen. Das wollte Peter aber nicht, obwohl ihm auch am materiellen Wert des Porträts gelegen war. Eine Rolle spielte dabei auch der Umstand, dass ich zwar verheiratet, aber kinderlos bin, während Peter eine Tochter hat. Wir haben uns dann so geeinigt: Ich bekomme das Bild als Dauerleihgabe für den Rest meines Lebens. Danach geht es zurück an Peter bzw. an sein Kind. Diese Lösung hat mir gut gefallen. Der materielle Wert ist mir völlig egal. Jetzt kann ich das Bild mein Leben lang anschauen, allein das zählt. Und es ist ein schöner Gedanke, dass es nicht verkauft wird, sondern in der Familie bleibt.

PETER: Durch die einfühlsamen und ermutigenden Fragen der Mediatorin konnte ich meine eigenen Wünsche besser verstehen und auch aussprechen. Als dann Erika von sich aus auf das Bild verzichten wollte, ist bei mir ein Knoten geplatzt. Plötzlich brauchte ich das Bild nicht mehr. An dieser Stelle ist meine Beziehung zu Erika ins Lot gekommen, und ich spürte auch, dass ich meinen Frieden mit Mutter machen konnte. Schade, dass ich es ihr nicht mehr selber sagen kann. Ich hätte schon viel eher meine Gefühle und Wünsche aussprechen sollen. Vielleicht war Mutter mein Konkurrenzdruck und mein gefühltes Liebesdefizit genauso wenig bewusst wie Erika. Die Lösung finde ich super. Wir werden als Familie Erika gerne besuchen kommen und uns dann an euerm Bild erfreuen. Dass es nach Erikas Tod in den Besitz meiner Tochter übergeht, freut mich besonders. Das Porträt unserer Mutter ist jetzt ein Familienerbstück. Und gleichzeitig, wie die Mediatorin sagte, ein Symbol für einen Familienstreit mit zwei Gewinnern. Glücklichen Gewinnern, füge ich hinzu. (M-Schä/19)

Die Parteien sind nicht nur „sehr bewegt" – sie bewegen sich auch sehr weit. Aus dem Streit um das Objekt wird ein gegenseitiges Angebot; der Konflikt löst sich auf und verkehrt sich hier gar in sein exaktes Gegenteil. Dieses Beispiel liegt damit auf der Linie der Orangengeschichte: Der ‚vordergründige Konflikt' löst sich auf, wenn der ‚eigentliche Konflikt' zugänglich gemacht und wahrgenommen wurde. Nur: Den ‚eigentlichen Konflikt' gibt es nicht; die ‚eigentlichen Interessen' der Parteien sind nicht konflikthaft, sondern lassen sich wunderbar kombinieren. Im Organgenbeispiel löste sich der Konflikt in ein Missverständnis auf; beide Parteien wollten unterschiedliche Teile derselben Sache. Hier geschieht dieses wundersame (und für die Parteien gewiss wunderbare) ‚Auflösen der Verluste' jedoch nicht in der Klärung des exakten Interesses, also der exakten Beziehung der Parteien zur

‚Zankapfelsine', sondern auf der in den Subjekten liegenden ‚tiefen Ebene'. Der Konflikt wird hier durch eine Form der Selbstveränderung[220] aufgelöst: Indem die Parteien ‚ihre eigentlichen Anliegen besser verstehen lernen', also ihr Selbstverhältnis verändern, kommen sie dazu, sich zum (ehemaligen) Streitfall anders zu positionieren. Dabei ist diese Selbstveränderung der Parteien stets so gelagert, dass sie den Konflikt schwächt oder löst; nie verstärkt sie ihn. (dazu Kap. 8.2)

Juristischer Diskurs und psychologisches Vokabular
Das eindeutig psychologische Vokabular dieses Lösungsmechanismus ist an die juristisch geprägten Bereiche des Mediationsdiskurs zunächst nicht anschlussfähig; dort herrscht klar das Verhandeln vor, in dem eine solche Transformation der Parteien nicht vorgesehen und bisweilen aktiv zurückgewiesen wird. Neben dieser Abgrenzung gibt es im Diskurs aber auch Versuche, Anschlüsse an das juristische Vokabular herzustellen. In dieser „bi-professionellen" (Kap. 5.2.1) Zusammenführung höchst unterschiedlicher professioneller Sprachen in der Mediation werden die Grenzlinien auf unterschiedliche Weise verhandelt. So werden etwa in diesem Zitat die Fremdheitsgrade mit Anführungszeichen klar herausgestellt: „der Mediator (...) hat die Kommunikation der Parteien zu fördern und zu gewährleisten, dass sie in fairer Weise ‚in die Mediation eingebunden sind' (Abs. 3 S.1)" (ZKM 2012/112) Die Anführungszeichen, die das ‚Einbinden der Parteien' umgeben, nicht aber die Kommunikation, markieren die Schwierigkeit, die Begrifflichkeit in den juristischen Diskurs zu integrieren.[221] Die professionelle

---

[220]   Die wenigsten Beiträge sprechen hier von einer „Selbstveränderung", meistens ist von „Selbstklärung" die Rede. Während bei der Beziehung sowohl von „Beziehungsverände-rung", „Beziehungsarbeit" oder auch „Beziehungsklärung" die Rede sein kann, überwiegt beim Selbst die „Klärung" massiv. Dieser Effekt ist auf einen starken Authentizitätscode zu-rückzuführen, wie in exemplarisch die Klärungshilfe (Kap 10.2) anführt: Als Veränderung hin zur Authentizität ist die Veränderung als eine Bewegung näher zum eigentlichen Selbst eine Klärung. (Kap. 9.2) Die in dieser Terminologie sichtbar werdende Ontologisierung des Subjekts ist zugleich ein generelles Kennzeichen subjektivender Diskurse.

[221]   Siehe auch Hay (2001, S. 114) zu den Problemen der US-amerikanischen Rechtsprechung, wenn Kriterien engagierter Teilnahme am Verfahren Gegenstand von verfahrensrechtlichen Entscheidungen werden, weil etwa einer Partei die Wiederaufnahme eines Verfahrens ver-weigert werden soll, da sie sich am bisherigen Mediationsverfahren nicht ernsthaft beteiligt habe („good faith effort", „meaningful participation"). Der juristische Diskurs in seinen ho-

Differenz kann in die Forderung nach einer Ergänzung der juristischen Expertise führen: Wenn nicht nur justiziable, sondern auch „darüber hinaus" gehende Themen bearbeitet werden, „drängt sich die Frage nach interprofessioneller Zusammenarbeit des Anwaltsmediators in einem Mediatorenteam mit Psychologen, Sozialpädagogen, Sozialarbeitern aber auch anderen Berufen, etwa Ingenieuren und Architekten, auf." (MAP/31) Eine andere Richtung im Diskurs fordert die Übernahme ‚psychologischer' Elemente in die juristische Professionalität, wie in diesem der Evaluation eines Programms gerichtsinterner Mediation entnommenen Zitat: „Nicht nur Mediatoren, sondern alle Beteiligten sind für den Erfolg eines Mediationsverfahren verantwortlich und sollten möglichst empathisch, wertschätzend und unterstützend zusammenwirken, um zu einer umfassenden Bestandsaufnahme und nachhaltigen Regelung der Probleme zu kommen." (ZKM 2014/184). Diese Richtung konnte in der DGM Fuß fassen und wird dort programmatisch formuliert:

Wer die Methode der Mediation lernen will, muß sich mit Bewegungen, das heißt mit Prozessen im eigentlichen Sinne beschäftigen - und nicht, wie es der Jurist normalerweise tut, mit ‚Sachen'. Außerdem muß er dies mit Gespür und Kunstfertigkeit tun, nicht aber als Entdecker und Vollstrecker einer rein rationalen, wissenschaftlich begreiflichen Ordnung. (M-RdL/456)

Die Differenz lässt sich jedoch auch weniger konfrontativ bearbeiten, wenn kreativ die Anschlussfähigkeit durch eine neue Deutung der ‚psychologischen' Metaphern angeboten wird:

Die spezifische Hilfestellung des Mediators lässt sich mit derjenigen eines Katalysators bei chemischen Prozessen vergleichen: Er bewirkt, dass ein bestimmter Prozess (eine Reaktion) stattfindet. Träger des Prozesses sind jedoch die Beteiligten selbst. (MAP/61)

Durch den Rückgriff auf die Chemie wird der im Mediationsdiskurs sonst therapeutisch konnotierte zwischenmenschliche statt juristische „Prozess" in den juristischen Kontext eingeschleust und die Parteien so dezent in die passive

---

hen Anforderungen an die exakte Definition der Begriffe wird von diesem Vokabular sichtlich herausgefordert.

Position gestellt: mit ihnen oder in ihnen findet ein „Prozess" statt. Die Parteien werden so, entgegen ihrer sonst aktiven Rolle als autonome Entscheider und Träger von Interessen, zu Trägern eines eigendynamischen und naturgesetzlichen Geschehens.[222] Die naturwissenschaftliche Metapher ermöglicht so, die Art und Weise, wie die Konfliktparteien in der ‚psychologischen' Transformation positioniert werden in den juristischen Mediationsdiskurs einzuführen ohne der Ablehnung der Therapeutik zu verfallen.

7.1.5 Soziale Transformation durch Mediation

‚Transformation' bleibt als Lösungsmechanismus der Mediation jedoch nicht in allen Varianten auf den „Einzelfall" (SDM33/15) beschränkt. In ihrem politischen Selbstverständnis ging die Mediationsbewegung über die konkreten Konflikte hinaus, und bildete ein Gesellschaft veränderndes Programm aus. Am deutlichsten ist dieser politische Anspruch der Mediation bei Besemer formuliert:

[Der Transformativen Mediation] geht es nicht vorrangig um eine Problemlösung für den Einzelfall. (…) Vielmehr sollen sich die Menschen verändern und ‚moralisch wachsen' (moral growth), so daß nicht ständig neue destruktive Konfliktsituationen entstehen. Durch veränderte Menschen kann auch die Gesellschaft verändert werden. Deshalb kommt es bei der Mediation darauf an, das Selbstvertrauen und Selbstwertgefühl der Konfliktbeteiligten zu stärken und ihre Handlungsmöglichkeiten zu erweitern (empowerment) sowie Einfühlungsvermögen für ihre Bedürfnisse und Interessen hervorzurufen (recognition). (MIDP/27)

Hier überwiegt das transformative, auf Veränderung zielende Moment in der Mediation nicht nur über die sachbezogene Problemlösung, sondern auch der politische Veränderungswille über die Dienstleistung an den Medianden. Besemer greift das Programm der Transformativen Mediation emphatisch auf und setzt es in seinem Mediationsbuch als Programm „zu einer emanzipatorischen, transformativen Mediation" (MKVK/146-7) um. Hier wird Mediation als „Methode/ Strategie" bestimmt, der ein klares politisches Ziel eigen ist: „Sie zielt auf eine Gesellschaft ab, in der achtsames, herrschaftsfreies Zusammenleben

---

[222] Die Metapher vom Mediator als Katalysator scheint auf John Paul Lederach zurückzugehen (Lederach 2008; vgl. ABC/103)

angestrebt wird." Mediation geht dabei nicht konfrontativ gegen Herrschaft und Unrecht vor, sondern schafft Raum für Neues: „Durch die Erfahrung der hierarchiefreien Mediation wird ein zwischenmenschliches und gesellschaftliches Gegenmodell vermittelt und verbreitet." Wenn Mediation sich etabliere, werde auch die Akzeptanz von „Fremdbestimmung" abnehmen. Diese Lernprozesse ermögliche Mediation durch ihre „grundlegenden Elemente" (SDM/33/15): Mediation beruht als Verfahren „auf Gleichwertigkeit und Gleichrangigkeit" (MKVK/146-7), das Machtverhältnisse neutralisiert. („Denn wer sich auf Mediation einlässt, verzichtet während des Verfahrens auf die Anwendung seiner/ihrer strukturellen Macht."[223]) Vor allem aber ziele die Mediation auf eine Ebene jenseits der Macht als Nullsummenspiel, das Empowerment der Mediation sei als „,positive, kooperative Macht'" zu verstehen, das destruktive Formen von Macht durch „konstruktive Formen kooperativer Macht" ersetze. Allerdings verbindet der „emanzipatorische" Ansatz Besemers diese Thesen mit zwei weiteren, mit denen er über den geteilten Konsens des Diskurses hinausgeht, und ganz auf der Linie der Transformativen Mediation (Kap. 4.2, MIDP) Mediation als ein gegenkulturelles Projekt bestimmt. Mediation sollte nicht nur ein Erfahrungsraum für die Potentiale herrschaftsfreien Zusammenlebens bieten, sondern müsse gegebenenfalls durch gewaltfreien Widerstand ergänzt werden:

Dieses Konzept hat allerdings auch Grenzen: Wenn die KonfliktpartnerInnen übermächtig sind und sich auf kein Gespräch und schon gar nicht auf einen er-gebnisoffenen Dialog einlassen, bleibt die neue Konfliktkultur eine brüchige gesellschaftliche Insel. Angesagt ist deshalb eine Erweiterung und Ergänzung dieses Ansatzes mit Methoden gewaltfreien Widerstands- einem Widerstand, der Menschenrechte verteidigt und auf Dialog hin angelegt ist. (SDM 33/17)

---

[223]   Dieser Satz mag widersprüchlich erscheinen, da in einer ungewöhnlichen Definition „struk-turelle Macht" als „Rangunterschiede und Hierarchien" gefasst und so wiederum als eine persönliche Ressource erscheint, die von den Parteien neutralisiert werden kann. ,Strukturel-le Macht' –wie immer der Begriff genau gefasst sein mag– verweist ja gerade auf einen Machtbegriff, der die klassische handlungstheoretische Definition überschreitet und damit eben gerade nicht situativ qua Entscheidung suspendiert werden könnte. Die Begriffsver-wendung ist hier verwirrend, für Besemers Ansatz aber gerade bezeichnend, da sie zeigt, wie immer wieder auf die Figur eines gestaltungsfähigen Subjekts rekurriert wird.

Besemer macht hier mit dem gegenkulturellen Projekt ernst. Die Herrschaftskritik, die Motivation der MediatorInnen überwiegt hier: Mediation wird als situationsspezifisch einzusetzendes Mittel bestimmt, das durch andere Mittel zu ergänzen ist.

> Mediation ist kein Allheilmittel. Sie hat ihre Stärken in der Konfliktbearbeitung innerhalb gegebener Strukturen. Gesellschaftliche Rahmenbedingungen werden eher nicht thematisiert, Machtunterschiede kann sie nur begrenzt ausgleichen. Wer Veränderung gesellschaftlicher Machtstrukturen anstrebt, sollte die dafür eher angemessenen Methoden der politischen Einflussnahme und des gewalt-freien Widerstands anwenden. (SDM33/16)

Die gegen Herrschaft gerichtete Parteilichkeit der MediatorIn stößt sich mit dem Neutralitätsgebot: Bei Besemer finden sich Forderungen, die mächtigeren Parteien sollen ihre Macht außer Anwendung setzen oder auch die Möglichkeit, dass die MediatorIn die schwächeren Parteien berät, indem ihnen auch Alternativen jenseits der Mediation offen und nahe gelegt werden, etwa im „Gewaltfreien Widerstand und Verbreiterungen des Bündnisses" (MKVK/146). Besemer verortet hier die Mediation klar im Umfeld der neuen sozialen Bewegungen, deren Kritik an der Mediation er aufgenommen hat (KRTZ).[224] Die Schlussfolgerung, Mediation nur unter bestimmten Umständen ‚einzusetzen', ist schlüssig, Besemer positioniert sich damit aber als (gewaltfreier[225]) Bewegungsaktivist, für den die Mediation ein Mit-tel, nicht der Grund des Engagements ist. Die Herrschaftskritik überwiegt den Glauben an die Versprechen der Mediation.

Kritik der Verhandlungsmediation
Diesen Veränderungsprozessen erteilt zunächst die Verhandlungsmediation eine klare Absage. Der Mediator darf, so die Argumentation, nicht auf soziale Transformation abzielen, sondern hat sich an der Autonomie der Parteien zu

---

[224]   Diese Diskussion lässt sich gut anhand der Ausgabe 1997/4 des „Forschungsjounals Neue Soziale Bewegungen" nachvollziehen, darin besonders der Beitrag mit dem sprechenden Ti-tel „Vorsicht: Mediation!" (Tils 1997)

[225]   Die ‚Werkstatt für gewaltfreie Aktion Baden' ist genau ein solcher Akteur der gewaltfreien Fraktion des Protestfeldes der neuen sozialen Bewegungen. (zur Frage der Gewaltfreiheit im westdeutschen Protestbewegungen siehe Pettenkofer 2010, 2014)

orientieren: „Der Individual-Autonomy-Gedanke verträgt keine Vermischung mit einem Befriedungskonzept (…), vor allem keinen Harmoniedruck. Notwendig dagegen ist allerdings, daß der Mediator den Prozeß unterstützt, die Berechtigung der Position des jeweils anderen zu sehen und anzuerkennen. Ohne die Öffnung für die Position und die Beweggründe der anderen Seite, nicht aber etwa deren von Harmoniedruck durchgedrückte, zwangsweise Akzeptanz, ist Mediation zum Scheitern verurteilt – was dann im Sinne des Selbstbestimmungsgedankens hinzunehmen ist." (MBB/230-31) Auch Eidenmüller führt diese Kritik an: „Nicht die Vorteile für die Gesamtgesellschaft, sondern diejenigen für die Konfliktbeteiligten bzw. Verhandlungspartner sind es, die Mediation in erster Linie rechtfertigen." (MAP/69) Die Problematisierung gesellschaftlicher Verhältnisse durch den Mediator liegt der Verhandlungsmediation denkbar fern, nicht nur, weil dieser durch das Dienstleistungsverständnis der Mediation klar gebunden ist. Die Verhandlungsmediation problematisiert nur individuelles Fehlverhalten, Herrschaftskritik lässt sich aus ihrem Diskurs nicht herleiten. (Kap. 4.1.8) Entgegen der politischen Perspektive auf Mediation hat sich das Bekenntnis zur Unantastbarkeit der Parteienautonomie im Diskurs klar durchsetzen können: „Ich selbst vertrete die Schule der ‚Konflikttransformation‘, in der der Mediationsprozess nicht nur ausschließlich als Problem- und Konfliktlösungsmethode bestimmt wird, sondern – in die Zukunft gerichtet– auch als Weg zur Klärung, Versöhnung, beziehungsweise Wiedergutmachung und als Chance für zukünftige Kooperation begriffen wird." (ABC/55) So wird die Transformation im Sinne des „nicht nur… sondern auch" als Prozess der sich als „Nebeneffekt" einstellen kann, aber auf keinen Fall von der MediatorIn erzwungen werden darf, auch wenn sie durchweg wünschenswert sein mag. (M-MK/13; MiB/51; MuKM/39; M-I/17)

Solche und ähnliche Effekte auf einer Makroebene mögen erwünscht sein. Mediation operiert jedoch auf einer Mikroebene und muss deshalb auch primär auf dieser Ebene legitimiert werden. Ihre Instrumentalisierung zu gesamtgesellschaftlichen Zwecken wird ihrem Stellenwert als Problemlösungshilfe für Individuen nicht gerecht. Nicht die Vorteile für die Gesamtgesellschaft, sondern diejenigen für die Konfliktbeteiligten bzw. Verhandlungspartner sind es, die Mediation in erster Linie rechtfertigen. (MAP/69)

Jegliche Transformation und jegliche Absicht der MediatorIn ist an die Parteienautonomie gebunden: Damit setzt die Mediation ihr eigenes Verfahren zugleich als alternativlos. Die MediatorIn hat sich in die Autonomie der Parteien und die Ergebnisse des Prozesses zu fügen, anstatt einzelne Parteien zum Widerstand aufzustacheln, und damit Konflikte zu befeuern.[226]

7.1.6 Klären und ‚Relationieren' von Gerechtigkeitsüberzeugungen

Im deutschsprachigen Mediationsdiskurs ist quer zur Bandbreite der bislang dargestellten Lösungsmechanismen von der Rationalisierung der Verhandlung bis sozialen Transformation mit der von Leo Montada getragenen gerechtigkeitsbezogenen Mediation ein separat zu behandelnder Ansatz vertreten. Auch wenn dieser sich ebenfalls in einer Kritik am „Standardmodell der Mediation" in Differenz zum Verhandeln positioniert, ist er doch klar von den oben dargestellten Ansätzen zu unterscheiden. Ausgehend von der Konflikttheorie, die Konflikte durch widersprüchliche Gerechtigkeitsüberzeugungen konstituiert sieht (Kap. 6.1.2), gilt die „Verständigung hinsichtlich der konfligierenden normativen Überzeugungen" (EWE 503) als hauptsächlicher Weg zur Konfliktlösung. Diese Verständigung findet durch die Zurechnung und Übernahme von Schuld und Verantwortlichkeit statt.[227] Entweder können die Parteien in ihrem Konflikt zu einer eindeutigen, neuen Bewertung der Situation kommen: durch ein Schuldeingeständnis, die Relativierung von der Gegenseite zugeschriebenen Verantwortlichkeiten (nicht voraussehbare Handlungsfolgen, fehlende Handlungsspielräume) oder eine gelungene Rechtfertigung der eigenen Position. Gelingt es nicht, einen gemeinsamen normativen Bezugspunkt zu finden, sind, so Montada, die normativen Bezugspunkte der Parteien in einem „normativen Diskurs"[228] zu vermitteln:

---

[226]   Dies ist auch die Position der oben dargestellten US-Amerikanischen alternativen Modelle. Besemer positioniert sich in dieser Frage damit außerhalb der Transformativen Mediation in Richtung der social justice mediation. (s. Kap. 4.2)

[227]   Hier zeigt sich wieder die extreme Spannbreite dessen, was unter ‚Verständigung' verstanden werden kann. Einerseits kann eine therapeutisch gefüllte Kommunikationstheorie (Kap. 9.2), ebenso aber eine in der Auseinandersetzung von analytischer und kontinentaleuropäischer Philosophie gebildete „Theorie kommunikativen Handelns" (Habermas 1985), die hier im Hintergrund mitzudenken ist, die Verständigung als Telos der Kommunikation ansetzen.

[228]   Nur um Missverständnisse sofort auszuschließen sei hier klargestellt, dass der hier verwendete Diskursbegriff keinerlei Verwandtschaft zur die Methode dieser Arbeit bestimmenden Tradition aufweist. (Damit sei zugleich HoMe/201 energisch widersprochen, der mit seiner Begriffsverwendung diese –und noch weitere– Unklarheiten befeuert.)

In vielen Fällen ist dazu die Einsicht zu vermitteln, dass ein normatives Dilemma oder Polylemma vorliegt, also dass nicht für eine der konfligierenden normativen Überzeugungen alleinige Geltung beansprucht werden kann, weil es auch gute Gründe für andere gibt. Z. B. kann es in Erbschaftskonflikten zwischen Geschwistern um die Frage gehen, welches Verteilungsprinzip gelten soll, wenn kein Testament vorliegt. Es gibt Gründe für eine Gleichverteilung, wie das Gesetz es vorsieht. Es gibt auch Gründe für die Berücksichtigung unterschiedlicher Verdienste um die Erblasser und unterschiedlicher Bedürftigkeit der Geschwister, etwa wegen der Zahl der Kinder, und für weitere Verteilungskriterien. Wer nur ein Verteilungsprinzip oder -kriterium anwendet, verletzt alle anderen. (EWE 503)

Im konkreten Fall sollen Montada zufolge also alle wohlbegründeten Prinzipien gemeinsam, indem sie sich aneinander „positiv" relativieren, eine Richtschnur bilden: „Kein Prinzip gilt allein. Viele Prinzipien gelten" (M-MK/166). So könnten, Montada verweist auf die erfolgreiche Praxis, durch eine „Mischung von Prinzipien" erfolgreiche, akzeptierte Konfliktlösungen gefunden werden. Wenn sich Parteien nicht bereitfinden, ihre Überzeugungen zu relativieren, sondern diese als „unverhandelbar" und „heilig" (EWE 504) darstellen, sollte der „Streit über die Wahrheit" vermieden werden. Der normative Diskurs ist versperrt, wenn als normative Bezugspunkte Wahrheiten, nicht Überzeugungen angeführt werden. Stattdessen seien in diesem Fall die Anliegen der Parteien, die subjektiven Funktionalitäten der Werte, zu thematisieren, um auf dieser Ebene nach Verständigung zu streben. Hier tritt wieder die fundamentale Orientierung der Mediation an den Subjekten des Konflikts heraus – und an dieser Stelle bricht Montadas Ansatz mit der in der Philosophie geführten Debatte um die Diskursethik: Diese sieht stets in den Argumenten, die die Diskursteilnehmer anführen und nicht in den subjektiven Überzeugungen, Werten und Funktionalitäten, die sie mitbringen, das Feld der Auseinandersetzung und Wahrheitsfindung.[229]

---

[229]   Montada verweist auf Apel 1991. Apels Moralphilosophie ist in den frühen 80er Jahren
          gemeinsam mit der besser bekannten Diskursethik Jürgen Habermas' entstanden, hebt sich
          von dieser durch einen (noch) stärkeren Kognitivismus ab. Vgl. Habermas 1983, sowie die in
          2009 versammelten Aufsätze. Zur neueren Diskussion vgl. beispielhaft Gottschalk-Mazouz
          2004. Montadas eigenwillige Interpretation der Diskursethik hebt sich von den dort vertrete-

Während also die Orientierung an den (empirischen) Subjekten Montadas Ansatz mit der Diskursethik in Konflikt bringt, bleibt ein grundlegender Unterschied zu den oben dargestellten Lösungsansätzen bestehen: Da die Subjekte hier nicht als absichtsvoll und motiviert, sondern aus ihrem Gerechtigkeitsempfinden heraus positioniert werden, gibt es weder „Kooperation" noch „Win-Win" oder eine „Verhandlung". Auch die verändernde Einsicht in die „wirklichen Beweggründe" bleibt außen vor. Die Subjekte drücken nicht ihr Inneres aus und suchen nicht indem sie sich öffnen nach für alle befriedigenden, sondern argumentierend nach ihren moralischen Überzeugungen entsprechenden Lösungen. Kommunikation als „normativer Diskurs" bedeutet hier etwas ganz anderes. Die Parteien tauschen Gründe aus, sie argumentieren, anstatt ihr der moralischen Kritik pauschal enthobenes Inneres auszudrücken. Dieses Vorgehen kontrastiert aufs Schärfste mit dem Mediationsdiskurs, wo normative Wertungen als Oberflächenphänomen auf emotionale und motivationale Gründe zurückgeführt werden. (Kap. 6.1.2) Die Forderung nach einem normativen Diskurs in der Mediation wird durch das angebrachte Konzept der „positiven Relationierung" gebrochen. In diesem Meta-Prinzip, demzufolge widerstreitende Prinzipien der Parteien aneinander relativiert werden sollen, verschafft sich die unbedingte Anerkennung der subjektiven Gerechtigkeitsempfindungen Raum – und bricht damit die diskursethische Idee einer normativ gültigen und bindenden diskursiven Entscheidung über strittige Fragen. Im Mediationsdiskurs ist kein Raum für den Richterspruch, der den Anderen be- und damit immer auch entwerten könnte, anstatt mit ihm zu kooperieren – auch nicht, wenn er durch die Argumentation vermittelt den Subjekten selbst in ihrer moralischen Autonomie angetragen wird.[230]

---

nen Positionen deutlich ab, vor allem bleibt der Verweis auf den ihm besonders fern stehenden Apel unverständlich.

[230]   Wenn dieser spezifische Ansatz in die oben (in Kap. 4) entwickelte Verortung der Mediation im subjektkulturellen Wandel eingebunden werden soll, muss diese hybride Codeverbindung im Zentrum stehen: Hier begegnen sich ein (akademisch-)psychologischer Subjektivismus mit einem Subjektcode, der wohl als ‚diskursivierte Normativität' bezeichnet werden könnte. Reckwitz' Theorie bietet hier keine Deutung an; Habermas taucht bei ihm ausschließlich als Gegenentwurf zur Theorie der Moderne als Bestandteil des empirischen Materials auf. Wahrscheinlich ließe sich sein Ansatz jedoch in Reckwitz Theoriemodell als eine Interventi-on gegen die aufziehende subjektkulturelle Wende hin zum postmodernen Kreativsubjekt verstehen, gegen die Habermas (anfangs in der Kooperation mit Apel) das für ihn zentrale

Versprechen: Mediation als Demokratisierung und Deliberation
Diese Konzeption des Lösungsmechanismus der Mediation steht im Kontext einer
wechselseitigen Durchdringung des Mediationsdiskurses und normativer Gesell-
schafts- und Demokratietheorien. Montada nimmt starke Anleihen an der Diskursethik und richtet sein Mediationsverständnis zunächst daran aus – bricht es dann
aber an der ('psychologistischen') Höherbewertung der subjektiven Überzeugungen der Parteien, die ein Kompromisskonzept wie das „positive Relationieren"
hervorbringen. Im Feld der Mediation im öffentlichen Bereich, die zunächst als
'Umweltmediation' bekannt gewordene Traditionslinie von Mediationen bei Infrastrukturprojekten, beginnend mit der Müllverbrennungsanlage Lichtenhagen,[231] die
in Deutschland in der Entwicklung der Mediation ein frühes und wichtiges Stand-
bein war, wurde diese Verbindung von (öffentlicher) Mediation mit Demokratietheorie betrieben (vgl. MuD/52-65, 66-89, 120-145). Insbesondere von dieser
Linie aus geht im Mediationsdiskurs ein politisch gefasstes Versprechen der Mediation aus. Mediation sei als egalitäres, faires und rationales Verfahren auch zur
Bearbeitung öffentlicher Belange ein innovativer und herausragend demokratischer
Weg. Die Verbindungen von Mediation und der Theorie deliberativer Demokratie
schwanken zwischen den beiden Bezugspunkten, die in unterschiedlicher Weise
kombiniert werden. Wird die (öffentliche) Mediation als deliberative Demokratie

---

Erbe der aufklärerischen europäischen Tradition, eine aufgeklärte normative Selbststeuerung
der Subjekte, durch seine Aktualisierung zu retten versucht (Habermas 1995, 1985) – wie
sich dann auch die Intervention der ersten Generation der Kritischen Theorie als eine Positionierung gegen die subjektkulturellen Trends, sprich: die Kulturindustrie der Angestelltenkultur und den Faschismus, ihrer Zeit verstehen lässt. (Horkheimer und Adorno 2016, 2016;
Adorno 1973, 2013) Über Montadas Rezeption findet dieser theoretische Gegenentwurf einer rationalisierten und demokratisierten Moralität Einzug in den Mediationsdiskurs. Er kann
dort jedoch nicht mehr als eine Minderheitenposition besetzen, da er an die dominanten
Codes –Interesse und Bedürfnis sind motivierte Bezugnahmen– nicht anschließen kann.
Wenn Akteure des Mediationsdiskurses Montadas Konflikttheorie überhaupt aufnehmen –
was in den meisten Fällen nicht der Fall ist–, dann im Modus der Addition, die den Diskurs
prägt: eine weitere Perspektive wird dem Pool mediatorischer Interpretationswerkzeuge hinzugefügt. (wie etwa EWE/532; s. Kap. 6.1.1)

[231]   Zur Geschichte in den USA und Deutschland s. etwa Runkel 1996; sonst zur Umweltmediation: Baechler 2001; Feindt 2010; Troja 2001; Zilleßen 1999, 2001; Zilleßen und Barbian
1992; Troja und Meuer 2005; Tils 1997; Jansen 1997. Die kritische Fallanalyse eines klassischen Umweltmediationsverfahrens in den USA (Amy 1987) wurde in Deutschland leider
bislang wenig beachtet.

verstanden, wird das Verfahren in den politikwissenschaftlichen und philosophischen Diskurs integriert.[232] (Menkel-Meadow 2006) Dieses Verhältnis kann sich jedoch auch umkehren, wenn vielmehr die Demokratie von der Mediation her verstanden wird. Indem die Deutungsmuster des Mediationsdiskurses in ein normatives Demokratiekonzept übertragen werden, fällt der Bezug auf die Tradition deliberativer Demokratie weg. Stattdessen wird nun die parlamentarische Demokratie an den Kriterien der Mediation gemessen, die mit dem „Urgedanken" der Demokratie, nämlich „dem Mitwirken aller" (PMSoC/163), parallelisiert wird. Der Konfliktbegriff der Mediation wird zur Dramatisierung der Lage herangezogen, das mediative Ziel der Transformation der ‚allgegenwärtigen, hoheskalierten Konflikte' hin zu einer Integration aller gesellschaftlichen Interessen zur Lösungsfindung und letztlich einer Integration von „Individuum und Gesellschaft auf den Ebenen des Herzens und des Verstandes gleichermaßen" (PMSoC/159). Diese Spannungen zwischen den beiden Diskursen, die mal zur einen, mal zur anderen Seite hin austariert werden, treten mit größter Deutlichkeit hervor, wenn sie einfach addiert werden. So geschieht dies etwa in der Einleitung in Mediation (EiM) von Duss-von-Werdt, wenn dieser seine radikale systemisch-humanistische Auffassung von Mediation (s.u. Kap. 9.5) unvermittelt mit der theoretisch diametral entgegengesetzten Demokratietheorie Nida-Rühmelins (Nida-Rümelin 2006) verbindet.[233] Angesichts der grundlegenden Differenzen, die sich zugespitzt als Orientierung am Subjekt oder am Argument formulieren ließen, bleibt die Verbindung von Mediation und normativer Demokratietheorie ein brüchiges Unterfangen.

---

[232] Die Diskussionen um die deliberative Demokratie haben nicht nur einen diversifizierten Theoriediskurs, sondern auch einige von erstaunlicher institutioneller Phantasie geprägte Praxiszugänge und Sozialforschung hervorgebracht. (Steenbergen et al. 2003; Benhabib 1994; Rosenberg 2007b; Habermas 2005)

[233] Duss-von Werdt wendet sich im Text ausführlich und wiederholt gegen einen Wahrheitsbegriff, der über das subjektive für wahr Halten hinausginge; genau dieser ist im ausführlich zitierten philosophischen Aufsatz zentral, der unter dem Titel „Demokratie und Wahrheit" die These vertritt, dass in Demokratien nicht nur für alle Beteiligten bessere, sondern in einem realistischen (und das heißt: maximal ‚unsystemisch') Sinne auch wahrere Lösungen entwickelt werden. Damit geht Nida-Rümelin noch deutlich über die deliberative Demokratietheorie hinaus.

7.1.7 Nicht von den Subjekten lösbare Konflikte

Zum Ende dieses Durchgangs durch die im Mediationsdiskurs vorgeschlagenen Lösungsmechanismen soll noch auf die Behandlung von Konflikten oder Anteile an den Konflikten eingegangen werden, die nicht zwischen den beteiligten Konfliktparteien geregelt werden können. Vor dem Hintergrund des oben dargestellten Klagenfurter Konfliktmanagements tritt diese Gemeinsamkeit all der unterschiedlichen und teils unverbundenen Ansätze im Mediationsdiskurs klar hervor: Lösungsmechanismen für Konflikte, die den Rahmen der beteiligten Parteien verlassen, bietet die Mediation nicht an. Vor dem Hintergrund der Art und Weise, wie ,Konflikt' in der Mediation aufgefasst wird, kann das auch nicht erstaunen: Wenn ,Konflikt' konsequent als Differenz zwischen den beteiligten Subjekten beschrieben wird (Kap. 6.1.1), kann es ,Strukturkonflikte' gar nicht mehr geben; nicht-personale Einflussgrößen sind nicht unmittelbar thematisierbar.[234] Im Diskurs ist zwar davon die Rede (M-Schä/158-9), diese Linien werden aber nicht weiter verfolgt. Entweder gelten Rahmenbedingungen als Sach- und Zeitzwänge die von den Parteien zu akzeptieren sind, oder Konflikte, die von den Parteien nicht zu lösen sind werden als Kontraindikation gegen die Durchführung von Mediation angeführt. Ebenso werden Wertekonflikte als nicht entscheidbare Konflikte als für die Mediation ungeeignet angesehen (M/Kö 26; auch M-MK/336-8) und Interessenkonstellationen, die keine Gemeinsamkeiten bilden.[235] All das sind jedoch gewissermaßen Randbemerkungen im Mediationsdiskurs, die teilweise wohl auch auf Übernahmen aus dem Konfliktmanagement oder der soziologischen Konflikttheorie (etwa vermittels Glasl) zurückzuführen sind. Eine systematische, mit anderen Deutungsmustern und auch Methoden und Verfahrensaspekten der Mediation verbundene Rolle erreicht keine dieser die Fähigkeit der Subjekte, ihren Konflikt zu lösen, einschränkenden Perspektiven.

---

[234]   Die Beschränkung der Mediation macht sich in der Praxis bemerkbar, wo immer wieder vom Übergang von Mediation zu Organisationsentwicklung die Rede ist.

[235]   So etwa im verhandlungstheoretischen MAP/74, in dem der Fall, dass die Interessen der Parteien sich nicht überlappen und damit keinen rationalen Einigungsbereich bilden, als Grenze der Mediation gilt. Diese Grenze wird jedoch dahingehend eingeschränkt, dass dieser Fall erst in der Mediation eruiert werden kann – und Mediation damit immer einen „Optionswert" besitze.

Dies gilt auch für die herrschaftskritische Ausrichtung der Mediation, die Besemer vertritt. (Kap. 7.1.5) Durch die Ergänzung der Mediation durch Formen politischen Aktivismus wird die aktive Haltung der Subjekte zum Konflikte beibehalten. Der Kontext der neuen sozialen Bewegungen mit ihrer ausgeprägten Protestkultur bietet eine Möglichkeit, an der Handlungsfähigkeit der Subjekte festzuhalten, auch wenn Konflikte auf außerhalb der Parteien liegende Größen ('Herrschaft') bezogen werden. Auch wenn die Subjekte hier in eine manchmal diffuse Opposition gegen „Strukturen" (MKVK/171) gesetzt werden, haben sie immer Möglichkeiten, über (stets gewaltfreien) Widerstand und der Herstellung von gegenkulturellen Räumen zu handeln. Immer sind die Subjekte der Mediation dem Konflikt gegenüber aktiv; immer ist die Möglichkeit und Fähigkeit zu handeln gegeben.

7.2 Mediation als Verfahren

Wird in Definitionen von Mediation nach einem Substantiv gesucht, dann fällt die Wahl meistens auf ‚Verfahren': Mediation sei ein vertrauliches, informelles, inklusives, strukturiertes, freiwilliges, ergebnisoffenes, konsensorientiertes usw., fast immer jedoch ein Verfahren. Deutlich wird dieser Verfahrenscharakter der Mediation einerseits an der Bestimmung von „Prinzipien der Mediation", und andererseits im „Phasenmodell", wenn das Mediationsverfahren als ein Ablauf unterschiedlicher Phasen und Schritte beschrieben wird. Diese beiden Elemente sind ein fester Bestandteil der Darstellung im Diskurs.

7.2.1 Prinzipien des Mediationsverfahrens

Die „Prinzipien der Mediation" stehen in der Selbstbeschreibung an zentraler Stelle, was für die Verhandlungsmediation noch stärker gilt, als für Ansätze, die den nicht in Prinzipien gefassten ‚Prozess' zwischen den Parteien betonen. Zu den Prinzipien der Mediation gehören unstrittig die Vertraulichkeit der MediatorIn, die Inklusivität der Zusammensetzung der Parteien, die Selbstverantwortlichkeit oder Autonomie der Parteien und die Freiwilligkeit der Teilnahme. Die gleichmäßige Informiertheit aller Parteien wird oft herausgestellt. In der Abgrenzung vom Zivilprozess wird betont, dass Mediation ein informelles Verfahren ist. Auch das Grünbuch der EU zu alternativen Methoden der Streitbeilegung (ADR) schreibt „bestimmte Grundsätze wie Freiwilligkeit, Vertraulichkeit, Transparenz und Fairness als kennzeichnend für ADR-Verfahren" (MedG-HK/36) fest. Eine andere Fassung der Prinzipien ergibt sich aus der Perspektive der transformativen Mediation. Dort werden dann Anwesenheit, Kooperationsbereitschaft und Mitwirkungsverpflichtung der Parteien zu den „zentralen Prinzipien" (ABC/62). Die ‚Prinzipien der Mediation' kondensieren also als definitorische Beschreibung das, was von der jeweiligen Position im Diskurs aus über Mediation gesagt werden kann und muss. Daher bilden sie auch den Ort für Debatten, wie der über die Freiwilligkeit der Teilnahme. (Kap. 8.3) Die in den „Prinzipien der Mediation" behandelten Fragestellungen werden in der Gliederung dieses Kapitels jedoch auf die folgenden Kapitel verschoben: Fragen zur Rolle der MediatorIn werden im übernächsten Kapitel behandelt (Vertraulichkeit, Haltung, Neutralität vs. Allparteilichkeit), die Konfliktparteien adressierende Prinzipien im folgenden (Selbstverantwortung, Freiwilligkeit und Inklusivität).

Mit der Rede von den „Prinzipien der Mediation" wird in unterschiedlichen Kontexten unterschiedliches bewirkt: Im juristischen Diskurs wird der Unterschied zur Gerichtsverhandlung herausgestellt, etwa in der Differenz von vertraulicher Mediation und öffentlicher Verhandlung, informellem Verfahren und hoch kodifizierten Vorgehen. Zugleich dienen die „Prinzipien der Mediation" außerhalb des juristischen Kontextes als Ausweis der mediatorischen Professionalität. So stellt etwa der Bundesverband Mediation auf seiner Homepage der Mediation in seiner Definition die Adjektive „vertraulich – strukturiert – freiwillig – ergebnisoffen" (MB-D2016) voran. Mediation strukturiert sich durch ihre Prinzipien, sie gewinnt an Kontur und lässt sich so den anvisierten Kunden präsentieren.

7.2.2 Das Phasenmodell

Das Phasenmodell der Mediation tritt im Mediationsdiskurs nicht als Technik oder Mittel der MediatorIn, sondern als eine unverrückbare Eigenschaft der Mediation selbst auf. Es nimmt in den Darstellungen der Mediation erheblichen Platz ein und hilft so, das Versprechen der Konfliktüberwindung in eine suggestive Geschichte umzuformen. Wird der Prozess in Schritte aufgeteilt, werden einzelne ‚Stationen' und Zwischenschritte eingeführt, (etwa in der eingangs analysierten Informationsbroschüre nimmt die Darstellung des Verfahrens 30 der 65 Seiten ein; MWID) so entsteht das Bild eines Schritt für Schritt ‚gangbaren Weges' (bes.: ABC/60ff). In diesem grundlegenden Sinne wird Mediation im deutschsprachigen Diskurs immer auch durch das angelegte Phasenmodell strukturiert. Tatsächlich kommt keine relevante Fassung von Mediation ohne das Phasenmodell aus. In seiner „Einführung in die Mediation" kommt der verhandlungskritische Mediator Joseph Duss-von Werdt in seiner Weigerung, Mediation als Verfahren zu definieren, zunächst zu einer Beschreibung von Mediation anhand der vermittelnden Tätigkeit und Haltung des Dritten, als ein Prozess, ein Geschehen. (EiM/16-22; Kap. 9.6) In der Einführung wird später dennoch, widerstrebend und unter wiederholten Relativierungen, das gängige Phasenmodell der Mediation referiert. (EiM/55) Ähnlich ist im deutschsprachigen Mediationsdiskurs auch bei Vertreter_innen der Transformativen Mediation, die in ihren radikalen Form Phasenmodelle jeglicher Art ebenso ablehnen, um ganz dem Prozess zwischen den Parteien folgen zu können (s. Kap. 4.2), eine Art von Phasenmodell vorgesehen. (ABC/55ff) Ganz ohne Verfahren kommt man im deutschen Mediationsdiskurs nicht aus. Und so kann das Phasenmodell im Diskurs allzu selbstverständlich werden: „die fünfeinhalb Phasen der Mediation – die im Übrigen nichts anderes sind als die Elemente, die jeder Entscheidung zu Grunde liegen". (ZKM 2009/127)

Im Grundsätzlichen lassen sich die Variationen des Phasenmodells als ein von einer Vorbereitungs- und einer Nachbereitungsphase eingefasstes fünfstufiges Modell darstellen. Dieses Modell wird mit einigen Variationen insbesondere in der Zählweise durchgängig dargelegt; insbesondere in den Darstellungen von Beispielfällen in den Lehrvideos (IGSWMJ; WM; MiB-DVD; EFFD; EFFV) wird Mediation anhand des Phasenmodells präsentiert. Die Vorbereitungs-, Auftragsklärungs- und Vorverhandlungsphase, auch Prämediation genannt, geht dem eigentlichen Mediationsverfahren vorher. (,Phase 0') Während dieser Phase im Feld der Mediation im öffentlichen Bereich größte Bedeutung zugesprochen wird (Teilweise wird dem Verfahren eine über das Verfahren diskutierende „Spurgruppe" vorgeschaltet; PolMed), wird sie im an idealtypischen Mediations-fällen orientierten Fach- und Ausbildungsdiskurs kurz behandelt. Die Kommunikation über den Konflikt soll einer verbreiteten Meinung nach in dieser Phase möglichst kurz gehalten werden, um die Transparenz und Neutralität der MediatorIn in der Mediation nicht zu gefährden. In den Lehrvideos ist es so auch der klassische Einstieg in das Mediationsgespräch, die bisherige Kommunikation transparent zu machen um damit einen unbelasteten Ausgangspunkt herzustellen. (EFFD, WM) Die Information der Parteien und deren Einverständnis, die Mediation durchzuführen wird zwar auch in der Vorphase verortet, dann jedoch in der einleitenden Phase der ersten gemeinsamen Sitzung, die vor allem den Rahmen für die Mediation schaffen und sichern soll (M-Kö/58; KM/36), vollzogen. Der Mediatorln obliegt hier die Gestaltung des wichtigen Erstkontaktes mit den Parteien, denen Mediation und die Person der Mediatorln in der idealtypischen Mediationskonstellation ja unbekannt sind. Hier werden die Parteien über Mediation informiert, können Erwartungen äußern und Fragen stellen, organisatorische und finanzielle Fragen werden entschieden, das Verhältnis zur rechtlichen Dimension des Konflikts geklärt (etwa mit dem Hinweis auf die Notwendigkeit externer Rechtsberatung, M-MK/248). Oft wird die Phase mit einer „Mediationsvereinbarung" (EFFV) geschlossen, die die Rollen, Rechte und Pflichten aller Beteiligten festschreibt und das Einverständnis der Parteien in Form einer expliziten Zustimmung und Selbstverpflichtung fixiert.

Darauf folgt die zweite Phase, oft „Darstellungsphase" genannt, in der die Parteien nacheinander der aufmerksam und empathisch zuhörenden, das Verstandene zusammenfassenden und gelegentlich nachfragenden Mediatorln ihre Perspektive auf den Konflikt darstellen, während die andere Konfliktpartei zunächst ebenfalls zuhört. Ziel diese Phase ist die Erarbeitung einer Liste von Themen des Konflikts, die anschließend priorisiert und nacheinander vertieft bearbeitet werden. Diese ‚Konfliktthemen' werden visualisiert, in aller Regel auf einem Flipchart. (so in WM, EFFD, ohne Visualisierung MiB-DVD) Bezüglich der Reihenfolge der Bearbeitung der Themen gibt es unterschiedliche Positionen: Während einige Stimmen im Diskurs zunächst drängende und ‚kleine' Konfliktthemen vorziehen und damit eine Kooperationsbasis für die Bearbeitung der ‚großen Themen' schaffen wollen (ZKM2014/191-194), sehen andere gerade dieses Vorgehen zum Scheitern verurteilt, solange die großen Fragen des Konflikts ungeklärt bleiben. (EFFV)

Die daran anschließende dritte Phase der Konfliktbearbeitung und –vertiefung wird als die zentrale Phase, als „Herzstück der Mediation" (HM2/303; M-I/35) angesehen, in der der „Wendepunkt" in der Konfliktbearbeitung eintritt, wenn die Parteien zum ‚eigentlichen Konflikt' vordringen; ihre eigentlichen Interessen und Bedürfnisse hinter ihren Positionen erfassen, artikulieren und die andere Partei diese damit nachvollziehen kann. Alternativ zum Ablaufmodell wird der Mediationsprozess im Diskurs auch als U-Modell konzipiert, wobei hier in der 3. Phase, in die größte ‚Tiefe' (Eisbergmodell) vorgedrungen wird, während der Anfang und das Ende auf der Sachebene verbleiben. (MiB/60, ZKM 2009/113)

Auch in der Verhandlungsmediation wird die dritte Phase herausgehoben: Hier wird die kritische Differenz zum „streitigen Verfahren" ausgemacht, allerdings geht es weniger um die Erarbeitung und Erforschung der Interessen, als um die Frage, ob diese vertraulichen Informationen aus strategischen Gründen vor der anderen Partei offen gelegt werden können. (VuM/246-7) In der dritten Phase wird die Grundlage für die in der vierten und fünften Phase stattfindende Konfliktlösung und Entscheidungsfindung gelegt. Dabei werden zunächst in einer kreativen Brainstorming-Phase (teilweise auch mit weiteren Kreativitätstechniken, vgl. M-MK3; MfD; MKVK...) Ideen erarbeitet, diese auf der Grundlage der erarbeiteten Bedürfnisse/ Interessen evaluiert und zu einer für alle Parteien zustimmungs-fähigen und einen maximalen Kooperationsgewinn realisierenden Lösung zu Ende verhandelt. Diese Lösung wird anschließend vertraglich fixiert, einer externen Rechtsprüfung unterzogen und abschließend in einer feierlichen Geste, mit ritualisierten Formen wie dem Handschlag oder dem gemeinsamen Sekttrinken, unterschrieben und bekräftigt. (M-Kö/71; ABC/71; MKVK/129; M-Schä/113) In Anschluss an das Mediationsverfahren wird die Umsetzung der Ergebnisse in einem weiteren Termin evaluiert und reflektiert sowie gegebenenfalls nachverhandelt. Hier dürfen die Ergebnisse der Mediation, gerne dann auch gefeiert werden. (MfD/102) Ein solches, den Erfolg absicherndes Follow-Up-Gespräch ist in den Lehrvideos übereinstimmend nicht mehr enthalten.

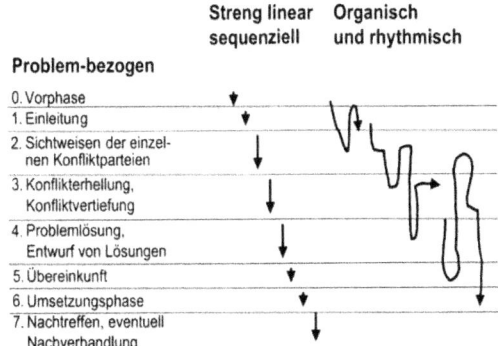

Abbildung 10: Rhythmische Phasen (MiB/86)

In einem interessanten Kontrast zur umfassenden Verbreitung des Phasenmodells in mehr oder weniger der hier dargestellten Form findet sich fast ebenso verbreitet die Warnung vor dem Phasenmodell. Dieses dürfe nicht starr angewendet werden, sondern sei an die Rhythmen und die Dynamik des Konflikts anzupassen (MiB/68).

Die graphische Darstellung (Abb.9) kann als exemplarisch für den Umgang mit dem Phasenmodell im Diskurs gelten. Insgesamt sei das Modell nur ein Gerüst (HMKM/260) und diene nur zur Orientierung (MAP/77), dürfe nicht als Rezeptlösung verstanden werden. (HM2/100; ähnlich: EiM/54; M-Kö/71; M-I/101; MKVK/76) Auch die der transformativen Mediation entstammenden Modelle eines kreisförmigen Prozesses zwischen den Parteien, in dem in eigenem Tempo zwischenmenschliche Beziehungen sich dynamisch verändern (ABC/67), haben sich im Diskurs erhalten – und überlagern sich kreativ, wie etwa diese Abbildung (aus KM/35) zeigt, in der sich die Schritte des Verhandlungsmodells des Harvard-Konzepts mit der Kreisform der Transformativen Mediation überlagern; die Linearität eines ‚rationalen Verfahrens' verbindet sich so mit den kreisförmig dargestellten ‚Prozess'.

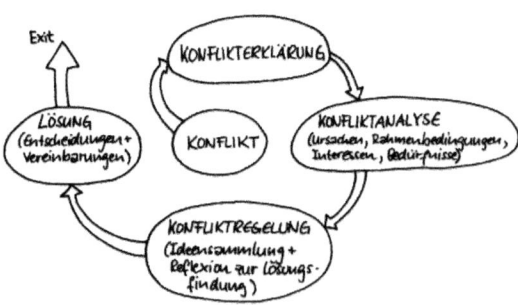

Abbildung 11: Kreislaufphasen (KM/35)

7.3 Aktive und passive Seite im Lösungsprozess

Wieder soll nun zum Ende des Kapitels der Ertrag der Analysen für die These, dass Mediation als Subjektivierungsprozess zu verstehen ist, zusammengetragen und im

Anschluss an die oben (Kap. 6.4) entwickelten Überlegungen weitergeführt werden. Im Überblick über die Beschreibungen der Lösungsprozesse im Mediationsdiskurs lässt sich nachvollziehen, wie jeweils die beiden Thematisierungsweisen
der Parteien als einerseits in ihrem beschreibbaren Inneren als ‚Material‘ des ‚eigentlichen Konflikts‘ und andererseits aktiver, Entscheidungen treffende Instanz
aufeinander bezogen werden. Zunächst ist festzuhalten, dass alle Lösungsmechanismen sich zwischen diesen beiden Thematisierungsweisen der Parteien abspielen, egal ob rational über die Interessen verhandelt werden soll oder die tieferen
Schichten des Konflikts (d.h. der Subjekte, Kap. 6.1.2) eine eigenlogische Dynamik entfalten, an der die Subjekte sich authentisch ausrichten. Dabei nimmt jedoch
die Ausgestaltung dieses Bezugs ganz unterschiedliche Formen an. In der Verhandlung etwa wird die aktive Seite stark betont, während die Interessen als gegeben und einsichtig vorausgesetzt werden; zudem wird viel Arbeit aufgewendet, um
die sachbezogenen Interessen von den ‚emotionalen‘ (oder ‚menschlichen‘; Kap.
4.1) Aspekten abzutrennen. Dieser emotionalen Seite wird dagegen in der Transformation und Selbstklärung ein entscheidender Rang zugesprochen. (Die unterschiedliche Gewichtung der Seiten lässt sich auch in den in Kapitel 4 dargestellten
Ansätzen der US-Amerikanischen Mediation nachvollziehen.) Insgesamt wird in
dieser psychologischen Codierung des Subjekts das körperliche Geschehen massiv
aufgewertet und die Rationalität des Verhandelns auch kritisiert (hier zeigt sich
wieder die gegenkulturelle Rationalitätskritik, wie schon in Kap. 6.3). Auch hier
aber kommt die Lösung mit dem stattfindenden Prozess und den Parteien, die diesen aktiv vorantreiben, bejahen und akzeptieren, zur Deckung. Der Dissens in der
Mediation ist ein Streit um die Ausgestaltung, nicht den Stellenwert der Parteiensubjekte. Auch die sonst so deutlich abweichende Beschreibung der Lösung von
Konflikten durch normativen Diskurs lässt sich in dieses Muster eintragen: Die
Parteien kommen mit ihren subjektiven Gerechtigkeitsüberzeugungen in die Mediation und erreichen in ihrem aktivem Umgang durch die Argumentation, Relativierung und Anerkennung eine Lösung. An dieser Stelle ist es von entscheidender
Bedeutung, dass Montada die subjektiven Überzeugungen als zentralen Bezugspunkt des Lösungsprozesses beschreibt,[236] und damit wieder den Subjektbezug

---

[236] Wäre diese Stelle, wie in der von Montada angeführten philosophischen Referenztheorie
noch von den ‚Gründen‘, also von der Gültigkeit der Argumentation, eingenommen, stände
dieser Mechanismus außerhalb des hier ausgeführten Deutungsmusters.

gewährleistet. Die Interpretation von Kommunikation als Subjektivation wird zusätzlich durch die Betonung der Intersubjektivität des Prozesses herausgefordert: In der Eigendarstellung des Mediationsdiskurses wird neben dem ‚Neuen' auch immer das zwischen den Menschen Geschehende –besonders deutlich in der ‚relational worldview' der Transformativen Mediation– betont. Allerdings erwies sich schon die ‚relational worldview' in erster Linie als Annahmen über die Subjekte (Kap. 4.2.4). Damit bleibt der Subjektbezug hier ebenso konstitutiv wie in der Kommunikation, die wesentlich als ‚Transportfrage' problematisiert wird, um Informationen von einem zum anderen Subjekt zu transportieren. (s. Kap. 10.2) Kommunikation wird hier eben nicht als eigendynamisch oder kulturell vorgeformt, sondern unter dem Gesichtspunkt ihrer ‚Qualität' (lösungsfördern, authentisch, sachrational…) thematisiert und damit in die subjektorientierten Deutungsmuster des Mediationsdiskurses bezogen.[237] Alternative Wege, wie sie etwa das Klagenfurter Konfliktmanagement darstellten (Kap. 6.2.3) oder auch eine (für die ästhetischen wie politischen Innovationen der counter culture typische, Kap. 3.2.2.2) Affirmation der Eigendynamik eines ganz offenen, unvorhersehbaren Prozesses werden hier eben nicht beschritten.

Festzuhalten bleibt hier noch, dass sich in den im Diskurs ausgeführten Lösungsmechanismen eine Problematik abzuzeichnen beginnt, die an späterer Stelle (insbes. in Kap. 8) wiederkehren wird: Die Subjekte in der Mediation werden so imaginiert –die Parteien partizipieren ja nicht am Diskurs– dass eine Reihe von Problemen sich erst gar nicht stellt. Schon die Subjekte der Verhandlungslehre waren grundanständig (Kap. 4.1); ihre grundsätzliche Offenheit und Freundlichkeit wurde in den alternativen Ansätzen noch gesteigert (Kap. 4.2-3) und hat sich im Mediationsdiskurs dann in dem anhand des Orangenbeispiels ausgeführten ‚Kooperationsbias' (Kap. 7.1.2) niedergeschlagen. Ebenso bleibt festzuhalten, dass die Rekonstruktion hier eine subjektivierungstheoretische Deutung des Mediationsverfahrens schuldig bleibt. Dies wird unten nachgeholt; für eine Deutung des den gesamten Prozess umfassenden Mediationsverfahrens hat sich die Berücksichtigung der MediatorInnenrolle als unabdingbar erwiesen. Erst nachdem diese analysiert und

---

[237] Und selbst in der systemischen Mediation bleibt dieser Subjektbezug gewährleistet, s. Kap. 10.4.

interpretiert wurde (Kap. 9), ist eine Deutung des Mediationsverfahrens als Subjektivation möglich. (Kap. 11)

Strikte Subjektivierung, hybride Subjektformen
Die in diesem Kapitel dargestellten Themen des Mediationsdiskurses unterscheiden sich von den zuvor behandelten klar durch ihre herausstechende Heterogenität. Diese steht im Mediationsdiskurs jedoch innerhalb eines klar umrissenen und nicht variablen Deutungsrahmens, der in allen hier dargestellten Themen des Diskurses hervortritt (in diesem Kapitel zunächst in der Überzeugung, *dass* Mediation funktioniert; dann in den weitgehend unumstrittenen Prinzipien und dem Bezug auf das Verfahren.)[238] In der hier vorgenommenen theoretischen Deutung des Mediationsdiskurses stellen sich die strikt gesetzten Aspekte der Mediation als Elemente des subjektivierenden Settings und des Subjektivationsprozesses dar, der zum Anspruch einer selbstverantworteten Auflösung der Konflikte durch Subjektivation beiträgt. Die heterogenen Bereiche des Diskurses entstehen durch die Vielzahl von hybride sich überlagernden Subjektcodes, die in diese fixe Struktur der Konfliktlösung durch Subjektivation eingefügt werden können. Diese Struktur wurde oben in der Verstehensbasierten Mediation schon angerissen (Kap. 4.3.3) und wird in den folgenden Analysen weiter ausgeführt.

---

[238]   Eine aus einem frühen Stadium dieser Arbeit hervorgegangene Publikation (Tröndle 2015) verfolgt diese Spannung zwischen Heterogenität und Homogenität noch unter einer gänzlich anderen theoretischen Ausrichtung; stellt aber die im Diskurs als homogenen Kernbestand der Mediation ausgewiesenen Elemente ausführlich vor.

8. Die Position der Parteien

In der Problematisierung wurde die zentrale Stellung der Parteien vorbereitet, in den Prozessen und Verfahrensaspekten der Mediation trat sie hervor. In diesem Kapitel soll nun beobachtet werden, wie im Mediationsdiskurs die Parteien direkt thematisiert werden. Dabei werden einerseits die oben herausgearbeiteten Deutungsmuster weiter präsent bleiben: Auch hier treten die Parteien als Subjekte, als in ihrer doppelten Thematisierung auf sich selbst gewendet, auf. Zugleich werden hier aber auch die Spannungen, die sich aus der idealtypischen Fassung der Mediation (Kap. 2.1; Kap.5) ergeben, aktualisiert. Es wird hier nun zu zeigen sein, wie beides ineinandergreift, da die Probleme, die an den Grenzen der idealtypischen Mediation auftreten, zugleich die Eckpunkte der Thematisierung der Parteien als Subjekte sind. Das Kapitel gliedert sich dabei in sechs Abschnitte; zunächst werden zwei Modi in der Thematisierung der Parteien unterschieden, wo entweder eine menschliche Natur als Grundlage und Begrenzung der Mediation gesetzt oder aber ein menschliches Potential im immer halb ontologisierenden, halb performativ setzenden Gestus behauptet wird. (Kap. 8.1) Anschließend ist die für die Mediation fundamentale Thematisierung der Parteien als autonom bzw. selbstverantwortlich und die damit verbundene Behandlung des Empowerments (Kap. 8.2) darzustellen. In den folgenden Abschnitten werden dann vor allem die Grenzen dieses zentralen Thematisierungsmodus aufgezeigt, wenn die Debatten, die sich aus der Freiwilligkeit der Parteien (Kap. 8.3) und der Inklusivität des Verfahrens (Kap. 8.4) ergeben, nachgezeichnet werden. Besonders ist dann auf die Thematisierung der Körperlichkeit der Parteien, die vorwiegend über die Emotionen geschieht, einzugehen (Kap .8.5) Die Analysen dieses Kapitels werden in ihrem Beitrag zur entwickelten These, in der die Subjektposition der Parteien an Kontur gewinnt, zusammengefasst. (Kap. 8.6)

8.1 Modi der Thematisierung der Parteien

Die Frage, wie die Parteien in der Mediation vorzustellen sind, ist im Diskurs der Mediation sehr präsent und wird mit ganz unterschiedlichen Ergebnissen beantwortet. So prallen in einer Ausgabe der Zeitschrift für Konfliktmanagement aus dem Jahr 2001 zwei Artikel aufeinander: In einer Wiedergabe des Festvortrags auf dem Mediationskongress der CfM wendet ein Hirnforscher sich in einer teils alarmistischen Rede gegen die zunehmende Verbreitung von „Maschinen-Menschen" gegen künstliche Intelligenz und einen reduktionistischen Zugriff auf den Menschen, dem –mit einem gewissen Pathos– die Irreduzibilität des Menschen und die Bedeutung von Achtsamkeit für die Mediation entgegenzuhalten sei. (ZKM 2001/256) Im selben Heft findet sich dann aber auch ein dem vollständig entgegengesetzter Beitrag zur Online-Mediation, der als Fazit festhält: „Die Zukunft gehört Avataren (Nachbildungen menschlicher Wesen mit sich bewegenden Lippen etc.) die auch komplexe Fälle halbautomatisch mediieren." (ZKM 2001/268) Die beiden Artikel beziehen sich nicht aufeinander, die Positionen, die gegensätzlicher kaum sein könnten, begegnen sich bloß: Beide aber verknüpfen die Frage nach der Mediation, wie sie idealerweise sein sollte, wie sie funktionieren kann oder wie ihre Zukunft beschaffen sein wird, mit der Frage nach der menschlichen Natur. Dabei ist die an dieser Stelle aktualisierte Differenz aus einem Streit um die Mediation bekannt (Kap. 5.2): Das im einen Fall emphatisch eingeforderte, im anderen Fall fallen gelassene ‚Mehr', das über die rationale Kalkulation Hinausgehende, wird hier jedoch nicht als die Frage um die ‚eigentliche Mediation', sondern –zumindest von der Position, die das ‚Mehr' einklagt– als Frage um die ‚eigentliche menschliche Natur' gerahmt. Wie schon oben anhand des US-Amerikanischen Mediationsdiskurses aufgezeigt (Kap. 4), ist der Streit um die Mediation immer auch ein Streit um den ‚Menschen'; eben ein Konflikt im subjektkulturellen Wandel. Diese Zuspitzung im ‚Menschenbild' wird im Mediationsdiskurs durchaus auch so wahrgenommen. So schreibt etwa das Vorwort der die Problematik der ‚Menschenbilder' in der Mediation aufnehmenden Studie „Mediation und Menschenbild" (MuM) der Frage die allergrößte Relevanz zu:

Umso bemerkenswerter ist der in diesem Buch präzise herausgearbeitete Befund, dass die notwendige Reflexion der eigenkulturellen Prägung und des eigenen, vielleicht durch sehr persönliche Erfahrungen geprägten Menschenbildes der jeweiligen Mediatorin bzw. des jeweiligen Mediators bisher in Theorie und Praxis der Mediation eine systematische Leerstelle darstellt. Da aber Werte und Menschenbilder handlungspraktische Folgen zeitigen, ist diese Leerstelle keine Nebensächlichkeit. Vielmehr wird sich hier die Zukunft der Mediation entscheiden. (...) Die Zukunft gehört der Mediation. Die noch offene Frage ist jedoch, welcher Art von Mediation die Zukunft gehört. (MuM/15-16)

Aus einer Position heraus, die Menschenbilder der Mediatoren als handlungsleitende Konstrukte definiert, die auch wirken, „wenn sie den Trägern nicht bewusst sind" (MuM/17), wird die fehlende Reflexion auf das Menschenbild der Mediation eingeklagt. Die Formulierungen des Bundesverbands Mediation zum „Menschenbild" (BM-ES) werden als unpräzise verworfen (MuM/71), am Ende wird das individuelle Menschenbild des jeweiligen Mediators als entscheidend angesehen, da dieser sein Menschenbild weitgehend unkontrolliert in die Mediation hineintrage. Entsprechend läuft die Argumentation auf die Forderung hinaus, jeder Mediator solle als Ausweis der Selbstreflexion und Professionalität sein Menschenbild kenntlich machen und in die Information der Parteien über das Verfahren unbedingt integrieren. (MuM/109-15) Die Studie positioniert sich als ein Beitrag zur praxisnahen ‚Mediationswissenschaft', die eine Kritik des Praxisdiskurses als chaotisch, definitorisch unklar sowie nicht hinreichend begründet vorlegt, (bes.: MuM 94-95) sich aber im weiteren Kontext in den Mediationsdiskurs einschreibt: Die Überzeugung, dass die Zukunft der Mediation gehöre, kündigte das schon an.[239] Die Betonung der Persönlichkeit des Mediators für den Prozess und die Reflexion auf das Menschenbild sind in der Mediationsszene üblich – der Autor positioniert sich hier recht deutlich als engagierter, den Bewegungsverbänden jedoch kritisch gegenüberstehender Mediator; dass der Diskursbeitrag als Masterarbeit an der mit der Deutschen Gesellschaft für Mediation verbundenen FernUniversität Hagen eingereicht wurde, fügt sich in dieses Bild ein. Die hier durchgeführte diskursanalytische Untersuchung von Subjektcodes hebt sich von dieser Thematisierung der Frage aus dem Mediationsdiskurs heraus entscheidend ab: Selbstredend kann in der Diskursanalyse nicht die Notwendigkeit eines Menschenbildes für die Mediation

---

[239]   Über diese im deutschsprachigen Mediationsdiskurs grundlegende generelle Überzeugung hinaus handelt es sich hier um eine Übernahme eines Deutungsmusters der Transformativen Mediation. (PoM/20, s.o. Kap. 4.2.5)

gesetzt werden, um daraus einen Bekenntnisimperativ abzuleiten; vielmehr ist es ein wichtiges empirisches Ergebnis, dass im Mediationsdiskurs so vorgegangen wird. Auch kann keine Systematisierung von ‚den Menschenbildern' einzelner Wissenschaften angestrebt und eine systematische Klärung und Vereinheitlichung gefordert werden. (MuM/98-108) Nicht die akademische Verwissenschaftlichung des Diskurses ist hier das Ziel, sondern die Rekonstruktion seiner hybriden Erscheinungsformen. Vor allem aber ist das ‚Menschenbild der Mediation' und andere Thematisierungsweisen der Parteien in der Diskursanalyse als ein Teil des Mediationsdiskurses darzustellen, der nur, weil er im Diskurs für relevant gehalten wird, hier zu behandeln ist; und nicht, wie es ein Menschenbilddiskurs voraussetzt, als eine kognitive Grundlage eines jeden Handelns anzusehen.[240] Wenn nicht ein Menschenbild als eine abstrakte, philosophische Grundlage, sondern die im Diskurs behandelten Subjektcodes diskutiert werden, wird die Frage einerseits im kulturellen Wandel der Subjektformen und andererseits im konkreten Entstehungskontext des Mediationsdiskurses situiert. Und hier ist auch das erste, vielleicht wichtigste und im Mediationsdiskurs nie thematisierte Ergebnis schon festzuhalten: Die Parteien sind im Mediationsdiskurs nur als Subjektpositionen vertreten, als Sprecher_innen treten sie an keiner Stelle auf. (Kap.5.1) Sie haben an der Produktion des Diskurses keinen Anteil, sind aber ein Dauerthema darin. Die Parteien sind –zugespitzt formuliert– im Mediationsdiskurs nur als ‚Mediatorenphantasie' vertreten.

Grundsätzlich lassen sich im Mediationsdiskurs zwei Thematisierungsweisen der Parteien differenzieren: Einerseits wird das Wesen der Parteien als eine statische Setzung eingeführt, die eine Anpassung erfordert. Dem steht die Setzung von Wesenszügen der Parteien als ein zumindest teilweise eingestandener performativer Akt entgegen, der im Vollzug die Potentiale schafft, die er verkündet. Ersterer Zugang ist besonders in der Verhandlungsmediation verbindlich: Die Parteien werden als Verhandler mit ihren rationalen Fähigkeiten und ihrer emotionalen Störbarkeit vorausgesetzt. Die Setzung „Verhandlungen sind

---

[240]   In der zitierten Studie wird diese Orientierung durch die dem Text vorangestellte bekannte Formulierung Immanuel Kants, derzufolge sich die vier Grundfragen der Philosophie (Was kann ich wissen? Was soll ich tun? Was darf ich hoffen? Was ist der Mensch?) in der letzten zusammenfassen lassen. MuD/7; Originalzitat: AA IX, S. 25.1-10 (Kant 1923)

ein allgegenwärtiges Phänomen zwischenmenschlicher Interaktion im beruflichen wie im privaten Bereich" (MAP/51) bleibt unwidersprochen, unhinterfragt, ohne Begründungspflicht und ohne Ergänzungen: „like it or not". (GtY/xiii) Diese Setzung hat paradigmatischen Status, sie erklärt, welchen „konkreten Menschen" die Verhandlungsmediation der Abstraktheit des Rechts entgegensetzt. In diesem Zusammenhang finden sich zudem zahlreiche Beiträge, die im selben Gestus naturwissenschaftliche Erkenntnisse über die menschliche Natur wiedergeben und mit dem Ziel und Anspruch auftreten, Mediation zu fundieren und zu rahmen. Etwa ethologische Forschungen können diesen Platz einnehmen: „Verhandeln gehört zur Natur des Menschen. Es gibt eine Biologie des menschlichen Verhandelns. Einfacher ist es, im Einklang mit der menschlichen Natur zu verhandeln als im Widerspruch zu ihr." (ZKM 2008/137) Die anthropologischen Annahmen treten im Diskurs begrenzend, als ein einen Rahmen bietender und auch Plätze anweisender übergeordneter Rahmen auf: Aus dem Wesen des Menschen werden Orientierungen für die in ihren Subjekten zentrierte Mediation abgeleitet. In einem ganz anderen Modus tritt die Frage nach dem Menschen dagegen auf, wenn etwa das „Ethische Selbstverständnis des BM" (BM-ES) mit diesem Absatz eröffnet:

> In jedem Menschen ist das Potenzial zum Umgang mit und zur Lösung eigener Konflikte vorhanden. Wir vertrauen in unsere und die Kompetenz der Parteien zur kreativen Gestaltung und Verständigung im Konflikt. Wir anerkennen die Autonomie jedes Beteiligten, respektieren die Einzigartigkeit eines jeden und gleichzeitig die Vielfalt der Unterschiede, in denen wir ein besonderes Potenzial sehen.

Nicht die Fakten der Natur, vorgetragen durch eine auf sichere Evidenzen gebaute Naturwissenschaft, bestimmen diese Thematisierungsweise. Obschon der Text ebenfalls ontologische Ansprüche erhebt („In jedem Menschen ist … vorhanden."), wird der Akt der Zuschreibung deutlich herausgestellt, was dem Diskurs reflexiv-performative Züge verleiht: Der Verband spricht als ein „Wir", das vertraut, anerkennt und „ein besonderes Potenzial" sieht. Die entscheidenden Subjektcodes werden in einem sich selbst herausstellenden Akt präsentiert, der affirmiert, anerkennt und bekräftigt, was als Potenzial „in jedem Menschen" doch immer schon vorhanden ist.[241] Und eben diese Achtung wird zugleich normativ hoch aufgeladen, indem die Sichtweise zugleich als ein Grundwert der Mediation ausgegeben und für Verband und Mediationspraxis verpflichtend festgeschrieben wird. Der performative Charakter dieser Rede von den Parteien wird im Diskurs auch explizit reflektiert:

> Genauso macht es im Hinblick auf die Wirksamkeit von Glaubenssätzen durchaus Sinn, ein solch ‚positives' Menschenbild zu propagieren. Gerade anhand von alltäglicher Zerstörung und Gewalt. Es ist dann wie eine Affirmation zu nutzen, die die Wirklichkeit als einen Glaubenssatz verändern kann. Nur was man sucht und für vorhanden erklärt, kann man auch finden. (MK/46)

Das Menschenbild der Mediation wird hier als eine ‚Propaganda des Guten' begründet; ein Vorgehen, das sich nicht aus neutraler wissenschaftlicher Erkenntnis, sondern aus der Opposition gegen den Konflikt, gegen „Zerstörung und Gewalt" legitimiert. Andererseits bekommt diese Herleitung noch wissenschaftliche Unterstützung:

> Auch neurobiologisch ist seit Langem untermauert, dass positive Gefühle und Stimmungen die Möglichkeiten eines Menschen erweitern, während negative ihn einschränken. Positive Stimmungen sind nicht nur gesundheitsfördernd und verbessern das Immunsystem. Sie lassen auch die Nervenverbindungen im Gehirn wachsen. In der molekularbiologischen Betrachtung findet sich die Bestätigung dafür, dass positive Stimmungen, Gefühle, Gedankenansätze die Kreativität im Gehirn fördern. (MK/46)

Indem ein populärwissenschaftlicher Neuro-Diskurs zitiert wird, gelangt auch dieses Postulat eines Menschenbildes, nachdem es sich zunächst als ‚Propaganda des Guten' legitimiert hat, zu einer ontologischen Fundierung seiner Thesen zurück: Das ‚menschliche Potential' sei eben doch keine Glaubensfrage, sondern (neuro-)wissenschaftlich fundiert – sofern man denn fest genug glaube und sich wirklich in die entsprechende Stimmung versetzt. In dieser Thematisierungsweise der Parteien geschieht damit beides: Einerseits wird das Potential ontologisiert;

---

[241]   Wie sich diese Anerkennung in die hier entwickelte These einfügt, wird am Ende des folgenden Kapitels ausgeführt.

jedoch nur als Potential, das durch entsprechende Akte der Affirmation geweckt werden muss. (hierzu weiter Kap. 9 u. 10)

8.2 Autonomie und Selbstverantwortung, Modi des Empowerments

Die aktive, Entscheidungen treffende Seite der Parteien wird im Mediationsdiskurs als Autonomie bzw. Selbstverantwortung thematisiert. Hier finden sich unmittelbar die eben dargestellten Modi der Thematisierung wieder: In der Verhandlungsmediation gelten die Parteien als autonome Subjekte ihrer eigenen, in der Mediationsverhandlung einzubringenden Interessen. Diese Setzung grenzt einerseits die Mediation vom Gerichtsverfahren ab; sie ist als unumstößliches Prinzip der Mediation grundlegend für das Verfahren und gehört unbedingt in die Information der Parteien vor Beginn der Verhandlung. Die Autonomie der Parteien ist in der Verhandlungsmediation damit kein weiter interessierendes Problem. Nur in der Exklusion von Parteien, die keine hinreichende ,Mündigkeit' mitbringen, spielt die Parteienautonomie als Zugangsvoraussetzung zur Mediation wieder eine Rolle. (s.u. Kap. 8.4) Die Verhandlungsmediation betont auch hier die starke, aktive Seite ihrer Parteien: Die Positionierung auf der Dimension Stark-Schwach (Kap. 6.1) ist hier immer schon zugunsten der Stärke vorentschieden. Damit weist die Verhandlungsmediation die Struktur auf, die schon oben in ,Getting to Yes' nachgezeichnet wurde: Mit der Autonomie der Parteien wird zugleich auch ihre Handlungsfähigkeit vorausgesetzt; Empowerment kann damit nicht mehr als Prozess verstanden werden, sondern wird als Voraussetzung für die Mediation gehandelt.

Jenseits der Verhandlungsmediation überwiegt im Mediationsdiskurs die Rede von der ,Selbst- oder Eigenverantwortung' der Parteien; diese steht im Zusammenhang einer anderen Thematisierungsweise der Parteien. Zunächst wird die Begrifflichkeit verwendet, um die Trennung der Rollen und das Verhältnis von MediatorIn und Konfliktparteien im Verfahren zu beschreiben: Der verfahrensverantwortlichen MediatorIn (Kap. 9.1) stehen die für sich selbst verantwortlichen Parteien gegenüber. Vor allem aber wird die Selbstverantwortung nicht als etwas Gegebenes, das nicht verletzt werden darf, sondern vielmehr als etwa Herzustellendes, das möglichst weit realisiert werden soll, gehandelt. So heißt es im ethischen Selbst-verständnis des BM unter dem Punkt „Verantwortung":

> Wir respektieren und fördern als MediatorInnen die Selbstverantwortlichkeit al-ler Beteiligten. Wir sind uns unserer Verantwortung für den geschützten Rah-men bewußt, der den Konfliktparteien das Sicheinlassen auf den Prozess der Lösungssuche ermöglicht und ermutigen sie, die Verantwortung für den von ihnen eingebrachten Inhalt und die erarbeiteten Vereinbarungen zu überneh-men. (BM-ES)

In der Selbstverantwortung wird also nicht nur die Entscheidungsautonomie der Parteien herausgestellt, sondern zugleich eine Ordnung der Verantwortlichkeiten entworfen: Die Parteien übernehmen die Verantwortung je für sich (und damit mehr oder weniger explizit keine Verantwortung für die Gegenpartei); die Verant-wortung der Parteien erstreckt sich auf alles, was sie in den Konflikt einbringen und in der Mediation aushandeln. Ihnen wird die Verantwortung nicht nur für ihre Entscheidungen, sondern auch für das, was sie als Konfliktgründe aus ihrem ‚Inne-ren' einbringen, angetragen. Die Selbstverantwortung ist nicht nur eine –tautologische– selbst getragene Verantwortung; sie ist vor allen immer auch eine Verantwortung für das groß geschriebene Selbst. Die MediatorIn übernimmt dage-gen die Verantwortung für den „geschützten Rahmen", in dem dieser Prozess er-möglicht und angestoßen wird. Die Verantwortungsübernahme wird damit als Herausforderung, als im Prozess herzustellende und keineswegs immer schon vo-rausgesetzte gehandelt. Hier kündigt sich schon, bezogen auf die Verantwortlich-keit, das grundlegende Arrangement der Mediation an: die Parteien beziehen sich zunächst und vor allem auf sich selbst und auf ihr Selbst, für das sie die Verant-wortung übernehmen, sich also damit identifizieren und als die ‚Subjekte ihres Selbsts' in den offenen Austausch im Mediationsprozess eintreten sollen. Diese Formulierung ist keineswegs tautologisch, wenn man an die in der Verhandlungs-mediation vorherrschende Trennung von bloß Menschlichem und sachbezogenen Anteilen der Parteien denkt: Dort treten diese als Subjekte ihrer sachbezogenen Interessen auf, auf den bloß menschlichen Anteilen lässt sich im Mediationsverfah-ren kein Subjektstatuts aufbauen.

Diese Thematisierung der Eigenverantwortlichkeit wird, wie schon oben das ‚Menschenbild', als ein stets vorhandenes, aber erst im Prozess zu realisierendes Potential geführt: Die Selbstverantwortung muss, obwohl sie vorausgesetzt ist (eine in der Abgrenzung vom Gerichtsverfahren eingeführte Bestimmung; MfD/40), im Verfahren ‚gestärkt' werden: „Mediation vertraut auf die eigene Kraft der Streitparteien." (MfD/74) Diese Stärkung oder „positive Bestätigung des Individuum im Sinne von ‚Du bist o.k. und du bist fähig" (M-Kö/47,ABC/20-21) ist eine aus dem Menschenbild der Mediation abgeleitete Aufgabe der MediatorIn. Der dort formulierte Glaube an das „Potenzial zum Umgang mit und zur Lösung eigener Konflikte", vor allem auch die Art und Weise des Zuspruchs an die Parteien bestimmen den hier entwickelten Modus des Empowerments. Empowerment wird als „Prozess der (Wieder-)Herstellung von Selbstbestimmung in der Gestaltung des eigenen Lebens" gefasst, und von der MediatorIn die „professionelle Unterstützung" dieses Prozesses gefordert, indem sie die „Selbstgestaltungskräfte der Menschen anregt, fördert und unterstützt und auf die Stärke der Menschen statt auf eigenes Expertentum vertraut." (M-Kö/47) An anderer Stelle wird das Empowerment der Parteien als „die ‚In-Stand-Setzung' ihrer manchmal verschütteten Konfliktlösungsressourcen" (M-Schä/36) bezeichnet.

Empowerment gegen den Konflikt

Das Empowerment in der Mediation stellt sich so als eine ‚Reparaturarbeit' an den Subjekten da: ‚Eigentlich' können die Parteien ihre Differenzen selbst produktiv lösen. Anders als die Verhandlungsmediation, die es dabei belässt, wird im Empowerment jedoch zugleich eine Einschränkung dieser Fähigkeiten festgehalten. Durch den Konflikt sind diese Fähigkeiten ‚verschüttet', die „Selbstgestaltungskräfte" der Parteien bedürfen der „Hilfe zur Selbsthilfe" (MiB/55):

> Ziel der Mediation ist, die destruktiv gewordene Auseinandersetzung fachkundig so zu gestalten, dass die Konfliktparteien wieder fähig werden, selbst Lösungsideen für ihre Differenzen zu finden. (MiB/13-14)

Andererseits –und die Klammern in der „(Wieder-)Herstellung von Selbstbestimmung" (M-Kö/47) markieren diese ontologische Ambivalenz– ist genau diese Fähigkeit der Konfliktparteien selbst schon an den Zuspruch der MediatorIn gebunden. Diese Unklarheit tritt an der Stelle auf, an der die Trennungsarbeit zwischen den eigentlichen Subjekten und dem Konflikt einsetzt. Die Schwäche, Inkompetenz, Destruktivität und Aggressivität wird dem Konflikt zugeschlagen, die Lösung den Parteiensubjekten. In einer Parallelität zur

‚Deformation des Menschen durch den Konflikt' (nicht nur bei Glasl; Kap. 6.2.2) verbindet diese Form des Empowerments die unbedingte Akzeptanz des affirmativen „Du bist o.k. und du bist fähig" (ABC/20-21) mit der Trennung des Konflikts vom Subjekt. Der im Menschenbild der Mediation formulierte Glaube an die Fähigkeiten und Potentiale der Parteien, das ganze „„positive Menschenbild'" (MK/46), das die Mediation aus der humanistischen Psychologie (Kap. 10) bezogen hat, wird durch diese Spaltung des empirisch vorfindbaren Konfliktverhaltens in konfliktindiziertes negatives und dem eigentlichen Wesen entsprechendes positives (bzw. zielführendes) stabilisiert.

Es lassen sich so in der Mediation drei Herangehensweisen auf die Frage nach dem Empowerment der Subjekte auffinden. Einerseits kann die Frage nach dem Empowerment für immer schon beantwortet gehalten werden; die in der Verhandlungsmediation verbreitete Form verbindet sich mit der Unterstellung von Autonomie. Oben wurde sie anhand der Verhandlungslehre als eine Form ‚imaginären Empowerments' analysiert, die auf die Verleugnung möglicher Schwächen baut. (Kap. 4.1.7) In Kritik dazu bringt die ‚Haltungsmediation' eine Form des Empowerments hervor, die dieses als einen Prozess zwischen dem ‚eigentlich starken Subjekt' und dem schwächenden ‚Konflikt' entwickelt. Die Parteien sind damit des Empowerments, primär des Zuspruchs der MediatorIn bedürftig, um ihre ‚eigene Stärke' zu entfalten. Hier gewinnt die MediatorIn als ‚Stifter' (vgl. Kap. 4.3.3) eine entscheidende Rolle, von ihr geht der Anstoß aus. Dabei soll sich die von der MediatorIn fest angenommene und unterstellte Stärke und Kompetenz des Subjekts in der Konfliktpartei realisieren. Empowerment erhält damit die Form eines von der MediatorIn ausgehenden Angebots, in der sich die Konfliktparteien wiedererkennen sollen. In der Abgrenzung der Transformativen Mediation kam ebenso wie im Ansatz von Besemer eine dritte Form des Empowerments zur Sprache, die sich nochmals klar absetzt. (Kap. 4.2; Kap. 7.1.5) Sozial oder politisch schwache Gruppen sollen sich durch Solidarisierung, politische Aktion und die Bildung von Bündnissen eine stärkere Position erkämpfen. Diese im Mediationsdiskurs randständige Form, man kann sie wohl als ‚kämpferisches Empowerment' bezeichnen, ist auch in Bröcklings Kritik der Mediation als der Bezugspunkt zu erkennen, an dem die Mediation gemessen und für zu leicht befunden wird. (Kap. 3.1)

Exklusion von Aggressivität

Aus dieser Trennung von Konflikt und Subjekt ergibt sich der in der Mediation durchgängig zu beobachtende Effekt, dass Aggressivität nicht im Subjekt verortet wird. In den Bedürfnissen, aber auch in den Interessen der Verhandlungsmediation (s. Kap. 4.1.5) fehlen nicht nur kriminelle, rücksichtslose, sondern generell aggressive Regungen; aggressive Gefühle werden auf die Konflikteskalation zurückgeführt. Diese Tendenz wurde etwa im Orangenbeispiel an der Unschärfe, die in der Kooperation das Eigeninteresse befällt, oder in den stets deeskalierenden und versöhnlichen Transformationsbeispielen deutlich (Kap. 7.1.2-4). Die stets ‚positive' Richtung der Beziehungstransformation und Selbstklärung der Parteien lässt sich von hier aus erklären, wenn doch die Klärung des Selbst stets mit einer Trennung des Selbst von den korrumpierenden Wirkungen des Konflikts einhergeht. (hierzu nochmals Kap. 10.2 und 10.3) Diese Tendenz des Mediationsdiskurses wird besonders sichtbar, wenn dieser sich mit Fragen der juristischen Implementierung beschäftigt: Wenn die „‚drei großen Vs', nämlich die Vorgaben zur Vollstreckbarkeit (Art. 6), Vertraulichkeit (Art. 7) und Verjährung (Art. 8)" (MedG-HK/37, ebenso ZKM2009/21-25) geklärt werden müssen, kommen Fragen auf, die den Parteien ein rücksichtsloses Kalkül unterstellen. Die Differenz dieser Überlegungen zur ‚eigentlichen Mediation' mit ihren stets rücksichtvollen kooperativen und einfühlsamen Subjekten muss im Diskurs markiert werden: „Solche Vollstreckungsmaßnahmen sind nicht unbedingt als ‚mediativ' zu bezeichnen." (ZKM 2014/193) Selbst in der Verhandlungsmediation wird die Problematik, ob eine Thematisierung der Vollstreckbarkeit nicht unnötig und kontraproduktiv sei, weil sie das Vertrauen zersetze, anerkannt, auch wenn sie doch meist abschlägig beurteilt wird. (MGpK/80) Das Antizipieren von rücksichtslos-eigeninteressierten oder manipulativen Konfliktparteien ist ‚unmediativ', der Bannkreis des ‚positiven Menschenbildes' umfasst auch noch den Fachdiskurs, in dem die Parteien den Gegenstand des fachlichen Austausches der Gemeinde der Mediator_innen bilden.[242]

---

[242] Diese Tendenz bleibt im Diskurs nicht unwidersprochen. Der innerhalb der Therapeutik ausgefochtene Dissens in dieser Frage dringt in Form von Versuchen zur Integration von ‚positiver Aggression' in den Mediationsdiskurs ein. Diese Position argumentiert gegen ungehemmte Aggression für souveräne Selbstbehauptung, durch Selbstreflexivität und „emotionale Stärke". (PM 2007/52-54) Die Kultivierung von ‚Positiver Aggressivität' (SDM45/23-

8.3 Streit um die Grade der Freiwilligkeit

Das ‚Prinzip der Freiwilligkeit' stellt sich als das Prinzip dar, das im Diskurs am heftigsten umstritten ist. Auf der Grundlage der bisher herausgearbeiteten Deutungsmuster ist dabei zwischen zwei Konzeptionen von Freiwilligkeit zu unterscheiden. Zunächst ist zwischen einer Minimalkonzeption der Freiwilligkeit als informiertes Einverständnis und einem emphatischen, weiter gefassten Verständnis zu unterscheiden. Schließlich wird auch die basale Freiwilligkeit in Zweifel gezogen, wenn von der Überlagerung der Subjekte durch den Konflikt aus die Einschränkung der Parteienautonomie gefordert wird. Diese Position ist hoch kontrovers, da sie den heiklen Punkt der Parteienautonomie berührt.

Freiwilligkeit als informierte Zustimmung und Möglichkeit zum Ausstieg
Als Element des Verfahrens ist die Freiwilligkeit im Mediationsdiskurs Konsens (Ausnahme: EiM). So formuliert etwa der Bundesverband Mediation in seinem ethischen Selbstverständnis unter der Überschrift „Freiwilligkeit":

> Wir gewährleisten die freiwillige Teilnahme aller Konfliktparteien an der Mediation, indem wir sie vollständig über das Verfahren der Mediation informieren und sie auf dessen Möglichkeiten und Grenzen hinweisen. Mit welchem Ergebnis und zu welchem Zeitpunkt sie den Mediationsprozess beenden wollen, bleibt ausschließlich den Konfliktparteien überlassen. (BM-ES)

In diesem, auch im juristischen Kontext verbreiteten Verständnis der Freiwilligkeit gilt diese gewährleistet, da die Parteien stets die Möglichkeit haben, die Mediation zu beenden ohne sanktioniert zu werden (MedG-HK; MedG §2 Abs. 5 „Die Partei-

---

26 mit dem entsprechenden Hinweis auf das Ausbildungsangebot) sei in einer Aggressivität tabuisierenden Gesellschaft die weiterführende Alternative, während eine alle Aggressivität verdammende Kultur vom Verdrängten zwangsläufig nur umso heftiger und unkontrollierter heimgesucht werde. (so die Diagnose im referierten Klassiker „Keine Angst vor Aggressionen"; Bach und Goldberg 1990) Wie in der Therapeutik, so bleibt diese Position jedoch auch in der Mediation eine absolute Minderheitenposition, die in dieser Frage direkt entgegengesetzte Gewaltfreie Kommunikation konnte dagegen erheblichen Einfluss gewinnen. (Kap. 10.3)

en können eine Mediation jederzeit beenden.") und in der ersten Phase des Verfahrens hinreichend über die Mediation informiert werden. In diesem Verständnis gilt nur sanktionsbewehrter Zwang als Einschränkung der Freiwilligkeit.

Macht und Hierarchien als Problem weitergehender Freiwilligkeit
An diesem Anspruch reiben sich viele Stimmen im Mediationsdiskurs, wenn sie ein weitergehendes Konzept von Freiwilligkeit veranschlagen und dessen mangelnde Umsetzung beklagen:

> Mediation kann nicht erzwungen werden, da ein Zwang zur Mediation der in diesem Verfahren so hoch geschätzten Souveränität des Einzelnen und der Achtung seiner Selbstbestimmung diametral entgegenstehen würde. Dennoch gibt es eine Reihe von Arbeitsfeldern der Mediation, in denen diese hundertprozentige Freiwilligkeit nicht gegeben ist, und zwar überall dort, wo es Hierarchien gibt. Mediationsprozesse in der Arbeitswelt finden nur statt, wenn ein Vorgesetzter diese ermöglicht bzw. entscheidet, dass ein Konflikt mithilfe von Mediation, statt z.B. mithilfe einer Kündigung geklärt werden soll. (...) Durch das Machtverhältnis Chef-Untergebener existiert hier per se keine Freiwilligkeit. Es kann den Mitarbeitern aber ermöglicht werden, der Mediation zuzustimmen oder sie abzulehnen. (M-Kö/23)

Hier wird die ,eigentlich' für die Mediation erforderlichen Freiwilligkeit der Parteien in eine Fundamentalopposition zu ,Hierarchien' gebracht. Machtverhältnisse erscheinen grundsätzlich der in der Mediation angestrebten Transformation entgegengesetzt. Auch verortet sich die Mediation als Innovation in der Streitkultur ja gerade in Opposition zu Hierarchien (M-Schä/166) und versteht sich selbst als demokratisch und egalitär (Kap. 6.3). Machtverhältnisse zwischen den Parteien werden in der Mediationsbewegung als Problem für die Mediation diskutiert, die Positionen reichen von einem apodiktischen „Macht macht's unmöglich" (PM 2009/60-65) über Versuche, Mediation ,dennoch' zu implementieren, etwa indem Machtverhältnisse im Prozess bearbeitet und durch das die Parteien gleich behandelnde Mediationsverfahren aufgehoben werden:

> Freiwillig im Sinne der Definition von Wahrig Deutsches Wörterbuch als freiwilliges Handeln, wobei freiwillig als ungezwungen, von selbst, aus eigenem Antrieb beschrieben wird, findet der Erstkontakt mit den Konfliktbeteiligten in Organisationen selten statt. Wenn man dann noch die sinnverwandten Wörter ansieht: spontan, unaufgefordert, aus eigenem Willen, selbst gewählt, ohne

Zwang/Druck, aus sich heraus, gern usw., dann ist Freiwilligkeit in Wirt-
schaftsmediationen ein eher selten anzutreffendes Gut. (…) Allerdings kann der
Praktiker das jenseits aller – richtigen – theoretischen Überlegungen recht entspannt sehen: Es kommt auf den Zeitpunkt an, an dem die Freiwilligkeit erklärt
wird. Nach Vorgespräch und Auftragsklärung erfolgt eine Mandatserteilung an
die MediatorInnen und diese lässt sich so gestalten, dass eine tatsächlich frei-
willige Entscheidung aus eigenem Willen getroffen wird. (SDM 47/5)

Hier wird sehr deutlich, dass die ,weiterführende' Auffassung von Freiwilligkeit,
wenn sie sich als „ungezwungen" versteht, mit der Ausgangslage der Mediation
kollidiert. Denn Hilfe in der Konfliktbearbeitung holt sich wohl keine Partei ohne
triftigen Grund; dieser Ausweitung der Freiwilligkeit steht die Problemdefinition
entgegen, der zufolge der Konflikt eine Intervention erforderlich macht. Die Freiwilligkeit steht damit in einem deutlichen Zusammenhang zu der Entscheidungen
treffenden, aktiven Seite der Subjekte: Diese darf nicht beeinträchtigt werden, die
Subjekte müssen zur wohlüberlegten Entscheidung fähig sein. Das auch in diesem
Zitat demonstrierte Vertrauen auf das Verfahren, diese Entscheidungsfähigkeit
herzustellen, zeichnet sich im Diskurs als Konsens ab, der auch die Verhandlungsmediation umfasst. Die MediatorInnenrolle nimmt die Sicherstellung dieser
Entscheidungsfähigkeit der Parteien als wichtiges Ziel wieder auf. (Kap. 9.2)

Indem unterschiedliche Grade von Freiwilligkeit angesetzt werden, wird die Medi-
ation insbesondere im Arbeitskontext anschlussfähig: Nicht die Freiwilligkeit im
Erstkontakt, sondern die im Prozess herzustellende Freiwilligkeit zähle. In diesem
Sinne verlangt die Wirtschaftsmediation von ihren Parteien nur noch eine schmale
„Bereitwilligkeit" zur Teilnahme (M30M/23), die dann im Laufe der Mediation zu
einer echten, authentischen Freiwilligkeit heranwachsen könne. Der systemische
Ansatz in „Mediation für Dummies" geht noch einen Schritt weiter. Mediation in
Organisationen müsse die Allparteilichkeit durch eine ,Würdigung der Hierarchien
und Ränge' ergänzen (MfD/311-316), die bei den höheren und niederen Rängen zu
unterschiedlichen Bedürfnissen und Verantwortlichkeiten und damit auch zu unter-
schiedlichem Gewicht bei der Lösungsfindung führen. Diese Struktur sei von der
Mediation zu respektieren, allerdings müssten Privilegien und Verantwortung
ausbalanciert bleiben, sonst „sind Konflikte vorprogrammiert". (MfD/314) An
dieser Stelle wird wohl wie sonst nirgends im Diskurs der Wandel deutlich, der
sich von der in Friedensbewegung und Alternativszene verankerten, herrschaftskri-

tischen Mediationsbewegung zur ‚professionalisierten' Mediation vollzogen hat. (Kap. 5.3)[243]

Weiterführende Machtperspektiven
Neben dieser Position finden sich im Mediationsdiskurs jedoch auch kritischere Reflexionen auf den Umgang mit Macht. Zunächst ist hier Besemers Zugang zum Problem zu nennen, der die Herrschaftskritik zum Zentrum seines Ansatzes macht (Kap. 7.1.5). Es finden sich aber auch in der Diskussion von Machtverhältnissen in der frühen, für die Verhandlungsmediation sehr einflussreichen Studie von Breidenbach erstaunliche Positionen, die den aktuellen Konsens des Mediationsdiskurses herausfordern.

Gleichzeitig stellt sich hier die rechtspolitische Frage, ob jedes (...) erzielte (Einigungs-)Ergebnis um der gütlichen Einigung willen wünschenswert ist. Was für die Theorie gleichwertig in die Interessenskalkulation einfließt, läßt sich auch in die Kategorien (Hauptsache-) Interessen und Elemente von Verhandlungsmacht einteilen. Unterschiedliche Risikofreudigkeit ist nicht nur ein Interesse, dem man durch Versicherungen oder Garantien Rechnung tragen kann, sondern gerade im Konflikt ein Ausdruck von Verhandlungsmacht, der einem von einer u.U. wohlbegründeten Forderung massiv abweichen läßt. Damit ließe sich leben, wenn hier nicht ein Gefälle zwischen sozialen Gruppen verfestigt würde. Die optimistische Grundhaltung vieler Kompendien zu Verhandlungstheorie geht von im Prinzip informierten und grundsätzlich waffengleichen Verhandlungspartnern aus, denen man nur ein ‚tool', ein Werkzeug, zur Durchsetzung ihrer Interessen an die Hand geben müsse. Als Analyse der Möglichkeiten, Konflikte zu überwinden, ist das wichtig; die Konfliktwirklichkeit ist damit jedoch nur zum Teil erfaßt. (MBB/ 75-76)

Wenn die ‚Differenzen' der Parteien nicht mehr neutral als zwischenmenschliche Eigenheiten, sondern als Machtverhältnisse betrachtet werden, fordert dies den Mediationsdiskurs heraus: Der Rahmen, den die Mediation bietet, ist dann nicht

---

[243] Vor diesem Hintergrund ist wohl auch die Vehemenz des Streites zu erklären, der um die Freiwilligkeit geführt wird. Die radikalste Opposition zum Konzept der Freiwilligkeit überhaupt findet sich überraschenderweise bei dem die radikalste Kritik an der ‚Ökonomisierung der Mediation' formulierenden Duss-von Werdt, der die Konzeption einer freiwilligen Subjektposition aus einer systemischen, von komplexen Kausalketten ausgehenden, Position heraus verwirft. (EiM; s. a. Kap.9.5)

mehr neutral und bzw. beiden Parteien gleichermaßen zugetan, sondern trägt selbst eine Asymmetrie in sich. Breidenbach leitet aus dieser Analyse jedoch anders als Besemer keine Erweiterung der Mediation um Macht kompensierende Maßnahmen ab, sondern eine Beschränkung des Anwendungsbereichs. Diese zweite Reaktionsmöglichkeit auf das Problem der Macht ist nicht der politische Aktivismus, sondern die eventuell weitgehende Selbstbeschränkung. Macht-ungleichheiten in der Mediation werden so zum Problem, für das keine Lösung angeboten wird. (MBB/103) Stattdessen führt ein Praxisfall die Probleme vor, die entstehen wenn die Mediation im „vielseitig ineinander verwobenen Geflecht gegenseitiger Abhängigkeit" (MBB/104) agieren muss: In einer ‚schmutzigen' Scheidungsmediation etwa erweist sich die Drohung mit einer Klage wegen Steuerhinterziehung und unterlassenen Unterhaltszahlungen als starkes Druckmittel, nicht jedoch, wenn der so bedrohte Rechtsanwalt dadurch seine Zulassung verlieren und mit dem Einkommen auch die künftigen Unter-haltszahlungen wegfallen würde. (MBB/103) Hier wird ein Problem zwar aufgeworfen, mit der Komplexität der Fragestellungen geraten die einfachen Antworten einer Win-Win-Situation jenseits von Machtbeziehungen aus dem Blick. Im stets optimistischen und von der Wirksamkeit seines Verfahrens fest überzeugten Mediationsdiskurs haben diese kritischen Überlegungen jedoch keine weitreichende Wirkung entfaltet.[244]

„Privatautonome Konfliktbewältigung(skompetenz)"[245] als Voraussetzung?
Neben dem ‚Problem der Macht' findet sich im Mediationsdiskurs noch eine wei-tere Problematisierung der Freiwilligkeit der Parteien. Ausgehend von der Proble-matisierung des Konflikts, der die Parteien schwächt und bis zur Unkenntlichkeit entstellt (Kap. 6.1.2), ist nicht nur das Empowerment der Parteien, sondern auch ein ohne die Zustimmung erfolgender ‚helfender Eingriff' eine naheliegende Inter-ventionsoption, wie sie im Konfliktmanagement ja auch diskutiert wird. Die für die

---

[244]   Dabei sind diese im unmittelbaren Umfeld des Mediationsdiskurses durchaus anzutreffen, so
          auch im von der Berghof Foundation gestützten Konzept der Konflikttransformation
          (Berghof Foundation 2012; Austin et al. 2011) oder in der politikwissenschaftlichen Diskus-
          sion von politischen Mediationen. (Geis 2005)

[245]   So die das hier entwickelte Spannungsverhältnis prägnant formulierende Kapitelüberschrift
          in MAP/68 – der die hier aufbrechenden Probleme jedoch hier nicht aufwirft. (s. OAS)

Mediation spezifische bedingungslose Setzung der Parteienautonomie wird herausgefordert, wenn die Kompetenz der Parteien zur Konfliktlösung nicht mehr
emphatisch ‚propagiert', sondern von außen evaluiert wird. So findet sich etwa in
einem Plädoyer für mehr verpflichtende Elemente in der Anbahnung von Schei-
dungsmediationen, das Katharina Schmitt[246] auf einem Kongress der BAFM und in
einem Artikel in der ZKM vorbrachte, ein Bild von Parteien nicht als autonome
Entscheider, sondern gänzlich von der Konfliktdynamik gefangen, „Blind vor
Wut" und damit zu einer wirklichen Entscheidung im Moment unfähig. (BvW) Um
aus dieser Situation heraus eine autonome Entscheidung überhaupt treffen zu können, müsse die Freiwilligkeit im Prozess entwickelt werden. Die Autonomie der
Parteien wird hiermit zu einem beurteilbaren, messbaren Gegenstand der Erwä-
gungen des Mediationsdiskurses bzw. der Instanzen, denen die ‚Zuweisung' von
‚Fällen' an einen verpflichtenden Mediationstermin obliegt. Autonomie wird nicht
behauptet und gesetzt, sondern zu einer situationsabhängigen Eigenschaft der Parteien, die mehr oder weniger ausgeprägt ist, sich aber, rekursiv, über die Herstellung der Autonomie legitimiert: „Wichtigste Legitimationsbasis der Einschränkung
von Klientenautonomie ist die Aussicht auf ihre Wiederherstellung."[247] (ZKM
2006/4) Nicht der Wert der Autonomie der Parteien (die hier konsequenterweise
als Klienten bezeichnet werden) steht hier also zur Debatte, sondern der Modus
ihrer Herstellung. Dem postulierenden Akt einer stets vorauszusetzenden Parteienautonomie stehen in spezifischen Situationen auch gegen den Willen der Parteien
durchzusetzende Interventionen entgegen. Ähnlich, wenn auch impliziter und im
Diskurs weniger kontrovers wirkt es sich aus, wenn im selben Anwendungsfall
psychologische Expertise in den Fachdiskurs Eingang findet. Der bekannte Familienmediator und –therapeut Heiner Krabbe führt in einer Reihe von Beiträgen zum
Umgang mit ‚Fällen' von „hochstrittigen Paaren" die Notwendigkeit zusätzlicher
Überlegungen aus: „Bei Familienmediation mit hochstrittigen Paaren sind über das
normale Mediationshandwerkszeug hinaus zusätzliches Wissen sowie zusätzliche
Überlegungen zur Gestaltung des Prozesses notwendig." (ZKM 2008/48; vgl. auch
ZKM 2010/72-76) Die Paare befänden sich in einer psychischen Krise, durch den
Stress überfordert, von Gewalt bedroht und wenn dazu schwere unbewiesene An-

---

[246]   Heute Katharina Kriegel-Schmitt

[247]   Es handelt sich hier um ein Zitat aus Kähler 2005.

schuldigungen (etwa des Kindesmissbrauchs) im Raum ständen, sei Mediation an eine Grenze gestoßen, in der zusätzliche klinisch-psychologische Professionalität zur Einschätzung und Unterstützung der Autonomie der Parteien notwendig werde. Die Autonomie der Parteien wird hier von einer psychologischen Prüfung, von der Zuschreibung der Kompetenz anhand von den Parteien unabhängigen Standards abhängig. Auch hier zieht, wenn auch weniger explizit formuliert, eine Thematisierungsweise der Parteien in den Diskurs ein, die mit den dominanten und für die Mediation typischen Thematisierungsweisen in Konflikt gerät: Die Parteien sollen nun weder als freie Entscheidungsinstanz noch als ‚innere Konfliktgründe' in den Blick geraten, sondern sie werden einer Evaluation anhand externer professioneller Standards unterzogen. Diese, folgt man der oben entwickelten Unterscheidung (Kap. 6.2), dem Konfliktmanagement zuzurechnende Thematisierungsweise ist dem vehement vertretenen ‚Menschenbild' ein Problem, daher die heftigen Auseinandersetzungen an dieser Linie. Auf einer allgemeineren Ebene, jenseits des spezifischen Anwendungsbereichs der ‚hochstrittigen Paare', wird in der Mediation die Setzung des idealtypischen Mediationssettings jedoch aufrechterhalten: Der Konflikt darf zwar die Emotionen und das Verhalten der Parteien ‚übernehmen', als autonome, Selbstverantwortliche Verwalter ihrer eigenen Belange müssen die Parteien aber immer noch adressierbar sein: Sie sind und bleiben zu ihrer Selbst-Verantwortung fähig.[248]

8.4 Inklusivität, Gleichbehandlung und Ausschluss

Mediation versteht sich als ein inklusives Verfahren. Diese Inklusivität wird im Diskurs zunächst aus einer sachlichen Notwendigkeit heraus abgeleitet: „Mediation ohne eine Auseinandersetzung mit allen Seiten, die im Konflikt eine Rolle spielen, ist nicht vorstellbar, weil damit wesentliche Informationen, aber auch Ressourcen fehlen würden, um zu einer wirklich guten Lösung zu kommen." (M-Kö/20) Nur wenn alle Parteien mitmachen, lässt sich der Konflikt der Parteien einvernehmlich zwischen den Parteien lösen: Dies ergibt sich direkt aus der Bestimmung des Kon-

---

[248]   Auch in der Rechtswissenschaftlichen Diskussion führt die Frage der Freiwilligkeit zu Kontroversen (etwa: OAS)

flikts als misslingendem Umgang mit zwischenmenschlichen Differenzen. (Kap. 6.1.1) Dieses Prinzip der Inklusivität kann vor allem in der Mediation im öffentlichen Bereich eine politisch-normative Deutung erfahren (als umfassende demokratische Partizipation, Kap. 7.1.6), in anderen Anwendungsbereichen wie bspw. der Scheidungsmediation kann sie vorausgesetzt werden, in der selbstverständlich beide Ehepartner teilnehmen. (MWID) Andererseits wird gerade in diesem Anwendungsgebiet auch das Problem der Unschärfe in der Bestimmung von allen „Seiten, die im Konflikt eine Rolle spielen" evident, wenn von der Scheidung auch Kinder betroffen sind. Diese sind nach übereinstimmender Meinung nicht in den Prozess einzubeziehen, sie können allenfalls in speziellen Sitzungen im späteren Verlauf teilnehmen. (FME) Im breiteren Diskurs wird dieses Problem nicht intensiv aufgeworfen; ob denn an der Mediation nur die aktiv Beteiligten (EiM/91) oder „alle Beteiligten, die von der Entscheidung beeinträchtigt sein könnten" (M-I/31) einzubeziehen sind, wird in aller Regel unentschieden gehalten. Die verbreitete Rede von einfach „beiden Konfliktparteien" (M-Schä/32) vermeidet mit dem Bezug auf das idealtypische Setting die Differenzierung. Dagegen richtet sich eine Intervention in Montadas Ansatz –die auf ihrer normativ-diskurstheoretischen Grundlage diesem Unterschied die allerhöchste Bedeutung zuschreiben muss,[249] der hier eine klare Differenzierung einfordert und damit der Mediation ein unlösbares Problem mitgibt:

---

[249] Aus der Perspektive deliberativer Demokratietheorie steht die Lösung von Problemen in nicht-öffentlichen Verhandlungen unter dem schweren Verdacht ‚korporativistischer' Lösungen der Mächtigen unter Ausschluss der betroffenen Allgemeinheit; in ihnen verkehrt sich die deliberative Demokratie in ihr gerades Gegenteil. Daher wird in dieser Tradition der öffentlichen Diskussion, womit die beste Lösung gefunden werden soll, die allergrößte Bedeutung zugesprochen (Habermas 1998); in den auch im Mediationsdiskurs geführten Debatten um die transatlantischen Freihandelsabkommen werden diese Diskurslinien deutlich sichtbar (KD2015/246-254). Die Diskurstheorie, aus der die Deliberative Demokratietheorie wie auch Montadas Mediationsansatz hervorgegangen sind, eignet sich aus diesen Gründen wohl tatsächlich besser, um eine Theorie des Gerichtsverfahrens (Alexy 1996) zu entwickeln, als für die Theoretisierung der Mediation. Montada muss daher mit aller Schärfe auf dem weiten Inklusionskriterium der Betroffenen insistieren; die von ihm eingeforderte Erweiterung der Mediatorenrolle zum Vertreter nicht anwesender, aber vom Konflikt betroffener Parteien ist eine konsequente Folgerung aus diesem in der gewählten Theoretisierung der Mediation mit aller Schärfe auftauchenden Problem.

Ideal wäre der Einbezug aller vom Konflikt und von Lösungen Betroffenen. Das ist allerdings häufig schon deshalb nicht möglich, weil Mediation als Verfahren nur mit einer begrenzten Zahl von Teilnehmern durchführbar ist. Auch sind nicht alle Betroffenen bekannt, zur Mitarbeit motiviert oder verfügbar (auch künftige Generation können von Konflikten betroffen sein). (…) Es ist dann die Aufgabe der Mediatoren, in der Konfliktbearbeitung die Anliegen weiterer Betroffener ins Bewusstsein zu rufen und so den Rahmen für eine ‚allseits' produktive Lösungssuche zu erweitern. (M-MK/251)

Mit dem Einbezug künftiger Generationen (und im Kontext von Tarifkonflikten auch „die Sozialversicherungssysteme und damit die Allgemeinheit"; M-MK/251) sprengt dieser Inklusionsanspruch eingestandenermaßen den Rahmen realer wie denkbarer Mediationsverfahren. Die (aus der Diskurstheorie hergeleitete Forderung) tritt hier in eine unlösbare Spannung zur ‚Verfahrensrealität'. Das Problem wird in diesem Ansatz gelöst, indem der Mediator aufgerufen wird, für abwesende Dritte Partei zu ergreifen – was die Problematik jedoch nicht löst, sondern nur verlagert. (Kap. 9.4) Die im Mediationsdiskurs weitgehend ausbleibende Reflexion auf die Grenzziehung der Inklusivität im Verfahren lässt sich anhand des im Lehrvideo „Wirtschaftsmediation" (WM) dargelegten Beispielfalls illustrieren: In einer medizinischen Gemeinschaftspraxis gibt es Streit, der in der Mediation aufgearbeitet wird. In Übereinstimmung mit der Ausrichtung der sich hier darstellenden Mediator GMBH, der unter anderen mit Horst Zilleßen ein bedeutender Vertreter der Mediation im öffentlichen Bereich angehört, treten hier die demokratisierenden, egalitären Züge der Mediation besonders hervor (vgl. den Beitrag von Zilleßen in MuD/52-65). Die an der Mediation beteiligten Ärztinnen und Ärzte bringen die Frage der Beteiligung an der Praxis auf den Tisch, am Ende einigt sich die Gruppe darauf, die jungen, engagierten Mitglieder ebenfalls zu Teilhabern zu machen. Mediation erscheint hier in all ihren Facetten als Konfliktlösungsinstrument, als Klärung der Beziehungen und sogar noch als Mittel einer allseitig befriedenden Egalisierung und De-Hierarchisierung der Organisation, in der nicht einmal Eigentumsfragen außen vor bleiben. Gerade an dieser Stelle wird die Frage nach den Einschlussgrenzen des Verfahrens aktuell. Denn die Angestellten der Praxis haben am Verfahren nicht teilgenommen; als am Konflikt nicht substanziell Beteiligte bleiben sie auch vom Transformationsprozess ausgeschlossen. Im Verfahren sind sie Objekte: Von ihnen wird gesprochen, sie selbst treten nicht auf, nehmen nicht teil, sprechen nicht für sich selbst und sind auch nicht Teil der Lösungsdynamik und Transformation. Dies zeigt eindrücklich die weitreichenden Folgen der Entscheidung, wer in der Mediation zum Subjekt wird und wer nicht.

In den Beispielen des Mediationsdiskurses sind Fälle von Konflikten, die aufgrund fehlender Resonanz einer Partei nicht zur Mediation gelangen, nicht vertreten. Diese markante Auslassung tritt im folgenden Beispiel deutlich hervor (M-Schä/160-61): In der Mediation kommt das Thema auf, dass die Ehefrau des Geschäftsführers, die schon lange in der Buchhaltung mitarbeitet, sich nach Jahren gemeinsamer Arbeit benachteiligt und in ihrem Beitrag zum Erfolg nicht wertgeschätzt fühlt. An diesem Beispiel demonstriert die Mediation ihre Offenheit für breite, unerwartete und gesellschaftlich progressive Fragestellungen. So könnte als Thema etwa zentral werden, dass sie eine „genderorientierte Kultur eingeführt sehen möchte." Zugleich zeigt das Beispiel wieder die Selektivität des Diskurses: Indem hier die Ehefrau des Geschäftsführers im fiktiven Beispiel angeführt wird, wird sie zugleich mit den Ressourcen ausgestattet, den Konflikt um die Geschlechterverhältnisse in der Arbeitswelt auch durchzustehen. Derselbe Konflikt in Arbeitsverhältnissen etwa einer angestellten Sekretärin (oder als extremes Beispiel: einer auf Honorarbasis engagierten Messehostess) kommt im Mediationsdiskurs nicht vor.

Anforderungen an die Subjekte - Exklusionen im Diskurs
Die Inklusivität der Mediation wird jedoch nicht nur in der Eingrenzung als Konfliktbeteiligte bzw. -betroffene herausgefordert. Sie wird auch durchbrochen, indem aus der Subjektposition Anforderungen an die Konfliktparteien abgeleitet werden. Unvermittelt und im scharfen Kontrast zum ‚Menschenbild' und dem Glauben an das Potential in jedem Menschen, wird im Mediationsdiskurs festgestellt, dass mit drogenabhängigen (MKVK/196) oder psychisch kranken (M-MK/338) Parteien keine Mediation zu machen sei. Diese Anforderung an die Parteien, treffend als „Autonomiefähigkeit" (M-Schä/185) zusammengefasst, bezieht ihre Ausformung aus der Subjektposition, der die Parteien gewachsen sein müssen, um teilnehmen zu können. Wenn bei einer Scheidungsmediation „bei einer psychischen Beeinträchtigung durch den Schock der Trennung (...) der Rat von Sachverständigen eingeholt" (MWID/20) werden soll, stehen diese abrupten Exklusionen von Parteien in einem klaren Widerspruch zum inklusiven und befähigenden Zugang zu den Parteien im Menschenbild und im Empowerment. Zur Diagnostik der hier nur allgemein und umgangssprachlich benannten Mängel im Parteiensubjekt

wird im Diskurs nichts angeboten. Die pathologisierende Exklusion bleibt so un-vermittelt neben dem inklusiven, bestätigenden und an die Potentiale glaubenden Zugängen zum Subjekt stehen.

Alles Subjekte?

Anders liegt der Fall, wenn als Parteien nicht Menschen, sondern Funktionsträger diskutiert werden. Hier gibt es einerseits die kritische Frage nach der Entschei-dungsfähigkeit und Autonomie der Parteien, wenn etwa Vertreter von Behörden an Planungsvorgaben und Dienstvorschriften gebunden sind. (MuKM/50) Diesen den Anwendungsbereich der Mediation begrenzenden Überlegungen steht jedoch die verbreitete Tendenz im Diskurs gegenüber, Parteiensubjekte aller Art gleich zu behandeln. So führt etwa ein Beispiel in M-EHI aus: „Der Graffitisprayer und der Werbetafelaufsteller wollen beide auf ihre Art eine Wand gestalten, um sich auf diese Weise auszudrücken. Hier wollen beide die Ressource ‚Freifläche' für sich nutzen" (M-EHI/10). Dieses Beispiel (in einem Skript für das Jura-Studium!) missachtet nicht nur die Beschränkung der Mediation durch geltendes Recht, son-dern zeigt auch auf eindrucksvolle Weise, wie weit der Bereich von möglichen Parteien ist, der unter die Subjektposition der Mediation als ‚Menschen, die sich an ihrem Inneren (Interessen/Bedürfnissen) orientieren' gefasst werden kann, selbst wenn dies die extrem unplausible Vorstellung eines sich selbst ausdrückenden Werbetafelaufstellers hervorbringt. Auf eine ähnliche Weise wird in „Mediation für Dummies" eine Mediation zwischen Investor und Mietern im Falle einer Um-wandlung von Sozialwohnungen in Eigentum gleichwertig behandelt: Beide Seiten können ihre negativen Gefühle und Bedürfnisse äußern, beide streben nach Ver-trauen und sind gegen die Eskalation. (MfD/36; s. ausführlich Kap. 10.4) Ein An-satz, der einerseits die Würdigung der Hierarchien bei der Mediation in Organisati-onen einfordert, kann hier dagegen keine qualitativen Unterschiede zwischen den Parteien erkennen.

Keine emergenten Gruppen

Eine weitere Grenze der Inklusion, die sich im Diskurs subtiler durchsetzt, ist die greifbare und stabile Identität der Subjekte. Diese Anforderung an die Parteiensub-jekte wird im Diskurs nicht expliziert, da in der Mediation immer Menschen (oder, in einer spezifischen Erweiterung der Subjektposition in den systemischen Ansät-zen, auch Organisationen, Kap. 10.4) als Subjekte auftreten, sie lässt sich aber aus den Beispielen erschließen, wie etwa aus dem Verlauf eines Mediationsverfahrens um die Konflikte auf der Kreuzberger Admiralsbrücke. (MKKK2/99-111) Nachdem die Brücke aus baulichen Gründen für den Autoverkehr weitgehend gesperrt wurde und Sitzgelegenheiten errichtet wurden, entwickelte sie sich zu einem bekannten Treffpunkt, um abends mit romantischem Ausblick auf den Landwehrkanal zu trinken, reden und auch Kleinkunst und Musik aufzuführen. Aus der daraus resultierenden Lärm- und Müllbelastung für die Anwohner entwickelte sich ein Konflikt, der dann –entsprechend den Besonderheiten der Kreuzberger Kommunalpolitik– mit einem Mediationsverfahren einvernehmlich gelöst werden sollte. Die Mediationsgruppe zeigte zunächst auf der Brücke Präsenz, warb Teilnehmer und führte mit diesen anschließend regelmäßige Sitzungen durch. In diesem Kontext ist nun die Entwicklung interessant, dass im Mediationsverfahren schlussendlich nur die Fraktionen, die sich innerhalb der Anwohner gebildet hatten, miteinander verhandelten. Die flüchtigen, emergenten Gruppen der auf der Brücke Feiernden waren für das Verfahren nicht erreichbar. Für ein längeres Mediationsverfahren, das die regelmäßige Teilnahme an den Sitzungen und ein längerfristiges Interesse am Konflikt voraussetzt, muss jede Partei sich die Form einer identifizierbaren und stabilen Entität geben, emergente, diffuse Gruppen, wie Touristen(ströme) oder spontan sich bildende Gruppen schließt das aus. Auch Repräsentanten dieser nur von außen definierten Gruppen müssten sich auf eine stabile Gruppe mit stabilen Interessen beziehen, für die sie sie sprechen. Die Dynamik und Transformation des Mediationsprozesses lässt sich nur mit stabilen, klar identifizierbaren, handlungs- und zurechnungsfähigen, vollständig selbstverantwortlichen Subjekten machen.

8.5 Körper und Emotionen

Emotionen, genauer: der Umgang mit Emotionen in der Mediation, ist ein zentrales Thema des Diskurses; keine Darstellung der Mediation kommt aus, ohne zu den Emotionen Stellung zu beziehen. Zugleich ist die Frage nach der Bewertung und dem Status von Emotionen Gegenstand von Kontroversen, an denen sich die Mediationsrichtungen trennen. „Die Behandlung der Frage, wie mit Emotionen im Rahmen der Mediation umzugehen ist, ist so alt wie die Mediation selbst." (ZKM 2008/100) Emotionen können an zentralen Stellen angeführt werden, etwa als Anlass und Grund für die Notwendigkeit der Intervention eines Dritten: „Wenn aber der Prozess ins Stocken gerät, sind häufig Emotionen im Spiel. Um den Lösungsprozess voran zu treiben, muss der Mediator diese aufspüren und adäquat behandeln." (ZKM 2008/102) Ähnlich definiert Besemer (MKVK/113) Emotionen als das Element, das aus einem Problem einen Konflikt macht, bei Köstler sind die Emotionen das „Nadelöhr" durch das die Parteien hindurchmüssen, um ihren Konflikt zu beheben. (M-Kö/67) Der Umgang mit Emotionen differenzierte insbesondere die Verhandlungs- von der Bewegungsmediation: Als ‚Emotionen' bezeichnet wird in der Verhandlungsmediation all das, was nicht in der sachbezogen-instrumentellen Rationalität der Parteien aufgeht. (Der ‚Faktor Mensch' in der Verhandlungslehre, Kap. 4.1.4) Aus dieser Setzung heraus wird nicht nur der Umfang dessen, was als „Emotionen", „Affekte" oder auch „emotionelles Verhalten" gefasst wird festgelegt, sondern der kategoriale Bruch zwischen Emotion und Ratio legt ebenso eine strikt getrennte Behandlung nahe. Emotionen sind damit, um den Titel einer Veröffentlichung aus der Verhandlungslehre aufzugreifen, „beyond reason" (Fisher und Shapiro 2007).

Innerhalb der ökonomischen Theorie findet das Ideal eines rational und logisch entscheidenden Menschen seine Konzeptualisierung im homo oeconomicus, einem Akteur, der auch in Konfliktsituationen unbeirrt von störenden Emotionen oder Wahrnehmungslimitierungen entscheidet. Der vorliegende Text untersucht anhand sozialpsychologischer Befunde, insbesondere aus dem Bereich der Attributionsforschung, wie systematische Wahrnehmungsverzerrungen die Urteilsfähigkeit von Personen beeinträchtigen, die an Konflikten beteiligt sind. (ZKM 2009/36)

Wie mit ‚den Emotionen' dann verfahren werden soll, deckt wiederum ein Spektrum von Positionen ab: Einmal sollen Emotionen schlicht überwunden werden, um Rationalität herzustellen (EWE 559): Das Überwundene soll verschwinden. In der Verhandlungsmediation wird der „Umgang mit Emotionen" unter der Rubrik „Schwierige Partner – schwierige Situationen" zwischen der „Abwehr von Manipulationsgefahren" und dem „Umgang mit Unfairness" geführt. (VuM/158-192) Breidenbach bemüht sich in seiner Positionierung von Emotionen, diese in der Oppositionsstellung zur Rationalität nicht zu verdammen oder zu vergessen.

Das Verhalten der Parteien im Konflikt schließt rational faßbare und rational nicht faßbare Elemente ein. Sie können beispielsweise versuchen, so viel wie möglich für sich (finanziell) herauszuholen; sie können aber auch im Konflikt oder durch den Konflikt Gefühle artikulieren (wollen), ihrem Ärger Luft machen usw. Da die rational faßbare Komponente des Verhaltens etwas zu erreichen sucht, Ziele verfolgt, an deren Einlösung die jeweilige Partei subjektiv Erfolg oder Mißerfolg ihres Ergebnisses abmißt, wird sie hier als instrumentelle Verhaltenskomponente bezeichnet. ‚Rational' beinhaltet hier keine Wertung, da diese Ziele nicht von jedem Beobachter als rational anerkannt werden müssen. Auch eine angestrebte Entschuldigung, die manche mangels materiellen Wertes als irrationales Ziel bezeichnen würden, ist (zumindest) rational faßbar. Die rational nicht faßbare Verhaltenskomponente wird hier als emotionales Konfliktverhalten bezeichnet. Beide - die instrumentelle (...) und die emotionelle Verhandlungsperspektive (...) bestimmen das Verhalten der Parteien in der konkreten Auseinandersetzung und sind daher als Schlüssel zu einer Konfliktbehandlung der Analyse der Verhandlung zugrundezulegen. Zusätzlich ist für den Verlauf eines Konfliktes auch die kulturelle Prägung, das erlernte Konfliktverhalten (...) als ständig präsentes (Hinter)-Grundmuster entscheidend. (M-BB/57)

Hier wird deutlich, wie zunächst ‚Emotionen' als das nicht instrumentell-zielorientiert nachvollziehbare (‚menschliche') Verhalten definiert werden, dann jedoch ein wohlwollender Umgang und eine Akzeptanz von ‚Emotionen' einsetzen, zudem wird hier eine Differenzierung des Nicht-Rationalen in Emotion und Kultur vorgenommen. Die Opposition von Rationalität und Emotionen bleibt jedoch dahingehend bestehen, dass emotionales Verhalten als Abreagieren („ihrem Ärger Luft machen") oder Artikulation aufgefasst wird – aber nie Gegenstand von relevanten Deutungen, also einer Überführung in Wissen, wird. Ebenso äußert sich Haft klar akzeptierend zur immer größtenteils emotionalen menschlichen Natur, die nur von einer dünnen rationalen Schicht bedeckt sei. (VuM/185) Der Verhandlungsmediation also eine Geringschätzung oder Missachtung von Emotionen vorzuwerfen, wie dies vonseiten der Bewegungsmediation durchaus vorgebracht wird, wäre verfehlt: Die entscheidende Differenz ist vielmehr, das die Emotionen in der Verhandlungsmediation außerhalb des Lösungsprozesses stehen. Sie sind, was sie sind, in der Verhandlungsmediation findet sich eine Bandbreite von Positionen; aber, von den Interessen getrennt, tragen sie zur Lösung nichts bei.

In den ‚alternativen Ansätzen' wird diese Trennung eingerissen. (Kap. 4.2-3) Hier sind die ‚Emotionen' das Entscheidende, das anzeigt, was den Parteien wirklich wichtig ist. Wird der ‚menschliche' Anteil der Parteien im Mediationsprozess als verstehbarer, nachvollziehbarer Gegenstand anerkannt, rücken Emotionen schnell ins Zentrum des Mediationsverständnisses: „Wenn der Ärger und alle negativen Emotionen ausgesprochen und vom Mediator/von der Mediatorin gehört und gewürdigt sind, steht einer Einigung nichts mehr im Wege." (MKKK1/181) Damit sind Emotionen nicht das Gegenstück, das potentiell Störende der Entscheidungs- und Lösungsfindung, sondern das Feld, auf dem gespielt wird, das Material, mit dem zu arbeiten ist. Die Transformation der Positionen der Parteien geht über die Emotionen und Bedürfnisse, gemäß der „Formel" : P1 - E – B - P2 (M-Schä/40ff) Von der Ausgangsposition P1 führt der Weg über die Emotionen E zu den tieferen Bedürfnissen B, von dort aus wird dann die veränderte, authentischere Neuposi-tionierung P2, die den Konflikt lösbar macht, möglich. In zwei verbreiteten Redewendungen werden ‚Emotionen' als der „Königsweg zu den Bedürfnissen" (also in die Tiefe der Eisberge) oder als „Gold in schmutziger Verpackung" bezeichnet, die ausgesprochen und anerkannt, „die gesamte Gruppe von einem Erkenntnisgewinn" profitieren lassen. (SDM 44/33; Ebenso MfD) Ebenso wie die Emotionen hier voll den Subjekten zugerechnet werden, wirkt im Bild vom „Gold in schmutziger Verpackung" die Trennung von Konflikt und Subjekt: Das kostbare, unbedingt anzuerkennende Subjekt geht mit einer Trennung des Wertvollen vom Problematischen einher; die schmutzige Verpackung des Konflikts muss abgestreift werden um das Gold des Subjekts hervorzuholen.[250] Zudem ist hier zu beachten, dass die emphatische Bejahung, die hier den Emotionen entgegengebracht wird, mit einer bestimmten Verwendung der Emotionen im Prozess zusammenhängt. Das Ausagieren von Emotionen wird an keiner Stelle positiv konnotiert.[251] Emotionen werden in ihrem Nutzen für den Lösungsprozess geschätzt, da sie die ‚eigentlichen' Parteien sichtbar machen. So geht die Anweisung, ‚Emotionen' anzuerkennen, ihnen den Status „vorbewusster Kognitionen" zu geben und ihr „diagnostisches Potential" für den Prozess nutzbar zu machen (SDM 37/21), immer mit der Warnung einher, Emotionen zwar

---

[250]   Dieses Bild ist besonders stark, da Gold nicht nur sehr wertvoll, sondern auch als Edelmetall chemisch extrem reaktionsunfreudig ist. Das Gold bleibt also ‚rein' erhalten, es kann zwar verpackt werden, wird aber von der Verpackung nicht angetastet. Ein goldener Wesenskern verrottet nicht.

[251]   Allenfalls soll zu Beginn der Mediation etwas Raum dafür gegeben werden, damit der Kon-flikt sichtbar wird und die Parteien ‚Dampf ablassen können'. (s. Tröndle 2015) Wie knapp dieser Spielraum jedoch bemessen ist, wird in der Videoanalyse unten deutlich. (Kap. 11.2)

„achtsam zur Kenntnis zu nehmen, aber gleichzeitig sich im eigenen Agieren nicht davon (ver)leiten zu lassen." (SDM37/22)

Als einen dritten Modus des Umgangs mit Emotionen lässt sich das zielorientierte Kanalisieren von Emotionen ausmachen, wenn positive Emotionen verstärkt und intensiv genutzt werden sollen. Mit beispielsweise den Techniken des Neurolinguistischen Programmierens (NLP) sollen MediatorInnen die konflikterhaltenden Kreisläufe durchbrechen und Raum für neue, positivere Feedbackschleifen schaffen. (ZKM 2008/4-7) Hier artikuliert sich eine klare Wertung von Emotionen in negative, zu überwindende und positive, zu verstärkende. Diese Thematisierungsweise von Emotionen mag in der Systemischen Mediation besonders stark vertreten sein, ist aber keineswegs auf diese beschränkt.

8.6 Subjektivierung durch Selbst-Verantwortung

Um das Argument, wie Mediation als Subjektivation verstanden werden kann, in der Zusammenfassung dieses Kapitels weiterzuführen, ist nun auf die im Diskurs zentrale ‚Selbstverantwortung' der Parteien einzugehen, um deren Subjektposition Kontur zu geben und den zentralen Modus der Subjektivierung herauszuarbeiten. Von der Selbstverantwortung aus lassen sich zwei für die Subjektivierungsthese wichtige Fragen diskutieren: Hier kann –auch um das Verhältnis zu Ulrich Bröcklings Theoretisierung der Mediation als Subjektivation zu bestimmen (s. Kap. 3.1.1)– die Frage von Freiwilligkeit und Zwang aufgeworfen werden; sowie die These entwickelt werden, dass mit der Selbstverantwortung der Parteien zugleich Zurechnungsfähigkeit von den Subjekten gefordert wird. Entsprechend werden die Parteien im Mediationsdiskurs, wie es in der radikalen Kritik der ‚Mediation als Ethos' im folgenden Kapitel (Kap. 9.6) sichtbar wird, als rationale und berechenbare Funktion ihres Inneren modelliert. Dies prägt auch die Art, wie Emotionen in der Mediation aufgenommen werden – wobei sich gerade diese Thematisierung der Subjekte als Rationalisierung erweist.

Zunächst ist an dieser Stelle aber noch klarzustellen, dass die Subjektivierungsthese sich auf beide der eingangs in diesem Kapitel dargestellten Modi der Thematisierung bezieht. Es wäre ein naheliegendes Missverständnis, die

Reichweite der Subjektivationsthese auf den emphatischen, an die Parteien ‚glaubenden' und ihnen ein ‚Menschenbild' antragenden Modus der Thematisierung zu beschränken und damit gegen den ‚sachlichen' Bezug auf die Parteien auszuspielen. Dem würde ein Verständnis des im letzten Kapitel aufgearbeiteten Materials entsprechen, das die ‚transformativen' Lösungsansätze mit Subjektivation assoziiert und die Verhandlungsmediation dagegen in Stellung bringt. Diesem Verständnis ist hier deutlich entgegenzutreten. Schon oben in der Darstellung der Verhandlungsmediation (Kap. 4.1) wurde die These ausgeführt, wie der sachliche, festschreibende, like-it-or-not-Zugang zu den Parteien subjektivierend wirkt. Tatsächlich unterscheiden sich die Thematisierung der Parteien als klar bestimmt und beschränkt oder als Subjekte voller Potential bzw. die Rationalisierung der Verhandlung und die Transformation der Parteien in der hier eröffneten Perspektive nicht in ihrem subjektivierenden Charakter, sondern darin, dass einmal ein statisches, das andere Mal ein bewegliches Subjekt eingesetzt wird. Die Erweiterung der legitimen Gegenstände der Mediation auf das ‚Menschliche', die Aufwertung des Körpers und die Verschiebung der Subjektcodes insbes. durch die Referenz auf die Psychotherapie geht damit einher, dass das Subjekt beweglich gemacht wird: Das Versprechen der Mediation wird zu einem Versprechen von Veränderung; und zwar zu einer Veränderung, die durchweg positiv, deeskalierend und authentisch sei. (s. dazu Kap. 9.5, 10.2-3, 11)

8.6.1 Freiwilligkeit, Zwang und Attraktivität im Subjektivationsprozess
Die Parteien werden im Mediationsdiskurs kategorisch als autonom und ihre Teilnahme als freiwillig geführt. (Kap. 8.2-3) Sollten die Parteien sich nicht als autonom erweisen, bzw. sich nicht zur Selbstverantwortung empowern lassen, ist Mediation nicht möglich. Die Beschreibung der Parteien setzt sich so in eine Anforderung um, die zur Exklusion entsprechend nicht ‚mediationsfähiger' Parteien führt; diese Exklusion steht jedoch im Windschatten der inklusiven und an das Potential der Parteien glaubenden Rhetorik. Die Freiwilligkeit der Teilnahme ist zugleich ein empfindlicher Punkt des idealtypischen Mediationssettings, die im Diskurs scharf verteidigt wird, gleichzeitig werden sie in Anwendungskontexten, die vom idealtypischen Mediationssetting abweichen, deutlich aufgeweicht („Bereitwilligkeit", Kap. 8.3). Diese Konstellation wird nun von Ulrich Bröckling in seiner Kritik der Mediation als subjektivierende Programmatik aufgegriffen und so gewendet, dass die versprochene Freiheit als Zwang erscheint:

In dem Maße jedoch, in dem das Prinzip vertraglicher Einigung zum normativen Fluchtpunkt wird und bis in die letzten Winkel des Sozialen vordringt, wofür die Konjunktur von Mediationsverfahren ein prominentes Beispiel darstellt, verwandelt sich die Freiheit, Verträge schließen zu können, in den Druck, sie schließen zu müssen. Wer dazu weder in der Lage noch gewillt ist, kappt das soziale Band und katapultiert sich aus der verallgemeinerten Gemeinschaft der Vertragspartner heraus. Die formale Gleichheit der Kontraktparteien invisibilisiert indes ihre soziale Ungleichheit. Auch die kompetenteste Anwendung der Regeln sachbezogenen Verhandelns ändert nichts daran, dass die Verhandlungsmacht in der Regel asymmetrisch verteilt ist. Wer an einem Mediationsverfahren teilnimmt und am Ende einer Vereinbarung zustimmt, lässt diese Asymmetrien unangetastet und verschafft ihnen obendrein die Legitimation des Konsenses. Die Stärkeren profitieren davon, die Schwächeren vertraglich einzubinden, auch wenn sie ihnen dafür in einigen Punkten entgegenkommen müssen. Die Schwächeren wiederum mögen zwar Zugeständnisse heraushandeln, verzichten dafür aber auf die Option, den Konflikt eskalieren zu lassen und die Kräfteverhältnisse möglicherweise so nachhaltiger zu ihren Gunsten zu verschieben. Weil das kontraktualistische Regime Unterwerfung an die Zustimmung derjenigen bindet, die unterworfen werden und sich unterwerfen, hat niemand Grund zu klagen: Was auch immer jemandem zugemutet wird, er oder sie selbst hat es so gewollt. (Bröckling 2015, S.184-5)

Hier wird das Narrativ der Mediation, ganz auf der oben dargestellten Linie von Bröcklings Kritik des Neoliberalismus, radikal umgekehrt: die versprochene Freiheit verkehrt sich in einen ausweglosen Zwang. Diese Interpretation soll hier sowohl aus gegenstandbezogenen wie theoretischen Überlegungen heraus in ihrer starken Form zurückgewiesen werden.

Zunächst baut Bröcklings Ausgangsthese darauf auf, dass Mediation als ein Element des von ihm als hegemonial angenommenen neoliberalen Vertragsregimes zu verstehen ist. (s. Kap. 3.1.1) Die Mediation wird hier in die Gegenwartsdiagnose der um sich greifenden „Ökonomisierung des Sozialen" integriert, gegen die Bröckling anschreibt. Dies ist zentral, um das Argument nachzuvollziehen, das sonst schlicht unplausibel wäre, da sich von der Mediation ja nun wirklich nicht sagen lässt, dass sie „bis in den letzten Winkel des Sozialen"

vorgedrungen sei. [252] (Kap. 2.1) An dieser Stelle scheint zudem eine
Differenzierung der Anwendungsgebiete gerade aus der von Bröckling
eingenommenen kritischen Perspektive dringend geboten. Denn eine Ordnung des
Sozialen anhand von freiwillig geschlossenen Verträgen zwischen formal
gleichberechtigten Partnern erscheint doch etwa im Anwendungsfeld der Scheidungsmediation als ein unbestreitbarer emanzipatorischer Fortschritt gegenüber der
patriarchalen Ordnung der Familie, während Bröcklings Kritik im Anwendungsbereich der Wirtschaftsmediation vor dem sich deutlich abzeichnenden Niedergang
der solidarischen, gewerkschaftlichen Organisation der Arbeitnehmer seine Stärken
ausspielen kann.

Dabei ist die hier vorgenommene Kritik stark vereinseitigend: Es wird nicht
deutlich, inwiefern im Vertragsregime die Stärkeren anders oder mehr von ihrer
Position gegenüber den Unterprivilegierten profitieren als wenn Machtansprüche
etwa mit bspw. pathologisierender Exklusion oder schlichter Gewalt durchgesetzt
werden. Auch die Pointe, dass in einem Ungleichheit stabilisierenden, auf Konsens
und Ausgleich aufgebauten System die Möglichkeit zum Widerspruch schwindet,
verliert ihr skandalisierendes Potential, wenn die stets prekäre Möglichkeit von
Widerspruch bedacht wird. Dies vermeidet diese Kritik jedoch, indem sie den
Gegenstand ihrer Kritik nicht historisch verortet. Bröckling scheint hier ebenso,
wie es als Position im Mediationsdiskurs erkenntlich wurde, auf einen
unbestimmten Punkt ‚größerer' oder ‚wirklicher' Freiheit zu verweisen (war diese
denn realisiert, bevor der Neoliberalismus kam, ist man versucht zu fragen).
Problematisch erscheint nun nicht diese Kritikstrategie, die sich weigert, ihren
positiven Bezugspunkt auszuweisen, per se, sondern, dass mit dieser Figur die
bestehende, und anscheinend komplexe Form der Freiheit gänzlich verworfen und
als reiner Zwang dargestellt wird. Bröckling lässt keine Grauzonen, Mischformen
oder Auswege zu etwas anderem zu; er erkennt im neoliberalen Vertragsregime
auch anscheinend nichts Rettenswertes. Hier wird das Kind mit dem Bade
ausgekippt.

---

[252]   Genauer: Die Mediation ist weit davon entfernt, das Soziale in allen seinen Winkeln *durch-
          drungen* zu haben. Hier zeigt sich das Problem der suggestiven Rhetorik des zitierten Textes,
          der keinen Gedanken an andere, konkurrierende Programmatiken verwendet.

Hier soll nun aber nicht eben dieser Fehler wiederholt werden: Bröcklings Kritik soll nicht verworfen, sondern differenziert und auf das hier entwickelte Gegenstandsverständnis der Mediation abgestimmt werden. Entsprechend soll nun zwischen der idealtypischen Mediation, die hier anhand des Mediationsdiskurses analysiert wird, und der hier opak bleibenden Mediationspraxis unterschieden werden. So lässt sich Bröcklings Kritik etwa die Problematik des Ausblendens bzw. vorschnellen ,Neutralisierens' von Machtungleichgewichten entnehmen: Damit wird das Argument, das im Mediationsdiskurs schon Breidenbach vorgebracht hatte (Kap. 8.3) hier wieder ausgespielt. Auch wirft Bröckling die Frage der Exklusivität der Mediation auf, wenn auch in einer anderen Weise. Bei Bröckling scheint das Vertragsregime selbst aufgrund seiner hegemonialen Stellung exklusiv: wer nicht mitmache, gehe unter. Dieses Argument ist nur unter der Voraussetzung, dass zum Vertragsregime –hier die Mediation– keine gangbaren Alternativen bereitstehen, haltbar. Da sich die Mediation jedoch komplementär zum Rechtssystem bewegt[253], scheint diese Voraussetzung in vielen Fällen problematisch: Die Mediation ist allenfalls ihrer Selbstdarstellung zufolge alternativlos. (Kap. 6.1.3) Stattdessen wurde in der hier vorgenommenen Rekonstruktion die problematische Exklusivität der Mediation nicht als Ausstoßen der Überflüssigen nach unten, sondern als die Begrenzung der Kreise, in denen die dort verteilten und erarbeiteten Gewinne verteilt werden, aufgefasst.[254]

Freiwilligkeit in der Mediationspraxis

Auch wenn über die Mediationspraxis hier angesichts einer fehlenden Datengrundlage zu einem gewissen Grade immer nur spekuliert werden kann, gibt die sich in der Wirtschaftsmediation durchsetzende Einschränkung und Aufweichung des Prinzips der Freiwilligkeit (Kap. 8.3) doch einen starken Hinweis darauf, dass in diesem Anwendungsbereich die von Bröckling formulierte Kritik eine handfeste Grundlage findet: Wenn schon im die Praxis reflektierenden und zu

---

[253]   Wobei hier die Voraussetzung zu machen ist, dass dieses im jeweiligen Fall für die Partei hinreichend funktional ist.

[254]   Da diese Gewinne zumindest teilweise psychologischer Natur sind, etwa indem ein Forum besteht, um Emotionen zu formulieren und angepasste, weniger restriktive Lösungen zu entwickeln, bewegt sich diese These auf der Linie von Illouz (2009), die die Stratifizierung von emotionale Kompetenzen in Erinnerung ruft.

seinen Gunsten darstellenden Diskurs die Einschränkung der Freiwilligkeit eingestanden und nach Alternativen gesucht wird, ist dieser Bereich gewiss nicht mehr mit den Annahmen der idealtypischen Mediation zu fassen. Dies mag ebenso für die institutionell eingebundene Streitschlichtung an Schulen gelten – die sich auch aus diesem Grund von der Mediation semantisch gelöst hat.[255] (s. Kap. 5.5) Dabei muss für alle Anwendungsfragen gelten, dass die komplexen Bedingungen, die für den jeweiligen Fall zusammenkommen, zu berücksichtigen sind und zumindest zwischen verschiedenen Arrangements zu unterscheiden ist (in der Wirtschaftsmediation etwa zwischen Streitfällen im Team, zwischen Unternehmen oder bei der Unternehmensnachfolge), bevor Aussagen getroffen werden können. Dabei ist immer auch zu beachten, dass die Freiwilligkeit in den Parteien nicht nur durch Sanktionen oder die Strukturierung von Alternativen in Frage gestellt wird, sondern ebenso durch klinische und pädagogische Diskurse, die bei hochstrittigen Scheidungsfällen den Subjekten temporär ihre Handlungsfähigkeit abstreiten. (Kap. 8.3) Eine solche ‚fürsorgliche Entmündigung', auch im Interesse der betroffenen Kinder, markiert eine weitere in der Mediation aufzufindende Bruchlinie, die mit Bröcklings Kritik nicht gefasst wird. (s. Kap. 11.2.4) Dabei ist der in Bröcklings Kritik implizite Fluchtpunkt von Freiwilligkeit als unbeschwerter Entscheidung im Kontext der Subjektivationstheorie nicht zu halten. Jede Form von Freiheit ist eine sozial, historisch, kulturell kontextualisierte und an diskursive und individualgeschichtliche Vorbedingungen gebundene Form, über die die Subjekte niemals verfügen können. Besonders gilt dies für die Mediation, die als Bewältigungshilfe nicht ohne einen hohen Druck in Anspruch genommen werden dürfte. In diese Sinne wäre der Umstand, dass Subjekte „wählen, zwischen Alternativen freilich, die sie sich nicht ausgesucht haben" (Bröcking 2007, S.12) keineswegs nur auf die Ökonomisierung des Sozialen zurückzuführen, sondern als die Struktur, in der jedes zur Handlungsfähigkeit herangebildete Subjekt (in Ernstsituationen jenseits der völligen Wunscherfüllung) sich bewegt. Anstatt dies zu skandalisieren, wären die jeweiligen Vor- und Rahmenbedingungen, der Modus und die Prozesse der Wahl sowie die komplexe Frage, wer über welchen Einfluss in der Gestaltung der Alternativen verfügt, zu rekonstruieren.

---

[255]   Regelmäßig wird in der Streitschlichtung nicht nur die Teilnahme an einem Verfahren, sondern auch die Ausbildung zum Streitschlichter als letzte Alternative zum Schulverweis eingesetzt. (Ich danke Daniel Fittje für diesen Hinweis.)

Unverzichtbare Freiwilligkeit in der idealtypischen Mediation

Demgegenüber steht in der idealtypischen Mediation die Freiwilligkeit fest. Sie erfüllt als Voraussetzung für die freie Entscheidung der Subjekte als aktive Entscheider eine wichtige Grundlage in der oben herausgearbeiteten Struktur der Mediation als Rahmen, in dem die Subjekte zur Arbeit an ihrem Selbstverhältnis angeleitet werden. (Kap. 6.4, 7.3) In jedem Fall sollen die Subjekte diesen Prozess selbst steuern, selbst wollen und daher eben auch immer selbst beenden können: Die Mediation will nicht durch Druck, sondern als eine attraktive Wahlmöglichkeit gewählt werden. Zugleich dient dieser Punkt als Ansatzpunkt dafür, das ‚eigentliche Subjekt' unter der Verzerrung durch den Konflikt heraus erkennbar zu machen. Dieser Bezugspunkt des ‚eigentlichen Subjekts', das vom Konflikt in diesen ‚klaren Momenten' nicht getrübt wird, ist für die Mediation wesentlich. Auch die Freiwilligkeit als vom Konflikt tangiert zu betrachtet, also anzunehmen, dass die Parteien ‚blind vor Wut' und damit gänzlich im Konflikt sind, um sie dann mit einem externen Eingriff anzustoßen, ihre authentische, gute, fähige Selbstbeziehung wieder herzustellen, ist mit der Mediation nicht zu machen.[256] Diese unbedingte Setzung der Möglichkeit, an das eigentliche Subjekt anzuschließen, auch wenn es im Konflikt befangen ist, durchzieht den Diskurs: Schon in der Verhandlungslehre stellt sich die Frage, wie ein aggressiver Gegenspieler eingebunden werden kann, indem seine Äußerungen einfach als Interessensäußerungen verstanden werden (Kap. 4.1); die Problematik von Konfliktverhalten und den darunter wahrzunehmenden ‚authentischen Regungen' spitzte sich in der verstehensbasierten Mediation weit zu. (Kap. 4.3) Exemplarisch formuliert der Bundesverband Mediation im ersten Satz des ‚Menschenbildes' den Glauben an das Potential, die Konflikte selbst lösen zu können; eine Fähigkeit, die in der Verhandlungsmediation ohne große Worte vorausgesetzt wird. (Kap. 8.2) Dieses Subjekt, das selbst autonom ist oder zumindest in sich das Potential dazu birgt, ist der unverzichtbare Bezugspunkt von Mediation als selbstverantwortlicher Subjektivierung. Es steht am Anfang des Verfahrens (Kap. 11.2.1), es ist der Bezugspunkt der Interventionen der MediatorIn (Kap. 9.8) und es gewährleistet, dass der Prozess authentisch

---

[256]   Kategorisch gilt dies für die erste Phase, in der die Parteien sich zur Teilnahme an der Mediation bereit erklären und verpflichten. Im Prozess kommt der MediatorIn durchaus die Kompetenz zu, die Parteien auch einmal „umzuleiten" (ABC/175) oder gewisse Themen zu übergehen. (hierzu Kap. 11.2.8)

bzw. schöpferisch den Parteien zugerechnet werden kann. Die Parteien mögen zwar von der MediatorIn modelliert werden – den Atem einhauchen müssen sie sich selbst.[257]

Freiwilligkeit, abzubrechen.
Die Freiwilligkeit der Parteien in der Mediation ist negativ: „Die Parteien können die Mediation jederzeit beenden." (MedG, §2, Absch. 5, Satz 1). Dagegen habe sie keine Einflussmöglichkeiten auf den Prozess: Gerade weil die Mediation im Diskurs als der Raum bestimmt wird, im dem sich die vorab schon auf vielerlei Art und Weise spezifizierte Lösung ereignet, kann sich anderes nicht mehr ereignen. Mediation ist kein offener Prozess, sondern ein zielgerichtetes Verfahren, das nur für die vorab bestimmte Lösungsdynamik Raum offen hält. [258] Die MediatorIn muss stets auf ihre Rollenklarheit achten und darf keinesfalls in eine das Setting transformierende Dynamik geraten. Auch die Dynamiken zwischen den Parteien werden streng nach der Differenz Konflikt/Lösung bewertet: Konflikteskalation ist zu unterbinden, positive Dynamiken sind zu unterstützen (und sachbezogen zu mäßigen, bevor sie in sachfremde und nicht nachhaltige Euphorie umschlagen M-Kö/70). Ebensowenig ist vorgesehen, die diskursiv gesteckten Rahmungen im Prozess dynamisch zu entwickeln. Entscheidend wird dieser Befund erst in Verbindung mit der zentralen Stellung, die die Subjekte einnehmen. Denn dies bedeu-

---

[257] Für dieses Merkmal ist auch das auf Brüche in den hybriden Subjektcodes zurückzuführende Verwerfen der Parteienautonomie aus systemischer Sicht irrelevant. (Kap. 8.2) Die systemischen Ansätze nehmen, auch wenn sie die Autonomie als Begriff aufgrund ihres theoretischen Hintergrundes verwerfen, ein handlungsfähiges Subjekt an. (Kap. 10.4) Ein klarer Unterschied ist dagegen zum Konfliktmanagement festzuhalten. Während dieses kein Problem darin sieht, in der Wahl der Interventionsform in Abhängigkeit von der Stufe der Konflikteskalation auch mit einem Machteingriff von außen zu intervenieren (Kap. 6.2.1), bleibt die Mediation klar in ihrem Programm der Subjektivierung durch Selbstverantwortung. Auch dieser Punkt scheint zur Faszination der Mediation beizutragen. (Kap. 12)

[258] In der Diskursanalyse ließ sich nur an einer Stelle ein Hinweis in diese Richtung erkennen, wenn im einleitenden Fallbeispiel zum Handbuch Mediation (HM2/48-58) von den Parteien der Impuls ausgeht, ihren Nachbarschaftskonflikt über die Ebene der Interessen hinaus in persönliche, ‚menschliche' Bereiche hin auszuweiten. Hier geht die Initiative von den Parteien aus. Zugleich muss hier gefragt werden, ob dieses einleitende Beispiel nicht auch mehr als eine geschickte Illustration der Erweiterung der Verhandlungsmediation, für die das Handbuch in seiner zweiten Auflage steht (Kap. 5.3) zu verstehen ist. Auf jeden Fall ist hier aber im Diskurs eine Situation festgehalten, in der eine Mediatorin auf die Initiative der Parteien reagiert und entsprechend die Subjektcodes des Verfahrens ändert.

tet, dass im Falle einer gelingenden Mediation die Subjekte sich in den Prozess einbringen, in dem eine schon vorbereitete Position für sie bereitgehalten wird, ohne dass die diskursiven oder das Setting betreffenden Rahmenbedingungen transformierbar wären. Die im Fachdiskurs auch homogen durchgezogenen Koordinaten der subjektivierenden Konstellation in der Mediation sind damit einer praktischen Transformation nicht zugänglich. Eine Mediation, die keine Subjektivierung mehr vollzöge, oder die Subjektivierung außerhalb des vorgegebenen Rahmens (mit seinen Spielräumen in der Subjektform) sich entwickeln ließe, wäre keine Mediation mehr. Die Parteien haben damit in der Mediation zwar die Freiheit, abzubrechen; ihre Möglichkeiten, Einfluss auf das Verfahren zu nehmen bleiben dagegen sehr beschränkt.

8.6.2 Selbstverantwortliche Subjekte als Punkte der Zurechenbarkeit

Mit der Selbstverantwortung wird noch eine weitere Anforderung an die Subjekte formuliert: Sie müssen stabil, konstant und berechenbar sein. Sie müssen für das gerade stehen, was sie sagen und tun. Diese These läuft der Eigenwahrnehmung des Mediationsdiskurses zuwider, wird doch, insbesondere mit dem wachsenden systemischen Einfluss, die Flexibilität, Transformation und Entwicklung der Parteien betont. Insbesondere steht diese These der entschiedenen Wendung gegen Rationalität entgegen (Kap. 6.3), die im Diskurs immer wieder und besonders in Bezug auf die Emotionen und Körper der Parteien vorgebracht wird. Gerade hier jedoch soll gezeigt werden, dass der Einbezug der Körper der Parteien vielmehr eine Ausweitung der Rationalität nach sich zieht.[259] Die Anforderung der Zurechenbarkeit und Stabilität zieht sich durch den Diskurs und wird an mehreren Stellen sichtbar. Zunächst zeigt sie sich ganz praktisch in der Anforderung an die Parteien, an den Sitzungen des Verfahrens teilzunehmen, ohne sich wesentlich zu verändern. Diese trivial erscheinende Anforderung zeigte sich dann im unwillkürlichen Ausschluss von emergenten konfliktbeteiligten Gruppen: die spontanen fei-

---

[259]   Die Frage nach der Rationalität der im Mediationsdiskurs konstruierten Parteienposition wird hier als eine empirische Frage gestellt, die nicht durch eine –gegenstandstheoretische– Setzung ‚menschlicher Rationalität' bzw. dem konstitutiven Zu-kurz-greifen einer solchen Perspektive bestimmt sein soll durch eine –methodologische– Setzung der in Diskursen verkörperten Rationalität der Mediation verstellt werden soll. Rationalität wird hier im Sinne einer Berechenbarkeit als eine Eigenschaft, mit der Subjektposition der Parteien mitgegeben wird, verstanden.

ernden Gruppen auf der Admiralsbrücke sind nicht mediationsfähig. (Kap. 8.4) Ein
weiterer Hinweis auf diese Orientierung der Mediationssubjekte ist im auffälligen
Fehlen des gegenkulturellen Codes des experimentellen Spiels zu finden. Stattdessen scheinen die Subjekte der Mediation klar bestimmt, wenn ihr den eigentlichen
Konflikt ausmachendes Inneres einmal erfasst wurde. (s. Kap. 11.2.5) Zudem wird
durch die Ausrichtung der Mediation gegen den Konflikt (Kap. 4.3, 6.2) das Unkontrollierte und Eigendynamische zunächst extrem problematisiert. (s. dazu auch
Kap. 10) Wo in der Mediation eine Dynamik zugelassen und gefördert wird, ist
diese klar kanalisiert und einer lösungsorientierten Rationalität unterworfen. (Kap.
7.4, 9.4) Mediation erweist sich als eine zielgerichtete, strukturierte Intervention,
die vom verhandlungstheoretischen Dampfablassen über die Zentralstellung der
Gefühle im Subjekt der Haltungsmediation bis zur zielgerichtet geführten Positivdynamik systemischer Ansätze dem Unkontrollierbaren, den gesetzten Rahmen
transgressiv Überschreitenden keinen Raum einräumt.[260] Stattdessen werden die
Subjekte als Funktion ihres spezifizierten Inneres, also ihrer Interessen bzw. Bedürfnisse vorgestellt. Besonders deutlich wurde diese Logik in der Verhandlungslehre, die von allem, was nicht in Interessen gefasst werden kann, abstrahiert.
(Kap. 4.1.4)

Dieses Verhältnis ändert sich nun durch den Einbezug der Körper der Subjekte
eben nicht. In dieser Hinsicht ist es nicht entscheidend, ob Emotionen als Störfaktor erkannt, zwar akzeptiert, dann aber stillgestellt werden, um die rationale, sachbezogene Interessenswahrnehmung nicht zu beeinträchtigen; oder ob in einer therapeutisch angereicherten Haltungsmediation dem Körper eine Schlüsselrolle als
das Medium zukommt, dem die entscheidenden Hinweise auf den ‚tiefer liegenden' Konflikt zu entnehmen sind. In beiden Fällen wird ein Inneres des Subjekts
als sein Wesentliches bestimmt, an dem es sich auszurichten hat. Das Subjekt ist in
beiden Fällen eine Funktion dieses Inneren, das bestimmt werden muss. Die körperlichen Äußerungen der Subjekte werden daher auch nur als Zeichenträger, als

---

[260]   In der Mediation hatte eine solche gegenkulturelle Ausrichtung der Subjekte noch nie viel
         Platz, mit der im Professionalisierungsprozess des BM manifest werdenden Veränderung der
         Kontexte von der Friedensbewegung hin zu einer systemischen Ausrichtung könnte Raum
         für diesen Subjektcode entstehen – wenn auch die zunehmende ökonomischen Doppelcodie-
         rung der Subjekte damit den Charakter der Codierung verändern dürfte. (s. Kap. 5.2 und
         Kap. 10.4.; auch Kap. 3.2.2.2)

zu verstehende (Kap. 4.3) Hinweise auf ihr Inneres aufgenommen; die unmittelbare Äußerung von Emotionen, das Ausagieren von Emotionalität wird von keiner Richtung ungefiltert akzeptiert. Egal, ob der ‚emotionale Druck' nun unspezifisch ‚abgelassen' werden soll, oder ob er qualitativ bestimmt und für die Gewinnung eines emotional fundierten, authentischen Wissens über die Subjekte nutzbar gemacht werden soll: In der Mediation wird das ‚eigentliche Subjekt' bestimmt, die Parteien und ihre Beziehung haben sich danach auszurichten. Die Subjekte der Mediation sind, wenn ihre Emotionen in den Bereich legitimer Konfliktgründe aufgenommen werden, zwar emotional, aber nie launisch: Die herausgearbeiteten Emotionen sind stabil, bzw. Funktionen stabiler Bedürfnisse. Sie können so bestimmt, aufgegriffen und auf Bedürfnisse zurückgeführt werden, ohne dass in der nächsten Sitzung alles wiederholt werden müsste. Dabei gilt, dass Ambivalenzen geklärt werden und alle Gefühle gleich legitim und aussprechbar seien.[261] Dies gilt ebenso für den dritten Modus der selektiven Verstärkung positiver Emotionen: Auch hier gliedert eine diskursiv vorab bestimmte, von der MediatorIn eingesetzte Differenzierung, die körperlichen Äußerungen der Parteien in wünschenswerte, lösungsfördernde, gute und problematische, eskalationsfördernde, negative, die stillgestellt werden sollen.[262]

Damit zeigt sich im Mediationsdiskurs deutlich ein spezifisches Raster der Integration von Emotionen ins Subjekt. In der für die neoliberale Subjektform typischen ‚emotionalen Intelligenz' greifen drei Vorgehensweisen ineinander, die je nach Ausrichtung unterschiedlich justiert werden.

Im Verhältnis zum Kontrollgebot der cool persona [der Angestelltenkultur; JT] kippt auch die Codierung subjektiver Emotionalität ins Gegenteil. Diese erscheint nicht als Rationalitätsrisiko, sondern im Sinne einer ‚emotionalen Intel-

---

[261]   Diese Setzung bricht sich in der sich und dem anderen schwer einzugestehenden Scham. (SDM 48/46-49; SDM 46/58-59...) Andere Gefühle wie Schadenfreude, sowie das gesamte mit Herrschaft oder sexueller Lust verbundene Spektrum von Empfindungen kommen im Diskurs gar nicht vor. (s. Kap. 10.3)

[262]   Die einzige Position, die sich dieser Beschreibung und Fixierung des Inneren der Subjekte widersetzt, ist das unten in Kap. 9.6 dargestellte Ethos der Mediation. Dieser Ansatz, der die Parteien als konkrete, nicht beschreibbare und sich stets verändernde Andere fasst, verzichtet noch weiter als die Transformative Mediation (Kap. 4.2) auf eine Beschreibung der Parteien.

ligenz' als notwendige Voraussetzung für Motiviertheit, kollektiven Enthusi-
asmus und sensible intersubjektive Abstimmung. (…) Die Kultivierung der
subjektiven Emotionalität (…) enthält damit zugleich eine sekundäre Moderie-
rung im Sinne emotionaler Souveränität: Die vorgeblich natürliche, wachstums-
förderliche Emotionalität der Begeisterung, der Kooperation, der funktionierenden Kreativität wird forciert, aber jede Form ‚nicht-intelligenter' Emotionalität – anti-soziale Destruktivität, Misstrauen, Unlust, Aggressivität – ist wiederum in Schach zu halten. (Reckwitz 2006a, S. 514–515)

Die Emotionalität wird hier also keineswegs ungefiltert positiv aufgenommen,
sondern in ein spezielles ‚emotional intelligentes' Raster eingefügt. Einerseits ist
emotionaler Ausdruck als Zeichen einer entgegen der ‚zwanghaften' und ‚rigiden'
Selbstkontrolle der Angestelltensubjekte profilierten authentischen Persönlichkeit
anzusehen. Zugleich wird dieser Ausdruck jedoch streng reguliert: Emotionale
Ausbrüche werden –wie Illouz (2009) detailliert aufzeigt– in der Arbeitswelt
gerade umso ‚peinlicher', da sie nun die gekonnte Steuerung und Stilisierung der
Emotionalität durchbrechen. Zudem bekommt das kompetente emotionale
Selbstmanagement der Subjekte in einer Überlappung der Codes der
wachstumsorientierten Psychologie und den Anforderungen des neoliberalen
Managements eine offen positive Schlagseite: als „die Fähigkeit, ‚positive'
Emotionen, etwa Selbstmotiviertheit, in sich zu potenzieren, ‚negative' Emotionen
nicht zu unterdrücken, sondern zu beobachten, zu akzeptieren und zu moderieren
und die Emotionen anderer – Partner, Teamkollegen etc. – empathisch zu erkennen
und zu berücksichtigen." (Reckwitz 2006a, S. 609) Dieses spezifische Framing von
Emotionalität in der komplexen Überlappung der Codes des authentischen
körperlichen Ausdrucks, der marktgängigen Einpassung der eigenen Individualität
sowie der souveränen Selbstbeherrschung zeigt sich auch hier im
Mediationsdiskurs.

9. Die MediatorInnenrolle

Als letzter Bestandteil des subjektivierenden Settings in der Mediation ist nun die Rolle der MediatorIn zu untersuchen. Diese ist im Mediationsdiskurs als Selbstthematisierung der professionellen Rolle im kollegialen Austausch gegeben, nicht wie bei den Parteien als Thematisierung einer Gruppe, die am Diskurs nicht teilhat. Gleichzeitig wird hier vorwiegend die professionelle Rolle diskutiert, während die Parteien als die ‚ganzen Menschen' thematisch werden. Diese Unterschiede sollen hier im Blick behalten werden, indem von der ‚MediatorInnenrolle' im Gegensatz zu den ‚Parteien' die Rede ist.

Die MediatorInnenrolle wird im Diskurs übereinstimmend als die Parteien „unterstützend" beschrieben. Diese Unterstützung richtet sich auf die unterschiedlichen, oben differenzierten Lösungsprozesse, wie die Verhandlung (MiB/77; MuKM/43; M-Kö/70; M-I/16 ...), die Perspektivübernahme und das Verstehen der anderen Seite (MiB/55; EiM/60, 84; M-Kö/46; HM2/63 ...), die Selbstklärung der Parteien (MiB/45; ABC/52; M-Schä/52...) oder das Herstellen einer konstruktiven Kommunikation (M-MK/44; M-Kö/18; MfD/242...). Über die ‚Haltung der Mediation' ist die Unterstützung der MediatorIn zugleich direkt auf die Parteien ‚als Personen' gerichtet. Zugleich hat die Unterstützung der MediatorIn einen ‚gegen den Konflikt' gerichteten Aspekt. Dieser kommt in der Aufgabe der Gewährleistung eines ordnungsgemäßen Mediationsverfahrens (Kap. 9.1) ebenso zum Ausdruck wie er Anlass zu Interventionen in die ‚Konfliktkommunikation' der Parteien gibt. In diesen ‚Kommunikationstechniken' der MediatorIn ist eine Überlagerung von Fragetechniken, Techniken des Zuhörens und der Sicherung des korrekten Verständnisses und Techniken der Umformung („Re-Framing") zu beobachten. (Kap. 9.2) Ausgehend von diesen Techniken und Aufgaben der MediatorIn können dann die im Mediationsdiskurs geführten Debatten über die Orientierung der MediatorIn in ihrer Verwobenheit mit dem Feld der Mediation nachgezeichnet werden. (Kap. 9.3-6) Anschließend ist auf die Aufladung der MediatorInnen als ‚Persönlichkeiten' einzugehen. (Kap. 9.7) Die

Unterstützung der ‚eigentlichen Parteien' bei der Lösung des Konflikts stellt sich in der subjektivierungstheoretischen Deutung, deren nächster Schritt zum Abschluss dieses Kapitels entwickelt wird, als eine Reihe von Interventionen dar, in denen die Arbeit, die die Parteien am Selbstverhältnis verrichten, durch den Horizont des Mediationsdiskurses geprägt und gelenkt wird. Die Gleichzeitigkeit der Gerichtetheit der Interventionen (aus dem Diskurs heraus, an dem die Parteien nicht beteiligt sind) und die Notwendigkeit, die Aktivität und Selbstverantwortung der Parteien immer wieder einzusetzen, machen die Komplexität der MediatorInnenrolle aus, die im hier entwickelten Theorierahmen dennoch ohne Paradoxien beschrieben werden kann. (Kap. 9.8)

9.1 Verfahrensverantwortung statt Entscheidungsinstanz

Aus der Abgrenzung gegenüber dem Gerichtsverfahren heraus positioniert die MediatorIn sich als Verfahrensverantwortliche. Die Expertise, Verantwortung und Autorität (MfD/35) der MediatorIn richtet und beschränkt sich auf das Verfahren; auch Sachkenntnisse, die den Gegenstand des Konflikts betreffen, gelten dem gegenüber als sekundär.[263] Die MediatorIn soll demnach die Gesprächsführung übernehmen (HM2/32; M-Kö/39; M-MK/221...) sowie durch das Verfahren leiten (MKVK/131; M-MK/44; ...). Dazu gehört, die Phasen des Verfahrens zu trennen und auf die Einhaltung der eingangs vereinbarten bzw. festgelegten Gesprächsregeln zu achten. (ABC/158; HM2/21; MKVK/131; M-Schä/32) Zu diesen, auch als „Moderation" (MuKM/47) zusammengefassten Aufgaben gehört auch eine inhaltliche Strukturierung des Konflikts (in Phase 2; Kap. 7.2.2), sowie das Visualisieren und ggf. Protokollieren der Sitzungen. (MfD/343; HM2/36; M-MK/261...)

Die Verfahrensverantwortung der MediatorIn umfasst das Herstellen und anschließende Sicherstellen des „sicheren Rahmen[s]" (MK/36), in dem die Parteien ihre Lösung erarbeiten. Eine zentrale Stellung nimmt hier die für die MediatorInnenrol-

---

[263] Dies gilt soweit in der idealtypischen Mediation, wie sie im Diskurs formuliert wird. In der Marktrealität der Mediation spricht dagegen einiges für eine zentrale Bedeutung der jeweiligen Feldkenntnisse, sowie den damit verbundenen Status der Mediator_innen und der sich daraus ergebenden feinen Abstimmung auf das Anwendungsfeld.

le fundamentale Vertraulichkeit ein. (EiM/72; MuKM/40; ABC/62; HM2/22...) Diese Vertraulichkeit der MediatorIn ist auch durch das Mediationsgesetz mittlerweile gestützt[264], für die Parteien sollen in der Mediation jeweils Regelungen für die Vertraulichkeit der offengelegten Informationen vereinbart werden. (etwa in IGSWMJ) Die Verfahrensverantwortung versammelt Aufgaben, die Voraussetzungen schaffen und den Lösungsprozess ermöglichen: Durch das Ausschalten von Einmischung von außen, von Druck (etwa in Form von Zeitdruck durch ablaufende Fristen; M-I/52) soll der Raum für die eigenverantwortliche Konfliktbearbeitung der Parteien sichergestellt werden. Das Ausmaß des Anspruchs, das Verfahren zu regeln, wird unterschiedlich stark artikuliert. Während in juristischen Kontext der Anspruch einer „Herrschaft über das Verfahren" (MAP) artikuliert werden kann, finden sich in der Mediationsszene auch sehr zurückhaltende Positionen, in denen die MediatorIn den Prozess nur noch „anstößt" (EiM). Immer bleibt die Verfahrensverantwortung der MediatorIn aber den Lösungsmechanismen vorgelagert: Diese Aspekte umfassen somit Vorbedingungen, Schutz und Erleichterungen für den durch die Phasenstruktur des Verfahrens gegliederten ‚eigentlichen Prozess'.

9.2 Arbeit an der Kommunikation der Parteien

Im Zentrum der Tätigkeit der MediatorIn steht die Arbeit an der Kommunikation der Parteien. Im Mediationsdiskurs finden sich eine Reihe von Kommunikationstechniken, die als „Grundtechniken" (HM2/283) der MediatorIn angesehen werden und in aller Regel das „Paraphrasieren", „emotionale Spiegeln", „Zusammenfassen", „emphatische Zuhören", „Framen", „Reframen" und „Ich-Botschaften" umfassen. Die Verwendungsweisen der Begriffe schwanken dabei, die Techniken werden durchaus unterschiedlich abgegrenzt und benannt. Auch Fragetechniken werden im Mediationsdiskurs als grundlegend für die MediatorInnenrolle ausgewiesen. Zentral ist hier zunächst die Frage „Warum?" (s. GtY, Kap. 4.1), mit der von den Positionen auf die Interessen geschlossen werden

---

[264] Um die Feinheiten der Auslegung dieses rechtlichen Schutzes gibt es durchaus noch Diskussionen. Diese stellen jedoch eine der Fragen der Implementierung der Mediation dar, die als technische Frage hier nicht weiter verfolgt wird. (Kap. 5.5)

soll, oder auch die Bedürfnisse hinter den Emotionen erschlossen werden (z.B. Kap. 4.3). Aus dem Kontext der systemischen Beratung sind komplexe Systematiken von Fragetechniken wie die zirkulären und hypothetischen Fragen in den Diskurs eingegangen. (bspw. M-Kö/54-57) Fragen bringen exemplarisch wie das aktive Zuhören das Interesse der MediatorIn am Verstehen zum Ausdruck, zudem bieten sie eine elegante Möglichkeit, die nun antworten müssenden Parteien in eine durch die Frage vorgeprägte Interaktion einzubinden: „Wer fragt, der führt!" (M-I/96) Dem „Aktiven Zuhören" wird im Diskurs jedoch die größte Aufmerksamkeit gewidmet, es wird auch als Oberbegriff für die Techniken gefasst. Diese Beschreibung des Aktiven Zuhörens bringt die Positionierung der MediatorIn zum Ausdruck:

> Aktives Zuhören bezeichnet ein Zuhören, das zum Ziel hat, den Sprechenden erleben zu lassen, dass der Mediator mit seiner ganzen Aufmerksamkeit beim Sprechenden ist und den Erzählenden und sein Erleben ganz verstehen möchte. (M-Kö/50)

Die MediatorIn ist also einerseits aktiv, ihr Zuhören ist eine Intervention, die einen Zustand in der Partei herstellen möchte. Zugleich ist die Aktivität ganz auf die Partei ausgerichtet: Die Partei spricht, die MediatorIn erzielt durch eine Reihe von Techniken, dass die Partei ihren Wunsch nach Verstehen und ihre Aufmerksamkeit erleben kann. Dafür spielt die Körpersprache der MediatorIn ebenso wie ihre akzeptierend und wertungsfrei auf die ‚Person' gerichtete Haltung (Kap. 9.4) eine entscheidende Rolle.

Daneben zielen eine Reihe von Techniken stärker auf den Inhalt des Gesagten, der von der MediatorIn im Prozedere des aktiven Zuhörens regelmäßig zusammengefasst und der Partei als ‚das was ich jetzt verstanden habe' zur Ratifizierung als korrekt und vollständig, bzw. zur sofortigen Korrektur zurückgegeben wird. Dieses inszenierte Interesse der MediatorIn am Verstehen entschleunigt die kontinuierlichen kleinen Eskalationen in der Konflikt-kommunikation der Parteien (M-Kö/51), es macht die Aussagen der Parteien durch Nachfrage und Bestätigung bzw. Korrektur maximal klar und verpflichtet die Parteien ab jetzt voll selbstverantwortlich zu dem zu stehen, was sie ‚unmissverständlich' (von der Möglichkeit von Missverständnissen bereinigt) so gesagt haben. Neben dem offensichtlichen Ausschalten von Missverständnissen soll in dieser ‚Klärung der Kommunikation' aber vor allem der Ebenenwechsel vom ‚vordergründigem Konflikt‘ weg zu den ‚eigentlichen Konfliktursachen‘ entstehen. In diesem Ebenenwechsel erhält die Wiedergabe des Gesagten den Charakter einer Veränderung. Als „Umformulieren", „Framing" oder „Reframing", manchmal auch „Entgiften" wird dieser Aspekt der Techniken im Diskurs behandelt. Als eine ‚gegen den Konflikt‘ gerichtete Intervention soll die Konfliktkommunikation durch eine andere, den Parteien besser entsprechende, also ‚wahrere‘ und zugleich bessere, zielführendere ersetzt werden. (Kap. 7.1.3; zum hier angewendeten Code der Authentizität s. u. Kap. 10.2-3) Im Vokabular der Transformativen Mediation zielt dieses „konstruktive Umdeuten" (ABC/168) darauf, die tieferen Konfliktursachen hervorzubringen: „Versuchen Sie, das Gesprochene so umzuformulieren, dass die negativen Inhalte neutralisiert werden und die versteckten Wünsche, Ziele und Gefühle zum Ausdruck kommen"; ABC/100); die Umdeutungen werden so zur „Artikulationshilfe" (M-MK/55) für das, was in den Parteien schon da ist. In der Verhandlungsmediation zielt die Umdeutung dagegen auf eine Versachlichung der Kommunikation, in der die Interessen artikuliert werden können (HM2/31; vgl. ausführlich Kap. 4.1).

Im Diskurs werden diese ‚interpretierenden Rückmeldungen‘ an die Parteien kritisch befragt, sie können unter Manipulationsverdacht geraten (zur Thematik der Manipulation s. Kap. 4.3 u. Kap.9.8). In der Technik des ‚Doppelns‘ tritt diese Problematik wieder hervor:

> Die MediatorIn muss den eigenen Platz verlassen, sich hinter/neben eine Konfliktpartei stellen, und kann das Nicht-Gesagte verbalisieren, indem sie über die Einfühlung ein Angebot aus der Ich-Perspektive der Konfliktparteien macht. Diese Methode bietet Chancen, den emotionalen Hintergrund zu erhellen, den Eisberg ein Stück sichtbarer zu machen, aber auch Verführungen zur Manipulation. Doppele ich den einen [die eine Partei; JT], muss ich auch den anderen doppeln, denn die Intimität des Doppelns zum Medianden kann zu einer Art Parteilichkeit führen. Und die Gefahr ist auch, dass man etwas ‚hinein doppelt‘, das vielleicht noch nicht dran ist. Natürlich widerspricht der so Gedoppelte aus dem Bauch heraus und korrigiert mit eigenen Worten – das ist das Ziel. (SDM43/9)

Zwar ist der Manipulationsverdacht gleich wieder durch das von den Parteien eingeholte Einverständnis abgewiesen, dennoch geht das ‚Doppeln‘ vielen Mediator_innen ‚zu weit‘. Die Technik konnte sich im Mediationsdiskurs nicht gleichermaßen etablieren und wird regelmäßig nicht zu den Techniken der Mediation gezählt. (genannt wird es etwa in MiB/70; ABC/169, M-Kö/51) Insgesamt ist in den Kommunikationsmethoden der MediatorIn das bloße Wiedergeben des Gesagten vom ‚vertiefenden' interpretierenden Aspekt nicht zu trennen. Die Darstellungen der Kommunikationsmethoden klassifizieren die Methoden daher oft als Kontinuum. Köstler etwa stellt in ihrer Präsentation der Methoden (M-Kö/50-51) das ‚Aktive Zuhören' als grundlegend an den Anfang, und ordnet danach die Techniken in einer aufsteigenden Reihenfolge mit jeweils größerer Interpretationsleistung vom „Zusammenfassen [der] Schilderung des Medianden weitgehend mit dessen Worten" über das „Paraphrasieren", indem der Mediator „auch etwas zwischen den Zeilen Durchscheinendes mit ausdrücken kann. Dies macht häufig auch für die Medianden klarer, was im Konflikt zentral und was Beiwerk ist." Im „Spiegeln … fasst [der Mediator] die emotionale Befindlichkeit des Medianden ins Wort, die dieser vielleicht gar nicht ausgesprochen hat, die aber dennoch spürbar geworden ist." Das „Framen" geht noch weiter:

> Etwas framen bedeutet, ihm einen Rahmen zu geben. Schildern die Streitparteien z.B. jeweils Aneinanderreihungen von Situationen, die sie gegeneinander aufgebracht haben, könnte der Mediator vielleicht folgendermaßen framen: ‚Sie sind beide sehr aufgebracht, Sie haben beide in den letzten Monaten immer wieder erlebt, dass Sie sich nicht mehr entspannt im Garten aufhalten können, und wünschen sich nichts mehr, als wieder in Frieden dort sein zu können.'

Wird die Interpretation der Parteien durch das Framing der MediatorIn aktiv durchbrochen, sei von „Reframen" zu sprechen. In der neuen Perspektive soll die Abwertung herausgenommen werden und der eigentliche Konflikt zur Sprache kommen: „„Wie wäre es für Sie, wenn Sie [das unaufgeräumte Zimmer ihrer Tochter] als Ausdruck ihres Wunsches nach Autonomie betrachten würden?"" Den Abschluss dieser steigernden Aufzählung macht das oben dargestellte Doppeln, in dem die MediatorIn ihren Platz verlässt und stellvertretend für eine Partei „samt den Zwischentönen" artikuliert. An dieser Stelle zeigt der Mediationsdiskurs die komplexe Überlagerung verschiedener Deutungsmuster, die eine solche Unschärfe unhinterfragt ermöglicht. In jeweils unterschiedlichen Orientierungen der MediatorInnenrolle, die in den folgenden Abschnitten darzustellen sind, werden die Kommunikationstechniken unterschiedlich begründet.

9.3 Neutralität

In den Debatten des Mediationsdiskurses haben sich hauptsächlich drei Positionen herausgebildet, der zufolge die MediatorInnenrolle als „neutral", „allparteilich" und „lösungsorientiert" beschrieben wird. Auch wenn offensichtliche Parallelen zu den drei wichtigsten Positionen im Feld der Mediation bestehen – der Verhandlungsmediation, transformativen Ansätzen und der systemischen Mediation– lassen sich die Bestimmungen der MediatorInnenrolle nicht einfach mit diesen Positionen im Feld identifizieren. Jenseits dieser im Diskurs ausgetragenen Differenzen stellt sich jedoch die MediatorIn in allen Varianten als grundsätzlich auf die Parteien bezogen dar. Hier zeigt sich wieder die im Kontrast etwa zum Klagenfurter Konfliktmanagement (Kap. 6.2.3) deutlich hervortretende Subjektfokussierung der Mediation.

Die Fassung der Mediatorenposition als neutralem Dritten ergibt sich direkt aus der Abgrenzung des Mediators vom Richter und ist entsprechend im juristischen Diskurs dominant. Neutralität wird gefasst als Distanz zum und Desinteresse am Konflikt, insbesondere dürfen die Mediatoren mit dem Streitfall nicht als Anwälte einer Partei vorbefasst sein. Im Verhältnis zu den Parteien wird die Autonomie vorrangig als eine Distanz, eine Nicht-Einmischung verstanden, man könnte von einer Form ‚negativer Freiheit' der Parteien sprechen, die vor allem darin besteht, dass der Mediator in ‚privaten Belangen', dem ‚Menschlichen' des Harvard-Konzepts (Kap. 4.1), Distanz wahrt. Die Bezeichnung der MediatorInnenrolle als ‚neutrale Dritte Partei' geht mit einer (oft impliziten, weil im juristischen Kontext habitualisierten; s. Sobota 1990) Sachorientierung einher. ‚Neutralität' als Selbstbeschreibung zu setzen, signalisiert im Diskurs eine Positionierung im Feld der Mediation aufseiten der Verhandlungsmediation. Entsprechend zielen die Interventionen des ‚neutralen Mediators' in der Kommunikation der Parteien in erster Linie auf eine Versachlichung, persönliche und emotionale Anteile werden begrenzt, Emotionen klar aus dem Prozess herausgehalten. (VuM/185ff).

Allerdings ist die negativ bestimmte Neutralität der MediatorInnenrolle über den gesamten Mediationsdiskurs hinweg Konsens: Übereinstimmend gelten die MediatorInnen als „neutrale Personen, die keinen Anteil am Konflikt haben" (MiB/13) und selbstverständlich keine Entscheidungsbefugnis haben. (MiB/15; EiM/39; M-Schä/52 …) In der Schärfe der Ausformungen des Neutralitätsgebotes variieren die Ansichten jedoch: So wird etwa das „Vorbefassungsverbot" der MediatorIn mit dem Konflikt unterschiedlich streng ausgelegt. Die strenge Auslegung hat sich im juristischen Bereich durchgesetzt (MuKM/38; M-EHI/36; MedG-HK), bleibt aber keineswegs auf diesen beschränkt. (M-Kö/26; M-MK/63) Weichere Fassungen der Neutralität sehen es als ausreichend an, wenn die MediatorIn keine Eigeninteressen mit dem Konflikt verbindet (EiM/47, M-I/47) und sieht die professionelle Distanz nicht notwendigerweise durch vorherige Kontakte beschädigt. (besonders: MKVK/95; ABC/67)[265] Auch die Frage, ob, wann und wie vonseiten der MediatorIn Vorschläge gemacht werden dürfen, wird unterschiedlich beantwortet. Wird die MediatorIn meistens als „lösungsabstinent" (SDM45/46; ebenso EiM/38; MfD/34...) eingesetzt, wird vorsichtig von dieser Regel abgewichen, wenn etwa angeregt wird, eigene Vorschläge vorsichtig zu machen (MKVK/135) oder sie zwar zu machen, aber nicht als „Regelfall" (MAP/64). Montadas ganz entschiedenes Plädoyer für Vorschläge seitens der MediatorIn (M-MK/68) hebt sich davon deutlich ab.

9.4 Haltung der Allparteilichkeit

Die Verschiebung von einem neutralen Verständnis hin zu einer ,allparteilichen MediatorIn' weicht in der Frage der Distanziertheit vom Konflikt nicht grundsätzlich von der negativ als Distanz zum Konflikt bestimmten Neutralität ab. Die tiefe Differenz zwischen ,Neutralität' und ,Allparteilichkeit' als Leitbild der MediatorInnenrolle bezieht sich nicht auf die Distanz zur Sache, sondern auf den Abstand zu den Parteien. ,Allparteilichkeit' setzt an die Stelle der Zurückhaltung vor den ,privaten Belangen' der Parteien eine engagierte Zuwendung zu den emotionalen, ,psychologischen' und ,tiefen' Anteilen der Parteien: Diese sollen empathisch

---

[265] Die weiche Lesart des ,Vorbefassungsverbots' der MediatorIn steht in klarer Differenz zum juristischen Mediationsverständnis (und seit 2012 zum MedG §3 – wenn die Parteien nicht diese Regelung aufheben). In einem Beispielfall eines solchen Ansatzes wird die Verbundenheit des Mediators –er vermittelt in einem Nachbarschaftskonflikt in seiner Communitygerade als Ressource im Prozess angesehen. (CC/199; zum Verhältnis des Ansatzes zum juristischen Feld siehe Kap. 4.3.1) Besemer hält Neutralität bei politischen oder anderen öffentlichen Konflikt für unmöglich. (KMVK/186-7)

nachvollzogen und aufgenommen werden. Die MediatorIn soll sich nun mit den Parteien gleichermaßen verbinden, anstatt Distanz zu wahren. („Rather than seeking to be equally distant from each party, we strive to be equally close." CC/199) Sie sollen den Parteien mit Offenheit und Interesse begegnen (EiM/78), in einer auf Anerkennung und ‚Akzeptanz der Person' basierenden Haltung (M-Kö/46).

Allparteilichkeit im Mediationsfeld
Die Allparteilichkeit der MediatorInnenrolle –eine die Differenz zur Neutralität bestimmende Wortschöpfung, die auch in diversen systemischen Beratungsformaten Anwendung findet– leitet sich im Mediationsdiskurs aus der ‚Haltung der Mediation' ab. Diese von der MediatorIn verkörperte ‚Haltung' macht für die Bewegungsmediation die Grundlage und das innere Zentrum der Mediation aus. Die Frage nach der Bedeutung der ‚Haltung der Mediation' stellt diese Position im Feld der Mediation heraus. So kann John Paul Lederach, ein prominenter Mediator aus den USA und Vertreter einer Spielart Transformativer Mediation, im Interview mit der „Perspektive Mediation" seine Sicht der Haltung der Mediation als Bildungsprozess weitergeben:

Eine davon [der Veränderungen meiner Einstellungen und Handlungsweisen; JT] war sicherlich die Verlagerung von der Fokussierung auf Techniken zu einer tieferen Perspektive, ‚the art and soul', den tieferen und nachhaltigeren Aspekten der Mediation. Nicht, dass Technik unwichtig wäre, es gibt instrumentelle Qualität. Aber noch wichtiger ist das commitment und die vocation[266] der handelnden Personen. Das wurde im Laufe der Zeit immer wichtiger für mich. Vielleicht ist es einfach eine natürliche Entwicklung durch das Älterwerden. Ich glaube aber auch, dass Menschen, die ein Leben lang bei dieser Arbeit bleiben, ein tieferes Verständnis davon haben. So bin ich einerseits glücklich über die Professionalisierung des Feldes (…). Andererseits habe ich Bedenken, dass die Professionalisierung manchmal sehr stark auf die rein technischen Aspekte unserer Arbeit fokussiert. (PM 2009/49)

Aus seiner Autorität als erfahrener Mediator, als ‚Pionier der Mediation' heraus bestimmt Lederach die Haltung des Mediators als das Entscheidende. Lederach

---

[266] Es ist interessant zu beobachten, dass an dieser Stelle der Begriff aus dem Amerikanischen übernommen wurde; vocation kann mit Beruf/Berufung, aber auch mit Talent oder Begabung übersetzt werden.

bringt hier die Haltung der Mediation, die tiefere Perspektive allgemein mit dem Transformationsprozess in Verbindung. (Kap. 4.2, 7.1.4; für Lederachs Ansatz siehe LBoCT) Wie bei Lederach in diesem Zitat führt die Betonung der ‚inneren Haltung' zunächst zu einer Akzentverschiebung, die technische Aspekte der Mediation zunächst nur relativiert. Die Haltung wird als Addition zur, nicht als Substitution der Technik verstanden. Auch an dieser Stelle wiederholt sich die von der Bewegungsmediation aus hergestellte Darstellung der Verhandlungsmediation als ‚bloßes Verfahren', ‚reine Technik', um die eigene Position einer darüber hinausgehendem, das ‚Eigentliche' der Mediation enthaltende ‚Haltung' zu kennzeichnen. „Der Versuch, Mediation vornehmlich ‚technisch zu machen', geht an ihren Zielen vorbei." (PM 2007/50) In diesen Chor stimmen im deutschsprachigen Mediationsdiskurs viele mit ein: „Wichtig [für professionelle Mediation; JT] ist in allererster Linie nicht die Technik, sondern die hierin zum Ausdruck kommende empathische, allparteiliche Mediatoren-Haltung." (ZKM 2008/19) Oder: „Ferner ist zu berücksichtigen, dass Mediation keine reine Technik, sondern auch eine Haltung ist. Nach unserer Erfahrung ist Mediation nicht nur als pragmatisches Instrument effektiv. Vielmehr liegt ihre Stärke in der Tatsache, dass sie es Menschen ermöglicht, einander offen zu begegnen." (PM 2007/39) Die Argumentation, dass Mediation eben nicht vorwiegend Prozesswissen und Techniken – also Phasenmodell, Kreativitäts- und Kommu-nikationstechniken sei, wird in einem in der Zeitschrift für Konfliktmanagement veröffentlichtem Lehrbrief, (ein Format, in dem in der Zeitschrift über Jahre hinweg ein Curriculum von bekannten Mediatoren entwickelt wurde) bis in die einzelnen Kommunikationstechniken der Mediation hineingetragen. Beim Geben von „konstruktivem Feedback" in der Mediation sei nicht nur die „Feedback-Kompetenz" und „Feedback-Kultur" maßgeblich, sondern eben auch die entscheidende „Feedback-Haltung": bei allen Techniken „kommt es auch maßgeblich auf die Haltung der Beteiligten an." (ZKM 2009/ 63)

Entsprechend der Entwicklung des Feldes der Mediation (Kap. 5.3) hat sich diese zentrale Abgrenzungslinie jedoch verschoben. In der ‚systemischen Mediation' sind alle Positionen möglich, wenn einerseits in einer radikalkonstruktivistischen Argumentation die Möglichkeit einer neutralen Position überhaupt bestritten und vehement abgelehnt wird (etwa in EiM), wird diese Differenz im ökonomisch orientierten MfD nicht vorangetrieben. M-Kö sieht eine generelle Spannung zwischen systemischen Ansätzen und den ‚Prinzipien der Mediation', wendet die

Kritik dann aber nicht nur gegen die Neutralität der MediatorIn, sondern auch gegen die Autonomie der Parteien, ohne die so entstehende argumentative Lücke dann schließen zu können (M-Kö/44). Alle drei Ansätze verstehen sich als ‚systemisch'. Das Verständnis von Mediation als Haltung kann sich in einer anderen, oben schon aufgezeigten Fluchtlinie (Kap. 6.1.1) auch gänzlich von dem Verfahrensaspekt loslösen und bleibt so in der Spur der entgrenzten Anwendung der Mediation. Eine so verstandene Mediation kann auch als kreative Antwort auf die Marktlage und zugleich als eine Strategie zur Einlösung des gesellschafts-verändernden Versprechens der Mediation eingesetzt werden:

Desweiteren zeigt sich das kreative Potential der Mediation in zahlreichen Be-ratungsfällen, die als solche explizit gar nicht als Konfliktvermittlung angelegt sind. In Deutschland und Österreich sind bereits über 5.000 Mediatoren zertifi-ziert und da der Markt die Fülle an Fällen bislang nicht hergibt, bringen die Ab-solventen ihre mediativen Kompetenzen überall dort zum Einsatz, wo es darum geht, dass Menschen miteinander in Kontakt kommen, sich gegenseitig zuhö-ren, nicht entwerten etc. In diesem Sinne werden ‚Pfade zum Frieden' bereitet. (EWE/563)

Auch eine technische Frage wird von der Spannung zwischen der Orientierung an Neutralität oder Allparteilichkeit betroffen, nämlich wenn das den einzelnen Par-teien gewidmete Zeitbudget flexibel nach den Bedürfnissen der Parteien ausgerich-tet werden soll (M-MK/255; EiM/53; M-I/48), oder besser neutral-distanziert gleich gehalten werden soll. (ABC/65) Eine vermittelnde Position nimmt der Vor-schlag ein, zu Beginn der Mediation mehr auf die Gleichheit zu achten, dies aber zu lockern, wenn sich die MediatorIn als neutrale Instanz etabliert hat. (MfD/91)

Elemente der Haltung der Mediation
Entgegen dieser Positionskämpfe im Mediationsfeld (die sich zunehmend ab-schwächen, da die Haltung der Mediation an Boden gewinnt und sich gleichzeitig hin zu mehr lösungsorientierten Anteilen professionalisiert) sind jedoch die mit der ‚Haltung der Allparteilichkeit' verbundenen Elemente im Diskurs sehr weit ver-breitet und auch bei Ansätzen aufzufinden, die sich nicht zentral auf die Haltung als Herzstück der Mediation verpflichten, sondern eklektisch und kreativ neue Verbindungen schaffen (Kap. 5.3). Im Leitbild des Bundesverbands Mediation wird die Haltung der Mediation umschrieben als „Respekt, Anerkennung und Of-fenheit, (…) verbunden mit Achtsamkeit und aktiver Wertschätzung, für uns selbst

und andere" (BM-LB). Als Stichworte zur Beschreibung der MediatorInnenrolle sind diese Elemente im gesamten Diskurs nachweisbar (Tröndle 2015). Auch die Bedeutsamkeit von Vertrauen (HM2/15, MAP/84...), und eine Haltung, die die Parteien stets ernst nimmt (MKVK/133; EiM/54) wird übergreifend anerkannt. Die Herausgeberin des Handbuchs Mediation fordert sogar, den Parteien auch persönlich und nicht zu professionell zu begegnen um Vertrauen aufzubauen (HM2/16) – ein Vorgehen, das –während auf der anderen Seite des Feldes ein Professionalisierungsprozess läuft– die Veränderungen im Mediationsfeld plastisch verdeutlicht. Die Haltung der Mediation bringt Besemer in seiner ‚klassischen' Formulierung (M-Kö bspw. zitiert) als „Akzeptanz der Person" auf den Punkt:

> Demgegenüber geht es der MediatorIn darum, sich wohlwollend in die Konfliktparteien einzufühlen, egal ob sie einem zunächst unsympathisch sind oder Meinungen vertreten und Handlungen ausführen, die man für sich selbst ablehnt. Daraus resultiert keine Unterstützung dieser Meinungen und Handlungen, sondern eine Akzeptanz der Person. Die Haltung einer MediatorIn ist von der Zuversicht geprägt, dass ein wertschätzender Umgang die lebensfreundlichen Impulse eines Menschen freilegt und verstärkt. (MKVK/62)

Die allparteiliche Haltung der Mediation trennt also zunächst die „Person" von deren Positionen und Handlungen im Konflikt. Das, worauf sich die unbedingte Anerkennung der MediatorIn richtet, ist nicht das, was im Konfliktgeschehen von einer Partei sichtbar wird, sondern die auf der ‚tieferen Ebene der Bedürfnisse' (Kap. 6.1.2) erkennbare ‚eigentliche' Person. In diese Sinne werden auch die oben dargestellten Kommunikationsmethoden hier eingesetzt: Als Techniken des Sichtbarmachens der ‚tieferen Schichten' unter der die Subjekte deformierenden (Kap. 6.2.2) Konfliktkommunikation. An dieser Stelle hakt die im Diskurs (wie das Eisbergmodell oder die Orangengeschichte) verbreitete Formel ‚Verstehen heißt nicht einverstanden sein' ein. Zugleich ist mit der ‚Haltung der Mediation' die „Zuversicht" verbunden, dass diese Akzeptanz eine Transformation ermöglicht, die zugleich eine Offenlegung des immer schon Vorhandenen ist (im Zitat: „freilegt und verstärkt"). Der affirmative Bezug der MediatorIn richtet sich also nicht unterschiedslos auf die Parteien, sondern zielt auf spezifische Aspekte, hier: „lebensfreundliche Impulse", der empirisch vorfindlichen Parteien, an die positiv, wertschätzend und empathisch nachvollziehend anzuschließen ist. Diese mit der Haltung der Mediation verbundene Forderung, sich ‚mit dem Besten in den Parteien zu verbinden', hat auch ihr Gegenstück: das Problem, für die Parteien im konfliktin-

duzierten Kampfmodus Verständnis aufzubringen. (ABC/97) Die MediatorIn ist in
ihrer affirmativen Bezugnahme auf die Parteien vom den Mediationsdiskurs durchziehenden Deutungsmuster der Trennung von Konflikt und Subjekt geleitet: Der
Konflikt wird verworfen, das Subjekt jedoch verstärkt.

Wertungsfreiheit und doch Position beziehen
Aus diesem Balanceakt, für die Parteien eine grundsätzliche Anerkennung und
Wertschätzung „als Person" aufzubringen, sich aber zugleich nicht mit ihren Einstellungen, Äußerungen und Handlungen zu identifizieren, wird die von der MediatorIn verlangte starke Zurückhaltung in ihren eigenen Werturteilen verständlich.
Anders als in der Verhandlungsmediation, wo Persönliches und Emotionales aus
dem Verfahren herauszuhalten war, ist hier der spannungsvolle Bezug auf die Parteien zentral. Damit steht auch das Zurückhalten von Wertungen nun in einem
anderen Kontext, da es nicht mehr eine Zurückhaltung der Kommunikation (bestimmte Wertungen nicht aussprechen), sondern eine innerlich auszuhaltende
Spannung darstellt: Sich trotz eigener Widerstände gegen die Partei mit dieser ‚als
Person' empathisch zu verbinden. Diese Haltung sei unbedingt aufrecht zu erhalten, sie sei gegebenenfalls mit Supervision zu stützen, wenn dies nicht gelinge, sei
die Mediation abzubrechen (M-Schä/37, 187). Wenn eine MediatorIn nicht offen
und unvoreingenommen (M-I/92) in die Mediation gehen kann, sei von einer Bearbeitung dieses Falles bei dieser MediatorIn abzusehen. (M-Kö/26) Auf keinen Fall
dürfe die MediatorIn ihre eigenen Anliegen in den Prozess einbringen, den ‚eigenen Senf' aus der Mediation herauszuhalten gilt als Grundzug mediatorischer Professionalität, als unabdingbarer Schutz des Rahmens eigenverantwortlicher Konfliktbearbeitung.[267]

Diese Wendung gegen jegliche Form von normativen Urteilen ist ein übergreifen-
des Merkmal der Mediation, das sich nicht nur in der emphatisch-therapeutischen

---

[267]   Diesen hohen Anspruch an den vermittelnden Dritten senkt ein Beitrag in SDM mit der
These von der „Unmöglichkeit synchroner Allparteilichkeit" (SDM 48/44) auf ein zeitlich
getrenntes, ausgeglichenes Nachvollziehen je einer Partei. Dieses ist jedoch im Mediationsverfahren schon implementiert, wo die Parteien im die MediatorIn herausfordernden Kon-
flikt-Modus in der zweiten Phase zunächst nacheinander gehört und ‚abgeholt' werden, und
erst in der dritten Phase überhaupt miteinander in direkten Kontakt kommen sollen. (vgl.
hierzu Kap. 11.3)

Hinwendung zum Menschen in der Haltung der Mediation, sondern auch in der distanzierten Neutralität der Verhandlung oder in der auch mit ökonomischen Codes operierenden systemischen Mediation wiederfindet. (s. MfD) Die konstitutive Differenz der Mediation zum Gerichtsverfahren wird gerne anhand dieser Linie gezogen (s. bspw. die Feinanalyse in Kap. 6.1), die oft mit dem „Persischen Sprichwort": „Jenseits von ‚richtig' und ‚falsch' gibt es einen Ort. Dort treffen wir uns" (SDM 51/22) illustriert wird. Diese breite Verbannung normativer Fragestellungen führt den Mediationsdiskurs zur Annahme einer generellen Unbedenklichkeit der individuell vorgebrachten Interessen bzw. Bedürfnisse. Ermöglicht wird diese Affirmation durch die De-Thematisierung von aggressiven Tendenzen bzw. kriminellen Handlungsoptionen aus den Subjekten. (s.o. Kap. 8.2) Allerdings führt diese Setzung von ‚anständigen' Parteien zu Problemen an den Rändern: Der unbedingten Affirmation der Bedürfnisse der Parteien (ABC) steht an den Rändern des Anerkennbaren dann unvermittelt eine harsche Ablehnung von Äußerungen entgegen. (Und eine ebenso unvermittelte Exklusion von Parteien; Kap. 8.4) Eine Vermittlung oder Abstufung dieses Bruchs des gänzlich zu Akzeptierenden ins gänzlich zu Verwerfende oder Auszuschließende kann der Mediationsdiskurs nicht leisten, da normative Argumente nicht mehr zur Verfügung stehen.[268] Die Grenzen des unbedingt zu Akzeptierenden brechen im Mediationsdiskurs an vielen Stellen auf. Dulabaum etwa fordert an einer Stelle klar, rassistische Äußerungen zu problematisieren und nicht stehen zu lassen, sondern nachzuhaken. (ABC/19,204) Hier ist wohl die Überschneidung von zwei Arbeitsfeldern und ihren Diskursen zu beobachten, in denen die Autorin jeweils aktiv war: der Diskurs der transformativen Mediation bricht sich hier mit den Erfahrungen, die aus der akzeptierenden Jugendarbeit mit rechtsradikalen Jugendlichen der 90er-Jahren gezogen wurden: Auch wenn die Parteien fundamental zu affirmieren sind (ABC/16) sollen spezifische Äußerungen aus der Mediation unbedingt ausgeschlossen werden. Auf rassistische und sexistische Äußerungen soll eingegangen werden, um zu prüfen, ob diese „bösartig gemeint" oder „nur leeres Gerede" bzw. „als Witz gemeint" wa-

---

[268]   In Montadas normativem Mediationsansatz überlagert sich diese unbedingte Akzeptanz des Anderen mit der diskursethischen Klärung und Prüfung von Geltungsansprüchen auf hybride Weise; Kap. 7.1.6

ren.[269] (ABC/204) Die anti-normativistische Stoßrichtung der Mediation, die mit der Kritik am normativistischen Gerichtsverfahren sich gegen normative Urteile überhaupt positioniert, stößt hier an eine Grenze, über die die MediatorIn zu wachen hat. In der Mediation soll nun eben doch nicht alles affirmiert und auch eben nicht alles verstanden werden. Ebenso unvermittelt brechen starke Wertungen bei Duss-von Werdt in den Mediationsdiskurs ein:

> Es ist nicht verhandelbar, ob die Eltern sich nach der Scheidung noch um die Kinder kümmern oder nicht, Firmen von einer Stunde zur anderen Angestellte feuern, Asylbehörden Flüchtlinge willkürlich ‚ausschaffen' (abschieben), wer stört, als gestört hospitalisiert wird. (…) Da erscheint Mediation auch als ein ethischer Diskurs, welcher begrenzt ist durch das Nichtverhandelbare, aber im Rechtstaat auch durch die Verpflichtung, die Menschenwürde zu achten. (EiM/103-104)

Die genannten Beispiele werden nicht begründet, sondern als selbstevidente „normative Grenzen" gesetzt. Hier wird die Verortung der Mediation in den gegenkulturellen Bewegungen deutlich: Im Beispiel wird mit der sozialen Frage, der Migrationsthematik und der Behandlung abweichender ‚Randgruppen' geradezu ein Panorama gegenkultureller Grundfragen aufgemacht.

Ganz anders als an dieser Stelle, wo ein gegenkultureller Konsens für die Mediationspraxis verbindlich gemacht wird, begrenzt sich die Mediation nicht nur im juristischen Mediationsdiskurs durch das zwingende Recht (MuKM/42). Diese zunächst klare erscheinende Grenzziehung führt jedoch zu einer Reihe komplexer Folgeprobleme, etwa wenn eine Stellungnahme des Mediators gefordert wird, wenn die Parteien versuchen, Gesetze zu umgehen (M-Schä/186) oder wenn „eine der Parteien oder die Gesellschaft ein Interesse an einer öffentlichen Diskussion (so lässt sich die Zulässigkeit der Verklappung von Umweltgiften nicht im bilateralen Verhältnis mediieren) oder höchstrichterlichen Grundsatzentscheidungen (Präzedenzfall) haben" (MuKM/50). Andere Anforderungen ergeben sich wieder aus der von Montada vertretenen Position, die von den Parteien einerseits die Einhal-

---

[269]   Die MediatorIn soll auf potentiell rassistische Aussagen eingehen und nachhaken; sollte sich eine Partei dann explizit rassistisch positionieren, „muss klar sein, dass Gleichberechtigung die Regel ist und Gerechtigkeit für alle Personen auf Platz eins steht." (ABC/204)

tung der „Toleranznorm" fordert (M-MK/107) und den Mediator in die Pflicht
nimmt, die Interessen unbeteiligter Dritter zu vertreten. Letzteres hat sich in der
Familienmediation in Bezug auf die Kinder durchgesetzt (vgl. Kap. 11.2), für die
breiter gefasste Mediation führen diese Positionierungen jedoch zu unübersehbaren
Folgeproblemen. Wer etwa sollte entscheiden, wann ein Manöver einer Partei als
„Umgehung von Gesetzen" zu werten ist? Da die Mediation ja antritt, um Gerichtsverfahren zu ersetzen, steht der Rechtsweg zur Klärung dieser Frage nicht
offen. Auch dürfte die Gesetzeslage nur einem fachjuristisch spezialisierten Mediator überhaupt hinreichend bekannt sein. Auch das Giftmüll-Beispiel, das exemplarisch für die Interessen von Drittparteien stehen kann, ist nur auf den ersten Blick
eindeutig. Würden nämlich auch außerhalb einer uns heute einleuchtenden Belastung der Lebensgrundlagen des Gemeinwesens durch einzelne, weitere Problemlagen aufgeworfen, würde die Problematisierung des Konflikts als zwischenmenschliches Geschehen gesprengt. Anders formuliert: eine (hypothetische) Mediation
hätte in den 1960er Jahren wohl auch die Verklappung von Giftmüll noch als unproblematisch angesehen (Keller 2009), während es heute denkbar wäre, dass eine
MediatorIn –orientiert sie sich streng an Montadas Forderung nach der Berücksichtigung der Interessen Dritter– die durch die entwickelte Lösung einer Scheidungsmediation entstehende lange Pendelstrecken aufgrund der entstehenden CO-2-
Belastungen für die Allgemeinheit problematisieren müsste.[270] Beide hypothetischen Fälle sind im Diskurs nicht aufzufinden –letzterer erscheint recht absurd–
und sollen hier nur illustrieren, wie schnell diese Forderungen in der Anwendung
zu Brüchen führen, wenn in der Mediation die grundsätzliche Legitimität der Interessen der Parteien ernsthaft unter dem Gesichtspunkt potentieller Einwirkungen
auf Dritte normativ abgewägt würde. Stattdessen –und deswegen– wird die Frage
im Diskurs abgeblendet: Illegitime Äußerungen der Parteien scheinen nicht vorhanden zu sein, sie kommen im Diskurs nur in der abstrakten Problematisierung
von Grenzen der Mediation vor, und werden in Beispielen systematisch vermieden.
Weiteren Kitt zur hier herausgearbeiteten Bruchlinie fügt die breit aufzufindende

---

[270]   Das Beispiel symmetrisch um die Selbstverständlichkeiten problematischen Verhaltens im
         Jahre 2075 zu ergänzen muss hier der Phantasie der Leser_innen überlassen bleiben. Wenn
         1960 noch die Meere ‚groß genug' waren, um die Verantwortlichkeit für die Folgen des
         Handelns zu schlucken und heute die Atmosphäre diesen Status verliert – auf welche Berei-
         che mag sich in einer uns nicht einsichtigen Zukunft die Verantwortung der Subjekte ausge-
         weitet (oder zurückgezogen oder verwandelt)haben?

Überzeugung hinzu, dass mit der ‚Vertiefung‘ des Konflikts auch vertretbare, un-problematische Lösungen gefunden werden:

> Die Gleichwertigkeit der Konfliktparteien in der Mediation, das offene Aus-sprechen von Gefühlen, Interessen und Bedürfnissen und das Prinzip der Eini-gung bieten in der Regel die Gewähr dafür, dass auch ethisch vertretbare Lö-sungen gefunden werden. Insofern brauchen sich MediatorInnen wenig um die moralische Bewertung von Vereinbarungen zu kümmern. Nur wenn sich die KontrahentInnen auf Kosten anderer Personen einigen, die nicht anwesend sind, ist es die ethische Pflicht der MediatorInnen, zu intervenieren und notfalls die Mediation abzubrechen. (MKVK/62)

Wenn die Mediation, so könnte man diese weit verbreitete und hier explizierte Überzeugung zusammenfassen, auf die Ebene der Gefühle und Bedürfnisse der Parteien vordringt, wenn die MediatorIn in ihrer Haltung den Parteien Akzeptanz und Anerkennung gibt, stellen sich viele Fragen von Fairness und moralischer Vertretbarkeit nicht mehr. Mit dem Konflikt verschwindet aus dem Mediationsdis-kurs die ethische Problematik, weil authentische Menschen gute Menschen sind (bzw.: als solche angesprochen werden müssen, um es zu werden, Kap. 8). Wieder einmal zeigt sich an dieser Stelle, wie der Mediationsdiskurs über breite Problem-stellungen, technisch bewältigbare Lösungswege und der Abblendung komplexer Fragen eine Antwort bereitstellt, deren Faszinationspotential nachvollziehbar ist.

9.5 Lösungsorientierung

Als dritte Beschreibungsmöglichkeit der MediatorInnenrolle wird im Diskurs die ‚Lösungsorientierung‘ angeboten. Diese wird vorwiegend in den ‚systemischen Ansätzen‘ der Mediation wie der „Lösungsfokussierten Systemischen Mediation" (ZKM 2009/55; ähnlich PM 2011/5-11) namensgebend. Dennoch wäre es auch hier irreführend, die Orientierung mit einer Ausrichtung der Mediation gleichzu-setzen. Stattdessen ist die Lösungsorientierung im gesamten Diskurs anzutreffen: Lösung ist einerseits gegen die Konflikteskalation gerichtet, womit die Deeskalati-on zu den Aufgaben der MediatorIn gehört (Kap. 8.1; M-MK/44, ABC/74, HM2/13…). Zudem ist die Lösung als erwünschter zukünftiger Zustand fest im Fokus der grundsätzlich zukunftsorientierten Mediation (M-MK/276; MuKM/41;

M-EHI/67 ...). Aus der Wendung ‚gegen den Konflikt' lassen sich auch die oben dargestellten Kommunikationsmethoden als „konstruktives Umformulieren" zunächst unabhängig vom von den Parteien als authentisch ausgewiesenen ‚eigentlichen Konflikt' begründen. So soll die MediatorIn eine grundsätzlich positive Haltung an den Tag legen, Gemeinsamkeiten und positive Entwicklungen herausstellen (M-MK/218; M-Kö/47; MAP/91; MfD/251 ...). Im Diskurs ist diese Stellungnahme gegen den Konflikt und für die Lösung nicht problematisch, sie wird auch nicht im Spannungsverhältnis zur Neutralität der MediatorIn gesehen. Darin zeigt sich zum einen die Reichweite der konflikttheoretischen Ausgangssetzungen des Diskurses (Kap. 6.1); in der Mediationspraxis wird diese Haltung auch durch die den Konflikt problematisierende Auftragslage gestützt.

Umstritten ist im Mediationsdiskurs das Verhältnis von Vergangenheit und Lösung. Einerseits positionieren sich die ‚lösungsorientierten systemischen Ansätze' radikal, wenn sie die Thematisierung der Vergangenheit generell als „reaktive Muster" darstellen und die Medianden von „zurückblickenden, endlosen Diskussionen und wenig nützlichen Konzepten" befreien wollen. (ZKM2009/55) Am entschiedensten stellt sich dem Montada entgegen, der einen konsequenten Einbezug der Vergangenheit fordert, der aber dosiert und nicht unter der (klassisch-juristischen) Fragestellungen von Wahrheit und Schuld geschehen soll. (M-MK/84, 227) Diese Position wird im Mediationsdiskurs mehr oder weniger breit geteilt: In der Vergangenheit soll auf keinen Fall nach Wahrheit und Schuld gefragt werden (in Differenz zur Tatsachenfeststellung im Gerichtsprozess MuKM/41, ebenso HM2/10, MKVK/67, M-Schä/48 ...). Die Vergangenheit soll zudem nicht aufgearbeitet (MAO/67), aber doch oft einbezogen werden, wenn die Parteien es wollen (MH2/35), wenn es zwingend erforderlich ist (MfD/138) oder um Missverständnisse aufzulösen (MKVK/115). Andere Ansätze plädieren für eine gründliche Aufarbeitung, um einen Konsens zu ermöglichen und die Beziehung zu bereinigen (EiM/63, ABC/52, M-MK/84-88, SDM45/34-37). Die Mediation spiegelt hier, wie im folgenden Kapitel deutlich werden wird, einen der konstitutiven Abgrenzungskonflikte innerhalb psychotherapeutischer Schulen.

Desinteressiert am Ausgang des Verfahrens?

Mit der Lösungsorientierung der MediatorIn ist ein weiterer höchst kontroverser Punkt angesprochen: Das Interesse der MediatorIn am ‚erfolgreichen Abschluss' der Mediation. Angesichts des sowohl im Neutralitätsgebot geforderten

Desinteresses an der Sache und der für den Prozess so fundamentalen Selbstverantwortung der Parteien ist hier ein kritischer Punkt berührt. Denn einerseits ist ein Interesse vieler Mediator_innen an der Lösung möglichst vieler Konflikte evident: Für freiberufliche Mediator_innen ist ein zufriedener Kundenstamm der beste Garant für weitere Aufträge (SDM41/39-41), wird Mediation in einer bestehenden konfliktbezogenen Tätigkeit durchgeführt (sei es im sozialarbeiterischen Kontext oder im Personalwesen), ist die Konflikt-befriedung Teil des Arbeitsauftrages. Für die Verbände (und auch für engagierte Mediator_innen) stützt die Dokumentation und Evaluation von Mediation anhand regelmäßig hoher Einigungsquoten die Darstellung von Mediation als „erfolgreiches Verfahren zur konstruktiven Lösung von Konflikten" (BM-HP); in der Evaluationsforschung (besonders in den USA) gehört die Ermittlung von Einigungsquoten, die als ‚hartes Erfolgskriterium' für Mediationsprogramme gelten (etwa ZKM 2014/180-184) zum Standard. Teilweise sollen auch Mediator_innen als Nachweis ihrer persönlichen Erfolgsbilanz derartige Statistiken führen, die auf Vernetzungstreffen diskutiert werden. Diese Vorgehensweise sieht sich jedoch dem Vorwurf ausgesetzt, Mediation zu verkürzen, das Potential langfristiger und tiefgreifender Veränderungsprozesse zu übersehen bzw. diese durch Effizienzdruck zu blockieren.

Dieses Problem kann im Mediationsdiskurs mitgetragen werden, weil es sich im Diskurs nicht dringend stellt. Denn angesichts der Darstellung des Konflikts als bedrohliche Eskalation (Kap. 6.1) und der überwiegenden Prämierung der Kooperation als Möglichkeit wechselseitigen Gewinns (Kap. 7.1.2) muss im Diskurs der Mediation den Parteien am meisten an der Lösung ihres Konflikts gelegen sein. Die Subjektposition der Parteien ist im Mediationsdiskurs so in die Deutungsmuster eingebettet, dass sich die Frage nach dem Interesse der MediatorIn am Ausgang des Mediationsverfahrens nicht mit Dringlichkeit stellt; die freiwillig teilnehmenden Parteien sind schon selbst daran interessiert. Denn die Parteien können im Möglichkeitshorizont des Mediationsdiskurses als vom Konflikt Betroffene und vor die Potentiale der Kooperation, sei es durch rationale Verhandlung oder Beziehungstransformation, gestellt in ihrem ‚wohlverstandenen Eigeninteresse' (das sie selbst nicht artikulieren, da sie am Diskurs nicht partizipieren) gar nicht anders, als die Mediation erfolgreich abschließen zu wollen. Die Mediator_innen führen die im Diskurs konstruierten Konfliktparteien so stark auf die Mediation zu, dass die Frage, ob sie selbst ein Interesse am erfolgreichen Abschluss haben, dahinter verschwindet.

9.6 Das Ethos der Mediation als ‚Mehr' der Interaktion

Als eine letzte Orientierung der Mediation ist die Rede vom ‚Ethos der Mediation' zu nennen. Diese wird vom als ‚Urgestein der Mediationsbewegung' angesehenen Autor Joseph Duss-von Werdt gepflegt, der einen eigenständigen Ansatz vertritt, der nicht in der ‚Haltung der Mediation' aufgeht. Er zeichnet sich nicht nur durch eine in zahlreichen Neologismen (etwa: „Trialogik") sich äußernden Eigenwilligkeit aus, sondern auch durch einen traditionelle europäische Humanphilosophie und ‚systemische Theorie' (Kap. 10.4) verbindenden Referenzrahmen. Das Ethos der Mediation stellt in gewisser Hinsicht eine Radikalisierung von Mediation als Haltung dar, in der Mediation nicht mehr als eine spezifische, professionalisierte Haltung, sondern vielmehr als eine Lebensform entworfen wird. Das Ethos der Mediation leitet sich hier aus einem radikalsubjektivistischen Ansatz her, der unbedingten Respekt vor dem konkreten Anderen fordert und Mediation damit als die Arbeit an der Herstellung des intersubjektiven, zwischenmenschlichen Raums beschreibt:

> Mediation lässt sich als Standpunkt sehen, wie zwischenmenschlicher Raum durch ein ‚Ethos des Unterscheidens' bei allen Beteiligten gestaltet werden kann oder könnte. Neutrale Standpunkte sind unmöglich. Jeder konkrete Mensch ist ein unüberbrückbar anderer Standpunkt. Das anzuerkennen, schützt den einzigartigen Menschen und die gemeinsame Vielfalt. Beide wären das sie einheitlich Verbindende. Der Individualismus übersieht, wie relativ, bezogen auf andere Menschen sind. Er lässt den einzelnen als mit Andern konkurrierende Individualität allein, um im allgemeinen Wettlauf der Beste zu sein. Wer sich hingegen mit Anderen in der Mitte trifft, bricht den Wettbewerb ab und beginnt, sich nach einem anderen Ethos zu verhalten. Dieses ist kein berufsgeschütztes Monopol, sondern kann bei allen wirken, welche Bezogenheit als respektierte Wirklichkeit gemeinsam anstreben und leben. Und wirklich ist, was wirkt. (SDM 32/6)

Die Subjektcodes entsprechen hier recht deutlich der transformativen Mediation. (Kap. 4.1) Entsprechend scharf fällt die Kritik an der Verhandlungsmediation aus.

(SDM 32/33; EiM) In der radikalisierten Orientierung am konkreten Anderen findet sich aber auch eine interessante Wendung gegen Verstehen und Einfühlung als Grundlagen der Mediation: „Auf den realen Einzelnen etwas Allgemeines anwenden, halte ich für eine Form von Gewalt." (SDM 32/32) Mit diesem scharfen Verdikt „Um sicher zu sein, jemanden verstanden zu haben, ist es immer zu früh. Worüber man nicht sprechen kann, darüber soll man schweigen" (SDM 32/6), bleibt als einzige Möglichkeit nur die Ich-Botschaft, das Über-sich-selbst-Sprechen als legitime Äußerungsform angesichts der radikalisierten Andersheit des Anderen: „Individuum est ineffabilie", so stehe es schon in der „mittelalterlichen Philosophie". Doch auch die Mediation selbst entwindet sich dem Zugriff: „Mediation ist keine Sache, sondern eine Begegnung von Personen, die sich sächlich und sachlich nicht beschreiben lässt." (SDM 32/33) Wenn sich die Unmöglichkeit, über den Anderen (ohne Anwendung von Gewalt) etwas auszusagen, auf die Mediation als Vermittlung zwischen Menschen überträgt, wird Mediation zu einer Mitte, die nur aus der Kombination ihrer jeweiligen, dazu im Prozess ständig sich verändernden Teile besteht. Auf diese Weise grenzt sich das Ethos der Mediation auch von einer Fixierung des Menschen durch psychologische Codes ab.[271] Dieses Ethos der Mediation sei in einer französischen Ausbildung exemplarisch verkörpert:

In der 3-jährigen Mediations-Ausbildung werden keine Rollenspiele, keine ‚Fälle' analysiert. Die Teilnehmenden lernen, in der Gruppe miteinander umzugehen, Konflikte auszutragen, die jeweils aufkommen. Eine ganz persönliche Bearbeitung der eigenen Bezogenheit auf andere, die man mag oder nicht, die sich fremd oder vertraut sind und bleiben... Wichtig ist dabei auch der gesellschaftliche Kontext. Im Ursprungsland der europäischen Demokratie geht es auch um demokratische Selbstbildung. Mediation ist Demokratie. Dabei wird man nicht ein professioneller Bürger innerhalb der Politik, sondern ein sich demokratisch verhaltender Mitmensch in der Gemeinschaft. Das ist ein Ethos. (SDM 32/31)

---

[271] Gewissermaßen lässt sich von hier aus eine oben nicht ganz deutlich werdende Differenz von Transformativer und Verstehensbasierter Mediation herausstellen (Kap. 4.2-3): die Transformative Mediation stand mit ihrer Scheu, die Parteien im Diskurs festzulegen, dem Ethos der Mediation näher; während die Verstehensbasierte Mediation durch die Spezifizierung ihrer Subjekte eine rationalistische Tendenz erhielt. Die Differenzen dieser Ausrichtungen treten hier klarer hervor.

An dieser Stelle wird deutlich, wie das Ethos der Mediation sich nicht professionell eingrenzen lässt, sondern nicht weniger als eine Lebensform, eine den ganzen Menschen erfassende Weise zu sein; die dazu noch in historisch und politisch weitreichende Bezüge gestellt wird. (vgl. dazu Kap. 6.3) Das Ethos der Mediation sei dabei von einer radikalen Gewaltlosigkeit ebenso wie einer radikalen Toleranz geprägt: „[Das Ethos der Mediation] nimmt als gegeben hin, dass es z.b. den Krieger gibt, den destruktiven Menschen und dass das Unmenschliche eben auch menschlich ist." (SDM 32/31) Vor allem aber wendet sich dieser Diskurs gegen die Rationalisierung von Mediation: „Vermittlung [synonym zu Mediation; JT] ereignet sich zwischen Menschen, die sich zueinander in einer bestimmten Weise verhalten. Diese Ereignisse sind keine von Managern planbare ‚Events'. Ihre ‚Logik' ist dialogisch geprägt und so kausal-linearen Modellen entzogen und in ihrem Verlauf nicht voraussehbar. Die rationale Logik hat daran zwar einen wichtigen Anteil, aber den kleineren." (PM 2007/66) Diese Abgrenzung zielt gegen die marktgängigen Erzählungen von Mediation, die Rede von Rationalität und Verhandlung ebenso wie gegen eine Psychologie, die ihr Gegenüber in vorgeformten Begriffen bestimmt. Die Subjektcodes des Ansatzes bleiben jedoch in ihrer Darstellungsweise unscharf, die Verbindung von Aufklärungsphilosophie, Positionierungen der Alternativszene und den im Beispiel beschriebenen Praktiken, die eher an ein psychotherapeutisches Selbsterfahrungsseminar erinnern, erscheint letztlich als ein hoch idiosynkratischer Cocktail an Bezügen, von denen hier nur die Transformative Mediation und das Konfliktmanagement als Zutaten heraus-geschmeckt werden konnten.

9.7 Dienstleister, Haltung, Kunst, Persönlichkeit

„Mein persönlicher Leitsatz lautet: Mediation ist eine Kunst!" (ABC/96)

Eine weitere Diskrepanz zwischen der Verhandlungsmediation und der ‚Haltungs-Mediation' liegt im Selbstverständnis der MediatorInnenrolle. In einer auf die Spitze getriebenen Polarität stehen sich hier die explizite Beschränkung auf die „bloße Dienstleistung" (HM2/70), die Verhandlung rational zu gestalten und die Auffassung von Mediation als ‚Kunst' entgegen. Aus der Haltungsmediation her-aus sind Äußerungen, die Mediation als Kunst ausweisen geläufig: „Mediation ist nicht nur ein Job, ein Geschäft, sondern eine Kunst, die meisterliches Können, Kunstfertigkeit und eine entsprechende Einstellung und Haltung verlangt." (ZKM 2008/19, offensichtlich auch: M*K*VK) Die Mediation gerät in diesen Status der Kunst, da sie in einem jahrelangen Prozess der „Persönlichkeitsentwicklung" zu erlernen sei. Sie zu erlernen erfordere „ein lang- und andauerndes Training, begleitete Praxis und kontinuierliche Reflexion" (ZKM 2008/19).

Persönlichkeitsentwicklung und Mediationsausbildung
Diese Fragestellung sei entsprechend vor allem in Ausbildungsgruppen virulent (PM 2007/50) und lässt sich im Diskurs auch im Kontext der Mediationsausbildungen am besten nachzeichnen. Die Mediationsausbildung wird stark mit persönlichen Fragen verbunden und aufgeladen – und ‚Mediation-als-Haltung' als Gegenmodell zu einem Dienstleistungsverständnis deutlich. Entsprechend sei die Frage nach der Haltung von den AusbildungskandidatInnen zum „Gegenstand permanenter persönlicher Reflexion" zu machen, wobei jeder sich entscheiden müsse „ob eine mediatorische Haltung zu seiner Persönlichkeit passt und ob er daran interessiert ist, an dieser Haltung zu arbeiten." (ZKM 2009/131) Diese Orientierung auf die Persönlichkeit der auszubildenden Mediator_innen hat sich auch in den Ausbildungsstandards des Bundesverbands Mediation niedergeschlagen. Entsprechend der Struktur des Mediationsfeldes ist diese Dimension in den Ausbildungsrichtlinien der BAFM in reduzierter Form noch anzutreffen, und fehlt in den vergleichbaren Standards der DGM völlig (DGM-AS). Im Bundesverband werden als Ziele der Mediationsausbildung verbindlich formuliert:

Die TeilnehmerInnen können Mediation beruflich anwenden und mit eigenen Konflikten mediativ umgehen:
* sie reflektieren das eigene Verhalten in Konflikten und nutzen die Mediation zur eigenen Konfliktbeilegung,
* sie bringen persönliche Autorität in den Mediationsprozess ein,
* sie unterstützen die Konfliktparteien, ihre Ressourcen wahrzunehmen und zur Lösung ihrer Konflikte zu nutzen,
* sie unterstützen die Konfliktparteien, im Konflikt eigene Interessen zu vertreten und dabei mit den anderen respektvoll umzugehen,
* sie entwickeln eine mediative Grundhaltung (siehe ethisches Selbstverständnis). (BM-SM)

Die Anwendung der Haltung der Mediation im eigenen Leben steht gleichberechtigt neben der professionellen Anwendung der Mediation, zugleich werden die MediatorInnen aufgefordert, die Mediation für alle Bereiche ihres Lebens anzuwenden, um sich glaubwürdig, mit ihrer „persönliche[n] Autorität" als MediatorIn darstellen zu können. Die zu entwickelnde „mediative Grundhaltung" ist damit gerade nicht eine professionelle Rolle, sondern ein „Entwicklungs-prozess", der die ‚ganze Person' erfassen soll. Am weitesten geht in dieser Richtung im Mediationsdiskurs wohl ein Beitrag in ‚Perspektive Mediation', in dem ein praktizierender Mediator der Frage nachgeht, wie sich „aus ganz tief im Selbst liegenden Haltungen ein Qualitätsmerkmal, ein ‚berufsständisches' Verständnis entwickeln" ließe:

> Dies kann meiner Ansicht nach nur in dem Maße gelingen, in dem jede bezie-hungsweise jeder sich radikal auf sich selbst bezieht und persönlich und konk-ret benennt, ja fast möchte ich sagen, bekennt, was ihm oder sie im erfahrbar Innersten bewegt. Dieses ‚Bewegende', dem wir dann begegnen, ist das was uns Halt(-ung) gibt, was wirklich zählt. Wenn wir dies, zurückgekehrt an die Oberfläche der Kommunikation austauschen, scheint es wenig wesentlich, ob wir es Allparteilichkeit, Verschwiegenheit, Vertraulichkeit, geschützter Rah-men, Gewaltfreie Kommunikation oder wie auch immer nennen. (PM 2007/72)

Die Mediation bestimmende ‚Haltung' wird hier, unter Bezugnahme auf die Tiefenpsychologie Erich Fromms (Fromm 2014, 2015), als das die Person des Mediators ‚im Innersten Bewegende' verstanden. Konsequenterweise folgt in dem Beitrag das Bekenntnis des Autors zu den innersten Beweggründen seiner Person. Dieser Beitrag mag in seiner Selbstoffenbarung gewiss herausstechen, die Idee der Persönlichkeitsbildung in der Mediationsausbildung ist in der Bewegungs-mediation jedoch fest verankert: Die gesellschaftsverändernde Wirkung soll die Mediation, die von Anfang an vor allem ein Ausbildungsprojekt war (Kap. 5.2.1), zunächst in den MediatorInnen entfalten, die exemplarisch die Qualitäten der Mediation verkörpern und dann erst in ihrer Mediationspraxis in die Welt tragen sollen. Interessanterweise findet sich eine derartige Emphase der Persönlichkeit des Mediators auch weit außerhalb der Mediationsbewegung, wenn Mediation in der unternehmerischen Praxis verortet wird. In einem Plädoyer gegen die Verwissen-schaftlichung der Mediation und gegen Zugangsbeschränkungen für formal nicht hoch qualifizierte, aber erfolgreiche Unternehmer wird auch die Persönlichkeit des Mediators angeführt: „Die einzige wirkliche Voraussetzung für die Ausbildung als

Mediator sind gefestigte Persönlichkeit und Kommunikationstalent"[272]. Auch wenn hier der Markterfolg das Bekenntnis der tiefsten Innerlichkeit ersetzt, in der Betonung der alleinigen Bedeutsamkeit der Persönlichkeit des Mediators treffen sich die Ansätze. Diese Aufladung der MediatorInnenposition als herausgehobene, ,innerlich andere' Menschen, bleibt andererseits auch innerhalb der Mediations-szene nicht unwidersprochen. So führt der später in den Vorstand des Bundesverbands gewählte Anusheh Rafi in der Verbandszeitschrift unter dem Titel „MediatorIn: Berufsbild oder Menschenbild?" aus: „Wer behauptet, MediatorInnen könnten auch in eigenen Konflikten überdurchschnittlich gewaltfrei und klar kommunizieren, stilisiert sie zu Menschen, die immun sind vor der Dynamik eines Konflikts. Das ist ebenso unrichtig wie die Behauptung, Ärzte würden nicht erkranken." (SDM 44/46-47) Dies ist jedoch, zumindest im Diskurs des BM, eine Minderheitenposition.

Vorbildfunktion

Dieser Aspekt des Selbstverständnisses der ,Haltungs-MediatorInnen' ist über die der MediatorIn zugeschriebenen Vorbildfunktion an die Wirkmechanismen der Mediation zurückgekoppelt. Aus der Persönlichkeitsbildung wird direkt ein Rol-lenmodell für die Parteien abgeleitet. In „Mediation für Dummies" ist ein ganzes Kapitel der „Persönlichkeitsentwicklung im Mediationsberuf" gewidmet. (MfD/241-253). Dort wird wieder die Kompetenz als Mediator auch in einem Pro-zess der Persönlichkeitsentwicklung verortet:

Der Mediator sollte eine echte Wertschätzung und Offenheit für menschliche Verstrickungen entwickelt haben, indem er zu allererst die Aufwertung und Wertschätzung eigener Unvollkommenheit vertieft hat. So etwas geht nicht über den Kopf, sondern über das Herz, die Bearbeitung eigener schmerzlicher Erfahrungen des Scheiterns und über das wohlwollende Verständnis lebens-notwendiger Bedürfnisse hinter vergangenen ungünstigen Strategien. Das ist das Gegenprogramm zum inneren Richter, zu kleinmachender Selbstverteufe-lung, Strafe oder Verdrängung. (MfD/242)

---

[272]   http://disputeresolution-magazine.de/stolpersteine-aus-dem-weg-raeumen/#more-648;
          mit Verweis auf Fisher et al. 2004; Dez 2016

Die Persönlichkeitsentwicklung des Mediators wird hier mit der Rolle im Verfahren parallelisiert: Will der Mediator den Parteien gegenüber als Gegenprogramm zum äußeren Richter auftreten, muss er zuerst für sich selbst den „inneren Richter" überwunden haben. Erst dann kann er glaubhaft mit seiner „wertschätzende[n] Grundhaltung als Rollenmodell" auftreten:

> Mediatoren benötigen Einfühlung gegenüber den wunden Punkten und Bedürfnissen der Streitparteien. Im Mediationsprozess werden Höhen und Tiefen des gemeinsamen Miteinanders offengelegt. Die Qualität der Mediation gewinnt an Stärke, wenn das Mediationsthema den Offenbarungen der Streitparteien mit Akzeptanz gegenübersteht.
> [Merke:] Vermeintliche Schwächen, Scham- und Schuldgefühle, Wut und Schmerz finden in der Mediation einen sicheren Rahmen. Wenn sie zum Ausdruck gebracht werden dürfen, kommen die Streitparteien in Kontakt miteinander. Die wertschätzende Grundhaltung des Mediationsteams wirkt als Rollenmodell, das die Konfliktparteien ermutigt, im Rahmen ihrer Ausdrucksfähigkeiten die Bedürfnisse hinter ihren Streitpositionen auszudrücken. (MfD/244)

Hier wird die Rolle der MediatorIn als ‚Stifter' im Transformationsprozess angesprochen: Die ‚Haltung der Mediation' muss in der Persönlichkeit der MediatorIn hinreichend verkörpert sein, um auf die Parteien abfärben zu können. Erst durch diese Präsenz der Haltung der Mediation in der Persönlichkeit der MediatorIn wird es den Parteien möglich, in abgeschwächter Form „im Rahmen ihrer Ausdrucksfähigkeiten", zur ihren ‚tief liegenden' Bedürfnisse vorzudringen, was dann die Transformation der Beziehung ermöglicht. (Kap. 7.1.4) Im Diskurs wird diese Beziehung als Vorbildfunktion der MediatorIn diskutiert. (MiB/54; EiM/102; ABC/53; M-Schä/87...) Der MediatorIn fällt damit die Aufgabe zu, im Konflikt anfangs intensiv zu agieren, aktiv die Haltung vorzuleben und, wenn die Parteien zunehmend beginnen, selbst ‚mediativ' zu agieren, schrittweise zurückzutreten. (vgl. ABC/30) Ebenso wird diese Funktion im Phasenmodell der Mediation reflektiert, wenn die Parteien zuerst mit der MediatorIn einzeln interagieren und die Interaktion dann erst schrittweise nach erfolgter ‚Selbstklärung' zugelassen wird: Bevor die gemeinsame Beziehung neu gestaltet werden kann, soll die Vorbildfunktion der MediatorIn im Selbstbezug der Parteien ihre Spuren hinterlassen haben. (s. Kap. 11)

9.8 Die MediatorIn als subjektivierende Instanz

Mit der Analyse der MediatorInnenrolle kann das noch fehlende letzte Stück zum subjektivierenden Setting in der Mediation beschrieben werden. Die MediatorIn tritt als die Instanz hervor, die zum einen das subjektivierende Setting einsetzt und schützt, um dann in diesem die Arbeit, die die Parteien an ihrem Selbstverhältnis leisten, anzustoßen und zu lenken. An dieser Stelle soll zunächst die Arbeit an der Kommunikation der Parteien herangezogen werden: Hier werden die Parteien verstanden und ‚emotional abgeholt' – ein Prozess, dessen Verbindung von Verstehen und ‚Reframing' sich als ‚adressierende Anerkennung' verstehen lässt. (Kap. 9.8.1) Die Selektivität der Anerkennung wird im Mediationsdiskurs von der oben dargestellten Opposition von Konflikt und Subjekt (Kap. 6.4.3) gedeckt: Es gilt nun, die eigentlichen Subjekte ‚unter dem Konflikt' freizulegen. Die MediatorIn leistet damit effektiv Trennungsarbeit in der Konfliktpartei, indem sie manches dem Konflikt zuschlägt und verwirft, anderes als dem Subjekt zugehörig erkennt und bestärkt und den breiten Bereich dazwischen möglichst weit zum Subjekt hin umformt. (Kap. 9.8.2) Vor diesem Hintergrund ist dann die Frage nach Macht im Subjektivierungsprozess zu stellen. (vgl. Kap. 3.1.2) Auch bei dieser Frage wird in Abgrenzung von Bröckling eine komplexere und die jeweiligen Umstände berücksichtigende Behandlung der Frage eingefordert. Für die idealtypische Mediation lässt sich aus dem Diskurs und der hier entwickelten subjektivierungstheoretischen Deutung eine spannungsreiche Machtbeziehung als Grundkonstellation ableiten: Während die Parteien jeweils die Macht haben, den Prozess jederzeit abzubrechen, liegt bei der MediatorIn einerseits die restriktive Kompetenz, gegen ‚den Konflikt' vorzugehen und zugleich –und vor allem– eine hohe Gestaltungsmacht im Subjektivationsprozess. Von dieser Beschreibung der MediatorInnenrolle aus lässt sich dann auch die Charismatisierung der MediatorInnenposition erschließen. (Kap. 9.8.3)

9.8.1 Interventionen in der Interaktion: gezieltes Verstehen

Die Tätigkeit der MediatorIn als subjektivierende Instanz lässt sich formal in zwei Bereiche differenzieren: Zum einen ist die MediatorIn für das Verfahren verantwortlich (Kap. 9.1) – diese Subjektivierung im Verfahren, zu der auch das Absichern der Situation gegen den Konflikt zu rechnen ist, wird unten in Kap. 11.3 beschrieben. An dieser Stelle soll zunächst nur der andere Wirkungsbereich betrachtet werden, die Interventionen auf der Mikroebene der einzelnen Interaktionen.

Die Äußerungen modellieren

Diese Interventionen, die sich, wie oben dargestellt, um das ‚Aktive Zuhören' gruppieren (Kap. 9.2), bauen alle auf der Aktivität der Parteien auf. Sie zielen in ihrem Zusammenspiel darauf ab, einen Zustand zu erreichen, in dem die Parteien von sich selbst in einer hinreichenden Übereinstimmung mit den Subjektcodes der Mediation sprechen – und sich selbst in diesem Sprechen wiedererkennen. Letzteres ist entscheidend: Die Parteien müssen das in der Mediation unter den Interventionen der MediatorIn bearbeitete Selbstverhältnis als ihr eigenes anerkennen. Dieser Prozess findet paradigmatisch im aktiven Zuhören statt: Die Partei sagt etwas, die MediatorIn fasst zusammen und nimmt dabei mehr oder weniger deutlich Änderungen vor; anschließend erkennt die Partei dies so formulierte als ihr Eigenes an, bzw. nimmt noch Änderungen und Ergänzungen vor. Die oben dargestellten Techniken setzen hier an zwei Stellen ein: Entweder wird die umformende Intervention im Zuhören verstärkt, bis hin zum offensiven ‚Versuchen Sie es doch mal so zu sehen…' im Reframing oder dem kontroversen ‚Ich spreche jetzt für Sie' im Doppeln. Die zweite, im Diskurs weniger breit diskutierte, aber ebenso wichtige Intervention ist die Frage, die –ebenso schon die Antwort vorformend– Aussagen und besonders Selbstauskünfte der Parteien stimuliert. (s. zum insistierenden Nachfragen Kap. 11.2.6) Auf diese Weise sind diese hier diskutierten Interventionen produktiv und modellierend auf die Parteienaktivität bezogen; die Arbeit am Selbstbezug setzt die aufeinander abgestimmte Aktivität von sowohl MediatorIn wie auch den Parteien voraus, wobei das Selbst der Parteien (ebenso wie das prozedurale ‚selbst machen', Kap, 11.2.1, 11.3) in der Interaktion und unter den Interventionen der MediatorIn Gestalt annimmt. Die Interpretation der MediatorInnenrolle als subjektivierende Instanz kann damit die im Mediationsdiskurs geführten Kontroversen um die aktive oder „unsichtbare" (Maiwald 2004) MediatorIn hinter sich lassen: Ein Mehr an MediatorInnenaktivität bedeutet hier keineswegs ein Weniger an Parteienaktivität. Ganz im Gegenteil: Eigenaktivität und Intervention setzen sich im Subjektivierungsprozess wechselseitig voraus. Der kommunikative

,Durchlauferhitzer' des aktiven Zuhörens läuft nur, wenn stetig neue Interaktionen nachfließen.[273]

Abstinente Mediatorin, auf sich selbst gewendete Parteien
Zur Subjektivation werden diese Interventionen freilich erst durch das Setting, in dem sie stattfinden: In der Mediation werden die Parteien in ihrem Selbstverhältnis thematisch. Sie werden als aktive Entscheider, ihr Inneres als Konfliktgrund thematisiert (Kap. 6.4), in der Veränderung des Verhältnisses der beiden Pole lassen sich die Lösungsprozesse abbilden (Kap. 7.3). Die MediatorIn tritt zu diesen auf sich selbst gewendeten Parteien nun in ihrer professionellen Rolle hinzu, die den Prozess der Arbeit an diesem Verhältnis anleitet. Dabei ist die MediatorIn als Person, als Mensch mit eigenen Wertungen, Wünschen und Bedürfnissen nicht präsent. Sie ist persönlich im therapeutischen Sinne als Person ,abstinent' und nur in ihrer professionellen Rolle präsent. Eigene Wertungen und Interessen fallen unter das Neutralitätsgebot. (Kap. 9.3) Die scharfe Rollentrennung wird im Mediationsverfahren von Anfang an festgeschrieben: Die Parteien sind für sich selbst (und ihr Selbst), die MediatorIn für „das Verfahren" verantwortlich.[274] Damit übernimmt die Mediatorin klar die Initiative in der Situation, von Anfang an wird den Parteien ihr Ort als Subjekt zugewiesen. Dieses Setting steht anschießend fest und unverrückbar. (s. Kap. 7.3)

Den Modus der Selbst-Thematisierung gestalten
Die Mediatorin leitet die Parteien an, sie gibt den Modus der Thematisierung vor, in dem die Parteien sich selbst thematisieren. Die MediatorIn stimuliert und modelliert Selbstaussagen der Parteien, bis diese mit den Subjektcodes der Mediation hinreichend übereinstimmen. In diesen Interventionen zeigt sich die „adressierende Anerkennung" (s. Kap. 3.1.4), die alle Aktionen der MediatorIn prägen, in verdich-

---

[273]   Die Metapher des Durchlauferhitzers ist mit Bedacht gewählt; sie erfasst jedoch nur den prozeduralen Aspekt, dass ein Subjektivierungsgeschehen immer in verschiedene Richtungen offen (Kap. 3.1.2) ist, geht hier in der Temperaturänderung verloren.

[274]   Diese Unterscheidung lässt sich sogar für den Grenzfall der Transformativen Mediation aufrechterhalten: auch wenn dort kein formalisiertes Verfahren angelegt wird, übernimmt der Mediator die Initiative und definiert die Situation. Dieses Framing geht vom Mediator aus; die weiteren Interaktionen fügen sich dann in das hier entwickelte Schema. s. Kap. 4.2; PoM/133)

teter Form. Zunächst sind alle im Umfeld des ‚Aktiven Zuhörens' angesiedelten Interventionen von einer grundlegenden „empathischen Akzeptanz" geprägt. Die MediatorIn richtet sich grundsätzlich anerkennend auf die Parteien, sie bestärkt und agiert wertungsfrei. (Kap. 9.4) Auch jenseits der Allparteilichkeit, in der Verhandlungsmediation, finden sich Entsprechungen, etwa in der Überzeugung, dass die Interessen des Verhandlungspartners unbedingt legitim und damit anerkennenswert seien. (Kap. 4.1) In allen Ausrichtungen der Mediation gelten die Anliegen der Parteien als unbedingt und vorab unproblematisch. (Kap. 9.4) Zugleich ist diese anerkennende Haltung jedoch selektiv: Anerkannt werden nicht die Positionen, sondern die Interessen; nicht die Streitkommunikation mit ihren Anschuldigungen und Rechthabe-Ansprüchen, sondern die verletzten ‚eigentlichen Bedürfnisse'; nicht die Angriffe, sondern die Gefühle; eventuell auch nicht die Probleme der Vergangenheit, sondern die Potentiale der Zukunft. Und natürlich heißt verstehen nicht einverstanden sein – die „Akzeptanz der Person" ist ein ‚Verstehen als eigentliches Subjekt', das mit der vom ‚Konflikt' durchdrungenen sichtbaren Konfliktpartei nicht identisch ist. Dem Akt des Aufnehmens und Bestärkens der Parteien ist immer ein ‚…als x' beigestellt. Dies gilt, folgt man der auch hier vertretenen These von Reh/Ricken (s. Kap. 3.1.4), prinzipiell für jedes Verstehen und wäre somit nicht weiter bemerkenswert: Jedes Verstehen und Anerkennen ist adressierend, indem Alter von Ego als ein diskursiv vorbestimmtes ‚x' verstanden oder anerkannt wird. In den Interventionen, die in der Mediation hier angewendet werden, wird dieses Moment des selektiven und den Gegenüber damit formenden Anerkennens jedoch aktiv und gezielt eingesetzt: Wenn etwa im Aktiven Zuhören emotionale und subjektive Anteile der Kommunikation hervorgehoben und Vorwürfe entfernt, wenn also Du-Botschaften in Ich-Botschaften umgewandelt werden, realisiert die jeweilige Mediation damit das im Fachdiskurs von Anfang an vorgegebene Setting eines Konflikts als Differenzen zwischen Subjekten, mit denen kein gelingender Umgang gefunden wurde. Die Anerkennung lenkt die Aufmerksamkeit auf das spezifisch thematisierte Innere der Subjekte: Deren Handeln im Konflikt (Wer hat was getan?) tritt in den Hintergrund; eine Analyse der Konfliktursachen oder des Konflikttyps, wie sie im Konfliktmanagement vorgenommen würde (Kap. 6.2), wird obsolet. Worum es eigentlich geht, ist schon entschieden, wenn die Frage –und die Mediation als Ganzes– nicht zurückgewiesen, sondern beantwortet wird. Wird die Form der Fragestellung der MediatorIn angenommen, ist die Frage nur noch, *welche* Interessen/Bedürfnisse die Subjekte bekunden. Auf diese Weise wird im aktiven Zuhören die Situationsdefinition des

Mediationsdiskurses realisiert: Die Parteien sind, wenn sie auf das Spiel des aktiven Zuhörens und Reframings einsteigen, immer schon in einer Situation, der die Konfliktauffassung und damit auch die Möglichkeiten der Lösung, wie sie im Mediationsdiskurs aufgespannt werden, zugrunde liegen. Dem aktiven Zuhören eine so zentrale Stellung zuzusprechen, ergibt seinen Sinn auch nur in einem Möglichkeitshorizont, der Konflikte als wesentlich zwischen ‚mir und dir' bestehend fasst, dem Inneren der Subjekte die höchste Bedeutung zumisst und klare Vorstellungen darüber hat, wie die Parteien sich zu diesen inneren Konfliktgründen verhalten sollen. Es spielt weder in einer Gerichtsverhandlung (die auf Tatsachenfeststellung und normativ eindeutige Schlüsse abzielt) noch im Klagenfurter Konfliktmanagement die entscheidende Rolle, die ihm in der Mediation zukommt. Im aktiven Zuhören werden damit zugleich die im jeweiligen Setting eingebrachten Subjektcodes aktualisiert: Die MediatorIn wird in dem abgesteckten Rahmen jeweils andere Arten der Thematisierung der Subjekte vorschlagen –also etwa intensiv nach Emotionen fragen oder aber die Parteien in ihrer Stellung zur ‚Sache' (Kap. 4.1.4) heranziehen–, je nachdem, welche Subjektcodes sie hier veranschlagt, was wiederum von vielen Faktoren abhängen mag: die von der Mediatorin bevorzugte und beherrschte Mediationsrichtung, der Kontext des Konflikts, das, was die Parteien bislang eingebracht und wofür sie sich offen gezeigt haben, oder auch die Überzeugung der MediatorIn, was zur Beilegung dieses Konflikt aufgebracht werden muss und was zu diesem Zeitpunkt ‚dran' ist.

Zugleich ist das aktive Zuhören als exemplarisch guter Umgang mit Differenzen auch schon ein Schritt zur Lösung, die Vorbildfunktion der MediatorIn bildet hier eine Folie für die Selbstverhältnisse. Die MediatorIn weist in ihrem aktiven Zuhören und ebenso aktiven Reframing des Inneren der Parteien den legitimen Gegenstandsbereich des Mediationsverfahrens aus und legt so den Parteien auch kraft ihrer Expertenrolle für das Verfahren und die Konfliktlösung eine ebenso akzeptierende Haltung gegenüber ihren eigenen Interessen und Bedürfnissen nahe. Ebenso gilt dies für die Partei, die dem aktiven Zuhören in der zweiten und dritten Phase schweigend beiwohnt – was regelmäßig zu Spannungen und Widerspruch führt. (s. Kap. 11)

9.8.2 Die Trennung von Subjekt und Konflikt im Subjekt
Die Parteinahme der MediatorIn gegen den Konflikt hat im komplexen Gewebe der Mediation viele Aspekte: So schützt etwa die De-Eskalation das Setting (wenn

der Streit bis zum Türenknallen eskaliert, ist die Mediation jedenfalls für den Moment beendet); auch werden die Parteien durch die Wendung gegen den externalisierten Konflikt für ihr Konfliktverhalten tendenziell aus ihrer sonst unantastbaren Selbstverantwortung genommen. Für das Streiten, Schreien, die Vorwürfe und Gehässigkeiten, Aggressivität und Abwertungen und alle anderen mit eskaliertem Streit einhergehenden unschönen Dinge, kann ‚der Konflikt' eingesetzt werden. So können die Subjekte als Selbst-Verantwortliche eingesetzt (und empowert) werden, ohne für den Konflikt ‚Schuld' zu sein. Eine für das Verständnis von Mediation als Subjektivation zentrale Stelle nimmt die Wendung gegen den Konflikt jedoch im Zusammenhang mit der selektiven Adressierung der Parteien ein: Die in der ‚adressierenden Anerkennung' der Parteien erkennbare Selektivität dessen, was als Subjekt anerkannt und bestärkt wird ist nicht nur von den Subjektcodes abhängig. Die Selektivität der Anerkennung überlagert sich auch mit dem den Mediationsdiskurs durchziehenden Deutungsmuster der Oppositionsstellung von Konflikt und Subjekt. Dieses Deutungsmuster, das schon oben in der Konflikttheorie, insbesondere bei Glasl (Kap. 6.2.2), dann im Narrativ der Mediation (Kap. 6.3) deutlich wurde, kommt in Form einer gegen den Konflikt gerichteten Haltung hier wieder vor (Kap. 6.4) und wird in dieser Hinsicht im Kontext der ‚Gewaltfreien Kommunikation' nochmal Thema sein. (Kap. 10.3) An dieser Stelle soll die Verknüpfung dieses Deutungsmusters mit der Selektivität des mediatorischen Anerkennens herausgestellt werden. Die oben (Kap. 6.4.3) dargestellte unheimliche Nähe von Konflikt und Subjekt resultiert hier in einer *in den* Konfliktparteien durchgeführten Trennung von eigentlichem Subjekt und Konflikt: Der Konflikt stellt sich ja gerade in den Konfliktparteien dar, zugleich wird dort auch die hoch aufgeladene Differenzierung von Konflikt und Subjekt angesiedelt. Welche Äußerung, welche Regung in der Konfliktpartei gehört also zum Subjekt und was ist auf den verderblichen Einfluss des Konflikts zurückzuführen? Die ‚Degeneration' (Glasl) der Menschen durch den Konflikt, betrifft dabei nicht nur das Innere, das groß geschriebene Selbst, sondern auch die Interaktion, die dann nicht mehr selbstverantwortlich und selbst gewählt erscheint, sondern auf den Konflikt abgeschoben werden kann: „Während wir zu Beginn sagen konnten: ‚Wir haben einen Konflikt!', so müssen wir später sagen: ‚Der Konflikt hat uns!'" (MiB/22)

Dieser ‚Verdunklung' des Subjekts durch den Konflikt tritt die MediatorIn in einer spezifischen Haltung entgegen. Die Haltung der Neutralität, wie sie in der Verhandlungsmediation eingesetzt wird, verweist auf ein sachlich-rationales, an seinen

Eigeninteressen orientiertes Subjekt, das mit den Codes der Angestelltenkultur in Verbindung zu bringen ist. (s. Kap. 4.1, 8.5...) In der Haltung der Mediation wird ein empathisch dem eigenen Körper verbundenes und auf authentischen Selbstausdruck und –verwirklichung zielendes Subjekt eingesetzt (dazu unten Kap. 10.2-3); in der Lösungsorientierung weicht die Orientierung an der Authentizität hinter der am Neuen und zugleich Funktionalen zurück. (s. Kap. 10.4) Wie die Subjektcodes und die Orientierung der MediatorIn sich flexibel und hybride auch durchmischen, in der grundlegenden Oppositionsstellung gegen den Konflikt sind sie gleich ausgerichtet: Zwar wird das Subjekt jedes Mal unterschiedlich gefasst, es ist jedoch jedes Mal von seinem ihm gegenüberstehenden Anti-Subjekt (dem Konflikt, der insbes. bei Gals als parasitär und verderblich ausgemalt wird, Kap. 6.2.2) abzutrennen, damit es deutlicher hervortreten kann. (s. Kap. 3.1.2) Jedes von der MediatorIn ins Auge gefasste und in den Konfliktparteien selektiv anerkannte und ‚hervor-geformte' Subjekt kann spezifische Anteile dann eben nicht aufnehmen: Das ‚Menschliche' des rationalen Verhandlers; das mit dem Aggressiven zusammenfallende Unauthentische der Haltungsmediation (s. hierzu bes. die Gewaltfreie Kommunikation in Kap. 10.3); das ebenso Eskalation und Aggression umfassende nicht Lösungsführende in der in den systemischen Ansätzen stärker werdenden Lösungsorientierung. (Kap. 10.4)

Trennung von Subjekt und Konflikt in der Gruppe
Dieser Prozess der Trennung von Subjekt und Konflikt lässt sich an einem Fallbeispiel in einer interessanten Variation beobachten. In einem der im Lehrbuch der Verstehensbasierten Mediation dargestellten Fallbeispiele wird die Trennungsarbeit nicht innerhalb einer Konfliktpartei, sondern in einer Gruppe vorgenommen. Im Beispielfall, der im Lehrbuch herangezogen wird, um zu zeigen, wie die Mediatoren die tieferen Motivationen in den Parteien erschließen können, wird ein Konflikt zwischen einem Symphonieorchester, dem Management und dem Aufsichtsrat beschrieben. (CC/81-92) Der Fokus liegt hier auf der Arbeit mit dem Orchester. Die Gruppe zeigt sich schwierig: nicht alle beteiligen sich gleichermaßen am Prozess, manche sind abwesend, andere mürrisch, manche sind offen gegen die Mediation. Die Mediatoren führen eine Übung durch: Die Gruppe wird in Paare aufgeteilt, in denen sich die Einzelnen, während der oder die andere jeweils zuhört, „their motivations for beeig part of the orchestra" (CC/85), erörtern und sich anschließend darüber austauschen. Anschließend findet ein längerer Austausch statt, in dem die erörterten Motivationen nochmals ausgetauscht werden. Die so erzeugte

Stimmung, in der die offene Aussprache von Gemeinsamkeiten vorherrscht, bildet die Voraussetzung für den anschließenden –erfolgreichen– Mediationsprozess. Entscheidend ist nun jedoch, dass in der Gruppe nicht alle überzeugt wurden, eine kleine Gruppe verweigert sich dem Prozess. Dies wird wie folgt kommentiert: „But despite these very real differences, the exercise had tapped something that was true at some level for the whole group. That helped create a context for moving forward." (CC/87) Hier wird die Autonomie der Teilgruppen zugunsten der Zuschreibung einer als ‚wirklich' bestimmten und ‚irgendwie' für die gesamte Gruppe zutreffenden Motivation geopfert. Selbst dass diese für den Mediationsprozess nötige Stimmung unmittelbar davor durch eine Intervention der Mediatoren erzeugt wurde –durch die Stimulation von Gesprächen mit dem klar definierten Inhalt der Zugehörigkeit zur Gruppe– hindert die Mediation nicht daran, die Entwicklung ontologisch als aus dem Inneren, der Wahrheit des Gruppen-Subjekts „on some level" aufsteigend zu verorten. Anschließend wird in diesem Zuge die Exklusion der Widerständigen aus dem Prozess, der sich sein Subjekt nicht nur schafft, sondern auch durch die hier sichtbar werdende nicht-Anerkennung unpassender Teile zurechtmacht, legitimiert. In den der Mediation vorhergehenden Versuchen war ein Verhandlungskomitee inklusiv vorgegangen „which presented a serious obstacle to the success of that process. The consequence of this dynamic was that a small minority had the potential to, in effect, hijack the will of the entire group. We therefore had to help the players' representatives take the pulse of the orchestra as a whole and find a direction that worked for the most members." (CC/87) Hier wird ein Gruppen-Subjekt eingeführt, das mit einem kollektiven Willen und einem ‚Puls', also einer eigenen, dynamischen Lebendigkeit, ausgestattet ist. Von diesem so erzeugten Gruppen-Subjekt her werden abweichende Mitglieder als bedrohlich wahrgenommen und ihre Exklusion legitimiert.[275] Hier lassen sich die Folgen der Trennungsarbeit zwischen anerkennenswertem eigentlichem Subjekt und antagonistischem Konflikt in einem Grenzfall beobachten, der die Gewalt, mit der das als Konflikt Identifizierte zurück gewiesen wird, sichtbar macht. Drastisch wird dies im Beispielfall, weil hier die Mediationspraxis (und zwar: die als beispielhaft im

---

[275]   „hijack" verweist in seinen Bedeutungen auf die eine exkludierte in ihren Rechten eingeschränkte und sogar tötbare Figur: Den Piraten, den Kidnapper und den Terroristen. Für den Konflikt und alles, was mit ihm zu tun hat, wird es hier eng, wenn die Parteien ‚gemeinsam gegen den Konflikt' vorrücken. (Kap. 4.3.2)

Lehrbuch präsentierte Mediationspraxis) in Widerspruch zu ihren eigenen Voraussetzungen gerät. (Zur Erinnerung: „the parties need to discover their own priorities, express them, and stand by them." CC/56) Dies geschieht hier, indem der Subjektstatus sich vom Individuum weg auf die Gruppe verschiebt. Ebenso selektiv wie hier einer ganz bestimmten Gruppe –nämlich der Gruppe, die mit der Mediation mitspielt– der Subjektstatus zugesprochen wird, ist ein analoger Prozess auf der Ebene der Konfliktpartei zu beobachten: Nur, was von der Partei und ihrem Verhalten an die Mediation anschlussfähig ist und in eine kompatible Form gebracht werden kann, wird am Ende dem ‚eigentlichen Subjekt' zugerechnet, mit dem in der Mediation dann weiter gearbeitet wird. Neben diesem Bereich des eigentlichen Subjekts (Bedürfnisse, Interessen, manchmal Gefühle, manchmal Gerechtigkeitsüberzeugungen, eventuell Werte…) gibt es Bereiche, die auf jeden Fall auszuschließen sind, da sie dem Konflikt zugerechnet werden (Aggressivität, Eskalationsdynamik, Wertungen (?), Emotionen (?), Vorwürfe) sowie immer einen Bereich des Unverständlichen, das gar nicht erst in den Horizont der Mediation gerät (Kap. 7.1.7; Kap. 8.4) oder dort dann nicht verstanden werden kann. (dazu Kap. 11.2.7)

Mit der Selektivität der Anerkennung *im* Subjekt kann der Debatte um die Inklusivität der Mediation (s. Kap. 8.4) eine weitere Dimension hinzugefügt werden: Nicht nur die technisch notwendige Inklusion, bzw., will man die demokratietheoretische Auszeichnung der Mediation aufrecht erhalten (Kap. 7.1.6), die umfassende Inklusion der Betroffenen sind dann zu beachten, sondern es kann auch die ‚innere Inklusivität' der Mediation, also die Frage, inwieweit die Selektivität der Subjektcodes begründet ist, befragt und diskutiert werden. Ein guter Teil der in der Bewegungsmediation geäußerten Kritik an der Verhandlungsmediation (Kap. 5.2) lässt sich auf diese Weise als eine Kritik an der Exklusion des ‚Menschlichen' aus dem Subjektverständnis der Mediation verstehen. Diese Kritik (s. auch Kap. 4.2) nimmt jedoch die hier aufgebrachten Aspekte in der Opposition zum Konflikt nicht auf.[276]

---

[276] Die Problematisierung von Subjektivierungsprozessen unter dem Gesichtspunkt der Exklusion der Subjektform inkompatibler Regungen im Subjekt bildet beispielsweise bei Judith Butler ein starkes Argument zur Kritik der „heteronormativen Matrix", die Heranwachsende dazu bringt, ihre homosexuellen Regungen zu „verwerfen" und mit dem daraus entstehenden Ressentiment gegen nicht-heterosexuelle Identitäten gewalthaft vorzugehen. (Butler 1991, 2001, 1998) Dieser Weg, sich zur hier sichtbar werdenden Selektivität der Anerkennung kri-

9.8.3 Die Gestaltungsmacht des unbeteiligten Dritten

Da nun der affirmative Bezug der MediatorIn auf die Konfliktparteien als ein selektiver, von den Subjektcodes und der Opposition gegen den Konflikt geleiteter
Bezug rekonstruiert wurde, stellt sich die Frage nach der Macht im Subjektivierungsprozess. Anders als im Mediationsdiskurs sollen nun aber nicht Machtverhältnisse zwischen den Parteien problematisiert, sondern nach der Macht der MediatorIn gefragt werden. Die Frage kann gestellt werden, wenn die im Mediationsprozess hervorgebrachten ‚eigentlichen Interessen‘ und der authentische Selbstbezug der Parteien nicht mehr als aus dem Inneren der Subjekt kommend aufgefasst
werden, sondern subjektivierungstheoretisch als ein Beziehungsgeschehen, in dem
die MediatorIn Einfluss auf die Ausgestaltung dieses Verhältnisses nimmt und der
Mediationsdiskurs den Prozess kanalisiert.

Produktive und restriktive Macht

Die Macht, die nach der subjektivierungstheoretischen Analyse von der MediatorIn
als subjektivierender Instanz ausgeht, ist in erster Linie die produktive Macht, die
sich in dem Einfluss manifestiert, den sie auf die Veränderung der Selbstthemati-
sierungsweise der Parteien hat. Diese auf Foucault zurückgehende Konzeption
(Rouse 2007) fasst Macht im praxistheoretischen Kontext wertfrei als das Netz der
Beziehungen zwischen Subjekten auf, in denen diese sich bilden und formen
(Alkemeyer et al. 2015a). In der starken Asymmetrie zwischen den sich selbst
thematisierenden Parteien und der diesen Prozess steuernden MediatorIn heißt
Macht dann eben der Einfluss, den die MediatorIn auf den Modus der Selbstthema-
tisierung der Parteien hat. Dabei hat diese Macht durchaus auch eine restriktive
Seite, die sich gegen die als ‚Konflikt‘ identifizierten Anteile der Parteien rich-

---

tisch zu positionieren und eine breitere Inklusion einzuklagen, wird hier nicht eingeschlagen.
Offensichtlich liegen die Dinge im Falle der Exklusion des Konflikts anders als in der Exklu-
sion aus der dualen Geschlechterordnung: Eine entschlossene Parteinahme für das in der
Subjektivation Verworfene, die Unterstützung gegenkultureller Identitätsentwürfe und der
Verankerung der Theorie in einer Bewegung (s. Redecker 2011) wird hier nicht angestrebt.
Stattdessen soll der Mechanismus der selektiven Anerkennung bewusst gemacht und auf
problematische Situationen hin untersucht werden – wie sie anscheinend in dem hier heran-
gezogenen Fall, in der die Mediation in einen eklatanten Widerspruch zu ihren normativen
Voraussetzungen gerät, gegeben ist.

tet.[277] Die MediatorIn greift durchaus auch konsequent und mit Nachdruck (Kap. 9.1; deutlicher: Kap. 11.2.3) in die Kommunikation ein; sie leitet das Gespräch in den vorgesehenen Bahnen und hält damit das Mediationssetting überhaupt aufrecht. Der entscheidende Punkt, um die Macht der MediatorIn zu verstehen, ist jedoch, bei diesen ‚repressiven' Machteinsatz nicht stehen zu bleiben, sondern diesen im Zusammenspiel mit der produktiven, herstellenden Macht zu sehen, also wie die MediatorIn mit diskursiven Vorgaben und situativen Arrangements die Prozesse der Hervorbringung von Subjekten subtil oder offensichtlich beeinflusst. In einem solchen Machtverständnis ist gerade die Adressierung und Befähigung der Subjekte, die Einsetzung und Ansprache ein zentraler Modus: „Wir glauben, dass sie das Potential haben..." (Alkemeyer et al. 2015a, S. 43f) ist für die Mediation die Grundlage der Adressierung der Parteien als die Subjekte (Kap. 8.1), sie ist in der Subjektivierung die anfangs gesetzte Leitplanke für den Prozess, in dem die Subjekte zu dem werden, was sie in der Virtualität eines ihnen angetragenen Potentials immer schon waren.

Komplexe Machtbeziehungen
Dabei darf keinesfalls der Fehler begangen werden, Machtbeziehungen einseitig als das zu denken, unter das die Subjekte sich (Warum eigentlich?) unterwerfen. Gewiss heißt Subjektivierung auf der einen Seite, dass die Konfliktparteien, indem sie ‚mitspielen', die Regeln des Spiels akzeptieren, sich in die Machtkonstellation der Mediation einfügen. Das tun sie nach Information und in expliziter Einwilligung, in der idealtypischen Mediation möglichst auch auf eigene Initiative. Die Mediation stellt jetzt aber eine eigenwillige Konstellation von sich überkreuzenden Machtbeziehungen her, die in beide Richtungen stark aufgespannt sind: Denn die MediatorIn ist vollständig von den Parteien abhängig. Diese können den Prozess nicht nur jederzeit abbrechen, die MediatorIn macht ihnen diese Möglichkeit sogar noch bewusst, um ihre Verpflichtung auf die Freiwilligkeit der Teilnahme zu aktualisieren. Zudem ist sie in ihrer idealtypischen Position als freiberufliche DienstleisterIn von Aufträgen und somit ökonomisch von der Zufriedenheit der Parteien abhängig. (Besonders unter der gegenwärtigen

---

[277] Auf diesen Aspekt geht Justus Heck ein, wenn er herausstellt, wie die MediatorIn die Selbstdarstellung der Parteien filtert und die Parteien zur kooperationsorientierten „Selbstzensur" anhalte. (Heck 2016)

Marktlage für freiberufliche Mediation, s. Kap. 2.1) Gleichzeitig aber bildet sich im Mediationssetting ein radikal in die andere Richtung weisendes Machtgefälle heraus: Die MediatorIn wird durch ihre fehlende Involviertheit in den Konflikt und die Dethematisierung ihrer Person radikal entlastet. Die Aufmerksamkeit liegt ausschließlich auf den Konfliktparteien als Subjekte, diese geben Informationen preis, reflektieren Emotionen und adaptieren neue Sichtweisen. Diese fordernden Prozesse liegen ausschließlich aufseiten der Parteien, während die MediatorIn weitaus mehr Übersicht über das Geschehen behält.[278] Es muss als vollständig unrealistisch gelten, dass tatsächlich affizierte Konfliktparteien in der Mediation die Reflexivität aufbringen, die Kategorien, in denen die MediatorIn ihre Position reformuliert, zu erkennen und dazu kritisch Position zu beziehen. Ein Missverhältnis zwischen dem von der MediatorIn angestrebten Subjektivier-ungsprozess (sowohl in seiner inhaltlichen Ausrichtung wie im Modus des Vorgehens) und den Erwartungen und der Offenheit der Parteien (bzw. der Attraktivität ihrer weiteren Handlungsoptionen außerhalb der Mediation), wird sich allenfalls durch ein diffuses Unwohlsein der Parteien erkennbar geben, das zum Abbruch der Mediation führt oder ihr Zustandekommen überhaupt verhindert. Den Parteien fehlt in der verdichteten Mediationssituation, in der so Vieles auf dem Spiel steht, in der sie in ihrem Innersten auf der Bühne stehen und zudem eine Veränderung an sich bzw. am Anderen verfolgen und vollziehen, schlicht der Überblick. Dieser Überblick garantiert umgekehrt der MediatorIn eine weitreichende Macht über das Geschehen, in dem sie den Parteien ihre Positionen beständig anweist. (s. Kap. 11.2) Die Parteien haben so die Autonomie, „Nein" zu sagen und wenig Einfluss auf das, zu dem sie „Ja" sagen.

Charismatisierung

Aus den hier formulierten Überlegungen zur Macht der MediatorInnenposition lassen sich Thesen zur oben dargestellten Charismatisierung der MediatorIn (Kap.

---

[278] Erfahrung des Autors aus der Mediationsausbildung unterstützen dies: Selbst im Ausbil-dungskontext, wenn eine Strukturierung des Prozesses durch einen Verfahrensschritt direkt anschließend im Rollenspiel geübt wurde, wurden diese Interventionen von den Teilneh-menden, die Konfliktparteien spielten, in aller Regel nicht bemerkt. Wenn selbst unmittelbar davor vermittelte Theorieinhalte anschließend im bloß gespielten Konflikt von den Pseudo-Parteien nicht mehr erkannt werden, wie soll das dann in realen Mediationsfällen, wenn ernsthafte Interessen auf dem Spiel stehen, möglich sein?

9.7) als einer ‚herausragend entwickelten Persönlichkeit' ableiten. Im Mediationsdiskurs erfährt die MediatorIn ihre entschiedene Aufladung in dem Moment, wo
sie als Instanz gegen den Konflikt positioniert wird. Diese Aufladungen gehen sehr
weit, wenn die Mediatoren als in der Geschichte immer wieder auftauchende, den
Konflikt eindämmende und damit das Bestehen der Menschheit sichernde Instanz
auftauchen (Kap. 6.3) oder als die Mächte des Bösen im Subjekt bändigende Besinnung auf das Höhere im Menschen als Kern der (hier von der MediatorIn personifizierten) Wendung gegen den Konflikt ausgemacht wird. (Kap. 6.2.2) Diese
nicht in dieser Radikalität, aber in der Anlage im Diskurs weit verbreitete Aufladung der MediatorIn als Persönlichkeit (Kap. 9.7) lässt sich nun mit der Rolle, die
der MediatorIn in der als Subjektivationsprozess erkannten Mediation zukommt,
erklären. Die MediatorIn verkörpert im subjektivierenden Setting die als Lösung
ihres Konflikts von den Parteien angestrebte Subjektform, sie ist angehalten, sich
auch persönlich und im Privaten mediativ zu verhalten, um in der Mediation als
Vorbild glaubhaft zu bleiben. Die ideale Subjektform darzustellen wird der MediatorIn zudem von der Situation, in der sie selbst nicht affiziert, betroffen und bedroht ist, erleichtert. Die MediatorIn kann sich, da sie ihre eigene Lebenserfahrung
und Emotionalität stillstellt, ganz auf die Realisierung der in der Mediation gelernten idealen Subjektform konzentrieren: sie kann ganz sachbezogen, ganz empathisch, ganz flexibel und offen sein; der große innere Aufruhr und auch die Durch-
brüche anderer, in der Sozialisation erworbener (und damit auch historisch älterer)
Dispositionen bleiben ihr erspart. In dieser so gestützten Idealform ist die MediatorIn Vorbild für die Konfliktparteien, die nun zu kämpfen haben, diese Form in der
Situation auch nur in Grundzügen zu applizieren. Noch mehr aber als in der Praxis
der idealtypischen Mediation, ist die Charismatisierung der MediatorIn wohl den
Ausbildungssettings geschuldet. Dort verkörpern die Ausbilder_innen das, was die
Auszubildenden nicht nur lernen, sondern eben auch *werden* wollen – wenn der
Ausbildungsprozess tatsächlich, wie der Diskurs doch nahelegt, als ein Prozess der
Persönlichkeitsentwicklung gedacht wird. Die an Verehrung grenzende Wertschätzung, die anerkannten Ausbildungspersönlichkeiten in der Mediation entgegengebracht wird (s. etwa die namentlichen Nennungen in BAFM-AR/2), ergibt sich so
aus deren Position als Ausbilder der Ausbilder, und damit ‚Vorbild der Vorbilder'.[279]

---

[279]   Dieser Mechanismus lässt sich ausführlich in der Gewaltfreien Kommunikation beobachten,

Komplex, nicht paradox

An dieser Stelle sei noch ein Punkt betont, in dem die hier erfolgte Rekonstruktion sich von vielen subjektivierungstheoretischen Ansätzen abhebt. (Bröckling 2007; Traue 2010b; Villa 2008…) Subjektivation stellt sich in der Mediation keineswegs als ein Paradox dar. Sie ist nicht nur auf der Ebene der Machtbeziehungen komplex; der Prozess ist aber im Gegenteil höchst linear und zielgerichtet. Die MediatorIn verbindet sich anfangs mit dem selbstverantwortlichen Subjekt (Kap. 8.6), um dann mit diesem gegen den Konflikt vorzugehen, d.h.: die Trennungsarbeit von Subjekt und Konflikt durchzuführen und damit das Selbstverhältnis der Konfliktpartei zu transformieren. Das ist zwar eine Arbeit in der Konfliktpartei, die in der Mediation nur teilweise anerkannt werden kann und daher nach den im Diskurs bereitgehaltenen, hybrid gemischten Subjektcodes modelliert wird; sie ist aber an keiner Stelle paradox. Zugleich ist die Subjektivierung in der Mediation als ein Prozess anzusehen, der sich an hybrid gebildeten, und daher nicht ungebrochenen Subjektcodes orientiert. (Kap. 3.1.2) Der Prozess ist komplex, weil viele Mechanismen ineinandergreifen und auch weil er hybride und damit brüchige Subjektformen einsetzt, aber deshalb keineswegs paradox, sondern vielmehr idealtypisch linear und stets zielgerichtet.

Eine paradoxe Beschreibung der MediatorInnenrolle ist auch in der nicht subjektivierungstheoretischen wissenschaftlichen Reflexion auf die MediatorInnenrolle aufzufinden. (Maiwald 2004; Heck 2016) Maiwald etwa rekonstruiert, wie im Diskurs damit gerungen wird, wie die offensichtliche Aktivität der MediatorIn mit dem Anspruch, dass die Parteien ‚ganz aus sich heraus' tätig sein sollen, in Einklang zu bringen wäre. (in dieser Arbeit wird dies besonders in Kap. 4.3 deutlich.) Dagegen ist es der subjektivierungstheoretischen Rekonstruktion doch gerade zu Gute zu halten, dass die subjektivierende Konstellation, in der die Parteien auf ihre Selbstverantwortung festgeschrieben im Möglichkeitshorizont des Mediationsdiskurses durch die Interventionen der MediatorIn an der Art und Weise, sich auf sich selbst zu beziehen arbeiten, in allen diesen Aspekten ohne Paradoxie beschrieben werden kann. Die im Mediationsdiskurs aufgeworfene Paradoxie der MediatorInnenaktivität bei voller Parteienautonomie wird hier aufgelöst, indem die Aktionen

die diese Struktur klarer formuliert. s. Kap. 10.3

der MediatorIn als subjektivierende Interventionen verstanden werden. Die Aktivitäten der MediatorIn und der autonomen Parteien geraten nicht direkt in Widerspruch zueinander, da die Mediatorin sich stets auf die Parteien als in ihrem Selbstverhältnis begriffene Subjekte bezieht. (Kap. 9.8.1) Ebenso scheint die Rede von der Paradoxie der Subjektivierung in dem Maße abzunehmen, wie der Subjektivierungsprozess als komplexes Praxisgeschehen konstruiert wird und die Theorie die mit der Konzeption von Subjektivation als Unterwerfung verbundene Spannung zwischen dem Subjekt als ‚Effekt der Macht' und als ‚aus sich heraus tätigem Agenten und Reflexionsinstanz' verbundene Spannung hinter sich lässt. Mit der Entspannung der Theorie muss die Subjektivation nicht mehr paradox gedacht werden, und kann sich für die beschreibbaren konkreten Spannungen der Praxis öffnen.

10. Mediation und Psychotherapie

Mit der Darstellung der MediatorInnenrolle sind die massiven Anleihen der Mediation bei der Psychotherapie offensichtlich geworden. Die Psychotherapeutik soll daher als ein besonders wichtiger Bezugspunkt der Mediation in diesem Kapitel herangezogen werden, um einige Aspekte der bislang entwickelten These zu vertiefen. Das „aktive Zuhören" geht bekanntermaßen auf Carl Rogers und die Gesprächspsychotherapie (Rogers 1979) zurück; ebenso ist die ‚Haltung der Mediation' als „Empathie, Wertschätzung und Authentizität" in Verbindung mit „Neugier an Menschen bei gleichzeitiger Distanz oder Unabhängigkeit, Optimismus bei gleichzeitigem Respekt gegenüber der Bedeutung des Konfliktes sowie die Bereitschaft oder gar Freude zur Selbstreflexion" (ZKM 2009/131) mit der Haltung der Humanistischen Psychologie identisch. Darauf kann im Mediationsdiskurs durchaus auch hingewiesen werden kann: „Die Mediationspraxis lehnt sich sehr stark an die Sichtweise der Humanistischen Psychologie an" (ZKM 2009/106) – für beide sei die Haltung entscheidend. In die Mediation ist dieser Strang vor allem über den Ansatz der „Gewaltfreien Kommunikation" eingegangen, die auf einen direkten Schüler Carl Rogers zurückgeht. Die „GFK" ist im deutschsprachigen Mediationsdiskurs weit verbreitet, im Bundesverband Mediation gab es sogar eine eigene Fachgruppe zu GFK und Mediation. [280] Neben diesen ‚personenzentrierten' Ansätzen wurden ‚kommunikationstheoretische' Ansätze für die Mediation wichtig. Hier ist insbesondere die „Klärungshilfe", ein Ansatz von Christoph Thomann und Friedemann Schultz-von Thun zu nennen. In der ‚Haltung der Mediation' werden diese beiden Richtungen regelmäßig verwoben: „Das Ziel für die innere Haltung

---

[280]   Diese war bis 2015 auf der Homepage vertreten, auf der revidierten Homepage sind als Fachgruppen nur noch Spezialisierungen nach Anwendungsfeldern, nicht Orientierungen vertreten. (s. zum Professionalisierungsprozess Kap. 5.3.2)

lautet, auf der Basis des humanistischen Menschenbildes und der konstruktivistischen Perspektive, Menschen offen, interessiert und mit akzeptierender Neugier zu begegnen." (ZKM 2009/107) Auch der Titel „Mediative Kommunikation. Mit Rogers, Rosenberg & Co. konfliktfähig für den Alltag werden" (MK) formuliert präzise die Verbindung von Kommunikation, Humanistischer Psychologie „& Co.", wobei letzteres die im Mediationsdiskurs auch vertretenen Schulen der themenzentrierten Interaktion (Cohn 2013) sowie das neurolinguistische Programmieren (NLP) umfasst. Und auch für die neue Strömung der ‚systemischen Mediation' sind die systemischen Ansätze aus Therapie und Beratung leitend und namensgebend. Dieser Verbindung von Mediation und Therapeutik soll eine grundlegende Bedeutung für die Mediation zugesprochen werden; in den alternativen Mediationsansätzen, insbesondere in der in Deutschland besonders einflussreichen ‚Verstehensbasierten Mediation', waren diese Anleihen unübersehbar (Kap. 4.3); mit den systemischen Ansätzen kann eine spezifische Ausrichtung der Therapeutik zudem auch im Bereich der psychologiekritischen Verhandlungsmediation Fuß fassen.[281]

Im Folgenden ist nun zunächst zu klären, was mit dem schon verwendeten Begriff der ‚Therapeutik' gemeint ist und wie die Therapeutik als ein die Subjektform prägender Diskurs jenseits des klinischen Bereichs Einfluss gewinnen konnte. (Kap. 10.1) Anschließend werden die drei für die Mediation einflussreichen Schulen bzw. Strömungen der Therapeutik textnah und in Bezug auf bisher schon entwickelte Thesen herangezogen: Anhand der Klärungshilfe wird der Code der Authentizität im Zusammenhang der Mediation analysiert (Kap. 10.2); an der Gewaltfreien Kommunikation ein das Subjekt vorab festschreibender Diskurs in seiner Opposition zum Konflikt sowie die Charismatisierung der Persönlichkeit der MediatorIn nachvollzogen. (Kap. 10.3) Abschließend wird die Stellung der systemischen Ansätze in der Therapeutik als weniger authentizitätsorientiert als an der Neusetzung des Subjekts interessiert, beschrieben, womit das schon oben

---

[281]   Dieser Einschätzung sollte mit einer gewissen Vorsicht begegnet werden, da der Autor hier
seine eigene Expertise ausspielt, zu eventuell ebenso prägenden anderen Entwicklungen -
etwa im Bereich des Rechts- keinen Zugang hat. Eine Ergänzung und Kontextualisierung der
Relevanz der Therapeutik für die Mediation wäre als eine differenzierende Diskussion in der
Sache zu führen, wobei die blinden Flecken der in dieser Arbeit entwickelten These im Material aufzuzeigen wären.

beschriebene Spannungsfeld der neoliberalen Subjektform (Kap. 3.2.2.3) ausgeführt wird. Zugleich ist in den systemischen Ansätzen die durch die Lösung vom Authentizitätsideal ermöglichte Verschmelzung von psychologischen und ökonomischen Codes zu beobachten. (Kap. 10.4)

10.1 Therapeutische Techniken jenseits der Therapie

> Mediation ist keine Therapie, das sei vorweg gesagt. Trotzdem spielen Gefühle, Bedürfnisse und persönliche Hintergründe der Konfliktparteien keine geringe Rolle. Will man zufriedenstellende Lösungen, so muss man die Konfliktparteien dazu bringen, sich ein wenig ins Herz schauen zu lassen.
>
> (M-Schä/18)

Mediation ist keine Therapie. Und dies ständig zu betonen ist dem Mediationsdiskurs sehr wichtig. „Auf die Frage, ob Mediation eine Therapieform sei, würde die Mehrzahl der MediatorInnen wohl mit einem spontanen ‚Nein, sicher nicht‘ antworten: Mediation darf und kann nicht leisten, was in einer Therapie sinnvoll, wünschenswert und notwendig ist." (SDM45/34; auch: M-I/89; MWID/16; M-Kö/25; M-Schä/152) Dabei sind nicht nur die ständige Wiederholung, sondern auch die Art und Weise der Abgrenzung Anzeichen einer allzu großen Nähe. So wird die Abgrenzung zur Therapie gezogen, indem psychische Gesundheit und die Fähigkeit, die eigenen Interessen wahrzunehmen zu den Grundvoraussetzungen der Parteien erklärt werden (Kap. 8.4) und die Zukunftsorientierung gegenüber der vergangenheitsorientierten ‚Nabelschau‘ in der Therapie (Kap. 9.5) stark gemacht wird. Außerdem habe Mediation immer einen ‚äußeren‘ Anlass, den Konflikt als Zankapfel. (Kap. 6.1.2) Tatsächlich lässt sich anhand dieser drei Abgrenzungslinien das Verhältnis der Mediation zur Therapeutik bestimmten.

Mit der Wendung gegen die Vergangenheitsorientierung nimmt die Mediation das zentrale Argument der ‚neuen Therapeutiken‘ auf, die sich in der Abgrenzung gegen einen pathologisierenden Blick und die Vergangenheitsfixierung der regressiven Behandlungstechnik der Psychoanalyse aufstellt. Die Gegenüberstellungen von ‚Therapie und Mediation‘ wiederholt mit nur graduellen Unterschieden die Kritik der ‚Neuen Therapeutik‘ an der klinischen Psychotherapie (für Rogers die in den 50er-Jahren in den USA dominierende, als

Ich-Psychologie bekannte Ausformung der Psychoanalyse, s. Zaretsky 2006). Die Abgrenzung gegen ‚die Therapie' ist damit vielmehr eine Positionierung innerhalb des psychotherapeutischen Felds als eine generelle Wendung gegen Psychotherapie. Dennoch geht Mediation natürlich nicht in Therapie auf. Bei aller diskursiven Nähe und insbesondere allen Übernahmen von Subjektcodes ist das Verfahren der Mediation von einer persönliche Probleme thematisierenden und behandelnden (Einzel-)Therapie unterschieden; besonders fehlt der Mediation der klinische Hintergrund der Psychotherapie gänzlich. Wenn stattdessen die anlassbezogenen zwischenmenschlichen Differenzen geklärt und behandelt werden und damit eine gewisse Stärke der Subjekte gefordert ist, bleibt die Mediation jedoch dem Kontext der ‚Beratung' verwandt. Und auch diese Abgrenzung wird unscharf, wenn man bedenkt, dass die Grenze von Therapie und Beratung insbesondere in Folge des Klienten zentrierten Ansatzes (nach Rogers) auf eine bloß verfahrensmäßige Differenz reduziert wird. (Rogers 1979)[282] Hinzu kommt, dass sich im Mediationsdiskurs die Trends und Entwicklungen der Therapeutik wiederfinden, nicht zuletzt die kommunikationstheoretische und konstruktivistische Wende und die zunehmende Dominanz der systemischen Ansätze.[283]

Die offensiv vorangestellte Abgrenzung der Mediation von ‚der Therapie' erweist sich damit als eine Positionierung innerhalb der Psychotherapeutik, nämlich in der Tradition der ‚neuen Therapeutik'. Mit diesem Begriff sollen hier die Strömungen

---

[282] Die Parallelitäten zwischen Mediationsdiskurs und Therapeutik zeigen sich an einer Reihe von Stellen, angefangen bei der Problematisierung: So schreibt Carl Rogers 1961 zwei Jahrzehnte vor „Getting to Yes" in einem sein Lebenswerk reflektierenden Vorwort: „Es gibt schließlich noch einen letzten Grund für das Erscheinen dieses Buches, ein Motiv, das mir viel bedeutet. Es hängt zusammen mit dem großen, wirklich verzweifelten Bedürfnis unserer Zeit nach mehr Grundwissen, nach mehr Fertigkeit und Kompetenz zur Behandlung von Spannungen in menschlichen Beziehungen. Die gewaltigen wissenschaftlichen Fortschritte des Menschen, (…) scheint offenbar zur totalen Zerstörung unserer Welt zu führen, wenn wir nicht auch große Fortschritte im Verstehen und Behandeln von Spannungen zwischen Menschen und zwischen Gruppen machen." (Rogers 1979, S. 15–16) Die Ähnlichkeit mit der Problematisierung von Konflikten in der Mediation ist verblüffend, auch wenn das Wort Konflikt selbst nicht fällt. Die Dramatik des Konflikts, das Bemühen um Verstehen und Behandeln zwischenmenschlicher Spannungen ließe sich ebenso im Mediationsdiskurs auffinden.

[283] Vgl. hierzu die Genealogie der systemischen Therapie in Friele 2008.

innerhalb der Psychotherapie bezeichnet werden, die sich als ‚dritter Weg' jenseits von Psychoanalyse und Verhaltenstherapie aufstellen. Diese Ansätze zeichnen sich in Deutschland in erster Linie dadurch aus, dass sie anders als die kassenärztlich anerkannten Verfahren der Tiefenpsychologischen Psychotherapie bzw. Psychoanalyse und Verhaltenstherapie in Medizin und Psychologie wenig integriert sind, sondern sich als Feld freiberuflicher Therapeuten mit selbstzahlender oder privat versicherter Klientel aufstellt. Zugleich sind die ‚neuen Therapeutiken' –eine Parallele zur Mediation– in den USA entstanden und in Europa verspätet aufgenommenen worden, wobei sie in den USA eine unvergleichbar größere Verbreitung und weitreichenden kulturellen Einfluss gewinnen konnten.[284] (Illouz 2009) Es ist diese Strömung, die, ausgehend von humanistischer Psychologie und Gestalttherapie, sich zu den kybernetischen kommunikationstheoretischen und ‚systemischen' Ansätzen entwickelte, die die Mediation in Deutschland entschieden prägte. Es ist an dieser Stelle entscheidend, die Therapeutik nicht auf ein klinisches Verfahren zur Behandlung psychischer Störungen zu beschränken, sondern vielmehr als einen Diskurs wahrzunehmen, der den Wandel der Subjektcodes entscheidend mitgeprägt hat. Dieser Einfluss manifestiert sich in der Ausweitung therapeutischer Techniken und Codes jenseits des therapeutischen Settings, die für die Felder der Arbeit und intimen Beziehungen sowie in den medialen Interdiskursen (verdichtet in Figuren wie Woody Allen oder Oprah Winfrey; Illouz 2009, 2003) beobachtet werden können. In diesem Prozess der Diffusion therapeutischer Codes über ihren angestammten Bereich hinaus spielte ihre Verbreitung in der Arbeitswelt eine entscheidende Rolle. (Illouz 2009, S. 33) Dieser Prozess soll im Folgenden nachgezeichnet werden als eine wechselseitige Annäherung und Öffnung der Therapeutik und ‚sachorientierter' Felder wie der Arbeitswelt (wobei der Mediation in diesem Prozess die Rolle zufällt, therapeutische Codes ins juristische Feld zu tragen, vgl. Kap. 5.2.1). Am Anfang dieser Entwicklung stehen therapeutische Ansätze, die wie die Klärungshilfe in die Arbeitswelt ausgreifen; am Ende steht in den

---

[284]   Die herausragende kultursoziologischen Studie zum Einfluss der Therapeutik auf die amerikanische Kultur (Illouz 2009), auf die hier zurückzugreifen wäre, unterscheidet entsprechend nicht zwischen den Therapieschulen, sondern begreift die Therapeutik als von eklektischen Mischungen geprägtes Kontinuum. Aufgrund der abweichenden Institutionalisierung der Psychotherapie in Deutschland haben diese Ansätze in Deutschland ein unvergleichbar geringeres Gewicht in der Psychotherapie erlangen können.

systemischen Ansätzen eine ununterscheidbare psychologisch-ökonomische Doppelcodierung der Subjekte.

Die „Klärungshilfe" bildet einen wichtigen ‚Vorläufer' der Mediation in Deutschland und ist als Teil der spezifischen deutschen Bedingungen zur Herausbildung des Mediationsdiskurses unbedingt mit zu berücksichtigen. Der Ansatz ist älter als die Mediation in Deutschland, sie wurde in den 80er-Jahren an der Universität Hamburg am Lehrstuhl von Friedemann Schulz-von Thun entwickelt. Als Programm ist die Klärungshilfe der Mediation verwandt, daher wurde und wird sie in der Mediation auch entsprechend stark rezipiert (etwa M-Kö/48 präsentiert die Klärungshilfe als eine Richtung der Mediation). Das Ausgangsproblem der Klärungshilfe ist nicht als ‚Konflikt', sondern als scheiternde Kommunikation oder als verstrickte Beziehung gefasst – Variationen über das Thema der Koordination inter-individueller Differenzen.[285] (Kap. 6.4.1; Kap. 4.2.6) „Sowohl im privaten wie auch im beruflichen Bereich tritt der ‚Klärungshelfer' in Aktion, wenn das ‚Miteinander' von Menschen gestört ist, die im täglichen Leben miteinander zu schaffen haben". Hier soll die Klärungshilfe wieder Klarheit herstellen, einerseits Gefühle und Werthaltungen transparent machen und andererseits „komplizierte oder verworrene sachstrukturelle Lage[n]" (KH1/13) klären. Diese Doppelorientierung auf ‚Mensch und Sache' (der Slogan der Mediation trifft es genau) stellt auch die Differenz der Klärungshilfe zur Therapie her. Allerdings sind die Verbindungen von Klärungshilfe und Therapie deutlicher zu erkennen. Zum einen wurden in der Entwicklung des Ansatzes ausschließlich private Konstellationen bearbeitet und auch das bekannteste Lehrbuch (KH1) behandelt zur Darlegung des Ansatzes ausschließlich die „‚klassische' Grundsituation: eine Paar, eine Frau und ein Mann, beim Klärungshelfer" (KH1/15). Anhand dieser klassisch paartherapeutischen Situationen wurde der Ansatz entwickelt. (BTKH) Die Klärungshilfe stellt sich in ihrer Entwicklung vom paartherapeutischen Setting hin zur Arbeit mit Arbeitsteams als ein Projekt dar, mit dem therapeutische Diskurse auf die Arbeitswelt übergreifen. Die Arbeit mit Teams in der Arbeitswelt ist ein weiteres Anwendungsfeld eines originär therapeutischen Ansatzes, wobei in diesem Fall die

---

[285] Genauer gesagt: Der Bezug auf Konflikt taucht in der Klärungshilfe erst in den Ausgaben auf, in denen sich die Klärungshilfe in den Mediationsdiskurs einschreibt.

Sachorientierung in den Vordergrund zu treten hat und etwa Persönlichkeitsklärung durch Rollenklärung zu ersetzen ist. (KH1/29) Dabei steht die Klärungshilfe der Therapeutik noch näher, als die ihr folgende Mediation: Sie zeichne sich vor anderen Konfliktinterventionen auch dadurch aus, dass sie „zweifellos am weitesten" gehe, „was die Bearbeitung innerseelischer und zwischenmenschlicher Hintergründe des Konfliktgeschehens angeht". (KH1/16) Die Nähe zur Therapie wird im Diskurs noch sichtbar gemacht, wenn einleitend die Abgrenzung expliziert und als terminologische Entscheidung markiert wird: „Dabei vermeidet das Wort ‚Klärungshilfe' den Begriff der ‚Therapie', um Beziehungs- und Sachprobleme aller Art mit einzuschließen." (KH1/13)[286] Die Klärungshilfe positioniert sich hier ganz offen als Projekt, das auf eine Anwendung von therapeutischen Techniken außerhalb der Therapie und besonders in der Arbeitswelt zielt. Sie passt sich dabei einerseits an die Sachorientierung ihrer neuen Arbeitsbereiche an, baut aber auch auf eine zunehmende Offenheit für psychologische Zugänge in der Arbeitswelt, deren Subjektform sich im Übergang vom „Homo oeconomicus zum Homo communicans" befindet. (Illouz 2009, S. 105) Das Programm der Klärungshilfe ist –auch ihrem Selbstverständnis nach– vor dem Hintergrund dieser wechselseitigen Annäherung zu verstehen, die mit der Ausdehnung der Psychotherapeutik diese zugleich verändert.

Die Klärungshilfe bietet sich damit als Folie an, um die teils verdeckte Rezeption der Therapeutik in der Mediation zu verstehen. In der doppelten Annäherung von ‚sachorientierten' Feldern (Wirtschaft und Recht) und Psychotherapeutik, ist es zunächst überwiegend kein Vorteil, psychologische Bezüge offensiv zu zeigen. Infolgedessen ist im Mediationsdiskurs ein selektiver Abbruch von Referenzen und eine Vereinnahmung der Konzepte zu beobachten: Die Haltung ist nun die ‚Haltung der Mediation' und nicht mehr der Gesprächspsychotherapie, der Eisberg ist ein Modell der Mediation, etc. Diese Konvergenz und die Anpassung an die neu entstehenden Märkte erklärt die Konjunktur von effizienz-orientierteren Ansätzen

---

[286]   Und nicht einmal das wird durchgehalten, immer wieder ist auch hier von Therapie die Rede (etwa: „Beziehungstherapie"; KH1/266). In der Dissertation Thomanns, die der gemeinsamen Publikation mit Schulz von Thun vorherging, taucht das Wort auch noch an prominenter Stelle in der Einleitung auf, wurde dann aber in der Überarbeitung durch wenig eindeutig therapeutisches Vokabular ersetzt. (vgl. BTKH)

(wie bspw. dem auch im Coaching verbreiteten NLP, s. dazu Traue 2010b) vor allem aus dem systemischen Spektrum. (Kap. 10.4) Die Klärungshilfe geht zu dieser Entwicklung nur den ersten Schritt. Der transparent gemachte therapeutische Hintergrund der Klärungshilfe besteht aus Humanistischer Psychologie (Rogers), kybernetischer Kommunikationspsychologie (Watzlawick; KH1/22) und selbstredend auch „den Grundlagen der Hamburger Kommunikationspsychologie" (Redlich und Mironov 2003, S. 280) des Mitautors Schulz von Thun. In der Klärungshilfe wird eine Reformulierung von Techniken der Therapeutik im neuen, kybernetisch-kommunikations-psychologischen Paradigma vorgenommen. Schon in dieser Reformulierung therapeutischer Praktiken geht deren Entstehungskontext jedoch verloren, dies gilt insbesondere für Elemente der Gestalttherapie: In dieser therapeutischen Tradition geprägte Begriffe wie ‚Kontakt‘, oder die als ‚Mitfließen‘ übersetzte ‚Konfluenz‘ gehen ohne Bezugnahme in den Diskurs der Klärungshilfe ein (für die Gestalttherapie siehe Perls et al. 2006; Fuhr 2001). Insbesondere gilt dies auch für den für die Gestalttherapie typischen konfrontativen Stil und spezifische Techniken wie das Doppeln, die im Mediationsdiskurs heute der Klärungshilfe zugerechnet werden. (ZKM 2009/139) Ein solcher Abbruch von Referenzen ist für das Feld der nur wenig akademisierten und stark an charismatischen Persönlichkeiten orientierten ‚neuen Therapeutiken‘ nicht untypisch.[287] Nachvollziehen lässt sich diese ‚Politik der Verweise‘ an einem der Stützpfeiler des Mediationsdiskurses, am Eisbergmodell. Dieses wird in der Mediation als ‚Eisbergmodell der Mediation‘ geführt, gelegentlich mit Verweisen auf die frühe Publikation Besemers (1993; KMVK) im deutschsprachigen Mediationsdiskurs. Wird das Eisbergmodell außerhalb des Mediationsdiskurses im Bereich freier Psychotherapie oder des (davon teils kaum zu trennenden) Coachings verwendet, wird dagegen regelmäßig ein Bezug auf Freud hergestellt.[288] Dieses gehe, so die dort gemachten Referenzen, auf Freuds Skizze der unbewussten, vorbewussten und bewussten psychischen Gebiete (Freud 1980, S.

---

[287]   Selbst das „Harvard-Konzept" beteiligt sich an diesen Praktiken, wenn einleitend eine Figur von Watzlawick unkommentiert in analoger Verwendung aufgegriffen wird. (HK/19; es handelt sich um M. Jordain und die Prosa, die in Watzlawick 1978 wohl das erste Mal verwendet wird.)

[288]   So zahlreiche Homepages freiberuflicher Therapeuten und Coaches und auch die einschlägige Wikipedia-Seite. (5.2.2016)

515) zurück, die in einer frühen Ausgabe der „Einführung in die Psychologie" von Philipp Zimbardo (1974) erstmalig als „Eisbergmodell" bezeichnet wurde. Freud kann der Mediationsdiskurs nicht zitieren, Psychotherapie und Coaching sind hier durchlässiger. Die Klärungshilfe zielt dagegen mit ihrer ‚Zitationspolitik' auf eine Umstellung der Therapeutik auf ‚Kommunikation', als den Weg, auf dem psychotherapeutisches Vokabular und Techniken an ‚sachorientierte' Anwendungsfelder, vorwiegend also die Arbeitswelt, anschlussfähig werden.[289] Diese Strategie hat sich, vor allem in den zahlreichen systemischen Ansätzen als hoch erfolgreich erwiesen. Im Umfeld der Klärungshilfe zielt dies zunächst auf den Anschluss an die ‚Moderation', die sich aus dem kommunikationstheoretischen Ansatz Schulz von Thuns bereits herausgebildet hatte. Die Klärungshilfe wird so als eine Innovation im Feld der Therapeutik sichtbar, die aus der ‚Hamburger Kommunikationspsychologie', die im Feld der Moderation schon Erfolge hatte, mit den Mitteln der Therapeutik auf höher eskalierte Konflikte und schwierigere Situationen, als sie mit den Mitteln der Moderation alleine zu lösen wären, auszudehnen. Sie erscheint damit als ‚ältere Schwester' der Mediation, die eine analoge Bewegung im juristischen Feld unternimmt.

10.2 Klärung zur Authentizität

In der Klärungshilfe geht es um ‚Klärung'. Dabei wird der Begriff nicht definiert, bleibt also selbst ungeklärt und muss daher im Folgenden über seine Verwendungsweise erschlossen werden. Die folgende Analyse zeigt, dass die Klärungshilfe dabei primär das Ideal des authentischen Selbstbezugs verfolgt: Der nach innen gerichtete Blick der Subjekte soll ‚klarer' werden. Diese These wird nun, da der Begriff der Klärung selbst in der Klärungshilfe nicht diskutiert wird, aus der Systematik des zu Klärenden entwickelt. Die Systematik der zu klärenden Bereiche gliedert den Aufbau und das Vorgehen der Klärungshilfe. Sie besteht im Kern aus einer Vierfeldertafel, in der sich zwei Differenzierungen überlappen:

---

[289]   Die Verweise auf Rogers „Gesprächspsychotherapie" liegen von der Kommunikation aus gesehen näher als die –noch dazu in Deutschland wesentlich unbekanntere- Gestalttherapie.

zunächst differenziert die Klassifikation zwischen „Individuum" und „System", zudem unterscheidet sie zwischen dem gegenwärtigen Prozess und geronnenen Mustern. Diese beiden Differenzierungen ergeben die vier Felder der „Selbstklärung", „Persönlichkeitsklärung", „Kommunikationsklärung" und „Systemklärung".

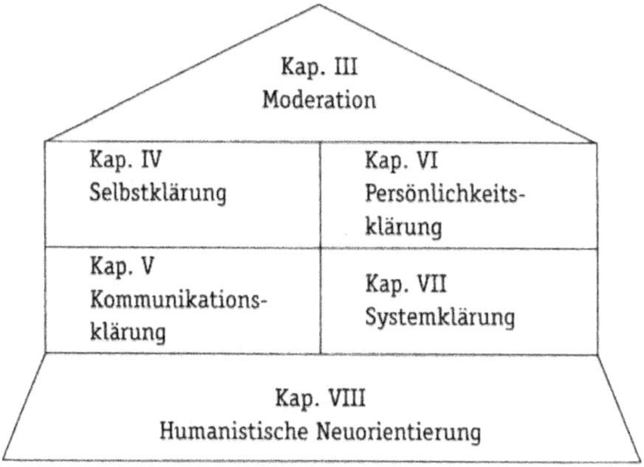

Abbildung 12: Die Systematik der Klärungshilfe (KH1/33)

Flankiert wird diese Differenzierung von der als „Moderation" bezeichneten Festigung der Position des Klärungshelfers, der als „Regisseur" den Rahmen wahren soll (KH1/39) und mit „ordnende[r] Hand" die Oberhand über das Geschehen behalten soll. (KH1/31) In den Begriffen der Mediation wird hier die Verfahrensverantwortung festgeschrieben; wieder findet hier kein ordnender Bezug zur ‚Sache' statt, der nicht durch die Kommunikation der Parteien vermittelt wäre. Außerdem wird dem Klärungshelfer die Aufgabe der „Belehrung" der Parteien zugeschrieben, er soll gegebenenfalls eine „humanistische und systemische Neuorientierung" bei den Parteien erwirken. (KH1/32) Dieser Aspekt wird in der Klärungshilfe teils überspitzt herausgestellt und sticht damit deutlich heraus. Sie wird als das Ergebnis einer zunehmenden Abgrenzung von der „Fiktion des wertfreien Moderators und Klärungshelfers" präsentiert, das reflektiere „dass es bei der Klärungshilfe nicht einfach um ein rein formelles, sozusagen technisch wertfreies Herstellen und Wiederherstellen von Kommunikation, Klarheit und Kontakt geht." (KH1/32) Hier zeigt sich eine Bruchstelle, die auch „mit ein wenig Augenzwinkern und Ironie" bis zur Formulierungen wie der „,humanistischen Re-

Indoktrination‚" überspitzt wird. An dieser Stelle wird einerseits die Problematisierung einer neutralen Selbstpositionierung deutlich, wenn diese auf ‚systemisches' Denken stößt. (Kap. 9.3) Andererseits lässt sich hier die Problematik der Wertungsfreiheit erkennen (Kap. 9.4), die die Mediation auch aus der angewandten Therapeutik übernommen hat, und die hier im Zusammenstoß mit der stets skeptischen akademischen Psychologie aufbricht und so auf sichtbare Weise reflektiert wird.[290]

Selbstklärung zur Authentizität
In der Selbstklärung wird nach der in der Klärungshilfe entwickelten Systematik das Prozesshafte der Einzelnen geklärt. Die Selbstklärung „erinnert streckenweise an eine Einzeltherapie, freilich im Beisein des oder der Anderen" (KH1/25). Ziel der Selbstklärung ist es, die Parteien zur Authentizität zu führen. Wenn diese „in Kontakt mit sich selbst" sind, ihre „innere Stimmigkeit" (KH1/27) hergestellt haben, bringt sich dieses auch in starken Gefühlsäußerungen zum Ausdruck, wenn Rührung, Traurigkeit, Verletztheit oder Zorn herausbrechen. Diese Gefühlsintensität verbürgt die Echtheit und das Gewicht des so Artikulierten. Diese emotionale Resonanz hilft den Parteien, zu dem vorzustoßen, „was im Innern ‚eigentlich' gemeint ist" (KH1/63), der Klärungshelfer ebnet mit seinem „nicht-wertenden, einfühlenden Verständnis[s], der Wertschätzung und Akzeptierung dessen, was im Klienten vorgeht" (KH1/64) den Weg dorthin. Die Klärungshilfe aktualisiert damit exakt die Beschreibung des in der Mediation verbreiteten Bedürfnis-Inneren der Parteien (Kap. 6.1.2) und bezeugt dessen therapeutische Herkunft. Der hier zentral werdende Code der Authentizität baut auf der Unterscheidung von Oberfläche und Tiefe auf; sind die Parteien nicht im Kontakt mit ihrer tiefen, eigentlichen Ebene, (in der ganz therapeutisch frühkindliche

---

[290]   Diese Problematik hat auch eine soziale Dimension. Die Parteien der der Klärungshilfe zugrunde liegenden Studie wurden über eine Annonce in der BILD-Zeitung gewonnen, mit der Absicht, eine der „Psycho-Szene" fern stehende Klientel zu erreichen. Auch das hat sicherlich zur Intensivierung dieses Bruchs beigetragen: den in der idealtypischen Mediation anzutreffenden Parteien wie auch in den Mediationsausbildungen wird die Überzeugung, dass über Probleme gesprochen werden sollte (KH/351) nicht erst durch Indoktrination nahe zu bringen sein, wenn diese sich schon aus eigenem Entschluss für das alternative Konfliktbehandlungsverfahren bzw. zur Ausbildung entschieden haben. Es ist dann ‚nur noch' in der konkreten Situation zu aktualisieren, die vorhandene Überzeugung muss also im Subjekt implementiert werden. (Kap. 11.2.6)

Erfahrungen als tiefste Schicht ausgemacht werden; KH1/64, vgl. Illouz 2009, S. 45ff), geben sie nur „Sprechblasen als leblose Kunstprodukte" (KH1/27) von sich. Der Zustand der Authentizität stellt dagegen die „innere Stimmigkeit" zwischen „Oberflächen- und Tiefenstruktur" (KH1/63) dar. Und diese Übereinstimmung ist nicht nur „heilsam" (KH1/64), sondern auch „sowohl ein Ziel in sich selbst als auch eine Voraussetzung für Beziehungsklärungen" (KH1/27) bzw. „Voraussetzung für eine klare Kommunikation" (KH1/64).[291] Damit nimmt die Authentizität eine zentrale Stelle im Diskurs ein: Die Übereinstimmung der Subjekte mit sich selbst ist nicht nur für diese selbst heilsam, sondern auch ein Zweck in sich selbst und außerdem noch Voraussetzung für die Prozesse der Beziehungsklärung und eine klare Kommunikation. Damit wird deutlich, dass die Authentizität der Einzelnen in der Klärungshilfe der Verständigung als funktionale Voraussetzung, als vor- und Selbstzweck übergeordnet wird. Dasselbe gilt für die Mediation. (Kap. 11.3.1)

Persönlichkeitsklärung

In der Persönlichkeitsklärung wird das zur Struktur Geronnene der Einzelnen geklärt. Diese reichen von „individuellen Eigenarten" bis hin zu „biographischen Schlüsselszenen". (KH1/29) Diese Strukturen sollen festgehalten und zu einer „Landkarte der Persönlichkeit des Klienten" (KH1/174) zusammengesetzt werden. Wenn sie sichtbar werden, eröffnen sie im Prozess der Klärungshilfe vor allem für den oder die Anderen die Möglichkeit, die Persönlichkeit anzuerkennen und so die Beziehung zu entlasten. Die Möglichkeit einer Arbeit an der Persönlichkeitsstruktur wird zwar angedeutet („Aufhellung und Nachbearbeitung biographischer Schlüsselszenen"; MK1/29), ausgeführt ist jedoch eine Haltung der Akzeptanz gegenüber den hervorgetretenen Strukturen der Tiefe. Diese wird in einer idealtypischen Haltung der Klienten dargestellt:

,Ich bin ich, und so, wie ich bin, bin ich nun. Das ist zunächst einmal weder gut noch schlecht, sondern es ist so. Ich traue grundsätzlich meiner Gefühlswahrnehmung und meiner Wahrnehmung der anderen Leute und der Welt. Ich

---

[291]   Nur in der ersten der beiden hier übereinander zitierten Stellen wird dem einschränkend „in nahen Beziehungen" vorangestellt. Wieder schlägt sich in der Klärungshilfe das Ausgreifen der Psychologie in einer im Diskurs stattfindenden, aber noch nicht vollständig vollzogenen Anpassung nieder.

weiß auch dass diese Wahrnehmungen subjektiv sind. Trotzdem habe ich nichts anderes, worauf ich mich stützen kann. Ich kenne meine Bedürfnisse, Wünsche und Erwartungen und kann sie voneinander unterscheiden. (...) Ich stehe zu dem, was ich denke, was ich empfinde und drücke es aus. (...)' (KH1/173-4)

Hier findet eine mehrfach wiederholte Wendung auf sich selbst statt: Die aktive Instanz wird ins Verhältnis zu ihrem Inneren gesetzt. Diese Struktur entspricht dem, was oben als Charakteristikum der Mediation herausgearbeitet wurde (Kap. 6.4, 7.3), ebenso ist das ideale Selbstverhältnis in zwei ebenso im Mediationsdiskurs vorzufinden Modi bestimmt: Die wertungsfreie Akzeptanz des Selbst grenzt sich immer wieder deutlich von Urteilen ab, der Bezug auf die eigene Persönlichkeit ist klar in Differenz zu einem wertenden Zugriff gesetzt. Zudem wird der subjektive Zugang als der einzig mögliche ausgegeben. Im Kontext der ,neuen Therapeutiken' macht sich hier die Opposition zum klinisch diagnostizierenden wie auch zum moralischen Blick bemerkbar. Außerdem muss dieser Zugang zur eigenen Tiefe gegen Zweifel und Anfeindungen verteidigt werden: „Ich traue grundsätzlich meiner Gefühlswahrnehmung" und „Ich stehe zu dem, ...". Um diese Zweifel abzuwehren und das gewünschte Selbstverhältnis zu erlangen benötigt der Client den Zuspruch des Klärungshelfers:

Der Klärungshelfer teilt dabei dem Klienten zwischen den Zeilen etwa folgendes mit: ,Du bist, wie du bist. Das ist in Ordnung so. Spalte dich nicht in gute und böse Teile, sieh aber wohl die Unterschiede und akzeptiere dich als Ganzes. Ich versuche das bei mir selber und unterstütze es bei dir. Wenn du anders, besser und perfekter sein willst, als du bist, spielst du ,Bürgerkrieg' mit dir selbst' (KH1/175)

Im Zuspruch des Klärungshelfers kommen noch weitere Dimensionen zum Tragen, die so nicht im Mediationsdiskurs aufzufinden sind. Zunächst werden die Bezüge zur psychoanalytischen Theorie sehr deutlich, im Sprachgebrach der ,Spaltung' oder in der Anspielung auf das bekannte Diktum von Freud, demnach „alle, die edler sein wollen, als ihre Konstitution es ihnen gestattet, (...) der Neurose [verfallen]" (Freud 1993). Die Nähe zur Psychoanalyse zeigt sich auch durch den anschließenden Bezug auf Fritz Riemanns „Vier Grundformen der Angst" (Riemann 1961), die als Modell zum Zeichnen der „Landkarte" der Persönlichkeit angesetzt werden. Vor allem aber wird eine im Mediationsdiskurs so kaum noch sichtbare Dimension des ,Akzeptierens' seiner Selbst' herausgearbeitet:

Akzeptieren heißt auch, auf andere mögliche Selbste zu verzichten; die „Persönlichkeit" hat hier etwas Festschreibendes und Beschränkendes. Dieser melancholische Zug der Authentizität wird im Mediationsdiskurs so nicht übernommen. Vielmehr rückt der Subjektcode der Neusetzung mit seinen zu entdeckenden ‚Potentialen' und ‚Möglichkeiten' hier an die Stelle der ‚authentischen Selbstbeschränkung'.

Kommunikationsklärung: Fehlerfrei von Dir zu Mir
Die Kommunikationsklärung betrifft das Feld links unten: die Klärung des Prozesses im System. Hier hat die Kommunikation ihren Platz, und zwar bekommt sie diesen Platz als „‚Transportfrage'" (KH1/28) zugewiesen. Damit ist zugleich gesagt, dass mit „System" hier primär die Interaktion zwischen den Parteien gemeint ist. Kommunikationsklärung baut auf die Selbstklärung (und mittelbar auch auf die Persönlichkeitsklärung) auf. Jetzt geht es darum, sicherzustellen, dass der Andere das authentisch Artikulierte auch richtig versteht. (KH1/28) Wieder wird der Kontakt als zentraler Begriff eingeführt, allerdings ist nun der Kontakt zwischen den Klienten das Ziel. Und wieder bietet der Klärungshelfer eine kompensatorische Hilfestellung an:

Der Klärungshelfer bietet das, was der Sprechende jetzt dringend braucht, der Kontrahent aber selbst nicht aufzubringen in der Lage ist: die Fähigkeit, die Position des anderen mit liebevoller Gründlichkeit zu studieren – wie befremdend, abstrus, aggressiv oder ungerecht sie auch klingen mag. (KH1/117-8)

Das ist die kommunikationstheoretische Rekonstruktion der gesprächs-psychotherapeutischen Haltung. (Kap. 9.4) Und wieder soll die Fähigkeit zur guten Kommunikation, die hier ganz analog der Haltung der Gesprächspsychotherapie (bzw. der Mediation) ausgeführt wird, auf die Parteien übergehen. Der Klärungshelfer bietet nur die „Notbrücke" (KH1/117), das Ziel ist die Befähigung der Parteien zur eigenständigen Kommunikation. Gute Kommunikation ist damit authentische Kommunikation, diese muss der Klärungshelfer unterstützen, indem er die Unterschiedlichkeiten der Klienten in der Kommunikation überwinden hilft:

Kommunikationshilfe bedeutet weiterhin, klare Aussagen im dialogischen Hin und Her zu fördern. Dabei ist die klassische Rolle (…) die eines Dolmetschers. Es geht darum, eine Sprache zu finden, die einerseits dem Gemeinten ent-spricht, andererseits aber ebenso geeignet ist, sie beim Empfänger in den ‚richtigen Hals' gelangen zu lassen. Das Ziel ist dabei immer das gleiche: dass die Partner oder Kontrahenten einander besser verstehen, als dies auf der [unauthentischen; JT] ‚Sprechblasenebene‘ möglich ist. (KH1/118-9)

Die Klärungshilfe zielt hier auf die Herausbildung einer von authentischer Kommunikation geprägten Beziehung: In dieser muss die Differenz der Parteien kommunikativ (‚dolmetschend‘) überwunden werden, ohne dabei die authentische Entsprechung mit dem Gemeinten zu verletzen. [292] Viele aus dem Mediationsdiskurs vertraute Begrifflichkeiten kommen hier zusammen: Die Parteien sollen durch Selbstklärung zur Artikulation ihres authentischen Selbst gelangen, dieses muss dann –in Akten gelingender Kommunikation, die der Klärungshelfer unterstützend herbeiführt– von der anderen Partei verstanden werden.

Systemklärung
Die Systemklärung, das zur festen Struktur Geronnene in der Interaktion, meint in der Klärungshilfe festgefahrene Kommunikationsmuster. Hier bildet sich eine bezeichnende Asymmetrie in der Vierfeldertafel aus: Während das Feste in den Subjekten der zu akzeptierende Maßstab für die Authentizität bildete, wird das Feste in der Interaktion problematisiert: Die „Interaktionsstruktur, die sich im Laufe der Zeit eingespielt und zu Regelhaftigkeiten verfestigt hat" (KH1/30) kommt als „der zwischenmenschliche Teufelskreis" (KH1/265) und als eigendynamisch eskalierender Konflikt (KH1/270) daher. Nur auf den letzten Seiten des Kapitels wird ein „Umklappen in einen Engelskreis" beschrieben – „auf der Grundlage des Akzeptierens der eigenen Grenzen und Möglichkeiten", also im Authentischen. (KH1/345) Von den negativen Dynamiken sollen sich die Klienten Distanz verschaffen, um „den eingeschliffenen Gesetzmäßigkeiten der Interaktion nicht mehr blind zu unterliegen, sondern ihrer Herr zu werden". (KH1/30) Die eigendynamische Interaktion wird problematisiert, das Ziel ist es, sie wieder an die Parteien

---

[292]   Man kann an dieser ‚Übersetzungstheorie‘ zugleich die Bruchstelle erkennen, an der die ‚systemischen‘ Ansätze einhaken. In diesen, von der Kybernetik zweiter Ordnung geprägten Ansätzen wird der Anspruch an eine authentische Übersetzung fallen gelassen und die Produktion von immer Neuem in der Übersetzung, d.h. in der Kopplung zweier ‚autopoietisch‘ geschlossener Systeme, betont. (Maturana 1998) Demgegenüber muss die Klärungshilfe hier die übergeordnete Ebene des ‚eigentlich gemeinten‘ sehr stark machen, um die Konsistenz der Übersetzung an ihr messen zu können.

zurückzubinden und ihnen wieder verfügbar zu machen. Damit ließe sich die Systematik der Klärungshilfe als vom Code der Authentizität ausgehend hier zusammenfassen: Die Struktur der Subjekte bietet den Punkt, an dem sich der Prozess der Subjekte und die Interaktion der Subjekte auszurichten hat; bildet dagegen die Interaktion eine Struktur aus, so ist das ein Problem. (vgl. Kap. 6.1.3)

Die Struktur der Systematik indoktrinieren
In der Analyse der Systematik des zu Klärenden wurden nun schon wesentliche Elemente dessen, was den Klienten notfalls indoktrinierend nahegebracht werden soll, aufgeworfen (KH1/352-3): Dies sind zunächst die Akzeptanz des Selbst und des Anderen, sowie die Opposition gegen die Moralisierung des Inneren. Zudem wendet sich die Klärungshilfe (hier in der Spur des Täter-Opfer-Dreiecks der Themenzentrierten Interaktion; Cohn 2013) gegen die klare Zuschreibung von Täter- und Opferrollen und betont die grundsätzliche Verteilung von Verantwortung auf alle Parteien im Beziehungsgeschehen. Hinzu kommen Voraussetzungen des Klärungsprozesses: Wünsche sollen offen ausgesprochen werden, Verstandenes ist zu explizieren; außerdem setzt ein tiefes Verstehen voraus, dass der andere zuvor selbst verstanden wurde. Zugleich wendet sich die Klärungshilfe gegen die Stigmatisierung von psychologischer Hilfe: Schwäche zu zeigen und Hilfe zu bekommen „ist völlig in Ordnung". Auch findet sich hier eine grundsätzliche Emphase von Konflikten: „Streit, Konflikte und Aggressionen müssen der Beziehung nicht abträglich sein. Im Gegenteil, sie bilden die nötige Ergänzung zur Harmonie, die ohne das verbindende Streiten zu ‚Friedhöflichkeit' verkommt." (KH1/352) Das Selbstverhältnis soll stattdessen authentisch, das heißt im lebendigen Bezug zur Innenwelt der Subjekte, bleiben. Schließlich seien Beziehungen Arbeit, die ernst genommen werden muss. „Harmonie, Treue, Vertrauen, lebendiges Miteinandersein – das fällt einem nicht in den Schoß". (KH1/353) Insgesamt stellt die ‚Lehre' damit den Kernbestand von Setzungen und Voraussetzungen der Psychotherapie dar, auf denen der Prozess aufbaut. In der subjektivierungstheoretischen Rekonstruktion sind diese unschwer als Subjektcodes zu erkennen, als die grundlegenden Kompetenzen, das eigene Selbst in den Kategorien von Gefühlen und Bedürfnissen zur Sprache zu bringen, als die zentrale Wendung der Therapeutik gegen die tradierten normativen Thematisierungen des Selbst (Schuld, Sünde, Devianz, Perversion…), die Setzung von fortwährender ‚Beziehungsarbeit' als ein nicht abschließbarer Prozess; schließlich ist bemerkenswert, wie stark an dieser Stelle die Notwendigkeit von Konflikten für eine ‚lebendige Beziehung' eingebracht wird: Die

Wendung gegen den Konflikt spielt in der Klärungshilfe eine untergeordnete Rolle, ganz im Gegensatz zum Mediationsdiskurs, und in der Therapeutik insbesondere zur der Gewaltfreien Kommunikation. (Kap. 10.3)

Anstatt nun diese Grundlagen der Klärungshilfe als Lehren und Predigten zu verteilen, sollte der Klärungshelfer „seine Wertewelt als klammheimliches Begleitgepäck in allen seinen Interventionen" (KH/32) mittragen und sie höchstens in „kleine Lektionen am Rande des Gesprächs" (KH/360) verpacken und so nur sporadisch in der Rolle als „Lehrer, Belehrer und Wertvermittler" (KH/32) schlüpfen. Stattdessen solle die Indoktrination in die Methoden des Aktiven Zuhörens und des Doppelns einziehen, indem diese „angereichert" werden und in einen „veränderten Bezugsrahmen" gestellt werden. Je subtiler diese Interventionen vorgehen, desto besser: „zuweilen ‚schmuggelt' der Klärungshelfer nur ein einzigen Wort ein, und doch verändert sich damit der gesamte Bezugsrahmen" (KH1/356), oder er nutzt die „Gelegenheit, das Doppeln mit eigenen Einsichten anzureichern" (KH1/355). Die Klärungshilfe bildet hier in ihrer von der starken Authentizitätsorientierung angetriebenen Reflexion, also in der ständigen Wachsamkeit vor möglichen ‚Manipulationen' durch den Klärungshelfer, eine klare Perspektive auf die Durchdringung von Reframing und Zuhören an. (Kap. 9.2) Während im Mediationsdiskurs an dieser Stelle die Wendung gegen den Konflikt den verändernden Aspekt der Intervention deckt und unproblematisch macht (Kap. 9.5), bleibt das Problem einer Intervention in die Authentizität in der Klärungshilfe bestehen. Diese Problematik wird von der Klärungshilfe also fortgeführt: Technisch gelten explizite Belehrungen tendenziell als problematisch –sie können ein Anzeichen dafür sein, dass ein Klärungshelfer „unbewusst seine eigenen Angelegenheiten verfolgt und dem Klienten aufdrückt" (KH1/32-33)– während die implizit vorgenommenen Verschiebungen als unproblematisch und unvermeidbar angesehen werden: „‚Klären und Lehren' erweist sich als untrennbare Einheit. Deswegen halten wir es für eine wichtige Voraussetzung für jeden Klärungshelfer, dass er seine ‚missionarische' Seite kennt, seine Wertewelt und sein ‚Lehrgebäude' in Sachen der Zwischenmenschlichkeit entwickelt und bewusst verfügbar hat." (KH/32) Dieses drücke sich sowieso im gesamten Handeln aus, da der Klärungshelfer als „Verhaltensmodell" wahrgenommen wird – besonders wenn er sich authentisch menschlich jenseits seiner Rollenprofessionalität zeigt. (KH1/354) Die Reflexion auf das hier unlösbare Paradox einer immer geleiteten und doch immer ganz von innen kommenden Authentizitätsproduktion führt an diesem Punkt, ganz in der Spur der therapeutischen Tradition seit der Psychoanalyse, zur Forderung nach einer hohen Reflexivität und Selbst-Klarheit des Therapeuten.

Diese Passagen der Klärungshilfe zeigen in analoger Weise auch im Mediationsdiskurs auffindbare Strukturen auf: Die Haltung des vermittelnden Dritten wirkt auf die Parteien; deren Inneres gilt als Maßstab des Prozesses; eigendynamische Strukturen werden in erster Linie problematisiert. Diese Struktur findet sich in der Klärungshilfe deutlich expliziert, lässt sich aber auch im Mediationsdiskurs ausmachen. So lässt sich etwa der Ablauf des Phasenmodells (Kap. 7.2.2) in Verbindung mit den Kommunikationstechniken der MediatorIn (Kap. 9.2) als eine Entsprechung lesen: zuerst sollen die Parteien alleine mit der Mediatorin ein ‚authentisches Verhältnis' zu sich selbst herstellen. Wie in der Klärungshilfe ist in der Mediation die Neugestaltung der Beziehung der zweite Schritt, der auf der Selbstklärung der Parteien aufbaut. (s. wieder Kap. 11.3.1) Zugleich findet die Zentralstellung der Authentizität als Selbstzweck, Ziel und Weg in der Klärungshilfe ihre Entsprechung in der Mediation: das Deutungsmuster findet sich jedoch in der Identität von Transformation und Konfliktlösung wieder, die ethische Fragen zurückdrängt (Kap. 9.4) und eine Spezifikation der Richtung der Veränderung (Kap. 7.1.4) unnötig macht. An all diesen Stellen erweist sich die Authentizität der Parteien als zentraler Code, der die Deutungsmuster des Mediationsdiskurses wie ein Schlussstein zusammenhält.

10.3 Opposition zum Konflikt, in Beton gegossen

Als zweiter Ansatz aus dem Feld der Therapeutik für die Mediation ist auf die „Gewaltfreie Kommunikation" von Marshall B. Rosenberg einzugehen. Die „GFK" verbreitet sich als Trainingsprogramm und als Bewegung, die sich über die von „GFK-Praktikern" besuchten Gruppen stabilisiert und fortsetzt. Rosenberg tritt in erster Linie als Trainer und unermüdlicher weltweiter Seminargeber in Erscheinung. In der Einführung zur deutschen Übersetzung seines Grundlagenwerkes schreibt F. Glasl:

Schon vor Jahren begegnete ich dem Wirken von Marshall Rosenberg – in den begeisterten Berichten seiner Schülerinnen und Schüler. Sie hatten die Methoden des gewaltfreien Dialogs bei ihm gelernt und geübt und konnten diese in den vielfältigsten Konfliktsituationen erfolgreich anwenden. Das reiche von der Mediation bei Ehe- und Familienkonflikten über die Täter-Opfer-Mediation bis hin zu Bürgerkriegssituationen und internationalen Konflikten. Ich meinte wörtlich, daß ich dem Wirken Marshall Rosenbergs begegnet war, nicht aber seinen Publikationen. Da er ständig unterwegs war, sein Wissen und Können in der Praxis einzusetzen, fand der selbst kaum die nötige Zeit, seine Methodik und deren Hintergründe zu beschreiben. (GFK/15)

Die Gewaltfreie Kommunikation ist in erster Linie als eine Praxis in den deutschen Mediationsdiskurs eingegangen und keineswegs in erster Linie als Diskurs oder Theorie. Zudem wird sie hier sehr stark auf ihren Gründer zurückgeführt: „Wörtlich" dem Wirken von Rosenberg in dessen Schülern zu begegnen heißt, diese zu bloßen Trägern seines Wirkens zu machen und den direkten Einfluss, den Unterschied, den Rosenberg selbst macht, sehr stark anzusetzen. Von der Gewaltfreien Kommunikation aus sind Einflüsse in den Mediationsdiskurs ausgegangen, in ihr lassen sich Tendenzen identifizieren, die in anderen Ansätzen ebenfalls vorhanden waren, hier aber deutlich hervortreten. Für den Transfer in den Mediationsdiskurs lässt sich „Gewalt" zwanglos durch „Konflikt" ersetzen. Neben der schon hervortretenden Charismatisierung der Persönlichkeit, ist hier die konsequenteste Gegenüberstellung von Konflikt und Subjekt zu beobachten, die zudem noch mit einer deutlichen Vorstrukturierung der möglichen Subjektcodes einhergeht. Vor diesem Hintergrund lässt sich dann ein deutlich gerichteter und maximal unflexibler Modus der subjektivierenden Anerkennung der Parteien beobachten.

Mit Gewaltfreiheit gegen die Gewalt

Der Ansatz und das Selbstverständnis der GFK lassen sich diskursanalytisch am besten von der Einleitung des Grundlagentextes aus erschließen. Dieser beginnt mit folgendem Absatz:

Weil ich glaube, daß die Freude am einfühlsamen Geben und Nehmen unserem natürlichen Wesen entspricht, beschäftige ich mich schon viele Jahre meines Lebens mit zwei Fragen: Was geschieht genau, wenn wir die Verbindung zu unserer einfühlsamen Natur verlieren und uns schließlich gewalttätig und ausbeuterisch verhalten? Und umgekehrt, was macht es manchen Menschen möglich, selbst unter den schwierigsten Bedingungen mit ihrem einfühlsamen Wesen in Kontakt zu bleiben? (GFK/21)

Rosenberg eröffnet mit einem Bekenntnis: Sein Glaube an das zum Guten strebende „natürliche Wesen" des Menschen wird als Grundlage ausgewiesen. Von dieser Grundlage aus formuliert Rosenberg –weiterhin im Gestus eines persönlichen Bekenntnisses– sein Lebenswerk als Beantwortung einer doppelten Fragestellung: Zuerst fragt er nach dem, was die Verwirklichung dieser Natur behindern und zerstören kann – die Gewalt. Diese wird in ‚uns' gesucht, die Frage nach der Gewalt ist als ein Problem der Entwicklung von ‚uns selbst', in ‚unserem' Selbstverhältnis gestellt: Problematisiert wird das eigene Gewaltverhalten und nicht das Erleiden von Gewalt. Problematisch ist die Gewalt nicht schmerzhaft und zerstörerisch im Körper, sondern entfremdend im Selbst, als das Gegenteil des positiven Anliegens, „wie wir mit uns selbst und mit anderen auf eine Weise in Kontakt kommen, die unser natürliches Einfühlungsvermögen zum Ausdruck bringt". (GFK/22) Auch die zweite Frage richtet sich nach innen: Komplementär zur Problematisierung des ‚Kontaktabbruchs mit sich selbst' sucht die Gewaltfreie Kommunikation nach Vorbildern, die das Ideal auch unter Extrembedingungen noch aufrechterhalten. Schon in dieser ersten Sequenz wird die den gesamten Diskurs prägende Einstellung der Perspektive vorgenommen: Der problematisierende Blick richtet sich auf sich selbst, auch die eigene ‚Verstrickung' in der Gewalt – wobei mit dieser Fragestellung die Trennung von Gewalt (Konflikt) und Subjekt schon vorausgesetzt wird; die Lösung der Problematik wird bei herausragenden Persönlichkeiten gesucht. All das geht von einem spezifischen „Glauben" an das „natürliche Wesen" des Menschen aus. Zugleich zielt der Text offensichtlich auf eine direkte Ansprache seiner Leser/innen, die offensiv im suggestiven ‚Wir' adressiert werden und aufgefordert sind, die ihnen angetragene Subjektposition anzunehmen.

Gewalt in der Kommunikation und der Kultur
Die Trennung von Gewalt und Nicht-Gewalt, vom dem, was der eigenen Natur entfremdet und was dieser gemäß ist, findet in der Kommunikation statt.

Als ich mich mit den Umständen beschäftigte, die unsere Fähigkeit beeinflussen, einfühlsam zu bleiben, war ich erstaunt über die entscheidende Rolle der Sprache und des Gebrauchs von Wörtern. Seitdem habe ich einen spezifischen Zugang zur Kommunikation entdeckt – zum Sprechen und Zuhören –, die uns dazu führt, von Herzen zu geben, indem wir mit uns selbst und mit anderen auf eine Weise in Kontakt kommen, die unser natürliches Einfühlungsvermögen zum Ausdruck bringt. (GFK/22)

Diese Differenzierung zieht sich durch den Diskurs und macht in ihrer Klarheit wohl einen großen Teil der Attraktivität des Ansatzes aus – vor allem, da diese mit einer klaren und lernbaren Kommunikationstechnik einen gangbaren Weg aufweist (so das Lob im Vorwort). Als Hauptprobleme der Kommunikation identifiziert die Gewaltfreie Kommunikation moralische Urteile, wertende Vergleiche, das Leugnen von Verantwortung, sowie zu fordern statt zu bitten, sowie ein negatives, problemzentriertes Menschenbild. (GFK/35-42) Auch Zuschreibungen an die Person und Lob als das Gegenstück zur Bestrafung sei ebenso der Gewalt zuzurechnen. Diese „lebensentfremdende Kommunikation" wird als ein tief verwurzeltes Phänomen ,unserer' (westlichen?) Kultur beschrieben, die ,unserer Natur' entgegensteht: „Es liegt in unserer Natur, einfühlsames Geben und Nehmen zu genießen". (GFK/42) Dieses kulturkritische Muster (s. Kap. 6.3) –eigentliche Natur gegen entfremdende Kultur– erweist sich als kompatibel zur oben dargestellten Systematik der Klärungshilfe: eigendynamische Interaktionsmuster werden problematisiert, um die Interaktion am Maßstab des in den Subjekten Aufgefundenen neu auszurichten. Authentizität, die gelebte Übereinstimmung mit dem Inneren kann in Opposition zu Konflikt wie Kultur gleichermaßen treten.

Dieses Muster der Problematisierung kultureller Muster wendet die Gewaltfreie Kommunikation ebenso auf die Beziehungen zu anderen wie auf die ,Beziehung zu sich selbst' an: „Uns selbst befreien" (GFK/189) heißt „sich von alten Mustern befreien" (GFK/191). Damit wird die Problematisierung anders als in der Klärungshilfe einen Schritt weiter getrieben: auch im Subjekt ist zwischen der ,echten' inneren Natur und dem bloß Gelernten, vielleicht zunächst aber für Eigenes gehaltenen zu differenzieren. „Wir alle haben (…) gründlich gelernt, unser menschliches Potential einzuschränken. Dieser zerstörerische kulturelle Lernprozeß ist über Generationen und sogar Jahrhunderte weitergegeben worden". (GFK/191) Und die Richtschnur dieser (damit tautologisch werdenden) Unterscheidung ist die wesenhafte Gewaltfreiheit des Menschen: Hier wird die Trennung von Gewalt und Subjekt konsequent bis ins Innere ausgeführt. Die Gewalt ist in den kulturellen Mustern der Gewaltfreien Kommunikation wie in der Mediation in einer grundsätzlichen Opposition zum wesenhaft ,guten' Menschen gesehen. (Kap. 9.8.2) Aus dieser Konstellation heraus verändert sich auch der Bezugspunkt der Authentizität: Die im Selbst vorgefundenen ,festen Bestandteile' sind nicht mehr, wie in der Klärungshilfe, bedingungslos zu akzeptieren. Authentizität enthält jetzt auch Aspekte eines Transformationsprozesses, wenn entfremdete Anteile des Selbst abgestoßen werden; freilich eine Transformation hin zu einem Zustand, der als ‚natürlich' und ‚ursprünglich' ausgewiesen wird:

> Die GFK gründet sich auf sprachliche und kommunikative Fähigkeiten, die unsere Möglichkeiten erweitert, selbst unter herausfordernden Umständen menschlich zu bleiben. Sie beinhaltet nichts Neues; alles was in die GFK integriert wurde, ist schon seit Jahrhunderten bekannt. Es geht also darum, uns an etwas zu erinnern, das wir bereits kennen – nämlich daran, wie unsere zwischenmenschliche Kommunikation ursprünglich gedacht war. Und es geht auch darum, uns gegenseitig zu einer Lebensweise zu helfen, die dieses Wissen wieder lebendig macht. (GFK/22)

Mit dieser Ursprungserzählung, die sich im Mediationsdiskurs ebenso wiederfindet (Kap. 6.3), fundiert sich die Gewaltfreie Kommunikation in einem der Geschichte enthobenen Grund. Werde die Kommunikation wieder von Wertschätzung, Aufmerksamkeit und Einfühlung geprägt (GFK/23), werde so der ursprüngliche Sinn der Kommunikation wiederhergestellt. Die Transformation ist eine Wendung zum Eigentlichen, der Veränderungsprozess ist ein authentischer.

Inhaltlich wird dieser eigentliche Kommunikationsmodus als einfühlsam oder empathisch beschrieben, als „Sprache des Herzens", oder als Haltung von „Geben mit Freude" umschreiben das Ziel weiter: „Ich nenne diese Methode Gewaltfreie Kommunikation und benutze den Begriff Gewaltfreiheit im Sinne von Gandhi: Er meint damit unser einfühlendes Wesen, das sich wieder entfaltet, wenn die Gewalt in unserem Herzen nachlässt." (GFK/22) Gewaltfreie Kommunikation sei als Ganzes gleichbedeutend mit „einfühlsamer Kommunikation". Eine so ursprüngliche und unentfremdete Kommunikation wirke, wenn sie auf sich selbst angewendet wird, heilsam (GFK/133), indem ‚wir' „in unserer inneren Welt gut für uns sorgen" (GFK/193). Rosenberg stellt als Motto dem Buch seine Absichtserklärung voran: „Was ich in meinem Leben will, ist Einfühlsamkeit, ein Fluß zwischen mir und anderen, der auf gegenseitigem Geben von Herzen beruht" ist dem ersten Kapitel „Von Herzen geben – Das Herz der Gewaltfreien Kommunikation" vorangestellt. (GFK/19) In dieser Darstellung fehlt die im Mediationsdiskurs wie der Klärungshilfe anzutreffende Wertschätzung des Konflikts gänzlich (Kap. 3.2.3), die Gewaltfreie Kommunikation stellt sich –auch hier eine Übereinstimmung mit Glas– entschieden und ausschließlich gegen den Konflikt, von dem sie ihr Subjekt konsequent abgetrennt hat.

Interessanterweise wird weit abseits der zentralen Stellen des Textes die Veränderung im Selbstverhältnis durch die Anwendung der Gewaltfreien Kommunikation, wenn Anerkennung und Einfühlung auch auf das eigene Selbst bezogen werden, besonders hervorgehoben: „Die bedeutendste Anwendung der GFK liegt vermutlich in der Entwicklung von Selbst-Einfühlung" (GFK/149) Die Selbstveränderung sei nicht nur die Voraussetzung für die Anwendung von Gewaltfreier Kommunikation in Konfliktsituationen („Wenn wir innerlich gewalttätig mit uns selbst umgehen, dann ist es schwierig auf andere von Herzen empathisch zu reagieren." GFK/149), sondern auch als „entscheidendste" Wirkung herausgestellt. Der Leser ist aufgerufen, die „Schönheit in uns [zu] erkennen" und „Kontakt zur göttlichen Energie als unserer Quelle" aufzunehmen, Dimensionen des Selbst, die erfahrbar werden, wenn die gewalttätige Selbst-Verdinglichung einmal überwunden sei.[293] (GFK/149) Hat einmal die Einfühlung die Gewalt in allen ihren Abkömmlingen überwunden (GFK/23), könne das Leben dem Imperativ folgen: „Tue nichts, was du nicht aus spielerischer Freude heraus tust". (GFK/155) Zu sich selbst dieses empathische Verhältnis aufzubauen, setze dann heilende Kräfte frei. In einem Beispiel befreit sich eine Frau von ihrer Depression, indem sie zu sich selbst ein empathisches Verhältnis aufbaut und ihre widerstrebenden Wünsche von Selbstverwirklichung und Fürsorge („die Karrierefrau" und „die Mutter") artikuliert und in einen gewaltfreien Austausch bringt. (GFK/192)

Eine Bewegung von Persönlichkeiten
Die Gewaltfreie Kommunikation ist kein festgefügtes Verfahren, sondern zielt auf die Transformation der ganzen Persönlichkeit und des ganzen Lebens. Der „ursprüngliche Sinn der Kommunikation" und das „natürliche Einfühlungsvermögen" sind nicht weniger als dem tieferen Wesen des Menschen gemäß und erfassen das ganze Leben. Der Strang, der im Mediationsdiskurs ein klar definiertes Verfahren entwickelt und die Anwendung auf spezifisch Situationen eingrenzt, fehlt hier gänzlich.[294] Die Unterscheidung Gewalt/Gewaltfreiheit lässt wenig bis keinen

---

[293]   Rosenberg versteht die Gewaltfreie Kommunikation explizit spirituell fundiert (LS), auch das eine interessante Parallele zu Glasl.

[294]   Damit fällt die GFK unter die Teile des Mediationsdiskurses, die auf eine Generalisierung und Ablösung vom spezifischen Verfahren drängen, wie dies oben in Kap. 6.1.1 dargestellt wurde und auch in der Transformativen Mediation deutlich wurde. (Kap. 4.2)

Spielraum für Entscheidungen, da jeder Mensch ja ‚eigentlich' nach Gewaltfreiheit strebt. Diese Transformation der Persönlichkeit des GFK-Anwenders ist von Rosenberg explizit als Programm zur Veränderung der Welt angelegt. Aufbauend von der Erkenntnis, „daß das Ausmaß des Leidens auf unserem Planeten wirksamere Verteilungswege der dringend benötigten Fähigkeiten erfordert" (GFK/17), zielt sein unermüdliches Engagement für die Gewaltfreie Kommunikation auf die Herausbildung einer Bewegung. Im Anhang des Buches ist eine Liste mit Trainer/innen aufzufinden (GFK/222-228), die Leser/innen sollen sich fortbilden, indem sie weitere Bücher beziehen oder noch besser an den angebotenen Seminaren teilnehmen. In einem weiteren Vorwort bringt Arun Gandhi die Richtung dieses Veränderungsprozesses auf den Punkt:

Die Welt ist das, was wir aus ihr gemacht haben. Wenn sie heute rücksichtslos ist, dann liegt es daran, daß wir sie durch unsere Einstellungen rücksichtslos gemacht haben. Ändern wir uns selbst, dann können wir die Welt ändern. Und eine Veränderung unserer selbst beginnt mit einer Veränderung unserer Sprache, und unserer Art zu kommunizieren. Ich lege Ihnen sehr ans Herz, dieses Buch zu lesen und den Prozeß der Gewaltfreien Kommunikation, der darin dargestellt wird, anzuwenden. Das ist ein bedeutender erster Schritt zur Veränderung unserer Kommunikation und zur Schaffung einer einfühlsamen Welt. (GFK/11)

Dieser Schritte zur einfühlsameren Welt seien überall zu unternehmen (GFK/27), Grenzen dieses Vorgehens werden nicht thematisiert. Stattdessen schreibt Glasl in seinem Vorwort: „Der Kern jeder Konfliktbehandlung ist immer das direkte Gespräch von Mensch zu Mensch. Marshall Rosenbergs Methodik ermöglicht dafür nichts Geringeres als eine wahre Begegnung des tieferen Wesens der beteiligten Menschen." (GFK/15) Beschränkung dieses Vorgehens werden im Lehrbuch der Gewaltfreien Kommunikation nicht erwähnt. Lediglich als Selbstironie geht Rosenberg in einem auf DVD veröffentlichen Großgruppenworkshop darauf ein. Rosenberg stellt einleitend die Transformationswirkung der Gewaltfreien Kommunikation heraus:[295]

---

[295]   Im folgenden Transkript wird die im Workshop stets mitgelaufene Konsekutivübersetzung nicht aufgenommen, nur die Aktionen Rosenbergs und die Reaktionen des Publikums werden wiedergegeben.

MBR: So, what we gonna get rid of tonight: after tonight none of you will ever do the following. You will never blame or criticise [Lachen], and you will never hear any blame or criticism [Lachen] even if the other person expresses it. Because I'm gonna show you how to use this technology tonight [setzt sich einen Haarreifen mit Giraffenohren und –hörnern auf]. With this technology you can't hear any blame or criticism. Now, I sometimes tend to overestimate my teaching ability [Lachen], so I can't promise, that you won't hear any criticism after tonight. But at least, I will show you tonight, how to turn any criticism or blame into something constructive. [MBR: Entschlossener Blick] So, after this evening, no more blame or criticism, no more hearing it. No more punishment and rewards. You won't use that in your families, and you will change your government, so it doesn't use punishment. [Lachen, Applaus] So, that's what things will be at the end of the evening. Any questions? [Lachen, 10s Pause] Okay, how do we get there? Obviously, this is gonna require a radical transl.. [bricht ab] transformation of our thinking, of our speaking and of our use of power. And what I will share with you is, what has been helpful for me to make this transformation." (GKF-DVD/10:50-13:55)

In der launischen Interaktion zwischen dem verehrten Lehrer und seinen begeisterten Publikum wird die offensichtliche Grenze des Transformationsversprechens der Gewaltfreien Kommunikation zwar eingestanden, eine Irritation des Vorgehens geht davon jedoch nicht aus. Im Gegenteil ist die Größe der Herausforderung hier ein Anreiz für die Haltung. Dazu führt die Gewaltfreie Kommunikation herausgehobene Persönlichkeiten an, die selbst unter „widrigsten Bedingungen" an der Gewaltfreiheit festhalten. Gleich zwei solche Vorbilder präsentierenden Erzählungen werden eingangs präsentiert: Arun Gandhi im Vorwort und Marshall B. Rosenberg in der Einleitung entwickeln ein erstaunlich paralleles Narrativ, wie sie zur Gewaltfreiheit gelangt sind.

Arun Gandhi, ein Enkel Mahatma Gandhis, erzählt, wie ihn nach Erfahrungen rassistischer Gewalt in Südafrika (als Farbiger sowohl von Weißen als auch von Schwarzen) seine Eltern als Teenager nach Indien zu seinem Großvater schickten, von dem er „mehr [lernt], als [er] sich je hätte vorstellen können". Die Haltung der Gewaltfreiheit, in der er unterwiesen wird, beginnt für ihn aber mit der Erkenntnis, wo er selbst Teil der Gewalt ist: „Unter vielen Dingen lernte ich von meinem Großvater, die Gewaltlosigkeit in ihrer Tiefe und Breite zu verstehen und anzuerkennen, daß wir alle gewalttätig sind und dass es darum geht, unsere Einstellungen grundlegend zu ändern." (GFK/9) Diese Gewaltlosigkeit zu erlernen, erfasse so die gesamte Persönlichkeit: „Gewaltlosigkeit ist keine Strategie, die man heute anwendet und morgen wieder fallen läßt, (...). In der Gewaltlosigkeit geht es darum, negative Einstellungen, die uns beherrschen, in positive Einstellungen umzuwandeln." (GFK/10) Arun Gandhi setzt dieses Erbe heute um, er zeichnet das Vorwort als „Gründer und Präsident des M.K. Gandhi-Instituts für Gewaltlosigkeit".

Ebenso Rosenberg, auch er Gründer eines Instituts für Gewaltlosigkeit (GFK/221): Seine Beschäftigung mit den Fragen der Gewaltfreien Kommunikation –wie können wir gewaltfrei bleiben und welche herausgehobenen Persönlichkeiten haben besondere Fähigkeiten dazu– gehe auf das Erleben von Rassenunruhen in Detroit 1943 zurück. „Mehr als vierzig Menschen wurden in den nächsten Tagen getötet. Unser Viertel lag im Zentrum der Gewalt, und wir sperrten uns drei Tage lang zu Hause ein." (GFK/21) Er selbst wurde später als Jude von Mitschülern verprügelt. Rosenberg reagiert darauf mit einer Hinwendung zur Gewaltfreiheit:

> Sie warfen mich zu Boden, traten und verprügelten mich. Seit jenem Sommer 1943 widme ich mich der Erforschung der beiden besagten Fragen. Was gibt uns die Kraft, die Verbindung zu unserer einfühlsamen Natur selbst unter schwierigsten Bedingungen aufrecht zu erhalten? Ich denke an Menschen wie Etty Hillesum, die sich ihr Einfühlungsvermögen sogar erhielt, als sie den unbeschreiblichen Bedingungen eines deutschen Konzentrationslagers ausgesetzt war. So schrieb sie damals in ihr Tagebuch: Mir kann man nicht so leicht Angst machen, nicht weil ich tapfer wäre, sondern weil ich weiß, daß ich es mit menschlichen Wesen zu tun habe daß ich so intensiv wie nur möglich versuchen muß alles, was ein jeder jemals tut, zu verstehen. Und darum ging es genau heute Morgen: Es war nicht wichtig, daß ich von einem mißmutigen Gestapooffizier angeschrien wurde, sondern daß ich darüber keine Entrüstung empfand und stattdessen echtes Mitgefühl mit ihm hatte. Ich hätte ihn gerne gefragt: ‚Hatten Sie eine sehr unglückliche Kindheit, hat Ihre Freundin Sie im Stich gelassen?' Ja, er sah mitgenommen und angespannt aus, finster und dünnhäutig. Am liebsten hätte ich ihn gleich in psychologische Behandlung genommen, denn ich weiß, daß solche bedauernswerten jungen Männer gefährlich werden, wenn man sie auf die Menschheit loslässt. (GFK/21)

Gandhi und Rosenberg reagieren auf die Gewalterfahrung mit der Suche nach Gewaltlosigkeit. An den Zitaten lassen sich hier zwei Dinge erkennen: Zunächst verweisen beide Geschichten auf eine Autorität, die viel Größeres vollbracht hat bzw. unter noch viel schwierigeren Umständen gewaltfrei geblieben ist, und der die Erzähler nacheifern. Die Autoren trumpfen nicht auf, sie bleiben bescheiden (und spielen mit der ihnen zugeschriebenen Rolle als charismatische Lehrerfigur, GKF-DVD/1:20-2:05) und verweisen demutsvoll auf ihre großen Lehrer. Mittlerweile ist Rosenberg in der Gewaltfreien Kommunikation selbst in genau dieser Position, Seminare mit ihm sind begehrt, als Trainer von ihm direkt ausgebildet geworden zu sein bringt Glaubwürdigkeit und Anerkennung ein. Die Gewaltfreie Kommunikation stellt sich so, entsprechend ihrem Programm zur „Schaffung einer einfühlsameren Welt" durch die Veränderung von Persönlichkeiten, als eine Art Schneeballsystem dar. Die Würdigung der jeweils größeren Persönlichkeit, die in beiden Erzählungen der zweifelsohne bewundernswerten Gründer von Instituten der Gewaltfreiheit vorgelebt wird, stabilisiert diese Struktur auch in der nächsten Generation von Schüler/innen. Zum anderen zeichnen sich die herausgehobenen Persönlichkeiten durch eine bedingungslose Festigkeit in ihrer Haltung aus. Auf die Gewalt, die ihnen angetan wird, reagieren diese nicht, indem sie ihr eigenes Leiden thematisieren und selbstverständlich nicht mit Anschuldigen oder ‚anderen Formen' von Gegengewalt. Stattdessen geben sie ihrer Sorge zwei Richtungen: Sie stellen intensiv die Frage nach der Freiheit (oder der Reinheit?) des eigenen Handelns, Fühlens und Denkens von ‚der Gewalt', und spüren ebenso der einfühlsamen Seite der Gewalttäter nach, um so eine Transformation zu ermöglichen. Diese Asymmetrie wird im Beispiel der Interaktion mit dem Gestapooffizier auf die Spitze getrieben; dieses prominent in der Einleitung platzierte Rollenmodell bestimmt die Positionierung des GFK-Praktikers als heroisch um die eigene Verletzlichkeit unbesorgt nach dem Leid des Gewalttäters suchend. Die Subjektposition des GFK-Vorbildes, die hier entwickelt wird, geht im Zurückstellen des eigenen Leidens so weit, dass sie –oben zum Abschuss des Zitates– selbst aus der „Menschheit", um die sie sich sorgen, letztlich herauszufallen scheinen.

Vier Schritte zur authentischen Beziehung

Die Gewaltfreie Kommunikation verbindet diesen breit angelegten und tief gehenden Transformationsanspruch mit einer verblüffend einfachen Technik. Der Prozess der Gewaltfreien Kommunikation besteht aus den „vier Komponenten des GFK-Modells" (GFK/25). Motiviert vom „uns allen gemeinsamen Wunsch, von Herzen zu geben", setzt die Gewaltfreie Kommunikation eine Systematik von vier „Bereichen" an, in denen die Gewaltfreiheit sich realisieren soll. So verbindet die Gewaltfreie Kommunikation ihren ganzheitlichen Anspruch mit einer auf zwei

Seiten darstellbaren Technik: „Die Form ist einfach und hat doch starke Transformationskraft" (GFK/22).

Die vier Komponenten der Gewaltfreien Kommunikation, aus denen idealtypische Kommunikationsakte zusammengesetzt werden, sind Beobachtungen, Gefühle, Bedürfnisse und Bitten. Diese vier Stufen zu durchlaufen und dabei stets Wertungen, Forderungen und andere Gewalt zu vermeiden, führe zur beschriebenen Transformation. Im Falle der erwähnten Selbst-Einfühlung zur Heilung der Depression der zwischen ihren Karriere- und Familienwünschen aufgeriebenen Frau etwa übersetzt die Gewaltfreie Kommunikation einen Selbstvorwurf („Ich vergeude meine Ausbildung und meine Talente"; GFK/192) gemäß der Formel „Wenn a, dann fühle ich mich b, weil ich c brauche. Deshalb möchte ich jetzt gerne d." Für den Fall heißt das dann: „Wenn ich so viel Zeit zu Hause mit den Kindern verbringe wie im Moment, dann fühle ich mich deprimiert, weil ich die Erfüllung brauche, die ich einmal in meinem Beruf hatte. Deshalb möchte ich jetzt gerne einen Teilzeitjob in meinem Beruf finden." Zugleich warnt Rosenberg jedoch vor einer formelhaften Anwendung des Schemas, dieses müsse sich den Situationen anpassen und könne auch gänzlich nonverbal geschehen. „Das Wesentliche der GFK findet sich in unserem Bewußtsein über die vier Komponenten wieder" (GFK/26). Auch hier ist es die Haltung, nicht die Technik, die zählt.

Offensichtlich bringt diese Klassifikation der vier Anwendungsbereiche mit der einhergehenden Fokussierung der Aufmerksamkeit (GFK/22) eine Konstellation analog der oben anhand der Klärungshilfe herausgearbeiteten „authentischen Kommunikation" hervor: Die gewaltfreie Kommunikation führt dazu, ‚Inneres' der Subjekte zum Gegenstand der Kommunikation zu machen; zudem ist in jeder der vier Komponenten auf die Trennung von ‚echter Mitteilung' und ‚gewalthafter Verzerrung' zu achten. So ist die den Anlass und Rahmen bestimmende „Beobachtung" unbedingt wertfrei zu halten, womit jede Kritik der Person und insbesondere diagnostische Zuschreibungen inbegriffen sind.[296] (GFK/43-54) Dann werden Gefühle authentisch wahrgenommen, wobei echte Gefühle von „‚Nicht'-Gefühlen" wie „ich fühle mich ignoriert" getrennt (GFK/60-62), dann akzeptiert

---

[296]   Rosenberg verortet die GFK damit auch in der Antipsychiatrie (GFK/17) und verweist damit
         auf einen weiteren wichtigen Bezugspunkt in der Herausbildung der ‚neuen Therapeutik'.

und ausgedrückt werden. Schließlich verweisen die Bedürfnisse auf „die Bedürfnisse an den Wurzeln unserer Gefühle" (GFK/73). Nur diese dürfen als Ursachen für die Gefühle gelten, „Urteile, Kritik, Diagnose und Interpretationen sind alles entfremdete Äußerungen unserer eigenen Bedürfnisse und Werte" (GFK/81). Über die volle Akzeptanz und Artikulation dieser eigenen Bedürfnisse kann dann ein Zustand „emotionaler Befreiung" eintreten. Nach dieser authentischen Artikulation des ‚eigenen Inneren' ist die Bitte der Modus, in dem das Innere beziehungsgestaltend werden soll. Diese sorgsam formulierten Bitten profilieren sich in der Abgrenzung zu Forderungen (GFK/99) und sollen eine Beziehung etablieren „deren Basis Offenheit und Mitgefühl ist" (GFK/102). Auf der Basis des in den Begriffen von Gefühlen und Bedürfnissen transparent gemachten Selbst wird eine Bitte an den Anderen formuliert; im Modus der Bitte wird dem Anderen eine spiegelbildliche Reaktion angetragen: Auch dieser soll auf Basis seiner eigenen Gefühle und Bedürfnisse entscheiden. „Sag klar, was du möchtest. Dein Wunsch sei dem Anderen Information, nicht Befehl" formuliert die Klärungshilfe (KH1/352) in vollständiger Übereinstimmung mit der GFK. Dieses Handeln aufgrund von Emotionen und Bedürfnissen gilt der GFK als Freiheit. Jeder Mensch habe immer Wahlmöglichkeiten, es gilt, „das Vorhandensein von Wahlmöglichkeiten bei all unseren Handlungen an[zu]erkennen" (GFK/198), zugleich muss er sich aber an den Gefühlen –die (gesunderweise) nicht unterdrückt werden können (GFK/57)– und Bedürfnissen –die zu erkennen und zu akzeptieren sind (GFK/84)– ausrichten. Im authentischen Selbstsein gilt die Orientierung am Selbst als Realisierung der Freiheit, als ein zu sich selbst in Kontakt treten (GKF-DVD/5:00), ohne dass die oben in der Klärungshilfe aufscheinende melancholische Dimension der Authentizität vorkommt.

Zugleich ist der Möglichkeitsraum des authentischen Selbstseins durch sehr deutliche Koordinaten diskursiv vorbestimmt. Neben den präsentierten Vorbildern und der kategorischen Trennung von Gewalt und Subjekt ist der positive Raum der möglichen Gefühle und Bedürfnisse in der Gewaltfreien Kommunikation differenziert ausbuchstabiert. Mit der Absicht, den GFK-Praktiker/innen bei Aufbau ihres Gefühlswortschatzes zu helfen, werden ausführliche Listen von Gefühlen (45 unechte und je 90 positive und negative; GFK/62-64) und Bedürfnisse (40 nach Kategorien geordnet; GFK/74-75) vorgestellt. Inhaltlich sind die Bedürfnisse klar von der humanistischen Psychologie nach Rogers und Maslow geprägt. (GFK/17) Die Listen seien zwar keineswegs abschließend, es handle sich

um „einige der grundlegenden menschlichen Bedürfnisse, die wir alle haben"
(GFK/74) und „Kostproben" (GFK/62). Ihre Masse gibt jedoch klar den
Orientierungsrahmen vor, in dem sich die Positionierung der Subjekte abspielen
kann. Insbesondere, da sie jeweils als ‚echte' Gefühle und Bedürfnisse, also als
‚frei' von der ‚Gewalt' der angelernten ‚kulturellen Muster' präsentiert werden, die
zugleich den Kernbestand ‚unser aller menschlichen Natur' ausmachen, geht von
ihnen eine starke orientierende Wirkung aus. Die Gewaltfreie Kommunikation
liefert ihren Anwender/innen also nicht bloß die Aufforderung zur „emotionalen
Befreiung" durch die Übernahme der Verantwortung für ihr authentisches Selbst –
sondern zugleich auch eine Vokabelliste der neu gewonnen Freiheit mit. (GFK/74-
80)

Schonungslos gewaltfreie Adressierung
Der starken Vorformung der Subjektposition im Diskurs entspricht in der Praxis
der Gewaltfreien Kommunikation eine schonungslose Form der subjektivierenden
Adressierung. Die im Diskurs festgesetzte Subjektposition wird den Subjekten vom
in seinen Überzeugungen über sein Gegenüber gänzlich festen GFK-Praktiker ohne
große Spielräume angetragen. Deutlich wird das im ersten Beispielfall, der den
Abschluss des Einleitungskapitels bildet. Der Beispielfall baut auf einer Erfahrung
Rosenbergs in einem GFK-Workshop in einem palästinensischen Flüchtlingslager
auf.[297] Als sich dort herumspricht, dass er Amerikaner ist, springt ein Mann im
Publikum auf.

Er sah mir direkt ins Gesicht und schrie aus vollem Hals, ‚Mörder!' Augenblicklich fiel ein Dutzend Männer mit ihm in einen Chor ein, ‚Attentäter!',
‚Kinderkiller', ‚Mörder!'. Glücklicherweise war ich in der Lage, meine Aufmerksamkeit auf das zu richten, was der Mann fühlte und brauchte. In diesem
Fall hatte ich einige Anhaltspunkte: Auf meinem Weg in das Flüchtlingslager
hatte ich mehrere leere Tränengaskanister gesehen, die in der Nacht zuvor in

---

[297]   Rosenberg bringt nun, nachdem er seine Person mit dem prägenden Erlebnis antisemitischer
         Gewalt eingeführt hatte und dort auf eine Shoa-Überlebende verwiesen hat, diesen Beispiel-
         fall seine Arbeit. Offensichtlich ist damit auch eine spezifische Präsentation seiner Position
         als liberaler amerikanischer Jude verbunden. Ähnliches lässt sich in der in Deutschland
         ebenso erfolgreichen ‚Verstehensbasierten Mediation' beobachten (CC). Inwieweit dieses
         die Rezeption der Ansätze in Deutschland beeinflusst haben mag, kann im Rahmen dieser
         Arbeit nicht untersucht werden.

das Lager geschossen worden waren. Auf jedem Kanister stand deutlich lesbar die Aufschrift ‚Made in USA'. Ich wußte, daß die Flüchtlinge viel Ärger gegen die Vereinigten Staaten aufgestaut hatten wegen der Versorgung Israels mit Tränengas und anderen Waffen. Ich sprach zu dem Mann, der Mörder zu mir gesagt hatte:

Ich: Ärgern Sie sich, weil Sie möchten, daß meine Regierung ihre Mittel anders einsetzt? (Ich wußte nicht, ob ich mit meiner Vermutung richtig lag, entscheidend ist jedoch mein ernstgemeinter Versuch, mit seinen Gefühlen und Bedürfnissen in Kontakt zu kommen.)

Er: Verdammt noch mal, ja, ich ärgere mich! Sie glauben, wir brauchen Tränengas? Wir brauchen eine Kanalisation und nicht euer Tränengas! Wir brauchen Wohnungen! Wir brauchen ein eigenes Land!

Ich: Sie sind also wütend und hätten gerne Unterstützung, um ihre Lebensbedingungen zu verbessern und auch für ihre politische Unabhängigkeit?

Er: Wissen Sie, wie es ist, hier 27 Jahre lang zu leben, so wie ich es mit meiner Familie – Kinder und allem? Haben Sie auch nur den blassesten Schimmer, wie das die ganze Zeit für uns ist?

Ich: Das klingt so, als wären Sie sehr verzweifelt und würden sich fragen, ob ich oder jemand anders wirklich verstehen kann, wie es ist, unter solchen Bedingungen zu leben

Er: Sie wollen das verstehen? Sagen Sie, haben sie Kinder? (…)

Unser Dialog ging noch weiter; er brachte fast zwanzig Minuten lang seinen Schmerz zum Ausdruck, und ich hörte auf die Gefühle und Bedürfnisse hinter jeder Aussage. Ich stimmte nicht zu und lehnte nicht ab. Ich nahm seine Worte auf, aber nicht als Angriffe, sondern als Geschenke eines Mitmenschen, der bereit ist, sein Innerstes und seine tiefe Verletzlichkeit mit mir zu teilen. Sobald sich der Mann verstanden fühlte, konnte er mir zuhören, als ich den Grund meiner Anwesenheit im Lager erläuterte. Eine Stunde später lud mich derselbe Mann, der mich Mörder genannt hatte, zu einem Ramadan-Essen nach Hause ein. (GFK/30-31)

Das Beispiel zeigt eindrücklich den in Beton gegossenen Weg, auf dem hier Gewaltfreiheit hergestellt wird: Zunächst ist zur Position des GFK-Anwenders zu bemerken, dass dieser vollständig und ausschließlich die Subjektivität des Anderen thematisiert. Ebenso wie die Bedrohlichkeit der Situation für Rosenberg selbst höchstens angedeutet wird („Glücklicherweise war ich in der Lage" könnte in dieser Art verstanden werden), werden alle Gesprächsangebote, die der Mann macht, systematisch ignoriert. Selbst direkte Fragen („Wissen Sie, wie es ist..."") gehen ins Leere, da Rosenberg sich konsequent auf das wendet, was er erkennen will: „Das klingt so, als wären Sie sehr verzweifelt...". Systematisch werden die Äußerungen zudem ins Positive gewendet –auf den Vorwurf „Mörder!" reagiert er mit der Frage „Ärgern Sie sich..."; ebenso schließt er an die positiven Vorschläge („Kanalisation"), nicht aber an die negativen („Tränengas") an. Außerdem fällt auf, dass Rosenberg hier die Adressierung als Vertreter der USA nicht kommentiert. Auf die naheliegende Distanzierung von den Rüstungsexporten der US-Regierung verzichtet er, so kommt die Frage nach seiner Positionierung (Als wer spricht er in dieser Situation? Warum ist er hier und was macht der im Flüchtlingslager?) nicht auf. Seine beständige Adressierung des Gegenübers als ‚Mensch mit Gefühlen, hinter denen Bedürfnisse stehen', seine Umdeutung der Angriffe in „Geschenke eines Mitmenschen, der bereit ist, sein Innerstes und seine tiefe Verletzlichkeit mit mir zu teilen" ist, wie im Lehrbuchbeispiel zu erwarten, hier erfolgreich. Offensichtlich wird in diesem Beispiel jedoch, wie vollkommen die Gewaltfreie Kommunikation ihre Adressaten trennt: Die ‚gewaltverzerrte Oberfläche' wird vollständig ignoriert, ihre Gesprächsangebote laufen ins Leere, ihre Fragen bleiben unbeantwortet, ihre Missverständnisse werden nicht geklärt. Die gewaltfreie Kommunikation geht ausschließlich auf die im Diskurs entwickelte Subjektposition ein: erkennt ausschließlich die Gefühle und Bedürfnisse, die die tiefe und eigentliche Schicht darstellen, an. An dieser Agenda hält Rosenberg gnadenlos fest; die Negierung der eigenen Verletzlichkeit und die selektive Adressierung des Anderen hält er bis zum Sieg der eigenen Sprache durch.

Mit dem Mediationsdiskurs teilt dieses hier als paradigmatisch für die GFK präsentierte Vorgehen die Abwesenheit des Anderen. Wie im Fachdiskurs der Mediation die Parteien nur als Thema des Diskurses und nie als Sprechende vorkommen, wird hier eine ähnliche Diskrepanz sichtbar: Der Andere spricht zwar, aber Rosenberg hört nur, was im Diskurs sagbar gemacht und als anerkennenswert ausgezeichnet wurde. In den mit festen Überzeugungen und starken Wertungen abgesicherten Diskurs der Gewaltfreien Kommunikation dringt nichts ein; es gibt hier nur eine Möglichkeit, wie das Gegenüber repräsentiert werden kann: gemäß dem, was zuvor detailliert als seine authentische menschliche Natur definiert und ausbuchstabiert wurde. Dem Anderen bleibt zur Akzeptanz dieses vorgefertigten Schemas keine Alternative, er kann reden und tun was er will. Nicht einmal mit dem äußersten Mittel körperliche Gewalt ließe sich einen anderer, als der vorbetonierten Entwicklungsweg, eröffnen.

10.4 Die systemische Wende

Die ,Systemischen Ansätze' der Therapie und Beratung stehen für eine Entwicklungsrichtung der dem klinischen Bereich entwachsenen Psychotherapeutik, die sich von der Gewaltfreien Kommunikation im Spektrum der therapeutischen Ansätze in mehreren Punkten absetzt: Zentral ist hier die Orientierung am Neuen, an den Möglichkeiten, die sich aus der Veränderung ergeben. Diese löst die Authentizität als zentralen Orientierungspunkt ab, ohne sie aber gänzlich zu verdrängen. Im Gegensatz zu den oben dargestellten therapeutischen Schulen gibt es im Falle der systemischen Ansätze auch keine herausgehobene Gründerfigur, die ihren Namen mit dem Ansatz verbinden konnte: Zwar werden Watzlawick, Bateson oder von Foerster hoch angesehen, von ihnen persönlich gelernt zu haben verleiht Renommee. Aber systemische Ansätze verstehen sich selbst, ganz in Übereinstimmung mit ihrem zentralen Subjektcode, als etwas fundamental Neues, ein fundamental anderer Ansatz, der sich in der Kybernetik fundiert, die sich selbst genauso als eine innovative, ganz neue und andersartige Denkrichtung präsentiert. (STBDGL/45-52) Seit ihrer Formierung in den 1950er-Jahren verstehen sich die systemischen Ansätze als innovativ und transdisziplinär (STBDGL/15-17) – Voraussetzungen, die die Bedeutung der Gründerfiguren im Gegensatz zur an Authentizität und dem herausragenden Beispiel orientierten Gewaltfreien Kommunikation beschränken. Auch die Rezeption der Kybernetik in der Psychotherapie, aus der die für die Mediation relevanten ,systemischen Ansätze in Therapie und Beratung' hervorgingen, entstand in einer Reihe von eigenständigen Zusammenhängen, zunächst in der Familientherapie, ausgehend von den Arbeit von etwa Paul Watzlawick und Virginia Satyr am Mental Research Institut in Palo Alto. Später entstanden in Europa eine Reihe von Initiativen und Projekte (am bedeutendsten wohl die Mailänder und Heidelberger Schule), die je eigene Impulse einbrachten (LSTB/17-81) und unterschiedliche Akzente mit teilweise deutlichen Absetzbewegungen untereinander (insbesondere gegen die als normativ und konservativ kritisierte Familienaufstellung nach Hellinger LSTB/42-48). Die systemische Praxis umgibt ein sehr offener und theoretisch vielfältiger Diskurs, der herausfordernde theoretische Modelle als Anregungen aufnimmt und die Stringenz der Argumentation hinter die Anregung durch neue Theoriefiguren zurückstellt. Für den deutschsprachigen Kontext konnte das „Lehrbuch systemische Therapie und Beratung" (LSTB) eine Anker-Funktion im Diskurs einnehmen: Es erscheint, wenn auch ohne Überarbeitungen, in der jetzt 10. Auflage und kann als Standardwerk gelten, auf das aus dem Mediationsdiskurs heraus mit Abstand am meisten verwiesen wird. In der Nachfolge ist seit 2014 „Systemische Therapie und Beratung: das große Lehrbuch" (STBDGL) angetreten, das Handbuchcharakter hat und sich um eine multidisziplinäre und –theoretische Abdeckung des Feldes bemüht. Der Diskussionstand der systemischen Praxis hat sich in den letzten Jahren enorm ausdifferenziert; an dieser Stelle können nur einige Haupttendenzen dieses Diskurses bezeichnet werden, in denen er sich von den eben dargestellten therapeutischen Ansätzen abhebt. Insbesondere wird auf die zunehmende Verschmelzung von ökonomischen und psychologischen Codes in der systemischen Praxis hinzuweisen sein, ebenso wie die Subjektorientierung der systemischen Praxis angesichts ihrer breiten Theorierezeption aufrecht erhalten wird. Zum Abschluss des Kapitels kehrt die Darstellung zum Mediationsdiskurs zurück und verfolgt die Konsequenzen dieser Verschiebungen.

Neues ohne starke Authentizität

In den systemischen Ansätzen steht nicht die Authentizität der Subjekte im Zentrum, sondern die auf die Erzeugung von Neuem gerichtete Arbeit an der Interaktion; die systemischen Ansätze verpflichten sich daher auch auf ein entsprechend interaktionales Menschenbild, demzufolge „die lebenslange Entwicklung des Menschen nur im Kontext seiner Beziehung mit anderen Menschen verstehbar" ist. (STBDGL/10) Schon in dieser Grundlegung wird die Veränderung, die in den systemischen Ansätzen immer im Zentrum steht, erklärt. In den systemischen Ansätzen, gleich welcher Spielart, wird die Interaktion verflüssigt und auf eine offene Zukunft hin neu ausgerichtet – wobei der Neuausrichtung keine expliziten Regeln vorgegeben werden, außer, dass sie in einer sich selbst bestärkenden Selbstbezüglichkeit offener und flexibler sein soll. „„Handle stets so, daß du die Anzahl der Möglichkeiten vergrößerst!"" (LSTB/116) ist die erste und grundlegende Orientierung der systemischen Haltung, mit der eine spielerische und immer nur vorläufige Orientierung an Hypothesen, eine Betonung der Offenheit und Neugier der Therapeutin und eine rein negative Definition der therapeutischen Interventionen als ‚Verstörungen' ausgeht. (LSTB/116-124)

Die zentrale Differenz zu den authentizitätsorientierten Therapieansätzen der humanistisch-psychologischen Tradition lässt sich gut anhand der oben (Kap. 10.2) analysierten Systematik der Klärungshilfe illustrieren: Nachdem der positive Bezug auf die ‚Persönlichkeit' weggefallen (oder zumindest eingeschränkt) ist, steht der negative Bezug auf die ‚verfestigten Interaktionsmuster' im Vordergrund. Wenn etwa die typisch systemischen ‚hypothetischen Fragen' angewendet werden („Was denkst du (…) was es bei deiner Mutter auslöst, deinen Vater weinen zu sehen?" LSTB/141) richtet sich der Fokus auf das (Familien-)System, die Interaktion und die Abhängigkeiten und darauf, neue, vollständigere Informationen zu erzeugen, die das System „verflüssigen". Aufgrund dieser Zielstellung haben auch die Neuen Deutungen immer nur hypothetischen Stellenwert: Der Therapeut bzw. Berater soll sich stets dafür offen halten, „dass es ‚vielleicht alles auch ganz anders' ist." (LSTB/117) Der nach innen gerichtete Blick in die Subjekte hinein steht nicht im Vordergrund, er wird zwar nicht gänzlich aufgegeben (LSTB/140: „Eine solche Perspektive ist wichtig"), der immer neues produzierende systemische Zugriff wird aber als überlegen und vorrangig ausgewiesen. Die skeptizistische Erkenntnistheorie, die in den systemischen Ansätzen gepflegt wird (wobei der radikale Konstruktivismus die Extremposition einnimmt, die keineswegs von allen geteilt wird; STBDGL/58-60), verhindert die Festschreibung der Subjekte auf ihre einmal erkannte und dann verpflichtende Persönlichkeitsstruktur (wie in der Klärungshilfe, Kap. 10.2). Stattdessen kultiviert die systemische Praxis eine Orientierung am immer wieder Neuen, am Spielerischen, Flexiblen, Beweglichen und der Aussicht auf eine offene und bewegte Zukunft.

Diese Betonung der Interaktion gegenüber dem Innerpsychischen geht mit einer überaus starken Abgrenzung gegen die „Medikalisierung" des Menschen und der Stigmatisierung psychisch Kranker einher (STBDGL/20-23), die zusammen mit der im Feld der neuen Therapeutiken geteilten Abgrenzung gegen die „problemfokussierten" tiefenpsychologischen Ansätze Grundorientierungen dieser Strömung bilden. An die Stelle des klinischen Blicks tritt dann jedoch nicht primär die Empathie und Akzeptanz der personenzentrierten humanistischen Ansätze, sondern eine, in manchen Ansätzen sehr stark hervortretende Lösungsorientierung und „Kundenorientierung" (LSTB/124-127; STBDGL/75-85): Erstere meint, dass immer ein konkretes Problem zu behandeln ist; dieses definiert den Auftrag und die Dauer der systemischen Therapie bzw. Beratung. (LSTB/214) Letztere verweist darauf, dass alleine die subjektiv geäußerte Relevanz der ‚Kunden' für die Therapie leitend ist und keine (klinische) Problembeschreibung vonseiten der Therapeuten vorgenommen wird. Zugleich zeigt sich hier aber auch, dass die systemischen Ansätze am Ende der oben skizzierten Entwicklung stehen, in der die Psychotherapeutik sich neue Anwendungsgebiete erschließt.[298] Neben dieser Grundorientierung sind eine Vielzahl von weiteren Techniken und Haltungselementen in den Mediationsdiskurs eingegangen, wie etwa die Diskussion um Allparteilichkeit (LSTB/119ff), Fragetechniken (LSTB/137ff), Reframing (LSTB/177ff) oder die ähnlich geführte Diskussion um Frequenz und Ausgestaltung der Sitzungen (LSTB/205ff).

Systeme, die Postmoderne – und doch wieder Subjekte
Entsprechend dem Kontext dieser Arbeit soll hier aus der Vielzahl der Anschlusspunkte, die das Feld der Systemischen Ansätze eröffnet, der Frage nach der Stellung der Subjekte nachgegangen werden. Zunächst wird diese durch eine theoretische Grundlegung, die ‚Systeme' statt Menschen als Grundbegrifflichkeit anlegt, herausgefordert. Tatsächlich strebten die systemtheoretischen Ansätze von Anfang an auf eine theoretische Integration biologischer, psychischer und symbolisch-sprachlicher Ebenen in einer „Allgemeinen Systemtheorie" (STBDGL/47), die – wie etwa in Luhmanns Soziologie– auch ohne einen zentral gestellten Subjektbegriff bzw. ein ‚Menschenbild' auszukommen vermag.[299] Dagegen findet in den systemisch-therapeutischen bzw. beraterischen Ansätzen eine praktische „Rückbe-

---

[298]   Diese Entwicklung hat viele Ursachen: die systemischen Ansätze gingen unter anderem von dem die Psychotherapie herausfordernden familientherapeutischen Ansatz aus, die Symptomatik radikal in der Interaktion zu suchen und den ‚Indexpatienten' mit einer Diagnose zu stigmatisieren. (SS/17ff) Mit diesem Bruch grundlegender Annahmen der anderen, ebenfalls konkurrierenden Therapieschulen konnten die systemischen Ansätze im klinischen Feld lange nicht Fuß fassen und insbesondere nicht die Anerkennung durch die gesetzlichen Krankenkassen erlangen. Der bislang überwiegend auf den ‚freien Markt' beschränkte Erfolg der systemischen Ansätze ist wohl am besten als eine institutionell begünstigte Wahlverwandtschaft zu beschreiben.

[299]   Luhmann etwa braucht für seinen Theorieansatz lediglich von der Existenz geschlossener (autopoietischer) Systeme auszugehen und führt in seinem Werk dann aus, wie sich soziale Realität mit diesem Vorgehen plausibel und unkonventionell beschreiben lässt. (vgl. die Einführung in Luhmann 2002)

sinnung auf die Person" (LSTB/74) statt, die die in der Therapeutik stets anzutreffende Zentralstellung der Subjekte wieder herstellt. In den Praktiken, die im systemischen Diskurs beschrieben werden, sind die Subjekte –sei es als Auftragsgeber oder einfach als Gesprächspartnerinnen– fest verankert: Menschen sind die primären Elemente der ‚Systeme', die hier behandelt werden: Die systemischen Ansätze problematisieren ebenso wie die oben dargestellten therapeutischen Richtungen verfestigte Interaktionsmuster zwischen Menschen und im Selbstverhältnis der Subjekte. Die systemischen Ansätze gehen jedoch spätestens seit der ‚Überwindung' der strukturalistischen früheren Ansätze (LSTB/26-34) über diese Betrachtung der Interaktion als System hinaus und wenden die kybernetischen Denkfiguren auch reflexiv auf sich selbst an, was zu reflexiven Methoden wie dem „reflecting team" führt, (LSTB/199-204) und den Bezug auf den radikalen Konstruktivismus ermöglicht (STBDGL/58). Mit dem erkenntnistheoretischen Skeptizismus geht die feste und verlässliche Authentizität als Orientierungsmöglichkeit verloren; an die Stelle der authentischen Übereinstimmung der Person mit ihrem Inneren tritt eine Haltung der Offenheit und des Experimentierens, die sich für eine Vielzahl von Überlegungen öffnet: so können etwa auch die Bindungstheorie aufgegriffen werden, Familiengeschichten rekonstruiert („Genogrammarbeit"; STBDGL/ 227), Konstellationen skulptural nachgestellt oder auch mit naturwissenschaftlich-kybernetischen Denkfiguren ein multiperspektives Subjekt als Gegenstand entwickelt werden. (STBDGL/86-89)

Besonders deutlich tritt das Festhalten der systemischen Therapie und Beratung an der Zentralstellung ihrer Klienten in der in den 90er-Jahren intensiv zu beobachtenden Rezeption ‚Postmoderner Theorie'[300] hervor, mit der sich eine neue Generation systemischer Praxis von den frühen, strukturalistischen oder gar normativen Ansätzen absetzte und sich zugleich als zeitgemäßer Ansatz präsentierte. (Dokumentiert ist dieser Prozess in den Beiträgen in SPuP.) Dabei erfährt jedoch die als Postmoderne rezipierte Theorie eine eigentümliche ‚Wendung aufs Subjekt', die

---

[300]   Die Postmoderne erscheint hier in Anführungszeichen, um herauszustellen, dass damit ein spezifischer Rezeptionsmodus einer Reihe von Theoretikern angesprochen ist, die in den 1980er und -90er Jahren zuerst in den USA, später auch in Deutschland stattgefunden hat und in ihrer Ausrichtung sich wesentlich von dem unterscheiden, was im intellektuellen Frankreich der 70er-Jahre stattgefunden hat. (Angermuller 2015; Angermüller 2007) Ganz besonders trifft dies auf den systemischen Theoriediskurs zu.

sie der beratenden Praxis kompatibel macht. In einer durchaus eigenwilligen Rezeption ‚postmoderner' Theoretiker wie Derrida und Foucault sollen im Namen der
Dekonstruktion Machtstrukturen und dominantes Wissen hinterfragt werden; daraus wird dann aber die Schlussfolgerung gezogen, dass die Therapeuten nun nicht
mehr als Experten auftreten sollen, sondern sich „als ‚Ko-Autoren' eines alternativen und für sie selbst ‚bekömmlicheren' Wissens verstehen,(…) indem sie sich
gemeinsam mit den Klientinnen einen Kontext schaffen, der den Klienten das Vor-
recht einräumt, als die eigentlichen Autoren solchen Wissens und solcher Praktiken
zu fungieren." (SPuP/60) Die ‚produktive' Wendung der Postmoderne wird im
Lehrbuch nochmals komprimiert und heruntergebrochen, wenn Foucault als theoretische Referenz der Postmoderne herangezogen wird: „Für systemische Therapie
sind vor allem seine Überlegungen wichtig, wie Menschen ihre Freiheit zum
selbstbestimmten Existenzentwurf verlieren, in dem durch soziale Herrschaft ihnen
das Wissen darum genommen wird. Hier läßt sich eine Verbindung ziehen zu der
systematischen Arbeit mit dem ‚Möglichkeitssinn' (…). Der Mensch als ‚souverä-
nes Subjekt jeder möglichen Erfahrung' hat die Fähigkeit zur Suche nach alternati-
vem Wissen bereits in sich." (LSTB/84) Am Ende läuft diese Rezeption der Postmoderne darauf hinaus, ein über seine Lebensführung entscheidendes „souveränen
Subjekt[s]" einzusetzen. Die systemische Therapie und Beratung läuft hier darauf
hinaus, ihre Klienten als entscheidungsfähige und sich selbst bestimmende Subjekte einzusetzen. Das Subjekt wird hier eben nicht dekonstruiert, ohne sofort wieder
–der Subjektform ihrer Zeit entsprechend– eingesetzt zu werden: „Respektlosigkeit
gegenüber Ideen, Respekt gegenüber Menschen" (LSTB/122).

Systemische Subjektcodes
Die Art, wie die Subjekte in den systemischen Ansätzen dargestellt werden und die
Praktiken, in denen sie ihre Transformation vollziehen sollen, weisen von allen im
Mediationsdiskurs vertretenen Positionen die größte Nähe zu der seit den 1980ern
sich etablierenden ‚neoliberalen Subjektform' auf. In den systemischen Ansätzen
werden gegenkulturelle Codes stark rezipiert –im Falle des experimentellen Spiels
im Mediationsdiskurs überhaupt am stärksten–, zugleich zeigen sie aber auch eine
Tendenz, einen bislang aus der Verhandlungsmediation bekannten ökonomischen
Code wieder sehr stark werden zu lassen. Diese neue Synthese aus den bislang die
Pole des Feldes bildenden Positionen (Kap. 5.2) macht die systemische Mediation
breit anschlussfähig und so enorm attraktiv. Zugleich werden in der systemischen

Mediation dann wieder eine Reihe von im Folgenden zu beschreibenden Veränderungen vorgenommen.

Starke Parteien, nützliche Emotionen

Es ist ein hervorstechendes Merkmal der systemischen Ansätze, dass die Parteien wieder zunehmend stark vorgestellt werden. Wurden bei Duss-von Werdt und den ‚alten' systemischen Ansätzen (EWE/605-6) noch die Parteien als erkennendes System beschrieben, legen die seit etwa 2005 an Einfluss gewinnenden neuen Ansätze (s. Kap. 5.4) verstärkt die ‚Handlung' als Grundkategorie an. Aus dieser Fassung ergibt sich dann auch die Konfliktdefinition von „Konflikt als Einschränkung". (Kap. 6.1.1) Hier ist die Handlungsfähigkeit, nicht die Leidensfähigkeit der Subjekte der Bezugspunkt: die Subjekte werden nun als kompetent adressiert, der Fokus wird auf die Möglichkeiten und Chancen gelegt. Aus der Konfliktdefinition verschwindet das Leiden als Indikator und wird durch die Begrenzung von Handlungsmöglichkeiten ersetzt. (vgl. hierzu die systemische Konfliktdefinition in Kap. 6.1.1 und das Zitat aus SDM 44/51 in Kap. 2.2.2) Mediation wird hier weit davon entfernt, politisch oder auf ‚menschlicher Ebene' (Kap. 10.3) auf die Welt einwirken zu wollen, für potentielle Kunden attraktiv gemacht: Und in dieser Verkaufsstrategie soll die Mediation an den Wunsch, stark zu sein, anknüpfen. Hier greift die systemische Mediation an das ‚imaginäre Empowerment' des Verhandelns an. (Kap. 4.1.7) Die kybernetische gewendete Therapeutik suspendiert die in den therapeutischen Modellen mitschwingende Versöhnungsthematik; an ihre Stelle tritt ein klar eigenorientiertes Subjektmodell, das sich in ökonomischen Codes darstellt. Dabei integriert die systemische Mediation –und hier geht sie klar über die Verhandlungsmediation hinaus– psychologische Techniken der emotionalen Intelligenz und Körperarbeit wie der Mimikresonanz,[301] Atemtechniken (SDM 51/31; 52/50; 43/59-62 ...) oder dem NLP (bspw. ZKM2011/82), wie sie ebenso im Coaching verbreitet sind. (Traue 2010b) Da der Authentizitätsbezug jedoch nicht mehr im Zentrum steht, werden die Körper hier mehr als aktive und fitte Träger der Subjekte thematisch; ihre passive Funktion als Orientierungspunkt des authentischen Selbstbezugs ist darin

---

[301]   Etwa als Workshop auf den Konfliktmanagementkongress 2015 (http://www.km-kongress.de/nano.cms/2015-programm ; zur Methode s. http://www.mimikresonanz.com/; 26.8.2016)

integriert; er ist nur nicht mehr wie in der Therapeutik dominant, sondern der Orientierung der Handlungsfähigkeit untergeordnet. Diese Akzentverschiebung geht ebenso mit einer Stärkung des Zukunftsfokus einher. In der Anwendung von Techniken des Coachings (HM2/321-362) werden die Subjekte auf eine Zukunftsorientierung und Praktiken der Visionsbildung (vgl. die Darstellung in MiB/82ff) eingestellt. Für die therapeutische Aufarbeitung von Vergangenem bleibt in der ‚zielführenden' systemischen Mediation kein Raum. Auch wenn nur Elemente systemischer Mediation aufgegriffen werden, geschieht dies „immer mit dem Ziel, die Konfliktparteien zukunftsorientiert an die eigenen Ressourcen heranzuführen sowie die Basis für einen Perspektiven-wechsel und für die Erweiterung der Lösungsmöglichkeiten zu schaffen." (PM2007/101) So werden auch Emotionen in der systemischen Mediation als Hinweise auf Bedürfnisse interpretiert – ihre ‚nicht zielführende' Darstellung jedoch schneller unterbunden und der Bestärkung positiver, zielführender Gefühle ein wesentlich höherer Stellenwert zugesprochen. Die systemische Mediation stellt in der Frage des Umgangs mit Emotionen eine Verschiebung innerhalb der Thematisierungsweisen dar, die sich allesamt auch in den authentizitätsorientierten therapeutischen Ansätzen fanden; ein Bruch ist aus Subjektivierungsperspektive, entgegen der Wahrnehmung im für diese Differenzen sensibilisierten Mediationsfeld, nicht auszumachen. (Kap. 8.5)

Psychologisch- ökonomische Doppelcodierung
Diese Verschiebungen machen die systemische Mediation an ökonomische Settings anschlussfähig: die von der Psychotherapie ausgehende Anschmiegung der Therapeutik an die Arbeitswelt, deren frühes Stadium in der Klärungshilfe zu beobachten war, kommt hier nun in einer „psychologisch-ökonomischen Doppelcodierung" (Reckwitz, s. Kap. 3.2.2.3) der Subjekte voll zum Tragen. So präsentiert sich etwa die Wirtschaftsmediation in einer an ökonomischen Kriterien orientierten Darstellung als Management-Tool, das sich an den „Konflikt-folgekosten" im Unternehmen orientiert. (SDM 50/27)[302] So etwa, wenn der Softwarekonzern SAP erstmals Stellen abbaut:

---

[302]   Ebenso demonstriert ein Skript des Masterstudiengangs Mediation der Fernuni Hagen ein-drucksvoll, wie die Mediation sich an die Anforderungen der Wirtschaft anpasst. (SFH-WM)

Da entsteht viel Konfliktpotential, das (...) [der Ombudsmann] mit Hilfe eines Konfliktmanagementsystems auffangen will. Ziel ist es aber nicht nur, Konflikte aus der Vergangenheit mit Hilfe der Mediation aufzuarbeiten, sondern präventiv möglichst gar keine Konflikte entstehen zu lassen und Management sowie Projektleiter von Anfang an mediativ zu begleiten. Neben der Reduzierung der Konfliktkosten wirke sich die Mediation positiv auf Unternehmenskultur und das Branding von SAP aus. (ZKM 2009/94)

In der Konsequenz dieser psychologisch-ökonomischen Doppelcodierung öffnet sich –wie schon im Zitat– die Parteienposition der Mediation für Unternehmen, die als ‚Systeme' keinen qualitativen Unterschied zu menschlichen Parteiensubjekten mehr aufweisen: Systemische Mediation ist „attraktiv für Menschen, Betriebe und Organisationen" (MfD/33). Jede Kette selbstbezüglicher Operationen, die sich von ihrer Umwelt abhebt, ist als System im Sinne der systemischen Ansätze qualifiziert: „Menschen und Organisationen, die sich aufeinander beziehen und sich auf irgendeine Art von ihrer Umwelt abgrenzen, bilden ein System." (MfD/61) In der systemischen Mediation werden Systeme ‚aller Art' in der Position der Parteiensubjekte tendenziell gleich behandelt; eine Tendenz, die auch ohne den Rückgriff auf den systemischen Theoriehintergrund im Mediationsdiskurs aufzufinden war. (Kap. 8.4) Ebenso wird etwa ein Ansatz der „Lösungsfokussierten systemischen Mediation" eingeführt als

Produktivitätstool (...) weg vom Konfliktsystem, hin zum Lösungssystem. Das Unternehmen verlässt mit LSM [Lösungsfokussierter Systemischer Mediation] den Fokus von reaktiven Mustern und **befreit** damit die Medianten von zurückblickenden, endlosen Diskussionen und wenig nützlichen Konzepten. Es können im Mediantensystem wieder rasch neue Kräfte aktiviert, Ziele formuliert, innovative Strukturen geschaffen werden, die das Unternehmen nicht länger im ‚Stock' ver-führen, sondern zu ‚Flow' führen und damit zum Erfolg. (ZKM 2009/55)

Hier steht die Produktivität klar im Vordergrund: Das zentrale Versprechen der Verhandlungsmediation aufnehmend trägt auch die systemische Mediation den Effizienz- und Produktivitätsgewinn durch Mediation als Versprechen vor. Die Differenz zum Gerichtsprozess wird ebenfalls vorwiegend anhand dieser Unterscheidung getroffen. (MfD/33) Entgegen der Verhandlungsmediation legt die systemische Mediation jedoch ihren Maßstab der Effizienz auf den Prozess an und betont die Abwesenheit von ‚objektiven Maßstäben'. Nicht die ‚Sache' als ruhender, fester Bezugspunkt im Konflikt, sondern die Produktivität wird auf den Prozess bezogen; diese Dynamisierung und Prozessualisierung des Vokabulars reflektiert die als ein Hintergrundprozess des subjektkulturellen Wandels ausgemachte ökonomische Transformation (Kap. 3.2.2). Zugleich bedient sich die systemische Mediation (wie andere systemische Ansätze) im Vokabular und bei den Techniken der Therapeutik (hier: „reaktive Muster"; in ZKM 2010/68-71: Aufstellung in der Mediation), führt diese jedoch –wie Boris Traue anhand des Coachings anschaulich dargestellt hat (Traue 2010b, 2011)– stets mit den ökonomischen ‚Erfordernissen' konform. Dass hier dieses „Effizienztool" noch dazu zur „Befreiung" der Konfliktparteien aufruft, macht die neoliberale Integration gegenkultureller Codes plastisch.

Die systemische Variante der Mediation macht die Doppelcodierung der neoliberalen Subjekte als ununterscheidbaren psychotherapeutischen und ökonomischen Code deutlich. Zentrale Begriffe des Ansatzes zeichnen sich vor allem dadurch aus, dass sie eine Zone der Ununterscheidbarkeit zwischen Therapeutik und Ökonomie entstehen lassen: „Wachstum", „Potential", „Bedürfnis/Interesse", „Prozess", „Win-Win", aber auch „Wertschätzung". Ermöglicht wird die breite Anschlussfähigkeit der systemischen Ansätze durch die Eigenständigkeit des ‚systemischen Denkens', dessen Neologismen ganz bewusst eine kontextübergreifende Sprache bilden: System, Emergenz, Synergetik können sich je nach Kontext in unterschiedliche Richtungen anschlussfähig zeigen. Die oben zitierte Stelle kann sich ebenso als Nachfolger der Transformativen, wie auch der Verhandlungsmediation (Kap. 4.1-2) sehen: Die Orientierung am „Prozess", die „Transformation" als eine immer willkommene und nicht vorab bestimmte, aber von den Parteien im Prozess autonom bestimmte Veränderung, das Bemühen um eine integrative, ganzheitliche Sichtweise, die Befreiung der Parteien aus dem Konflikt, finden sich in beiden, in anderer Hinsicht doch so verschiedenen Ansätzen wieder.

Gouvernementale Konsequenzen
Als Konsequenz dieser doppelten Codierung wird Ökonomisches und Psychologisches nicht nur innerhalb der Subjekte ununterscheidbar; dies tritt auch zwischen den Parteien ein – was weitreichende Konsequenzen für die Mediationsverfahren haben kann. Dies tritt besonders deutlich in einem Fall heraus, der im systemisch orientierten Lehrbuch „Mediation für Dummies" (MfD)

gleich in der Einleitung präsentiert wird: Nachdem eine Kommune Sozialwohnungen veräußert hat, bildet sich ein Konflikt zwischen dem neuen Eigentümer, der die Wohnungen aufwertet und in an die Mieter zu verkaufendes Eigentum umwandelt, und einigen Mietern. Nachdem die Presse sich einschaltet, wird ein ‚Runder Tisch' zur Mediation des Konflikts zwischen Mietern und neuem Eigentümer eingesetzt. Die zentralen Themen werden wie folgt beschrieben:

Die Mieter machen ihrer Unzufriedenheit mit dem Bauverlauf Luft. Als Hauptthema wird verloren gegangenes Vertrauen festgehalten. In Zusammenhang von konkreten Anlässen zu Konflikten werden die negativen Gefühle und die Bedürfnisse der Mieter vor allem bezüglich der Kommunikation des Bauträgers (nicht eingelöste Versprechungen, unangekündigte Eingriffe) deutlich. Im Gegenzug kann der Bauträger verständlich machen, dass die Art der Darstellung seiner Arbeit in der Presse die eigenen Beiträge zur Entlastung der Mieter (Ersatzwohnungen, Mietminderungen) unterschlägt. Auf beiden Seiten werden Versäumnisse eingeräumt, die zur Eskalation des Konflikts beigetragen haben. (MfD/36)

Die Darstellung der Konfliktparteien ist von Symmetrie und Wechselseitigkeit geprägt: Beide Seiten stellen ihre Sichtweise dar, beide Seiten haben Raum sich auszudrücken, am Ende räumen beide Seiten Versäumnisse ein und finden am Ende einen gemeinsamen Umgang mit den auftretenden Konflikten, was in einer gemeinsamen Presseerklärung verlautbart wird. Auch die systemische Mediation präsentiert hier zunächst einen erfolgreich bearbeiteten Mediationsfall. Dennoch machen sich die spezifischen Verschiebungen nun bemerkbar: Zum einen zeigt sich die radikale De-Thematisierung der Vergangenheit. Weder der Verkaufsbeschluss der Kommune noch das Modernisierungsprogramm wird infrage gestellt; die Fragen beziehen sich ausschließlich zukunftsorientiert auf den Umgang mit weiteren Konflikten. Über die Kodierung der Unzufriedenheit als Emotionen können zwar Verfehlungen des Bauträgers benannt werden, sie gehen aber nicht als solche in den Diskurs ein, sondern werden als Erfahrungen der Mieter (radikaler Konstruktivismus!) mit dem entstehenden Problem für die Zukunft, dem Vertrauensverlust, angeführt. ‚Schlechte Kommunikation' steht für gebrochene Versprechungen, die die Mieter in ihrem Lebensraum unmittelbar betreffen. Dem Vertrauensverlust kann im Prozess anscheinend soweit entgegen gewirkt werden, dass eine Kooperationsbeziehung für die gemeinsame Zukunft wieder möglich wird. In dieser balancierenden und radikal zukunftsorientierten

Darstellung verschwinden Unterschiede: Besonders drastisch zeigt sich die Abwesenheit von rechtlichen Perspektiven, wenn die rechtlich verpflichtenden Entlastungsmaßnahmen für die Mieter während der Modernisierungsarbeiten in den Rahmen einer Austauschbeziehung gestellt werden. Vor allem aber fallen substanzielle Unterschiede der beteiligten Parteien unter den systemischen runden Tisch: Hier der ökonomisch engagierte Bauträger in seiner starken Position als Investor (der über mehr verfügt als er braucht); dort die in ihrer Lebenspraxis massiv betroffenen und ökonomisch schwachen Sozialmieter. Die von Reckwitz angemahnte Berücksichtigung der doppelten Positionierung (vgl. Kap. 3.2.2.3) im Code der Wahl verschwindet im formal gleichen Subjektcode: Der Unterschied zwischen der Überschüsse investierenden Position und der Betroffenheit im primären Bedürfnis zu Wohnen ist nicht darstellbar. Dass der Bauträger keine Emotionen und Wünsche äußert –lediglich eine gewisse Verärgerung über die Presse wird angedeutet– kann nicht verwundern: aus seiner Position heraus ist weitaus weniger emotionale Affiziertheit zu erwarten. Die Dysbalance zwischen den Parteien, einmal der ökonomisch starke und psychologisch schwach betroffene Investor, zum anderen die ökonomisch schwachen und stark psychologisch betroffenen Mieter verschwindet hier in der psychologisch-ökonomischen Ununterscheidbarkeit. Diese hier nicht aufzubringenden Unterschiede können sich damit ungebremst in Verhandlungsmacht übersetzen. Diese Problematik wurde im Diskurs, etwa bei Breidenbach (Kap. 8.3) erkannt; in den friedensbewegten Kontexten der Mediation wird dieses Problem deutlich gesehen und die Rahmung und Reflexion auf den Dialogprozess eingefordert:

> Eine andere Kritik lautet, dass Dialoge in hoch asymmetrischen Konflikten sogar Schaden anrichten können. Wenn sie formal den Eindruck eines ‚Dialogs auf Augenhöhe' erwecken, drohen sie die vorhandenen Ungleichheiten vor Ort zu verdecken: Während die mächtigeren Repräsentanten sich ihrer Offenheit zum Dialog über heikle Themen rühmen, empfinden die schwächeren Vertreter die Treffen als Zeitverschwendung, oder schlimmer, als Verfestigung des ungleichen Status Quo. Wie auch bei allen anderen Maßnahmen zur Friedensentwicklung und Konflikttransformation muss Dialogarbeit in einen strategischen Kontext und in einen schlüssigen theoriegeleiteten Rahmen eingebettet sein. Dialoge sind langfristige und verknüpfte Prozesse, die zeitgleiche Bemühungen zur Bearbeitung der strukturellen Ursachen eines Konflikts erfordern. (Berghof Foundation 2012)

Diese Perspektive ist in der nun an Fahrt gewinnenden Form der Mediation, wie sie hier als eine ökonomisch orientierte Spielart der systemischen Mediation gezeichnet wurde, nicht mehr enthalten; sie an diesen Diskurs anschlussfähig zu machen, wäre auch kaum mehr möglich. In diesem Fall kommt die hier vorgenommene subjektivierungstheoretische Analyse tatsächlich zu ganz ähnlichen Ergebnissen, wie sie von Bröckling vorgebracht wurden:

> Die gouvernementale Entpolitisierung qua Verwandlung von Konflikten in Probleme zielt nicht zuletzt auf eine Entemotionalisierung. Beides funktioniert über den paradoxen Mechanismus des Zügelns durch Zulassen: Wie die Sichtbarmachung des Dissenses Konsens ermöglichen soll, so soll die Einladung des Mediators, ruhig einmal auf den runden Tisch zu hauen, aber anschließend bitte auch die Argumente der Gegenseite anzuhören, die vermeintlich irrationalen Wutbürger wieder zur diskursiven Räson bringen. Gute Hirten führen sanft. (Bröckling 2015, S.186)

Allerdings ist die Kritik in der hier entwickelten Perspektive kontextualisiert, da sie nicht ‚die Mediation‘, sondern anhand eines im Diskurs dargestellten Falles eine Problematik herausstellt, deren Anwendbarkeit auf eine Reihe ähnlich gelagerter Verfahren zu prüfen wäre. Zudem ist der hier vorgebrachten Analyse gewiss keine Wendung gegen eine diskursive Rationalität oder eine Rationalisierung von Konfliktemotionen, gar eine Wendung gegen das Zuhören im Konflikt zu entnehmen. Die hier entwickelte Kritik zielt vielmehr auf eine Sensibilisierung bezüglich der Nebenfolgen der Anwendung spezifischer Subjektcodes.

Spiel und Konflikt
Neben der zu beobachtenden Verschmelzung von ökonomischem und psychologischem Code ist für die Systemische Mediation ebenfalls festzuhalten, dass die Codes der Counter Culture, wie Reckwitz sie fasst, und die in der Mediation bislang nur sehr selektiv aufgenommen wurden, hier zur Geltung kommen: Insbesondere war der für die Gegenkultur so prägende Code des Spiels und des ungebändigten Experimentalismus, die Formung des Subjekts nach seinem experimentellen Begehren (Kap. 3.2.2.2) bislang abwesend. Im Gegenteil fand sich in der entschiedenen Problematisierung des Konflikts eine für den Diskurs konstitutive Problematisierung der von rationaler Kontrolle befreiten Interaktion. Das Verhältnis zu spontanen Äußerungen und Regungen der Parteien ist in der Mediation –gegenteilig zum Befreiungspathos der Counter Culture– eines der

Bremsung, der Lenkung, des Wieder-in-den-Griff-bekommens. Mediation wird in einer Situation aktiv, in der das ‚freie Spiel', der ‚spontane Austausch' der Subjekte außer Kontrolle geraten ist; ihre Stoßrichtung ist daher eine rationalisierende, die der Eskalation des Konflikts in wohlüberlegten Entscheidungen und einer bedingungslosen Haltung begegnet. (Kap. 8.6.2) Erst in der systemischen Mediation wird diese Codierung des Subjekts nun aufgegriffen: Die Interventionen sind ‚Verstörungen' der festgefahrenen Interaktionsmuster, das Neue wird in den systemischen Ansätzen als Ergebnis eines tentativen und erfahrungsoffenen Ausprobierens mehr denn durch die Ausrichtung an den Interessen bzw. Bedürfnissen der Parteien erlangt. (LSTB/123) Dabei ist natürlich auch die systemische Mediation nicht frei von den oben dargestellten Ausrichtungen des Prozesses, besonders die Lösungsorientierung verpflichtet die MediatorIn darauf, die zu stützende „Positivdynamik" klar auf das Ziel hin auszurichten. Dennoch führt das Erstarken der systemischen Mediation dazu, dass ein experimentelles, offenes Subjekt im Mediationsdiskurs wieder sichtbar wird.

Flow: ungestörte Dynamik statt authentischer Übereinstimmung
Als ein letzter Aspekt der systemischen Ansätze soll hier die Frage aufgeworfen werden, was als die ‚utopische Fluchtlinie' dieser Spielart der Mediation betrachtet werden könnte. Damit schließt diese Überlegung an das oben formulierte Argument an, dass die Polarisierung der Mediation in Verhandlungsmediation und Transformativer Mediation als ein Dissens nicht nur über die ‚richtigen' Subjektcodes zu verstehen ist, sondern insbesondere als konkurrierende Antworten auf die Frage, wie in einer hoch individualisierten Gesellschaft das Soziale gedacht werden kann. (Kap. 4.2.6) An die Stelle des Codes des Sozialen, der in Verhandlungslehre und Transformativer Mediation noch umstritten war, tritt in der systemischen Mediation nun der Flow. Diese veränderte Vision lässt sich von der Umstellung der Konfliktdefinition vom Leiden zur Beschränkung aus nachvollziehen: Wenn Konflikte als Einschränkungen problematisiert werden und nicht mehr, dass sie die Subjekte verletzen, ist das Ziel einer weniger konflikthaften Beziehung oder Organisation nicht mehr eine, in der die Menschen weniger leiden, sondern eine mit weniger Beschränkungen, weniger Reibungen – ein Zustand, der im systemischen Diskurs als *flow* bezeichnet wird. Flow ist wohl ebenso eine Utopie, ein immer nur annäherungsweise erreichbarer Zustand – der sich durch seine radikale Zentrierung aufs einzelne Subjekt abhebt.

Flow ist ein Konzept, das auf den amerikanischen Psychologen Mihaly Csíkszentmihályi zurückgeht, das dieser nach eigenen Angaben seit 1965 verfolgt, um 1980
wissenschaftlich publiziert hat und das seit 1990 in der populärwissenschaftlichen
Veröffentlichung „Flow – Das Geheimnis des Glücks" (orig.: „Flow – the psychology of optimal experience") einer breiten Öffentlichkeit zugänglich geworden.
Das Konzept Flow hat nicht nur in der psychologischen Forschung rege Aufmerksamkeit erhalten, sondern hat auch ein ganzes Genre an Beratungsliteratur inspi-
riert. (Duttweiler 2007) Insbesondere in der systemischen Beratung (und Therapie)
stellt es eine feste Größe da, die –wie oben schon zitiert– als Zielvorstellung dient:
Systemische Beratung ist Beratung zum Flow, systemische Mediation will weniger
Konflikt und mehr Flow. „Flow" wird bei Csíkszentmihályi als ein Zustand „optimaler Erfahrung" beschrieben, in dem sich in der perfekten Übereinstimmung von
Anforderung und Fähigkeiten bei voller Konzentration und höchster Anstrengung
die Intensität des Erlebens auf ein Maximum steigert. Csíkszentmihályi findet für
diese ‚Peak Moments' plastische Bilder:

> Es ist das, was ein Segler auf richtigem Kurs fühlt, wenn der Wind sein Haar
> peitscht und sein Boot wie ein junges Pferd durch die Wellen prescht, - Segel,
> Kiel, Wind und Meer, summen in Harmonie, die in den Adern des Mannes am
> Steuer vibriert. (Flow/15)

Im Flow verliert sich das Subjekt ganz im Prozess, es wird ganz eins mit der Welt.
Diese Symbiose ist jedoch keineswegs passiv, sondern „ereign[et] sich gewöhnlich, wenn Körper und Seele eines Menschen bis an die Grenzen angespannt sind,
in dem freiwilligen Bemühen, etwas Schwieriges und etwas Wertvolles zu erreichen." (Flow/16) Die Subjekte sind also höchst aktiv – jedoch ist Flow nichts, was
sich intentional herstellen lässt, das Streben nach Erfolg erweist sich im Gegenteil
genau als das, was kontinuierliche Unzufriedenheit hervorbringen kann. Im Flow
zeigt sich damit eine komplexe Bezugnahme von aktiver und passiver Seite im
Subjekt. (Kap. 6.4) Weder wird hier wie in der Verhandlungsmediation ein schlicht
aktives Subjekt gesetzt, das weiß, was es will und diese Ziele rational verfolgt.
(Kap. 4.1) Ebensowenig aber wird das Subjekt, wie die aus der Therapeutik in die
Mediation eingezogene Konzeption es will, an seiner inneren, feststehenden, möglichst authentisch zu erfassenden Wahrheit ausgerichtet. Vielmehr basiert die ganze
Konstruktion des Flow darauf, dass Glück machbar ist: Machbar jedoch nicht di-
rekt, nicht als handlungsleitendes Rezept, sondern nur vermittels der stets indirek-

ten Kontrolle des Prozesses, der im Selbst ‚geschieht'. Durch die Verschiebung auf den Prozess wird ein Moment von Unverfügbarkeit im Subjekt integriert – ohne dass die Aktivität und Machbarkeit des Glücks eingeschränkt werden müsste. Wie im Falle der Kreativität, die sich in unmittelbarer Nähe zum Flow bewegt (Reckwitz 2011), bildet sich eine Verschiebung der Aktivität des Subjekts auf eine die passiven, gegebenen und sich ereignenden Elemente integrierende Prozesssteuerung: Kreativität lässt sich nicht unmittelbar machen, aber ebenso wie Flow trainieren, erleichtern, ‚ermöglichen'. Vermittels dieser Integration der passiven, rezeptiven und ‚erfahrenden' Seite des Subjekts, verschiebt sich die Aktivität nun hin zu einer Optimierungsstrategie seiner selbst.

Damit ist die oben beschriebene inhaltliche Dezentrierung des sich auf der Ebene von Kompetenzen der Selbststeuerung rezentrierenden neoliberalen Subjekts erreicht. (Kap. 3.2.2.2) Der Prozess soll flüssig gehalten werden, das Training zielt auf die Herstellung von optimaler Erfahrung – zunächst unabhängig von den Erfahrungsgehalten; das Subjekt ist nicht mehr an Standard einer authentisch erlebten inneren (feststehenden) Wahrheit ausgerichtet, sondern an der Prozessqualität des Erlebens. Ein solches bewegtes Subjekt, das ganz Prozess wird und sich von inhaltlichen Festlegungen entfernt, ist optimal an systemische Denkfiguren anschlussfähig. Zugleich gerät an dieser Stelle mit der Leidensfähigkeit auch die Möglichkeit von Schwäche aus dem Blick. „Flow" beschreibt die positiven, bestmöglichen, herausragenden Erfahrungen, Schwäche und Bedürftigkeit werden hier nur als zu Integrierendes, das „anders betrachtet" werden kann und sollte, thematisch. (Flow/252-280)

10.5 Subjekt und Konflikt in der Psychotherapie

Zum Abschluss dieses Kapitels sollen die Überlegungen zum Verhältnis von Psychotherapie und Mediation in Bezug auf den bisher angelegten Theorierahmen zusammengefasst und mit Überlegungen aus einer weiteren Theorieperspektive ergänzt werden. Die hier dargestellten psychotherapeutischen Bezugspunkte der Mediation lassen insbesondere zwei der Wandlungsbewegungen zum neoliberalen Subjekt erkennen: Zum einen zeigen sich die Ansätze zwischen der Orientierung an Authentizität und der Ausrichtung am Neuen aufgespannt; beide Orientierungen sind nachzuweisen, ihre Gewichtung variiert jedoch erheblich. Zugleich ist im Ausgreifen der psychotherapeutischen Diskurse auf neue Anwendungsfelder besonders in der Arbeitswelt eine Öffnung der therapeutischen Diskurse für ökonomische Codes zu beobachten, die dann in den systemischen Ansätzen zu einer weit reichenden Ununterscheidbarkeit von psychologischer und ökonomischer Codierung des Subjekts führt.

Zugleich lässt sich über den starken Bezug der Mediation auf die hier dargestellten –der klinischen Anwendung entwachsenen– therapeutischen Ansätze auch Grundlegendes zum Verhältnis von Konflikt und Subjekt entnehmen, mit der die zur Eröffnung der Diskursanalyse vorgenommenen Analysen (Kap. 6) noch einen Schritt weiter geführt werden können. Dazu wird im Folgenden auf die viel beachtete Studie „Das Erschöpfte Selbst" des französischen Soziologen Alain Ehrenberg zurückgegriffen. (Ehrenberg 2008) Die Untersuchung, deren französischer Titel „La Fatigue d'être soi" die Kernthese weitaus besser trifft, nimmt den Aufstieg der Depression von einer Künstler- und Elitenkrankheit (Melancholie oder eben im fin de siècle: ‚Fatigue') zur epidemischen Volkskrankheit beim gleichzeitigen Zurückgehen der Neurose als Krankheitsbild zum Anlass, die These von einem grundlegenden Wandel der Subjektform auszuführen. Und dieser grundlegende Wandel vollzieht sich eben im Verhältnis von Subjekt und Konflikt, wodurch die Studie für den hier entwickelten Zusammenhang hochinteressant wird. Im psychiatrischen Diskurs unterscheidet Ehrenberg zwei Möglichkeiten, das Verhältnis von Subjekt und Konflikt theoretisch zu denken: Während in der Traditionslinie von Freud und der französischen Psychoanalyse[303] das Subjekt als Subjekt seiner Konflikte konzipiert wird, erscheint in der Traditionslinie (des einflussreichen Psychiaters, bei dem auch Freud gelernt hatte) Janet/amerikanische Psychoanalyse/neue Therapeutik das Subjekt als reparaturbedürftig den Konflikten entgegengestellt: Die Konflikte schwächen das Subjekt, die Therapie muss systematisch in seinen stärkenden und gesund machenden, die geistige Spannung aufrecht erhaltenden Kräften unterstützt werden – gegen die schwächenden, zehrenden Konflikte. Den Aufstieg der Depression als Krankheit sieht Ehrenberg nun mit einem sowohl im Diskurs der Psychiat-

---

[303]   Ehrenberg entwickelt seine These anhand der französischen Psychoanalyse, es scheint aber ohne weiteres möglich, die Grundzüge seiner These auf alle europäischen freudianischen Traditionen auszuweiten.

rie wie auch in der gelebten Praxis verorteten Wandel hin zur antagonistischen
Gegenüberstellung von Konflikt und Subjekt begründet: „Die zeitgenössische
Person ist in einem Prozess der ‚Dekonfliktualisierung' gefangen, im psychiatrischen wie im gesellschaftspolitischen Bereich". (ES/283) Die Subjekte bilden sich
nicht mehr, wie im 19. und 20. Jahrhundert durch die Konflikte „zwischen Zivilisa-
tionsanforderungen und animalischer Natur" (ES/285). Sie sind eben nicht mehr
durch den Konflikt integriert, der „eine Beziehung zwischen Selbst und Selbst
[strukturiert], wobei die Elemente zugleich miteinander zusammenhängen und in
Konflikt miteinander stehen, durch den Konflikt zusammenhängen. Die Spaltung
des Selbst ist für die Einheit der Person konstitutiv." (ES/284) Ehrenberg sieht hier
eine gleichartige Entwicklung von Sozial- und Psychostruktur, das repressive und
durch den Konflikt integrierte Subjekt lebt in einer von Spannungen zwischen
Klassen strukturierten Gesellschaft. In der zweiten Hälfte des 20. Jahrhunderts ist
dann aber ein Umbruch zu beobachten:

> Eine Kultur des Verbots und des Gehorsams zielt auf Hemmung, sie macht es
> möglich, die persönlichen Ambitionen der breiten Masse im Zaum zu halten.
> Der Neurotiker leidet an einer zu großen Last an Verboten, sein Überich ist zu
> streng, und die Bedingung der Zivilisation lässt die Person scheitern. In einer
> Gesellschaft, in der vor allem Leistung und individuelles Handeln zählt, in der
> einen Energieausfälle teuer zu stehen kommen können, weil man fortwährend
> auf der Höhe sein muss, ist Gehemmtheit eine Funktionsstörung, eine Unzu-
> länglichkeit. Das Individuum wird institutionell gezwungen, um jeden Preis zu
> handeln und sich dabei auf seine inneren Antriebe zu stützen. Es ist eher initia-
> tiv als gehorsam, es fragt eher, was zu tun möglich als was zu tun erlaubt ist.
> Daher ist die Unzulänglichkeit für die heutige Person das, was der Konflikt für
> die Person der ersten Hälfte des 20. Jahrhunderts war. (Ehrenberg 2008, S. 287)

Anstatt ihre Konflikte zu bearbeiten setzt das neue Paradigma auf Medikalisierung,
insbesondere durch breit eingesetzte Antidepressiva, die das Leiden lindern, die
Angst bändigen und Aktivität stimulieren soll. Dabei reagiert die Psychiatrie hier
auf eine gesellschaftliche Entwicklung, die die Subjekte an anders gelagerten Anforderungen leiden lässt: „Sie [die Depression] ist die unerbittliche Kehrseite des
Menschen, der sein eigener Herr ist. Nicht desjenigen, der schlecht gehandelt hat,
sondern desjenigen, der nicht handeln kann. Die Depression kann nicht in Begriffen des Rechts gedacht werden, sondern nur noch in denen der Fähigkeit." (Ehrenberg 2008, S. 289) Die Umstellung von einer normativen auf eine entmoralisierte

Selbststeuerung, um die Begrifflichkeiten von Reckwitz anzubringen (Kap. 3.2.2.3), verschiebt das Verhältnis von Konflikt und Subjekt grundlegend. Ehrenberg, und in diesem Kontext werden diese Überlegungen für den die Mediation hoch interessant, sieht nun die von der Mediation so weitreichend aufgenommenen neuen Therapeutiken, mit ihren suggestiven, selbstverbessernden Techniken, auf dieser Linie: Sie machen die Konflikte erträglicher, ohne sie zu bearbeiten. Für die Subjekte ist im Konflikt nichts zu gewinnen, sie bilden sich nicht durch die Konflikte, sondern bleiben ihnen besser fern.

Diese hier nur äußerst kurz dargestellte Unterscheidung zweier theoretischer Traditionslinien, die mit spezifischen Subjektformen korrelieren, stützt dennoch das im Laufe der Diskursanalyse entwickelte Argument, dass in der Mediation die Subjekte dem Konflikt gerade entgegengesetzt werden; dass der Konflikt, und alles, was als ihm zugehörig identifiziert wird, nicht aufgenommen, sondern verworfen wird. (insbes. Kap. 8.9) Diese Interpretation des Mediationsdiskurses steht in einem deutlichen Widerspruch zu dessen Selbstverständnis, demzufolge doch seit den alternativen Mediationsmodellen gerade eine positive Sicht auf den Konflikt ein ganz wesentlicher Bestandteil des Projekts der Mediation sein soll. (s. Kap. 6.1.3, Kap. 4.2) Zugleich ist hier, am Ende der Analyse des Mediationsdiskurses jedoch festzuhalten, dass von dieser positiven Sicht auf den Konflikt nichts übrig zu bleiben scheint: Zum einen ist im Mediationsdiskurs eine klare und teils extreme Dämonisierung des Konflikts zu beobachten, der als Eskalationsdynamik unbedingt zu stoppen ist. (bes. Kap. 6.2.2; Kap. 6.3) Die positive Haltung zum Konflikt erwies sich nicht als eine Bejahung des Konflikts selbst, sondern war darauf ausgelegt, den Konflikt *als Anlass* für eine positive Veränderung *zu nutzen*. (so Kap. 4.3; Kap. 6.1.3) Der Konflikt wird geschätzt, weil er das ‚eigentliche Subjekt' klarer heraustreten lässt, indem dieses den Konflikt in seinen verschleppten, ‚erkalteten' Formen abstreift um ganz es selbst zu werden. Das mit dem Konflikt eben nicht identische, sondern von ihm klar abgehobene Subjekt ist (um die Metapher aus Kap. 8.5 etwas zu übertagen) das Gold in der schmutzigen Verpackung des Konflikts: Die Substanzen sind vermengt, nicht amalgamiert. In ihrer Rezeption der Psychotherapie folgt die Mediation diesem Muster, da ausschließlich und sehr intensiv Ansätze aufgenommen werden, die sich in dieses Bild einfügen. Ebenso lässt sich der oben entwickelte Faden des Empowerments hier wieder aufnehmen. Von hier aus erschließt sich, warum das Empowerment in der Mediation konstant Thema wird: Die Subjekte sind ständig vom Konflikt bedroht, ihre Reparaturbedürftigkeit gegenüber dem Konflikt ist dauerhaft und nicht überwindbar. Auch sind die verbreiteten Modi des Empowerments als Imagination (Kap. 4.6), affirmative Suggestion (Kap. 8.2) und hilfreiches Übergehen von Themen (Kap. 11.2.8) auf dieser Linie zu verorten. Dort, wo die Mediation politisch wird, und eine kämpferische Affirmation von Konflikten ermöglicht (Kap. 7.1.5), sind die Konflikte nicht der Bildung der Subjekte dienlich, sondern sind eine mögliche Strategie, um vorab festgelegte Ziele zu erreichen. Der Wandel der Subjektform hat Konflikt und Subjekt getrennt und unversöhnlich gegenüber gestellt; die Bedrohung ist damit konstant und nicht auflösbar, Mediation als Kompetenz universell notwendig und immer anwendbar. (Kap. 6.1.1)

11. Ein Diskurs in Aktion

Zum Abschluss der Analyse des Mediationsdiskurses sollen nun die in den Einzelanalysen entwickelten Thesen, wie Mediation als Subjektivationsprozess verstanden werden kann, an einem Lehrvideo beispielhaft durchgeführt werden. So kann das Ineinandergreifen der einzelnen Analysen, der Problematisierung von Konflikten und der doppelten Thematisierung der Parteien als autonome Entscheider und das Spielfeld des Konflikts, die Veränderungen am Selbstverhältnis als Lösungsmechanismen, die Interventionen der MediatorIn als Arbeit an diesem Selbstverhältnis und die immer wieder gegen den Konflikt gerichteten Interventionen zusammengeführt werden. (Kap. 11.2) Mit dieser Zusammenschau der Analyse ist es nun auch möglich, das Mediationsverfahren als Strukturierung des Subjektivationsprozesses aufzunehmen. (Kap. 11.3) Zum Abschluss des Kapitels wird nochmals der Frage nachgegangen, welche kritischen Möglichkeiten sich aus der Analyse ergeben. (Kap. 11.4). Zunächst jedoch ist das Material im Mediationsdiskurs zu verorten und in das gewählte Material einzuführen. (Kap. 11.1)

11.1 Lehrvideos im Mediationsdiskurs

Lehrvideos sind ein fester Bestandteil des Mediationsdiskurses, sie bieten sich für die Illustration der Subjektivierungsthese besonders an, da sie als Dokumente der inszenierten Mediationspraxis einen umfassenden Blick auf die idealtypische Mediation ermöglichen. Hier bringen die Mediator_innen sich ganz ein, ihr Agieren wird auch jenseits der Ebene der Selbstbeschreibung im Fachdiskurs, in Gestik und Mimik, in spontanen Reaktionen sichtbar. Zugleich handelt es sich bei den Lehrvideos natürlich um produzierte und damit gefilterte Erzeugnisse, die Videos sind ebenso Teil des Diskurses und dürfen keineswegs als ‚Blick hinter die

Kulissen der Mediation' auf eine vermeintlich ‚echte Praxis' missverstanden werden. Im Gegenteil sind sie vielmehr als inszenierte und gewiss idealisierte Darstellung der idealtypischen Mediationspraxis anzusehen – und genau als solche sind sie im Kontext dieser Arbeit überaus interessant.

Lehrvideos im Mediationsdiskurs bilden ein die Mediation schon lange begleitendes und relativ konstantes Genre: So geht etwa der von Bush und Folger in „The Promise of Mediation" ausführlich dargestellte Beispielfall (PoM, Kap. 4.2) auf eine solche Videoproduktion zurück. Dieser simulierte, aber einem realen Fall nachempfundene Mediationsprozess wurde mit professionellen Schauspielern und ohne detaillierte Vorgaben, also über weite Strecken improvisiert, produziert. Nach demselben Muster liegt auch eine Produktion von Friedman und Himmelstein (Kap. 4.3) vor, sowie eine Reihe weiterer Videoformate. [304] Typischerweise wird die von Schauspielern und dem Mediator dargestellte Konfliktsituation ohne detaillierte Vorgaben durch Drehbuch oder Regie durchgespielt. In den Videos findet sich zudem in aller Regel neben dem dargestellten Prozess ein Kommentar, indem die Handlungen des Mediators erläutert und diskutiert werden. Damit bieten sich die Videos als Lehrvideos an, die in Mediationsausbildungen als beispielhafte Dokumente mediatorischen Handelns auch breit zum Einsatz kommen. Sie bilden auch ein Medium, durch das die Teilnehmenden der Mediationsausbildungen zu den charismatischen Stars der Szene Kontakt aufnehmen können und diese dadurch in ihrer Position als Vorbilder und exemplarische Verkörperungen der MediatorInnenrolle bestärkt werden. Da in der Ausbildung zur Mediator_in meistens Texte nicht die zentrale Rolle spielen, sondern Rollenspiele, Übungen, kollegiale Anregung und Intervision die wesentlichen Bestandteile sind (BM-AR), sind diese Videodokumente vor allem auf der Ebene der praktischen und habituellen Ausgestaltung der Mediatorenposition interessant, da sie durch ihre mimetische Funktion im Ausbildungskontext die körperlichen und intuitiv wirkenden Dispositionen der

---

[304]   „Saving the last dance" kann über die Homepage des Program on Negotiation direkt bezogen werden (http://www.pon.harvard.edu/shop/saving-the-last-dance/), die ersten Minuten sind über Youtube einsehbar (https://www.youtube.com/watch?v=EjS0xTlxNwI; 10.12.15, Video liegt dem Autor vor). Weitere Videos sind etwa Branscomb und Allen 2010; Frenkel und Stark 2012; siehe dazu auch die Auswahl an Lehrmaterialen zu Mediation und Mediations-ausbildung auf der zitierten Homepage des Program on Negotiation.

auszubildenden Mediator_innen mit prägen. Die Lehrvideos entsprechen den Rollenspielsituationen der Ausbildung: Sie fügen sich in die Praktiken der Mediationsausbildung ein, indem auch sie Inszenierungen der ‚idealtypischen Mediationspraxis' im Modus des Als-Ob ausführen. In dieser Weise sind sie geradezu exemplarisch für die Praktik, in der Mediation ihre diskursiv erzeugte idealtypische Form am erfolgreichsten realisiert – nämlich in der Simulation zu Ausbildungszwecken.

Fallauswahl

Im deutschsprachigen Mediationskontext wurden die Videos der amerikanischen Vorbilder nicht übersetzt. Stattdessen entstand eine Reihe von neuen Videoproduktionen, wobei die Folgenden erfasst werden konnten:[305]

1. „Ich glaube, sie wollen meinen Job" (IGSWMJ), ein Konflikt im Unternehmen, Beilage zum Lehrbuch (M-Schä);
2. „Ein Fall für drei", eine Scheidungsmediation, und
3. „Ein Fall für vier", eine Erbschaftsmediation, beide herausgeben vom von Anfang an in der Mediationsbewegung aktiven Ausbildungsinstitut ISM und durchgeführt von Maria Marshall, die schon 1994 Mediationsausbildungen durchführte (SDM1/7);
4. „Wirtschaftsmediation" – produziert von der „Mediator GmbH", mit Markus Troja als Mediator und kommentierenden Gesprächen über den Mediator mit Ulla Gläßer und wechselnden Gesprächspartnern;
5. „Trainingsfilm Interkulturelle Mediation und Konfliktlösung" mit Claude-Helène Meyer (TIMK);
6. „Mediation in Bewegung", eine synchronisierte Fassung einer niederländischen Produktion, liegt dem Lehrbuch von Ballreich und Glasl bei (MiB-DVD).

Aus diesem reichhaltigen Material wurde das Video „Ein fall für drei" ausgewählt. Es umfasst zum einen eine fast vollständige Mediation und bietet dazu einen

---

[305] Die Liste ist nicht vollständig, sie umfasst die wichtigsten Produktionen, lässt aber einige neuere wie etwa das auch konzeptionell sich abhebende „Du gehst mir auf die Nerven" (DGMADN) aus.

Kommentar des Prozesses und ihrer Absichten durch die agierende Mediatorin, was die Kontrastierung der hier vorgenommenen Theoretisierung mit dem präsentierten Selbstverständnis ermöglicht. Zudem scheint der Film den im Fachdiskurs formulierten Kriterien einer guten Mediation zweifelsfrei zu entsprechen (anders als bei MiB-DVD, wo die Autoren des Lehrbuchs sich von der eigenen DVD distanzieren, MiB/10), er deckt zudem mit der Scheidungsmediation ein klassisches Feld der Mediation ab. Dabei zeigt die Mediatorin einen verhandlungsorientierten und stark am Phasenmodell orientierten Stil. Dies ist für die hier entwickelte Argumentation von größter Bedeutung, um die Subjektivationsthese nicht auf den Bereich ‚therapeutischer' oder Transformativer Mediation zu beschränken, sondern im Gegenteil gerade auf die verhandlungs- und verfahrensorientierten Positionen im Mediationsdiskurs auszugreifen. Dazu zeigt die Videoproduktion eine relativ hohe Qualität in Produktion und schauspielerische Leistung (was bei IGSWMJ und TIMK nur bedingt der Fall ist). Zudem ist das im Video gezeigte Vorgehen auf eine Weise vom Diskurs und seinen Standardvorgaben unabhängig. Während andere Videos sehr dicht an den Schritten und Techniken des Diskurses bleiben (IGSWMJ fällt hier als Beilage zum das Konsenswissen des Fachdiskurses exemplifizierenden Lehrbuchs von Schäffer auf), werden diese in ‚Ein Fall für Drei' relativ frei aufgenommen und in einem erkennbar eigenen Stil interpretiert. Dies ermöglicht, den Fachdiskurs nicht nur zu replizieren, sondern dem Materialkorpus auch ein nochmals eigenständiges Element hinzuzufügen.

Zur Darstellung

Verweise auf das Videomaterial beziehen sich im Folgenden, sofern nicht anders ausgegeben auf die Produktion „Ein Fall für Drei" (EFFD). Angegeben wird das jeweilige Kapitel der DVD und der auf 5 Sekunden gerundete und tendenziell um einige Sekunden vorverlegte Zeitpunkt, sodass die Stellen leicht aufgefunden werden können. Die Verweise auf das Videomaterial werden nach dem Kapitel der DVD und Zeitmarke vorgenommen (also etwa 1/3:20 wäre in der ersten Phase bei 3:20 min). Die Kapitel entsprechen zugleich den Phasen der Mediation, so dass mit dem Nachweis auch immer die Stellung im Verfahrensablauf klargestellt wird. Jedes Kapitel wird von einem Kommentarinterview begleitet, diese werden als K- und der Phasennummer mit Zeitmarke zitiert (beispielsweise K1/0:20).

Das untersuchte Video wird im Folgenden anhand von Transkripten und Standbildern präsentiert. In der Transkription des Videomaterials wurden die spezifischen Ausdrucksweisen des von den Parteien gesprochenen Schweizerdeutsch möglichst beibehalten, die Äußerungen aber sonst auf übliche Schriftsprache gebracht. Satzpausen und Unterbrechungen nur als Kommentar in eckigen Klammern beigefügt, wenn sie für die Interpretation relevant sind. Schwer verständliche Segmente sind in runden Klammern gesetzt und mit einem Fragezeichen versehen. Die Transkription fällt damit weit hinter den Differenzierungsgrad von Transkriptionen der Videoanalyse zurück, die in die Forschungsdebatten auch der sozialwissenschaftlichen Forschung eingegangen sind. (Dittmar 2004; Knoblauch et al. 2012) Allerdings stehen im Folgenden auch nicht die Mikroebene der Interaktion (Blickrichtung, unwillkürliche körperliche Reaktionen etc.) im Fokus, sondern die Interventionen der Mediatorin und die Verfahrensschritte des Phasenmodells. Dies entspricht auch eher der geschauspielerten Situation: die Transkripte können als Auszüge aus dem (nicht existierenden!) Drehbuch verstanden werden. Da die Subjektivierungsthese anhand dieser Aspekte fortgebildet wird, kann auf die feingliedrigen und enorm aufwendigen Transkriptionsstandards verzichtet werden. [306]

Aufbau des Materials

Im Videomaterial wird der Ablauf einer fast vollständigen Mediation dargestellt. Es handelt sich um ein Rollenspiel, in dem wie üblich das Ehepaar von Schauspielern, die Mediatorin von sich selbst dargestellt wird. [307] Insgesamt werden sechs Sitzungen in drei Stunden Videomaterial dargestellt, was gegenüber dem zugrunde liegenden realen Mediationsfall eine wesentliche Straffung darstellt. Im

---

[306]   Ebenso wird die hier durchgeführte Analyse des Videos nicht systematisch anhand der sich anbietenden wissenssoziologischen Methodenliteratur zur Bild- und Videoanalyse ausgerichtet. (Raab 2008, Traue 2013). Für eine Analyse der Prozesse in Mediationsausbildungen wäre, wenn die Verwendungsweisen der Lehrvideos untersucht wird, eine solche Perspektive gewiss erhellend, nicht jedoch für die hier vorgenommene Analyse des Lehrvideos als Teil des Mediationsdiskurses.

[307]   Die Authentizität und Rollenorientierung verkehren sich damit gegenüber der Mediationspraxis: Im Mediationssetting sollen die Parteien sie selbst sein und die Mediatorin eine Rolle erfüllen, in der Simulation ist jedoch die Mediatorin sie selbst und die Parteien werden von ihrer Rolle folgenden Schauspielern verkörpert.

Kommentar werden die Differenzen der Rollenspielsituation zur realen Mediation thematisiert: die knapp 20 Minuten der Eingangsphase wären in einer realen Situation 90 bis 120 Minuten, sie werden hier verkürzt dargestellt. (K1/6:10) Der dem Rollenspiel zugrunde liegende Fall umfasste insgesamt sieben oder acht Sitzungen, von denen die ersten fünf im Rollenspiel wiedergegeben sind. (K5/10:55) Das Rollenspiel endet mit einer Einigung in zentralen Punkten und beschränkt sich damit auf den als wesentlich geltenden Prozess und lässt die letzten Schritte der detaillierten Lösungsfindung aus.

Das Material ist zunächst in der Kapitelstruktur der DVD durch die Phasen der Mediation gegliedert. So ergibt sich eine fünfteilige Struktur in die Abschnitte des üblichen Phasenmodells, das hier mit starken Bezügen auf das Verhandlungs- vokabular ausgeführt wird. (Abb. 14; vgl. Kap. 7.2.2)

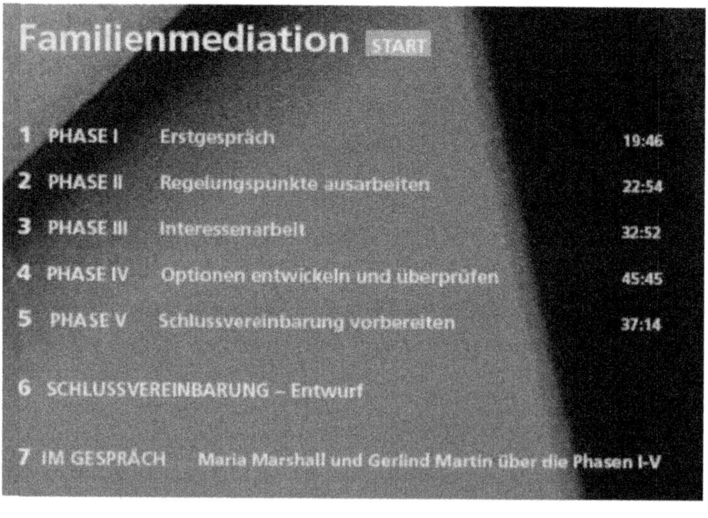

Familienmediation START

1	PHASE I	Erstgespräch	19:46
2	PHASE II	Regelungspunkte ausarbeiten	22:54
3	PHASE III	Interessenarbeit	32:52
4	PHASE IV	Optionen entwickeln und überprüfen	45:45
5	PHASE V	Schlussvereinbarung vorbereiten	37:14
6	SCHLUSSVEREINBARUNG – Entwurf		
7	IM GESPRÄCH	Maria Marshall und Gerlind Martin über die Phasen I-V	

Abbildung 13: Kapitelmenü

Die jeweilige Phase wird auch rechts unten im Bild ständig eingeblendet. Zusätzlich wird das Geschehen durch Einblendungen gegliedert, die entweder als ‚Lehrfragen' („Das Paar streitet sich. Wie darauf reagieren?" 2/8:00) oder als Kommentare der gerade angewandten Methoden oder Verfahrensschritte („Situation aus Sicht der Frau – zusammenfassen") als Untertitel eingeblendet werden. Jeder Phase ist ein kürzeres Interview beigestellt, in der die Mediatorin Fragen einer Kollegin beantwortet.

Die Kameraführung und das Setting sind über das gesamte Material hinweg unverändert. Die beiden Parteien sitzen an einem rechteckigen Tisch der Mediatorin gegenüber. Das Geschehen wird aus zwei Kameraperspektiven verfolgt: Entweder ist die Mediatorin in Halbtotale zu sehen, diese Perspektive ist fest und verzichtet auf Schwenks oder Zoombewegungen. Die andere Kamera ist rechts hinter der Mediatorin in einigen Metern Abstand positioniert und kann jeweils die nebeneinander und der Mediatorin gegenüber sitzenden Parteien fokussieren, auf beide Parteien herauszoomen oder schwenken, wenn die andere Partei sich in das Gespräch einklinkt, oder den Raum in der Totalen einfangen, wobei dann die Mediatorin schräg von hinten erfasst wird. (Abb. 15)

Abbildung 14: Raum und Sitzordnung (1/0:00)

Die Schnitte folgen dem Gesprächsverlauf, sodass immer die momentan hauptsächlich Sprechenden auch im Bild zu sehen sind. Körpersprache, Mimik und

Gestik werden so sichtbar, nur einige Male werden die auf dem Flipchart festgehaltenen Ergebnisse eingeblendet, während die Mediatorin darüber spricht. Die Parteien sitzen stets am Tisch, die Mediatorin steht einige Male auf, um ans Flipchart zu treten, weitere Bewegung findet nicht statt. Der Raum, in dem die Mediation stattfindet ist hell und freundlich eingerichtet, weiße Wände und Holzfußboden; rosa Vorhänge, ein rosa-hellblauer Teppich, zwei große Zimmerpflanzen und ein Kunstdruck über dem Tisch erzeugen eher eine freundlich-warme Atmosphäre, mit der sich der sachlich-nüchterne Tisch und die drei identischen Freischwinger als Aluminiumrohren und schwarzem Leder abheben. Insbesondere beim Tisch fällt die geringe Qualität auf, das Modell scheint eher in einen Seminarraum einer öffentlichen Bildungseinrichtung als in das Büro einer Mediatorin zu passen. Die Parteien tragen unauffällige Freizeitkleidung, er mal Hemd, mal Pullover; sie Bluse oder Pullover und Schal. Die Mediatorin trägt in der ersten Sitzung Hosenanzug und Schal, in den weiteren Sitzungen, wie die Parteien, legerere Kleidung.

Falldarstellung

Im Beispielfall des Videos geht es um die Trennung und Scheidung des Ehepaars Bettina und Michael Eicher. Sie haben zwei Kinder im Alter von sechs und zehn Jahren, sie ist zudem von ihrem neuen Freund Martin im dritten Monat schwanger. Die Trennung geht primär von ihr aus, durch ihre Schwangerschaft von ihrem neuen Freund ist auch für ihn die Trennung unumstößlich klar. Die beiden sind seit 12 Jahren verheiratet, er arbeitet Vollzeit (sein Beruf bleibt unklar), sie ist Hausfrau, kümmert sich um die Familie und hat seit kurzem einen Minijob. Die Familie lebt in seinem Elternhaus, seine Mutter ist vor 10, sein Vater vor 2 Jahren gestorben. In seinem letzten Jahr war sein Vater pflegebedürftig und wurde von Frau Eicher gepflegt. Nach dem Tod ihres Schwiegervaters wurde sie krank und durchlebte eine Krise, in der sie den Entschluss fasste, ihr Leben „grundlegend zu ändern". Sie berichtet von Versuchen, mit ihrem Mann über ihre Ehe zu sprechen („Wir haben uns völlig auseinandergelebt"; 1/3:50), sei damit aber gescheitert, mit ihren Wünschen bei ihm abgeprallt, er habe das nicht verstanden, sie habe an eine Wand heran geredet. Ein Jahr vor der Mediation lernte sie ihren jetzigen Freund Martin kennen und wurde ungeplant schwanger, das Kind zu bekommen ist für sie eine „Selbstverständlichkeit". (1/6:55) Zur Mediation kommt das Paar, da beide eine streitige Scheidung –deren Folgen sie bei einem Nachbarn beobachten konnten (1/12:50)– vermeiden wollen, bezüglich ihrer Kinder eine befriedigende

Lösung suchen und auch die finanziellen Risiken einer teuren Scheidung scheuen. Auch wenn Spannungen zwischen Ihnen gerade am Anfang deutlich werden, streiten sie nicht leidenschaftlich und eskalierend, sondern eher verbittert und teils zynisch und benennen dabei beide stets ein starkes Interesse, dass der Streit nicht noch weiter eskalieren möge.

Am Ende des dargestellten Mediationsprozesses wird eine, wie die Mediatorin mehrfach herausstellt, sehr ungewöhnliche Lösung gefunden (5/35:05). Herr Eicher bleibt, dies war der Hauptstreitpunkt, mit den Kindern im Haus wohnen. Sie kann als vorzeitigen Erbvollzug mietfrei bei ihren Eltern auf dem Hof einziehen. Die Konfliktparteien teilen sich das Sorgerecht und die Betreuung der Kinder, die er morgens in Schule und Kindergarten bringt, sie dann nachmittags betreut und er nach der Arbeit bei ihr wieder abholt; die Wochenenden verbringen die Kinder im Wechsel bei einem Elternteil. Weil er für diese Betreuungsleistung am Morgen seine Arbeitszeit um eine Stunde verkürzt, womit das Gesamteinkommen sinkt, wird ein Teil des Hauses umgebaut und untervermietet. Die Mietüberschüsse von 300 Euro im Monat werden auf 10 Jahre Frau Eicher als Gegenleistung für die Betreuung ihres Schwiegervaters zugesprochen. Sie verzichtet auf Ehegattenunterhalt, Unterhalt wird von Herrn Eicher nur für die Kinder geleistet. Durch die Kinder entstehende Haushaltskosten werden dort geleistet, wo sie anfallen; Kleidung und Schulsachen größtenteils von ihm übernommen. Frau Eichers neuer Partner Martin beteiligt sich an ihren Lebenshaltungskosten in nicht spezifizierter Höhe über den Kindesunterhalt hinaus. In einzelnen Fragen, etwa ob es Übernachtungen der Kinder unter der Woche bei ihr geben soll, wenn die Kinder zuvor am Wochenende bei ihm waren, wird ein Dissens festgehalten.

11.2 Techniken der Subjektivierung

Im dargestellten Mediationsfall lässt sich beobachten, wie die Parteien in die Mediation eingebunden werden und schrittweise ihre Positionen ausfüllen, wie die Parteien unter den Interventionen der Mediatorin die Art und Weise, sich im Konflikt zu sich selbst zu verhalten, verändern und wie auf diese Weise eine Lösung des Konflikts ermöglicht wird. Im Lehrvideo kann nun auch die dabei zur Schau gestellte Gestik und Mimik beobachtet werden. Das besondere Augenmerk soll auf den Interventionen der Mediatorin liegen, die im Folgenden als sieben Techniken differenziert werden. Als Leitheuristik dient hier wieder das Konzept der ‚adressierenden Anerkennung‘. (Kap. 3.1.4) Die Leitfragen, mit denen das Konzept der adressierenden Anerkennung hier umgesetzt wird, sollen daher nochmal genannt werden:

-   Welche Situation stellt die Mediatorin zu Beginn her? Welche Rahmungen werden explizit oder implizit eingeführt? Zugleich: Wie werden die Parteien positioniert? Als was werden sie zu Beginn angesprochen? Dann: Welche Interventionen finden wann statt? Wo unterbricht sie? Was bestärkt und was problematisiert sie? Was übergeht sie und was hebt sie hervor? Was bringt sie wie zur Sprache? Welche Kategorien werden angewendet? Welche Deutungsmuster des Mediationsdiskurses kommen an welcher Stelle zum Einsatz? Auch die Frage der Potentialität der Situation ist zu beachten: Wie werden Abweichungen von der eingangs hergestellten Situation aufgenommen? Auf welche Form der Entwicklung reagiert die MediatorIn wie?

Um den subjektivierenden Charakter des Mediationsprozesses nachzuvollziehen ist eine Reihe von Techniken zu unterscheiden, die erst in ihrer Gesamtheit als Arrangement und in ihrer Abfolge im Verfahren den subjektivierenden Effekt hervorbringen. Im Folgenden sollen sieben solcher Aspekte unterschieden werden. Zunächst werden die Parteien auf eine Weise in die Mediation eingebunden, in der ihre Entscheidung klar hervortritt: Sie müssen die Mediation wollen. (1) Diese anfangs hergestellte Situation wird im Prozess immer wieder erneuert. (2) Im Videomaterial tritt die Reglementierung der Kommunikation der Parteien stark hervor, die Mediatorin wendet sich immer wieder ‚gegen den Konflikt‘ (3). Neben dieser ‚negativen‘ Intervention, in der die Parteien unterbrochen, abgeblockt und deutlich umgelenkt oder auf später vertröstet werden, sind aber die ‚positiven‘ Interventionen der Mediatorin zu betonen: Diese macht die Parteien als autonome Entscheider und Träger ihrer Interessen einerseits zum Dauerthema (mit einer Ausnahme) (4). Zugleich wird die Form, in der die Parteien von sich selbstsprechen bearbeitet (5) und spezifische Arten der Selbstthematisierung auch gezielt hervorgebracht. (6) Zu diesen positiven Interventionen ist auch das Empowerment zu rechnen, dass hier vor allem in Form einer spezifischen Mimik und sowohl in positiver Form der Zusprache als auch in negativer Form als De-Thematisierung auftritt. (7) An dieser Stelle werden diese Techniken jeweils anhand exemplarischer Sequenzen dargestellt. Im nachfolgenden Abschnitt (Kap. 11.3) wird ihr Ineinandergreifen im Mediationsverfahren dargestellt.

11.2.1 Situationsdefinition: Die Parteien, die selbst wollen

Anhand des Beginns des Videos lässt sich die Situationsdefinition rekonstruieren, mit der die Mediation einsetzt und die den gesamten Prozess strukturiert. Die Parteien und die Mediatorin haben schon am Tisch Platz genommen und die Mediatorin beginnt nach zwei Sekunden zu sprechen:

> Schön, dass es geklappt hat, mit dem Termin. Es war ja ein bisschen schwierig bei mir, weil ich eigentlich erst gesagt habe, ich kann erst in zwei Wochen, aber sie haben mir ja erzählt, es wär wichtig, möglichst früh einen Termin zu bekommen. Sie hatten mich ja angerufen Herr Eicher, und mit mir telefoniert, und ich hatte ihnen ja gesagt, es wäre auch in Ordnung, wenn ihre Frau noch anruft, aber sie haben den Termin auch ohne Anruf so akzeptiert. (1/0:00-0:30)

Wenn Herr Eicher angesprochen wird, nimmt die Mediatorin Blickkontakt zu ihm auf, er nickt und bestätigt brummend ihre Darstellung, direkt im Anschluss nimmt die Mediatorin Kontakt zu Frau Eicher auf, die nach dieser Eröffnungssequenz leise, schüchtern nur halb verständlich etwas wie „Schön, dass wir so schnell zu Ihnen kommen konnten" sagt. An diese offensichtlich dargestellte Beidseitigkeit und Ausgewogenheit der Adressierung der Parteien knüpft der Kommentar des Videos dann an, wenn im Anschluss die Lehrfrage eingeblendet wird „Wie zeigt die Mediatorin neutrales Verhalten?" (1/0:35) und die Mediatorin den Vorkontakt im Telefonat transparent macht um anschließend die Situation als Neuanfang auszuweisen, in dem die Kontakte mit ihr vor dem jeweils anderen transparent gehalten werden. In dieser Kommentierung des Materials wird ein im Fachdiskurs für die Eröffnungsphase intensiv thematisierter Aspekt hervorgehoben: Die Mediatorin muss zu Beginn des Verfahrens ihre Neutralität praktisch werden lassen und jeden Anschein von Parteilichkeit offensiv vermeiden. Vor allem in ihrer Adressierung der Partei, mit der kein Vorkontakt stattgefunden hatte, macht sie in auffordernden Blicken und kleinen Sprechpausen den Wunsch deutlich, diese auch einzubinden und sich ihrer Beteiligung an der Mediation zu versichern. Allerdings gerät in dieser auf potentielle Dysbalancen abhebenden Kommentierung das Gemeinsame und für die subjektivierungstheoretische Analyse Entscheidende, in der Adressierung der Parteien aus dem Blick. Die erste Adressierung der

Parteien geht ganz selbstverständlich von der Mediatorin aus, die damit den Anspruch auf die Situationsdefinition erhebt: Sie eröffnet das Gespräch. Zudem findet das Gespräch in den Parteien unbekannten Räumlichkeiten der Mediatorin statt. Und in dieser ersten Adressierung erscheinen die Parteien als dringend um einen Termin nachfragend. Hier wird nicht nur die Frage nach der Motivation der Parteien geklärt, sondern eine für die Herstellung der Situation grundlegende Weichenstellung vorgenommen. Zuallererst sind die Parteien in einem gemeinsamen Anliegen, das sie lösen wollen, aufgetreten: ‚Es gibt ein Problem, dem *wir* uns dringend stellen müssen.' In der Herstellung der Mediationssituation sind nicht die Unterschiede und der Konflikt zwischen den Parteien, sondern die Gemeinsamkeit –und damit auch die hier nur angedeutete Opposition gegen den Konflikt– von Anfang präsent. Den Anfang der Mediation macht das Ziel, die Konstellation, in der die Parteien sich gemeinsam an die Arbeit an ‚ihrem Problem' machen. (vgl. Kap. 4.1.4; auch 4.3.2) Auf die Nachfrage, wie sie zur Mediation gekommen seien, bringt Frau Eicher diese Adressierung wenig später explizit auf: „Es ist mir wichtig, dass wir unsere anstehenden Fragen, die wir einfach nicht alleine schaffen zu regeln, dass wir die so in einem einigermaßen guten, zu einem guten Ende führen können, das ist mir schon wichtig." (1/2:20-2:40) Frau Eicher nimmt hier, obwohl Konfliktpartei, lehrbuchhaft den Mediationsdiskurs auf, was hier plausibel erscheint, da sie eine Informationsbroschüre zur Mediation gelesen hat. (1/2:10) Die Trennungssituation –oder man könnte auch sagen: der Trümmerhaufen ihres bisherigen gemeinsamen Lebens– sind nun ‚anstehende Fragen', die gemeinsam zu lösen sind. Die Adressierung der Parteien durch den Mediationsdiskurs, hier im Medium einer Informationsbroschüre, ist bei den Parteien schon auf Zustimmung gestoßen: Mediation war hier als attraktives Angebot erfolgreich, die Versprechen der Mediation motivieren die Parteien im idealtypischen Mediationssetting (Kap. 2.1). Damit haben die Parteien wichtige Zielvorstellungen für den Prozess schon zumindest kognitiv, oder im Modus der Entscheidung, übernommen: Die im Diskurs gelegentlich als ‚Belehrung' thematisierte Überzeugungsarbeit (Kap. 4.3; Kap. 10.2) wird in diesen Aspekten nicht mehr nötig sein; stattdessen wird es darum gehen, den Prozess, in den die Parteien abstrakt eingewilligt haben, konkret umzusetzen. Die Parteien werden selbst initiativ, da die Option der Mediation ihnen angesichts der Alternative einer teuren und potentiell schmutzigen Scheidung attraktiv ist. Beide formulieren im Gespräch den Wunsch, dass der Konflikt nicht noch weiter eskaliere (1/13:00) und sie ihn wieder „in den Griff bekommen" (1/13:55). Von beiden Seiten wird auch das Interesse der Kinder stark gemacht, die möglichst wenig unter der Trennung leiden sollen. Beiden ist wichtig, die Beziehungen zu den Kindern auch nach der Trennung und der Geburt des neuen Kindes aufrecht zu erhalten. (1/12:40-16:20) Das idealtypische Mediationssetting garantiert durch die notwendige Eigeninitiative der Parteien, die auf die Ziele der Mediation abstrakt schon eingestimmt sind, eine gute Ausgangsposition für den Subjektivierungsprozess.

In anderen Lehrvideos werden an dieser Stelle nun die Schritte zum Herstellen des Settings lehrbuchartig durchgeführt. Information über die Mediation, die MediatorInnenrolle und die Aufgaben der Parteien sowie das Aushandeln von Gesprächsregeln bis hin zur expliziten Akzeptanz der Parteien eröffnen die erste gemeinsame Sitzung. (wieder exemplarisch das kanonische Wissen des Diskurses aufnehmend IGSWMJ/10:00-15:50, ebenso WM) Wenn die Parteien sich auf Selbstverantwortung und die Regeln guter Kommunikation verständigen, oder ihr Interesse an einer gemeinsam erarbeiteten Lösung herausstellen, ist auch damit der Rahmen der Mediation gesetzt. Diese Zustimmung der Parteien erwirkt die Mediatorin im hier herangezogenen Video nun aber gerade nicht durch einen informativen Kurzvortrag über die Kernpunkte der Mediation, sondern über eine provokative Frage. Dieses Vorgehen ist unkonventionell, als ein ausgeprägtes eigenes Stilmerkmal und eine im Kommentar problematisierte Abweichung vom Rezeptwissen des Fachdiskurses aber gerade interessant. Nachdem die Parteien also Raum hatten, ihre Sichtweisen kurz darzustellen, stellt die Mediatorin die Frage

wieso Sie nicht so wie die meisten Menschen augenblicklich noch eigentlich zu einer Anwältin oder zu einem Anwalt gehen (1/12:20).

Im Kommentar wird auf diesen Punkt ausführlich eingegangen, die explizite Klärung der Punkte scheint der Mediatorin –unter der Zeitvorgabe des Rollenspiels– nachrangig (K1/0:25), sie zieht die von der Kommentatorin als „erstaunlich" hervorgehobene provokative Frage vor. Diese habe den Sinn,

die Motivation zu klären, ich möchte einfach verstehen, was sind die Gründe, kommen die Gründe mehr aus der Erwartung heraus, dass hier was Ähnliches geschieht wie vielleicht bei Anwälten, möchte den Unterschied auch sichtbar machen, und möcht einfach das ganz Persönliche, wie die beiden es ja auch nennen, dass es den Kindern gut geht, dass sie als Mutter, als Vater, als Eltern weiter zusammen arbeiten können, Herr Eicher erwähnt, vielleicht kommen sie so auch zu einer günstigeren Trennung. Also es gibt gute Motive und diese Motive können, denk ich, ihnen auch helfen, wenn es mal sehr eng wird in der Mediation, sehr schwierig, dass ich sie daran erinnern kann, ob ihnen das noch so wichtig ist, ob sie, obwohl es jetzt grade so schwierig ist, weiter für diese Motive bereit sind, gemeinsam eine Lösung zu erarbeiten. (K1/1:50-2:50)

Die Provokation wird hier als Technik eingesetzt, die die Parteien dazu bringt, sich selbst für die Mediation zu entscheiden und um sie auf ihre Motivation festzuschreiben. Die Mediatorin übernimmt hier als advocatis diaboli die Rolle, durch die Provokation ein klares Bekenntnis zur Mediation aus eigener Entscheidung herzustellen. Die Adressierung der Parteien ist komplex: Einerseits ist die Frage provokant und scheint nahe zu legen, dass Mediation gar nicht das Mittel der Wahl sei. Im Kommentarinterview nimmt die Interviewerin dies auf. Wenn die Mediatorin die Parteien frage „warum gehen sie wie die meisten Leute in ihrer Situation jetzt nicht zum Anwalt" stellt sich für sie die Frage „Sind sie gar nicht so richtig interessiert an diesem Auftrag?". (K1/1:25-1:40) Dabei unterschlägt die Interviewerin jedoch eine wichtige Nuance in der Fragestellung: Die Mediatorin stellt das Normalverhalten, in Scheidungsfällen einen Anwalt aufzusuchen, nicht ungebrochen dar, sondern relativiert dieses. Es sei „augenblicklich noch" normal. Damit ist die Norm durchbrochen, und an die Mediationsteilnehmer das Angebot formuliert, sich progressiv, zukunftsorientiert abzuheben von der ‚bloß noch traditionellen Normalität'. Mediation wird selbst in den kleinsten Formulierungen noch als innovatives, post-normalistisches Angebot präsentiert. Als dritter Aspekt dieser Adressierung ist die Mimik der Mediatorin zu benennen: Sie lächelt während der Worte „wie die meisten Menschen augenblicklich noch eigentlich" den Parteien auf eine typische Weise zu, die unten als ‚Empowerment-Lächeln' interpretiert wird.

Diese Zuwendung in der provokativen (scheinbaren) Distanzierung vom eigenen Verfahren macht diese Sequenz zu einer exemplarischen Situation der Anrufung der Parteien als autonom Entscheidende. Sie werden hier aufgefordert, ihre eigenen Gründe, ihre Motivation darzulegen und sich klar und deutlich zur Mediation zu bekennen. Dieses Bekenntnis kann dann –so legt die Mediatorin ihre Hintergedanken dar– im Verfahren eingesetzt werden, um die Parteien auf dieser Position festzuhalten, wenn sie davon abzukommen drohen. Die Destabilisierung des Settings ist eine Technik, um die klare, eindeutige ‚100%ige Selbstverantwort-

Abbildung 15: Empowerment-Lächeln (1/12:20; Ausschnitt)

ung' der Parteien herzustellen, die späterhin zur Stabilisierung des Settings eingesetzt werden kann. (In der Transformativen Mediation wird dies als „Check-In" diskutiert, Kap. 4.2) Vor allem aber ist die Destabilisierung eigentlich gar keine: Durch die mehrfache Adressierung der Parteien in der schon doppeldeutigen Frage und der freundlichen, sich klar von der sonst strikten Neutralität abhebenden Mimik wird das Risiko einer ernsthaften Irritation minimiert und dennoch eine Situation geschaffen, in der die Parteien sich ‚alleine aus ihren eigenen Motiven heraus' auf die Mediation verpflichten.

11.2.2 Immer wieder autonome Entscheidungen
Diese Adressierung der Parteien als autonome Entscheider wird im Verfahren mehrfach wiederholt; etwa gleich im Anschluss, wenn die Parteien nochmals zu Hause überlegen sollen, „ob das jetzt der richtige Weg für Sie ist" (1/16:55), oder an einer zentralen Stelle gegen Ende des Verfahrens, wenn die Mediatorin die Parteien anhält, eine Rechtsberatung einzuholen. (5/7:10) Diese Adressierung hat anscheinend Erfolg: Im späteren Verlauf nehmen die Parteien die Entscheiderposition, die ihnen zunächst von der Mediatorin angetragen wurde auch

in ihre Selbstdarstellung auf. So spielt es etwa in der zentralen, den Konflikt lösbar machenden Transformation eine wichtige Rolle, dass Frau Eicher für ihren „Entscheid", die Beziehung zu Martin zu beginnen, die Verantwortung übernimmt und die „Konsequenzen" annimmt. (Kap. 11.3-4)

Diese Interventionen, in der die Mediatorin die Parteien sich auf ihre Eigenverantwortlichkeit festlegen lässt, erhalten so ihre Bedeutung im Subjektivationsprozess als Anker, der die Verpflichtung der Parteien auf das Verfahren auch später, wenn die Mediatorin die Parteien reglementiert, aufrechterhält. Die Verpflichtung auf das übergeordnete Ziel einer guten Einigung wird dann in dieser Situation eingesetzt, damit die Parteien die von der Mediatorin durchgeführte Trennung von Subjekt und Konflikt in sich selbst akzeptieren, aktiv mitgestalten und als ihr Eigenes anerkennen. Zugleich verhindert diese Festlegung, dass der Prozess sich in eine andere Richtung entwickelt: Entweder wird das ‚gemeinsame Problem gemeinsam gelöst' – oder die Mediation wird abgebrochen. Die Entscheidung wird von den Parteien immer wieder getroffen - mit genau diesen beiden Optionen, die von der Mediatorin vorgegeben werden. (vgl. Kap. 8.7 zur Freiwilligkeit abzubrechen) Damit sind die Parteien darauf vorbereitet, in der folgenden Trennung von Konflikt und Subjekt (Kap. 9.8.2) im Prozess zu bleiben und sich, da sie sich nun explizit und ‚öffentlich' für die Mediation entschieden haben, von ihren ‚konflikthaften' Strebungen zu distanzieren.

11.2.3 Reglementierung: Geregeltes Verstehen statt Streit
Die Reglementierungen der Interaktion sind sicherlich die häufigsten und auffälligsten Interventionen der Mediatorin. Wenn die Parteien ihre ungeregelte Streit-Kommunikation beginnen, werden sie von der Mediatorin bald unterbrochen, die die Kommunikation dann in das im Mediationsdiskurs vorformulierte Schema einpasst. Diese Reglementierung greift sowohl auf der Mikroebene der Kommunikationsabläufe (vgl. Kap. 9.2) als auch in der Strukturierung des Gesprächs in Phasen. (Kap. 11.3) Als Beispielsequenz bietet sich ein Wortgefecht an, das sich gleich zu Beginn bei der Darstellung des Trennungsgrundes entwickelt. Frau Eicher stellt ihre Sichtweise zuerst dar, die Mediation stellt in einer ersten Zusammenfassung die Problematik der Wohnsituation mit den Schwiegereltern im Haus heraus, in der sie dann den pflegebedürftigen Schwiegervater betreut.

Sie: „Ja, wer hätte es tun sollen, ich war diejenige, die zuhause war. Es war Not
an der Frau"
Er (unterbrechend): „Du wolltest das ja auch. Es war ja nie (einmal?) Thema.
Du wolltest das ja auch."
Sie: „Das habe ich auch soweit gerne getan, das Schwierigste am Ganzen war,
dass ich spürte, dass ich eigentlich es ihnen nie recht machen konnte, und
ich…"
Er (wieder unterbrechend): „Du hattest auch Riesen Ansprüche"
Sie (parallel): „…glaube von dir einfach diese Zeit hindurch nicht verstanden
wurde" (1/5:30-5:50)

An dieser Stelle interveniert die Mediatorin:

„Ich würde das gern noch grad… [Frau Eicher beendet noch ihren Satz, Mediatorin pausiert und setzt danach neu an, lässt jetzt keine Pausen mehr, in die die
Parteien einhaken könnten] Sie sehen das ein Stück unterschiedlich, das merk
ich schon, ich komm auch gleich zu ihnen Herr Eicher [er brummt etwas Un-
verständliches, die Mediatorin fährt ohne Pause fort], ich würd gern nochmal
dies zu Ende verstehen [atmet hörbar ein] und dann ist ihr Schwiegervater gestorben, und das ist jetzt wie lange her?"… (1/5:45-5:55)

Während dieser ganzen, das Gespräch an sich nehmenden Intervention gestikuliert
die Mediatorin mit beiden Händen in einer Hin-und-Her-Bewegung, die als
abwägendes ,Einerseits-Andererseits', ,Austarieren von Redebeiträgen' oder ,jeder
Seite das Ihre zukommen lassen' verstanden werden kann. Gestisch kommentiert
die Mediatorin so die Reglementierung der Kommunikation der Parteien: Indem
sie sich als Abwägende, Vermittelnde, in ihrem starken Eingriff darstellt,
legitimiert sie zugleich den Parteien gegenüber ihre Intervention, die ja dazu diene,
beide zu Wort kommen zu lassen: Die unproduktive Streitkommunikation wird
beendet, damit die eigentlichen Konfliktgründe, und damit die eigentlichen
Subjekte, geregelt zur Sprache kommen können. An dieser Stelle des
Mediationsverfahrens heißt das konkret: zuerst soll Frau Eicher zu Wort kommen,
anschließend ist seine Geschichte an der Reihe. Typischerweise fällt es den
Parteien schwer, die Darstellung der Gegenseite stehen zu lassen; komplementär
wiederholt sich die Problematik, wenn wenig später Herr Eicher spricht. Nur ist die
Mediatorin nun vorbereitet und fängt Frau Eicher schon beim Luftholen mit einem
schnell eingeschobenen „Ich komm gleich nochmal zu Ihnen. Ich hör grad, Sie
würden gern reagieren" (1/9:50) ab. Hier positioniert sich die Mediatorin klar als

an den Verfahrensabläufen interessiert: Jetzt ist sie dran und die Mediatorin will zuerst „zu Ende verstehen", also die Interaktionsfolge des Aktiven Zuhörens (die Partei spricht von sich, Paraphrase der Mediatorin und Bestätigung bzw. Ergänzung und Korrektur der Partei, Kap. 9.2) zu Ende führen. Dabei fällt an dieser Stelle auf, wie der emotional aufgeladene Austausch abgebrochen und abgetan wird. „Sie sehen das ein Stück unterschiedlich" ist ein fast schon unfreiwillig komischer Kommentar in dieser Situation; deutlicher kann man es fast nicht kommunizieren, dass die angesprochenen Themen jetzt (noch) nicht dran sind. Die Mediatorin hört hier gerade nicht zu, sie geht nicht auf die im emotionalen Austausch erkennbaren unerfüllten Bedürfnisse der Parteien ein (etwa: Sie fühlt sich nicht verstanden, er sich von ihren Ansprüchen überfordert). Hier geht Verfahren vor Prozess.[308]

Bemerkenswert ist hier, dass die Mediatorin sich im Kommentarinterview dafür rechtfertigen muss, dass sie den Streit überhaupt laufen lässt. Die Intervention kommt hier also, wie beide im Kommentarinterview übereinstimmend festhalten, für an den professionellen Standards gemessen spät. Die Mediatorin stellt klar, die Streitkommunikation sei „etwas was ich also bewusst auch eine bestimmte Zeit nur zulasse" (K1/4:45), da sie so die nötigen Informationen erhalte.

Diese Reglementierung ist für die Mediatorin riskant, da sie Widerstände der Parteien provozieren kann. Dies geschieht im Beispielfall zu einem viel späteren Zeitpunkt, wenn Herr Eicher das Thema des Wohnungsumbaus als das, „was Sie das letzte Mal verboten haben" (4.2/4:35) aufbringt. Dabei liegt in diesem Fall nicht nur die Gefahr eines die Mediation sprengenden Autoritätskonflikts vor, wenn eine Partei gegen die ‚Redeverbote' der Mediatorin aufbegehrt, sondern auch die Problematik, dass Missverständnisse entstehen. Die Mediatorin ‚verbietet' in ihrer restriktiven Gesprächsführung nicht vorrangig Themen, sondern Zeitpunkte der Thematisierung. Wenn sie den Parteien das Wort abschneidet, geschieht dies in der Absicht, das Gespräch zu ordnen. Die Gestik verweist auch auf die Regelung

---

[308]   Auf einer technischen Ebene wird an diesen Stellen, die sich auch in den anderen Lehrvideos in großer Zahl finden, sehr deutlich, wie wenig die Transformative Mediation mit ihren radikal prozessorientierten Vorgehen sich im deutschsprachigen Mediationsdiskurs hat durchsetzen können.

des Gesprächs durch das Mediationsverfahren, das jedem Thema seinen Platz zuweist. Entsprechend wird der direkte Austausch zwischen den Parteien im Beispiel nicht dauerhaft unterbunden, sondern auf eine spätere Phase verschoben. Dann kann die Mediatorin den direkten Austausch „auch zulassen. Er passt jetzt." (K4.2/1:20) Die Restriktion, die die Mediatorin den Parteien auferlegt, richtet sich so gegen die ‚wilde' und eigendynamische Interaktion im Streit. Sie zielt aber nicht auf die Unterdrückung der Äußerungen der Parteien, sondern auf ihre Kanalisierung. Die ‚Verantwortung für das Verfahren', die die Mediatorin hier übernimmt, indem sie die Überhand gegen ‚den Konflikt' erlangt, ist ein Kampf um die Art und Weise, wie die Parteien sich darstellen können.

Abbildung 16: Ausgleichende Gestik (1/5:40)

Die restriktive Seite der Mediation richtet sich gegen ‚den Konflikt'; die eigendynamische Interaktion zu (unter-)brechen sichert den Raum, in dem dann die Kommunikationstechniken der Mediation ihre Wirkung auf die Parteien entfalten können; in denen sich die anfangs gemachte Verpflichtung der Parteien, sich zu den ‚anstehenden Fragen' in Eigenverantwortung zu verhalten, realisieren kann. Diese negative Funktion ist vor allem in den ersten Phasen dominant, im Verlauf des Prozesses schwächen sich die restriktiven Interaktionen ab; die Ziel-Konstellation pendelt sich immer besser ein, am Ende (v.a. in Phase 5) gehen die Bälle (d.h. die Sprecherwechsel) entspannt hin und her.

11.2.4 Wendung auf die Parteien

Die kontinuierliche Thematisierung der Parteien lässt sich zunächst auf einer Inter-aktionsebene feststellen: Die Mediatorin stellt mit allem ihren Fragen auf die Par-teien ab, indem sie Verständnisfragen stellt, das Geäußerte zusammenfasst und verifizieren lässt oder an speziellen Punkten nachhakt. Dies gilt sogar für die erste Phase der Situationsdefinition: Auch dort, wo nach dem Lehrbuch eine Information über die Mediation stattfinden sollte, geht die Mediatorin über die Parteien, sie klärt den Auftrag, indem sie fragt, nicht durch einen Vortrag. (1/12:10) Ebenso gliedert die Mediatorin das Gespräch so, dass die Parteien unmittelbar zur Sprache kommen. Direkt nach der ersten Kontaktaufnahme fordert sie die Parteien auf, nacheinander ihre Sicht der Dinge kurz darzulegen. Dieser Schritt, die Parteien zu Wort kommen zu lassen, oder eigentlich: sie in einer klaren Aufforderung ‚spre-chen zu machen', macht den Anfang des Prozesses. Noch bevor die Parteien sich auf das Verfahren festgelegt haben, lässt die Mediatorin beide von sich sprechen, und hört ihnen dabei aktiv zu. Die Parteien sprechen von Anfang von und für sich selbst. Der eigendynamischen Interaktion des Konflikts tritt von Anfang an die authentische Kommunikation (vgl. Kap. 10.2) entgegen, in der Mediation stehen dem Konflikt die Subjekte gegenüber. Der Konflikt wird zum Schweigen, die Sub-jekte zum Sprechen gebracht.

Von diesem Muster weicht die Mediatorin allerdings an einer Stelle ab, indem sie die Parteien aktiv nach den Kindern fragt. Diese werden nicht als selbstverantwort-liche Subjekte behandelt, sondern als Gegenstand des Gesprächs zwischen den Eltern, zu denen sich die Mediatorin als Expertin, die Ratschläge gibt und die Pro-zesse einordnet, positioniert. Die Mediatorin drängt in der ersten Sitzung darauf, die Kinder zu informieren; sie spricht auch als Expertin über die Prozesse, die die Scheidungskinder in spe erwarten und gibt klar die normative Richtlinie vor, das Leiden der Kinder „möglichst gering zu halten" (1/16:15). Mit der Frage nach den Kindern eröffnet die Mediatorin auch die zweite Sitzung. Dort gibt sie den Eltern Rat und Beistand für den Prozess: die Leugnung der Trennung durch den sechsjäh-rigen Sohn sei normal, „das gibt es schon häufig, das ist auch wirklich schwierig." (2/2:05) Diese Intervention wird in einer Einblendung als „Normalisieren" (2/1:30)

bezeichnet. Hier spricht die Mediatorin in einer Abweichung von ihrer subjektivierenden Bezugnahme auf die Parteien als Expertin über die nicht anwesenden Kinder; sie stellt hier die familientherapeutische Situation her, die ihrem Grundberuf
entspricht. (1/18:50)

Einerseits tritt die Mediatorin also mit den Parteien als subjektivierende Mediatorin
auf, andererseits, sofern die Kinder betroffen sind, als Expertin für Scheidungspro-
zesse. Diese Doppelrolle wird erstaunlicherweise im Kommentar nicht aufgegriffen, die Abgrenzungsprobleme werden nicht angesprochen. Die Mediatorin macht
auch ihre Expertenrolle den Parteien gegenüber auch nicht transparent. Sie weist
zwar ihren familientherapeutischen Hintergrund aus (18:55) und macht ebenso ihre
Nicht-Zuständigkeit für andere Expertenrollen (rechtliche Fragen und technische
Fragen den Wohnungsumbau betreffend) sehr deutlich. (1/17:15-19:45) Gegenüber
diesen Expertenrollen nimmt sie die übergeordnete Kompetenz für das Verfahren
in Anspruch, da diese zusätzlichen Experten, auch die Anwälte, dann in Abhängigkeit vom mediatorischen Kern-Prozess punktuell zusätzlich eingeschaltet werden.
In der Mediation gehe es zunächst darum „dass Sie erstmal schauen, was Sie für
sinnvoll halten, und auch selber Ideen entwickeln und dass wir dann zusammen
schauen, wann wäre ein Zeitpunkt, wo sie diese anderen Fachleute hinzuziehen."
(1/17:30) Die von der Mediatorin geleitete Autonomie der Parteien rahmt so die
Rolle der Experten, die als Dienstleister für Fachfragen in den Prozess der Parteien
von diesen eingespannt werden können sollen. Dieses klare Primat der Parteienautonomie gegenüber den Experten wird an zwei Stellen relativiert – die wohl nicht
zufälligerweise genau der Bi-Professionalität der Scheidungsmediation (Kap.
5.2.1) entsprechen: Die rechtliche Expertise ist zwingend einzuholen, die Mediatorin besteht darauf, dass die Parteien einen Anwalt konsultieren. Während hier aber
der Bruch zwischen Mediation als ‚Raum des autonomen Selber-Machens' und der
von außen herantretenden Expertise klar markiert wird, verwischt die Grenze in der
eigenen familientherapeutischen Professionalität der Mediatorin. Ihr Wechsel von
der Thematisierung der Parteien als autonome Subjekte der Mediation zu ihrer
Rolle als Eltern wird nicht klar herausgestellt. Somit wandelt sich das Mediationssetting an dieser Stelle unter der Hand in Richtung einer Familienberatung. Konkret sagt die Mediatorin nichts in der Art von „Ich würde mit Ihnen gerne noch über
die Kinder sprechen und wie Sie ihrer Elternrolle im Prozess nachkommen. Ich
spreche jetzt aus meiner Erfahrung mit diesen Prozessen heraus, mit denen ich
auch familientherapeutisch schon lange Zeit befasst bin..."

Diese Unschärfe bekommt in der Einleitung der zweiten Mediationssitzung eine gewisse Brisanz: Dort eröffnet die Mediatorin das Gespräch mit der Frage nach den Kindern. Nachdem die Parteien erzählt haben und die Mediatorin dieses als notwendigen und nicht einfachen Schritt kommentiert und die Parteien als ihrer Verantwortung gerecht werdende Eltern bestärkt („das haben sie jetzt wirklich auch geschafft, das ist ein Schritt, der für viele Eltern schwer ist"; 2/3:05) leitet die Mediatorin die zweite Phase der Themensammlung ein – und erst danach fällt ihr ein, die Parteien nach der Mediationsvereinbarung zu fragen:

> „Und vorweg möchte ich einfach noch wissen, ich hab's jetzt einfach vorausgesetzt, weil sie wieder gekommen sind – haben Sie die Vereinbarung unterzeichnet?" Er (alle parallel, nickend und bestätigend): „Ah, ja .. du hast sie hier" Sie: „Hab sie ganz vergessen" Mediatorin: „Ja. Können wir am Ende der Stunde..." Er: „Ja, ja, stimmt." Mediatorin: „Ist für Sie in Ordnung?" Sie: „Ja, Ja" Er: „Ja, ja" Sie: „Wir möchten diesen Weg weiter gehen." Mediatorin: „Gut, es war mir nur einfach nochmal wichtig." Er: „... haben wir" (2/3:50-4:10)

Die Unklarheit der Situation bricht hier auf: Die verantwortungsbewussten Eltern und ihre Familienberaterin geraten ins Stottern, wenn sie zurückschalten auf die Mediationskonstellation selbstverantwortlicher, vertraglich sich bindender autonomer Entscheidungssubjekte. Diese Ebene ist in den sich kümmernden Eltern „vorausgesetzt", sie nochmals zu explizieren stört dieses Arrangement, in dem die Parteien sich in ihrer gemeinsamen Verantwortung und Sorge um die Kinder näher gekommen waren, als sie es als Scheidungspaar waren. Diese Abweichung in Richtung einer größeren Harmonie und Zusammenarbeit ist der Mediation unproblematisch, in Richtung von Lösung und Kooperation darf die Positionierung der Parteien als unabhängige Vertragspartner verletzt werden. (vgl. Kap. 7.1.2, Kap. 9.5)

11.2.5 Zuhören, Absichern, Aufschreiben

Wie diese Interventionen des restriktiven Unterbindens (des ‚Konflikts') sich mit aktivierenden Interventionen des Sprechen-Machens im Verfahren zusammenfügen, um die Parteien ihre Subjektpositionen einnehmen zu lassen, lässt sich an den auf die eben dargestellte Sequenz folgenden Abschnitten aufzeigen. Die Mediatorin eröffnet nun die zweite Phase der Mediation, in der die Themen des Konflikts gesammelt werden sollen. Frau Eicher beginnt und nach kurzer Zeit bricht ein heftiger Streit zwischen den Eheleuten aus: Sie seien sich zwar einig, dass die

Kinder im Haus bleiben sollen, sie könne sich jedoch nur vorstellen, dass sie mit den Kindern im Haus verbleibt, er reagiert scharf, aber zynisch, resigniert, überdrüssig. („Immer kommst du mit dem, so für dich ganz klar dass du im Haus bleiben willst, immer der Mann muss raus, he? Es ist mein Haus, es ist mein Eltern-....."; 2/5:20-35) Auch ihre Darstellung, dass seine Frau immer für die Kinder da war, kann er nicht stehen lassen. („Ja, komm jetzt noch, hundert Prozent! Und ich! Und als du krank warst! He? Wer hat zu den Kindern geschaut? Wer hat mit dem Arbeitgeber gesprochen? Wer ist zu Hause geblieben? Also nein nein, dass seh ich ganz anders." 2/5:40-5:55) In diesen Wortwechsel interveniert die Mediatorin:

Mediatorin: „Ich finde das ist eine sehr schwierige zentrale Stelle, an der sie da dran sind, und ich glaube die können Sie augenblicklich auch so nicht lösen. Ich merke da ist ganz viel Emotion (Er: „Sie will mir die Kinder einfach wegnehmen" Sie: „Nein" Er: „Doch, doch! Das spür ich doch!") auch dabei und sie haben die Sorge, ihnen werden die Kinder genommen, und sie sagen es ist ihnen wichtig, die Kinder auch zu betreuen. Ist es möglich, dass ich augenblicklich das nur mal als ein Thema aufnehme? (Sie, zustimmend: „Mmh.") Und dass sie später, wenn dieses Thema dann dran ist, dann [wendet sich jeweils den Parteien zu] natürlich ihre Meinung dann ganz wichtig ist und ihre Meinung dann ganz wichtig ist, und dass ich jetzt erst einmal aufnehme ,wer bleibt mit den Kindern im Haus?' Das ist das, was sie beschäftigt und was besprochen werden muss." Sie: „Ja, das ist das... das ist ganz zentral."

Mediatorin: „Und ich schreibe erst einmal die Themen für ihre Frau auf, und dann die Themen für Sie, Herr Eicher. Geht das?" Sie: „Hmm." Er [resignierend]: „Ja, ja" Mediatorin: „Ich merke das, sie sind da ganz anderer Meinung, ich scheib da auf..." Er: „Es ist immer das Gleiche" Mediatorin: „Und ich scheibe auch auf ,Wer bleibt mit den Kindern im Haus?' dass das also noch nicht geklärt ist, sondern dass sie das klären wollen." [Die Mediatorin tritt ans Flipchart] Sie [zu ihm]: „Weißt du, ich sag ja gar nicht, dass du etwas falsch machst, du hast das gut gemacht..." Er [parallel]: „Ja, jetzt, hier, sagst du das, das hast du lange genug immer gesagt!" Sie: „...stell dir mal vor, ich kann doch nicht einfach die Kinder nicht einfach im Stich lassen?! Das will ich nicht." Er: „Du lässt sie ja... du hast ein Kind, du kriegst ein Kind!"

Mediatorin [am Flipchart stehend, den Stift in der Hand]: „da will ich (mal?) dazwischen gehen, ich merk, das ist wirklich ganz zentrales Thema..." Sie: „Ja, Sie wollen das..." Er (abwehrend): „Ach." Mediatorin: „wenn ich aufschreiben würde: [jedes Wort betonend und mit dem Stift in die Luft schreibend] Wer bleibt mit den Kindern, also wer bleibt mit Sabina und Thomas im Haus, ist das, was sie..." Sie: „Jaa, dass sie..." Mediatorin: „... Zentrales Thema [dreht sich zum Flipchart und schreibt. 17 Sekunden ist nur das Kratzes des Stiftes auf dem Papier zu hören, die Parteien schauen der Mediatorin zu. Sie nickt und macht nach dem ersten Wort einmal „Hmm"] (2/5:55-7:30)

Die Mediatorin interveniert hier auf eine Weise, die im Mediationsdiskurs als Versachlichung aufgefasst wird. Sie beendet die Auseinandersetzung und bringt das Gespräch auf die eingangs formulierte Aufgabe in der zweiten Phase des Mediationsverfahrens zurück (Kap. 7.2.2): Hier sollen nur Themen benannt werden, die später getrennt voneinander vertieft behandelt werden sollen. Dabei geht sie jeweils vorbildlich auf die Befindlichkeiten der Parteien ein und hält so den Kontakt, dies tut sie zudem in immer wieder deutlich herausgestellter Beidseitigkeit. Kurz:

Abbildung 17: Vor dem Flipchart (2/7:25)

Die Mediatorin handelt allparteilich und der Phase entsprechend versachlichend zugleich. (Kap. 9.4) Überdeutlich wird hier auch, wie die Mediatorin die anstehenden Verfahrensschritte durchsetzt: Egal, was die Parteien sagen, jetzt ist der Verfahrensschritt, die Themen zu sammeln, an der Reihe. Auf diesen führt sie das Gespräch immer wieder zurück, bis sie schließlich erfolgreich das Thema ‚Wer bleibt mit den Kindern im Haus' herausgearbeitet, mit Frau Eicher abgeklärt und aufgeschrieben hat.

Für den Subjektivationsprozess ist in dieser Sequenz der Medieneinsatz hervorzu-heben: Das Gesprochene verfliegt, das Verschriftlichte bleibt stehen. Die Parteien sitzen nun vor dem hergestellten Ergebnis; der Streit, wer was wann wie immer gesagt habe und eigentlich was will, verfliegt. Durch das Aufschreiben der Ergeb-nisse des Verfahrens auf dem immer sichtbaren Flipchart werden die Parteien sichtbar gemacht und fixiert. Die Themenpräferenzen der Parteien werden gemein-sam mit der Mediatorin auf eine spezifische Weise erarbeitet, aufgeschrieben und fixiert. Zudem sollen sie vollständig erfasst werden, am Ende der Phase fragt die Mediatorin, ob mit dem aufgeschriebenen alle Aspekte erfasst seien (2/18:45). Es gibt für die beiden Parteien ein Flipchart, es gibt eine Gegenüber- oder Nebenei-nanderstellung, auf der alle ihre Themen erfasst und transparent gemacht werden. Das Aufschreiben der Themenpräferenzen, später auch der Interessen, am Flipchart bekommt so einen herausgehobenen Charakter: Es markiert einen Einschnitt, ein Zwischenergebnis, das festgehalten wird; wenn die Mediatorin sich umdreht, wird das Gespräch unterbrochen. Die Parteien geraten aus dem Blick der Mediatorin, ihr im Mediationsprozess herausdestilliertes Selbst gewinnt eine gewisse Unabhängig-keit, wird auf dem Flipchart sichtbar – und sie stehen vor ihrem im Mediationsver-fahren erarbeiteten Selbst und sehen, was ihr Konflikt ,eigentlich' ist und sie ei-gentlich wollen. Ihre mit der Mediatorin und im Möglichkeitshorizont des Media-tionsdiskurses entwickelte Formulierung ihres Selbst steht nun im Raum und wird dessen weiteren Verlauf bestimmen.

Im Prozess des Verstehens durch die Mediatorin, des Rückversicherns mit den Parteien und der Niederschrift am Flipchart erfahren die Äußerungen der Parteien eine spezifische Formung durch die Mediatorin. An dieser Stelle ist es, dass die Themen in der Form als „das, was Sie klären wollen" festgehalten werden. Diese Formulierung beinhaltet ein massives Reframing der Äußerungen von Frau Eicher, in dem die Parteien als sich gemeinsam ihren Fragen Stellende und eine gute Lö-sung Suchende gesehen werden. Dieses Framing bricht unmittelbar im Anschluss auf:

Sie: „Sie haben jetzt geschrieben ,wer', oder aber ich denke natürlich schon… ich kann mir im Moment gar nichts andres vorstellen, als dass ich das bin"

Mediatorin: „Sie gehen eigentlich davon aus, jetzt das Sie's sind. Aber ich habe verstanden..."

Er (unterbricht): „Nee, also dann brauchen wir's nicht aufzuschreiben, wenn das für dich schon so klar ist"

Mediatorin (mit Hin-und-Her-Geste): „Wenn das noch nicht geklärt ist, hab ich so rausgehört aus ihrem Streit, und von daher denk ich ist es etwas, was sie klären wollen."

Sie: „Ja dann versteh ich, wenn man das so schreibt, dann ist das ein bisschen auch für meinen Mann eine Frage."

Er: „Du bist doch gar nicht bereit, über das zu sprechen, (Sie: „Doch!") nein, du bist nicht bereit, hast du deutlich immer wieder gesagt."

Sie: „Ich seh die Lösung einfach noch nicht." Er: „Ach!"

Mediatorin: „Gut. Sie [zu Ihm gewandt] sagen, da ist vielleicht noch keine Bereitschaft, ich verstehe aber so, wenn sie beide hier sind, nehme ich einfach an, dass eine Bereitschaft da ist, über die Themen die ungeklärt sind hier zu sprechen. (2/7:40-8:30)

An dieser Stelle wird das von der Mediatorin vollzogene Framing der Konfliktgegenstände von der Dringlichkeit der Standpunkte herausgefordert, die hier ja gerade keine ,Fragen, die Wir hier gemeinsam klären wollen', sondern unverhandelbare Standpunkte sind. Frau Eicher will die kritische Frage von Haus und Kindern nicht ,verhandeln', sie ist von ihrer Emotionalität nicht distanziert, wägt diesen Standpunkt nicht gegen andere auf. In diesem Sinne bringt sie hier eben kein ,Interesse' im Sinne des Mediationsdiskurses vor, sondern eine Position. (Kap. 7.1.1-2) Herr Eicher erkennt dies sofort und zieht auch entsprechend die Konsequenz. Ohne Interessen, d.h. ohne Verhandlungsspielräume keine Mediation: „Dann brauchen wir's nicht aufzuschreiben". Vor dieser Herausforderung, in einem kritischen Moment der Mediation, hält die Mediatorin an ihrem Framing fest, indem die die Themen in geklärte und zu klärende unterteilt („Wenn das noch nicht geklärt ist... von daher ist es etwas, was sie hier klären wollen") – und damit das Setting, das auf dem Flipchart schon Gestalt angenommen hat, bekräftigt. Sie führt auch die Verpflichtung, die die Parteien eingangs eingegangen sind an: „wenn sie beide hier sind, nehme ich einfach an, dass eine Bereitschaft da ist". Auch wenn diese Konstruktion angesichts der offensichtlichen Spannungen und des Zynismus in der Zustimmung prekär ist, hält die Mediatorin daran fest. Die Alternative wird nun klar: Hier steht mit der Bereitschaft, die Themen als offene Themen mit zugrundeliegenden verhandelbaren Interessen zu besprechen, die Mediation auf dem Spiel.

Er: „Da haben wir immer Krach, da haben wir immer Krach bei diesem
Thema!"
Sie: „Aber ich bin bereit, darüber zu reden. Wenn wir wirklich..."
Er: „Ja, wenn ich immer schön brav mitmach', ja"
Sie: „Nein, ich will dir zuhören..."
Er: „Das ist ja ganz neu. Das schauen wir mal an, eh. Ganz etwas Neues."
Sie (parallel): „Das ist auch für mich neu"
Mediatorin: „Also ich denke, dass das eine Stelle ist, die wirklich auch
wirklich schwer zu klären ist, für sie beide, (Er, erschöpft: „sehr") und ich
würde gerne, wenn das geht, dass sie's jetzt ruhen lassen, dass wir nur gu-
cken, was gibt es noch, was geklärt werden muss im Zusammenhang mit
ihrer Trennung..." (2/8:30-9:05)

Die Parteien schwenken ein, sie erneuern beide ihre Bereitschaft, die Themen zu
besprechen – wenn auch von seiner Seite in einer sarkastisch abwartenden Haltung.
Darauf geht die Mediatorin jedoch nicht ein, sie nimmt die Parteien
lösungsorientiert (und wieder unter Nichtbeachtung der negativen emotionalen
Tönung) beim Wort. Als Ergebnis dieser Sequenz ist es diese in der Interaktion
immer wieder hoch bedrohte Konstellation, die sich durchgesetzt hat und über das
Flipchart den weiteren Prozess bestimmen wird, während der ‚Konflikt' im
Raum[309] der Mediation keine dauerhaften Spuren zu hinterlassen vermochte.
Besonders im Falle des Sarkasmus ist dieses kleine Re-Framing der Mediatorin
interessant: Sie übergeht den Tonfall und fixiert die Aussage; sie sieht in den
Subjekten und nimmt sich von ihnen, was das Verfahren braucht, und fixiert das;
den Konflikt lässt sie vorübergehen. Das Flipchart mit den Themen dient dann als
Grundlage für die „Vertiefung" der Interessen in der dritten Phase; das dort
wiederum erarbeitete Flipchart mit den Interessen bildet die Grundlage für die
Entwicklung von Optionen; die Optionenliste bildet die Grundlagen für die
Lösungsfindung. Die Flipcharts bilden damit wichtige Stationen im Prozess, sie
sind die Etappen, von denen die Parteien Schritt für Schritt ‚ihren Weg gehen'. Am

---

[309]   Dies ist ganz wörtlich zu verstehen: die Flipcharts bleiben sichtbar stehen und bestimmen
        zusammen mit Tisch und Stühlen den Raum. Dieser Effekt steigert sich noch, wenn Flip-
        charts mit gemeinsam erarbeiteten Ergebnissen (Gesprächsregeln, Themen, Interessen, Lö-
        sungsvorschläge) nebeneinander an die Wände gehängt werden, um den fortschreitenden
        Prozess noch deutlicher präsent zu halten.

Ende der dritten Phase sollen die Parteien ihre verschriftlichten Interessen zusätzlich abschreiben und mitnehmen, um damit zu Hause Lösungsoptionen vorzubereiten. (3/30:30) Ebenso sollen die ausgearbeiteten Ergebnisse der Mediation schriftlich gesichert werden, um so zum Anwalt mitgenommen werden zu können. (5/32:20) Dieser letzte Schritt stellt zugleich den nötigen Medienwechsel dar, um in den juristischen Schriftverkehr einzugehen.

In der nterpretation dieser Prozesse als Subjektivation wird klar, wie wenig diese Interventionen hier als ‚Versachlichung', oder ‚Klärung und Trennung der Aspekte des Konflikts' (vgl. Kap. 7.2.2) hinreichend gefasst werden. Denn gerade im hergestellten ‚Sachbezug' ist ein Arrangement der Parteien als ‚sachlich auf ihre gemeinsamen Probleme' bezogene Subjekte enthalten (Kap. 4.1), und es sind nicht die im Grunde banalen sachlichen Ergebnisse, die diese Phase auszeichnen, sondern die Leistung, dass das Arrangement der sich gemeinsam um eine Lösung bemühenden Parteien von der Mediatorin hier verteidigt und durch die Materialisierung auf dem Flipchart stärkt wurde.

11.2.6 Sprechen-Machen

Neben der Reglementierung von ungeregelter Konfliktkommunikation und der Umformulierung von Äußerungen der Parteien kann das Einfügen der Konfliktparteien in das Verfahren auch aktive Techniken des Sprechen-Machens erfordern, wenn eine Partei den Anforderungen des Verfahrens an einer Stelle nicht unmittelbar genügt. Im Beispielfall tritt diese Situation ein, wenn in der dritten Phase der „Interessenarbeit" Herr Eicher den impliziten Anforderungen nicht genügt. Die Mediatorin eröffnet die Phase mit der Ankündigung, dass sie verstehen will. Sie gehe davon aus, dass beide Seiten gute Gründe haben: „Wer mag mir seine Gründe nennen? (...) Ich würde gerne verstehen, was sie da bewegt" (3/2:20) Dieses Mal beginnt Herr Eicher, seine Interessen darzulegen. Die Mediatorin wendet dabei auf seine Äußerungen und Erklärungen konsequent das Interessen-Schema an. Bevor sie die inhaltlichen Punkte, die er vorbringt, aufschreibt, werden diese als ‚Interessen' gefasst und umformuliert. Allerdings läuft dieser Prozess nicht zu ihrer Zufriedenheit:

Mediatorin (am Flipchart, schreibt Interessen auf): „Und Ihnen selber ist wichtig, auch in der gewohnten Umgebung zu leben, so habe sie's genannt. (Er: „Ja, Ja!") Sie haben festgestellt, Sie sind da noch nie ausgezogen und Sie würden gerne in der gewohnten Umgebung bleiben. Das war eins, was Sie gesagt ha-

ben; was anderes, es ist mein Elternhaus."
Er: „Es ist mein Haus, jetzt. Ich habe das Gefühl, ich habe ein Recht, dort zu sein"
Mediatorin: „Hmm. Also in gewohnter Umgebung zu leben. (schreibt; 10 Sekunden Pause) Und, in Ihrem Elternhaus zu leben"
Er: „Ja, ja"
Mediatorin: „War da noch was, was ich jetzt so, also in meinem Elternhaus zu leben. (schreibt) Was bedeutet das nochmal für Sie, wenn Sie so sagen, in meinem Elternhaus zu leben? Ist da noch irgendwas, was ihnen auch noch wichtig ist?"
Er: „Ist schwierig zu sagen, ich kann mir einfach vorstellen, dass… meine Eltern leben nicht mehr, aber wenn sie diese Situation sehen würden, würden sie auch sagen, das ist der Sohn, der dort leben muss und nicht die Schwiegertochter. Vom Gefühl her, es ist ein bisschen weit hergeholt aber ist so ein Gefühl in mir, von, eh, das muss in der Familie bleiben, dieses Haus, das muss durch (M: hmm, hmm) mich bewohnt sein, ja."
M: „Also ein Interesse ist, dass das Haus in der Familie bleibt auch." (schreibt)

Er: „Ich… ist noch ein anderer Punkt, ich merk eben auch so: es ist diese Verletztheit im Moment, ich bin wirklich verletzt, was mir passiert, mit der Situation. Es ist nicht einfach umzugehen, und ich könnte es auch nicht ertragen, wenn du jetzt im Haus bleibst und dann dieser Martin, der würde vielleicht nicht einziehen, aber der kommt ins Haus und ehh… der lebt und der schläft dort und der… (M: hmm, hmm.) Das passt mir nicht, das ist nicht mein Ding, nicht mein Ding."
M: „Also da unterscheiden sie nochmal zwischen ihrer Frau und dem neuen Partner ihrer Frau, wenn der dann ebent auch in diesem Haus lebt."
Er: „Ja, da hätt ich Mühe, hätt ich Mühe. Ich habe schon jetzt Mühe mit der Situation, und wenn ich das noch von außen, als Verlierer geh ich raus und seh das und eh… das würde mir nicht gut tun, spür ich. Ja. (Zu Ihr) Ich weiß nicht, ob du das verstehen kannst."
M: (schnell)„Also ihr Interesse ist, dass kein anderer Mann jetzt in diesem Haus lebt."
Er: „Ja, ja. Also nicht der, also kein anderer Mann, so unter diesen Umständen, das ist…"
M: „Also nicht der"
Er: „Nein. Nicht der. Nicht der." (3/4:10-7:15)

Diese längere Sequenz, in der die Mediatorin von Herrn Eicher Interessen hören will, ergibt für die Mediatorin zunächst kein zufriedenstellendes Ergebnis, weshalb sie auch später nochmals darauf zurückkommt. Hier lässt sich beobachten, wie die

Äußerungen von Herrn Eicher gegen erhebliche Widerstände in die vorgefertigten Raster des Mediationsdiskurses eingefügt werden. Überdeutlich ist hier der Anfang: „ich habe ein Recht" kann nicht aufgenommen (es erleidet damit dasselbe Schicksal wie der Konflikt), sondern löst eine Reihe von Nachfragen aus, die er dann zögerlich und suchend, und anscheinend um Anschlussfähigkeit bemüht, beantwortet. Was er auch sagt, die Mediatorin will es *als Interesse* verstehen: Der formende, subjektivierende Aspekt des Verstehens tritt hier überdeutlich heraus. (Kap. 3.1.4) Andere Verständnismöglichkeiten, die hier mit Händen zu greifen wären, lässt sie konsequent aus.[310] Das Verstehen in der Mediation, das wird hier sehr deutlich, ist ein auf die Subjekte gerichtetes Verstehen, das von einem klaren Vor-Verständnis des Subjekts ausgeht. Es ist damit deutlich als ein ‚adressierendes Anerkennen', als eine Subjektivierungsweise, die immer schon weiß, was sie zu sehen bekommen kann, einzuordnen. (Kap. 3.1.4) Dieses *Verstehen als* führt an dieser Stelle zu den ausgreifenden Bemühungen, die Herr Eicher –trotz seiner hier nicht in Frage stehenden Kooperation– benötigt, um sich als das Subjekt darzustellen, das er in der Mediation zu sein hat. In einer etwas späteren Sequenz, die von der Einblendung als „Von den Interessen zu den Gefühlen" benannt wird, wird dieser Prozess fortgesetzt:

> Mediatorin: „Das ist jetzt alles, was ihnen wichtig ist, die Vater-Kind-Beziehung, wo sie betonen, was sie da alles, was Ihnen das alles bedeutet, wo ihnen auch wichtig ist, dass auch die Mutter weiter beteiligt ist. Gibt es noch etwas, was für Sie ganz persönlich, sie sind ja nicht nur, nicht nur Vater, auch wichtig ist an dem Kontakt mit den Kindern, an der Betreuung der Kinder?"
> Er: „Das versteh ich jetzt nicht ganz."
> Mediatorin: „Verstehen sie nicht…"
> Er: „Nein. Also wenn ich die Kinder habe, dann habe ich ja als Vater wie als Mensch etwas."

---

[310] Dies gilt nicht nur für die Frage nach dem ‚Recht', sondern besonders auch für die offensichtlich sexuellen Konnotationen, die Herr Eicher am Ende aufmacht: Martin soll nicht in sein Haus, um dort zu *schlafen*. Das Problem ist, dass es *nicht sein Ding* ist. Weder das patriarchale Verständnis der im Haus wohnenbleibenden Familie, aus der Frau Eicher durch ihren ‚Fehltritt' ausgeschieden ist, noch die verletzten Ansprüche auf die Sexualität seiner Frau, sind in der Mediation von Interesse.

Mediatorin: „Jaja, ne. Wenn Sie sie haben, ist ja selbstverständlich. Aber warum es Ihnen so wichtig ist, dass sie mit Ihnen leben, das haben Sie ja so betont. Dass es Ihnen so wichtig ist, dass sie mit ihnen im Haus leben."

Er: „Ja, also ich hab das vorhin schon gesagt, ich möchte einfach nicht als Verlierer dastehen, ich möchte nicht, dass die Leute sagen, da hat er die Frau verloren und die Kinder und die Frau die hat dann was, wo sie sich drauf freuen kann, ein neues Kind und einen neuen Partner (M: Ja...) und ich steht so..."
Mediatorin (unterbricht): „Das ist Ihnen noch so wichtig, dass sie nicht als Verlierer dastehen. Gebe es da noch etwas? Dieses ‚Verlierer', das ist nach außen hin, was Ihnen so wichtig ist, gibt es für Sie selber auch noch was, was, wo sie spüren, das bedeutet Ihnen ganz persönlich was?"
Er: „Ich denke, das ist abgedeckt, ja. Das ist etwas, das gibt mir etwas, wenn ich die Kinder einfach nicht verliere. Das gibt mir ein gutes Gefühl."
Mediatorin: „Das heißt, wenn sie nicht bei Ihnen wären, was wäre dann?"

Er: „Eine unendliche Leere. Eine unendliche Leere. Ich hab jetzt schon Mühe mit der Situation und ich könnte mir vorstellen, wenn es dann richtig zum Auszug kommen würde, Frau und Kinder gehen weg, also dann kann ich für nichts garantieren."
Mediatorin: „Also ein wichtiges, was Ihnen auch noch wichtig ist, ist nicht nur die Wirkung nach außen, sondern auch dass sie nicht alleine sind."
Er: „Ich, ja, ich... kann nicht noch mehr verlieren. Ich verlier hier schon sehr viel."
Mediatorin: „Mhh. Ja. Ich hab mich vorhin vielleicht schlecht ausgedrückt, aber ich dachte, dass das vielleicht noch wichtig ist."
Er: „Ich dachte, das hätte ich gesagt."
Mediatorin: „Ja, jetzt haben Sie es ja sehr deutlich gesagt. (einige Sekunden Pause, er sitzt mit gesenktem Kopf da und nickt. Hebt dann die Augen und nimmt nickend wieder Blickkontakt auf.) Ja..." (2/20:10-22:50)

Hier ist die Hartnäckigkeit bemerkenswert, mit der die Mediatorin immer wieder nachhakt, bis sie eine zufriedenstellende Antwort erhält. Herr Eicher arbeitet hier daran, eine Weise, von sich selbst zu sprechen, zu entwickeln, die ihm anscheinend nicht vertraut ist. Seine beobachtbare Verunsicherung rührt auch daher, dass die ihm vertrauten Redeweisen in der Mediation nicht akzeptiert werden: Sie sind, in der Unterscheidung der Gewaltfreien Kommunikation ‚unechte' Gefühle (Kap. 10.3), sie tragen die Spuren der zur normalistischen Angestelltenkultur der 60er Jahre zugehörigen Außenorientierung (Kap. 3.2.2.1), die in der Mediation verworfen wird. Dass er nicht als Verlierer dastehen will, ist nicht zufriedenstellend; die Mediatorin will wissen, was er spürt, was es ihm „ganz persönlich" bedeutet. Die von Herrn Eicher dann vorgebrachten Formulierungen für sein Inneres, ‚Als Mensch etwas davon haben', ‚ein gutes Gefühl' lässt die Mediatorin dann wieder nicht gelten, da sie keine der im Möglichkeitshorizont des Subjektform unterschiedenen (emotionalen) Qualitäten spezifiziert. Erst als er auf seine Ängste, verlassen zurück zu bleiben, zu sprechen kommt, ist eine gültige Emotion formuliert. Das, und genau das, sind erst die „guten Gründe", die die Mediatorin zu Beginn dieser Phase ihren Subjekten unterstellt hatte. Der Rest ist wieder nicht weiter von Interesse: seine Sorge um den Statusverlust wird als Außenorientierung abgetan und auch seine als Drohung oder als Andeutung eines Zusammenbruchs zu verstehende Formulierung „dann kann ich für nichts mehr garantieren" läuft ins Leere. Die Mediatorin interessiert sich hier für seine Gefühle, und bis er ein ‚richtiges Gefühl' artikuliert –bis er also die Sprache spricht, die in der Mediation alleine verständlich ist– interessiert sie sich auch für nichts anderes. Da Herr Eicher seinen männlichen Protest gegen den anderen Mann in seinem Haus –und im Bett seiner Frau– nicht frei artikulieren kann, findet er für seine männliche Ehre, jahrhundertelang zentraler Bestandteil von Ehekonflikten (Eriksson 2003), anderen Ausdruck: Er sei dann „verletzt [atmet demonstrativ aus] verständlich! [mit einer großen Armbewegung]" (1/10:20). Aus dem Diskurs verbannt, äußern sich seine hier nicht mehr anschlussfähigen Selbstverständlichkeiten ein letztes Mal in großen, aber wortlosen Gesten.

Abbildung 18: emotional man (3/22:40, Ausschnitt)

11.2.7 Die Neucodierung der Ehe im Moment ihrer Auflösung
An dieser Stelle geht nun die Analyse der Techniken der Subjektivierung unweigerlich zu den hier angewendeten Subjektcodes über; beide Aspekte sind im Prozess immer verbunden. Ihren Ort im subjektkulturellen Wandel bezieht die Mediation (es ist hier möglich, vom Videomaterial auf den gesamten Diskurs zu verallgemeinern) hier im Verständnis der intimen Beziehungen und besonders der Ehe, die hier nicht nur wie in der oben zitierten Sequenz implizit, sondern an einer anderen Stelle auch ganz explizit vorgetragen werden. Nicht nur die Subjekte, sondern auch die intimen Beziehung werden in der Mediation radikal neu codiert. Kontinuierlich werden im Videomaterial ‚traditionelle' Deutungen der Ehe zurückgewiesen oder im auf neue Subjektcodes umgestellten Vokabular der Mediation reformuliert. Als etwa Herr Eicher Wert darauf legt, vor der Dorfgemeinschaft das Gesicht zu wahren (1/9:20), reagiert die Mediatorin mit einem selten kritischen, ihre Beden-

ken angesichts dieses ‚schlechten Grundes' ausdrückenden „hmm". Als das Thema bei der Vertiefung der Interessen wieder aufkommt, wird es dann in mediationskompatible Deutungen überführt. Herr Eicher hat die Signale gehört und führt die Dorfgemeinschaft nicht mehr als seinen eigenen Orientierungspunkt an, sondern nur noch den Tratsch als eine unausweichliche Realität, wobei er sich Sorgen mache, ob seine Frau dem hinreichend Rechnung trage. (4/10:40-11:45) Die Außenorientierung, im oben skizzierten Modell kulturellen Wandels mit der Angestelltenkultur der 1960er Jahre identifiziert (Kap. 3.2.2.2), die aber in vielerlei Form überdauert hat, wird hier zentral angegangen: Eigentlich sind die Leute egal. Was alleine zählt, sind die individuellen Interessen, an denen hat sich die auszuhandelnde neue Familienkonstellation auszurichten. Hier agiert die Mediatorin klar und aktiv, bis der Konsens dieser Innenorientierung hergestellt ist. Ebenso aktiv werden normative Kategorien aus der Mediation entfernt. Wenn Frau Eicher dann die Möglichkeit, über das Scheitern der Ehe in Kategorien der Schuld nachzudenken, aufbringt, indem sie sich vom Vorwurf distanziert („Ich möchte nicht als Alleinschuldige dastehen." 3/24:35), geht die Mediatorin darauf nicht ein. Nicht durch Konfrontation oder Klärung, sondern durch De-Thematisierung wird die Schuld aus der Ehe ausgetrieben. Stattdessen formuliert die Mediatorin später im Prozess, wenn die Parteien schon eingeübt sind, ein positives Gegenangebot zur Neucodierung von Partnerschaft im Moment ihres endgültigen Scheiterns. Gleichzeitig gibt die Mediatorin hier ihren Parteien noch die Mittel mit, um mit ihrer Mediationsvereinbarung in der anwaltlichen Beratung bestehen zu können:

... würde ich Ihnen noch gern was mit auf den Weg geben, was ein Paar vor zwei Jahren mal entwickelt hat, als sie so anfingen, in Richtung Lösung zu denken und auch angefangen haben zu gucken, wie könnte denn eine Vereinbarung vielleicht aussehen und auch sich selbst darüber Gedanken gemacht haben, was muss denn alles festgehalten werden, [...] die wollten sichtbar machen auch in welchem Sinn sie das Ganze, also was... mit welchen Motiven sie jetzt diese ganze Trennungsvereinbarung abfassen wollen und haben da eine Präambel zu verfasst, und die würde ich Ihnen gerne so mit auf den Weg geben, die müssen sie überhaupt nicht so übernehmen, nur mal als Gedanke im Vorfeld. [...] ‚Wir haben diesen Weg für unsere Scheidung gewählt, weil wir uns bewusst sind, dass keiner von uns allein schuld am Auseinanderbrechen unserer Ehe ist. In diesem Bewusstsein wollen wir uns so voneinander lösen, dass jeder die Achtung vor dem Anderen behält. Aus diesem Grunde haben wir einvernehmlich diese Vereinbarung getroffen, wohl wissend, dass sie in zahlreichen Punkten nicht den Regelungen entsprechen, die häufig von Rechtsanwälten für

ihre Mandanten ausgehandelt oder vor Gericht erstritten werden. In Erinnerung
an viele auch sehr schöne und glückliche Stunden unserer gemeinsamen Jahre
trennen wir uns mit dem Wunsch, dass sich keiner von uns als Verlierer fühlen
möge.'
[einige Sekunden Stille, dann] Herr Eicher: „Schön"
Ja, es klingt jetzt, es ist ein sehr hoher Anspruch, aber ich fand das damals erstaunlich, dass die damals diese Präambel geschrieben haben, auch wenn die
noch ganz schön Schwierigkeiten hinterher gehabt haben, wirklich eine gute
Vereinbarung zustande zu bekommen. Aber es war für sie sehr wichtig, sich
das zu mindestens vorzunehmen. Und das haben sie so als eigene, wie eine
Richtschnur verstanden, haben sie sich das vorweg gesetzt."
Frau Eicher: „Ich kann mir das eigentlich nur wünschen, dass wir das so schaffen, auch diesen Weg zu gehen." Herr Eicher: (Nickt, schluckt) (4/27:25-31:05)

In diesem Text, der hier in analoger Weise zur ‚humanistischen Neuorientierung'
in der Klärungshilfe den Horizont des Geschehens absteckt (vgl. Kap. 10.2), macht
die Mediatorin eine sehr deutliche normative Vorgabe, die Kernpunkte der
Mediation –gegen die Zuschreibung von Schuld, [311] Zukunftsorientierung,
Kooperation und die Suche nach einer maßgeschneidert passenden Lösung– auf
den Scheidungsprozess anwendet. ‚Lösung' tritt hier in doppelter Bedeutung auf:
Als Lösung des Konflikts und Lösung der einmal auf ewig angelegten Beziehung.
Bei diesem hier vertretenen Eheverständnis, das in der Scheidung einen
vollkommen akzeptablen Vorgang erkennt und von der Sorge um das Wohlergehen
und die Balance zwischen den Partnern bis hin zur Würdigung der schönen
Erinnerungen motiviert ist, handelt es sich um eine Innovation, die auch Teil des
subjektkulturellen Wandlungsprozesses ist, als dessen Teil Mediation hier
rekonstruiert wurde. (Kap. 3.2-5) Auch in den intimen Beziehungen setzt sich mit
den Wandel der Subjektformen die Orientierung am nach Verwirklichung
strebenden Inneren durch –für das die Beziehung nun Resonanzraum sein soll, in
dem die Partner sich in ihrer Entwicklung wechselseitig unterstützen (Reckwitz
2006a, S. 533)– der sich mit dem Code der Wahl hybride überformt: Denn die so

---

[311]   Dabei wäre die hier gefundene Wendung gegen die *alleinige* Zuschreibung von Schuld
         sicherlich in einem Diskurs, in dem noch radikale Positionen auch noch die Ent-Schuld-igung als
         normativ kontaminiert verwerfen (Kap. 10.3), sicherlich kritischen Nachfragen ausgesetzt. In
         der Stoßrichtung geht jedoch auch diese Formulierung mit der auch im Beispielfall entwi-
         ckelten Verantwortungsübernahme konform.

anspruchsvoll definierten Beziehungen gehen in eine nun legitime Serialität über. Die nach ihrer Verwirklichung strebenden Subjekte beschränken ihre Partnerwahl nicht auf eine biographische Phase, sondern behandeln ihre Partnerschaften in Abhängigkeit von ihrer persönlichen Entwicklung und der ihrer Partner. (Reckwitz 2006a, S. 545) Dieser Wandel hat dazu beigetragen, die serielle Monogamie als akzeptierte Beziehungsform durchzusetzen; er schafft zugleich ein ganz neues Feld von Patchwork-Problematiken – und auch das Betätigungsfeld für die Scheidungsmediation als legitime Technik zur Subjekt-adäquaten Behandlung des ‚Lösungsprozesses‘. Vor diesem Hintergrund bekommt die Scheidungsmediation einen melancholischen Zug: Sie ist auch dasjenige Trainingsprogramm, das die Parteien zum Führen einer den Subjektcodes der Mediation entsprechenden Beziehung befähigen würde, das immer zu spät kommt. Auch die Ehe wird in der Mediation neu codiert; jedoch erst im Moment und zum Zwecke ihrer Auflösung.

11.2.8 Lächelndes Empowerment

An die eben zitierte Sequenz lässt sich auch anknüpfen, wenn eine letzte Technik der subjektivierenden Konstellation beschrieben werden soll. Denn auch in der Sequenz, in der Herr Eicher über seine Emotionen zum Sprechen gebracht wird, geht die Mediatorin nicht auf seine jetzt offen angesprochenen Abgründe ein. Die Möglichkeit, die Kontrolle zu verlieren, die er unübersehbar andeutet, wird nicht vertieft. Die Adressierungen in der Mediation positionieren ihre Subjekte als aktiv, fähig und kompetent. Möglichkeiten der Adressierung der Parteien als emotional instabil werden konsequent übergangen. Neben der hier angeführten Stelle ist dabei noch eine Sequenz zu Beginn der Mediation bemerkenswert, in der die Krise von Frau Eicher de-thematisiert wird. Dabei legt ihre Darstellung die Vermutung, dass es sich um eine psychische Erschöpfungskrise gehandelt haben könne, mehr als nahe: Sie berichtet, dass sie nach der Pflege bis zum Tod ihres Schwiegervaters selbst „schwer krank" wurde. Ihre Krankheit wird nicht weiter spezifiziert, sie sei aber „drei, vier Wochen im Spital" (1/6:05) gewesen, habe dort „viel nachgedacht", und dabei den Wunsch nach einer grundlegenden Änderung entwickelt. In diesem Zusammenhang formuliert sie auch, wie sie sich unverstanden fühlt, er sagt, sie sei „schwierig" gewesen und habe keine „Hilfe von außen" annehmen wollen. (1/8:40) Kurz: vieles deutet auf eine psychische Krise hin, die wohl als Depression oder Burn-Out diagnostiziert worden wäre.

An dieser Stelle zeigt die Mediatorin in der Paraphrase „wo Sie viel nachgedacht haben" wieder das Lächeln, das sich von ihrer sonst neutralen Mimik deutlich abhebt. Ihre Mimik ist sehr beherrscht zu Beginn des Mediationsgespräches und wird erst im Laufe des Prozesses, wenn die Stimmung auch zwischen den Parteien sich bessert, gelöster. Im Reflexions-Interview zeigt sie sich dagegen von Anfang an entspannt und lebendig. Das typische ‚Empowerment-Lächeln' zeigt sie in einer Reihe von Situationen (das oben angeführte Beispiel kann nicht herangezogen werden, da dort die Kamera auf Herrn Eicher gerichtet ist). Mit diesem Lächeln begleitet die Mediatorin etwa auch ihre Frage, in der sie die Möglichkeit eines Schwangerschaftsabbruchs aufbringt: „Und das Kind möchten sie auch bekommen?" (1/6:50) – auch das ein heikles Thema, das in der Mediation nicht vertieft werden muss. Ebenso zeigt sie die Mimik im letzten Teil des Kommentars: Als sie zum Schluss noch nach dem realen, dem Rollenspiel zugrunde liegenden Fall gefragt wird, rahmt diese Mimik ihr Fazit: Den Kinder sei es „so gut gegangen, wie es eben gehen kann. Mit [lächeln] allem Leid, was da dran hängt." (K5/13:25) Das zusprechende, Kraft gebende, freundliche Lächeln, mit dem die Mediatorin ihre zumindest zu Beginn sehr auf Neutralität bedachte Mimik unterbricht, taucht an den Stellen auf, an denen die Brüchigkeit der starken, autonomen und selbstverantwortlichen Subjekte der Mediation sichtbar wird: Diese Wege werden nicht beschritten, eine wohldosierte Zuwendung, ein Lächeln Empowerment hilft ihnen über diese Engstellen hinweg.

Dieses Vorgehen der Mediatorin ist für die oben im Diskurs als unverbunden nebeneinander stehend herausgearbeiteten Inklusion und Exklusion der Parteien (Kap. 8.4) aufschlussreich. Sie hält hier an der Inklusion der Parteien fest, solange es geht. Die Exklusion aufgrund von psychischen Störungen oder mangelnder Autonomiefähigkeit wird vermieden; sie wird aber auch nicht konfrontiert oder im Kommentar überhaupt nicht angesprochen. Dies mag zwar der Mediation in vielen Fällen die Durchführung ihres Programms ermöglichen und so die Überzeugung vom menschlichen Potential bestätigen; es birgt aber auch ein gewisses Risiko. Falls der Fall eintreten sollte, dass eine der übergangenen Möglichkeiten sich realisiert –Frau Eicher also in einer Krise untergeht oder Herr Eicher für ‚nichts mehr garantierend' um sich schlägt– könnte die Mediatorin als die Familientherapeutin, die sie in diesem Fall ja auch ist, sich fragen lassen müssen, ob sie das denn nicht hat kommen sehen und zumindest die Parteien auf dieses Risiko hingewiesen haben sollte.

11.3 Subjektivierung im Verfahren

In den gerade dargestellten Techniken der Subjektivierung wurde der starke Bezug zum Phasenmodell der Mediation schon deutlich. Tatsächlich ist die Ausrichtung von Mediation, wie sie im hier herangezogenen Lehrvideo präsentiert wird, so stark auf das Verfahren ausgerichtet, dass eine Darstellung ohne diesen Aspekt gar nicht auskommen kann. Das Phasenmodell ist nicht nur die gliedernde Struktur des Videomaterials, auf die Verfahrensaspekte wird auch ständig Bezug genommen. Dies gilt ebenso für die inszenierten Mediationssitzungen wie das Kommentarinterview. Besonders deutlich wird dies in einem Kommentar zu in einer späten Phase, in dem die Mediatorin die Abfolge der Schritte im Mediationsverfahren als wesentlich für die positive Veränderung der Parteien anführt: Nicht die aktuelle, späte Phase sei entscheidend, sondern alle Schritte, die im Phasenmodell auch vorher schon gegangen wurden. (K4.2/0:50) Dieser Sichtweise soll sich hier auch die Interpretation der Mediation als Subjektivierungsprozess anschließen: Die oben darstellten Techniken und Aspekte des subjektivierenden Arrangements gewinnen erst in ihrem spezifischen Ineinandergreifen im Phasenmodell der Mediation ihren Sinn als subjektivierendes Verfahren. Indem das Verfahren als organisierende Struktur der subjektivierenden Techniken interpretiert wird, kann sich zudem die Subjektivationsthese gegen den Verdacht, die Mediation von der Psychologie oder der ‚Transformativen Mediation' her zu denken, verwehren. Dem Phasenmodell wird im deutschsprachigen Mediationsdiskurs, besonders in der verhandlungsorientierten Spielart, eine unumstrittene Stellung zugesprochen.

Subjektivationsprozesse so auf das linear strukturierte Mediationsverfahren zurückzubinden ermöglicht es zudem, entgegen der Rede von der ‚Paradoxie der Subjektivation' in ihrer „unmöglichen Zeitstruktur" (Bröckling) hier ein gerade nicht paradoxen, sondern gänzlich linearen Prozess nachzuzeichnen, in dem unterschiedliche Techniken zwar komplex, aber systematisch integriert und gerade nicht paradox ineinandergreifen. (Kap. 9.8.3) Subjektivation in der Mediation stellt sich als überraschend lineare Zuschreibungen auf vereinbarte und von den Parteien begehrte Subjektcodes in einem Prozess dar, der von Anfang an und ständig wieder die Selbsttätigkeit und Selbstverantwortung der Parteien einfordert. Mediation ist – idealtypischerweise– eine selbst gewollte, selbst durchgeführte und selbst verantwortete Form der Selbst-Veränderung; diese benötigt einerseits einen klaren Gegenpol –den Konflikt als von den Subjekten abgetrenntes und zu überwindendes

Problem– und ein attraktives Ziel –die Versprechen der Mediation als einvernehmliche, friedliche, allseitig befriedigende, wertschöpfende, demokratische und fort-
schrittliche, effiziente etc. Option. Die Zeitstruktur der Subjektivation ist damit
nicht unmöglicher als die eines ‚Versprechens‘: Die Mediation verspricht den Parteien einen Zustand, sie versetzt die Parteien gewissermaßen virtuell qua Selbstverpflichtung schon in diesen Zustand hinein (in der oben in Kap. 11.2.1 dargestellten Situationsdefinition) und realisiert die dort vereinbarte Form des Umgangs
und die Subjektcodes in zahlreichen Akten selektiver Adressierung der Parteien, in
der restriktiven Arbeit gegen den Konflikt und der formenden Arbeit an den Äußerungen der Parteien, bis diese den Subjektcodes des Diskurses hinreichend genügen.

Das Phasenmodell der Mediation gibt diesem Subjektivationsprozess eine Struktur
und einen vordefinierten Ablauf. Zunächst aber erfüllt die feste Gliederung des
Prozesses in klar definierte Schritte für die Mediatorin wie die Parteien die Funktion einer Richtschnur, die klare Aufgaben vorgibt, die auf einander aufbauen und
erreichbare Ziele für jede Sitzung definieren. Die Mediatorin setzt diese Zuversicht
verbreitende Schritt-für-Schritt-Rhetorik (ABC/89) im Beispielfall auch ein: „Ja,
dann wär's ja möglich, vielleicht zu dem nächsten Schritt zu kommen, das heißt,
dass ich einen Überblick bekomme, was Sie, Frau Eicher meinen, was alles im
Zusammenhang mit der Trennung besprochen werden muss, und was Sie meinen,
Herr Eicher, was im Zusammenhang jetzt mit der Trennung alles besprochen werden muss, dass Sie mir das einfach mal mitteilen. Und ich würde das gern auch
aufschreiben, damit Sie auch zusammen überlegen können, und womit fangen Sie
denn an, was ist so notwendig." (2/3:20-4:45) Die Gliederung des Mediationsprozesses in ein Verfahren, das Schritte festlegt, erreichbare Teilziele definiert und die
Zwischenergebnisse schriftlich fixiert ermöglicht es, die zunächst unmöglich erscheinende Aufgabe anzugehen. Indem der Konflikt zum Gegenstand des Verfahrens gemacht wird, wird er, in Teilschritte zerlegt, den Parteien handhabbar.

Zugleich sind die Vorgaben des Verfahrens eine Beschränkung auf das, was ‚gerade dran ist‘ und was zur Lösung notwendig ist. Dieser Beschränkung als negativer
Seite entspricht die oben dargestellte produktive Seite, die Äußerungen der Partei-
en in die jeweilige Phase einzufügen und die spezifischen dort verlangten Äußerungen in der vom Mediationsdiskurs legitimierten Form einfordern. Die Parteien
werden also durch systematisches ‚push and pull‘, durch das Ignorieren mancher

Äußerungen und das Umformen bzw. Provozieren anderer Äußerungen in das Verfahren eingefügt; solange, bis der jeweilige Schritt erfolgreich abgeschlossen ist und zum nächsten weiter gegangen werden kann. Diese Phasen lassen sich nun als Schritte verstehen, auf denen die Parteien eine Veränderung ihres Selbstbezuges vollziehen.

Diese Transformation geschieht im Beispielfall in einem deutlich herausgehobenen ‚Moment der Wahrheit‘, einem ‚Wendepunkt der Mediation‘ im Sinne des Mediationsdiskurses (vgl. BM-CL; Kap. 7.1.4; auch Kap. 7.2-3), in dem Frau Eicher ihre Position, im Haus mit den Kindern wohnen bleiben zu wollen, aufgibt. Wie kommt es nun zu diesem zentralen Umschwung, der die einvernehmliche Lösung des zentralen Problempunktes ohne Nachgeben ermöglicht? Diese erstaunliche, den Konflikt auf-lösende Wendung ist nur aus dem Zusammenspiel der bis dahin zurückgelegten Schritte im Phasenmodell zu verstehen. Diese Lesart befindet sich auch ganz in Übereinstimmung mit der Mediatorin, die im Kommentarinterview dieselbe Sichtweise einnimmt. (K4.1/2:30) Die massive Veränderung in der Art und Weise, sich in der Mediation auf sich selbst zu beziehen, die Frau Eicher hier vollzieht, ist als Effekt des Subjektivationsprozesses der Mediation aufzufassen. Sie entwickelt eine authentische Position, die das zentrale Streitthema, das ihr zu Beginn des Verfahrens noch unverhandelbar erschien, auf-löst und so eine verlustfreie Lösung möglich macht: Sie will jetzt ja nicht mehr im Haus mit den Kindern wohnen bleiben. Ohne dass eine Partei Abstriche machen müsste, ist jetzt eine Lösung möglich geworden. (Kap. 6.1.2) Die Transformation tritt in der vierten Phase auf der Suche nach ‚kreativen Lösungsoptionen‘ auf, sie ist ein zwischen den Sitzungen herangereiftes Ergebnis der ‚Interessenarbeit‘ der dritten Phase. Die Frage ist nun, wie dieser zentrale subjektivierende Effekt, der im Beispielfall erreicht wird, aus den vorhergehenden Schritten verständlich gemacht werden kann. Alle bisher angesprochenen Mechanismen greifen hierbei auf eine spezifische Weise ineinander.

11.3.1 Erst alleine, dann gemeinsam
Als erste im Verfahren hergestellte Bedingung für die Transformation ist die konsequente Trennung der Parteien bis zur vierten Phase herauszustellen. Bis zur vierten Phase hin wird der Austausch zwischen den Parteien von der Mediatorin komplett unterbunden; die Mediatorin interveniert konsequent (außer der oben angeführten kurzen Sequenz in der ersten Phase, für die sie sich dann im Kommentarinterview für die zunächst ausbleibende Intervention zu rechtfertigen hat) und unter-

bindet den Austausch. Dies kommentiert sie, als ihre Interventionen sich in der zweiten Phase häufen, metakommunikativ: „Jetzt passiert wieder etwas, wie bei jedem Thema jetzt, dass sie sich miteinander austauschen." (2/11:40) Auch in der Anmoderation der dritten Phase stellt die Mediatorin diesen Aspekt heraus: „Es wär schön, wenn Sie dann nicht ins Gespräch miteinander kommen, sondern wenn es mir möglich ist, auch länger mit einem von Ihnen zu arbeiten." (3/1:50) In der auf „Verständigung in Konflikten" (BM-HP) zielenden Mediation wird der Kontakt zwischen den Parteien zunächst systematisch unterbunden, ein zunächst seltsam anmutendes Vorgehen, das sich aus der Trennung von Konflikt und Subjekt herleitet: Die Parteien als Träger des Konflikts müssen stillgestellt werden, erst wenn sie sich dazu durchgearbeitet haben, die Subjekte, die sie dem Mediationsdiskurs zufolge immer schon eigentlich waren, zu sein, wird der Kontakt zugelassen. Im Beispielfall geht die Mediatorin in dieser Frage streng nach Verfahren vor: versöhnliche Momente werden aufgeschoben und nicht vertieft, wenn sie sich nicht in die Verfahrensstruktur einfügen. Während die Mediatorin am Flipchart Herr Eichers ausgearbeitete Interessen aufschreibt („Eine enge Beziehung zu [den Kindern] aufrecht erhalten"; 3/19:15), bricht es aus ihm mit Nachdruck an seine Frau gewandt heraus: „Bettina, ich möchte dir das wirklich sagen; 's ist nicht so, dass ich die Kinder dir wegnehmen will!" (3/19:35). Der veränderte Tonfall und dass er seine Frau mit Namen anspricht, machen aus dieser Äußerung eine Gelegenheit, die als eine ‚Ressource zur Lösung des Konflikts' aufgegriffen und festgehalten werden könnte. Die Mediatorin tut aber nichts dergleichen, sie bleibt ungerührt vor dem Flipchart in der Hocke. Der Stift quietscht und raschelt, die Mediatorin wiederholt „… aufrecht zu erhalten…" – sein Blick geht von ihr wieder weg zurück zum Flipchart, um die von der Mediatoren aufgeschriebenen Dinge zu bestätigen „Ja" M: „Kinder sollen einen guten Kontakt zur Mutter.." Er:„ [mit Nachdruck] Ja! Das ist mir ganz wichtig [nickt intensiv]"

Abbildung 19: Ein versöhnlicher Moment (3/19:25)

Die Mediatorin bleibt auch hier, wo sich ein selten emotionaler und positiver Austausch die Bahn bricht, konsequent auf der Linie, die Parteien einzeln zum Sprechen zu bringen. Es werden also nicht nur die problematisierten konfliktgeladenen Interaktionen unterbunden, sondern auch die Gelegenheiten zum versöhnlichen Austausch aufgeschoben – ein Vorgehen, das aus der prozessorientierten Perspektive der verfahrenskritischen Ansätze (Kap. 4.2; auch Kap. 7.2.2) verständlicherweise kritisiert werden kann. Egal, ob nun aber starr am Verfahren oder flexibel im Prozess – in der Mediation werden die Parteien getrennt bis sie hinreichend zum ‚eigentlichen Konflikt' (Kap. 6.2.2) vorgestoßen sind und damit die im Diskurs bereitgestellten Subjektcodes hinreichend realisiert haben. Erst dann, auf der veränderten Basis, kann und soll die Verständigung einsetzen.

Diese lange ‚Einzelbehandlung' der Parteien macht so die Subjektivierungsthese überhaupt erst plausibel: Im Mediationsverfahren werden zunächst einzelne Subjekte bearbeitet.[312] Die Interaktion ist erst am Ende des Verfahrens wieder zugelassen, ‚wenn es passt'. Nicht nur dem hier entwickelten Verständnis des Verfahrens zufolge geschehen wichtige Veränderungen in diesen Einzelbearbeitungsphasen, von denen die Möglichkeit einer erfolgreichen Lösungsfindung in den späteren Phasen abhängig ist. In der zweiten und dritten Phase erreicht die Mediatorin, dass die Parteien sich auf eine neue Art und Weise zu sich selbst ins Verhältnis setzen: ihr (für den Konflikt relevantes und thematisch werdendes!) Selbst wird dahingehend verändert, dass es sich von ‚Konflikt' hin zu ihrem ‚eigentlichen Selbst' verändert (dies wird explizit in der verstehensbasierten Mediation so formuliert, Kap. 4.3.2, ist aber für den gesamten Diskurs gültig, Kap. 7.1.2); so neu aufgestellt können sie dann wieder miteinander in einen veränderten Kontakt treten. Die erste Bedingung dafür ist, dass die Parteien nur auf sich selbst Bezug nehmen, wenn sie ihre Interessen bestimmen. Anstelle von strategischen Überlegungen (‚wenn ich ihm das Hause lasse, dann…') sollen sie Parteien sich klar werden, was sie denn ‚eigentlich', und das heißt: unabhängig vom anderen, wollen. Ebenso werden Bezüge auf Dritte, besonders seine Sorge um den Gesichtsverlust in der Dorfgemeinschaft, nicht in dieser Form aufgenommen: Alles, was die Parteien in den Prozess, in dem sie von der Mediatorin auf den Flipcharts –ganz wörtlich– geschrieben werden, einbringen wollen, muss zuerst im Vokabular der Mediation reformuliert werden. Im Beispiel heißt das: Es muss als Interesse ausgedrückt werden; es muss die Form von etwas annehmen, das zuerst einmal unabhängig vom anderen und den Umständen in mir ist und etwas beschreibt, was ich von der Welt will, aber auf mehreren Wegen erreicht werden kann und das ich eventuell gegen andere Interessen einzutauschen bereit bin. In diesem Frame, in den Interessen, werden die Parteien aus ihrer –therapeutisch gesprochen– reaktiven Verstrickung im Konflikt gelöst; sie sind nun nicht mehr primär aufeinander bezogen, sondern als Subjekte ihrer Interessen zunächst getrennt voneinander. Damit liegt diese Art der Selbstthematisierung zugleich auf der Linie der primär innenorientierten Subjektcodes der gegenkulturellen wie der neoliberalen Subjektform. (Kap. 3.2.2) Die Introspek-

---

[312] Auch im Diskurs findet sich diese Wendung auf das Einzelsubjekt vom „Like it or not, you are" der Verhandlungslehre (Kap. 4.1) bis zur Gewaltfreien Kommunikation (Kap. 10.3) immer wieder, wie oben immer wieder festgehalten wurde. (vgl. Fußnote 112) Das Intersubjektive ist im Mediationsdiskurs den Subjekten auch systematisch nachgeordnet, wie in Kap. 6.4 erarbeitet wurde. Entsprechend tritt Kommunikation in der Mediation dann als „Transportproblem" (Kap. 10.2) auf.

tion der Parteien ist also nicht nur neu in dem Sinne, dass sie im Konflikt überhaupt wieder stattfindet, sondern sie ist auch angeleitet durch die Rahmungen des
Mediationsdiskurse, die die Mediatorin an die Parteien weitergibt: „Diese Art von
Nachdenken, die hat da geholfen." (K4.1/3:20) Sie findet zudem in Gegenwart der
anderen Partei statt, die als Zuhörende nachvollziehen kann, und so die neu entwickelte Darstellungsweise der anderen Partei auch aufnimmt. Da der Prozess der
authentischen Kontaktaufnahme mit sich selbst von ihr miterlebt wird, sind
Glaubwürdigkeitsprobleme zwischen den Parteien hier nicht zu erwarten, im Diskurs werden sie auch nicht behandelt.

11.3.2 Die neue Beziehung herstellen

Erst in der vierten Phase wird der Kontakt zwischen den Parteien dann wieder
hergestellt (4.1/2:45), wenn die kreativen Lösungsvorschläge erarbeitet werden
sollen. Damit fällt dieser wichtige Moment in die Phase, in der die Mediation mit
dem Brainstorming von Lösungsvorschlägen einen spielerischen, experimentellen
Raum eröffnet. (hierzu s. Kap. 4.1.4; Kap. 7.2.2) Damit wirkt die Kreativität gleich
in den neuen Beziehungsaufbau mit, was über die Funktion im Verfahren hinaus
den Code der Kreativität in die neu gebildeten Subjekte einschreibt: Diese nehmen
ihr Leben in die Hand und entwickeln kreativ eigene Lösungen – eine paradigmatische Praxis für die stets anti-normalistischen Subjektformen der Mediation. (s.
Kap. 3.2.2 und auch Reckwitz 2011) Nachdem der Konflikt mit seiner destruktiven
Dynamik überwunden ist, werden nun eben nicht nur optimal den Interessen der
Parteien entsprechende Optionen entwickelt; die neu geordnete Beziehung zwischen den Parteien nimmt zugleich den für die gegenkulturelle wie neoliberale
Subjektform so wichtigen Code des ‚Spiels' auf. In der Realisierung dieses Merk-
mals unterscheiden sich die Mediationsausrichtungen erheblich. Während die Verhandlungsmediation diesen Prozess stark eindämmt und klar auf die Phase beschränkt, deren instrumenteller Charakter für die Lösungsfindung stark betont wird
(s. Kap. 4.1.4), ist die Verflüssigung der Subjekte im kreativen Spiel für die systemische Mediation zentral. (Kap. 10.4) Im hier analysierten Beispielfall zeigt sich
eine nochmals variierte Form der neuen Beziehungsaufnahme, die hier nicht nur im
virtuellen Raum des Brainstormings sondern auch unter klar idealisierenden Vorbedingungen steht.

Die Mediatorin führt in die vierte Phase ein und stellt von Anfang an klar, dass hier
erst einmal „reine Ideen" gesammelt werden sollen. Als Frau Eicher ihren ersten

Vorschlag macht, kommentiert die Mediatorin, als sie den Vorschlag auf das Flipchart schreibt nochmals: „es ist mir wichtig dass Sie wissen, dass das Ideen sind,
dass das nicht Fakten sind" (4.1/5:10). Allerdings kommt der Prozess auch so nicht
weit: Frau Eicher macht den Vorschlag, mit den Kindern in der Nähe zu wohnen,
oder auch auszuziehen und in der Nähe zu wohnen, wenn sie die Kinder wenigstens die Hälfte der Zeit hätte. Sie räumt dann aber ein, dass diese Idee daran schei-
tert, dass es im Dorf keinen passenden Wohnraum gebe. Herr Eicher schlägt dagegen vor, das Haus in zwei Wohnungen zu teilen; sie bleibt bei dieser Idee sehr
skeptisch. Die Mediatorin bringt, als die Ideen so zum Erliegen kommen, eine
weitere Intervention, in der sie die Parteien Ideen für einen hypothetischen Idealfall
Ideen entwickeln lässt:

> Ich kann Ihnen ja noch eine Frage zusätzlich stellen ... Gesetzt den Fall, sie
> könnten sich ganz sicher sein, ja, dass ihr Mann sie da unterstützt, dass Sie als
> Mutter den Platz behalten, den sie einnehmen wollen, dass die Kinder sicher
> sind, dass Sie Ihnen als Mutter erhalten bleiben, dass da auch nicht von ihrem
> Mann irgendwie Ihnen da Steine in den Weg gelegt werden, hm .. ist das, wenn
> sie sich das, wenn sie da sehr sicher wären, würde das was in Bezug auf ihre
> Lieblingsvorstellung, sich... im Haus zu bleiben, ja, gibt's da, wenn sie sich da
> ganz sicher wären, haben Sie da Ideen auch? Außer ihrer Lieblingsvorstellung?
> (4/11:50-12:50)

Nach dieser zweiten Frage, die nicht nur einen offenen Raum von Möglichkeiten
bereitstellt, sondern eine konkrete Anleitung zur Imagination einer Idealsituation
darstellt, tritt das ein, was im Mediationsdiskurs als ,entscheidender Wendepunkt'
aufgefasst wird:

> Sie: „Also wenn Sie mir das so schildern, dass das alles erfüllt wäre," (M:
> „Was man jetzt natürlich nicht weiß, das ist ja nur...") Sie: (Achselzucken; sitzt
> in sich gekehrt, etwas eingesunken da) „Ja, dann spüre ich, dass, dass, ich dann
> das Haus eigentlich recht gut loslassen könnte. Im Gegenteil, wenn ich mir das
> jetzt so vorstelle, befreit es mich fast, sogar, also, wenn ich mir, ja, sehe ich,
> dass ich es gar nicht so sehr... mein Bedürfnis ist nicht an dieses Haus gebun-
> den, wenn ich weiß, dass das klappt mit den Kindern, wenn ich wirklich ihnen
> weiterhin eine gute Mutter sein kann, dann kann ich mir verschiedenes anderes
> vorstellen. [Mediatorin unterbricht oder ergänzt etwas Unverständliches, aber
> ohne den Redefluss zu unterbrechen] Dann muss ich auch nicht in dem Haus
> bleiben, weil eigentlich beelendete es mich auch, dann in dem Haus zu bleiben,
> und dann den Eindruck, ich habe es Dir weggenommen, das muss ich sagen,

das..."
Er: "Käme mir entgegen. Klingt für mich nicht schlecht. ... " (4.1/11:50-14:00)

Anschließend stellt die Mediatorin noch Herrn Eicher dieselbe Frage. Für ihn bleibt es aber weiterhin unvorstellbar, aus dem Haus auszuziehen. Die Mediatorin fragt auch noch beide Parteien, was sie von dem jeweiligen anderen bräuchten, um diese Idealsituation aufrecht zu erhalten. Er wünscht sich, damit seine Vaterposition zu den Kindern nicht von Martin bedroht wird, dass er die Kinder öfters als am Wochenende sieht und die gemeinsame Elternrolle gelingt. (4.1/16:30-17:20) Sie benötigt von ihrem Mann das Gefühl, dass sie die Kinder behalten und „mindestens zur Hälfte" für sie zuständig sein wird. (4.1/18:00-18:50)

Im Kommentarinterview wird diese ‚Was bräuchten Sie in einer Idealsituation?'-Frage als zusätzliche Unterstützung für die Parteien beschrieben, die einen „Gedankenprozess anregen" (K4.1/3:50) soll um den Parteien zu helfen, „auf eine neue Idee zu kommen" (K4.1/4:20). Die Mediatorin glaubt, die Parteien „bräuchten vielleicht noch ein Stück Sicherheit und noch ein Stück Unterstützung, sich diese Option genauer anzugucken – dann glaube ich, das ist einfach eine Hilfe" (K4.1/4:30). In der subjektivierungstheoretischen Interpretation stellt sich diese Phase entschieden anders dar. Tatsächlich ist hier ein wichtiger Punkt im Prozess erreicht, da hier die Subjekte nach ihrer getrennten Bearbeitung wieder in Beziehung gesetzt werden. Dieser Schritt geschieht unter der Ausrichtung an den zuvor erarbeiteten Interessen: Die Parteien sollen nun ihr zuvor in „Einzelarbeit" mit der Mediatorin erarbeitetes Selbstverhältnis in die Beziehung übersetzen, die jetzt als eine neue Beziehung die Konflikt-Beziehung ersetzen soll.

Diese neue, jetzt herzustellende Beziehung soll sich nur und ausschließlich an den zuvor erarbeiteten Interessen beider Seiten ausrichten. Die Mediatorin formuliert diesen Anspruch ganz explizit (3/30:30); in dieser kreativen Phase wird nun sogar die Umsetzbarkeit als Kriterium zeitweise suspendiert, die Ideen sollen zuerst frei entwickelt werden, bevor sie der Realitätsprüfung unterzogen werden. Das ist ein wesentlicher Aspekt der Subjektivierungsthese: Die Lösungen für den Konflikt werden in einem Raum entworfen, der als ‚kreativer Raum' von allen Grenzen befreit ist – nur und ausschließlich nicht von den zuvor entwickelten Selbstverhältnissen, die als Interessen (oder als Bedürfnisse) aus der vorherigen Phase mitgenommen werden. Die Kreativität dieser Phase dient dazu, alles außer den neudefinierten Wendungen der Parteien auf sich selbst zumindest zeitweilig auszusperren. Wo die Kreativität hier negativ äußere Einflüsse ausschaltete, verstärkt die Imagination einer idealen, Bedürfnisse erfüllenden Beziehung positiv die Suggestionskraft der im Inneren der Mediation entwickelten Kriterien. Die ‚Neuausrichtung am (veränderten) Selbst' erhält so von der Mediatorin hier einen entscheidenden Anstoß. In der für die Mediation so typischen doppelten Orientierung ‚an den Parteien' und ‚gegen den Konflikt' (Kap. 6.2.2; Kap. 8.7) leitet die Mediatorin die Parteien zur Imagination einer Beziehung an, in der der Konflikt vollständig überwunden wäre und ihre Interessen vom je anderen voll erfüllt würden. Aus dem idealisierenden Reframing wird im Kommentarinterview eine „Hilfe", die die Parteien „brauchen"; aus der Anleitung zur Imagination eines gewünschten Zustandes wird „sich die Optionen genauer anzuschauen". In dieser Darstellung im Diskurs geht der gerichtete Charakter dieser Imagination eines idealen Zustandes verloren: Wenn den ‚eigentlichen Subjekten' und ihrer hier nun herzustellenden ‚eigentlichen Beziehung' (vgl. hierzu die Formulierungen in der Gewaltfreien Kommunikation, Kap. 10.3) ‚der Konflikt' als Summe alles Negativen entgegensteht, fällt die Imagination des Idealzustands mit dem Authentischen, mit der Realisierung des ‚eigentlichen Selbst' zusammen. Die gegen den Konflikt gerichtete Subjektform wird im Diskurs ontologisiert und damit als das, was mit der Autonomie der Parteien natürlicherweise zusammenfällt, in einen Bereich des kategorisch unproblematischen verschoben. Es gibt keinen Anlass, das Authentische, das zugleich das Nützliche und das den Konflikt Auflösende ist, zu problematisieren. (Kap. 6.2.2; Kap. 3.1.1) Die Realisierung des authentischen Selbstverhältnisses fordert von den Parteien, sich zu bewegen. Dies rutscht der Mediatorin einmal heraus:

> Was bräuchten Sie, Frau Eicher, dass sie sicher sein könnten, wenn sie sich …
> bewegen [räuspert sich, setzt neu an] ähh, wenn Sie sicher sein können, also
> was bräuchten Sie von ihrem Mann als Sicherheit... (4.1/17:45)

Tatsächlich sind die Parteien hier angerufen, sich zu bewegen, und zwar heraus aus dem reaktiv stabilisierten Konflikt-Bezug aufeinander, hin zu einer neu gestalteten Beziehung, die in ihrem zuvor erarbeiteten Selbst-Bezug fundiert ist. Zugleich ist die Richtung dieser Transformation immer schon vorgegeben: Sie führt immer aus dem Konflikt heraus und zu einer Position, die den Mediationsprozess weiter bringt und die Positionen der Parteien vereinbarer macht. Das ‚Eigentliche' ist vom

,Neuen' und vom ,Nützlichen' in der Mediation nicht zu unterscheiden: Alles ist gegen den Konflikt gerichtet und wird unspezifisch als ,Transformation' bezeichnet. (Kap. 7.1.4; vgl. in der Orientierung der MediatorIn Kap. 9.2-4) Nur so kann die Mediation das ,Wunder des ,Verzichtsschwundes durch Transformation' zustande bringen: Anstatt auf die anfänglichen Positionen zu verzichten, wird die anfängliche Position nicht mehr gewollt. Der Konflikt hat sich durch Selbstveränderung aufgelöst.

11.3.3 Die neue Selbstverantwortung

In der Art und Weise, wie Frau Eicher ihre Position in der zentralen Frage des Konflikts –und das heißt: ihre Art, ihre konfliktrelevanten Anliegen zu bestimmen, also einen Modus des sich zu sich selbst Verhaltens zu erarbeiten– neu bestimmt, kommen die zuvor angewandten Techniken der Subjektivierung, die sich mit dem diskursiv vorgegebenen Vokabular des Mediationsdiskurses decken, zum Tragen. Frau Eicher verändert am ,Wendepunkt' die Art, wie sie sich auf sich selbst bezieht; sie hat einem neuen, authentischen Modus entwickelt, ihre Anliegen in den Prozess einzubringen. Dieses Selbstverhältnis, sich am authentischen eigenen Gefühl zu orientieren, hält sie auch durch, als ihr nach der Rechtsbelehrung durch einen Anwalt deutlich wird, dass sie ihre ursprüngliche Position vor Gericht wohl hätte durchsetzen können. An dieser entscheidenden Stelle, an der ihre neu entwickelte Positionierung durch die Möglichkeit, die alte Forderung durchzusetzen, herausgefordert wird, formuliert sie:

> Dass ich letztlich für mich eigentlich den Entscheid gewählt habe für diese Trennung und dass ich unsere Beziehung auflösen will und von dem her hab ich auch... spüre ich, dass dieser Ort, auch wenn mir das jetzt eigentlich zustehen würde, dass das trotzdem für mich nicht eigentlich die richtige Lösung ist. (…) Michael, es gehört dir, du bist aufgewachsen dort, und ich bin die, die gehen will, also spüre ich eigentlich für mich stark, dass (…) ich diejenige bin, die gehen wird. (5/3:45-4:30)

Frau Eicher formuliert hier die Trennungsgeschichte im Code der Entscheidung neu und übernimmt für ihre authentisch gefühlten Entscheidungen die Verantwortung: Sie positioniert sich selbst-verantwortlich in dem Sinne, dass sie ihre Handlungen als in ihrem Selbst, in ihren Bedürfnissen, Gefühlen und Interessen fundiert betrachtet und dafür die Verantwortung übernimmt. Sie betrachtet die Trennung damit als Konsequenz auf ihrem Entschluss, die Beziehung zu beenden und zieht daraus weit reichende Konsequenzen:

> Ich spüre wirklich, dass ich nicht auf diesem Recht beharren will, in diesem [!; JT] Haus zu bleiben. (…) habe ich vor einiger Zeit einen Entscheid gefasst, der auch wirklich Konsequenzen hat und der für mich auch eine wirkliche Distanz wirklich wichtig macht. (5/6:20)

Dieses neue Selbstverhältnis wird ihr nun reflexiv zugänglich und dem Mediationsprozess zugeschrieben. Sie bemerkt, dass sie

> auch dank der Mediation wirklich für mich auch herausgefunden habe, dass das gar nicht stimmen würde, jetzt einfach darauf zu beharren. Ich... Es ist für mich quasi ein neues Kapitel, das beginnt, und das beginnt für mich an einem anderen Ort. (5/28:10)

Der Subjektivierungsprozess wird in der Selbstwahrnehmung als ‚Entdeckung' beschrieben; dies spricht für ein starkes Authentizitätserleben, das neue Selbstverhältnis wird als ‚Entdeckung' des ‚eigentlichen Inneren' umgesetzt. Frau Eicher realisiert hier die Deutungsmuster des Mediationsdiskurses, die in einem selbstgewählten und gewünschten Prozess von der Mediatorin immer wieder an sie angetragen wurden, mit intensivem Erleben und mit einer hohen Stabilität. Subjektivierung ist hier der Prozess, in dem ein Diskurs sich in Subjekten realisiert; Frau Eichers neu erarbeitetes Selbstverhältnis erscheint als „das Fleisch der Diskurse" (Pfahl et al. 2015), als ein lebendige und folgenreiche Realität gewordener Diskurseffekt.

11.3.4 Verfahrensgestützte Selbstveränderung

Indem das Verfahren auf diese Weise als den Subjektivierungsprozess leitend und stabilisierend interpretiert wurde, kann auch auf einem naheliegenden Einwand geantwortet werden. Denn die These von der ‚Selbstveränderung' scheint für die Mediation, die sich wie im vorliegenden Fall ja nur aus einer einstelligen Zahl von Sitzungen besteht, hoch gegriffen. Wie soll ein tief in das Subjekt eingreifender Prozess in so kurzer Zeit nachhaltig wirken? Die ‚Selbstveränderung' –einerseits diffus und andererseits zu hoch gegriffen– erhält im Verfahren der Mediation ihre Konkretisierung und dauerhafte Form. Das neue, in der Mediation hergestellte Selbst wird ‚festgeschrieben': nämlich auf das Flipchart. Die Ergebnisse der Subjektivierung, also das diffus klingende ‚eigentliche Selbst', das, was die Parteien ‚wirklich wollen' wird hier expliziert, fixiert (schwarz auf weiß, Edding auf Papier) sowie für den Kreis der Betroffenen öffentlich dargestellt. Teilweise werden die Flipcharts sogar an die Wand gehängt, sodass immer alle erarbeiteten Aspekte des konfliktrelevanten Selbst präsent sind. Das Innere der Subjekte ist nun überhaupt nicht mehr diffus, es ist ganz im Gegenteil für alle sichtbar und denkbar klar. Die Klärungs- und Vereindeutigungsarbeit der Mediatorin hat ihre Früchte getragen. (Kap. 8.6; Kap. 10.2) Aus diesen fixierten Komponenten des konfliktbezogenen Selbst –Themen, Interessen, Lösungsoptionen– wird dann abschließend der Vertrag entwickelt und in eine juristisch bindende Lösung übersetzt. Auf diese Weise wird das in der Mediation entwickelte Selbst hochgradig handlungswirksam. Natürlich wird dabei nicht das Subjekt gänzlich neu aufgestellt, sondern ‚nur' im Umfeld des Konfliktes, bzw. in allen Aspekten, die im Laufe der Mediation als zum Konflikt dazugehörig gezählt werden (in diesem Fall ja doch in einem das Leben der Konfliktparteien ganz grundsätzlich betreffenden Bereich). Aus der Perspektive der praxistheoretischen Subjektivierungstheorie (Kap. 3.2) ist dies jedoch der naheliegende Weg der Selbstveränderung, die relevanten Praxisbereiche der Subjekte neu zu strukturieren. Wenn die Subjekte nicht mehr als abstrakte Entitäten (oder in einem exklusiven Bezug zur ‚Macht'; Kap. 3.1.1) gedacht werden, sondern sich über genau diese –heterogenen und sich auch unabhängig voneinander entwickelnden– Praktiken konstituieren und in diesen Praktiken nur bestehen, dann ist eine Transformation dieser Praxisbereiche durch eine konzentrierte Intervention wie der Mediation in diesem Fall als eine hoch wirksame Selbstveränderung anzusehen.

11.3.5 Verlustbewältigung statt Wertschöpfung

Trotz dieser den Konflikt lösbar machenden ‚Transformation' von Frau Eicher ist im Mediationsfall von Euphorie nichts zu spüren: zähes, wenn auch ruhiges und verändertes, aber von Trennung und schmerzhaftem Auseinandergehen geprägtes Verhandeln bestimmt den Rest des Prozesses. Wenn ein Konflikt erfolgreich zu einer einvernehmlichen Trennung transformiert wird, bleibt die im Mediationsdiskurs sonst beschworene Einigungseuphorie des Win-Win aus: Es geht immer noch nicht um Wertschöpfung, sondern um Verlustbewältigung. Zwar unternehmen die Parteien eine Vergrößerung ihres finanziellen „Kuchens" (4.2/3:30), indem Frau Eicher mietfrei in Form eines Erbvorschusses bei ihren Eltern wohnen kann, die ‚Wertschöpfung' wird aber eingesetzt, um das entstehende Haushaltsloch auch nur halbwegs zu stopfen, und ist in diesem Sinne kein Gewinn, sondern eine Verlustbewältigung. (vgl. dazu Kap. 7.1.2) Über diese ‚Verlustbewältigung' kommt die Mediation ökonomisch wie psychologisch nicht heraus. (zur psychologisch-ökonomischen Doppelcodierung s. Kap. 3.2.2, 10.4) Interessant ist, dass in der Mediation ein Bedauern von Herr Eicher („Ich habe jetzt nicht nur gewonnen. Es ist für mich auch ein großer Verlust, das möchte ich hier noch mal sagen. Ich bin froh, dass wir diese Lösung haben, aber es gäb natürlich noch eine bessere Lösung, aber die ist jetzt nicht mehr möglich."; 5/10:20-10:35) und der Mediatorin (mit Bezug auf die Kinder: „Es ist so gut gegangen wie es gehen kann, mit allem Leid, was da dranhängt."; K5/13:30) ausgedrückt wird, nicht aber von Frau Eicher, die jetzt selbstverantwortlich und geradlinig zu ihrem „Entscheid" steht. Diese kommt, da sie ihren Teil der Beziehungsgeschichte als selbstverantwortliche Entscheidung und damit auch unter dem Code der Selbstverwirklichung (s. Kap. 3.2.2.2; Kap. 10) reformuliert hat, nun ohne ein dominantes Gefühl des Verlustes aus der Mediation.

Dieser Zusammenhang fügt sich in die These dieser Arbeit ein: Hier erlebt die Partei, die einen Subjektivationsprozess unternimmt, die sich also auf den Prozess, sich selbst mit den diskursiven Angeboten der Mediation neu aufzustellen, weit einlässt, eine Konfliktauflösung durch Selbstveränderung. Herr Eicher dagegen, der sich in der Mediation nicht groß ‚bewegt', der nicht zu einer konfliktauflösenden „neuen" Selbstpositionierung kommt, sondern (wie eben zitiert), weiterhin das Scheitern der Ehe bedauert, bleibt in diesem Bedauern zurück. Beide Parteien bleiben von der Kooperationseuphorie, die sonst im Mediationsdiskurs imaginiert wird (s. Kap. 7.1.2), weit entfernt. Der Prozess der Konfliktauflösung zeigt sich hier eindeutig an die Selbstveränderung, die Subjektivation, gekoppelt.

11.4 Die asymmetrische Transformation bewerten?

Der ‚Wendepunkt' in der Mediation entsteht durch die Positionsänderung von Frau Eicher: Eine Partei wird flexibel und ändert ihre Position durch eine ‚Einsicht in das, was sie wirklich will'; ihr Mann unternimmt keine vergleichbare Veränderung seiner Position. Diese Asymmetrie wird durch die Lösungsorientierung der

Mediation ermöglicht: Zwar wird die Frage nach der Ideallösung streng symmetrisch immer beiden Parteien gestellt, so wie jede Intervention streng beidseitig vollzogen wird. Für die einvernehmliche Lösung des Konflikts ist es jedoch ausreichend, wenn eine Partei ihre Position neu bestimmt. Hier gilt kein Symmetriezwang, sondern Authentizität als Maßstab. Und unter der lösungsorientierten Perspektive ist die hinreichend gute Lösung schon Wunder genug. Die Mediatorin hakt gemäß ihres Auftrags zur Lösung des Konflikts so lange nach, bis dies möglich wird. Sobald der Schritt hinreichend vollzogen wurde, dass eine Lösung möglich wird, hat sie ihr Ziel erreicht. Damit bleibt die Transformation asymmetrisch, da nur Frau Eicher ihre Anfangsposition räumt und sich selbst im Konflikt ganz neu bestimmt.

Vor dem Hintergrund dieser Asymmetrie muss hier nun die Frage gestellt werden, ob und wie dieser Prozess in der Rekonstruktion als Subjektivation bewertet werden kann. Auf der Ebene der angelegten Theorie stellt sich die Frage, ob und wie Kritik aus der Subjektivierungsanalyse möglich ist, wenn die Theorie nicht mehr Apriori ‚kritisch' gegen die Subjektivierung sich aufstellt (wie das für die Mediation Bröckling durchgeführt hat; s. Kap. 3.1.1), sondern ihre Analysen mit einem deskriptiven Begriff der Subjektivierung durchführt. Mit dieser ‚Historisierung' des theoretischen Rahmens, der damit erheblich an Komplexität und Diversität gewinnt,[313] folgt eine andere Form der sich aus der Rekonstruktion ergebenden möglichen Kritik. Denn die Kritik kann sich nun nicht mehr aus der Theorie selbst herleiten, es wird hier also nicht schon indem überhaupt eine Subjektivierungsperspektive eingenommen wird, eine normative Vorentscheidung getroffen. Stattdessen muss die Bewertung des zunächst nur zu konstatierenden Subjektivationsprozesses im Material selbst operieren und in den Verwerfungen und divergierenden Perspektiven des Gegenstands selbst argumentieren.[314] Die

---

[313]   Hinzu kommt die Komplementarität zweier methodologischer Zugänge zu einerseits Praxis als Vollzugsgeschehen und andererseits typisierten Praktiken, die den Geltungsbereich dieser Arbeit begrenzt. (Kap. 3.1.2)

[314]   Es handelt sich in den Begrifflichkeiten der kritischen Sozialtheorie, die zur Frage, was Kritik sei, wie sie ermöglicht werde und welche Formen zu unterscheiden sind, eine erhebliche Literatur hervorgebracht hat, um ‚immanente Kritik'. (In dem Sinne, wie sie etwa Alex Honneth in seinem Versuch, den Kritikbegriff der Kritischen Theorie mit den Innovationen insbes. von Foucaults Verständnis von Genealogie als Kritik, dazu Saar 2007, zusammen zu bringen. (Honneth 2007, zur Diskussionslage s. auch Jaeggi und Wesche 2009)

subjektivierungstheoretische Analyse ist für eine solche Kritik nicht Maßstab, sondern nur Gegenstandsbeschreibung.

Kritik auf Basis von Subjektcodes
Auf diese Weise lässt sich nun auch nach der Rekonstruktion des Mediationsprozesses eine kritische Einschätzung vornehmen. Setzt man die ursprünglichen Positionen der Parteien als Maßstab an –und nimmt man, wie eine verbreitete Position in den amerikanischen Diskussionen um *mediation ethics* (Waldman und Abramson 2011; Honoroff und Opotow 2007; Hinshaw und Alberts 2011; Cooks und Hale 1994), die Durchsetzung dieser Positionen als Maßstab, an dem sich der Prozess kritisch messen lassen muss– muss diese einseitige Positionsaufgabe problematisch erscheinen, insbesondere da Frau Eicher hier zentrale Rechtspositionen aufgibt. Die ausgehandelte individuelle Lösung der Parteien ist zwar in einem Punkt gegenüber der Rechtslage zu ihrem Vorteil, da eine finanzielle Kompensation für die Pflege des Schwiegervaters wohl nicht zu erstreiten wäre, dies gleicht aber den massiven Nachteil nicht aus, den sie mit dem Verzicht auf Ehegattenunterhalt in Kauf nimmt, wenn sie ihre (Selbst-)Verantwortung für ihre Handlungen, die zum Scheitern der Ehe geführt haben, übernimmt. An dieser Stelle könnte auch die Kritik einhaken, dass in Mediation geltende Rechtspositionen unterlaufen werden und besonders schwächere Parteien auf ihre Rechtsansprüche verzichten: Der Fall, in der die Frau in der Scheidung auf ihre in Emanzipationskämpfen errungenen und jetzt rechtlich verbrieften Ansprüche ‚selbstverantwortlich‘ verzichtet, mag dafür als paradigmatisch gelten.[315] Diese Kritik ließe sich daraufhin zuspitzen, dass Frau Eicher auf wichtige Rechte verzichtet, und am Ende seine patriarchalen Deutungen (mein Haus, meine Familie: ein auch sexuell markierter Bereich, in dem ein anderer Mann unerträglich wäre) sich durchsetzen können. Aufgrund der Art und Weise, wie die Selbstverantwortung in dieser Konstellation zum Tragen kommt, wenn Frau Eicher letztlich die Verantwortung für das Scheitern der Ehe übernimmt und danach auf ihren Ehegattenunterhalt verzichtet, ließe sich diese Kritik dahingehend radikalisieren, dass hier mit der Mediation eine Form der ‚schuldigen Scheidung‘,

---

[315] Diese Debatte wird in den USA sehr viel differenzierter und ausführlicher geführt als im deutschsprachigen Raum, wo die ‚social justice mediation‘ kein Thema ist. (vgl. dazu Kap. 4.2)

verborgen unter ihrer ‚Selbstverantwortung', wieder auflebt. Interessanterweise weist das Videomaterial eine genau umgekehrte Bewertung auf: Frau Eicher bekommt etwa im Kommentarinterview von der interviewenden Kollegin die allergrößte Anerkennung: „Die Frau macht ja große Schritte, (…) sie wächst fast ja fast ein bisschen über sich hinaus" (K4.1/2:20), während Herr Eicher von sich selbst defizitär spricht: „Ich hab da meine Blockaden." (4.2/5:10) Damit ergibt sich eine paradoxe Situation: Sie „wächst über sich hinaus" er bleibt bei seiner „Blockade" und entwickelt sich nicht fort; er bedauert das Ende seiner Ehe, sie begrüßt ihren neuen Lebensentwurf – andererseits gibt sie ihre materielle Position auf, er kann seine behalten.[316] Im therapeutischen Vokabular ist die authentische Veränderung verheißungsvoll, das Verharren mit Starrheit und letztlich dem scheiternden Leben assoziiert.

Macht im Mediationsprozess

Von der Analyse der Mediation als Subjektivationsprozesses aus kann keine der beiden Bewertungen bestätigt werden. Weder kann von hier aus die Frage, was im ‚eigentlichen Interesse' der Parteien gelegen wäre sinnvoll gestellt werden, da die Koordinaten des Selbstverhältnisses sich verschieben und kein theoretischer Bezugspunkt in den Subjekten jenseits der Subjektformen mehr vorhanden ist, an dem sich deren Konstitution kritisieren ließe (wie die klassische Figur des ‚falschen Bewusstseins' in der –alten– Ideologiekritik, s. Jaeggi 2009). Es lässt sich jedoch die Frage aufwerfen, inwieweit der beobachtbare Subjektivationsprozess seinem eigenen Kriterium gerecht wird, in der Mediation die Autonomie der Parteien unverzerrt und ohne Beeinflussung zur Geltung zu bringen. Im Beispielfall wird dies etwa deutlich, wenn die Mediatorin sich in aller Deutlichkeit versichert, dass die Abweichung von den Rechtspositionen von den Parteien bewusst vollzogen wird (5/7:30) und die Parteien eine Rechtsberatung in Anspruch genommen haben. Von einer informierten und überlegten Entscheidung (im juristischen Sinne) muss also ausgegangen werden; zugleich ist ein solches Kriterium im subjektivierungstheore-

---

[316]   Diese Konstellation deckt sich mit der Beobachtung von Paardynamiken in den kultursozio-
logischen Arbeiten von Eva Illouz, in der die emotionale Zurückhaltung (typischerweise von
Männern) als eine Strategie, um Macht auszuüben, beschrieben wird, die im therapeutischen
Diskurs aber als Defizit auftritt. (Illouz 2009, 2011)

tischen Rahmen nicht mehr besonders wichtig, wo doch gerade die Herstellung der hier als externes Kriterium fungierenden Autonomie rekonstruiert wird.

Hier lässt sich nun die oben entwickelte Perspektive auf Macht im Mediationsprozess am Beispiel konkretisieren. (Kap. 9.8.3) Die Macht der Mediatorin lässt sich nun hier, wie oben beschrieben, als das Ineinandergreifen von restriktiven und produktiven Elementen beschreiben. Zunächst macht sich die Mediatorin durch ihren demonstrativen Verzicht auf Sanktionsmöglichkeiten und die konstitutive Entscheidung der Parteien für die Mediation maximal machtlos. Zu jedem Zeitpunkt kann jede Partei sagen, ‚Nein, das gefällt mir nicht‘, aufstehen und gehen. Die Mediation ist damit gescheitert. In genau dieser Alternative liegt jedoch wiederum die Macht der Mediatorin. Während sie die positiven Machtressourcen zur Gestaltung des Prozesses bei sich behält, sind die Parteien rein negativ bemächtigt, das Verfahren scheitern zu lassen. Was die Parteien nicht haben, ist die Möglichkeit, auf den Prozess, insbesondere auf die angewendeten Deutungsmuster und speziell die Subjektcodes gestalterisch Einfluss zu nehmen. Im Mediationsdiskurs wird ausführlich dargestellt wie die Parteien Schwierigkeiten haben, sich in die ihnen im Mediationsprozess angedachte Rolle einzufinden und hier Anpassungsarbeit notwendig wird, um Widerstände abzuarbeiten. ‚Den Konflikt hinter sich zu lassen‘ ist genau die (Selbst-)Veränderung, für die die Parteien ihrem selbst erteilten Auftrag zufolge die Hilfe der Mediatorin benötigen. Und mit welcher Hartnäckigkeit die Subjektcodes dann an die Parteien angetragen werden, ließ sich im Beispielvideo nachvollziehen. (Kap. 11.2.6) Die Entscheidungen, die die Parteien zu treffen haben –und in denen sie große Macht über den Prozess ausüben– stellen sich als von der Mediatorin vorstrukturierte Dichotomie dar, in der die Partei zwischen den Optionen ‚diese Mediation‘ oder ‚keine Mediation‘ zu wählen hat, ohne auf die Optionen selbst Einfluss nehmen zu können. Das ‚Check-In‘ der Transformativen Mediation (Kap. 4.2), das auch im hier analysierten Beispielfall als die Selbstverpflichtung provozierende Frage, ‚warum Sie denn nicht zum Anwalt gingen‘, Anwendung fand (Kap. 11.2.1), erscheint dann weniger als Versicherung der Freiwilligkeit der Parteien, sondern vielmehr als ein Mittel, die Parteien zur Akzeptanz der ihnen vorgelegten Subjektcodes zu bewegen, indem der scharfe Kontrast aufgemacht wird, den in der Situation Überwindung kostenden Abbruch der Mediation zu vollziehen, verbunden mit dem Eingeständnis des Scheiterns in der zuvor erfolgten Selbstverpflichtung auf das Verfahren und dem anschließenden Betreten des nicht-präferierten alternativen Weges der Konfliktbearbeitung. Was hier systematisch ausgeschlossen wird, ist die Möglichkeit der Parteien, auf den Prozess Einfluss zu nehmen.

Sollen diese Überlegungen nun am Beispielfall weitergeführt werden, dann ist der Prozess, in dem die den Kernpunkt des Konflikts auflösende Transformation von Frau Eicher stattfand, dahingehend zu befragen, inwiefern ihre authentische Wahl[317] durch den Mediationsdiskurs und die Interventionen der Mediatorin vorstrukturiert ist. An dieser Stelle ist besonders die idealisierende Imagination, auf deren Grundlage dieser Umschwung geschehen ist, zu hinterfragen. Frau Eicher macht sich angreifbar, sie geht ein Risiko ein, indem sie ihre Wahl –und es geht hier um nicht weniger als ihren Lebensentwurf an einem entscheidenden Wendepunkt ihrer Biographie– auf eine solche Imagination gründet. Es kann keineswegs als gesichert gelten, dass Frau Eicher in fünf oder zehn Jahren mit der im Mediationsprozess durchlaufenen Veränderung besser fährt als dies ohne diese Intervention wohl gelaufen wäre. Eine solche Überlegung ist zwar notwendig spekulativ, dennoch sei hier ein Punkt zu bedenken gegeben: Frau Eicher geht das höhere Risiko ein, da sie sich zum einen finanziell von ihrem neuen Partner abhängig macht und zum anderen private Ressourcen in Form ihres Erbes mit einbringt. Ihre authentische Entscheidung ist aus einem hypothetischen, von der Mediatorin eingebrachten Idealfall guter Unterstützung durch ihren Ehepartner zustande gekommen. Sie macht sich damit in weit größeren Umfang als er von der Qualität der Beziehung abhängig und trägt damit auch das größere Risiko, sollte sich die Beziehung über die Jahre verschlechtern. Indem sie auszieht, gibt sie ihrem Mann in

---

[317]   Frau Eichers authentische Wahl ist hier bewusst nicht in Anführungszeichen gesetzt. Sie realisiert den Code der Authentizität und ist damit authentisch. Wäre sie eine reale Person und nicht eine Schauspielerin, würde mit einem solchen Prozess auch das entsprechende intensive Erleben von Authentizität, das befreiende Gefühl, endlich bei sich selbst angekommen zu sein, einhergehen. Die subjektivierungstheoretische Interpretation dieses Vorgangs schränkt keinesfalls die Geltung der Authentizität als authentisch erlebt und gelebt ein (im Gegenteil, ein solches Anzweifeln würde mindestens implizit eine ‚eigentliche‘, eine ‚noch eigentlichere‘, Authentizität behaupten!). Sie verweist nur darauf, dass diese Form des Selbstbezugs kulturell, historisch und sozial spezifisch ist und mit anderen Subjektcodes in Spannung steht. ‚Unecht‘ wird sie durch diese Einsicht nur, wenn die Bindung an den Code (also die implizite Orientierung an einer nicht möglichen ‚eigentlich echten Authentizität‘ vorliegt) auch in der Theorie aufrechterhalten wird. Hier dagegen wird die Haltung vertreten, dass es, da es eben nur diese Authentizität gibt, keinerlei Sinn macht, die ganz real konstruierte und hergestellte Authentizität als ‚bloß konstruierte und hergestellte Authentizität‘ vorzuführen.

einem eventuell eintretenden Kampf um die Kinder das Haus und die vertraute Umgebung als Trumpf in die Hand. Herr Eicher ist dieses Risiko nicht eingegangen: Er hat damit ein Machtmittel in der Hand, das in der Ausverhandlung der nachehelichen Beziehung durchaus (sei es absichtlich oder implizit) eine Rolle spielen dürfte. Er gelangt so zu einem deutlich besseren Ergebnis, als ein Scheidungsgericht ihm aller Wahrscheinlichkeit nach zugesprochen hätte, größere Risiken sind auf seiner Seite auch nicht zu vermerken. Allerdings ist die Frage, wie dieses Risiko zu bewerten ist, da auch die Bedeutung von ‚Risiko' von ihrem kulturellen Kontext abhängig ist – ob es traditionell als problematisch oder vielmehr als immer auch eine mit Wachstumspotentialen verbundene Chance (Kap. 6.2.3; Kap. 10.4) gesehen wird. Angesichts der Möglichkeit, ihr Risiko strategisch zu nutzen, scheint eine solche Interpretation hier jedoch nicht nahezuliegen. (ebenso argumentiert Breidenbach, s. Kap. 8.3)

Auf der Ebene des Mediationsdiskurses ist nun festzuhalten, dass diese Problematik –ungleich verteilte Risiken im Fall der Eskalation– nicht abgebildet wird; „es ist nicht unbedingt als ‚mediativ' zu bezeichnen", diesen Überlegungen nachzugehen und damit die Subjekte aggressiver zu imaginieren, als der Mediationsdiskurs es vorzieht. (vgl. zum Kooperationsbias, Kap. 7.1.2; zum Zitat und seinem Kontext Kap. 8.2) Dieser blinde Fleck des Mediationsdiskurses, verstärkt von der starken Anerkennung, die Frau Eichers authentischer Wahl zukommt und sie damit der Kritik und Kontextualisierung enthebt, macht erhebliche Risiken und Dysbalancen der gefundenen Vereinbarung unsichtbar. Die Bewertungsschemata des Mediationsdiskurses, die Transformation einseitig positiv zu bewerten und sich mit einem für die Lösung des Konflikts hinreichenden Ergebnis zufrieden zu geben, müssen hier als problematisch gelten, da Risiken und Asymmetrien unsichtbar gemacht werden, wenn nur das Wachstum zur Authentizität gesehen wird.

12. Schluss

Zum Abschluss dieser Arbeit ist nun auf die Ausgangsfrage nach der Faszination der Mediation zurückzukommen. Die hier als Gegenstand des Fachdiskurses der Mediation identifizierte ‚idealtypische Mediation' wurde eingangs als ein eigenwilliges Phänomen beschrieben. Die Mediation ließ sich in der Form, die sie in Deutschland angenommen hat –der stark entwickelte Diskurs, die boomende Ausbildung und die sich dagegen nur zögerlich und komplizierter entwickelnde Anwendung des Verfahrens (Kap 2.1)– als ein ‚Projekt' beschrieben, das von Befürworter_innen aus den unterschiedlichsten Motiven vorangetrieben wurde. Ein Verständnis des Phänomens Mediation ist nicht möglich, ohne die Faszinationskraft der Mediation mit zu berücksichtigen: Eine Möglichkeit, aus der Friedensbewegung heraus nicht nur als Protest, sondern als ‚Arbeit für den positiven Frieden' tätig zu werden (Kap. 5.2.1); die Suche von Anwält_innen nach einem ihren Werten entsprechenden und für die Scheidungsfamilien weniger belastenden Verfahren (ebd. und Kap. 4.3.1); mit der Mediation rational optimierte Entscheidungen zur Steigerung des Erfolgs der Einzelnen und des Allgemeinwohls zu entwickeln (Kap. 7.1.1; Kap. 4.1); die Mediation als entscheidendes Feld zur Verwirklichung einer alternativen ‚relationalen Weltsicht' in der Transformativen Mediation (Kap. 4.2); die Mediation als Erweiterung des Repertoires von Protestbewegungen um eine herrschaftsfreie Gesellschaft zu erreichen (Kap. 7.1.5) oder um den Demokratisierungsprozess weiterzuführen (Kap.7.1.6); oder als Möglichkeit, um sich aus festgefahrenen Mustern hin zu einer verbesserten, ‚optimaleren' Erfahrung hin zu entwickeln (Kap. 10.4) – kurz: Mediation erscheint aus den unterschiedlichsten Perspektiven attraktiv und faszinierend. Als gemeinsamer, mit allen diesen Variationen des Versprechens der Mediation in Beziehung zu bringender Bezugspunkt wurde der Bezug auf neue Subjektcodes ausgemacht, aus denen sich die jeweiligen Versprechen speisen. Die Versprechen der Mediation folgen damit der allgemeinen Form, deren jeweilige Füllung sich daraus ergibt, welches spezifische Subjekt dann gegen

den Konflikt (Kap. 10.5) aufgestellt wird: Mediation verspricht, durch die Verwirklichung einer spezifischen Subjektform, die Konflikte aufzulösen. Denn wie
sich immer wieder feststellen ließ, imaginiert der Fachdiskurs der Mediator_innen
stets einen Prozess, in dem der Konflikt überwunden und die Kooperationsgewinne
bzw. die Beziehung der transformierten, ‚eigentlichen' Subjekte Gewinne für alle
ohne Kompromisse versprechen. (hierzu bes.: Kap. 11.3.5; Kap. 7.1.1; auch Kap.
4.1.5) Die Versprechen der Mediation sind so weitreichend und vielseitig, weil sie
auf einer sehr allgemeinen Ebene greifen: Der Einsatz sind Subjekt und Konflikt,
die direkt aufeinander bezogen werden (Kap. 6.3). Dieses Charakteristikum der
Mediation trat in der Differenz zum Konfliktmanagement (Kap. 6.2) klar hervor: In
der Mediation geht es um *ein* Problem, auf das *eine* Lösung gefunden wird. Diese
Bestimmtheit der Antwort, bei gleichzeitig sehr breiter Problemstellung, gibt der
Mediation ihre Faszinationskraft. Diese macht sie in den Augen so vieler –und in
sehr unterschiedliche Richtungen– zu mehr als einem bloßen Verfahren der Konfliktbearbeitung.

Es wäre bedauerlich, wenn die hier vorgelegten Analysen durch die Rekonstruktion der Entstehungsbedingungen und internen Brüche der Versprechen der Mediation, diese nur entzaubert oder in der Kritik zerstört hätten. Ich hoffe, deutlich
gemacht zu haben, dass meine Studie nicht als letztlich zynische Dekonstruktion
aller Bemühungen zur Intervention in Konflikten aufzufassen ist. Diese Arbeit ist
nicht auf eine vernichtende Kritik, sondern vielmehr auf eine Ent-Idealisierung der
Mediation aus: Sie will den nötigen Abstand gewinnen, um ein vollständigeres
Verstehen des Phänomens zu ermöglichen – und um so einen komplexen, vielseiti-
gen und in mancherlei Hinsicht ambivalenten Gegenstand zu gewinnen. Dieser
Gegenstand soll abschließend noch nach der Reichweite der Ergebnisse und möglicher Anschlussfragen in den Blick genommen werden.

Der Gegenstand der hier vorgenommen Untersuchung ist die eingangs bestimmte
‚idealtypische Mediation' (Kap. 2.1), wie sie im Mediationsdiskurs beschrieben
und diskutiert, in der Verbandsarbeit institutionalisiert und festgelegt, in den Ausbildungen inszeniert und gelehrt wird. Die hier entwickelte These, dass Mediation
als Subjektivierungsprozess zu verstehen sei, bezieht sich ausschließlich auf diese
Bereiche. Damit beansprucht die hier vorgelegte These eine hohe Relevanz für
Fragestellungen, die sich auf Mediationsausbildungen beziehen: Die idealtypische
Mediation wird in den Rollenspielen der Ausbildungen inszeniert, diese sind in

vielerlei Hinsicht mit dem hier herangezogenen Lehrvideo (Kap. 11) zu vergleichen. Die Ausbildungen sind wie wohl keine andere Praktik vom Mediationsdiskurs durchdrungen. Das Verständnis von Mediation als Subjektivierung bringt hier
eine Reihe von Fragen hervor: Wie lassen sich etwa die persönlichen Motivationen, eine Mediationsausbildung zu machen, von hier aus verstehen? Welchen Stellenwert erlangen die in der Ausbildung enthaltenen Subjektcodes für die Teilnehmenden? Wenn die Ausbildung zur MediatorIn als vielversprechende Antwort
wahrgenommen wird – auf welche Probleme antwortet sie? Dabei wäre genauer zu
untersuchen, in welcher Weise die MediatorInnenposition adaptiert wird; auch die
hier nur kurz behandelte Charismatisierung der MediatorInnenposition (Kap. 9.7,
Kap. 9.8.3, auch Kap. 10.3) wäre anhand der Prozesse zwischen Teilnehmenden
und Ausbilder_innen nachzuverfolgen. Zugleich bietet die Subjektivierungsperspektive die Möglichkeit, den Erfolg und die Form der Realisierung des Diskurses
nachzuvollziehen. Was ist nach zwei Jahren von der erlebten Veränderung noch
übrig? Was wurde beibehalten, was hat sich gewandelt, was hat enttäuscht, was ist
vergessen?

Inwiefern die These der Konfliktauflösung durch Selbstveränderung sich in der
praktischen Anwendung von Mediation als Verfahren der Konfliktbearbeitung
bestätigen lässt, ob also tatsächlich die hier herausgearbeitete Subjektivierung
stattfindet oder ob dort nicht vielmehr andere Mechanismen greifen –etwa wenn
Mediation in Organisationsentwicklung übergeht, Konflikte durch Ermüdung ab-
flauen, Konfliktteilnehmer durch die ihnen zugeschriebenen Konfliktkosten dis-
zipliniert werden oder einfach etwas ganz anderes geschieht, das vom Mediationsdiskurs aus nicht sichtbar werden kann– muss an dieser Stelle als empirische Frage
offengehalten werden. Dass Subjektivierung in der Praxis eine zentrale Rolle
spielt, scheint mir dabei besonders für den juristischen Bereich, in dem sachoriente
Vorgehensweisen auch unter dem Namen der Mediation fortbestehen, fraglich.
Aber auch in den stark vom Mediationsdiskurs durchdrungenen Praxisfeldern stellt
sich die Frage, wie die dort vorfindbare Praxis sich zu den im Mediationsdiskurs
festgeschriebenen hohen Anforderungen der idealtypischen Mediation verhält. Die
Fragen von Freiwilligkeit oder die Bewertung einer asymmetrischen Transformation (Kap. 11.4) waren schon bei der Analyse eines inszenierten Beispielfalles idealtypischer Mediation komplex. Vor allem anhand der Fragen der Inklusivität, in der
Unabhängigkeit der Position der Mediator_innen und den Bedingungen der Freiwilligkeit der Subjekte bleibt kritisch nachzuvollziehen, wie die Vorgaben der

idealtypischen Mediation, die eine frei gewählte und durchgeführte Selbsttrans-
formation versprechen, sich in ihrer Realisierung als Subjektivierungsprozess real
darstellen. Dabei ist die Frage nun differenziert und kontextsensibel zu stellen:
Werden in den realen Mediationsverfahren noch Versprechen der idealtypischen
Mediation mitgetragen, die in dieser Anwendungsform nicht mehr haltbar sind?
Und wem werden diese Versprechen zugänglich gemacht, wer wird in der Praxis
von ihnen ausgeschlossen? Dabei sollte diese Fragestellung nicht als kritische
Überprüfung der Praxis am diskursiven Ideal gestellt werden, sondern produktiv
gewendet Möglichkeiten und Beschränkungen von nicht-idealen Formen der Kon-
fliktbewältigung aufzeigen.

Zuletzt stellt sich bei aller methodologischen Disziplin doch auch die Frage, ob aus
dieser Arbeit für den Umgang mit Konflikten etwas zu lernen sei. Ich will diese
Frage mit einem vorsichtigen Ja beantworten. Auf jeden Fall ist es nicht die Absicht dieser Arbeit, die Dringlichkeit der praktischen Frage, wie in Konflikten, bei
Gewalt und in destruktiver Interaktion zu reagieren sei, infrage zu stellen. Die
Distanz, die in der Lektüre zu manchen Deutungsmustern und Versprechen der
Mediation entsteht, mag dazu beitragen, bei der Suche nach adäquaten Antworten
auf Konflikte Räume zu öffnen. Sei es durch neue Anregungen und Sichtweisen
oder schlicht durch mehr offene Fragen und weniger durchschlagende Antworten.

Liste der Siglen

Zeitschriften

dM 2015/3/19	Der Mediator Jahr/Heft /Seite
DR 2014/01/31	DisputeResolution Jahr/Heft/Seite
EWE/255	Erwägen Wissen Ethik, immer Ausgabe 4/2009 mit Seitenzahl
KD 2012/19	KonfliktDynamik Jahr/ Seite
PM 2004/49	Perspektive Mediation Jahr/ Seite
SDM 5/29	Spektrum der Mediation Nummer/Seite; erschien bis Ausgabe 16 als „Infoblatt Mediation"
SDM SA/7	SDM Sonderausgabe zur Organisationsentwicklung 2011 mit Seitenzahl
ZKM 2011/34	Zeitschrift für Konfliktmanagement Jahr/Seite, erschien bis 1999 als „kon:sens"

Bücher

30MM	30 Minuten Mediation	Heilmann 2014
ABC	Mediation: Das ABC	Dulabaum 2009
b:T	Betrifft: TEAM	Heintel 2006
BTKH	Beiträge zu einer Theorie der Klärungshilfe	Thomann 1986
BvW	Blind vor Wut	Kriegel-Schmidt 2007
CC	Challenging Conflict	Friedman und Himmelstein 2008
EiM	Einführung in die Mediation	Duss-von Werdt 2011

Flow	Flow – das Geheimnis des Glücks	Csikszentmihalyi und Charpentier 1992
GtY	Getting to Yes	Fisher et al. 1999
HdKdM	Hinter den Kulissen der Mediation	Sinner und Zirkler 2005
HK	Das Harvard-Konzept	Fisher et al. 2004
HM1/2/3	Handbuch Mediation 1./2./3. Auflage	Haft und Schlieffen 2002, 2009, 2016
HMKM	Handbuch Mediation und Konfliktmanagement	Falk et al. 2005
HoMe	Homo Mediator	Duss-von Werdt 2005
IKM	Interkulturelle Mediation	Kriegel-Schmidt 2012
IKM-B	Interkulturelle Mediation	Busch 2007
KFUH	Konflikte fordern uns heraus	Friedman et al. 2013
KGMV1 / KGMV2	Kommunikation- Grundlage mediativer Verfahren 1 bzw. 2	Auferkorte-Michaelis und Michaelis 2013
KH1	Klärungshilfe 1	Thomann und Schulz von Thun 2003
KKK	Konflikt Krise Katharsis	Glasl 2007
KM-G	Konfliktmanagement	Glasl 2004, 8.Aufl
KM-G.6	Konfliktmanagement	Glasl 1999, 6.Aufl
KMod	Konfliktmoderation	Redlich 2004
KM-S	Konfliktmanagement	Schwarz 2014
KonKomp	Konfliktkompetenz	Kreuser et al. 2012

KRTZ	Die Kunst, sich nicht über den Runden Tisch ziehen zu lassen	Fischer 2003
KsSK	Konfliktfähigkeit statt Streitlust oder Konfliktscheu	Glasl 2010
LBoCT	The little Book of Conflict Transformation	Lederach 2003
MAP	Mediation in der Anwaltspraxis	Henssler 2004
MBB	Mediation	Breidenbach 1995
MDSW	Die Morphologie der sozialen Welt	Krainz 2005
MedG-HK	Mediationsgesetz Handkommentar	Klowait 2012
MeR	Mediation Ein Rollenspielbuch	Busch et al. 2010
MfD	Mediation für Dummies	Weckert und Oboth 2011
M-GMrR	Mediation. Grundlagen, Methoden, rechtlicher Rahmen	Rabe und Wode 2013
M-I	Mediation (von Katja Ihde)	Ihde 2012
MIDP	Mediation in der Praxis – Erfahrungen aus den USA	Besemer 1999
MK	Mediative Kommunikation	Klappenbach 2012
M-Kö	Mediation (von Anja Köstler)	Köstler 2010
MKVK	Mediation. Die Kunst der Vermittlung in Konflikten (Ch. Besemer)	Besemer 2009
M-MK	Mediation. Ein Lehrbuch auf psychologischer Grundlage. (von Montada und Kals) 3.	Montada und Kals 2013

	Auflage	
MR1-3	Miteinander Reden 1-3	Schulz von Thun 2008
MuD	Demokratie und Mediation	Mehta 2003
MuKM	Mediation und Konfliktmanagement Trenczek	Trenczek et al. 2012
MuM	Mediation und Menschenbild	Erbel 2012
MWID	Mediation – Was ist das?	Paul und Zurmühl 2008
PE	Prozessethik	Krainer und Heintel 2010
PolMed	Politische Mediation. Prinzipien und Bedingungen gelingender Vermittlung in öffentlichen Konflikten	Besemer 2014
PoM	The Promise of Mediation	Bush und Folger 2005
PuM	Professionalisierung und Mediation	Schlieffen 2009
SHG	Selbsthilfe in Konflikten	Glasl 2008
SPuP	Systemische Praxis und Postmoderne	Schweitzer et al. 1994
STBDGL	Systemische Therapie und Beratung – das große Lehrbuch	Levold und Wirsching 2014
VuM	Verhandeln und Mediation	Haft 2009
WDM	Die Welt der Mediation	Falk et al. 1998

Aufsätze

DMS	Der Mediationsstaat	Schlieffen 2008
M-RdL	Mediation: Renaissance der Laienjustiz oder ausdiffernezierung des Rechts?	Schlieffen 2000
OAS	Obligatorische außergerichtliche Streitbeilegung: Eine contradictio in adiecto?	Eidenmüller 2015
FME	Familien-Mediation: Eine Einführung	Krabbe o. J.

Lehrvideos

IGSWMJ	Ich glaube, sie wollen meinen Job!	Hartmut Schäffer et al. o. J.
WM	Wirtschaftsmediation	Mediator GMbH o.J.
EFFD	Ein Fall für Drei	IMS Institut für Mediation, Streitschlichtung und Konfliktmanagement e.V. ca. 2005, ca. 2005
EFFV	Ein Fall für Vier	IMS Institut für Mediation, Streitschlichtung und Konfliktmanagement e.V. 2010
MiB-DVD	Begleit-DVD von „Mediation in Bewegung"	Liegt Ballreich und Glasl 2007 bei
DGMADN	Du gehst mir auf die Nerven! Neobiologische Aspekte der	Ballreich und Hüther 2012

	Konfliktberatung	
TIMK	Trainingsfilm Interkulturelle Mediation und Konfliktlösung	Mayer 2008
GFK-DVD	Einführung in die Gewaltfreie Kommunikation, 3DVDs. Alle Verweise beziehen sich auf die DVD 1.	Rosenberg 2007a

Skripte und weitere Quellen

SFH-MIÖB	Skript Fernuni Hagen: Mediation im öffentlichen Bereich	Stand 2011
SFH-WM	Skript Fernuni Hage: Wirtschaftsmediation, 2 Teile	Stand 2013
YT-GF1-4	Auf Youtube veröffentlichtes Videointerview mit Gary Friedman	https://www.youtube.com/watch?v=ZGmcNvxYd_M; 12.04.2016

Gesetzes- und Verbandspublikationen

BAFM-AR	Ausbildungsrichtlinien der BAFM	http://www.bafm-mediation.de/wp-content/uploads/image/images/Ausbildungsrichtlinien-umfassend-Stand-MV-2013.pdf; Februar 2016
BAFM-RL	Richtlinien der BAFM für die Mediation in Familienkonflikten	http://www.bafm-mediation.de/verband/organisation/richtlinien-der-bafm/; Oktober 2016

BM-CL	Checkliste zur Lizenzierung MediatorIn BM	http://www.bmev.de/fileadmin /downloads/anerkennung/med iatorIn_bm_checkliste_2015.p df; Juni 2016
BM-D2014	Definition von Mediation des BM bis 2014	http://www.bmev.de/mediatio n/definition-mediation0.html; Offline
BM-D2015	Definition von Mediation des BM seit 2015	http://www.bmev.de/mediatio n/definition-mediation0.html; November 2016
BM-ES	Ethisches Selbstverständnis des BM	http://www.bmev.de/index.ph p?id=ethik; Juni 2015
BM-HP	Startseite der Homepage des BM	http://www.bmev.de/; Jan 2016
BM-LB	Ausführliches Leitbild des Bundesverbandes Mediation	Kommentierte Version: http://www.bmev.de/fileadmin /downloads/bm/bm_leitsaetze. pdf; Februar 2016
BM-MO	Mediationsordnung des BM	http://www.bmev.de/fileadmin /downloads/bm/bm_mediation sordnung.pdf; November 2016
BM-P	Positionierung des BM	http://www.bmev.de/ueber-den-bm/positionierung.html; Jan 2016
BRAK-SN	Stellungnahme der Bundesrechtsanwaltskam mer zum Referentenentwurf eines Gesetzes zur Förderung der Mediation und anderer Verfahren der außergerichtlichen	http://www.brak.de/zur-rechtspolitik/stellungnahmen-pdf/stellungnahmen-deutschland/2010/; April 2016

	Konfliktbeilegung	
DGM-AS	Ausbildungsstandards der DGM, 2009	www.dgm-web.de/download/DGM-Anerkennungsordnung.pdf; Februar 2016
DGM-GW	Grußwort des Präsidenten	http://www.dgm-web.de/grusswort-praesident.html; April 2016
DRB-PM	http://www.drb.de/cms/in dex.php?id=754; 19.1.2016; Pressemeldung vom 8.2.2012	http://www.drb.de/cms/index. php?id=754 ; April 2016
EUR	EU-Richtlinie über bestimmte Aspekte der Mediation in Zivil- und Handelssachen	Europäisches Parlament und Europarat 21.05.2008
MedG	Mediationsgesetz	Dt. Bundestag 21.06.2012
ZMAV	Verordnung über die Aus- und Fortbildung von zertifizierten Mediatoren (Zertifizierte-Mediatoren-Ausbildungsverordnung –ZmediatAusbV)	http://blog.mediation.de/wp-content/uploads/2016/09/Vero rdnung-Aus-und-Fortbildung-Zertifizierter-Mediator.pdf; 7.12.2016

Abbildungsverzeichnis

Literaturverzeichnis

Adorno, Theodor W. (1973): Negative Dialektik ;. Jargon der Eigentlichkeit. 1. Aufl. Frankfurt am Main: Suhrkamp (His Gesammelte Schriften, Bd. 6).

Adorno, Theodor W. (1976): Noten zur Literatur 2. 19.-20. Tsd. Frankfurt/Main: Suhrkamp (Bibliothek Suhrkamp, 71).

Adorno, Theodor W. (2013): Studien zum autoritären Charakter. 8. Aufl. Frankfurt am Main: Suhrkamp (Suhrkamp-Taschenbuch Wissenschaft, 1182).

Alexy, Robert (1996): Theorie der juristischen Argumentation. Die Theorie des rationalen Diskurses als Theorie der juristischen Begründung ; Nachwort (1991): Antwort auf einige Kritiker. 3. Aufl. Frankfurt am Main: Suhrkamp (Suhrkamp-Taschenbuch Wissenschaft, 436).

Alkemeyer, Thomas (2013): Subjektivierung in sozialen Praktiken. In: Thomas Alkemeyer, Gunilla Budde und Dagmar Freist (Hg.): Selbst-Bildungen. Soziale und kulturelle Praktiken der Subjektivierung. Bielefeld: Transcript (Priktiken der Subjektivierung, Bd. 1), S. 33–68.

Alkemeyer, Thomas (2015): Anliegen des Bandes. In: Thomas Alkemeyer, Volker Schürmann und Jörg Volbers (Hg.): Praxis denken. Konzepte und Kritik. Wiesbaden: Springer VS, S. 8–23.

Alkemeyer, Thomas; Budde, Gunilla; Freist, Dagmar (Hg.) (2013): Selbst-Bildungen. Soziale und kulturelle Praktiken der Subjektivierung. Bielefeld: Transcript (Priktiken der Subjektivierung, Bd. 1).

Alkemeyer, Thomas; Buschmann, Nikolaus; Michaeler, Matthias (2015a): Kritik der Praxis. In: Thomas Alkemeyer, Volker Schürmann und Jörg Volbers (Hg.): Praxis denken. Konzepte und Kritik. Wiesbaden: Springer VS, S. 25–50.

Alkemeyer, Thomas; Schürmann, Volker; Volbers, Jörg (Hg.) (2015b): Praxis denken. Konzepte und Kritik. Wiesbaden: Springer VS. Online verfügbar unter http://ebooks.ciando.com/book/index.cfm/bok_id/1870353.

Alkemeyer, Thomas; Villa, Paula-Irene (2010a): Kritische Anmerkungen zu Diskurs- und Gouvernementalitätsforschung aus subjektivationstheoretischer und praxeologischer Perspektive. In: Johannes Angermüller (Hg.): Diskursanalyse meets Gouvernementalitätsforschung. Perspektiven auf das Verhältnis von Subjekt, Sprache, Macht und Wissen. Frankfurt am Main [u.a.]: Campus-Verl., S. 315–335.

Alkemeyer, Thomas; Villa, Paula-Irene (2010b): Somatischer Eigensinn? Kritische Anmerkungen zu Diskurs- und Gouvernementalitätsforschung aus subjektivationstheoretischer und praxeologischer Perspektive. In: Johannes Angermüller (Hg.): Diskursanalyse meets Gouvernementalitätsforschung. Perspektiven auf das Verhältnis von Subjekt, Sprache, Macht und Wissen. Frankfurt am Main [u.a.]: Campus-Verl., S. 316–337.

Althusser, Louis (2010): Ideologie und ideologische Staatsapparate. Unter Mitarbeit von Frieder Otto Wolf. Hamburg: VSA-Verl. (Gesammelte Schriften Ideologie und ideologische Staatsapparate, ; Teil 1).

Altvater, Elmar (2009): Der Sound des Sachzwangs. Der Globalisierungs-Reader. 4. Aufl. Bonn: Blätter-Verl.-Ges (Edition Blätter).

Amy, Douglas J. (1987): The politics of environmental mediation. New York: Columbia University Press.

Angermuller, Johannes (2015): Why there is no poststructuralism in France. The making of an intellectual generation. London: Bloomsbury UK.

Angermüller, Johannes (2005): Diskursanalyse - ein Ansatz für die interpretativ-hermeneutische Wissenssoziologie? In: *Soziologische Revue* 28 (1). DOI: 10.1524/srsr.2005.28.1.29.

Angermüller, Johannes (2007): Nach dem Strukturalismus. Theoriediskurs und intellektuelles Feld in Frankreich. Bielefeld: transcript-Verl. (Sozialtheorie). Online verfügbar unter http://deposit.d-nb.de/cgi-bin/dokserv?id=2960433&prov=M&dok_var=1&dok_ext=htm.

Angermüller, Johannes (2010): Widerspenstiger Sinn. Skizze eines diskursanalytischen Forschungsprogramms nach dem Strukturalismus. In: Johannes Angermüller (Hg.): Diskursanalyse meets Gouvernementalitätsforschung. Perspektiven auf das Verhältnis von Subjekt, Sprache, Macht und Wissen. Frankfurt am Main [u.a.]: Campus-Verl., S. 72–101.

Ashcroft, Bill; Griffiths, Gareth; Tiffin, Helen (Hg.) (1995): The post-colonial studies reader. London, New York: Routledge. Online verfügbar unter http://search.ebscohost.com/login.aspx?direct=true&scope=site&db=nlebk&db=nlabk&AN=80163.

Auferkorte-Michaelis, Nicole; Michaelis, Martin (2013): Kommunikation - Grundlage mediativer Verfahren.

Austin, Beatrix; Fischer, Martina; Giessmann, Hans-Joachim (Hg.) (2011): Advancing Conflict Transformation. Michigan: Barbara Bdrich Publishers (The Berghof Handbook, 2).

Bach, George R.; Goldberg, Herb (1990): Keine Angst vor Aggression. Die Kunst der Selbstbehauptung. 28. - 29. Tsd. Frankfurt am Main: Fischer-Taschenbuch-Verl. (Fischer-Taschenbücher, 3314).

Ballreich, Rudi; Glasl, Friedrich (2007): Mediation in Bewegung. Ein Lehr- und Übungsbuch mit Filmbeispielen auf DVD. 1. Aufl. Stuttgart: Concadora-Verl.

Ballreich, Rudi; Hüther, Gerald (2012): Du gehst mir auf die Nerven! Neurobiologische Aspekte der Konfliktberatung. Stuttgart: Concadora Verl.

Barrett, Jerome T.; Barrett, Joseph (2004): A History of Alternative Dispute Resolution. The Story of a Political, Social, and Cultural Movement. Hoboken: John Wiley & Sons Inc. Online verfügbar unter http://ebooks.ciando.com/book/index.cfm/bok_id/486391.

Beattie, Melody (2009): Codependent No More. How to Stop Controlling Others and Start Caring for Yourself. Minneapolis: Hazelden Publishing. Online verfügbar unter http://gbv.eblib.com/patron/FullRecord.aspx?p=1145162.

Beck, Ulrich (1986): Risikogesellschaft. Auf dem Weg in eine andere Moderne. 1. Aufl., Erstausg. Frankfurt am Main: Suhrkamp (Edition Suhrkamp, 1365 = n.F., Bd. 365).

Bellah, Robert N. (1996): Habits of the heart. Individualism and commitment in American life : updated edition with a new introduction. 1st Calif. pbk. ed. Berkeley: University of California Press.

Bellah, Robert N. (2007): Reading and Misreading Habits of the Heart. In: *Sociology of Religion* 68 (2), S. 189–193. Online verfügbar unter http://search.ebscohost.com/login.aspx?direct=true&db=aph&AN=25414631&site=ehost-live.

Belliger, Andréa; Krieger, David J. (2006): ANThology. Ein einführendes Handbuch zur Akteur-Netzwerk-Theorie. Bielefeld: transcript-Verl. (ScienceStudies).

Benhabib, Seyla (1994): Deliberative Rationalality and Models of Democratic Legitimacy. In: *Constellations* 1 (1), S. 26–52. DOI: 10.1111/j.1467-8675.1994. tb00003.x.

Benjamin, Jessica (1999): Die Fesseln der Liebe. Psychoanalyse, Feminismus und das Problem der Macht. 5. Aufl. Frankfurt am Main: Fischer Taschenbuch Verl. (Fischer-Taschenbücher Die Frau in der Gesellschaft, 11087).

Benjamin, Walter (1980): Gesammelte Schriften. Band I/3. Frankfurt am Main: Suhrkamp.

Berger, Peter L.; Luckmann, Thomas (1980): Die gesellschaftliche Konstruktion der Wirklichkeit. Eine Theorie der Wissenssoziologie. Frankfurt am Main: Fischer Taschenbuch.

Berghof Foundation (2012): Berhof Glossar zur Konflikttransformation. 20 Begriffe für Theorie und Praxis. Berlin. Online verfügbar unter http://image.berghof-foundati-on.org/fileadmin/redaktion/Publications/Books/Book_Glossar_Chapters_dt/glossar_2012_komplett.pdf.

Besemer, Christoph (1999): Mediation in der Praxis. Erfahrungen aus den USA. 2. Aufl. Karlsruhe: PAZIFIX.

Besemer, Christoph (2009): Mediation. Die Kunst der Vermittlung in Konflikten. 1. Aufl., überarb. und erg. Fassung des 1993 erschienenen Buches "Mediation - Vermittlung in Konflikten" von Christoph Besemer. Karlsruhe: Gewaltfrei Leben Lernen.

Besemer, Christoph (2014): Politische Mediation. Prinzipien und Bedingungen gelingender Vermittlung in öffentlichen Konflikten. Bonn: Stiftung Mitarbeit (Arbeitshilfen für Selbsthilfe- und Bürgerinitiativen, 47).

Bohnsack, Ralf (2010): Rekonstruktive Sozialforschung. Einführung in qualitative Methoden. 8., durchges. Aufl. Opladen: Budrich (UTB Erziehungswissenschaft, Sozialwissenschaft, 8242). Online verfügbar unter http://www.utb-studi-e-book.de/9783838582429.

Bourdieu, Pierre (1983): Ökonomisches Kapital, kulturelles Kapital, soziales Kapital. In: Reinhard Kreckel (Hg.): Soziale Ungleichheiten. Göttingen: Schwartz (Soziale Welt Sonderband, 2), S. 183–198.

Bourdieu, Pierre (2014a): Die feinen Unterschiede. Kritik der gesellschaftlichen Urteilskraft. Unter Mitarbeit von Bernd Schwibs. 24. Auflage. Frankfurt am Main: Suhrkamp (Suhrkamp-Taschenbuch Wissenschaft, 658).

Bourdieu, Pierre (2014b): Die Regeln der Kunst. Genese und Struktur des literarischen Feldes. 6. Aufl. Frankfurt am Main: Suhrkamp (Suhrkamp-Taschenbuch Wissenschaft, 1539).

Bourdieu, Pierre (2015): Zur Soziologie der symbolischen Formen. 11. Aufl. Frankfurt am Main: Suhrkamp (Suhrkamp-Taschenbuch Wissenschaft, 107).

Breidenbach, Stephan (1995): Mediation. Struktur, Chancen und Risiken von Vermittlung im Konflikt. Köln: O. Schmidt.

Bröckling, Ulrich (2007): Das unternehmerische Selbst. Soziologie einer Subjektivierungsform. 1. Aufl. Frankfurt am Main: Suhrkamp (Suhrkamp Taschenbuch Wissenschaft, 1832).

Bröckling, Ulrich (2015): Gute Hirten führen sanft. In: *Mittelweg 36* 24 (1-2), S. 171–186.

Bröckling, Ulrich; Krasmann, Susanne; Lemke, Thomas (Hg.) (2015): Gouvernementalität der Gegenwart. Studien zur Ökonomisierung des Sozialen. 7. Auflage. Frankfurt am Main: Suhrkamp (Suhrkamp-Taschenbuch Wissenschaft, 1490).

Buchen, Herbert (Hg.) (2013): Professionswissen Schulleitung. 3., erweiterte Aufl. Weinheim: Beltz (Beltz Handbuch).

Burns, Robert P. (2002): Some Ethical Issues Surrounding Mediation. In: *SSRN Journal. DOI:* 10.2139/ssrn.308721.

Buro, Andreas (1998): Transformationen, Bilanzen und Perspektiven der bundesrepublikanischen Friedensbewegung. In: *Forschungsjournal Neue Soziale Bewegungen* 11 (1), S. 131–141.

Buro, Andreas (2008): Der lange Marsch der Friedensbewegung zur Zivilen Konfliktbearbeitung nach 1945. In: *Forschungsjournal Neue Soziale Bewegungen* 21 (3), S. 133–145.

Busch, Dominic (2007): Interkulturelle Mediation. Eine theoretische Grundlegung triadischer Konfliktbearbeitung in interkulturell bedingten Kontexten. 2. Aufl. Frankfurt am Main: Lang.

Busch, Matthias; Witte, Marlies; Busch-Witte (2010): Mediation. Ein Rollenspielbuch. Schwalbach/Ts.: Wochenschau-Verl. (Wochenschau Politik).

Bush, Robert A. Baruch; Folger, Joseph P. (2005): The promise of mediation. The transformative approach to conflict. Rev. ed., [new ed.]. San Francisco: Jossey-Bass.

Bush, Robert A. Baruch; Folger, Joseph P. (2012): Mediation and Social Justice: Risks and Opportunities. In: *Ohio St. J. on Disp. Resol.* 27, S. 1.

Butler, Judith (1991): Das Unbehagen der Geschlechter. 16. Aufl. Frankfurt (am Main): Suhrkamp.

Butler, Judith (1997): Körper von Gewicht. Die diskursiven Grenzen des Geschlechts. 1. Aufl. Frankfurt am Main: Suhrkamp (Edition Suhrkamp, 1737 = n.f., Bd. 737).

Butler, Judith (2001): Psyche der Macht. Das Subjekt der Unterwerfung. 1. Aufl (Gender studies, 1744 = n.f., Bd. 744).

Butler, Judith (2006): Kritik der ethischen Gewalt. 1. Aufl. Frankfurt am Main: Suhrkamp (Suhrkamp Taschenbücher Wissenschaft, 1792).

Cohn, Ruth C. (2013): Von der Psychoanalyse zur themenzentrierten Interaktion. Von der Behandlung einzelner zu einer Pädagogik für alle. 17. Aufl. Stuttgart: Klett-Cotta (Konzepte der Humanwissenschaften).

Cooks, Leda M.; Hale, Claudia L. (1994): The construction of ethics in mediation. In: *Conflict Resolution Quarterly* 12 (1), S. 55–76. DOI: 10.1002/crq.3900120106.

Csikszentmihalyi, Mihaly; Charpentier, Annette (1992): Flow. Das Geheimnis des Glücks. 2. Aufl. Stuttgart: Klett-Cotta.

Currie, Cris M. (2004): Mediating off the Grid. In: *Dispute Resolution Journal* 59 (2), S. 9–15. Online verfügbar unter http://search.ebscohost.com/login. aspx?direct=true&db=buh&AN=13611804&site=ehost-live.

Deleuze, Gilles; Guattari, Félix (1995): Anti-Ödipus. 7. Aufl. Frankfurt am Main: Suhrkamp (Suhrkamp-Taschenbuch Wissenschaft, 224).

Dittmar, Norbert (2004): Transkription. Ein Leitfaden mit Aufgaben für Studenten, Forscher und Laien. 2. Auflage. Wiesbaden: VS Verlag für Sozialwissenschaften (Qualitative Sozialforschung, 10). Online verfügbar unter http://dx.doi.org/10.1007/978-3-322-95014-7.

Dt. Bundestag (21.06.2012): Mediationsgesetz vom 21. Juli 2012. Fundstelle: http://www.gesetze-im-internet.de/bundesrecht/mediationsg/gesamt.pdf.

Dukes, E. Franklin (1996): Resolving public conflict. Transforming community and governance. 1. Aufl. Manchester u.a: Manchester Univ. Press (Political analyses).

Dulabaum, Nina L. (2009): Mediation: Das ABC. Die Kunst, in Konflikten erfolgreich zu vermitteln. 5. Aufl. Weinheim, Basel: Beltz.

Duss-von Werdt, Josef (2005): Homo mediator. Geschichte und Menschenbild der Mediation. Stuttgart: Klett-Cotta.

Duss-von Werdt, Josef (2011): Einführung in die Mediation. 2. Aufl. Heidelberg: Auer.

Duttweiler, Stefanie (2007): Sein Glück machen. Arbeit am Glück als neoliberale Regierungstechnologie. Univ., Diss.--Basel, 2006. Konstanz: UVK-Verl.-Ges (Analyse und Forschung Sozialwissenschaften).

Eggers, Maureen Maisha (Hg.) (2009): Mythen, Masken und Subjekte. Kritische Weißseinsforschung in Deutschland. 2., überarb. Aufl. Münster: Unrast-Verl.

Ehrenberg, Alain (2008): Das erschöpfte Selbst. Depression und Gesellschaft in der Gegenwart. 1. Aufl. Frankfurt, M.: Suhrkamp (Suhrkamp-Taschenbuch Wissenschaft, 1875).

Eidenmüller, Horst (2015): Obligatorische außergerichtliche Streitbeilegung. Eine contradictio in adiecto? In: *JuristenZeitung* 70 (11), S. 539–547. DOI: 10.1628/002268815X14279596967779.

Erbel, Christoph (2012): Mediation und Menschenbild. Eine Spurensuche in den Grundsätzen der Mediation. Köln: FDGZ-Verl.

Erikson, Erik H. (2015): Identität und Lebenszyklus. Drei Aufsätze. 27. Aufl. Frankfurt am Main: Suhrkamp (Suhrkamp-Taschenbuch Wissenschaft, 16).

Eriksson, Magnus (Hg.) (2003): Streitkulturen. Gewalt, Konflikt und Kommunikation in der ländlichen Gesellschaft (16. - 19. Jahrhundert). Köln: Böhlau (Potsdamer Studien zur Geschichte der ländlichen Gesellschaft, 2). Online verfügbar unter http://hsozkult.geschichte.hu-berlin.de/rezensionen/2003-4-055.

Etzioni, A. (1964): Winning without war: Doubleday (Anchor books). Online verfügbar unter https://books.google.de/books?id=RCBIAAAAMAAJ.

Etzioni, Amitai (1997): Die Verantwortungsgesellschaft. Individualismus und Moral in der heutigen Demokratie. Frankfurt: Campus-Verl.

Europäisches Parlament und Europarat (21.05.2008): über bestimmte Aspekte der Mediation in Zivil- und Handelssachen. In: Amtsblatt der Eurpäischen Union. Online verfügbar unter http://blog.mediation.de/2012/07/die-entstehung-des-mediationsgesetzes/, zuletzt geprüft am 22.05.2015.

Falk, Gerhard; Heintel, Peter; Krainz, Ewald E. (Hg.) (2005): Handbuch Mediation und Konfliktmanagement. Wiesbaden: VS Verl. für Sozialwiss.

Falk, Gerhard; Heintel, Peter; Pelikan, Christa (Hg.) (1998): Die Welt der Mediation. Entwicklung und Anwendungsgebiete eines interdisziplinären Konfliktregelungsverfahrens. Klagenfurt: Alekto. (1998).

Felsch, Philipp (2015): Der lange Sommer der Theorie. Geschichte einer Revolte. 1. Aufl. München: Beck, C H.

Fink, Bruce; Boehme, Tim Caspar (2006): Das Lacansche Subjekt. Zwischen Sprache und jouissance. Wien: Turia & Kant.

Fischer, Corinna (2003): Die Kunst, sich nicht über den runden Tisch ziehen zu lassen. Ein Leitfaden für BürgerInneninitiativen in Beteiligungsverfahren. Bonn: Stiftung Mitarb. (Arbeitshilfen für Selbsthilfe- und Bürgerinitiativen, Nr. 28).

Fisher, Roger; Patton, Bruce M.; Ury, William (2004): Das Harvard-Konzept. Der Klassiker der Verhandlungstechnik. 22. Aufl. Frankfurt/Main: Campus.

Fisher, Roger; Ury, William; Patton, Bruce (1999): Getting to yes. Negotiating an agreement without giving in. [Completely revised 2nd ed.], repr. London: Random House (Business Books).

Flick, Uwe; Kardorff, Ernst von; Steinke, Ines (2009): Qualitative Forschung. Ein Handbuch. Orig.-Ausg., 7. Aufl. Reinbek bei Hamburg: Rowohlt-Taschenbuch-Verl. (Rororo Rowohlts Enzyklopädie, 55628).

Foucault, Michel (1977): Überwachen und Strafen. Die Geburt des Gefängnisses. Frankfurt a.M.: Suhrkamp (Suhrkamp-Taschenbuch Wissenschaft, 184).

Foucault, Michel (1990): Archäologie des Wissens. Frankfurt am Main: Suhrkamp.

Foucault, Michel (2000): Der Gebrauch der Lüste. 1. Aufl., [Nachdr.]. Frankfurt am Main: Suhrkamp-Taschenbuch-Verl. (Suhrkamp-Taschenbuch Wissenschaft, 717).

Foucault, Michel (2015): Die Ordnung der Dinge. Eine Archäologie der Humanwissenschaften. 23. Aufl. Frankfurt am Main: Suhrkamp (Suhrkamp-Taschenbuch Wissenschaft, 96).

Freud, Sigmund (1980): Vorlesungen zur Einführung in die Psychoanalyse und Neue Folge. 9., korr. Aufl. Frankfurt am Main: Fischer (Conditio humana, 1).

Freud, Sigmund (1993): Die „kulturelle" Sexualmoral und die moderne Nervosität. In: Sigmund Freud, Anna Freud und Marie Bonaparte (Hg.): Werke aus den Jahren

1906-1909. 7. Aufl. Frankfurt: Fischer (Gesammelte Werke / Sigmund Freud, 7), S. 141–167.

Friedman, Gary; Himmelstein, Jack; Korsmeier, Antje (2013): Konflikte fordern uns heraus. Mediation als Brücke zur Verständigung. 1. Aufl. Frankfurt am Main: Metzner (Mediation aktuell).

Friedman, Gary J.; Himmelstein, Jack (2008): Challenging conflict. Mediation through understanding. 1. Aufl. Chicago, IL: American Bar Association.

Friele, Boris (2008): Psychotherapie, Emanzipation und Radikaler Konstruktivismus. Eine kritische Analyse des systematischen Denkens in der klinischen Psychologie und sozialen Arbeit. Orig.-Ausg. Gießen: Psychosozial-Verl. (Psyche und Gesellschaft).

Fromm, Erich (2014): Die Pathologie der Normalität. Zur Wissenschaft vom Menschen. 5. Auflage. Berlin: Ullstein (Ullstein Taschenbuch, 36778).

Fromm, Erich (2015): Authentisch leben. 17. Gesamtauflage, 10. Auflage 2015, Originalausgabe. Hg. v. Rainer Funk. Freiburg: Herder (Herder-Spektrum, 5691).

Fuhr, Reinhard (Hg.) (2001): Handbuch der Gestalttherapie. 2., unveränd. Aufl. Göttingen: Hogrefe Verl. für Psychologie.

Furedi, Frank (2004): Therapy culture. Cultivating vulnerability in an uncertain age. London, New York: Routledge.

Geis, Anna (2005): Regieren mit Mediation. Das Beteiligungsverfahren zur zukünftigen Entwicklung des Frankfurter Flughafens. 1. Aufl. Wiesbaden: VS Verl. für Sozialwiss.

Geuss, Raymond (1999): The idea of a critical theory. Habermas and the Frankfurt School. Nachdr. Cambridge: Cambridge Univ. Press (Modern european philosophy).

Glaser, Barney G.; Strauss, Anselm L.; Paul, Axel T. (2010): Grounded Theory. Strategien qualitativer Forschung. 3., unveränd. Aufl. Bern: Huber (Programmbereich Gesundheit).

Glasl, Friedrich (2004): Konfliktmanagement. Ein Handbuch für Führungskräfte, Beraterinnen und Berater. 8., aktualisierte und erg. Aufl. Bern, Stuttgart: P. Haupt; Verlag Freies Geistesleben (Organisationsentwicklung in der Praxis, Bd. 2).

Glasl, Friedrich (1999): Konfliktmanagement. Ein Handbuch für Führungskräfte, Beraterinnen und Berater. 6. Aufl. Bern, Stuttgart: P. Haupt; Verlag Freies Geistesleben

Glasl, Friedrich (2007): Konflikt, Krise, Katharsis und die Verwandlung des Doppelgängers. 1. Aufl. Stuttgart: Verl. Freies Geistesleben.

Glasl, Friedrich (2008): Selbsthilfe in Konflikten. Konzepte - Übungen - praktische Methoden. 5., überarb. und erw. Aufl. Stuttgart [u.a.]: Verl. Freies Geistesleben [u.a.].

Glasl, Friedrich (2010): Konfliktfähigkeit statt Streitlust oder Konfliktscheu. Dornach: Verl. am Goetheanum.

Gosepath, Stefan (1992): Aufgeklärtes Eigeninteresse. Eine Theorie theoretischer und praktischer Rationalität. 1. Aufl. Frankfurt am Main: Suhrkamp.

Gutenbrunner, L.; Wagner, U. (in Press): Perspective taking techniques in the mediation of intergroup conflict. In: *Peace and Conflict: Journal of Peace Psychology*.

Habermas, Jürgen (1985): Der philosophische Diskurs der Moderne. Zwölf Vorlesungen. 1. Aufl. Frankfurt am Main: Suhrkamp.

Habermas, Jürgen (1998): Faktizität und Geltung. Beiträge zur Diskurstheorie des Rechts und des demokratischen Rechtsstaats. 1. Aufl. Frankfurt am Main: Suhrkamp.

Habermas, Jürgen (2005): Concluding Comments on Empirical Approaches to Deliberative Politics. In: *acta politica* 40 (3), S. 384–392.

Haft, Fritjof (2009): Verhandlung und Mediation. In: Fritjof Haft und Katharina Schlieffen (Hg.): Handbuch Mediation. 2. Aufl. München: Beck.

Haft, Fritjof; Schlieffen, Katharina (Hg.) (2002): Handbuch Mediation. 1. Auflage. München: C.H. Beck.

Haft, Fritjof; Schlieffen, Katharina (Hg.) (2009): Handbuch Mediation. 2. Aufl. München: Beck.

Haft, Fritjof; Schlieffen, Katharina (Hg.) (2016): Handbuch Mediation. 3., vollständig neubearbeitete Auflage. München: C.H. Beck.

Hartmut Schäffer; Sonja Schäffer; Nicole Schönknecht (o. J.): Ich glaube, Sie wollen meinen Job!: Stephans-Buchhandlung - Verlag. Online verfügbar unter http://www.neueoptionen.de/html/dvd.html.

Heck, Justus (2016): Der beteiligte Unbeteiligte. Wie vermittelnde Dritte Konflikte transformieren. In: *Zeitschrift für Rechtssoziologie* 36 (1), S. 1–30.

Heilmann, Monika (2014): 30 Minuten Mediation. Offenbach am Main: GABAL (30-Minuten-Reihe).

Heintel, Peter (Hg.) (2006): Betrifft: TEAM. Dynamische Prozesse in Gruppen. 1. Aufl. Wiesbaden: VS, Verl. für Sozialwiss.

Henssler, Martin (Hg.) (2004): Mediation in der Anwaltspraxis. 2. Aufl. Bonn: Dt. Anwaltverl. (Anwaltspraxis).

Hillebrandt, Frank (2009): Praxistheorie. In: Georg Kneer und Markus Schroer (Hg.): Handbuch Soziologische Theorien. Wiesbaden: VS Verlag für Sozialwissenschaften, S. 369–394.

Hinshaw, Art; Alberts, Jess K. (2011): Doing the right thing: an emipirical study of attorney mediation ethics. In: Harvard Negotiation Law Review, S. 96–162.

Hite, Shere (1981): The Hite report on male sexuality. 1st ed. New York: Knopf; Distributed by Random House.

Hobsbawm, Eric (2007): Das zeitalter der extreme. [S.l.]: Deutscher Taschenbuch Ver.

Honneth, Axel (1994): Kampf um Anerkennung. Zur moralischen Grammatik sozialer Konflikte. 1. Aufl. Frankfurt am Main: Suhrkamp.

Honneth, Axel (2000): Anerkennungsbeziehungen und Moral. Eine Diskurssionsbemerkung zur anthropologischen Erweiterung der Diskursethik. In: Helmut Fahrenbach, Reinhard Brunner und Peter Kelbel (Hg.): Anthropologie, Ethik und Gesellschaft. Für Helmut Fahrenbach. Frankfurt/Main,, New York: Campus.

Honneth, Axel (2007): Rekonstruktive Kritik unter genealogischem Vorbehalt. In: Axel Honneth (Hg.): Pathologien der Vernunft. Geschichte und Gegenwart der kritischen Theorie. 1. Aufl., Originalausg. Frankfurt am Main: Suhrkamp, S. 56–69.

Honoroff, Brad; Opotow, Susan (2007): Mediation Ethics: A Grounded Approach. In: Negotiation Journal 23 (2), S. 155–172. DOI: 10.1111/j.1571-9979.2007.00134.x.

Horkheimer, Max; Adorno, Theodor W. (2016): Dialektik der Aufklärung. Philosophische Fragmente. 22. Auflage. Frankfurt am Main: Fischer Taschenbuch Verl. (Fischer-Taschenbücher Fischer Wissenschaft, 7404).

Ihde, Katja (2012): Mediation. 1. Aufl. München: Haufe-Lexware GmbH & Co. KG (Taschenguide).

Illouz, Eva (2003): Oprah Winfrey and the glamour of misery. An essay on popular culture. New York: Columbia University Press. Online verfügbar unter http://search.ebscohost.com/login.aspx?direct=true&scope=site&db=nlebk&db=nlabk&AN=107164.

Illouz, Eva (2009): Die Errettung der modernen Seele. Therapien, Gefühle und die Kultur der Selbsthilfe. Unter Mitarbeit von Michael Adrian. 1. Aufl. Frankfurt am Main: Suhrkamp.

Illouz, Eva (2011): Warum Liebe weh tut. Eine soziologische Erklärung. Berlin: Suhrkamp.

IMS Institut für Mediation, Streitschlichtung und Konfliktmanagement e.V. (ca. 2005): Ein Fall für Drei. Szenen einer Scheidungsmediation. Maria Marshall (Regie): Eigenverlag IMS.

IMS Institut für Mediation, Streitschlichtung und Konfliktmanagement e.V. (2010): Ein Fall für Vier - die Erbschaft. Maria Marshall (Regie). München: Eigenverlag IMS.

Jaeggi, Rahel (2009): Was ist Ideologiekritik? In: Rahel Jaeggi und Tilo Wesche (Hg.): Was ist Kritik? 1. Aufl. Frankfurt am Main: Suhrkamp.

Jaeggi, Rahel; Wesche, Tilo (Hg.) (2009): Was ist Kritik? 1. Aufl. Frankfurt am Main: Suhrkamp.

Jäger, Siegfried (2001): Diskurs und Wissen. Theoretische und methodische Aspekte einer Kritischen Diskurs- und Dispositivanalyse. In: Reiner Keller (Hg.):
Handbuch sozialwissenschaftliche Diskursanalyse. Band 1: Theorien und Methoden. Opladen: Leske + Budrich (Handbücher, Bd. 1), S. 91–125.

Jansen, Dorothea (1997): Mediationsverfahren in der Umweltpolitik. In: *Politische
Vierteljahresschrift* 38 (2), S. 274–297.

Jean B. Savigny; Alexandre Correard (2012): Der schiffbruch der Fregatte Medusa.
[Place of publication not identified]: Matthes & Seitz Berlin Ve.

Kamp, Hermann (2001): Friedensstifter und Vermittler im Mittelalter. Darmstadt:
Wissenschaftliche Buchgesellschaft (Symbolische Kommunikation in der Vormo-
derne).

Kant, Immanuel (1923): 1. Abt.: Werke, Bd. 9. Logik. Physische Geographie.
Pädagogik. Berlin [u.a.]: Reimer [u.a.] (Kant's_ gesammelte Schriften / hrsg. von
der Königl. Preuß. Akad. der Wiss, Bd. 9).

Keller, Reiner (2009): Müll - Die gesellschaftliche Konstruktion des Wertvollen.
Die öffentliche Diskussion über Abfall in Deutschland und Frankreich. 2. Aufl.
Wiesbaden: VS Verlag für Sozialwissenschaften / Springer Fachmedien Wiesba-
den, Wiesbaden.

Keller, Reiner (2011): Diskursforschung. Eine Einführung für Sozialwissenschaft-
lerInnen. In: *Diskursforschung* Bd. 14.

Keller, Reiner (2012a): Das Interpretative Paradigma. Eine Einführung. Wiesbaden: VS Verlag für Sozialwissenschaften; Imprint: VS Verlag für Sozialwissenschaften (SpringerLink : Bücher).

Keller, Reiner (2012b): Der menschliche Faktor. In: Reiner Keller (Hg.): Diskurs -
Macht - Subjekt. Theorie und Empirie von Subjektivierung in der Diskursfor-

schung. 1. Aufl. Wiesbaden: VS, Verl. für Sozialwiss. (Interdisziplinäre Diskursforschung), S. 69–108.

Keller, Reiner; Hirseland, Andreas; Schneider, Werner; Viehöver, Willy (Hg.) (2011): Handbuch sozialwissenschaftliche Diskursanalyse. 1. Theorien und Methoden: Wiesbaden : VS, Verl. für Sozialwiss.

Kiesow, Rainer Maria (2005): Das ganze Panorama der Menschelei. Mediation: Joseph Duss-von Werdt beschreibt eine Praxis, die wert ist, beschwiegen zu werden. In: *Süddeutsche Zeitung*, 13.10.2005.

Klappenbach, Doris (2012): Perspektiven mediativer Kompetenzentwicklung. Eine explorative Studie zur retrospektiven Evaluation einer Mediationsausbildung durch interkulturell arbeitende Kräfte aus sozialen und pädagogischen Handlungsfeldern. Frankfurt am Main: Lang.

Klowait, Jürgen (Hg.) (2012): Mediationsgesetz. Handkommentar. 1. Aufl. Baden-Baden: Nomos (NomosKommentar).

Knoblauch, Hubert; Schnettler, Bernt; Raab, Juergen; Soeffner, Hans-Georg (2012): Video Analysis. Qualitative Audiovisual Data Analysis in Sociology. Frankfurt: Peter Lang GmbH Internationaler Verlag der Wissenschaften. Online verfügbar unter http://gbv.eblib.com/patron/FullRecord.aspx?p=1128991.

Koopman, Colin (2011): Foucault and Pragmatism: Introductory Notes on Metaphilosophical Methodology. In: *Foucault Studies* (11), S. 3–10.

Köstler, Anja (2010): Mediation. München [u.a.]: E. Reinhardt.

Kovach, Kimberlee K.; Love, Lela P. (1998): Mapping Mediation: The Risks of Riskin's Grid. In: *Harvard Negotiation Law Review* (3), S. 71–110.

Krabbe, Heiner (o. J.): Familien-Mediation: eine Einführung. Online verfügbar unter http://www.heiner-krabbe.de/Literatur.203.0.html.

Krainer, Larissa; Heintel, Peter (2010): Prozessethik. Wiesbaden: VS Verlag für Sozialwissenschaften.

Krainz, Ewald E. (2005): Die Morphologie der sozialen Welt. Ihre Bedeutung für die Entstehung und Bearbeitung von Konflikten. In: Gerhard Falk, Peter Heintel und Ewald E. Krainz (Hg.): Handbuch Mediation und Konfliktmanagement. Wiesbaden: VS Verl. für Sozialwiss., S. 35–56.

Kressel, Kenneth (2007): The strategic style in mediation. In: *Conflict Resolution Quarterly* 24 (3), S. 251–283. DOI: 10.1002/crq.174.

Kressel, Kenneth; Pruitt, Dean G. (1989): Mediation research. The process and effectiveness of third-party intervention. 1st ed. San Francisco: Jossey-Bass (Jossey-Bass management series).

Kreuser, Karl; Robrecht, Thomas; Erpenbeck, John (2012): Konfliktkompetenz. Eine strukturtheoretische Betrachtung. Wiesbaden: Springer VS.

Kriegel-Schmidt, Katharina (2007): Blind vor Wut. Ratlosigkeit und Routine. Das Problem der Freiwilligkeit der Mediation bei Trennung und Scheidung. Skizze zu einer hochbrisanten Diskussion um Autonomie, Freiwilligkeit und Zwang. In: *Nachrichtenteil der BAFM* (4), S. 169.

Kriegel-Schmidt, Katharina (2012): Interkulturelle Mediation. Plädoyer für ein Perspektiven-reflexives Modell. 1., Aufl. Münster, Westf: Lit (Kommunikation und Kulturen / Cultures and Communication, 9).

Kriegel-Schmidt, Katharina (2017): Mediation als Wissenschaftszweig. Im Spannungsfeld von Fachexpertise und Interdisziplinarität. 1. Aufl. Wiesbaden: VS, Verl. für Sozialwiss.

Krug-Richter, Barbara (2004): Praktiken des Konfliktaustrags in der frühen Neuzeit. [... Tagung, die im Dezember 2001 zum Thema "Streitkulturen. Praktiken
des Konfliktaustrags in der Frühen Neuzeit" in der Villa Terfloth in Münster statt-
fand]. 1. Aufl. Münster: Rhema (Symbolische Kommunikation und gesellschaftliche Wertesysteme, 6).

Kuhn, Thomas S. (1978): Die Entstehung des Neuen. 7. Aufl. Frankfurt (am
Main): Suhrkamp.

Lacan, Jacques; Haas, Norbert; Gasché, Rodolphe (Hg.) (1996): Schriften. 4.,
durchges. Aufl. Weinheim: Quadriga (Das Werk / Jacques Lacan).

Laclau, Ernesto; Mouffe, Chantal (1985): Hegemony and socialist strategy. To-
wards a radical democratic politics. London: Verso.

Latour, Bruno (2008): Wir sind nie modern gewesen. Versuch einer symmetrischen
Anthropologie. 1. Aufl. Frankfurt am Main: Suhrkamp (Suhrkamp-Taschenbuch
Wissenschaft, 1861).

Lederach, John Paul (2003): The little book of conflict transformation. [clear artic-
ulation of the guiding principles by a pioneer in the field]. Intercourse, Pa: Good
Books (The little books of justice & peacebuilding).

Lederach, John Paul (2008): Preparing for peace. Conflict transformation across
cultures. 1. paperback ed., [Nachdr.]. Syracuse, NY: Syracuse Univ. Press (Syracuse studies on peace and conflict resolution).

Levold, Tom; Wirsching, Michael (Hg.) (2014): Systemische Therapie und Beratung. Das große Lehrbuch. 1. Auflage. Heidelberg: Carl-Auer Verlag.

Lockot, Regine (2010): DPV und DPG auf dem dünnen Eis der DGPT. Zur Beziehungsgeschichte von Deutscher Psychoanalytischer Vereinigung (DPV) und Deutscher Psychoanalytischer Gesellschaft (DPG) innerhalb der Deutschen Gesellschaft

für Psychotherapie und Tiefenpsychologie (DGPT) bis 1967. In: *PSYCHE* 64, S. 1206–1242.

Luhmann, Niklas (2002): Einführung in die Systemtheorie. 1. Aufl. Heidelberg: Carl-Auer-Systeme-Verlag.

Maiwald, Kai-Olaf (2004): Professionalisierung im modernen Berufssystem. Das Beispiel der Familienmediation. 1. Aufl. Wiesbaden: VS, Verl. für Sozialwiss.

Martel, Yann (2004): Schiffbruch mit Tiger. Roman. Unter Mitarbeit von Manfred Allié. Frankfurt am Main: Fischer-Taschenbuch-Verl. ([Fischer-Taschenbücher], 15665).

Marttila, Tomas (2012): Was ist Diskursforschung nicht? In: *Soziologische Revue* 35 (2), S. 158–167. DOI: 10.1524/srsr.2012.0014.

Maturana, Humberto R. (1998): Biologie der Realität. 1. Aufl. Frankfurt am Main: Suhrkamp.

Mayer, Claude-Hélène (2008): Trainingsfilm Interkulturelle Mediation und Konfliktlösung. Didaktische Materialien zum Kompetenzerwerb. 1. Aufl. Münster, Westf: Waxmann. Online verfügbar unter http://deposit.d-nb.de/cgi-bin/dokserv?id=3088532&prov=M&dok_var=1&dok_ext=htm.

McEwen, Craig A.; Milburn, Thomas W. (1993): Explaining a Paradox of Mediation. In: *Negotiation Journal* 9 (1), S. 23–36. DOI: 10.1111/j.1571-9979.1993.tb00687.x.

McGuigan, Richard; McMechan, Sylvia (2005): Integral Conflict Analysis: A Comprehensive Quadrant Analysis of na Organizational Conflict. In: *Conflict Resolution Quarterly* 22 (3), S. 349.

Mediator GmbH (o.J.): Wirtschaftsmediation - ein Lehrfilm. Online verfügbar unter http://www.mediatorgmbh.de/downloads.php.

Mehta, Gerda (Hg.) (2003): Mediation und Demokratie. Neue Wege des Konflikt-mangements in größeren Systemen. 1. Aufl. Heidelberg: Carl-Auer-Systeme-Verl.

Menkel-Meadow, Carrie (2006): Deliberative democracy and conflict resolution. Two Theories and Practices of Participation in the Polity. In: *Dispute Resolution Journal* 12 (2), S. 18–22.

Mnookin, Robert (2010): Bargaining with the devil. When to negotiate, when to fight. New York: Simon & Schuster.

Moldaschl, Manfred (2003): Subjektivierung von Arbeit. 2., überarb. und erw. Aufl. München: Hampp (Arbeit, Innovation und Nachhaltigkeit, 2).

Montada, Leo; Kals, Elisabeth (2013): Mediation. Psychologische Grundlagen und Perspektiven. 3., überarbeitete und aktualisierte Aufl. Weinheim: Beltz.

Nachtigall, Andrea (2014): Gendering 9/11. Medien, Macht und Geschlecht im Kontext des "War on Terror". s.l.: transcript Verlag (Kultur und soziale Praxis). Online verfügbar unter http://lib.myilibrary.com?id=631093.

Neubauer, Sebastian (2017): Althusser, Gramsci and Machiavelli: encounters and misencounters, In: Antonini, Francesca; Bernstein, Aaron; Fusaro, Lorenzo; Jackson, Robert (eds.): Past and Present: New Insights into Gramsci's Philosophical, Historical, and Political Thought, Leiden: Brill, S. 419 – 434.

Nida-Rümelin, Julian (2006): Demokratie und Wahrheit. München: Beck.

Nordhoff, Charles; Hall, James Norman (2006): Die Meuterei auf der Bounty. Schiff ohne Hafen. 1. Aufl. Frankfurt am Main, Leipzig: Insel-Verl. (Insel-Taschenbuch, 3208).

Nothdurft, Werner; Spranz-Fogasy, Thomas (1986): Der kulturelle Kontext von Schlichtung. Zum Stand der Schlichtungs-Forschung in der Rechtsanthropologie. In: *Zeitschrift für Rechtssoziologie*. (7), S. 31–52.

Oguntoye, Katharina; Ayim, May; Schultz, Dagmar (1992): Farbe bekennen. Afrodeutsche Frauen auf den Spuren ihrer Geschichte. Aktualisierte Ausg. Frankfurt am Main: Fischer (Frau in der Gesellschaft).

Olivesi, Stéphane (2006): La communication au travail. Une critique des nouvelles formes de pouvoir dans les entreprises. 2e éd. Grenoble: Presses universitaires de Grenoble (Communication en plus).

Paul, Christoph Cornelius; Zurmühl, Sabine (2008): Mediation - was ist das? Ein Leitfaden für die Familienmediation ; kurze Fragen und Antworten. Aachen: Shaker.

Perls, Frederick S.; Hefferline, Ralph F.; Goodman, Paul (2006): Grundlagen der Lebensfreude und Persönlichkeitsentfaltung. 7., neu übers. Aufl. Stuttgart: Klett-Cotta (Gestalt-Therapie, / Frederick S. Perls; Ralph F. Hefferline; Paul Goodman ; 2).

Pettenkofer, Andreas (2010): Radikaler Protest. Zur soziologischen Theorie politischer Bewegungen. Frankfurt/M: Campus Verlag (Theorie und Gesellschaft - Band 67, v.67). Online verfügbar unter http://search.ebscohost.com/ login.aspx?direct=true&scope=site&db=nlebk&db=nlabk&AN=836255.

Pettenkofer, Andreas (2014): Die Entstehung der grünen Politik. Kultursoziologie der westdeutschen Umweltbewegung. 1. Aufl. Frankfurt am Main: Campus Verlag GmbH (Sozialwissenschaften 2011). Online verfügbar unter http://ebooks.ciando. com/book/index.cfm/bok_id/844852.

Pfahl, Lisa; Schürmann, Lena; Traue, Boris (2015): Das Fleisch der Diskurse. In: Susann Fegter, Fabian Kessl, Antje Langer, Marion Ott, Daniela Rothe und Daniel Wrana (Hg.): Erziehungswissenschaftliche Diskursforschung. Wiesbaden: Springer Fachmedien Wiesbaden, S. 89–106.

Prantl, Heribert (2011): Das Recht war ein Kampf. Mediation an deutschen Gerichten. In: *Süddeutsche Zeitung* 2011, 12.01.2011. Online verfügbar unter http://www.sueddeutsche.de/politik/mediation-an-deutschen-gerichten-geissler-fuer-alle-1.1045301.

Raab, Jürgen (2008): Visuelle Wissenssoziologie. Theoretische Konzeption und materiale Analysen. Univ., Habil.-Schr.--Konstanz, 2007. Konstanz: UVK Verl.-Ges (Erfahrung - Wissen - Imagination, 17).

Rabe, Christine Susanne; Wode, Martin (2013): Mediation. Grundlagen, Methoden, rechtlicher Rahmen. Berlin: Springer.

Reckwitz, Andreas (2006a): Das hybride Subjekt. Eine Theorie der Subjektkulturen von der bürgerlichen Moderne zur Postmoderne. 1. Aufl. Weilerswist: Velbrück.

Reckwitz, Andreas (2006b): Die Transformation der Kulturtheorien. Zur Entwicklung eines Theorieprogramms. Studienausg., Nachdr. der Erstausg. Weilerswist: Velbrück Wiss.

Reckwitz, Andreas (2011): Die Erfindung der Kreativität. Zum Prozess gesellschaftlicher Ästhetisierung. 1., Auflage. Berlin: Suhrkamp (Suhrkamp Taschenbücher Wissenschaft, 1995).

Redlich, Alexander (2004): Konflikt-Moderation. Handlungsstrategien für alle, die mit Gruppen arbeiten ; mit vier Fallbeispielen. 6. Aufl. Hamburg: Windmühle GmbH Verl. und Vertrieb von Medien (Moderation in der Praxis, 2).

Redlich, Alexander; Mironov, Evgueni (2003): Die Handhabung von Konflikten im Rahmen von Teamentwicklung. In: Siegried Stumpf und Alexander Thomas (Hg.): Teamarbeit und Teamentwicklung. Göttingen: Hogrefe (Psychologie für das Personalmanagement).

Reh, Sabine; Ricken, Norbert (2012): Das Konzept der Adressierung. Zur Methodologie einer qualitativ-empirischen Erforschung von Subjektivation. In: Ingrid Miethe und Hans-Rüdiger Müller (Hg.): Qualitative Bildungsforschung und Bildungstheorie. Opladen: Budrich, S. 35–56.

Rehmann, Jan (2015): Einführung in die Ideologietheorie. Dt. Orig.-Ausg., 4. Aufl. Hamburg: Argument-Verl.

Ricken, Norbert (2013): Anerkennung als Adressierung. Über die Bedeutung von Anerkennung für Subjektivationsprozesse. In: Thomas Alkemeyer, Gunilla Budde und Dagmar Freist (Hg.): Selbst-Bildungen. Soziale und kulturelle Praktiken der Subjektivierung. Bielefeld: Transcript (Priktiken der Subjektivierung, Bd. 1), S. 69–99.

Riemann, Fritz (1961): Grundformen der Angst und die Antinomien des Lebens. München: Reinhardt (Psychologie und Person, 1).

Riskin, Leonard L. (1996): Understanding Mediators' Orientations, Strategies, and Techniques: A Grid for the Perplexed. In: *Harvard Negotiation Law Review* (1), S. 7–52.

Riskin, Leonard L. (2003): Decisionmaking in Mediation: The new old grid and the new new grid system. In: *Notre Dame Law Review* 79 (1), S. 1–54.

Rogers, Carl R. (1979): Entwicklung der Persönlichkeit. Psychotherapie aus der Sicht eines Therapeuten. 3. Aufl. Stuttgart: Klett-Cotta (Konzepte der Humanwissenschaften).

Rose, Nikolas; O'Malley, Pat; Valverde, Mariana (2006): Governmentality. In: *Annu. Rev. Law. Soc. Sci.* 2 (1), S. 83–104. DOI: 10.1146/annurev.lawsocsci. 2.081805.105900.

Rosenberg, Marshall B. (2007a): Einführung in die Gewaltfreie Kommunikation. 3 DVDs: Auditorium Netzwerk. Online verfügbar unter http://www.auditorium-netzwerk.de/product_info.php?products_id=1167.

Rosenberg, Shawn W. (2007b): Deliberation, participation and democracy. Can the people govern? Basingstoke [England],, New York: Palgrave Macmillan.

Rosenthal, Gabriele (2011): Interpretative Sozialforschung. Eine Einführung. 3., aktualisierte und erg. Aufl. Weinheim: Juventa-Verl. (Grundlagentexte Soziologie).

Rouse, Joseph (2007): Power/Knowledge. In: Gary Gutting (Hg.): The Cambridge companion to Foucault. 2. ed., repr. Cambridge: Cambridge Univ. Press (Cambridge companions to philosophy), S. 95–122.

Saar, Martin (2007): Genealogie als Kritik. Geschichte und Theorie des Subjekts nach Nietzsche und Foucault. Univ., Diss. u.d.T. Saar, Martin: Selbst-Kritik--Frankfurt/Main, 2004, Nietzsche, Foucault und der Begriff der Genealogie. Frankfurt: Campus-Verl. (Theorie und Gesellschaft, 59).

Sachweh, Patrick (2010): Deutungsmuster sozialer Ungleichheit. Wahrnehmung und Legitimation gesellschaftlicher Privilegierung und Benachteiligung. Univ., Diss.--Bremen, 2009. 1. Aufl. Frankfurt am Main: Campus-Verl. (Schriften des Zentrums für Sozialpolitik, Bremen, 22).

Said, Edward W. (2003): Orientalism. Reprinted with a new preface. London, New York: Penguin Books (Penguin Classics).

Sarrazin, Thilo (2012): Deutschland schafft sich ab. Wie wir unser Land aufs Spiel setzen. 1. Aufl. München: Dt. Verl.-Anst.

Schatzki, Theodore R. (1996): Social practices. A Wittgensteinian approach to human activity and the social. Cambridge: Cambridge Univ. Press.

Schlieffen, Katharina (2008): Der Mediationsstaat. In: Dieter Gosewinkel (Hg.): Politische Kultur im Wandel von Staatlichkeit. Berlin: Ed. Sigma (WZB-Jahrbuch, 2007), S. 181–204.

Schlieffen, Katharina Gräfin von (2000): Mediation - Renaissance der Laienjustiz oder Ausdifferenzierung des Rechts? In: *Zeitschrift für Rechtssoziologie, 2010, Vol.31(1), p.81* 21 (2), S. 450–460.

Schlieffen, Katharina Gräfin von (Hg.) (2009): Professionalisierung und Mediation. Tagungsband, Rechtsstand: voraussichtlich September 2009. 1. Aufl. München: Beck.

Schmidt, Klaus (2016): Entstehung und Bearbeitung von Konfikten. In: Fritjof Haft und Katharina Schlieffen (Hg.): Handbuch Mediation. 3., vollständig neubearbeitete Auflage. München: C.H. Beck, S. 209–224.

Schmidt, Klaus; Kriegel-Schmidt, Katharina (2015): Kulturwissenschaften und Mediation. Umrisse eines interdisziplinären Forschungsprogramms. In: *Perspektive Mediation* 12 (1), S. 20–26.

Schubert-Panecka, Katarzyna (2015): Transdisziplinäre Erforschung von Mediation. Ein Plädoyer. In: *Perspektive Mediation* 12 (1), S. 6–12.

Schulz von Thun, Friedemann (2008): Miteinander reden: 1 bis 3. Orig.-Ausg., Sonderausg. Sept. 2008. Reinbek bei Hamburg: Rowohlt-Taschenbuch-Verl. (Rororo Rororo-Sachbuch, 62407).

Schwarz, Gerhard (2014): Konfliktmanagement. Wiesbaden: Gabler Verlag.

Schweitzer, Jochen; Retzer, Arnold; Fischer, Hans Rudi (Hg.) (1994): Systemische Praxis und Postmoderne. Das Ende der Großen Entwürfe und das Blühen Systemischer Praxis. 1. Aufl., [2. Nachdr.]. Frankfurt am Main: Suhrkamp (Suhrkamp-Taschenbuch Wissenschaft, 1033).

Simmel, Georg (1922): Soziologie. Untersuchungen über die Formen der Vergesellschaftung. 2. Aufl. München [u.a.]: München [u.a.] : Duncker & Humblot.

Sinner, Alex von; Zirkler, Michael (Hg.) (2005): Hinter den Kulissen der Mediation. Kontexte, Perspektiven und Praxis der Konfliktbearbeitung. 1. Aufl. Bern: Haupt.

Sobota, Katharina (1990): Sachlichkeit, rhetorische Kunst der Juristen. Frankfurt am Main, Bern, New York, Paris: Lang (Europäische Hochschulschriften Reihe 2, 930).

Spivak, Gayatri Chakravorty (1988): Can the subaltern speak? Basingstoke: Macmillan.

Steenbergen, Marco R.; Bachtiger, Andre; Sporndli, Markus; Steiner, Jurg (2003): Measuring Political Deliberation: A Discourse Quality Index. In: *Comp Eur Polit* 1 (1), S. 21–48.

Steinke, Ines (1999): Kriterien qualitativer Forschung. Ansätze zur Bewertung qualitativ-empirischer Sozialforschung. Weinheim: Juventa-Verl.

Stiftung Warentest (2014): Mediation: 145 Ausbildungen zum Mediator im Vergleich. Online verfügbar unter https://www.test.de/Mediation-145-Ausbildungen-zum-Mediator-im-Vergleich-4492356-0/, zuletzt geprüft am 22.05.2015.

Tajfel, Henri; Stroebe, Wolfgang (1982): Gruppenkonflikt und Vorurteil. Entstehung und Funktion sozialer Stereotypen. 1. Aufl. Bern, Wien u.a.: Huber.

Thomann, Christoph (1986): Beiträge zu einer Theorie der Kärungshilfe. Interventionen u. Handlungsleitender Hintergrund zur professionellen GEstaltung von
Problemgesprächen in schwierigen Beziehungen (Paare, Familien, Wohn- u. Arbeitsgruppen). Frankfurt (am Main): Peter Lang.

Thomann, Christoph; Schulz von Thun, Friedemann (2003): Klärunghilfe 1. Handbuch für Therapeuten, Gesprächshelfer und Moderatoren in schwierigen Gesprächen. 2. Aufl.

Tils, Ralf (1997): "Vorsicht: Mediation!". Chancen und Risiken der Umweltmediation aus der Perspektive von Umweltverbänden und Bürgerinitiativen. In: *Forschungsjournal Neue Soziale Bewegungen* 10 (4), S. 43–52.

Traue, Boris (2010a): Das Optionalisierungsdispositiv. Diskurse und Techniken
der Beratung. In: Johannes Angermüller (Hg.): Diskursanalyse meets Gouvernementalitätsforschung. Perspektiven auf das Verhältnis von Subjekt, Sprache, Macht
und Wissen. Frankfurt am Main [u.a.]: Campus-Verl.

Traue, Boris (2010b): Das Subjekt der Beratung. Zur Soziologie einer Psycho-
Technik. Bielefeld: transcript-Verl. (Sozialtheorie).

Traue, Boris (2011): Coaching. Die Mobilisierung der Psyche 1775-1975. In: Sabine Maasen, Jens Elberfeld, Pascal Eitler und Maik Tändler (Hg.): Das beratene
Selbst. Zur Genealogie der Therapeutisierung in den \"langen\" Siebzigern. Bielefeld: Transcript (1800 - 2000, Bd. 7), S. 243.

Trenczek, Thomas; Berning, Deltev; Lenz, Cristina (Hg.) (2012): Mediation und
Konfliktmanagement. Baden-Baden: Nomos (NomosPraxis).

Troja, Markus; Meuer, Dirk (2005): Mediation im öffentlichen Bereich. In: Gerhard Falk, Peter Heintel und Ewald E. Krainz (Hg.): Handbuch Mediation und Konfliktmanagement. Wiesbaden: VS Verl. für Sozialwiss., S. 219–241.

Tröndle, Jakob (2015): Die Elemente der Mediation. In: *Konfliktdynamik* 4 (3), S. 210–218.

Viehöver, Willy (2014): Erzählungen im Feld der Politik, Politik durch Erzählungen. Überlegungen zur Rolle der Narrationen in den politischen Wissenschaften. In: Frank Gadinger, Sebastian Jarzebski und Taylan Yildiz (Hg.): Politische Narrative: Springer Fachmedien Wiesbaden, S. 67–91. Online verfügbar unter http://dx.doi.org/10.1007/978-3-658-02581-6_3.

Villa, Paula-Irene (2008): Schön normal. Manipulationen am Körper als Technologien des Selbst. Bielefeld: transcript-Verl. (KörperKulturen).

Völter, Bettina; Dausien, Bettina; Lutz, Helma; Rosenthal, Gabriele (Hg.) (2009): Biographieforschung im Diskurs. 2. Auflage. Wiesbaden: VS Verlag für Sozialwissenschaften.

Waldman, Ellen; Abramson, Harold (Hg.) (2011): Mediation ethics. Cases and commentaries. 1st ed. San Francisco, CA: Jossey-Bass.

Watzlawick, Paul (1978): The language of change. Elements of therapeutic communication. New York: Basic Books.

Weckert, A.; Oboth, M. (2011): Mediation für Dummies: Wiley VCH Verlag GmbH.

Witt, Harald (2001): Forschungsstrategien bei quantitativer und qualitativer Sozialforschung. In: *Forum Qualitative Sozialforschung / Forum: Qualitative Social Research* 2 (1).

Wulf, Christoph; Althans, Birgit; Audehm, Kathrin; Blaschke, Gerald; Ferrin, Nino; Kellermann, Ingrid et al. (2011): Die Geste in Erziehung, Bildung und Sozialisation. Ethnographische Feldstudien. 1. Aufl. Wiesbaden: VS Verlag für Sozialwissenschaften / Springer Fachmedien Wiesbaden GmbH Wiesbaden.

Zaretsky, Eli (2006): Freuds Jahrhundert. Die Geschichte der Psychoanalyse. Wien: Paul Zsolnay.

Printed by Printforce, the Netherlands